Unbekanntes GRAZ

REINHARD M. CZAR | GABRIELA TIMISCHL

Unbekanntes
GRAZ

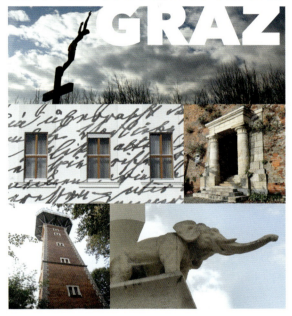

styria verlag

Inhalt

Graz kann's   **9**

IM ZENTRUM

Ein Wappentier für den Kanal   **12**

Eine Gasse als „Feuerschlucker"   **14**

Versteckte Grazer Stadtgeschichte   **16**

Die vergessene Sammlung   **18**

Diktatorentreff in der Stadtpfarrkirche   **20**

Ein außergewöhnlicher Türsteher   **22**

Auf der Suche nach dem verlorenen Wundermittel   **24**

Wer hat an der Uhr gedreht?   **26**

Fernost auf dem Berg   **28**

Einkehrschwung in die Vergangenheit   **30**

Im Garten des Landeshauptmanns   **32**

Verborgene Steirerstars   **34**

Fremde Schriftzeichen in der Grazer Burg   **36**

Prophezeiungen aus der Neuen Welt   **38**

Eine kugelrunde Grazer Sache   **40**

Pascha oder doch kein Pascha?   **41**

Säulen vor dem Kopf   **42**

Schädelfund im Franziskanerkloster   **43**

Surfin' M.U.R.   **45**

Lohnende Ausblicke   **47**

Oskar fehlt!   **51**

Altgrazer Mordsgeschichten   **53**

Bestens geschützt   **56**

Die Grazer „Fleet Street"   58
Auf Herbergssuche in der Innenstadt   60
Und sie tanzten eine Polka ...   62
Rauf und runter, was das Zeug hielt   63
Der Schloßberg als Bewährungsprobe   65
Ein weggesperrtes Kleinod   67
Durchgeschlüpft!   69
Auf die Plätze, fertig, Graz!   71
Mit Nagel und Schwert   72
Frauenpower made in Graz   74
Klein-Graz für Blinde   76
Der Brötchenbus   78
Stille Lichtung im Großstadtdschungel   80
Alter Sack!   82
So schön ist Graz!   83

AUSSERHALB DES ZENTRUMS

Graz wächst   86
Es wird wieder Wein sein   88
Feuer frei – längst vorbei!   90
Je Englhofer – je lieber   92
Vier Pfoten als Dekoration   94
Meister Grimbarts Stadtparkgraben   97
Grazer Mühlen ohne Müller   99
Eine Stadt, viele Religionen   101
Historischer Promifriedhof   103
Jesuiten-Ruine am Rosenhain   105
Durchs Schlüsselloch gespäht   107
Des Kaisers kleiner Bruder   108
Mit dem Floß in die Hauptstadt   110
Ein Hauch von Metro   112

Bedrohte Stadtgärten in der Gartenstadt 114

Grazer Schlösser mit ungewöhnlicher Karriere 115

Wie im „Dritten Mann" 120

Vier Buchstaben für ein ganzes Viertel 122

Wo sind all die hohen Häuser hin? 124

Der Austein als Teufelszeug 126

Im „Prater" von Graz 128

Karrieresprung zum Ausflugsziel 130

Wetterdienst mit Hut 132

Letzter Tanz im Schweizerhaus 133

Alle Menschenrechte auf einem Weg 134

Zugang zu dunklen Zeiten 136

Volksschauspieler entmündigt! 139

Freud an der Fassade 141

Wasser marsch! 143

Wallfahrtskirche ohne Wallfahrer 145

Hereinspaziert – und abkassiert! 147

Zurück zur Natur! 149

Am Amazonas – und doch in Graz! 151

Graz-Control an Major Tom 153

Der „falsche" Hausberg 155

„Schifoan" in der mediterransten Stadt Österreichs 158

Auf Zeitreise in die Antike 160

Das „Legohaus" 162

Straße ohne Wiederkehr 164

Graz ist das größte Bauerndorf 166

Am Stadtrand wird scharf geschossen 168

Einmal um die ganze Stadt 171

Literaturverzeichnis 174

Die Autoren 175

Graz kann's

Ohne das Stadtgebiet auch nur eine Minute zu verlassen, haben wir uns durch einen Urwald geschlagen, einem jahrtausendealten Wundermittel nachgespürt, verborgene Kirchen und Kapellen aufgesucht und Geschichte(n) hinter manch unbeachtetem Denkmal recherchiert. Wir sind in Ruinen gestiegen, durch versteckte Gassen der Altstadt gestreift und am Stadtrand in Luftschutzstollen gekrochen. Wir haben uns im Sommer am Strand in der City die Sonne auf den Bauch scheinen lassen und in der kalten Jahreszeit hätten wir am Stadtrand Ski fahren können ... na ja, zumindest für Kinder gibt's in Graz den einen oder anderen Skihügel. Ganz im Ernst dachte man vor gar nicht so langer Zeit daran, in Graz eine professionelle Skipiste einzurichten. Inzwischen hat der notorische Schneemangel solchen Überlegungen freilich ein Ende gesetzt.

Diese kleine Auflistung zeigt bereits, wie vielfältig Graz ist – und das meiste ist mit Bus und Bim, wie die Straßenbahn in Graz liebevoll genannt wird, zu erreichen. Auf relativ kleinem Raum präsentiert sich die zweitgrößte Stadt Österreichs wie ein buntes Kaleidoskop an Möglichkeiten, seine Zeit angenehm zu verbringen. Zwischen der hektischen Betriebsamkeit der City und der absoluten Ruhe tiefen Tannengrüns liegen oft nur ein paar Kilometer beziehungsweise gerade einmal eine halbe Stunde Öffi-Fahrt.

Graz ist Weltkulturerbestadt und Dorf zugleich. Zwischen diesen beiden Polen baut sich eine positive Spannung auf, die zum vielfach bestätigten Lebensgefühl beiträgt. Neben den großen Kulturtankern und den weltweit berühmten Baudenkmälern der Innenstadt sowie in Eggenberg hält Graz eine Fülle größerer und kleinerer Attraktionen bereit, die von den Gästen unserer Stadt selten besucht und auch von den Einheimischen oft nicht bemerkt oder zumindest nicht bewusst wahrgenommen werden. Diesen nichtsdestotrotz sehenswerten Dingen sind wir auf den Grund gegangen, sie holen wir hiermit vor den Vorhang. Unterteilt ist das Buch in zwei große Abschnitte: „Im Zentrum" und außerhalb davon. Am Ende jedes Kapitels finden Sie genaue Angaben zum Auffinden des Beschriebenen, um Ihnen das „Nachspüren" möglichst einfach zu machen.

Und noch etwas soll erwähnt werden: Wir haben die eine oder andere Anekdote aus Vergangenheit und Gegenwart in unsere Streifzüge eingestreut. Wir wollen Graz nicht als Museumsstadt zeigen, in der alles sakrosankt und unberührbar den hehren Hauch der Geschichte verströmt. Graz ist vor allem eine lebendige und pulsierende Stadt für Menschen. Das war immer schon so. Viel Spaß beim Lesen und gutes Gelingen beim „Eintauchen" in das Unbekannte ...

Reinhard M. Czar & Gabriela Timischl

IM ZENTRUM
GRAZ

Ein Wappentier
für den Kanal

Der Panther

Hans Guck-in-die-Lufts werden es nicht entdecken. Wer aber mit Blick auf den Boden durch Graz geht, dem fällt sicherlich auf: An allen Ecken und Enden ziert ein Panther Kanaldeckel.

Dieses Phänomen kennt man von anderswo: In der „ewigen Stadt" Rom beispielsweise steht auf den Kanaldeckeln S.P.Q.R. geschrieben. Die Abkürzung, die vor 2000 Jahren bei den Feinden des Imperium Romanum genauso für Schrecken gesorgt hat wie heute bei so manchem Lateinschüler, steht für *Senatus Populusque Romanus,* also Senat und Volk Roms. Sie war so etwas wie die „Unterschrift" des Römischen Reichs und kam überall dort zum Einsatz, wo es hochoffiziell zur Sache ging. Obwohl das Römische Reich längst Geschichte ist, findet die Buchstabenkombination als Hoheitszeichen der Stadt Rom immer noch Verwendung und steht deshalb eben auch auf den römischen Kanaldeckeln, was ganze Internetforen mit Fragen (und Antworten) füllt.

Zurück nach Graz! Gemeinhin verbindet man den Panther eher mit der Steiermark. Er gilt aber genauso als Grazer Wappentier, wie man uns auf dem Onlineportal der Stadt erklärt. Die Farben der Stadt, so lesen wir da, sind Weiß und Grün. Und weiter: „Das Wappen der Stadt zeigt im grünen Feld einen aufrecht nach rechts schreitenden, silbernen, goldgewaffneten Panther ohne Hörner, gekrönt mit einer goldenen, dreiblättrigen Laubkrone. Aus den Leibesöffnungen schlagen rote Flammenzungen." Im Anschluss daran wird das steirische Landeswappen erklärt, das ebenfalls einen Panther zeigt. Die Hauptunterschiede: Der Grazer Panther trägt eine goldene Krone und die Flammen kommen aus allen Körperöffnungen, während es beim ungekrönten steirischen Panther nur aus dem Maul brennt. Darüber hinaus ist dem Schild des Landeswappens, das den steirischen Panther trägt, der Herzogshut aufgesetzt. Kurioses dazu weiß Wikipedia zu berichten: Im Jahr 1926 wurden dem steirischen Panther, der zuvor gleich ausgesehen hatte wie der Grazer, die Flammen mit Ausnahme jener aus dem Maul gestutzt, weil Feuer aus den übrigen Körperöffnungen obszön

Das Grazer Wappentier, der Panther, ziert als Hoheitszeichen viele Kanaldeckel.

sei. Also keine Flammen aus dem Hintern mehr … Sein Grazer Kollege war und ist davon nicht betroffen und darf sich bis heute ungestüm gebärden.

Weil wir gerade bei Offiziellem sind: Graz hat, mit Stand Jänner 2016, 315 464 Einwohner. Haupt- und Nebenwohnsitze wurden für diese Angaben auf der Website der Stadt zusammengezählt und – man staunt darüber, dass das so genau bekannt ist – auch Grazerinnen und Grazer ohne Wohnsitz wurden mitgerechnet. 462 Obdachlose waren es zum genannten Stichtag. Die Einwohnerzahl wächst derzeit rasch. Von den rund 127 Quadratkilometern Fläche sind 40 Prozent Grünfläche. Die Seehöhe der Stadt wird allgemein mit 353 Metern angegeben. In der Talstation der Schloßbergbahn, wo eine schöne alte Tafel die Seehöhe ausweist, sind es bereits 356 Meter und ein paar „Zerquetschte", oben auf dem Schloßberg natürlich noch einmal etliche Meter mehr.

Eine Gasse
als „Feuerschlucker"

Das Feuergässchen

Im Herzen von Graz, dort, wo gleich ums Eck der italienischste Platz der Stadt zu Pizza, Pasta, Prosecco & Co einlädt (wir werden dem Franziskanerplatz später noch einmal einen Besuch abstatten), findet man das Feuergässchen. Man muss schon genauer hinsehen, um den schmalen Durchgang zu entdecken, der auf keinem Stadtplan verzeichnet ist. Auch im Straßenverzeichnis der Stadt Graz sucht man das Gässchen vergeblich.

Die Abwesenheit in den offiziellen Schriftstücken der Stadt hängt mit der Funktion des Feuergässchens zusammen. Es war ursprünglich nicht als Passage konzipiert, sondern diente in Zeiten, in denen Feuersbrünste ganze (Innen-)Städte auf einen Schlag regelmäßig vernichteten, dem Schutz vor der feuerroten Hölle. Wurden die Häuser aber nicht Mauer an Mauer gebaut, konnte – im besten Fall und mit ein wenig Glück – das Übergreifen der Flammen auf die Nachbargebäude verhindert werden. Außerdem ermöglichten Gässchen wie diese, sogenannte Reichen, die Möglichkeit,

Das Feuergässchen, ein Relikt aus Zeiten, in denen durch Brände ganze Städte abgefackelt wurden, führt heute mitten durch ein Innenstadtlokal.

im Mittelalter Löschwasser zum Brandherd durchzureichen.

Heute gibt's in Graz – ein Kuriosum – eine Berufsfeuerwehr und eine freiwillige Feuerwehr zugleich, ausgestattet mit modernstem Gerät. Die ursprüngliche Funktion des Feuergässchens hat sich damit erledigt, was uns zum zweiten Kuriosum führt: Nutzlos geworden ist das Feuergässchen nämlich noch lange nicht. Im Gegenteil. Heute bildet das Feuergässchen einen integrativen Bestandteil des Gebäudekomplexes, den es früher schützen sollte, und führt inmitten eines schicken Innenstadtlokals zu den Toiletten. Die Funktion des Gässchens entwickelte sich gewissermaßen von

der Zutrittsmöglichkeit für mittelalterliche Feuerlöscher hin zum Highway aufs Häusl – in beiden Fällen drängt meist die Zeit …

Und man hat das Feuergässchen entsprechend gewürdigt: Außen auf der Glasfassade vor dem Gässchen prangt ein Schriftzug und innen wurde eine nach offiziellem Muster gestaltete grüne Straßentafel auf dem Weg zum WC aufgehängt. Heute noch für jedermann zugängliche Gassen mit ursprünglich ähnlicher Funktion des Brandschutzes sind in Graz die nahe gelegene Pomeranzengasse, die düstere Verbindung zwischen dem Hauptplatz und dem Färberplatz, oder die tatsächlich nach ihrer ehemaligen Funktion benannte Reichengasse beim Griesplatz.

Wo findet man das Feuergässchen?

Das Feuergässchen befindet sich im Zentrum von Graz in der sogenannten Neuen Welt (zwischen Hauptplatz und Franziskanerplatz) und führt mitten durch ein Lokal.

Versteckte Grazer
Stadtgeschichte

Der mittelalterliche Hauptplatz

Als man im Jahr 2001 begann, den Grazer Hauptplatz für eine Neugestaltung umzuwühlen, ahnten die städtischen Maulwürfe wahrscheinlich nicht, was man unter dem alten Asphalt des Hauptplatzes alles entdecken würde. Ging man nämlich bis zu diesem Zeitpunkt davon aus, dass der Grazer Hauptplatz im Mittelalter ein großer, freier Platz gewesen war, stieß man plötzlich auf Reste von Mauern. Rasch wurde klar, dass man angesichts dieser Funde nicht „Dienst nach Vorschrift" machen und wie geplant weiterarbeiten konnte. Archäologen wurden rekrutiert, die der Sache im wahrsten Sinne des Wortes auf den Grund gingen. Was die Wissenschaftler auf die Schnelle – ihre Grabungen wurden mehr oder weniger in den normalen Baufortschritt integriert – zutage förderten, führte letztendlich dazu, dass Teile der mittelalterlichen Stadtgeschichte umgeschrieben werden mussten. Der Grazer Hauptplatz war nämlich im Mittelalter keineswegs unbebaut, sondern dort, wo man eine große Freifläche vermutet hatte, mussten Häuser gestanden haben, so die Erkenntnisse aus den archäologischen Grabungen.

Gefunden wurde unter anderem eine Hausgrube, in der Keramikgegenstände aus dem 11. Jahrhundert lagen – ein klarer Nachweis einer frühen Besiedelung

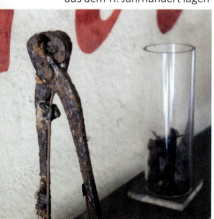

auf dem Platz. Weiters stellte sich heraus, dass an jener Stelle Holzhäuser im 12. und 13. Jahrhundert einem Brand zum Opfer gefallen sein mussten und durch Steinhäuser ersetzt worden waren, die über Keller und Brunnen verfügten. Und weil ab dem 15. Jahrhundert der Grazer Hauptplatz dann tatsächlich bis in die Gegenwart unverbaut geblieben ist, sind die Fundstücke in diesem Bereich dementsprechend gut erhalten.

Natürlich haben derart bedeutende Funde zu einer Diskussion geführt, wie man mit dem historischen Erbe am besten umgehen sollte. Die Palette der Ideen reichte von ei-

Die spektakulären Ergebnisse archäologischer Grabungen auf dem Grazer Hauptplatz Anfang des 21. Jahrhunderts fristen in der Davidgasse ein mehr oder weniger unbeachtetes Dasein.

ner Sichtbarmachung ausgewählter Ausgrabungsteile mittels begehbarer Glasplatten, wie man es auch in anderen Städten mit weit zurückreichender Geschichte gern macht, bis zur Minimalvariante des Dokumentierens und danach wieder Zuschüttens. Letztgenanntes hat sich durchgesetzt und von den spektakulären archäologischen Funden unter dem Grazer Hauptplatz zeugt heute nur eine verschämte Vitrine im dunklen Durchgang der Davidgasse zwischen dem Hauptplatz und dem Kapaunplatz. Darin werden ein paar Fundstücke samt erklärenden Worten präsentiert.

Wo findet man die Dokumentation des mittelalterlichen Hauptplatzes?
In einer Vitrine in der Davidgasse, die vom Hauptplatz (hinter den Markt- und Würstelständen) zum Kapaunplatz führt.

Die vergessene
Sammlung

Das Montan- und
Werksbahnmuseum

Im Jahr 1943, mitten in den Wirrnissen des Zweiten Weltkriegs, begann man in den Grazer Schloßberg Stollensysteme zu graben. Die Euphorie über das sogenannte Dritte Reich war in Graz, der „Stadt der Volkserhebung", wo man Adolf Hitler Anfang April 1938 noch begeistert empfangen hatte, längst verflogen. Immer öfter wurde Graz Ziel der alliierten Bomber, die es vor allem auf die Rüstungsbetriebe in der Stadt abgesehen hatten. „Kollateralschäden", wie man es heute in der Militär- und Geheimdienstsprache nennt, waren dabei unvermeidlich und die Grazer Bevölkerung litt verstärkt unter dem Bombardement. Bis Kriegsende sollten insgesamt 57 Angriffe auf Graz geflogen werden, bei denen rund 2 000 Menschen getötet und 1 500 verletzt wurden.

Unten: Im Inneren des Schloßbergs befindet sich das nicht zugängliche Montan- und Werksbahnmuseum. Rechts: Figur aus der Märchenbahn.

Um wenigstens dürftigen Schutz zu bieten, wurden bis ins Jahr 1945 insgesamt mehr als 6 Kilometer Stollen in den zentralen Berg der Stadt, den Schloßberg, gegraben. 50 000 Menschen fanden darin Zuflucht, wenn die Sirenen wieder einmal vor einem Angriff warnten ...

Heute werden die umfangreichen Stollen nach wie vor genutzt, unter anderem für ein Museum, das tief unter der Erde sein Dasein in völliger Abgeschiedenheit fristen muss: das Montan- und Werksbahnmuseum. Die Sammlung, die in ihrer Art die größte Mitteleuropas ist (weshalb wir sie auch in unser vorangegangenes Buch „Weißer, grüner, weiter – Das Buch der steirischen Rekorde" aufgenommen haben), umfasst rund 50 Lokomotiven und 200 Waggons. Ein rühriger Verein betreibt das Museum und hat die Exponate, darunter seltene Stücke wie Benzol- und Pressluftloks, in jahrzehntelanger Arbeit zusammengetragen. Die Wagen und Wägelchen verfügen alle über eine Spurweite von 600 Millimetern. Immer wieder gab es Versuche, dieses beispiellose Museum der Öffentlichkeit zugänglich zu machen – bisher vergeblich. Strenge Sicherheitsbestimmungen als Folge des Unglücks der Kapruner Gletscherbahn im Jahr 2000 haben es bis dato unmöglich gemacht, die Sammlung zu öffnen, weil entscheidende Fragen etwa nach Fluchtwegen (noch?) nicht gelöst werden konnten.

Ein flüchtiger Eindruck über die Eisenbahnwelt unter Tage lässt sich dennoch gewinnen. Ebenfalls in einem Teil der Stollen, die im Zweiten Weltkrieg gegraben wurden, verkehrt heute die allseits beliebte Märchenbahn, die auf ihrer Reise durch die Fantasiewelt der Gebrüder Grimm, durch Tausendundeine Nacht sowie andere Märchen und Mythen nicht nur die kleinen Fahrgäste begeistert, sondern eindeutig auch viele der großen. Weitere Möglichkeiten, den Schloßbergstollen einen Besuch abzustatten, sind der Durchgang vom Schloßbergplatz hin zum Fuße des Schloßbergs/Karmeliterplatz sowie der Besuch einer Veranstaltung im „Dom im Berg".

Wo findet man das Montan- und Werksbahnmuseum?

Leider ist das Museum öffentlich nicht zugänglich, und man muss sich mit einer Märchenbahnfahrt begnügen, um einen Einblick in die Eisenbahnwelt unter Tage zu bekommen. Der Zugang zur Märchenbahn erfolgt vom Schloßbergplatz aus. Einblicke gibt es auch bei einer Fahrt mit dem Schloßberglift zum „Dom im Berg" bzw. weiter zum Uhrturm (Zugang ebenfalls vom Schoßbergplatz).

Diktatorentreff
in der Stadtpfarrkirche

Hitler-Glasfenster

Die Stadtpfarrkirche in der Herrengasse bietet ein Kuriosum, wie man es angeblich insgesamt nur zwei Mal auf der Welt findet. Gut möglich, denn wer würde schon auf die Idee kommen, ausgerechnet in den heiligen Hallen einer Kirche die Bilder von Adolf Hitler und Benito Mussolini zu verewigen, zwei der schlimmsten Diktatoren des vorigen Jahrhunderts also? Genau so ist es aber.

Um sie zu finden, braucht man nur das Hauptschiff zu durchschreiten, bis man vor den Altar gelangt. Längst haben die – bei gutem Sonnenlicht draußen – drinnen rot, golden und blau funkelnden Glasfenster die Aufmerksamkeit geweckt, die den Chor in freundlich-mystische Farben tauchen. Doch der Schein trügt. Freundlich sind weder Teile der dargestellten

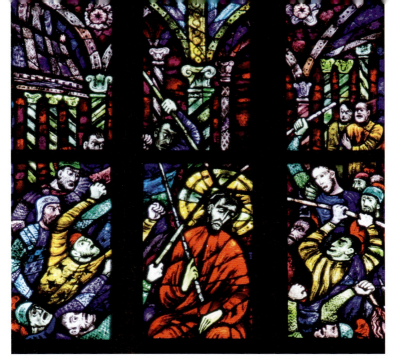

Hitler und Mussolini als unerwartete, aber durchaus passende bösartige Zuschauer bei der Peinigung Christi auf einem Glasfenster der Stadtpfarrkirche.

Szenen noch einige der darin abgebildeten Herren. Vor dem Altar stehend, interessieren uns die Glasfenster links. Sie zeigen die Peinigung Christi, und unter den Zuschauern, die dem grausamen Treiben folgen, entdeckt man bei genauerem Hinsehen Hitler und Mussolini.

Schöpfer der Glasfenster, die nach ihrer Entstehung in den 1950er-Jahren für einen Skandal sorgten, war der Künstler Albert Birkle, geboren 1900 in Berlin, später von Deutschland nach Österreich übersiedelt und seit 1946 österreichischer Staatsbürger. Die ursprünglich gotischen Fenster der Kirche waren im Zweiten Weltkrieg durch einen Bombentreffer zerstört worden und Birkle arbeitete wohl noch ganz im Schrecken dieser Zeit. Mit gutem Grund: Unter den Nazis hatte seine Kunst als entartet gegolten, er erhielt Ausstellungsverbot und seine Werke wurden aus öffentlichen Sammlungen entfernt. Der Künstler selbst war als Kriegsberichterstatter und Soldat im Einsatz.

Wo findet man die Glasfenster mit Bildnissen von Hitler und Mussolini? In der Stadtpfarrkirche (Herrengasse). Die Diktatorenbildnisse befinden sich auf dem linken Fenster des Chors, dort wiederum auf der rechten Seite im vierten Quadrat von unten.

Ein außergewöhnlicher
Türsteher

Der Sandsteingnom

In der Grazer Innenstadt herrscht Zwergenalarm! Großer noch dazu, steht doch, versteckt in einer Nische im Eingang des Hauses Stempfergasse 1, ein Riesenzwerg. Vielleicht stellt sich jetzt bei der einen Leserin oder dem anderen Leser ein Déjà-vu-Erlebnis ein und er oder sie erinnert sich irgendwo im Hinterkopf, an dem Zwerg schon einmal (oder öfter) vorbeigegangen zu sein. Es wäre kein Wunder, denn aus nämlichem Hausflur, in dem der Zwerg logiert, zweigt eine Kellertreppe ab, die in den Urbanikeller hinunterführt, einst eines der urigsten und beliebtesten Kellerlokale der Stadt.

Der Zwerg, der damals gegenüber dem Abgang in den Keller wie ein Türsteher wachte, tut dies heute noch. Er wurde aus Aflenzer Kalksandstein gehauen und ist mit einer Größe von rund 1,5 Metern wirklich nicht zu übersehen und zumindest in Bezug auf seine Dimensionen gar kein Zwerg.

Die Zwergenfigur, auch als Gnom bekannt, hat bereits etliche Jährchen auf dem Buckel – in Auftrag gegeben wurde sie im Jahr 1867. Sie stammt vom Bildhauer Rochus Haas, geboren 1837, verstorben 1903. Der Künstler erblickte im oststeirischen Straden als Keuschlersohn das Licht der Welt und in der Oststeiermark hat er neben Wien, wo er später lebte, seine bedeutendsten Arbeiten gefertigt, darunter den Kreuzweg der Franziskanerkirche in Bad Gleichenberg.

Das Haus selbst hat ebenfalls Tradition: Auf dem Schlussstein des Portals steht die Jahreszahl 1464 – demnach wäre es älter als 500 Jahre. Sehenswert ist neben dem kuriosen Gnom in der Einfahrt auch der Erker an der Ecke zum Bischofplatz, der auf toskanischen Säulen ruht.

Wo findet man den Sandsteingnom?
In der Einfahrt des Hauses Stempfergasse 1, direkt neben dem Stiegenaufgang.

Wenn man den Hauseingang betreten hat,
ist der Gnom aufgrund seiner Größe nicht mehr zu übersehen.

Auf der Suche nach dem verlorenen **Wundermittel**

Das Theriak-Museum

Im Hinterhof der Mohren-Apotheke am Südtiroler Platz öffnet sich dem Besucher die wundersame Welt der Alchimie, wenngleich sich das dort befindliche Museum nicht den einstigen Versuchen der Erzeugung von Gold verschrieben hat, auch nicht der Suche nach dem Stein der Weisen, sondern einem geheimnisumwitterten pharmazeutischen Produkt.

Schon das Ziegelgewölbe der Räumlichkeiten hinter der mehr als 300 Jahre alten Apotheke lohnt einen Besuch. Darüber hinaus stellt das Gewölbe tief drinnen im Haus Südtiroler Platz Nummer 7 den kongenialen Rahmen für die Präsentation der rund 2000 Jahre alten Geschichte des Theriaks dar. Theriak? Auch wir konnten anfangs nicht viel mit dem Begriff anfangen, Apotheker Christian Müller klärte uns bei einem Rundgang auf.

Die Geschichte des Theriaks reicht bis in die Antike zurück: Mithridates VI. von Pontos (132–63 v. Chr.), König eines bedeutenden Reichs in Kleinasien, ließ den ersten Theriak bei seiner Suche nach einem Mittel, das gegen Schlangengifte helfen sollte, ersinnen. Letztere gelangten in der Antike des Öfteren zum Einsatz, um unliebsame Verwandte zu beseitigen, vor allem in höheren Kreisen, zu denen ein König durchaus gezählt werden darf. Den Vater des Mithridates hatte beispielsweise ein derartiges Schicksal ereilt, er wurde mit Gift ermordet. Offenbar zeitigten die Unternehmungen des Sohns bei der Suche nach Gegengiften Erfolg. Über den Tod von Mithridates VI. wird nämlich überliefert, dass ein Selbstmordversuch mittels Gift nach verlorener Schlacht gegen die Römer im dritten mithridatischen Krieg misslang – so gut hatte er sich bereits mit seinem Gegengift, dem Theriak, immunisiert. Erst durch den gezielten Schwerthieb eines Sklaven fand Mithridates VI. sein wohlverdientes Ende.

Wie auch immer, die Legende war geboren. In weiterer Folge wurde das Wundermittel gegen Vergiftungen aller Art, der Theriak, weiterentwickelt, zu den 54 Substanzen kamen neue Inhaltsstoffe dazu. In Glanzzeiten des Theriaks, im Mittelalter, wuchs die Liste der Ingredienzien bis auf 388 (!) an, darunter durchaus Unkonventionelles: Zum bereits in der Antike gebräuchlichen getrockneten Vipernfleisch gesellten sich Elfenbein, Mineralien und Edelsteine in zerkleinerter Form – kein Wunder, dass man mit Theriak reich werden konnte,

Theriak-Museum in der Mohren-Apotheke. Links: Theriak-Gefäß.
Unten: Getrocknetes Vipernfleisch als Bestandteil eines guten Theriaks.

wie das Beispiel Venedig, einer der mittelalterlichen Hauptumschlagplätze des legendären Allheilmittels, bewies. Wein und Honig trugen dazu bei, dass man das Gebräu überhaupt hinunterbekam, verwendet wurde Theriak gegen alles, auch gegen die sprichwörtliche Pest und Cholera. Immer mit dabei war Opium, das in einem mehr oder weniger offiziellen Rezept im Deutschen Arzneibuch von 1953 noch als Inhaltsstoff aufscheint – damals waren es nach den zwischenzeitigen Eskapaden aber nur mehr 12 Bestandteile.

Ob eine Medizin mit 100 und mehr Zutaten überhaupt wirken könne, wollten wir vom Experten Müller wissen. „Das Opium hat natürlich das Seinige dazu beigetragen, dass das Ganze funktioniert hat. Aber es hat keinen Sinn gehabt. Es wundert mich, dass das alles so glimpflich ausgegangen ist", so der Magister der Pharmazie über seine Vorvorgänger in der Alchimie. Wenn überhaupt, bescheinigt er der Arzneimittellegende eine gewisse Wirksamkeit im Magen-Darm-Bereich. Den indirekten Nachfolger des Theriaks, den Schwedenbitter, erzeugt man übrigens in der Mohren-Apotheke nach wie vor selbst.

Wo findet man das Theriak-Museum?
In der Mohren-Apotheke am Südtiroler Platz 7. Besichtigung nach Terminvereinbarung mit Christian Müller (Tel. 0699 11226644). Das Theriak-Museum veranstaltet auch Workshops für Kinder, um ihnen die Grundlagen der Heilung auf spielerische Weise bewusst zu machen.

Wer hat an der
Uhr gedreht?

Die Uhrturmuhr auf dem Schloßberg

Als Grazer Wahrzeichen genießt der Uhrturm naturgemäß höchste Aufmerksamkeit. Kein Wunder, durch seine Lage auf dem Schloßberg ist er weithin sichtbar und begrüßt die Besucher der Stadt schon von Weitem. Mit rund 800 000 Besuchern pro Jahr, die allein mit dem Lift oder der Standseilbahn auf den Berg und damit auch zum Uhrturm pilgern – Fußgänger gar nicht mitgezählt –, haben sich Schloßberg und Uhrturm zur meistbesuchten Sehenswürdigkeit der ganzen Steiermark entwickelt.

Trotz seiner Bekanntheit hat sich der Uhrturm so manche Überraschung bewahrt. Die erste erlebt man, wenn man auf seine Ziffernblätter mit einem Durchmesser von mehr als 5 Metern blickt, um die Zeit abzulesen. Nur selten wird man nämlich eine Übereinstimmung mit der eigenen Armbanduhr feststellen. Dabei geht die Uhr weder falsch noch hat Paulchen Panther daran gedreht. Des Rätsels Lösung ist: Die Zeiger der Uhrturmuhr sind vertauscht, der große Zeiger verrät uns die Stunden, der kleine hingegen die Minuten, also genau umgekehrt dazu, wie man es sonst gewohnt ist.

Das kam so: Ursprünglich verfügte die Uhr des Uhrturms nur über einen großen Zeiger, der die Stunden anzeigte. Mehr war in Zeiten, in denen man sein Leben weitgehend nach dem Sonnenstand orientierte, offenbar nicht nötig. Damit man die Stunden auch wirklich gut, beispielsweise in der Stadt unten, ablesen konnte, wurde der Stundenzeiger dementsprechend groß ausgeführt. Als man später einen Minutenzeiger anbrachte, musste man diesem die kleinere Rolle zuweisen – die des großen Zeigers war bereits vergeben.

Die zweite Überraschung offenbart sich nur zu gewissen Zeiten. Dann nämlich, wenn man ins Innere des Uhrturms vorgelassen wird und gegen einen kleinen Obolus das Uhrwerk bestaunen darf. Gefertigt hat es Michael Sylvester Funck im Jahr 1712 und es funktioniert bis heute! Beeindruckend, wie die Zahnräder und Gestänge ineinandergreifen und für eine reibungslose Zeitanzeige sorgen.

Überraschend wirkt auf manche Graz-Besucher auch die Tatsache, dass sie bereits in der Nachbargemeinde Seiersberg-Pirka bei der Autobahnabfahrt von einem Uhrturm erwartet werden. Der Uhrturm dort ist tatsächlich iden-

15.30 Uhr, halb vier: Da hat nicht der rosarote Panther an der Uhrturmuhr gedreht, sondern die Zeiger sind vertauscht.

tisch mit dem Uhrturm auf dem Grazer Schloßberg – allerdings in noblem Schwarz gehalten. Er stammt aus einem Kunstprojekt des Jahres 2003, in dem Graz Kulturhauptstadt Europas war. Der Künstler Markus Wilfling stellte dem Uhrturm auf dem Schloßberg einen „baugleichen" dreidimensionalen „Schatten" aus Stahl zur Seite, um damit jenen Schatten zu symbolisieren, der in der Nazizeit auf die „Stadt der Volkserhebung" gefallen war. Nach dem Kulturhauptstadtjahr wanderte der Uhrturmschatten nach Seiersberg-Pirka, wo er heute statt der ursprünglichen Nachdenklichkeit Willkommenskultur verbreiten soll.

Wo findet man die Uhr mit den vertauschten Zeigern?
Der Uhrturm thront als Wahrzeichen der Stadt Graz auf dem Schloßberg und ist bequem mit dem Lift vom Schloßbergplatz aus zu erreichen. Beschwerlicher, aber aussichtsreich ist der Aufstieg über den sogenannten Kriegssteig, der über 260 Stufen ebenfalls vom Schloßbergplatz direkt vor den Uhrturm führt. Und vom Karmeliterplatz kann man über die Wege Am Fuße des Schloßbergs und Weldenstraße hinaufspazieren.

Fernost
auf dem Berg

Chinesischer Pavillon,
ägyptisches Tor und Türkenbrunnen

Als richtige Wundertüte entpuppt sich der Schloßberg jedes Mal, wenn man ihn zu Fuß besteigt, mit der guten alten Schloßbergbahn hinaufgondelt oder im neuen Lift zum Uhrturm hinaufzischt. Der Berg bietet ein Sammelsurium an sehenswerten Baudenkmälern, manche von ihnen baugeschichtlich äußerst wertvoll, andere eher der Rubrik Kitsch zuzuordnen. Der Berg hält aber auch wunderbar gepflegte historisch gewachsene Gärten bereit, in denen sich die Menschenmassen drängeln. Ein paar Hundert Meter weiter liegen die Waldlandschaften ganz im Gegensatz zum meist überfüllten Herbersteingarten hingegen verlassen da …

Drei Beispiele aus dem reichen Fundus des Schloßbergs möchten wir an dieser Stelle herausgreifen, weil sie so gar nicht ins mitteleuropäische Graz zu passen scheinen: das ägyptische Tor und den chinesischen Pavillon sowie den Türkenbrunnen. Man sieht es schon an den Namen, dass sich hier Exoten eingeschlichen haben.

Für den chinesischen Pavillon zeichnete der Stadtverschönerungsverein verantwortlich, der ihn knapp vor der Wende zum 20. Jahrhundert errichten ließ und damit eine alte, wahrscheinlich genauso romantische Weinlaube ersetzte. Man genießt aus der filigranen Holzkonstruktion eine wunderbare Aussicht auf die Stadt Graz, der Pavillon stellt darüber hinaus ein beliebtes Fotomotiv dar. Als Hochzeitslocation wird er in jüngster Zeit ebenfalls geschätzt. Die Damen können damit also auch in Graz wählen, ob sie das traditionelle heimische Weiß bevorzugen oder vielleicht zum Pavillon passend in chinesischer Kleidung Ja sagen: Der Hochzeitsauftakt erfolgt auch in China in Weiß, wenn man den einschlägigen Internetportalen trauen darf, während der Zeremonie wechselt die Braut aber mehrmals ihre Hochzeitsrobe, bis die Brautschau schließlich in einem roten Kleid endet – Rot gilt im Reich der Mitte als Farbe des Glücks.

Etwas älter als der chinesische Pavillon ist das ägyptische Tor an der Stallbastei. Es wurde bereits im Jahr 1820 errichtet, und zwar von einem gewissen Bonaventura Hödl. Der Rechtsanwalt hatte sich ein ehrgeiziges Ziel

Fernost lässt auf dem Schloßberg grüßen. Links: Chinesischer Pavillon; oben: ägyptisches Tor und Türkenbrunnen.

gesetzt: die Sanierung der nach dem Abzug der siegreichen Franzosen über weite Strecken in Trümmern liegenden Schloßbergfestung. Eigentlich handelt es sich bei dem Tor nur um eine nach Pharaonenmanier ausgeführte Verblendung eines wesentlich älteren gotischen Eingangs in die 20 Meter hohen Mauern der Bastei. Beim Durchschreiten kann man schön den Spitzbogen erkennen, der sich hinter dem Blendwerk auftut.

Ältester im Bunde der Exoten auf dem Grazer Schloßberg ist eindeutig der Türkenbrunnen, der aus dem 16. Jahrhundert stammt. Errichtet von Domenico dell'Aglio, dessen Meisterwerk das Landhaus ist, sollte der Brunnen die Wasserversorgung der Festung im Fall einer Belagerung sicherstellen. 94 Meter tief reicht er bis zum Grundwasserspiegel hinunter und hatte seine Bewährungsprobe unter anderem während der Belagerung des Schloßbergs durch Napoleons Truppen im Jahr 1809 zu bestehen. Aus dieser Zeit stammt auch sein Name – man glaubte, er sei von türkischen Kriegsgefangenen erbaut worden, was spätere Forschungen allerdings widerlegten.

Nichtsdestotrotz: Mit Türkenbrunnen, chinesischem Pavillon und ägyptischem Tor weht am Schloßberg die Luft der großen, weiten Welt, zumindest den Namen nach.

Wo findet man den chinesischen Pavillon, das ägyptische Tor und den Türkenbrunnen?

Alle drei befinden sich auf dem Schloßberg, in unmittelbarer Nähe zueinander. Der chinesische Pavillon steht auf einem Plateau oberhalb des Uhrturms. An der großen Stallbastei dahinter öffnet sich das ägyptische Tor, direkt darunter vor dem Starckehäuschen findet man den Türkenbrunnen.

Einkehrschwung
in die Vergangenheit

Reinerhof und Schanzlwirt

Erste Siedlungsspuren auf Grazer Stadtgebiet reichen bis in die Zeit der „alten Römer" zurück. So entführt uns ein gut erhaltenes und öffentlich zugängliches Hügelgrab am Stadtrand ins 2. Jahrhundert nach Christus, als das Imperium Romanum noch die Welt beherrschte. Zumindest große Teile der damals bekannten Welt (siehe dazu „Auf Zeitreise in die Antike", Seite 160).

Im Zentrum der Stadt verlieren sich die Siedlungsspuren nicht ganz so weit in die Vergangenheit. Dennoch gibt es genug mittelalterliche Zeugnisse menschlichen Lebens in der Stadt, die teils ein wenig verschämt unter das historisch interessierte Publikum gebracht werden (siehe dazu „Versteckte Grazer Stadtgeschichte", Seite 16).

Und es gibt alte Häuser, die – teils verändert, umgebaut und wiedererrichtet – im Laufe der Jahrhunderte allen möglichen Katastrophen getrotzt haben und heute noch stehen. Zwei davon wollen wir an dieser Stelle genauer betrachten: den Reinerhof und den Schanzlwirt.

Der Reinerhof am Schloßbergplatz liegt würdevoll zu Füßen der Innenstadterhebung, schräg gegenüber dem Kriegssteig, von dessen Stufen aus man einen herrlichen Blick über die weltkulturerbewürdige Grazer Dachlandschaft, darunter jene des Reinerhofs, genießt. Benannt wurde dieser nach seinem ersten Eigentümer, dem Stift Rein, welches den Hof von Markgraf Ottokar III. als Geschenk erhielt. Trotz seines Alters ist er jedoch kein Museum, sondern steht vital im Leben und beherbergt Büroräumlichkeiten genauso wie ein Kaffeehaus: Mit einer erstmaligen Erwähnung im Jahr 1164 gilt er als ältestes urkundlich nachweisbares Gebäude der Stadt Graz, die heute Besitzerin des traditionsreichen Hauses ist. Unter dem Reinerhof ging's bei Grabungen historisch so richtig zur Sache: Die gefundenen Spuren reichen nämlich auch hier bis in die Urnenfelderzeit und die Römerzeit zurück. Besonders sehenswert im Reinerhof ist die gotische Halle, deren ursprüngliche Nutzung bis heute nicht wirklich geklärt ist. Im Jahr 2016 diente sie jedenfalls als Ausstellungsraum, der vom Kulturressort der Stadt Graz jungen zeitgenössischen Künstlern mietkostenfrei zur Verfügung gestellt wurde.

Oben links: Den Schanzlwirt schätzten die Gäste offenbar schon immer: Er gilt als ältestes Gasthaus der Stadt. Der Prellstein des Gebäudes soll angeblich Züge eines Geistlichen tragen (rechts). Unten: Der Reinerhof ist das älteste urkundlich erwähnte Gebäude von Graz.

Weit in die Vergangenheit zurück geht es auch beim Schanzlwirt in St. Leonhard. Das massige Gebäude in der Hilmteichstraße 1 soll bereits im Jahr 1416 eine Taverne beherbergt haben. Im gemütlichen Wirtshaus verwies man in der Speisekarte jedenfalls immer stolz darauf, das älteste Gasthaus der Stadt Graz zu sein, bis im Jahr 2009 Schluss mit Schnitzel & Co war und zugesperrt wurde. Skurril mutet der Prellstein an der Ecke zur Schanzelgasse an, der eine gut genährte, einem Buddha nicht unähnliche Figur zeigt. Sie soll, so erzählt man sich, einen ehemaligen Pfarrer der gegenüberliegenden Leonhardkirche darstellen. Der Wirt mochte den Geistlichen nicht leiden und versah den Prellstein deshalb mit dessen Zügen. Seit Kurzem hat der Schanzlwirt übrigens wieder geöffnet – als Café. Die Tradition lebt also fort.

Wo findet man Reinerhof und Schanzlwirt?
Der Reinerhof befindet sich im Zentrum von Graz, in der Sackstraße 20 (Schloßbergplatz). Der Schanzlwirt in der Hilmteichstraße 1 zählt zu den markantesten Gebäuden des Bezirks St. Leonhard.

Im Garten
des Landeshauptmanns

Der Burggarten

Natürlich ist es nicht sein Garten, aber vom Büro des amtierenden Landeshauptmanns der Steiermark führt eine Balkontür direkt in den Burggarten, sodass man durchaus von einem „Garten des Landeshauptmanns" sprechen könnte. Draußen muss er sich freilich unters Volk mischen, denn der Burggarten ist kein verschlossenes Refugium für die politische Elite, sondern fürs breite Volk geöffnet. Sogar picknicken kann man dort, und wenn man den Stadtpark als weitläufige Grünanlage inmitten der Stadt bezeichnen kann, dann darf man vom Burggarten als versteckter Grünoase sprechen, die knapp oberhalb des Stadtparks zu finden und mit diesem über einen Weg verbunden ist. Im Vergleich mag der Burggarten weitgehend unbekannt sein, dafür ist er umso feiner, weil kleiner ...

Erst vor wenigen Jahren wurde der Burggarten neu gestaltet und bietet nun einen interessanten Mix aus Wiesen, alten Bäumen, Rosen und einer Pflanzenaufzuchtstation, das alles durchzogen von Wegen zum Flanieren und umgeben von den historischen Gemäuern der Grazer Burg. Er ist nicht allzu groß und entwickelte sich vom einstigen Garten für ausgewählte Adelige zum kleineren Bruder des Stadtparks für die Allgemeinheit – ein Sinnbild für die Wandlung der Herrschaftsverhältnisse nicht nur in der Stadt Graz, sondern im ganzen Land.

Der Burggarten: Ein verborgenes Kleinod im Herzen der Stadt

Auf einem Teil der Befestigungsanlage der Grazer Burg entstand schon im 16. Jahrhundert dieser Lustgarten, der vom Hofgärtner Erzherzog Karls II. ausgestaltet wurde. Im 19. Jahrhundert kam das Gewächshaus dazu, die sogenannte Orangerie, die mit ihren filigranen Fensterscheiben wie ein Krönchen auf dem Wiesengrün sitzt. Diese kann heute allgemein genützt werden, beispielsweise für Hochzeiten oder andere Veranstaltungen. Auch der Landeshaupt  mann bittet gelegentlich zum Empfang in die Orangerie.

Jeder fühlt sich wohl in diesem schönen, revitalisierten Park und man spricht davon, dass er der Park der Steirerinnen und Steirer sei – aber natürlich sind auch Besucher von anderswoher willkommen.

Wo findet man den Burggarten?
Der Eingang befindet sich stadtauswärts nach dem Burgtor Richtung Stadtpark links. Öffnungszeiten: Täglich von 7.30 bis 20 Uhr (im Winter nur über den Burghof zugänglich).

Verborgene
Steirerstars

Die Ehrengalerie berühmter Steirer

Die Grazer Burg und ihre Höfe bergen so manche Sehenswürdigkeit – bekannte wie weniger bekannte. Marschiert man an der weltberühmten Doppelwendeltreppe vorbei (natürlich nicht, ohne das gotische Meisterwerk, bei dem sich zwei Treppen gegengleich emporwinden, um in jedem Stockwerk wieder aufeinanderzutreffen, entsprechend gewürdigt zu haben), gelangt man in den zweiten Burghof, in dem sich eine Sammlung illustrer historischer steirischer Persönlichkeiten präsentiert. Nur wenige Besucher der Burg verschlägt es dorthin, was schade ist. Denn die Open-Air-Galerie unserer Landsleute, die es in den unterschiedlichsten Disziplinen zu etwas gebracht haben, ist sehenswert: Die Büsten wurden aus Stein gefertigt, ihr Weiß bildet einen schönen Kontrast zum gepflegten Grün der Wiese, auf der sie stehen – und sie geben ein breites Bild außergewöhnlicher steirischer Persönlichkeiten aus mehreren Jahrhunderten wieder. Und wie's eben so ist in unserer männerdominierten Geschichte, überwiegen die Herren der Schöpfung gegenüber den Damen. Ursprünglich fehlten die Frauen überhaupt, was im Laufe der Jahrzehnte immer wieder zu unterschiedlichsten Initiativen geführt hat, um in der Freiluftgalerie zumindest eine gewisse Frauenquote einzufüh-

Berühmte Steirer als steinerne Gäste in der Grazer Burg. Die bronzenen Damen stießen erst später dazu.

ren. Zwei sind es schlussendlich geworden: mit Anna Plochl, der (späten) Ehefrau Erzherzog Johanns, und der „Grimmingtor"-Autorin Paula Grogger eher Vertreterinnen eines konservativen Steiermark-Bildes, die seit 1994 in Bronze die Galerie ergänzen. An Nachruhm können sie freilich mit dem Gros ihrer männlichen Galerie-Kollegen mithalten – beziehungsweise übertreffen sie diese gar.

Urheber der im Jahr 1960 eröffneten Galerie war der ehemalige Kulturpolitiker Hanns Koren. Es wäre wohl nicht Koren gewesen, hätte man nicht zeitgenössische Künstler mit der Fertigung der Büsten beauftragt. Neben den späteren weiblichen „Ergänzungen" residieren derzeit folgende Herren als steinerne Gäste im zweiten Burghof: Viktor Kaplan (Erfinder der Propellerturbine), Josef Thaddäus Stammel (Barockbildhauer, Schöpfer der „Vier letzten Dinge" in Stift Admont), Johann Bernhard Fischer von Erlach (Barockbaumeister), Peter Tunner (Bergbaupionier), August Musger (Erfinder der Zeitlupe), Ulrich von Liechtenstein (Minnesänger und Politiker), Peter Rosegger (steirischer „Nationaldichter"), Johann Josef Fux (Komponist), Hugo Wolf (ebenfalls Komponist), Alexander Girardi (Schauspieler).

Ach ja, bevor wir es vergessen: Der Mittelpunkt der Stadt Graz befindet sich ebenfalls dort – auf einer Begleittafel wird wortreich erklärt, warum man im zweiten Burghof den Stadtmittelpunkt würdigt, obwohl er woanders liegt, nämlich im dritten Burghof, aber das nachzulesen überlassen wir den Leserinnen und Lesern gern selbst …

Wo findet man die Ehrengalerie berühmter Steirer?
Im zweiten Burghof, Eingang Hofgasse 15.

Fremde Schriftzeichen
in der Grazer Burg

Der jüdische Grabstein

Im ersten Hof der Grazer Burg erwecken fremde Schriftzeichen unsere Aufmerksamkeit. Sie zieren einen jüdischen Grabstein, der in einer Nische an der Wand angebracht ist. Des Hebräischen nicht mächtig, freut man sich über die daneben auf einer Bronzetafel notierte Übersetzung: *„Und es ward/zum Klagelaut meiner Zither/und zum lauten Weinen mein Lied/durch das Hinscheiden des Vaters meines Lehrers des Herrn Nissim/Sohn des Herrn Aharon, der in seine Ewigkeit eingegangen/am Donnerstag, den zehnten im Monat Tammus im Jahre/einhundertsiebenundvierzig/des sechsten Jahrtausends. Möchte seine Seele eingebunden sein im Bunde des Lebens. Amen. Selah."* Der Grabstein erinnert an den jüdischen Handelsmann Rabbi Nissim. Da die jüdische Zeitrechnung mit der Erschaffung der Welt beginnt, die exakt im Jahr 3761 vor Christus vonstattengegangen sein soll, ergibt sich das Jahr 1387 als Todesjahr nach unserer Zeitrechnung. Tammus ist der zehnte Monat im jüdischen Jahr, das allerdings in unserem Herbst beginnt, und wäre folglich im Zeitraum Juni/Juli des gregorianischen Kalenders anzusiedeln.

Der jüdische Grabstein hier in der Burg verwundert, er dürfte im Jahr 1570 aus einem aufgelassenen Judenfriedhof hierhergebracht worden sein, als man derartige Steine als Baumaterial verwendete – Schlusspunkt einer langen Entwicklung des Judentums im Mittelalter. Erste Spuren jüdischen Lebens im Großraum Graz finden sich außerhalb der heutigen Stadt in Judendorf, der Ortsname spricht für sich. Im 13. Jahrhundert dürften die Juden dann von Judendorf nach Graz übersiedelt sein, wo sich bald eine ansehnliche Gemeinde entwickelte. Das Judenviertel erstreckte sich rund um die Synagoge, die damals allerdings nicht auf ihrem heutigen Platz am David-Herzog-Platz zu finden war, sondern in der Herrengasse, etwa im Bereich der später errichteten Stadtpfarrkirche. Das Grazer Judenviertel des Mittelalters endete auf der Linie der heutigen Hans-Sachs-Gasse, ein sogenanntes Judentürl führte zum jüdischen Friedhof außerhalb der Stadtmauern, aus dem auch der Grabstein der Grazer Burg stammen dürfte.

Schon bald sah sich die Grazer jüdische Gemeinde des Mittalters mit den hinlänglich bekannten Vorwürfen konfrontiert: Wucherzinsen würden verlangt.

Der jüdische Grabstein in der Grazer Burg erinnert an Rabbi Nissim.

Dazu trugen sicherlich einige vermeintliche Privilegien bei, die die Juden im Mittelalter genossen. So unterstanden sie direkt dem Landesherrn, an den sie ihre Abgaben entrichten mussten. Und im Gegensatz zu den Christen, denen dies aus religiösen Gründen untersagt war, durften die Juden Zinsen für verborgtes Geld verlangen, was dazu führte, dass sie mehr oder weniger als Einzige im damaligen Kreditwesen engagiert waren. Als maßlos überhöht empfundene Zinssätze schufen nicht nur einen schlechten Ruf der Juden, sondern brachten auch offene Antipathie ihnen gegenüber mit sich. Gegen Ende des 14. Jahrhunderts war das Klima in Graz bereits so vergiftet, dass es zu einem Brandanschlag auf das Judenviertel gekommen war. Im Jahr 1438 erfolgte schließlich eine erste Vertreibung der Juden aus der Stadt, ihre Häuser wurden an nicht jüdische Grazer Bürger vergeben. Nach einer gestatteten Rückkehr – man bemerkte rasch, dass man auf das von den Juden verliehene Geld nur schwer verzichten konnte – nahm man im Jahr 1495 allerdings eine angebliche Urkundenfälschung durch einen reichen Juden zum Anlass, um diese Gruppe endgültig und auf viele Jahrhunderte aus der Steiermark zu verbannen.

Wo findet man den jüdischen Grabstein?
Im ersten Burghof, auf der rechten Seite.

Prophezeiungen
aus der Neuen Welt

Die Spuren Jakob Lorbers

Zwischen Hauptplatz und Kälbernem Viertel – der Franziskanerplatz ist heute der bekannteste und beliebteste Vertreter dieses historisch nach den ehemaligen Schlachtbänken benannten Grätzls – erstrecken sich mehrere enge Gassen. Eine davon, die Neue-Welt-Gasse, birgt neben allerlei Romantik das Wohnhaus eines außergewöhnlichen Grazers: Jakob Lorber. Die Bandbreite der Einschätzung dieses Mannes ist groß: Während die einen meinen, er habe, salopp gesagt, nicht alle Tassen im Schrank gehabt, schätzen ihn die anderen als bedeutenden Mystiker und Weissager.

Wie auch immer, interessant ist Lorbers Werdegang auf alle Fälle. Im Jahr 1800 im heutigen Slowenien in der Nähe von Marburg geboren, verdiente sich Lorber seinen Lebensunterhalt als Musiklehrer, zeigte aber auch Anstrengungen als Komponist. Auf dem Gebiet der Musik hatte er Kontakte zu bis heute bekannten Persönlichkeiten. Der Grazer Komponist Anselm Hüttenbrenner war sein Freund, mit Franz Schubert soll er musiziert haben und Niccolò Paganini gab ihm sogar ein paar Violinstunden. Sonst scheint er vom „Teufelsgeiger" nicht viel gelernt zu haben, im Gegenteil. Im Jahr 1840, eines Morgens beim Aufstehen, vernahm Lorber nämlich in seiner Wohnung in der Neue-Welt-Gasse eine Stimme, die ihm diktierte: „Nimm einen Griffel und schreib!" Jakob Lorber tat, wie ihm geheißen, ließ die Musik Musik sein und widmete sich fortan der Aufzeichnung der ihm vorgesagten Texte, die allesamt göttliche Eingebungen gewesen sein sollen. Das hat nun zu der unterschiedlichen Einschätzung Lorbers geführt: Die einen interpretieren seine zigtausend Seiten umfassenden Schriften als Worte Jesu, die anderen als Ausgeburt einer – sagen wir es höflich – äußerst angespannten Psyche. Es gibt unzählige Internetseiten, auf denen Beweise erbracht werden, welche Vorhersagen Lorbers in Erfüllung gegangen seien. Eine Beweisführung, die oft nicht schwer ist: Wenn Lorber beispielsweise zur Endzeit meint, dass „das Meer an vielen Orten die Ufer überfluten" wird, kann man das genauso als „No-na"-Aussage deuten, die das uralte Sintflutmotiv der Bibel wiederholt, wie als Vorwegnahme des gerade im Gang befindlichen Klimawandels. Dann wäre es allerdings wirklich seherisch …

*Linke Seite: Jakob Lorber,
umstrittener Grazer Mystiker.
Rechts: Lorbers Wohnhaus
in der Innenstadt.*

Lorber selbst sah sich jedenfalls ausschließlich als Werkzeug der (inneren) Stimme und bezeichnete sich fortan als „Schreibknecht Gottes" – so steht es auch auf einer Tafel am Wohnhaus des Mystikers in der Neue-Welt-Gasse 9 geschrieben. Gott scheint seinen Schreiber zumindest hier auf Erden nicht besonders gut entlohnt zu haben, denn in späteren Jahren, in denen Lorber nach wie vor fleißig aufzeichnete, was ihm diktiert wurde, war er auf die finanzielle Unterstützung von Freunden wie Hüttenbrenner angewiesen.

Das Wohnhaus im Grazer Zentrum ist nur eine von etlichen Spuren, die auf Jakob Lorber verweisen. Vom Griesplatz zweigt eine Jakob-Lorber-Gasse ab, sein Grab findet man auf dem St.-Leonhard-Friedhof und etwas nördlich der Stadt, am Andritzursprung, liegt die Lorberquelle, an der Gott dem Mystiker das Quellenevangelium diktiert haben soll.

Wo findet man in Graz Spuren Jakob Lorbers?
Das Wohnhaus Jakob Lorbers steht in der Neue-Welt-Gasse 9.
Die Lorberquelle alias Andritzursprung findet man bei der Jakob-Lorber-Begegnungsstätte in der Grazer Nachbargemeinde Stattegg, Am Ursprungblick 5a. Beide – Quelle und Begegnungsstätte – befinden sich im Privatbesitz der Jakob-Lorber-Gesellschaft, die die Quelle nicht als touristisches Ziel sieht, Besichtigungen nach Anmeldung aber ermöglicht.

Eine kugelrunde
Grazer Sache

Die Grazer Schloßbergkugeln

„Ibrahim Pascha, Oberbefehlshaber der türkischen Heerscharen, die vor Graz lagen, hatte sich gerade bei Tisch niedergelassen. Verführerisch dampfte das Nationalgericht, ein Bohneneintopf namens Kuru Fasulye, heiß in der Schüssel. Plötzlich ein Donnerschlag, nein, es war kein Donner, sondern der Lärm einer abgefeuerten Kanone in der belagerten Festung Grätz – und die Kugel landete mitten in Paschas Schüssel, die Bohnen spritzten nur so durchs Zelt und ruinierten die Kleidung des erzürnten Oberkommandierenden ..."

So weit eine Geschichte, die man sich früher gern erzählt hat und die wir – zugegeben – noch ein wenig ausgeschmückt haben; wir wissen nämlich nicht, was Pascha gerade zu speisen im Begriff war. Ob's das türkische Nationalgericht war? Darüber hinaus weist die Geschichte einige weitere Ungereimtheiten auf, beispielsweise die Tatsache, dass Graz gar nicht von den Türken belagert wurde, sondern deren Heer nach kurzem Erstürmungsversuch an der Stadt vorbeigezogen ist. Und auch ein punktgenauer Treffer in die Eintopfschüssel Paschas dürfte angesichts der Beschaffenheit der Artillerie im Jahr 1532 nicht so wahrscheinlich gewesen sein.

Trotz der offenkundigen Mängel führt uns diese nette historische Anekdote zum eigentlichen Gegenstand des Kapitels, einer kugelrunden süßen Verführung aus der Stadt Graz, der Schloßbergkugel. Bei der Erfindung dieser Nascherei soll die Kanonenkugel Pate gestanden haben, die in der Schüssel des türkischen Heerführers gelandet war.

Geschaffen hat die Schloßbergkugel der Grazer Konditormeister Günther Hödl, der sie in seiner Konditorei Strehly in der Sporgasse jahrelang verkaufte – bis die seit dem Jahr 1596 bestehende Konditorei Strehly vor wenigen Jahren zusperren musste. Peter Linzbichler mit seinem Süßwarengeschäft am Franziskanerplatz hat sich die Rechte gesichert und verkauft heute noch original Strehly-Schloßbergkugeln, hergestellt aus Zartbitterschokolade, Orangentrüffelmasse und Haselnuss-Maraschino-Marzipan.

Wo findet man die Grazer Schloßbergkugeln?
Bei Linzbichler Süßwaren am Franziskanerplatz 16.

Pascha oder doch
kein Pascha?

Die vermeintliche Türkenfigur

Da wir gerade von der vermeintlichen Belagerung der Stadt durch die Türken gesprochen haben: Weit oben in der Sporgasse lohnt es sich, den Blick ganz hinauf zu lenken, direkt unter die Dachfirste der Häuser. Denn aus einem Dachfenster des Palais Saurau ragt eine grimmig dreinblickende Figur und unterstreicht ihr Mienenspiel mit gezücktem Säbel. Es dürfte wohl an ihrem Aussehen mit Turban und mächtigem Schnurrbart gelegen sein, dass man die Figur mit den osmanischen Eroberungszügen im 16. Jahrhundert in Verbindung gebracht und in ihr ein Türkenporträt aus damaliger Zeit gesehen hat.

Zu Unrecht, wie die Forschungen in der Zwischenzeit ergeben haben. Man weiß zwar immer noch nicht mit hundertprozentiger Sicherheit, was es mit dem Türken wirklich auf sich hatte. Eins aber ist sicher: Die hölzerne Figur ist erst wesentlich später entstanden, als die Türken Mitteleuropa längst den Rücken gekehrt hatten.

Wahrscheinlich diente der „falsche Türke" als Zielscheibe beziehungsweise als Übungsfigur für berittene Soldaten. „Graz Tourismus" äußert auf seiner Website die Vermutung, die Grafen Saurau könnten sich einer Mode angeschlossen haben: Nach dem endgültigen Sieg über die Türken im Jahr 1683 war es plötzlich in, die Häuser „alla turca" zu schmücken, also nach Art der Türken. Wie auch immer, Türkenführer Ibrahim Pascha stellt die Holzfigur des Palais Saurau auf jeden Fall nicht dar, sehenswert ist sie allemal.

Der „Türke" hoch über der Sporgasse gibt heute noch Rätsel über Herkunft und Funktion auf.

Wo findet man die vermeintliche Türkenfigur?
Sie ragt aus einem Dachfenster des Palais Saurau in der Sporgasse 25.

Säulen
vor dem Kopf

Schaufenster im Palais Kollonitsch

Kein Brett vorm Kopf, dafür Säulen – so könnte man zwei der ungewöhn-lichsten Auslagen der Stadt beschreiben. Sie fallen weniger durch den zur Schau gestellten Inhalt auf – wobei absolut nichts gegen Schmuck oder Kosmetik gesagt sei. Auffälliger ist ohne Zweifel die Tatsache, dass direkt vor dem Schaufenster drei toskanische Säulen die Sicht hinein erheblich erschweren. Schaut man in die Höhe, bemerkt man, dass die Säulen einen darüberliegenden Erker tragen.

Das Haus, bei dem man frei nach dem Bäume-und-Wald-Sprichwort vor lauter Säulen die Auslagen kaum sieht, steht in der Schmiedgasse. Es han-delt sich dabei um ein traditionsreiches Palais, das Palais Kollonitsch aus der Spätrenaissance. Die gediegene Atmosphäre, die die mächtigen Säulen unter den zwei Eck-Erkern vermitteln, setzt sich im Inneren fort. So gibt es

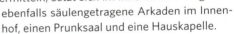

ebenfalls säulengetragene Arkaden im Innen-hof, einen Prunksaal und eine Hauskapelle.

Das Palais verfügt über eine wechselvolle Geschichte. Neben den Grafen Kollonitsch haben sich schon die Stadt Graz und die Wirt-schaftskammer in die Besitzerliste des Ge-bäudes eingetragen. Heute befindet sich das repräsentative Haus in Privatbesitz und wird für Geschäfts- und Wohnzwecke genützt. Wir begnügen uns deshalb mit einem Blick in die Schaufenster, nachdem wir zwischen den imposanten Säulen respektvoll ein Plätzchen zum Durchschauen gefunden haben …

Wo findet man die Schaufenster mit Säulen?
In der Schmiedgasse 21.

Schwer, dafür aber schöner schauen

Schädelfund
im Franziskanerkloster

Gedenktafel für Greißenegg

Eine schaurige Entdeckung machten Bauarbeiter im Jahr 1987 im Grazer Franziskanerkloster. Bei Renovierungsarbeiten wurde unter der Türschwelle der Jakobikapelle ein Schädel gefunden. Bald stellte sich heraus: Es dürfte sich bei dem Schädel um die letzten Überreste des Andreas von Greißenegg handeln, der im 15. Jahrhundert gemeinsam mit dem bekannteren Andreas Baumkircher in unmittelbarer Nähe des Fundortes hingerichtet worden war.

Baumkircher hatte sich mit Kaiser Friedrich III. (1415–1493) angelegt, jenem Kaiser, der in Graz seinen Lebensmittelpunkt aufgeschlagen hatte – Graz war ja bis 1619 Residenzstadt von Innerösterreich. Burg und Dom wurden unter Friedrich III. gründlich ausgebaut. Die als „Baumkircher-Fehde" bekannt gewordene Auseinandersetzung hatte vor allem einen Hintergrund: das liebe Geld. Als erfolgreicher Söldnerführer hatte es Baumkircher zu beträchtlichem Reichtum gebracht und verlieh sein Geld unter anderem an den notorisch blanken Kaiser. Politische Missstimmigkeiten – Baumkircher diente sich auch Friedrichs Erzfeind, dem Ungarnkönig Matthias Corvinus, an –, vor allem aber nicht zurückbezahlte Schulden seitens des Kaisers führten zu einem

ernsthaften Zerwürfnis zwischen dem streitbaren Söldnerführer und seinem Herrn. Quasi als Revanche für die offenen Rechnungen setzte sich Baumkircher an die Spitze einiger aufständischer Adeliger im Land und rebellierte – ganz im Sinne von Corvinus – gegen Friedrich III. Dieser lud den Rädelsführer der Aufständischen nach Graz zur Aussprache und sicherte ihm dafür freies Geleit zu. In Begleitung von Andreas Greißenegg begab sich Baumkircher in die Hauptstadt, beide verließen diese aber nicht mehr lebend. Die Legende besagt, das freie Geleit hätte nur tagsüber gegolten. Baumkircher und sein Kompagnon Greißenegg übersahen die Zeit, erreichten das Stadttor nicht vor der Sperrstunde und konnten deshalb Graz nicht mehr rechtzeitig verlassen. Auch wenn es vermutlich nicht ganz so gewesen ist, schlug ihnen die letzte Stunde. Der sonst oft unentschlossene Kaiser Friedrich III. machte dieses Mal kurzen Prozess, ließ Baumkircher und Greißenegg verhaften und noch am selben Abend ohne Prozess in der Nähe des Murtors hinrichten. Während der Leichnam Baumkirchers in seine Heimat, auf die Burg Schlaining, überstellt wurde, wo allerdings bis heute nicht die geringste Spur von ihm ist,

verscharrte man Greißenegg gleich in der Nähe der Hinrichtungsstätte, in dessen unmittelbarer Nachbarschaft sich auch das Franziskanerkloster befand. Erst durch den Schädelfund rückte die Geschichte wieder ein wenig ins Bewusstsein und an den unglücklichen Greißenegg erinnert heute eine Tafel in der Jakobikapelle des Franziskanerklosters: *„Hic conditur caput abscisum Andreae Greissenecker equitis decollati die 23. Aprilis 1471"* – Hier ruht das abgetrennte Haupt des Ritters Andreas Greißenegg, enthauptet am 23. April 1471.

Wo findet man die Gedenktafel für Greißeneggs Schädel?
In der Jakobikapelle des Franziskanerklosters, Zugang vom Kreuzgang aus und nicht immer geöffnet. Der ebenfalls sehenswerte Kreuzgang ist über eine Tür der Klostermauer vom Franziskanerplatz aus erreichbar.

In der Jakobikapelle des Franziskanerklosters wurde Ende des 20. Jahrhunderts der Schädel eines vor mehr als 500 Jahren Hingerichteten gefunden. Unten: Eingang zur Kapelle

Surfin' M.U.R.

Der Citybeach

Die Mur ist zwar für den Grazer Kosenamen – „Murmetropole" – verantwortlich, nichtsdestotrotz ist sie aus dem Stadtbild weitgehend verschwunden. Über weite Strecken eher kanalähnlich, schießt der größte steirische Fluss geradlinig in seinem busch- und baumgesäumten Bett durch die Stadt, in seiner tiefen Senke meist versteckt und unbemerkt, wenn man nicht gerade über eine der Brücken geht. Es gibt aber auch Ausnahmen, eine davon un-

mittelbar unter der Hauptbrücke, heute Erzherzog-Johann-Brücke genannt: Dort öffnet im Sommer der Citybeach. Ausgestattet wie in Italien oder anderswo im Süden, präsentiert sich dieser Strand mit Liegestühlen, Bar und Musik als Zentrum mediterraner Lebensfreude. Da lautet die Devise: „Sonnenbrille auf die Nase und ab an die Mur!" Dort lebt dann die Beach-Boys-Songzeile „Surfin' U.S.A." auf – das Meer fehlt zwar, aber man kann nicht alles haben, und so heißt's unter der Erzherzog-Johann-Brücke eben: „Surfin' M.U.R." ...

Zunächst gab es nur eine Strandbar, die an den Wochenenden geöffnet hatte. Bald erfreute sich die ursprünglich aus Berlin importierte Idee so großer Beliebtheit, dass sich der Citybeach als Szenetreff etablierte, der heute aus dem sommerlichen Graz

Am Citybeach weht ein Hauch Lignano durch Graz.

nicht mehr wegzudenken ist. Längst spielen auch Bands auf und um die Liegestühle herrscht ein Griss wie sonst zu Ferragosto in Lignano. So tummeln sich Alt und Jung, Musikliebhaber, Genießer und Sonnenhungrige an diesem Uferstreifen mit einzigartiger Lage – welcher andere Strand kann schon von sich behaupten, unter einer Brücke zu liegen?

Und weil wir oben die Beach Boys zitieren: Das ist weder übertrieben noch unrichtig. Denn vor dem Citybeach kann man auf der künstlich geschaffenen „Welle" in der Mur sogar surfen. Der größte Boom des Flusssurfens scheint zwar vorbei, es gibt aber immer wieder Unentwegte, die spektakulär ihr Brett auf der Mur reiten – unter den neugierigen Blicken von Schaulustigen auf der Brücke und am Citybeach.

Wo findet man den Citybeach?

Direkt unter der Erzherzog-Johann-Brücke, gemeinhin nach wie vor als Hauptbrücke bekannt. Aufgebaut und geöffnet nur während der Sommermonate.

Lohnende Ausblicke

Sehenswertes hoch oben

Teil 1: Der unbekannte Ritter

Den Panther auf den Gullydeckeln werden die im ersten Kapitel genannten Hans Guck-in-die-Lufts übersehen haben, dafür gibt es an anderen Stellen der City eine Fülle kleinerer und größerer Details, die sich dem Innenstadtbummler erst erschließen, wenn er mit erhobenem Kopf und nach oben gerichtetem Blick durch die Gassen zieht. Im Folgenden möchten wir drei Kuriositäten bringen, die man einfach gesehen haben sollte.

Erstes und zugleich bei Weitem jüngstes Beispiel stellt eine Ritterfigur an der Adresse Herrengasse 16 dar. Was soll daran besonders sein, könnte der eine oder die andere einwerfen, dort befindet sich schließlich das Landeszeughaus und da findet man mit Fug und Recht nicht nur eine, sondern eine Vielzahl an Ritterrüstungen vor. Stimmt, als größte erhaltene historische Waffenkammer der Welt umfasst das Landeszeughaus mehr als 30 000 alte Schaustücke, darunter jede Menge Harnische. Der Ritter, den wir meinen, verdient dennoch gesonderte Aufmerksamkeit, denn er befindet sich nicht im Landeszeughaus, sondern auf dem Dach desselben.

Da stellt sich nun die Frage: Wie und warum ist der Ritter ausgerechnet dort hingekommen? Nun, er ist Teil eines Kunstprojektes von Nasan Tur mit dem Titel „Der unbekann-

Des Kämpfens überdrüssig liegt der unbekannte Ritter auf dem Dach des Landeszeughauses und blickt in den Himmel.

te Ritter" aus dem Jahr 2011, in dessen Rahmen an insgesamt drei Standorten in Graz Ritterfiguren aufgestellt wurden. Die Ritter des deutsch-türkischen Künstlers sind bewusst schwach gerüstet, die Geschichten rund um ihn wurden von Volksschulkindern erdacht. Im konkreten Fall hatte der Ritter keine Lust mehr zu kämpfen, legte sich auf das Dach des Landeszeughauses und blickt stattdessen in den Nachthimmel. Mond statt Mord, könnte man sagen. Ein schöner Kontrast zur vermeintlich „heroischen" Geschichte rund um das Rittertum, die im Landeszeughaus unter dem Dach dokumentiert wird!
Anberaumt war „Der unbekannte Ritter" für zwei Jahre, auf dem Dach des Landeszeughauses hat er die Projektdauer allerdings bereits einige Jährchen überlebt. Muss wohl ein gemütlicher, friedlicher Platz sein, da oben, hoch über der Herrengasse ...

Wo findet man den unbekannten Ritter?
Auf dem Dach des Landeszeughauses in der Herrengasse 16.

Teil 2: Das Haus mit den Gesichtern

Auch auf dem Hauptplatz lohnen sich Blicke nach oben – nicht nur, wenn man unter der „Weikharduhr" sehnlichst auf sein Rendezvous wartet und eine quälend langsam vergangene Minute um die andere Blicke auf besagte Uhr wirft. Ein Beispiel möchten wir kurz herausgreifen: das Haus an der Ecke zur Sporgasse. Unten verströmt es mit dem kurzen Laubengang vom Hauptplatz in die Sporgasse italienisches Flair wie es sonst nur mehr selten anzutreffen ist. Oben erinnern die Gesichter auf der Fassade an einen Franzosen. Aber der Reihe nach!

Das Haus mit den Gesichtern.
Links: Lustige Details in der Stuckatur: Nasen, Münder, Bärte.

Bei dem markanten Eckgebäude handelt es sich um das sogenannte Luegg-Haus. Den Namen – nicht auf Graz beschränkt, auch in Wien gibt es ein Lugeck, das dieselbe Etymologie haben dürfte – führt man gemeinhin auf „ums Eck lugen (schauen)" zurück, was bei einem Eckhaus über eine gewisse Logik verfügt.

Das Haus – eigentlich sind es zwei – beeindruckt neben den genannten Arkadengängen vor allem mit den prächtigen Stuckaturen an der Fassade. Sie stammen aus dem 17. Jahrhundert und zeigen eine bunte Mischung. Leicht zu erkennen sind die vielfältigen Ornamente und das Obst. Schaut man genauer hin, bemerkt man auch einige Gesichter, die auf die Passanten herabblicken, zumindest Nasen und dazugehörige Münder. Eines davon könnte mit ein wenig Fantasie aufgrund seines charakteristischen Schnurrbarts ohne Weiteres als Franzose durchgehen, was zwar den Bogen zur Einleitung schließt, historisch aber nicht verbürgt ist.

Wo findet man das Haus mit den Gesichtern?
An der Ecke Hauptplatz/Sporgasse.

Diese Drachen speien kein Feuer, sondern das genaue Gegenteil: Wasser.

Teil 3: Die Drachen an der Regenrinne

Ist man erst einmal durch den kleinen, aber feinen Arkadengang des Luegg-Hauses gegangen, befindet man sich auch schon in der Sporgasse, einer der schönsten und belebtesten Gassen der Stadt. Nur wenige Schritte bergwärts steht man vor einem stattlichen Bürgerhaus mit der Nummer 13, für das der Baumeister der Stiftsbibliothek Admont und damit des „achten Weltwunders" seiner Zeit, Joseph Hueber, verantwortlich zeichnet. Unsere Aufmerksamkeit gilt dieses Mal aber nicht der durchaus sehenswerten Rokoko-Fassade des Hauses, auch nicht den Geschäften darin, sondern wieder einem Detail hoch oben. Den Abschluss der Regenrinnen, die in die Sporgasse hereinragen, bilden nämlich fantastische Drachenköpfe.

Keine Angst, die Burschen speien kein Feuer. Ganz im Gegenteil, bei den Drachenköpfen handelt es sich um Wasserspeier, und das auch nur, wenn es Regen gibt. Sie haben eine lange Tradition und dienen dazu, das in den Dachrinnen gesammelte Regenwasser weit von der Fassade fortzuschleudern, damit diese nicht nass wird. Schon im Mittelalter wurden die Wasserspeier oft kunstvoll ausgestaltet, wovon man sich bei vielen Kirchen heute noch überzeugen kann. Die Bandbreite der Figuren und Köpfe, aus denen das Wasser schießt, reicht von fratzenhaften Dämonen über komische Gesichter bis hin zu Fabelwesen wie eben unseren Drachen in der Sporgasse.

Wo findet man die Drachen an der Regenrinne?
Am Dach des Hauses Sporgasse 13.

Oskar fehlt!

Eine weiße Kunststeinfigur

Mit Oskar scheint auch die Erinnerung an eine der ungewöhnlichsten Geschichten der Grazer Innenstadt langsam zu verschwinden. Eine Geschichte von Aufstieg und Fall, könnte man frei nach Bertolt Brecht sagen, die es verdient, der Vergessenheit entrissen zu werden.

Also: Es war einmal Oskar, einst eine legendäre Kunststeinfigur in Graz. Mannshoch, ganz in Weiß, mit langem Mantel, Glatze und Schnauzbart stand er in der Herrengasse. Anfangs eher als Hindernis betrachtet, haben ihn die Grazerinnen und Grazer – zumindest ein Großteil von ihnen – rasch lieb gewonnen und Oskar entwickelte sich zum zweiten Wahrzeichen der Stadt nach dem Uhrturm. Aufgestellt wurde Oskar von einem Friseur in der Herrengasse, der im Jahr 1985 den „Oskar der Friseure" gewonnen hat, eine Auszeichnung für besonders tüchtige Vertreter ihrer Zunft. Er war, wie man aus dem Preis und aus dem Standort seines Salons in der „Prachtmeile" der Stadt ableiten kann, kein gewöhnlicher Friseur, sondern ein richtiger Promi-Figaro und außerdem ein gewiefter Marketingstratege. Er wollte schlicht und einfach Werbung für seinen im ersten Stock der Herrengasse 19 neu eröffneten Frisiersalon betreiben und die Künstler Fedo Ertl und Erwin Talker erdachten und fertigten dafür den Oskar.

Gute Kunst polarisiert, sagt man, gute Werbung ebenfalls. Wenn nun gute Kunst und gute Werbung aufeinandertreffen, wie bei Oskar, dann muss es rundgehen. In diesem Fall ist das keine Übertreibung: Immer wieder wurde Oskar Opfer von tätlichen Attacken – man kann davon ausgehen, dass es sich meist um

bsoffene Geschichten gehandelt hat. Sicher kein Alkohol war im Spiel, als Oskar im Jahr 1987 von einem Lieferwagen gerammt wurde. Dieser erste Verkehrsunfall brachte die Innenstadtfigur nur ins „Spital". Die überwiegende Mehrheit der Grazerinnen und Grazer warf sich energisch für eine Rückkehr des Kunststeinmannes in die Bresche, darunter sogar Bürgermeister und Vizebürgermeister. Mit Erfolg, der genesene Oskar kehrte an seinen Standort zurück. Im Jahr 2003 wurde er allerdings erneut umgefahren. Dieses Mal mit „tödlichem" Ausgang. Alle Rettungsversuche kamen zu spät, weil auch Oskars Besitzer in der Zwischenzeit einiges gegen die Wand gefahren hatte. Als Geschäftsführer der Innenstadt-Initiative, einer Vereinigung der Kaufleute in der Grazer City, soll er Geld veruntreut haben, wofür er später rechtskräftig verurteilt wurde. Gleichzeitig ging er mit seinen Friseurgeschäften in Konkurs. Oskar geriet in die Konkursmasse, wurde versteigert und dämmert seither in einem Lager dahin. Alle Versuche, ihn wieder in die Herrengasse zu holen, sind bis dato gescheitert.

Aufstieg und Fall, wie bei Brecht, nur nicht in der Stadt Mahagonny, sondern in Graz.

Gähnende Leere in der Herrengasse: Die weiße Kunststeinfigur Oskar fehlt im Straßenbild.

Wo findet man Oskar?
Leider gar nicht mehr. Sein ursprünglicher Standort befand sich vor dem Haus Herrengasse 19, in dem sein Besitzer einen Frisiersalon betrieben hat.

Altgrazer
Mordsgeschichten

Lokale mit schauriger Vergangenheit

Essen und Trinken halten Leib und Seele zusammen – nicht immer, wie einige Vorkommnisse zeigen, die sich vor vielen, vielen Jahren in Graz zugetragen haben. Unsere zwar ernsthafte, aber doch nicht ganz ernst gemeinte Rundreise durch ausgewählte Kapitel der Kulinarik in der heutigen „Genusshauptstadt" fördert nämlich Kriminalfälle zutage, deren Lösung selbst literarische und televisionäre Meisterdetektive wie Sherlock Holmes, Inspektor Columbo & Co vor große Herausforderungen gestellt hätte.

Bierkrawalle

Wir beginnen vor gut 150 Jahren, im Jahr 1872: Latente Unzufriedenheit in der Bevölkerung – das Revolutionsjahr 1848 war noch nicht ganz vergessen – führte zu Ausschreitungen. Der (nachvollziehbare) Anlass: Die Bierpreise wurden angehoben, und zwar um einen Kreuzer für die Halbe. Die empörte Arbeiterschaft, auch sonst keineswegs durch Privilegien gesegnet, versuchte ihrem Unmut zunächst mit der Erstürmung der Brauerei Reininghaus Luft zu machen. Laut einem Bericht des Statthalters musste sogar das Militär anrücken, um die Familie Reininghaus, die auf dem Brauereigelände wohnte, vor den Aufständischen zu schützen. Genauso tumulthaft ging es dann in einer Bierhalle beim heutigen Hauptbahnhof zu. In der Nähe des damals Südbahnhof genannten neuen und wichtigen „Stützpunkts" entlang der ebenfalls noch neuen Südbahnstrecke befand sich „Schreiners Bierhal-

Ehemalige Schauplätze schauriger Ereignisse in Graz:
Brauerei Reininghaus …

… die Gösser Bierhalle (heute Gösser Bräu) und eine längst geschlossene Fleischerei

le", schon lange nicht mehr existent: Dort zertrümmerten die Massen, so der Statthalter in seinem Bericht vom 6. Februar 1872, Fenster und Einrichtungsgegenstände. Schlussendlich wurde sogar ein Arbeiter durch einen Bajonettstich getötet, viele andere wurden verwundet.

Bierhalle

50 Jahre später, im Jahr 1922, ereignete sich ein Mordfall, der im „Hans Gross Kriminalmuseum" der Karl-Franzens-Universität Graz dokumentiert ist. Dort ist eine marmorierte Holzsäule zu sehen, in die Leichenteile eingegipst wurden. Der Hintergrund der Tat, den Leiter Christian Bachhiesl bei einem Besuch seines Museums einmal zum Besten gegeben hat: Es handelte sich um Raubmord, dem eine begüterte Dame zum Opfer gefallen war – Elsa Josep. Sie wurde in ihrer Wohnung erdrosselt, weil es die Täter auf ihren Schmuck abgesehen hatten. Die Vorgeschichte führt uns wieder in die Altgrazer Gastronomie. Kennengelernt hatten sich Täter und Opfer im Café Europa in der Herrengasse, das es heute ebenfalls nicht mehr gibt. Nach einem ersten – missglückten – Versuch, die gute Frau mit Morphium zu betäuben und so an ihren Schmuck zu gelangen, kehrte sie gar noch in die Gösser Bierhalle in der Neutorgasse, heute Gösser Bräu, zum Mittagessen ein. Ihr wurde in der Folge schlecht, natürlich nicht vom Essen, sondern vom vorher verabreichten Morphium. Leider schob das Opfer seine Übelkeit auf die genossene Speise, weshalb es keinen Argwohn schöpfte und später seine Mörder ahnungslos in die Wohnung ließ. Diese töteten die Frau, zerstückelten die Leiche und versteckten die Teile in der erwähnten Säule. Den Geruch, der den eingegipsten

Leichenteilen mit Beginn der wärmeren Jahreszeit entströmte, versuchten die Täter übrigens mit einem Misthaufen vor dem Fenster zu erklären ...

Leberkäse

Mit Geruchsbelästigung hatte unser nächster Täter keine Probleme. Noch einmal knapp 50 Jahre später – 1974 – spielte ein Fleischhauer die Hauptrolle in einer spektakulären Grazer Mordgeschichte. Wenn der Postmann zweimal klingelt, freut man sich vielleicht – je nachdem, was er bringt. So war es auch in den Siebzigerjahren, als es noch eigene Geldbriefträger gab, die erhebliche Barauszahlungen, beispielsweise von Pensionen, direkt an der Haustür tätigten – Grund zur Freude. Ein verschuldeter Grazer Fleischhauer – wir nennen seinen Namen nicht, weil er nach Verbüßung seiner Haftstrafe anderswo ein neues Leben angefangen hat – an der Ecke Schönaugasse/Grazbachgasse nutzte die Gunst der Geldauszahlungsstunde und erschlug zwei Briefträger bei ihren „Rundgängen" mit einer Fleischerhacke. Insgesamt fast 400 000 Schilling (knapp 30 000 Euro) Beute waren der Lohn der grausamen Taten. Die Opfer zerstückelte der Fleischer und bewahrte sie in einer Tiefkühltruhe auf, bevor er sich ihrer später auf einer Müllhalde entledigte.

Die Pensionisten warteten vergebens auf ihre Auszahlung und ganz Graz, aber nicht nur, sondern auch die Steiermark und die angrenzenden Bundesländer hielten in der Zwischenzeit den Atem an: Was war da geschehen? Waren die Postler Opfer eines Unfalls geworden? Einige Indizien, darunter blutrot gefärbtes Wechselgeld und ein mit roten – ebenfalls Blut, wie sich herausstellte – Flecken übersäter Teppich in einer Reinigung führten die Polizei schließlich ins Geschäft des Fleischers. Freilich nicht, um eine Leberkässemmel zu kaufen, sondern um das Geständnis des Ladeninhabers entgegenzunehmen.

Na dann, Mahlzeit!

Wo findet man Grazer Lokale mit einer mörderischen Vergangenheit?

Die Mehrheit wurde, wie bereits erwähnt, längst geschlossen: Das Café Europa in der Herrengasse gibt es genauso nicht mehr wie Schreiners Bierhalle beim Hauptbahnhof, die Brauerei Reininghaus oder den kleinen mörderischen Fleischerladen.

Im Gösser Bräu in der Neutorgasse kann man nach wie vor einkehren. Die Spezialität des Hauses, das Gösser Gulasch, wird eigenen Angaben zufolge nach dem mehr als 100 Jahre alten Originalrezept zubereitet und führt somit direkt in die gar nicht so gute alte Zeit, dafür schmeckt's hervorragend ...

Einen schaurigen Einblick in die Welt des Bösen erhält man auch im „Hans Gross Kriminalmuseum" der Karl-Franzens-Universität Graz, das allerdings wegen Sanierung bis 2019 geschlossen bleibt. Als kleiner Ersatz finden regelmäßig multimediale Führungen statt, jeweils montags um 11 Uhr.

Bestens
geschützt

Außergewöhnliche Denkmäler

878 unter Denkmalschutz stehende Objekte gibt es in Graz, wenn wir uns nicht verzählt haben. Eindeutiger Spitzenreiter ist die Innere Stadt mit 307 Stück, Schlusslicht bilden die Bezirke Waltendorf mit 10 und Puntigam mit gerade einmal 5 denkmalgeschützten Bauwerken. Wenn man bedenkt, dass die Stadt Graz früher nur innerhalb der Stadtmauern, also circa im Bereich des ersten Bezirks, existierte, und weiters, dass manche Randbezirke mit bedeutender Industrie im Zweiten Weltkrieg durch Bomben schwer getroffen wurden, wundert man sich über das vermeintliche Ungleichgewicht nicht länger. Die Liste der denkmalgeschützten Objekte reicht von bekannten, historisch wertvollen Gebäuden, die Teil des Weltkulturerbes sind, bis zu weniger spektakulären und manchmal sogar ausgesprochen unerwarteten Gebilden. Einige davon haben wir herausgegriffen: Raucher wird's freuen, der Tabakkiosk am Joanneumring (vor der Hausnummer 4) hat die Aufnahme in die Denkmalschutzliste geschafft. Kein Einzelfall, gerade einmal hundert Meter entfernt, vor der Buchhandlung Moser, steht ein weiterer denkmalgeschützter Tabakkiosk. Letzterer wurde im Jahr 1928 vom Architekten Hans Karl Zisser, der für einige bekannte Geschäftsportale in der Landeshauptstadt verantwortlich zeichnete, im Stil der Moderne geplant und aus rostfreiem Stahl errichtet.

Ähnliches Material, andere Nutzung, könnte man sagen, um zu einem weiteren Objekt überzuleiten, das unter Denkmalschutz steht, und zwar ein Gehsteiggeländer. Am Kaiser-Josef-Kai, Hausnummern 52 bis 60, einige Meter nach der Talstation der Schloßbergbahn, findet man das aus Eisen gefertigte geschützte Exemplar vor. Ebenfalls kein Einzelfall, bereits auf der anderen Straßenseite des Kais schützt uns ein zweites denkmalgeschütztes Geländer davor, in die Mur zu stürzen – das Murgeländer, das sich den gesamten Kai entlangzieht, ist allerdings aus Stein gebaut.

Ein drittes Mal Metall, ein drittes Mal ausgesprochen unerwartet: Eine Werbetafel mit einer kunstvollen Metallumrahmung an der Franz-Graf-Allee (gegenüber der Oper beim Stadtpark, wo die Autobusse parken) hat sich ebenfalls in die Grazer Liste der denkmalgeschützten Objekte eingetragen – ähnlichen denkmalgeschützten Werbetafeln wird man übrigens öfter begegnen, wenn

Steht alles unter Denkmalschutz: Trafik, Gehsteiggeländer, Werbetafel,
Wetterhäuschen, Gedenkstein an der Kepler-Linde, WC-Häuschen.

man mit offenen Augen durch die Stadt geht, beispielsweise am Opernring.
Da wir gerade von Kleinbauten und Gebäudeaccessoires sprechen, noch ein
Beispiel vom Schloßberg: Seit dem Jahr 1955 verrät uns ein liebgewonnenes
Wetterhäuschen ganz oben auf dem Plateau nicht nur Temperatur, Luftdruck
& Co, sondern steht unter anderem aufgrund seiner kunstvollen Ausgestaltung
mit Sgraffiti der vier Elemente auch unter Denkmalschutz.

Beim Abstieg vom „Schloßberggipfel" kommt man naturgemäß an zahlreichen
Denkmalschutzobjekten der Kategorie I a vorbei. Dass sich der Gedenkstein
für die Kepler-Linde darunter befindet, erstaunt freilich doch ein wenig. Aber
so ist es. Gepflanzt wurde der Baum übrigens am 30. März 1903, womit er
aussichtsreicher Anwärter auf ein Naturdenkmal wäre.

Auch Straßenlaternen haben Eingang in den Denkmalschutz gefunden, beispielsweise acht Stück davon am Eisernen Tor, deren Gehäuse noch an die
Anfangszeiten elektrischer Straßenbeleuchtung erinnern. Damals kamen sogenannte Kohlebogenlampen zum Einsatz, die wegen des Abbrennens der
Grafitelektroden regelmäßig gewartet werden mussten und deren Technik
längst verschwunden ist. Nur die Gehäuse haben überlebt.

Zwei Häuschen außerhalb des Zentrums möchten wir noch anführen, sie stehen ebenfalls unter Denkmalschutz. Eines davon findet man am Hilmteich, es ist
das wunderbar altertümlich anmutende Wartehäuschen bei der Straßenbahnhaltestelle. Das zweite mutet rein äußerlich weniger wunderbar an, kann aber
im Fall des Falles wahre Wunder wirken – das WC-Häuschen im Volksgarten.

Die Grazer „Fleet Street"

Historische Zeitungsmeile

Der Vergleich mit der legendären Londoner Zeitungsmeile, der Fleet Street, drängt sich auf – auch Historiker Karl A. Kubinzky, sozusagen das personifizierte Gedächtnis der Stadt, hat ihn in einem Zeitungsartikel schon bemüht. Also dürfen wir mit ruhigem Gewissen von einer „steirischen Ausgabe" der Fleet Street sprechen, wenn es um die Stempfergasse und ihre jüngere Geschichte geht. Denn in der keine 500 Meter langen Gasse, die gegenüber dem Landhaus beginnt und am Bischofplatz schon wieder ihr Ende findet, hatte sich einst die Crème de la Crème der steirischen Zeitungslandschaft eingenistet.

Eigentlich müsste man ergänzen: der steirischen Parteizeitungen. Denn mit der „Süd-Ost Tagespost" und der „Neuen Zeit" hatten an der Ecke Stempfergasse 10/Herrengasse 9 (Palais Breuner, Tagespost) bzw. in der Stempfergasse 3 (Neue Zeit) zwei Blätter ihren Redaktionssitz, die unter dem Einfluss von ÖVP bzw. SPÖ standen. Damals, als diese Zeitungen ihre Blütezeit erlebten, galt das Wort „Parteizeitung" freilich noch nicht als Schimpfwort und die hohe journalistische Qualität ließ die Leserinnen und Leser über eventuelle „Färbungen" in den Kommentaren hinwegsehen. Ja, man identifizierte sich geradezu mit „seinen" Blättern und erwartete diesbezügliche Stellungnahmen.

Die „Neue Zeit" (NZ) ist im Oktober 1945 erstmals erschienen. Nach erheblichen wirtschaftlichen Schwierigkeiten wurde sie 1987 von den Mitarbeitern übernommen. Mit mäßigem Erfolg, im Jahr 2001 ging das Blatt in Konkurs und musste den Betrieb endgültig einstellen. Auch einem Nachfolgeprojekt, einer linksliberalen Wochenzeitung mit dem Titel „Die Neue", war kein dauerhafter Erfolg beschieden. Viele Journalisten, die das Geschehen in der Steiermark bis heute fachkundig porträtieren, haben sich ihre Sporen in der NZ verdient, auch etliche überregionale Größen sind der Redaktionsstube in der Stempfergasse entwachsen: Günther Nenning beispielsweise. Legendär ist der langjährige NZ-Chefredakteur Josef Riedler. Auch die „Süd-Ost Tagespost" begann im Jahr 1945 wieder, vorerst unter anderem Namen. Ab 1951 trug diese dann den Titel, unter dem sie im

*Legendäre Namen der Medienbranche prägten die Stempfergasse
bis in die 1980er-Jahre.*

Nachkriegsösterreich bekannt wurde. Sie hielt allerdings nicht ganz so lange durch wie die NZ, bereits im Jahr 1987 fielen die Rollbalken herunter, also im selben Jahr, in dem die NZ ins Eigentum der Mitarbeiter überführt wurde. Bezüglich „Journalistenschmiede" gilt für die „Süd-Ost Tagespost" Ähnliches, wie über die NZ gesagt.

Neben den zwei Redaktionen gab es – heute unvorstellbar – in der Stempfergasse 7 eine Druckerei, die Leykam, in der die beiden Tageszeitungen gedruckt wurden – Medienprodukte der kürzesten Wege sozusagen. Die Druckerei hat als Einzige der „großen Drei der Stempfergasse" überlebt, es gibt sie heute noch, wenngleich nicht mehr am Standort Graz.

Auch die Zeitung der KPÖ („Wahrheit") hatte nach dem Zweiten Weltkrieg für kurze Zeit ihre Redaktionsräume in der Stempfergasse; ebenso später der „Grazer Montag", der im Jahr 1968 von der „Kleinen Zeitung" übernommen und in diese integriert wurde.

Wo findet man die Grazer „Fleet Street"?
Die Stempfergasse befindet sich direkt im Zentrum, zwischen Herrengasse und Bischofplatz.

Auf Herbergssuche
in der Innenstadt

Der Grazer Krippenweg

Schon die Anzahl der Autobusse auf den dafür reservierten Parkspuren lässt erahnen: „Advent in Graz" ist eine Erfolgsgeschichte. Die Zahlen bestätigen den ersten Eindruck: Geschätzte 1,3 Millionen Besucher beehren Christbaum, Glühweinstände & Co in der steirischen Landeshauptstadt Jahr für Jahr, allein an den vier Adventsamstagen drängeln sich jeweils mehr als hunderttausend Menschen durch die Herrengasse. Die Gästezahlen wurden somit seit Beginn der einmonatigen Veranstaltung nahezu verdoppelt.

Mehr Besinnungslosigkeit als Besinnung also? Muss nicht sein, denn inmit-

ten der Massenansammlung kämpft eine nahezu bescheiden anmutende Attraktion tapfer gegen die Gigantomanie an: der Krippenweg. Weitgehend unbeachtet führt er quer durch die Innenstadt. Am Anfang des Krippenwegs steht zuerst noch Monströses, nämlich die Eiskrippe im Landhaushof als absoluter Besuchermagnet. Doch nach der Überquerung der Herrengasse wird's eindeutig beschaulicher. Eine stimmungsvolle Leuchtschrift über der Stempfergasse dient gewissermaßen als Eintrittstor, ein roter Teppich auf dem Boden geleitet einen wie die roten Markierungen österreichischer Wanderwege durch die Gasse.

Der Krippenweg erstreckt sich schnurstracks über die Stempfergasse und knapp darüber hinaus. Weitwanderweg ist er also keiner, sondern nur ein paar Hundert Meter lang. Gesäumt wird er von Krippen, die in den Schaufenstern der Geschäfte ausgestellt sind. Manche von ihnen so klein, dass man sie erst auf den zweiten oder dritten Blick erspäht, weil sie vom bunten Warenangebot in den Hintergrund gedrängt werden. Andere wieder sind ein wenig größer

Wie bei einer traditionellen Kripperlroas spaziert man am Krippenweg von Weihnachtskrippe zu Weihnachtskrippe, diese sind allerdings in den Schaufenstern.

und dominieren das Schaufenster. Schlusspunkt dieses unerwarteten Hauchs Besinnlichkeit innerhalb der Megaveranstaltung „Advent in Graz" ist knapp nach dem Ende der Stempfergasse, beim Diözesanmuseum in der Bürgergasse 2 – dort wartet jedes Jahr eine eigene Weihnachtsausstellung auf Besucher, die sich nicht mit Kauf- und Glühweinrausch allein zufriedengeben wollen.

Hoffen wir, dass der „Kripperlroas", also dem gemütlichen Spaziergang von Krippe zu Krippe, in der Grazer Innenstadt ein langes Leben beschieden ist!

Wo findet man den Grazer Krippenweg?

Der Krippenweg erstreckt sich in der Adventzeit von der Eiskrippe im Landhaushof über die Stempfergasse bis zum Diözesanmuseum in der Bürgergasse 2.

Und sie tanzten
eine Polka ...

Das Glockenspiel

... und waren wieder weg. Die Rede ist vom Trachtenpärchen, das im Grazer Glockenspiel öffentlichkeitswirksam seine Tanzrunden dreht. Grazerinnen und Grazer, Zuagroaste sowie Besucher aus dem In- und Ausland stehen regelmäßig auf dem gleichnamigen Glockenspielplatz und schenken einer ungewöhnlichen Attraktion ihre Aufmerksamkeit: Dreimal am Tag rücken die aus Holz gefertigten Figuren – Bursch und Mädel – aus zwei Fenstern hoch oben am Dach in steirischer Tracht zum Tanze aus. Die verschiedenen Melodien und Klänge, nach denen sich die Tänzer drehen und die der Jahreszeit angepasst werden, stammen vom Glockenspiel und klingen ähnlich ungelenk, wie der Tanz aussieht. Dafür wird das Glockenspiel heute noch, wo die Digitalisierung vor nichts und niemandem haltmacht, rein mechanisch betrieben!

Der Geschäftsmann Gottfried Maurer erwarb 1883 das Haus am Glockenspielplatz und ließ darin ein Glockenspiel errichten, das er auf Auslandsreisen kennengelernt hatte. Im Jahr 1905 nahm das Werkl seinen Betrieb auf und das Trachtenpärchen zeigte sich erstmals. 24 Glocken steuerten die Melodien bei. Als 1929 das Glockenspiel von Maurer an die Stadt Graz vermacht wurde, erging die Auflage, dieses weiterzuführen. Mit Ausnahme des Zweiten Weltkriegs, in dem die Glocken des Glockenspiels wie viele andere eingeschmolzen wurden, erfüllt die Stadt Graz bis heute diese Vorgabe.

Das Repertoire ist vielfältig: Die steirische Landeshymne „Hoch vom Dachstein an", das Erzherzog-Johann-Lied, ein Jodler, aber auch Weihnachtslieder erklingen abwechselnd. Am Ende des Programms zieht sich das Trachtenpärchen wieder in den Dachgiebel zurück – zur Ruhe, bis es einige Stunden später wieder heißt: Auf zum Tanz!

Wo findet man das Glockenspiel?
Am Glockenspielplatz im Haus Nummer 4. Getanzt und gespielt wird täglich um 11, 15 und 18 Uhr. Unser persönlicher Tipp für den Sommer: Im benachbarten Biergarten das einzigartige, speziell gebraute Zwicklbier genießen und dabei dem Glockenspiel lauschen.

Rauf und runter,
was das Zeug hielt

Rolltreppe bei Kastner & Öhler

Das Kaufhaus Kastner & Öhler stellt ohne Zweifel eine Grazer Institution dar. Einen Besuch der gut bestückten Bekleidungsabteilung des Großkaufhauses, laut Graz Tourismus übrigens die größte Modeauswahl Österreichs, lassen sich Gäste aus dem Umland genauso wenig entgehen wie etwa Wiener. Während die Kastner-Mode also hinlänglich bekannt ist, wenden wir uns den weniger bekannten Seiten des Hauses zu, und die beginnen bei der Errichtung, die durchaus Erwähnung verdient: So zeichnen für den markanten Bau im Zentrum der Stadt dieselben Architekten verantwortlich, die auch das Grazer Opernhaus gebaut haben: das Büro Fellner & Helmer. Ferdinand Fellner und Hermann Helmer zählten zu den Stararchitekten ihrer Zeit, sie bauten Theater und Opernhäuser in ganz Europa. Der Grund für die Begehrtheit von Fellner und Helmer lag unter anderem in ihrer Kompetenz bezüglich Brandschutz, gepaart mit einem ausgeprägten Kostenbewusstsein.

Die Grazer Oper ist knapp vor der Wende zum 20. Jahrhundert entstanden, die große Halle des seit dem Jahr 1883 in Graz ansässigen Kaufhauses Kastner & Öhler einige Jahre später, und zwar in den Jahren 1912 und 1913.

Beim Rolltreppenfahren werden Kindheitserinnerungen wach.

Auch heute gibt es bei Kastner & Öhler noch Rolltreppen.

Mit dieser Halle verströmt das Kaufhaus beinah die Anmutung eines Opernhauses, was eben kein Wunder ist bei den Urhebern. Man beachte nur die Verzierungen an den Wänden ...

Kastner & Öhler hat sich außerdem durch etwas anderes, heute längst Alltägliches ins kollektive Gedächtnis einer ganzen Grazer Generation ein-gebrannt: In der genannten großen Halle wurde im Jahr 1959 die erste Rolltreppe der Steiermark in Betrieb genommen. Rolltreppenfahren beim Kastner zählte bald zu den großen Attraktionen der Grazer Kinder. Eine „Zeitzeugin", Jahrgang 1960, erinnert sich: „Technik im Alltag ist in mei-ner Kindheit fast ein Fremdwort gewesen. Keine Aufzüge aus Glas oder Metall. Rolltreppen sind heute in U-Bahnen und Kaufhäusern längst zum Standard geworden. Davon war in meiner Kindheit nicht die Rede. Das Rolltreppenfahren im Kastner & Öhler wurde zu einem großen Ereignis, an das ich mich bis heute erinnere: Rauf und runter, was das Zeug hielt. Und ich tue es heute noch gern!"

Wo findet man das Kaufhaus Kastner & Öhler?
In der Sackstraße 7–13.

Der Schloßberg als
Bewährungsprobe

Einstige Auto-Teststrecke

Auf YouTube kursiert ein sehenswertes Werbevideo, das einen Puch G so richtig in Action zeigt (korrekterweise muss man von einem Mercedes G sprechen, denn das Video stammt aus dem Jahr 2014 und der von Steyr-Daimler-Puch und dem deutschen Hersteller Mercedes-Benz gemeinsam entwickelte und vermarktete Geländewagen fährt seit dem Jahr 2000 ausschließlich mit „Stern" über Stock und Stein). Schauplatz der Demonstration automobiler Künste ist der Schöckl, der als Teststrecke für die Geländegänger unter den von Magna (vormals Puch) produzierten Fahrzeugen bekannt ist. Wer aber hätte gedacht, dass einst auch der Schloßberg mitten in der Innenstadt eine Teststrecke war?

Das kam so: Johann Puch prägte mit der von ihm gegründeten Fahrrad-, Motorrad- und Autoschmiede die Stadt Graz über Jahrzehnte hinweg – einige Beispiele finden sich auch in diesem Buch (siehe Seite 122). Der im heutigen Slowenien geborene Mobilitätspionier war aber nicht nur Gründer einer namhaften Fabrik, sondern vor allem ein genialer Tüftler. Sein Interesse galt

Johann Puch schickte im Jahr 1900 die von ihm entwickelte Voiturette als Leistungsbeweis auf das Steilstück des Schloßbergs.

22 Prozent Steigung am Schloßberg als Herausforderung für Fahrzeugpionier
Johann Puch.

der Entwicklung neuer Fortbewegungsarten, und so wundert es nicht, dass er
sich nach den berühmten zwei Rädern auch den vier Rädern zuwandte. „Puch
Voiturette" nannte sich das Ergebnis seiner Bemühungen.

Das optisch einer Kutsche nicht ganz unähnliche Gefährt verfügte im Gegensatz zu jenen von der Konkurrenz bereits über ein eigens entwickeltes
Fahrgestell. Im Jahr 1900 schickte Puch sein Vehikel zum ersten Mal auf die
Straße und wählte zur Demonstration seiner Leistungsfähigkeit gleich einmal
den Schloßberg als Teststrecke. Das mag nicht besonders spektakulär klingen, wer aber jemals selbst auf den Berg spaziert ist, der weiß, dass sich die
Weldenstraße und auch die Dr.-Karl-Böhm-Allee durch unerwartete Steilheit
auszeichnen. Das beginnt bereits „Am Fuße des Schloßbergs" vor dem sogenannten Franzosenkreuz in der ersten Kehre.

22 Prozent Steigung nannte eine Anzeige in der „Allgemeinen Automobil-
Zeitung" vom 1. April 1900 – und das war kein Scherz! Von einem „Bombenerfolg" der ersten Ausfahrt sprach die Annonce weiters und berichtete
von der „Anwesenheit zahlreicher Zeugen", die sich von den Qualitäten der
Voiturette überzeugten.

Wo findet man Spuren der Testfahrt vor mehr als 100 Jahren?
**Bei einem Spaziergang über den Schloßberg kann man sich von der Steilheit der alten Puch-Teststrecke überzeugen. Und mannigfaltige Zeugnisse
von Puchs Genialität findet man im „Johann Puch Museum" in der Puchstraße 85–119.**

Ein weggesperrtes
Kleinod

Die Joanneum-Kapelle

Um dieses architektonische Juwel besichtigen zu dürfen, braucht man ein wenig Glück – und die dazupassende Veranstaltung. Die Stiftskapelle des Joanneums in der Raubergasse ist nämlich normalerweise geschlossen, kann aber für Veranstaltungen und Filmproduktionen angemietet werden. Wir hatten das Glück, im Zuge des „Lesesommers 2016" in der Kapelle zu Gast sein zu dürfen, und stellten in diesem wunderbaren Rahmen unser voriges Buch „Weißer, grüner, weiter" vor, in dem wir den steirischen Rekorden auf die Spur gegangen sind.

Bei der Stiftskapelle handelt es sich um die Hauskapelle des Joanneums, eines frühbarocken Bauwerks, nur ganz knapp abseits des touristisch stark bevölkerten Zentrums der Stadt rund um die Herrengasse gelegen. Ursprünglich diente das im 17. Jahrhundert errichtete Gebäude als Stadtresidenz für das Stift St. Lambrecht, kam aber bald in den Besitz der Grafen Leslie (noch heute heißt der Innenhof, den man von der Raubergasse betritt, „Leslie-Hof" und wird regelmäßig für Open-Air-Veranstaltungen genützt). Zu Beginn des 19. Jahrhunderts zog schließlich das Joanneum ein, jenes von Erzherzog Johann begründete Museum, das heute noch dort residiert.

Erbaut wurde der Komplex von Domenico Sciassia, unter anderem für die

Mariazeller Wallfahrtskirche verantwortlich, deren Grundstein ebenfalls von Stift St. Lambrecht gelegt worden war. Die Stiftskapelle des Joanneums zog er über zwei Geschoße. Decke und Wände der Kapelle sind reich mit Stukatur verziert, die Malerei in den Feldern dazwischen zeigt Stationen aus dem Leben des heiligen Benedikt, des Begründers der Benediktiner, jenes Ordens also, dem die St. Lambrechter Mönche

Barocke Pracht in der Stiftskapelle des Joanneums – bedauerlicherweise meist unter Ausschluss der Öffentlichkeit.

als Bauherren der gesamten Stadtresidenz und damit auch der Kapelle angehörten.

Auf dem Gehsteig in der Raubergasse, zwischen dem Eingang zur Stiftskapelle und der Kalchberggasse, gibt es übrigens ein Stück „Alt-Graz" zu bestaunen und zu betreten. Auf einigen Metern wurde der Gehsteig so gepflastert, wie er früher gewesen sein dürfte: mit Murnockerln, also rundgeschliffenen Steinen aus der letzten Eiszeit, die den geologischen Untergrund der Stadt bilden und sich auch zuhauf in der Mur befinden. Für Flipflops ist der Gehsteig nur bedingt geeignet, in diesem Fall sollte man vielleicht die Straßenseite wechseln

Wo findet man die Stiftskapelle des Joanneums?
In der Raubergasse 10. Rechts in der Durchfahrt befindet sich die hölzerne Eingangstür, die allerdings verschlossen ist. Die Stiftskapelle kann somit nur im Rahmen von Veranstaltungen besichtigt werden.

Durchgeschlüpft!

Versteckte Gassen und Innenhöfe

Die innere Stadt der Stadt – der erste Grazer Stadtbezirk heißt offiziell „Innere Stadt", daher das Wortspiel – zeichnet sich durch eine Fülle enger Gassen, sehenswerter Hauseingänge und romantischer Innenhöfe aus. Alle in diesem Buch aufzuzählen, wäre schon aus Platzgründen nicht angebracht und für die wohlwollende Leserin und den geneigten Leser vermutlich ein wenig ermüdend. Deshalb greifen wir einige Beispiele heraus, deren Besuch wir mit gutem Gewissen ans Herz legen können, und laden gleichzeitig dazu ein, den Stadtplan in die Hand zu nehmen, falls man in der Stadt fremd ist – Einheimische können aufgrund der Größe von Graz getrost darauf verzichten und auf eigene Faust die Entdeckungsreise beginnen.

Bekanntester Durchgang ist die sogenannte Altstadtpassage, die uns von der Herrengasse zum Mehlplatz führt. In ihr findet man Institutionen wie das

Ein Blick in die Grazer Innenhöfe wie in der Sporgasse 22 lohnt sich.

„Zentralkartenbüro". Erst seit Kurzem wurde auf der Herrengassenseite das alte Portal der Passage wieder freigelegt, auf dem noch „Glockenspiel – Durchgang" geschrieben steht.

Ebenfalls von der Herrengasse zweigt eine der unbekanntesten innerstädtischen Gassen ab. Direkt neben der Stadtpfarrkirche befindet sich die Mesnergasse – ihr Name in unmittelbarer Nachbarschaft zu einer Kirche ist selbsterklärend und leitet sich vom Mesnerhaus her. Durch die Mesnergasse kann man von der Herrengasse zum Bischofplatz durchgehen, hinter der Kirche wähnt man sich aufgrund der Stille und des schönen Gartens mitten auf dem Land – ein Eindruck, der sich beim Verlassen der Mesnergasse am Bischofplatz schnell wieder verflüchtigt.

Ähnlich unbekannt wie die Mesnergasse ist die Davidgasse – Lesern dieses Buchs freilich nicht mehr, denn sie wissen, dass man darin die versteckten Reste der mittelalterlichen Grazer Stadtgeschichte vorfindet. Im Gegensatz zur parallel verlaufenden Franziskanergasse mit überquellendem Leben ist die Davidgasse ein schmuckloser Durchgang. Trotzdem zahlt es sich aus, vom Hauptplatz aus durchzumarschieren, denn am Ende der Davidgasse, direkt bei der Ecke zum Kapaunplatz, wird man rechter Hand mit einem der wenigen echten alten Grazer Beisln belohnt.

Genauso dunkel wie die Davidgasse ist die Pomeranzengasse auf der anderen Seite des Hauptplatzes, die uns auf den Färberplatz bringt und wie die Franziskanergasse überbaut ist. Auch diese Gasse kennen die Leser schon, sie war ursprünglich eine Feuergasse.

Unbedingt einen oder mehrere Blicke sollte man auf seinen Altstadtspaziergängen in die Innenhöfe werfen. Nicht alle sind geöffnet, manche nur gelegentlich. Trotzdem, wo die Möglichkeit besteht, lohnt sich meist ein Blick hinein. Zu den schönsten Innenhöfen der Innenstadt zählt ohne Zweifel jener in der Sporgasse 22. Murnockerlbodenbelag, spätgotische Architektur und sparsam, aber wirkungsvoll eingesetzte Grünpflanzen machen den Hof zu einem Juwel, das durchaus in einer alten italienischen Stadt angesiedelt sein könnte. Völlig konträr dazu ein Innenhof, den man von der Hofgasse 12 aus erreicht (neben der Alten Universität). Mit seiner ziegelbepflasterten Zufahrt, die hinten in eine winzige Schotterstraße mündet, dem Bretterzaun und der parkähnlichen, baumbestandenen Wiese glaubt man, in der tiefsten Oststeiermark zu sein – und ist doch mitten in der Stadt!

Auf die Plätze, fertig, Graz!

Die Jakomini-Laufbahn

Die Bemühungen, „toten" Gassen neues Leben einzuhauchen, treiben gelegentlich seltsame Blüten. Ein Paradebeispiel dafür kann man – zumindest in Teilbereichen – heute noch im Grätzel südlich des Jakominiplatzes beobachten, wo man der Jakoministraße und der Klosterwiesgasse neuen Schwung verleihen wollte. Zu diesem Zweck verpasste man den beiden Straßen einen roten Straßenbelag. Damit nicht genug, wurde der ohnehin an eine Laufbahn erinnernde Belag gleich noch in durchnummerierte Laufspuren eingeteilt, sodass die Optik perfekt war: Jakoministraße und Klosterwiesgasse glichen einer Rennbahn! Weil man außerdem einen kleinen Teilbereich des Jakominiplatzes sowie ein kurzes Stück der Grazbachgasse – beide jeweils dort, wo sie die zwei Gassen quer miteinander verbinden – in die Neugestaltung miteinbezogen hatte, entstand ein schöner Rundkurs.

Hervorgegangen ist diese Neugestaltung im Jahr 2011 aus einem Architektenwettbewerb. Das Projekt, das zur Umsetzung gelangte, nannte sich „Ready. Steady. Go!" und spielte ganz bewusst auf die farbliche Gestaltung einer Laufbahn an, wie man sie aus Leichtathletikstadien kennt. Nur der Schwung, der in derartigen Einrichtungen gewöhnlich herrscht, konnte leider nicht ganz mitgenommen werden, wie man es für die Geschäftswelt der betroffenen Gassen ursprünglich erhofft hatte. Vom glänzenden Rot der Anfangstage ist freilich nicht mehr viel erhalten, die Strecke liegt nunmehr blassrosa da. In der Jakoministraße selbst ist sie aufgrund von Bauarbeiten überhaupt verschwunden und wieder grauem Asphalt gewichen. In den übrigen Bereichen ist sie aber nach wie vor gut sichtbar.

Wo findet man die Grazer Laufbahn?
Gut sichtbare Reste des roten Bands als Straßenbelag befinden sich an der Südseite des Jakominiplatzes sowie in der Klosterwiesgasse.

Mit Nagel
und Schwert

Umstrittene Kunstwerke

Graz und die moderne Kunst – ein zweischneidiges Schwert, womit wir bereits bei einem der Kunstwerke wären, auf die wir hier näher eingehen möchten: dem „Lichtschwert" bei der Oper. Die unübersehbare Stahlkonstruktion stellt nichts anderes dar als das „Skelett" der amerikanischen Freiheitsstatue. Gegenüber dem Original von New York besonders auffällig: Statt der Fackel trägt die steirische Variante der „Lady Liberty" ein Schwert, statt der Tafel mit der Jahreszahl der amerikanischen Unabhängigkeitserklärung eine Kugel. Geschaffen wurde das Kunstwerk vom inzwischen verstorbenen Künstler Hartmut Skerbisch in Anlehnung an Franz Kafkas unvollendeten Roman „Amerika" angesichts des Jubiläums „500 Jahre Entdeckung Amerikas" im Jahr 1992. Unumstritten war die Skulptur anfangs keineswegs, hier und dort hörte man Murren von wegen Verschandelung des Opernhauses. Inzwischen hat sich das „Lichtschwert" praktisch zu einem Wahrzeichen der Stadt entwickelt, und das, obwohl es nur als „Kunstwerk auf Zeit" geplant gewesen war. Typisch österreichisch, könnte man sagen: Aus dem Provisorium wurde eine Dauereinrichtung. Mittlerweile hat das „Lichtschwert" sogar einen Verkaufsversuch überstanden, wie die „Kleine Zeitung" im Jahr 2012 berichtete: 150 000 Euro für

*„Lichtschwert" und „Brunnenwerk" –
zwei anfangs umstrittene Werke moderner Kunst, die heute aus dem Stadtbild
nicht mehr wegzudenken sind.*

das Ziehen der Rückkaufoption und noch einmal 50 000 Euro für die Beseitigung des Fundaments dürften wohl zu viel gewesen sein und so steht das „Lichtschwert" nach wie vor bei der Grazer Oper. Die Aufregung rund um das „Lichtschwert" war freilich nichts im Vergleich zum Rumor, der sich wegen eines anderen, wesentlich kleineren Kunstwerks im öffentlichen Raum erhoben hatte. Im Jahr 1985 errichtete der inzwischen ebenfalls verstorbene Serge Spitzer beim Stadtparkbrunnen – im Rahmen des „steirischen herbst", dem auch das „Lichtschwert" seine Entstehung verdankt – eine Skulptur mit dem Namen „Brunnenwerk". Über die Intention des Künstlers gibt es zahlreiche Interpretationen, eine davon vergleicht sie gar mit dem „Lichtschwert": Auch beim „Brunnenwerk" werde das Innenleben, in diesem Falle des benachbarten Stadtparkbrunnens, nach außen gekehrt.

Was Teile der Öffentlichkeit vor allem erregte, war das Material des „Brunnenwerks", nämlich korrodiertes Eisen. Bald nach der Aufstellung etablierte sich der abschätzige Kosename „Rostiger Nagel" für die Plastik, unter dem sie bis heute bekannt ist. Von Verschandelung des Stadtparkbrunnens war die Rede und vor allem Politiker der FPÖ ereiferten sich in ihrer Gegnerschaft zum „Brunnenwerk". Der Höhepunkt: Zwei Jahre nach der Aufstellung versuchten Unbekannte, das Kunstwerk umzusägen, scheiterten allerdings an dessen offenkundig guter Materialqualität. Der Künstler selbst schlug in der Folge vor, den „Rostigen Nagel" im Boden zu versenken, was allerdings zu aufwendig gewesen wäre. Und so steht auch er noch heute an Ort und Stelle und ist bereits zu einem Grazer Klassiker geworden.

Wo findet man die umstrittenen Grazer Kunstwerke, die zu Klassikern geworden sind?
Das „Lichtschwert" ist weithin sichtbar, sein Standort befindet sich unmittelbar neben dem Opernhaus. Der „Rostige Nagel" steht neben dem Stadtparkbrunnen auf dem Platz der Menschenrechte.

Frauenpower
made in Graz

Bekannte Grazerinnen

Im Jahr 2003, als Graz Kulturhauptstadt Europas war, wurde ein Projekt umgesetzt, auf dessen Spuren man bis heute wandeln kann und das eindeutig beweist: Die Stadt ist weiblich, vor allem wenn es sich um Graz handelt. Insgesamt 23 Grazer Frauen oder Institutionen, die sich um Frauenrechte verdient gemacht haben, wurden im Projekt „20+03 Orte" präsentiert, und zwar in Form von Tafeln, die an den jeweiligen Geburts-, Wohnhäusern oder Wirkungsstätten angebracht wurden. Darauf wird skizziert, welche Verdienste oder Geschehnisse aus frauenhistorischer Sicht mit der Adresse in Verbindung gebracht werden sollen. Die einheitlich gestalteten Würdigungstafeln decken eine breite Palette von Grazer Frauenschicksalen ab und zeugen von

teils außergewöhnlichen Persönlichkeiten: Katharina Prato beispielsweise, berühmte Grazer Kochbuchautorin, deren Formel „Man nehme ..." sich zum Standardsatz einschlägiger Anleitungen entwickelt hat. Die erste Auflage ihres zum Klassiker gewordenen Kochbuchs ist 1858 bei Leykam in der Stempfergasse 7 erschienen. Auch Marisa Mell ist unter den vorgestellten Frauen vertreten – die vor ihrer internationalen Karriere in der Trondheimgasse 12 wohnhafte Schauspielerin spielte in den 1960er- und 1970er-Jahren Seite an Seite mit Größen wie Marcello Mastroianni oder Tony Curtis. Ebenfalls internationale Karriere machte Inge Morath, deren Großmutter am Jakominiplatz 16 wohnte, als Fotografin. Auch Djavidan Hanum, einst als Djana Djavidan bekannt, ist dabei – sie wohnte am Wittekweg 7, bevor sie in einen orientalischen Harem verschlagen wurde. Wie das vor sich ging, führen wir im Kapitel „Historischer Promi-Friedhof" (siehe Seite 103) näher aus, auf dem die Prinzessin begraben liegt.

Jenseits von Glanz und Glamour ist beispielsweise der sogenannte Kirschenrummel zu nennen: Am Südtirolerplatz revoltierten Frauen im Juni 1920 gegen überhöhte Lebensmittelpreise. Die Folge: 13 Tote.

Wo findet man Spuren bekannter Grazer Frauen(schicksale)?

Djavidan Hanum: **Ehemaliger Wohnort der Prinzessin am Wittekweg 7.**

Marisa Mell: **Ehemaliger Wohnort der Schauspielerin in der Trondheimgasse 12.**

Maria Cäsar: **Die Widerstandskämpferin gegen das NS-Regime war am Parkring 4, dem GestaposITZ, inhaftiert.**

Herta Frauneder-Rottleuthner: **Absolvierte als erste Frau an der TU in der Rechbauerstraße 12 in den 1930er-Jahren ein Architekturstudium.**

Inge Morath: **Ehemaliger Wohnort der Großmutter am Jakominiplatz 16.**

Olga Neuwirth: **Im Stefaniensaal wurden Werke der zeitgenössischen Komponistin uraufgeführt.**

Anna Susanna Prandtauerin: **Die als Hexe angeklagte Wirtin in der Sporgasse 12 überlebte die Hexenverfolgungen des 17. Jahrhunderts.**

Katharina Prato: **Ihr Kochbuch erschien 1858 bei Leykam, Stempfergasse 7.**

Grete Schurz: **Erste Frauenbeauftragte (1986–1994) Österreichs mit Büro am Tummelplatz 9.**

Martha Tausk: **Erste weibliche Abgeordnete (1919) im Landtag (Herrengasse 16).**

Christine Touaillon: **Die Literaturwissenschaftlerin beschäftigte sich Anfang des 20. Jahrhunderts mit Frauenliteratur.**

Neben diesen Einzelpersonen gibt es Tafeln für die *erste feministische Kulturzeitschrift Europas Eva & Co* **(Rottalgasse 4), die ehemalige** *Grazer Gebäranstalt* **in der Albert-Schweitzer-Gasse 28–38, das** *erste autonome Frauenzentrum der Steiermark* **(Hilgergasse 1), den** *Grazer Damen-Bicycle-Club* **(Hilmteich), das erste** *Mädchenlyzeum der Donaumonarchie* **(Sackstraße 18), die** *erste steirische Frauenberatungsstelle* **am Marienplatz 5, die** *erste Grazer Arbeiterinnenversammlung* **(Schießstattgasse 4), eine Hausbesetzung für ein** *autonomes Frauenzentrum,* **den** *ersten internationalen Frauentag* **in Graz (Annenstraße 29), das** *erste steirische Frauenhaus* **(Albert-Schweitzer-Gasse 22), die biblische** *Maria von Magdala* **(Kapelle in der Caritas-Lehranstalt für Sozialberufe als erster zur Gänze von einer Künstlerin gestalteter Sakralraum der Steiermark) sowie den** *Kirschenrummel* **(Südtirolerplatz).**

Klein-Graz
für Blinde

Die Tastmodelle

Im unmittelbaren Umfeld einiger der bedeutendsten Grazer Bauwerke – Kunsthaus, Murinsel, Opernhaus, Rathaus, Uhrturm – entdecken aufmerksame Zeitgenossen metallene Modelle, die das jeweilige Gebäude, das in Originalgröße vor ihnen steht, im Kleinformat zeigen. Warum, wird sich der eine oder andere mit uns fragen, und wir liefern hier die Antwort.

Bei diesen Bauten im Miniaturformat handelt es sich um sogenannte Tastmodelle, was uns bereits zum Sinn der Sache führt. Die Tastmodelle sollen Menschen mit Sehbehinderung sowie Blinden eine Möglichkeit bieten, die vor ihnen stehenden großen Bauwerke im wahrsten Sinne des Wortes zu begreifen und auf diese Weise einen Eindruck davon zu erhalten.

Als Urheber der Idee gilt Kurt Hohensinner, seit Jänner 2014 Mitglied der Grazer Stadtregierung. Bei einem Disneyland-Besuch in den USA wurde er erstmals mit Tastmodellen – und zwar berühmter Disney-Figuren wie Micky Maus oder Donald Duck – konfrontiert. „Sehbeeinträchtigte Menschen können sich zwar dank moderner Hilfsmittel in einem weitläufigen Gebäude bestens orientieren, sie können sich es aber in seiner Gestalt nur schwer vorstellen. Gemeinsam mit Alexander Ceh und Dietmar Ogris hatte ich die Idee, Kulturbauwerke und Denkmäler von Graz ertastbar zu machen", so der Politiker auf seiner Website zur Entstehungsgeschichte von Klein-Graz.

Die Grazer Tastmodelle ermöglichen Menschen mit Sehbehinderungen ein „Begreifen" wichtiger Sehenswürdigkeiten der Stadt: links Oper und Uhrturm, oben Kunsthaus

Die eingangs genannte Auflistung der Grazer Tastmodelle muss mittlerweile übrigens ein wenig gekürzt werden und wir verweisen ausdrücklich darauf, dass der Stand dieser Informationen der Herbst 2016 ist. Warum wir das besonders erwähnen? Ganz einfach, die Zahl der Tastmodelle kann sich jederzeit ändern, wie folgendes kuriose Beispiel zeigt: Das Tastmodell der Murinsel wurde in der Zwischenzeit entwendet, Wikipedia nennt den Sommer 2013 als Datum des Diebstahls und somit waren es statt fünf nur mehr vier. Hoffen wir also, dass die um eine Sehenswürdigkeit verringerte ursprüngliche Liste zumindest noch lange so bleibt, wie sie derzeit ist, beziehungsweise bald um ein kleines Landhaus und einen Minidom wachsen wird, wie bereits seit einiger Zeit angekündigt.

Wo findet man die Grazer Tastmodelle?
In unmittelbarer Umgebung der Originale, also bei Kunsthaus, Oper, Rathaus und Uhrturm.

Der
Brötchenbus

Eine besondere Verkaufsbudel

Eigentlich ist es ja ein Sandwichbus, aber der Stabreim im Titel – BB – war einfach zu verlockend, sodass wir uns diese kleine Unstimmigkeit erlaubt haben, die wir hiermit richtigstellen: Aus dem Bus des neu gestalteten „Mild" in der Stubenberggasse werden Sandwiches aller Art verkauft, keine Brötchen!

Damit wären wir bereits bei der Attraktion des Lokals schlechthin: Im Gast- und Verkaufsraum steht ein alter Renault-Lieferwagen aus dem Jahr 1963. Auch das ist ein wenig ungenau, denn in Wahrheit steht dort nur ein halber Renault. Wie das kam? Der neue Chef, Thomas Pagel, Neffe der legendären, vor Kurzem verstorbenen früheren Inhaberin Rose Mild, hat

Thomas Pagel verkauft seine Sandwiches aus einem alten Renault-Lieferwagen.

den alten Renault in Gratkorn aufgetrieben – er war sogar noch fahrbereit –, ihn zweigeteilt und die eine Hälfte in seinen „Sandwichclub Mild" gehievt, wo sie als wohl ungewöhnlichste Budel der Stadt dient. So mancher Oldtimerliebhaber, erzählte uns der findige Lokalbetreiber, habe angesichts des zersägten Vehikels bereits ernsthafte Zweifel an seiner Vorgangsweise angemeldet, um es einmal höflich zu formulieren ...

Seit Jahrzehnten zählt die „Feinkost Mild", eine Kombination aus Feinkostladen und Buffet und in der Stadt gemeinhin nur „Mild" genannt, zu den Ikonen der Beislszene. Künstler und Nichtkünstler haben sich die Türklinke in die Hand gegeben. Vergleichbar mit dem „Mild" war nur noch die Haring-Likörstube auf dem Mehlplatz, die es allerdings schon

lange nicht mehr gibt und in der heute ein Italiener residiert. Im „Mild" lebt die Tradition hingegen fort, wenn auch zeitgeistig aufpoliert.

Wem der Sinn nicht nach Sandwiches steht, sondern nach den im Titel genannten Brötchen, dem sei ein Lokalwechsel in die nahe Stempfergasse empfohlen. Dort wartet, man kann es ruhig so nennen, der Traditionsdelikatessenladen Frankowitsch mit einer Vielzahl an Köstlichkeiten auf – seit 1932, also seit 85 Jahren und damit fast drei Generationen lang, genießt man dort Brötchen, viele sagen die besten der Stadt.

Unser Tipp: Am besten beides ausprobieren, beim Frankowitsch im Schanigarten die Mittagssonne genießen und beim Mild einen Autostopp am späteren Nachmittag oder Abend einlegen.

Lassen Sie sich's schmecken!

Wo findet man die ungewöhnlichste Verkaufsbudel der Stadt?
Der Bus ist in der Stubenberggasse 7 in den Sandwichclub Mild eingefahren.
Die Brötchenbar Frankowitsch befindet sich in der Stempfergasse 2–4.

Stille Lichtung
im Großstadtdschungel

Die Stiegenkirche

Städte mit mehr als 100 000 Einwohnern gelten offiziell als Großstädte, somit ist die im Titel genannte Metapher berechtigt, auch wenn Graz im Vergleich zu Wien natürlich klein anmutet und verglichen mit „echten" Großstädten dieser Welt gar winzig. Aber Größe allein ist nicht alles …

In der Sporgasse – wir haben sie in diesem Buch bereits mehrmals besucht, also werden es die geneigten Leserinnen und Leser auf unseren Spuren bestätigen – tummelt sich an guten Tagen in der Tat so viel Volk, dass der Vergleich mit einer pulsierenden Metropole ungeachtet der Einwohnerzahl angebracht erscheint. Und dennoch eröffnet sich neben den Menschenmassen, die sich die Gasse hinauf- oder hinunterwälzen, dem Kundigen genau inmitten dieser Sporgasse eine ausgewiesene Oase der Stille: die Stiegenkirche. Sehen kann man das kleine Gotteshaus von der Straßenseite aus nicht. Aufgrund einer Hinweistafel wäre es freilich nicht schwer zu finden, trotzdem macht sich kaum jemand die Mühe, die paar Stufen hinaufzusteigen, um der Kirche einen

Die Stiegenkirche ist von außen schwer zu entdecken, weil sie sich hinter der Häuserfassade der Sporgasse befindet.

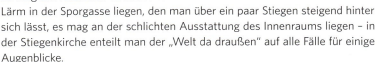

Besuch abzustatten. Während unten in der Gasse der Menschenwirbel tobt, herrscht ein paar Meter höher absolute Stille – empfehlenswert für gestresste Touristen genauso wie für hektische Einkäufer und ausgelaugtes Verkaufspersonal der zahlreichen Geschäfte der Sporgasse.

Ihren Namen hat die Stiegenkirche von den Stiegen erhalten, über die man sie aus der Sporgasse betritt. Da sie hinter den Häusern steht, sieht man sie von der Gasse überhaupt nicht, auch den Turm der Stiegenkirche kann man nur von wenigen Punkten aus erblicken.

Umso mehr Historie weist die Stiegenkirche auf. Sie gilt als älteste Grazer Pfarrkirche, was man angesichts des Innenraums, der vorwiegend mit moderner Sakralkunst ausgestattet ist, nicht vermuten würde. Lediglich die in den Türstock eingemeißelte Jahreszahl 1631 verweist darauf, dass die Kirche schon einige Jahrhunderte alt sein muss. In Wahrheit ist sie wesentlich älter, bereits im Jahr 1343 wurde sie erstmals urkundlich erwähnt. Das Jahr 1631 kann sich also nur auf Umbauarbeiten an der ursprünglichen Kirche beziehen.

Es mag am reizvollen Kontrast zum Lärm in der Sporgasse liegen, den man über ein paar Stiegen steigend hinter sich lässt, es mag an der schlichten Ausstattung des Innenraums liegen – in der Stiegenkirche enteilt man der „Welt da draußen" auf alle Fälle für einige Augenblicke.

Wo findet man die Stiegenkirche?
Die genaue Adresse lautet Sporgasse 21a, das „a" in der Hausnummer verweist auf das hinter der Häuserfassade der Sporgasse stehende Kirchengebäude.

Alter Sack!

Die „Antiquitätenmeile"

Durch das Herz von Graz zieht sich die Sackstraße, die älteste Gasse der Stadt, erstmals erwähnt 1327 und mit ihrem leicht kurvigen Geschlängel unschwer als mittelalterlicher Straßenzug zu erkennen – damals war noch nicht die Gerade das Maß aller Dinge. Ihren Namen hat die Gasse deshalb, weil an ihrem Ende an der Stadtmauer ursprünglich Schluss war, kein Stadttor ermöglichte den Weg nach draußen, sondern es hieß umkehren – der Sack war sozusagen zu. Das Ende dieser Gasse wanderte im Lauf der Jahrhunderte sukzessive weiter nach hinten. Hörte die Sackstraße anfangs nach dem sogenannten ersten Sack auf – der Reinerhof (siehe dazu „Einkehrschwung in die Vergangenheit", Seite 30) lag direkt an der Mauer –, folgten später ein zweiter und ein dritter Sack, um mehr Platz in der wachsenden Stadt zu schaffen. In der Folge wurden dann auch Zugangsmöglichkeiten in die und aus der Stadt geschaffen, die sogenannten Sacktore.

Während heute im ersten Teil der Sackstraße bis zum Schloßbergplatz mit Kastner & Co großstädtisches Einkaufsflair und ein entsprechendes Gedränge vorherrschen, ändert sich dieses Gepräge im zweiten Teil rasch und gründlich: Die Touristenströme reißen am Schloßbergplatz jäh ab, nur mehr einige wenige, die anstelle des Schloßberglifts die gute alte Schloßbergbahn als Aufstiegshilfe wählen, marschieren durch die Sackstraße weiter bis zur Talstation der Bahn und kommen dabei mitten durch die „Kunstmeile". Im Jahr 1995 haben sich mehrere Kaufleute zusammengeschlossen und der Sackstraße diese kreative Bezeichnung verpasst. Zwar eine rein marketingtechnische Angelegenheit, aber insofern interessant, als sich in der „Kunstmeile" auch eine Vielzahl an Antiquitätengeschäften befindet wie sonst in Graz nirgendwo an einem Platz. Das Angebot an alten Sachen ist breit gefächert und reicht von schön restaurierten Möbeln über altes Geschirr bis zu Devotionalien aus dem Zweiten Weltkrieg und der Nazizeit. Nicht immer wirklich kunstvoll also, aber garantiert eine „Antiquitätenmeile" und ideal, um Unbekanntes und Kurioses zu entdecken.

Wo findet man die „Antiquitätenmeile"?
In der Sackstraße, hauptsächlich ab dem Schloßbergplatz stadtauswärts.

So schön
ist Graz!

Der WC-Abgang auf dem Hauptplatz

Wir verabschieden uns vom Zentrum der Stadt mit einem nicht ganz ernst gemeinten Beitrag. Selbst wenn's nicht gerade pressiert, sollte man den WC-Anlagen auf dem Grazer Hauptplatz sein Augenmerk schenken. Denn genau über dem Abgang zu den Toiletten werden in einem Schaukasten der dort aufgestellten Verkaufskioske für Tabak, Zeitschriften und Souvenirs allerlei Mitbringsel aus der Murmetropole feilgeboten. Der angebrachte Schriftzug „Schönes aus Graz" bezieht sich natürlich auf die Waren im Schaufenster, nicht auf das Darunterliegende.

Obwohl, sauber genug wären sie ja, die öffentlichen Toiletten auf dem Hauptplatz, was unter anderem darauf zurückzuführen ist, dass seit geraumer Zeit eine Gebühr für deren Benützung eingehoben wird. Anfangs war das Entgelt umstritten, viele fühlten sich an den römischen Kaiser Vespasian erinnert. Der hatte bekanntlich im alten Rom Latrinengebühren eingeführt, um den Staatshaushalt zu sanieren, und seinem Sohn eine Münze aus den Einnahmen unter die Nase gehalten, mit der Aufforderung, daran zu riechen. Aus dieser Episode entwickelte sich der dem Kaiser zugeschriebene legendäre Spruch: *„Pecunia non olet."* – *Geld stinkt nicht.* Mittlerweile hat sich die Aufregung um die Grazer WC-Gebühren längst gelegt, Vespasian hat also wieder einmal recht behalten. Dass die Einnahmen aus den Hauptplatztoiletten allerdings nur annähernd reichen würden, um das angespannte Grazer Budget zu sanieren, darf bezweifelt werden – in diesem Fall ganz ernsthaft.

Wo findet man den souvenirgeschmückten Abgang zum WC?
An der Straßenbahnhaltestelle auf dem Hauptplatz (Richtung Jakominiplatz), direkt bei den Tabak-, Zeitschriften- und Souvenirkiosken.

AUSSERHALB
DES ZENTRUMS
GRAZ

Graz wächst

Das Denkmal für die Neuharter Siedler

„Meiner Wahrnehmung nach hat es in Straßgang immer stärkere und schwächere Phasen in der Besiedelung gegeben." – Was Ferdinand Köberl, Obmann des Vereins „Freunde von Alt-Straßgang", über seinen Stadtbezirk sagt, trifft wahrscheinlich auf die gesamte Stadt zu. Im Moment erleben wir wieder eine Wachstumsphase, die sich in einer starken Wohnbautätigkeit in ganz Graz niederschlägt, was manchen schon zu viel scheint. Schaut man allerdings ein paar Jahrzehnte zurück, stellt man fest, dass es früher nicht anders war: Wo sich einst weite Felder erstreckten, stehen heute Häuser. Und statt Feldwege durch Mais, Kürbis & Co führen breite Einfahrtsstraßen ins Zentrum, das längst mit den Randbezirken, die bis ins Jahr 1938 großteils eigenständige Ortschaften gewesen waren, verschmolzen ist. Aktuell läuft überall eine ähnliche Entwicklung ab, egal ob im Norden oder Süden der Stadt: Wo die Ortstafel „Graz Ende" verkündet, wartet unmittelbar darauf die Ortstafel der Nachbargemeinde und Siedlungshäuser und Geschäftsbauten erstrecken sich nahtlos von einem Ort zum nächsten. Stünden nicht die Ortstafeln, wüsste man oft gar nicht, wo die Stadt aufhört und die Nachbargemeinde beginnt bzw. umgekehrt.

In Neu-Hart, einem Wohngebiet, das sich nach dem Zweiten Weltkrieg sukzessive entwickelt hat, erinnert ziemlich unbemerkt ein Denkmal an eine derartige Siedlungswelle: „In Anerkennung und als Dank für den Fleiß und der gebrachten Opfer der Siedler Neuhart im Sept. 1961." Gezeigt wird eine klassische Zwei-Kinder-Familie in der Anmutung einer Krippendarstellung. Schaut man sich mit offenen Augen im Viertel rund um das Denkmal um, entdeckt man eine Fülle von Einfamilienhäusern, die genauso typisch im 1950er-Jahre-Stil errichtet wurden wie das Denkmal.

Ferdinand Köberl bestätigt den Eindruck. In einer ersten Phase der Zwischenkriegszeit hatte man auf den Feldern eines großen Gutsbetriebes in Hart (einst ein Dorf im Südwesten von Graz, jetzt ein Viertel zwischen der Straßganger Straße und der Graz-Köflacher Bahn – nicht zu verwechseln mit der bis heute eigenständigen Gemeinde Hart bei Graz) mit dem Bau von Siedlungen begonnen. Nach einem Intermezzo während des Zweiten Weltkriegs ging es dann so richtig los, was sich in einer ausgeprägten Siedlungstätigkeit ab Mitte der

Gebaut wurde in Graz schon immer. Dieses Denkmal erinnert an eine starke Siedlungswelle im Südwesten.

1950er-Jahre niederschlug und neben Hart zusätzlich Neu-Hart (an der Kärntner Straße) entstehen ließ. Ferdinand Köberl kennt eine amüsante Geschichte aus diesen Pionierzeiten: Um neben Lichtstrom einen Starkstromanschluss fürs neue Häuschen zu erhalten, musste man den Bedarf mit einschlägigen Elektrogeräten nachweisen. Waschmaschinen wurden damals meist mit Starkstrom betrieben, eigneten sich also bestens zum Nachweis. Dementsprechend oft wurden die Geräte unter den Nachbarn verliehen, wenn sich ein Mitarbeiter der Stadtwerke zwecks Überprüfung der Notwendigkeit des Starkstromanschlusses ankündigte. „Es soll vorgekommen sein", schmunzelt Köberl, „dass ein und dieselbe Waschmaschine bis zu acht Mal diesen guten Dienst leisten musste." Heute funktioniert es mit dem Stromanschluss klaglos, Starkstrom ist längst Standard und jeder Haushalt hat seine eigene Waschmaschine.

Nur einige der damals neuen Häuser müssen bereits wieder weichen – um neuen, größeren Siedlungsbauten Platz zu machen.

Wo findet man das Denkmal für die Neuharter Siedler?

An der Kreuzung der Kärntner Straße mit der Kapellenstraße.

Es wird wieder
Wein sein

Neue Rebstöcke in Graz

Heute mutet er exotisch an: Wein aus Graz. Der Weinhof Florian, ironischerweise außerhalb der Stadtgrenzen in Dobl-Zwaring gelegen, ist einer der wenigen Winzer, die Wein anbieten, der auf Grazer Stadtgebiet herangewachsen ist. Einen „Weißburgunder Graz", einen „Grauburgunder Graz", einen „Rivaner Graz" und eine ebenfalls auf „Graz" benannte Cuvée, aber auch einen „Grazer Welschriesling" führt er in seinem Sortiment. Das Besondere daran: Nicht nur der Name setzt der steirischen Landeshauptstadt ein Denkmal, sondern die Reben der verschiedenen Tröpferl stammen allesamt aus Grazer Weingärten, im konkreten Fall aus der Ried Kehlberg. Besonders ist das insofern, als es mit Ausnahme einiger „Heckenklescher" in Graz bis vor Kurzem keinen nennenswerten Weinbau gegeben hat. Und Heckenklescher sind Florians Weine unter Garantie nicht.

Das war nicht immer so. Im Mittelalter, als überall in deutschen Landen infolge des wärmeren Klimas sowie einer ausgesprochen wohlwollenden Förderung des Weinbaus durch Kaiser Karl den Großen viel mehr Wein gedieh als gegenwärtig, wurde Wein hierzulande so gern getrunken wie heute in Italien. Entsprechend groß waren die Anbauflächen. Auch in Graz beziehungsweise in den damals noch eigenständigen Dörfern fernab der eigentlichen Stadt Graz gab es unzählige Weingärten. Der Boom hielt sich über Jahrhunderte. Noch im 20. Jahrhundert säumten zahlreiche Weingärten die Hügel der (mittlerweile eingemeindeten) ehemaligen Dörfer am Stadtrand und die Erträge dienten nicht nur den Bauern als „Haustrunk", sondern wurden in Buschenschänken unter die Leute gebracht. So soll es im Jahr 1950 allein im Bezirk Straßgang auf dem für den Weinbau besonders gut geeigneten Kehlberg mehr als zwanzig Buschenschänken gegeben haben, in die die Menschen aus der Innenstadt strömten. Wie heute in Gamlitz oder Ehrenhausen an der Weinstraße pilgerten dem Vernehmen nach an schönen Sonntagen Hundertschaften von der Endhaltestelle des (nicht mehr existierenden) O-Busses in Straßgang den weinseligen Labestellen an den Flanken des Buchkogels entgegen. Weinbau wurde aber nicht nur im Süden der Stadt betrieben, sondern entlang der gesamten westlichen Hügelkette des Grazer Stadtgebiets. Rund 32 Hektar Weinbauflä-

In Graz entstehen laufend neue Weingärten, hier rund um ein jahrhundertealtes Weingartenschlössl vulgo Hochkofler am Kehlberg.

che sind für Graz aus dieser Zeit dokumentiert. Und auch auf dem Schloßberg wuchs früher Wein – heute findet man dort, nebenbei bemerkt, einen Ableger der ältesten Weinrebe der Welt aus Maribor, der sich sichtlich wohl fühlt.

Das für den Weinbau gute Grazer Mikroklima und die bestens geeigneten Böden der Stadt werden nach einem Rückgang des Weinbaus in der zweiten Hälfte des 20. Jahrhunderts gegen null sukzessive wiederentdeckt. Nicht nur am Kehlberg, auch im Nordwesten von Graz werden seit einigen Jahren neue Weingärten angelegt. Nicht immer zur Freude aller: Rodungen an den Abhängen der Ruine Gösting, um einen Weingarten anzulegen, sorgten für Aufregung und führten zur Gründung einer Bürgerinitiative, die sich definitiv gegen den neuen Weingarten ausgesprochen hat. Als „Skandalweingarten" ist die neue Rebfläche mittlerweile bekannt, beschäftigt Gemeinderat und Gerichte. Die Interessen von Gegnern und Befürwortern prallen derart heftig aufeinander, dass man kaum mehr glauben mag, im Wein liege ausschließlich die Wahrheit.

Wo findet man Grazer Wein?

Vor allem entlang der Hügelkette am westlichen Stadtrand wächst seit einigen Jahren wieder vermehrt Wein, wovon man sich bei Spaziergängen in Straßgang und Gösting leicht überzeugen kann. Was derzeit noch fehlt, sind Buschenschänken, in denen die Erträge der Weingärten direkt angeboten werden. Der Verkauf von Grazer Wein erfolgt nur in Flaschen. Einige alte Flurnamen zeugen von der Bedeutung des Weinbaus in Graz in früheren Tagen: Am Weinhang, Weingartenweg, Weinbergweg, Weinzöttlstraße, Winzerweg etc.

Feuer frei –
längst vorbei!

Der Weißeneggerhof

Graz ist reich an alten Häusern. Manche mussten in den vergangenen Jahren einer verstärkten Wohnbautätigkeit weichen, weil sie – aus welchen Gründen auch immer – nicht unter Denkmalschutz gestellt worden waren. Andere wiederum standen zwar unter Denkmalschutz, mussten aber dennoch weichen, weil man sie so lange verfallen ließ, bis eine Sanierung nicht mehr möglich war.

Ein wuchtiges Gebäude, dem dieses Schicksal Gott sei Dank erspart geblieben ist, findet man in der Annenstraße, genauer gesagt am Esperantoplatz: Es ist der Weißeneggerhof. Vielleicht liegt es an seinem martialischen Erscheinungsbild, dass bis heute kein Investor gewagt hat, dieses Anwesen in einen Wohnsilo zu verwandeln. Martialisch? Allerdings, denn an dieser Stelle würde man als genüsslicher Stadtflaneur, der die Augen einmal hierhin, ein-

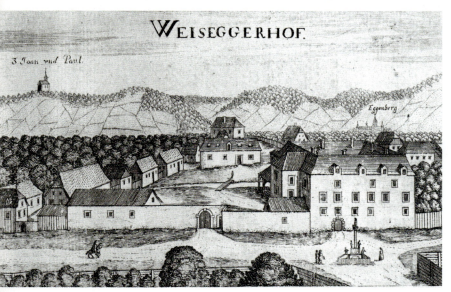

Der Weißeneggerhof heute: Schön erkennt man neben dem Eingang die mittelalterlichen Schießscharten. Links: Der Weißeneggerhof im Jahr 1681 – aus Topographia Ducatus Stiriae von G. M. Vischer

mal dorthin wendet, nicht erwarten, plötzlich vor Schießscharten zu stehen! Angesichts der bis ins Mittelalter zurückreichenden Geschichte des Weißeneggerhofs erscheinen die Schießscharten freilich nicht mehr so ungewöhnlich. Damals befand er sich ja weit außerhalb der Stadtmauern, das Grazer Stadttor lag am Ende der heutigen Murgasse und damit von der Annenstraße aus gesehen auf der anderen Seite des Flusses. 1414 als landesfürstlicher Bauernhof erstmals erwähnt, entwickelte sich der Weißeneggerhof gegen Ende des 15. Jahrhunderts zum Zentrum der Grundherrschaft des Wolfgang von Weißenegg. Später kam der mächtige Gutshof in den Besitz der Eggenberger, bevor er im Jahr 1785 in bürgerliche Hände fiel.

Die Schießscharten, mit denen man sich heute konfrontiert sieht, wurden erst vor wenigen Jahren im Zuge einer Generalsanierung des Gebäudes wieder freigelegt. Nicht nur aufgrund dieses außergewöhnlichen Details zählt der sehenswert revitalisierte Weißeneggerhof zu den wichtigsten mittelalterlichen Profanbauten der Stadt.

Wo findet man den Weißeneggerhof?
An der Ecke Esperantoplatz/Hans-Resel-Gasse. Die exakte Adresse lautet: Hans-Resel-Gasse 3.

Je Englhofer –
je lieber

Berühmte Zuckerl

Von einem Klassiker für Naschkatzen, die scharf-herbe Genüsse picksüßen Verlockungen vorziehen, zeugt in Graz nur mehr ein langsam verblassendes Familienwappen an einer Hausfassade in der Hans-Resel-Gasse 23: Familie Englhofer steht da geschrieben, darüber das Bild eines Engels unter einem Harnisch. Bei Englhofer wird man als Österreicher, sofern man ein gewisses Lebensalter erreicht hat, hellhörig, zu deutlich klingt noch der Werbespruch in den Ohren: „Je Englhofer – je lieber". Herzstück der Zuneigung waren (und sind) eine Handvoll klassische Bonbons, die zur Republik gehören wie der Großglockner oder der Stephansdom: „Firn", „Eiszapfen" und „Wiener Zuckerl", um die bekanntesten Marken zu nennen.

Der Zuckerltraum begann vor mehr als 100 Jahren und er begann wirklich in Graz: Im Jahr 1909 wurde die legendäre Zuckerlfabrik Englhofer gegründet, nachdem die Familie bereits seit dem Jahr 1851 mit Kaffee ihr Handelsglück versucht hatte. Mit den bis heute beliebten Sorten, allen voran natürlich Firn mit dem scharfen Pfefferminzgeschmack vor dem erlösenden Schokokern,

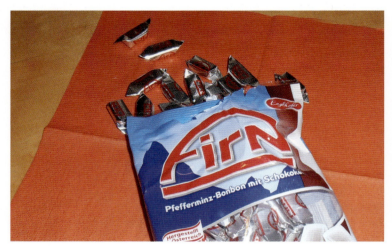

Englhofer-Zuckerl traten von Graz aus ihren Siegeszug an.
Nur mehr das verblassende Familienwappen zeugt in Graz von vergangener
Zuckerlpracht.

wurde Englhofer zur Nummer eins am österreichischen Zuckerlmarkt. Im Jahr 1989 erhielt man die Berechtigung zur Führung des steirischen Landeswappens. Zeitweise verließen rund 5 000 Tonnen Zuckerl die Fabrik in Graz. Bald danach war allerdings Schluss. Nachfolgeprobleme in der Familie und eine allgemeine Krise in der österreichischen Süßwarenindustrie infolge des EU-Beitritts führten im Jahr 1997 zum Verkauf der F. S. Englhofer Zuckerwaren GesmbH. Schluss war freilich nur mit der Zuckerlproduktion in Graz, über Umwege gelangte das Unternehmen in den Besitz des Branchenriesen Storck, der bis heute die beliebten Süßigkeiten auf den Markt bringt.

Nach wie vor können wir uns also am coolen Geschmack der Firn-Zuckerl erfreuen und sogar die Verpackung erinnert noch an „damals". Oder wir lutschen an einem Eiszapfen, gönnen uns ein Wiener Zuckerl und schwelgen in Erinnerungen.

Wo findet man Englhofers Spuren in Graz?

Am ehemaligen Firmensitz in der Hans-Resel-Gasse 23 zeugt noch das Familienwappen von alten Zeiten. Die legendären Firn-Zuckerl gibt's nach wie vor in jedem Supermarkt, die mindestens genauso legendären „Arosa" wurden nach der Übernahme allerdings eingestellt.

Vier Pfoten als
Dekoration

Tierskulpturen

Graz hat knapp über 300 000 Einwohner. Neben den Bewohnern auf zwei Beinen bevölkern unzählige Vierbeiner die Landeshauptstadt der Steiermark. Vom besten Freund des Menschen, dem Hund, über die beliebten „Stadtpark-Hansis", die derzeit leider fast vom Aussterben bedrohten Eichhörnchen, bis hin zu den Gämsen (siehe dazu das folgende Kapitel „Meister Grimbarts Stadtparkgraben", Seite 97) ist eine breite Palette an Tierarten vertreten. Es gibt aber noch mehr: Exotische Wildtiere, die man normalerweise in fernen Ländern und auf anderen Kontinenten sucht, findet man ebenso in Graz – allerdings nicht aus Fleisch und Blut, sondern bevorzugt aus Stein, gelegentlich aus Bronze oder aus Stahl.

Einer der bekanntesten Vertreter seiner Art ist der bronzene Hackher-Löwe auf dem Schloßberg, aufgestellt zu Ehren des Schloßberg-Verteidigers Major Franz Hackher, von dem man angeblich kein Bild zur Verfügung hatte, um ihn als Person darzustellen – deshalb musste der Löwe herhalten. Ebenfalls auf dem Schloßberg, unterhalb des Uhrturms, wacht ein steinerner Hund – er soll der Überlieferung nach die Tochter Kaiser Friedrichs III., Kunigunde, mit beherztem Gebell vor einer Entführung durch Söldner des Ungarnkönigs Matthias Corvinus gewarnt haben. Ein weiteres bekanntes Steintier steht weiter

Exotische und weniger exotische Tiere aus Stein und Metall bevölkern die Stadt Graz.

unten in der Stadt, in der Neuen Welt. Dort begrüßt an einer Hausecke ein Elefant aus Stein die Flaneure, die dem Franziskanerplatz zustreben. Gerade er hat uns überhaupt erst auf die Idee gebracht, einmal nachzuforschen, ob es denn weiteres Steingetier in der Stadt gebe.

Um es gleich vorwegzunehmen: Das gibt's sehr wohl, und zwar in einem Ausmaß, dass wir im Anschluss nur eine kleine Auswahl an unbekannten Vierpfotern bringen können, verbunden mit der Aufforderung, selbst mit offenen Augen durch die Stadt zu marschieren und nachzuforschen, was da alles (nicht) kreucht und fleucht (weil es eben nicht lebendig ist).

Vier Pfoten in der Stadt, aber aus Stein und Metall (eine kleine Auswahl ohne Anspruch auf Vollständigkeit):

- Der eingangs genannte Hackher-Löwe ist nicht allein, schon auf dem Schloßberg vor der Liesl hat er Kollegen und auch am Glockenspielplatz 5, in der Kaiserfeldgasse und in der Conrad-von-Hötzendorf-Straße tummeln sich die Könige der Tiere. Der bereits erwähnte Elefant ist ebenfalls kein Einzelgänger in der Stadt. Weiter draußen, in der Schubertstraße, steht in einem Privatgarten ein Artgenosse mitten in der Hecke, fast wie daheim in der Savanne.
- Beim Eingang des Redaktionsgebäudes der Jagdzeitschrift „Der Anblick" in der Rottalgasse 24 empfängt stilecht ein Reh aus Metall die Besucher. Chefredakteur Martin Ossmann klärt uns auf: „Das ist kein Reh, sondern ein Hirschtier in Originalgröße. Gefertigt wurde die Skulptur aus alten metallenen Ketten von Fritz Russ." Seinen Weg vor die Tür der Jagdzeitschrift fand das Kunstwerk vor mehr als einem Jahrzehnt, und dass es perfekt dorthin passt, wird auf den ersten (An-)Blick evident. Mit der Skulptur sollte aber auch eine generelle Wertschätzung für moderne Kunst zum Ausdruck ge-

bracht werden, was das Kettentier mit etlichen steinernen Kollegen vor Wohnsiedlungen und öffentlichen Gebäuden in Graz gemeinsam hat. Dass nicht alles aus Fleisch und Blut sein muss, was echt wirkt, beweist eine kleine Anekdote, die uns Ossmann erzählt: Regelmäßig verbellen Hunde, die von den Herrln und Frauerln Gassi geführt werden, von der anderen Straßenseite aus das Hirschtier – offensichtlich halten sie es für lebendig, was wiederum für die naturalistische Arbeitsweise des Künstlers spricht. Und Eltern, die ihre kleinen Kinder auf das Metallwild als Fotomotiv setzen, erliegen offenkundig dem Bambi-Effekt, der auch ohne Fell zu funktionieren scheint.

- Auf dem Josef-Pongratz-Platz gegenüber der Steiermärkischen Gebietskrankenkasse wachen zwei Seelöwen über den Springbrunnen.
- Auch Bären gibt es in der Stadt, natürlich nur aus Stein: So ziert ein Bär das schöne Steinportal des alten Gasthofs „Zum Bären" auf dem Griesplatz sowie eine Häuserfront in der Murgasse. Jüngeren Datums, dafür aber um ein Vielfaches größer ist der steinerne Bär, der gemütlich vor einem Hochhaus in der Kärntner Straße 212 sitzt.
- Während man Bär, Löwe und Elefant öfter vorfindet, wird es rund um die Triestersiedlung ungewöhnlich und diesfalls „tierisch" auf zwei Beinen: Auf der kleinen Wiese vor einem Mehrparteienhaus in der Vinzenz-Muchitsch-Straße tummelt sich Geflügel aus Stein – wir tippen auf Pinguine, so genau lässt sich das angesichts künstlerischer Freiheit nicht sagen.
- Und ein wahres Highlight im Graz der steinernen Tiere erwartet uns vor einem Hochhaus an der Kreuzung Triester Straße/Karlauer Gürtel – ein Pferd!

Meister Grimbarts
Stadtparkgraben

Grazer Wildtiere

Einige ausgewählte Vierbeiner aus Stein und Metall haben wir nun kennengelernt. Das „tierische Graz" bietet aber auch etliche Viechereien aus Fleisch und Blut, und damit sind weder die im vorangegangenen Kapitel genannten Eichkatzerln im Stadtpark gemeint noch die Zigtausenden Hunderln, die in den Grazer Wohnungen und Häusern gehalten werden und auf den Gehsteigen und Parkwegen ihre Notdurft verrichten – idealerweise unter Zuhilfenahme eines „Sackerls", mit dem die Hundehalter die tierischen Hinterlassenschaften im Anschluss beseitigen, wie sich's gehört.

Darüber hinaus teilen sich auf den ersten Blick unerwartete Tiere den Lebensraum der Landeshauptstadt mit den Menschen: Wildtiere. 745 Rehe und 89 Gämsen tummeln sich auf Grazer Stadtgebiet, entnehmen wir der Jagdzeitschrift „Der Anblick", die die amtlichen Zahlen nennt. Der anfänglichen Verwunderung, das vermeintliche Hochgebirgswild hier vorzufinden, stehen die

Oben: Meister Grimbart, ein Dachs, hat im Stadtpark seinen Bau aufgeschlagen. Rehe sind auf Grazer Stadtgebiet keine Seltenheit, am Stadtrand tauchen sie regelmäßig in Gärten auf.

biologischen Tatsachen gegenüber: Gämsen fühlen sich in Kalksteinformationen wie dem Grazer Becken durchaus wohl. Wenn sie noch ein Felsköpferl oder irgendein anderes Gipfelchen vorfinden, von dem aus sie ins Umland schauen können, dann passt ihnen der Lebensraum schon ganz gut. Und an derartigen Erhebungen besteht in Graz wahrlich kein Mangel.

Auch Niederwild treibt sich hier zahlreich herum. Mit dem Marder, seinen Verbissspuren an Motorkabeln sowie deren unangenehmen Folgen dürfte der eine Grazer oder die andere Grazerin wohl schon leidvolle Bekanntschaft gemacht haben, wenn das Fahrzeug am Morgen den Dienst verweigerte. Dazu kommen Füchse, Hasen, Iltisse, Federwild etc., allesamt wenigstens autoschonender unterwegs als die Marder. Zu besonderer Bekanntheit hat es ein Dachs gebracht, der im Stadtpark seit Jahren seine Zelte aufgeschlagen hat. Meister Grimbart, so der Name des Dachses in der Fabel, nutzt die Mauerreste am alten Schanzgraben als exklusiven Wohnraum für sich und hinterlässt bei so manchem Nachtschwärmer mitten in der Stadt ländliche Eindrücke. Nicht nur den Stadtpark schätzen die trolligen Grimbärte, auch in Wasserdurchlässen am Stadtrand sind sie nächtens immer wieder anzutreffen. Kein Wunder, denn in der Nähe menschlicher Siedlungen ist der Tisch für Wildtiere reich gedeckt, Biotonnen und Müllkübel werden zum leicht erreichbaren Vorratsschrank und so manche Schüssel mit Katzenfutter entpuppt sich als Festfressen für die nicht geladenen Gäste. Bleibt noch zu erwähnen, dass die Stadt Graz nicht nur Heimat für unzählige Wildtiere ist, sondern infolgedessen auch ein Jagdrevier. Die letzte verfügbare Jagdstatistik aus dem Jagdjahr 2014/2015 listet uns ebenfalls „Der Anblick" auf: 260 Rehe, 6 Gämsen, 40 Hasen, 12 Fasane, 24 Wildtauben, 17 Wildenten, 62 Füchse, 12 Dachse, ebenso viele Baummarder, 44 Steinmarder und 25 Iltisse wurden erlegt – nicht schlecht für eine wildtierfrei geglaubte Region. Bevor jetzt angesichts dieser Strecke das große „Jäger-Bashing" losgeht – die Weidmänner und -frauen sorgen unter anderem dafür, dass im Straßenverkehr verletztes Fallwild von seinen Qualen erlöst wird und die Grazer Jungbäume nicht allzu sehr vom hungrigen Schalenwild verbissen werden, sondern zu brauchbaren Stadt(rand)wäldern heranwachsen können. Und die feine Wildküche der Grazer Gastronomie bekommt für Rehschnitzerl, Hirschgulasch, Wildschweinbraten & Co ebenfalls ihre qualitativ hochwertigen Ausgangsprodukte.

Grazer Mühlen
ohne Müller

Mühlentradition

Ein Blick auf den Grazer Stadtplan zeigt: Mühlen prägten einst das Stadtbild, und sie begegnen uns bis heute in zahlreichen Flurnamen, wenn sie auch in ihrer ursprünglichen Funktion großteils verschwunden sind. Markantestes Beispiel ist der Mühlgang, der sich nach wie vor von Norden nach Süden durch die ganze Stadt schlängelt, auf einer stolzen Länge von 25 Kilometern. Von den ursprünglich zwei Mühlgängen, deren aus der Mur abgeleitetes Wasser dem Betrieb zahlreicher Mühlen diente, ist nur mehr der Mühlgang auf der rechten Seite der Mur erhalten, der linke wurde längst zugeschüttet, weil man ihn nicht mehr benötigte. Statt Mühlen zu betreiben, wirkt der verbliebene Mühlgang der Gegenwart streckenweise wie ein natürlicher Seitenarm der Mur, sorgt mit romantisch anmutenden Brückerln und Hausfassaden direkt am Wasser dort und da für Anblicke à la „Klein-Venedig" und er hält der Grazer Bevölkerung regelmäßig, wenn er geleert und gereinigt wird, gewissermaßen den Spiegel vor. Man glaubt gar nicht, was binnen eines Jahres alles im Mühlgang entsorgt

Streckenweise romantisch schlängelt sich der Mühlgang durch die Stadt.
Rechts: die Marienmühle, heute das Geschäfts- und Wohnhaus Rondo.

Die Rösselmühle, die als Letzte den Betrieb einstellte

wird, von Fahrradleichen bis zur echten Pistole spannt sich der Bogen der Fundstücke, die bei der Reinigung schon zutage getreten sind.

Auch die Papiermühlgasse im Bezirk Lend zeugt von vergangener Mühlentradition, bereits im 16. Jahrhundert wurde dort eine Papiermühle betrieben. Dann geht's den Mühlgang entlang Schlag auf Schlag, freilich nur was die Namen betrifft, die auf alte Müllersgeschichten verweisen. Denn die Mühlen mahlen nicht mehr, sondern geben nur ihre klingenden Namen her. Die ehemalige Marienmühle an der Kreuzung Keplerstraße/Hans-Resel-Gasse lebt als stylisher Büro- und Wohnkomplex mit dem Namen „Rondo" fort, durch dessen Garten – erraten – der Mühlgang fließt.

Ein paar Hundert Meter weiter südlich begegnet man der nächsten Mühle, der Rösselmühle, wo bereits ab dem Jahr 1270 Mehl gemahlen wurde, und zwar bis vor Kurzem. Erst 2014 stellte man als letzte traditionsreiche Grazer Mühle den Betrieb ein, das gleichnamige Mehl mit dem schicken Rösselsprung auf der Packung gibt es aber nach wie vor, nur wird es heute anderswo gemahlen. Und auch in der Straßenbezeichnung haben sich mit der Rösselmühlgasse bis dato ihre Spuren erhalten.

Nächste Station Richtung Süden ist die Taggermühle, ein mächtiger Bau am Beginn der Puchstraße, in dem einst ebenfalls gemahlen wurde. Heute beherbergt sie ein Businesszentrum, in dem sich Unternehmen verschiedener Art niedergelassen haben, von der Aufzugsfirma bis zum Tanzstudio ist alles dabei. Auch Künstler haben sich dort angesiedelt und die Außenfassade – weithin sichtbar – mitgestaltet.

Vor langer, langer Zeit haben die Müller in den verschiedensten Mühlen rechts und links der Mur das Mehl für das tägliche Brot gemahlen. Heute ist das Bild des Müllers in Graz in Vergessenheit geraten, sein Gewerbe lebt nur mehr in den zahlreichen Namen fort.

Wo findet man die Grazer Mühlen ohne Müller?

Auf Müllers Spuren lustvoll wandern kann man im gesamten Stadtgebiet, vor allem entlang des Mühlgangs. Dort reihte sich früher Mühle an Mühle, die heute anderweitig genutzt werden.

Eine Stadt,
viele Religionen

Gotteshäuser großer Glaubensgemeinschaften

Wie in jeder Stadt mit vergleichbarer Geschichte und Geografie prägen die großen (und kleineren) christlichen Gotteshäuser auch Graz: Der Dom auf der sogenannten Stadtkrone und die Stadtpfarrkirche in der Herrengasse sind neben den Pfarrkirchen in den Bezirken die herausragenden Zeugnisse der römisch-katholischen Kirche. Die evangelische Kirche verfügt mit der Heilandskirche auf dem Kaiser-Josef-Platz ebenfalls über ein ansehnliches und weithin bekanntes Gotteshaus. Darüber hinaus leben in Graz Menschen unterschiedlichster anderer Religionen und einige von ihnen verehren ihren Gott in entsprechenden Gebetshäusern, wenngleich diese meistens weniger zentral und auffällig gelegen sind als ihre christlichen Pendants.

In jüngster Zeit am umstrittensten – warum eigentlich? – war die Errichtung einer Moschee in der Herrgottwiesgasse/Laubgasse. Vor allem das Minarett hat bei diesem von bosnischen Muslimen gebauten islamischen Kulturzent-

Die in Bau befindliche Moschee der bosnischen Muslime. Ganz oben: die jüdische Synagoge.

rum für Aufregung im Vorfeld gesorgt, obwohl bereits bei der Vorstellung des Projekts versichert wurde, dass kein Muezzin vom Turm aus zum Gebet rufen werde. Damit erfüllte man eine klare Vorgabe der Stadt Graz, die die Bauhöhe des Minaretts mit 22 Metern begrenzte, damit es sich architektonisch in das Viertel einfüge. Zum Zeitpunkt der Recherchen für dieses Buch war der Bau der ersten Grazer Moschee bereits weit fortgeschritten und das Minarett ragte mit seinem Halbmond schon elegant in den Grazer Himmel. Noch bevor die Moschee fertiggestellt werden konnte, wurde sie mehrmals Ziel eines Anschlags mit Schweineblut oder einem Schweinekopf.

Stupa im Volksgarten

Diese Aufregung über eine Moschee der bosnischen Muslime verwundert umso mehr, wenn man bedenkt, dass in Graz bereits ab dem Jahr 1894 die k. u. k. Infanteristen der Zweierbosniaken (in der Dominikanerkaserne) stationiert waren. Unter den Soldaten des bosnisch-herzegowinischen Infanterieregiments Nr. 2 befanden sich klarerweise etliche Muslime. Die Religion war im Regiment übrigens kein Thema, jeder durfte glauben, was er wollte. Die Zweierbosniakengasse erinnert heute noch an den Aufenthalt des Infanterieregiments in Graz bis zum Jahr 1914 und sorgt im Gegensatz zur Moschee für keinerlei Diskussionen.

Weniger umstritten ist das sichtbare Zeichen des Buddhismus im Volksgarten: ein Stupa – ein Bauwerk, das symbolisch für Buddha und seine Lehre beziehungsweise Weisheit steht. Der Grazer Friedensstupa war der erste seiner Art auf öffentlichem Grund in Österreich. Er wurde in den Jahren 1995 bis 1998 vom Buddhistischen Zentrum Graz errichtet. Höhepunkt war ein Besuch des Dalai Lama, der das Heiligtum im Jahr 1998 höchstpersönlich einweihte und aufgrund mehrerer Besuche so etwas wie eine Freundschaft zum damaligen Grazer Bürgermeister Alfred Stingl aufbaute. Ein Tipp für den nächsten Besuch im Volksgarten: Es soll Glück bringen, den Stupa im Uhrzeigersinn zu umrunden.

Als Versuch einer späten Wiedergutmachung steht das Gotteshaus einer anderen Weltreligion in Graz: die Synagoge. Am 9. November 1938, während der sogenannten Reichskristallnacht, abgefackelt – Bürgermeister Julius Kaspar hatte sie eigenhändig in Brand gesteckt –, dauerte es 62 Jahre, bis die Synagoge der Grazer Juden wieder errichtet war: Am 9. November des Jahres 2000 wurde sie feierlich eröffnet. Für den Neubau kamen auch Ziegel des von den Nazis zerstörten Vorgängerbaus zum Einsatz, die Grazer Schülerinnen und Schüler als schöne Geste für die Wiederverwendung aufbereiteten. Wie heikel der Umgang mit der Materie war, zeigt eine Episode im Vorfeld: Da die Grazer jüdische Gemeinde formal auch für Kärnten zuständig ist, hätte bei der Einladung der Landeshauptleute zur Eröffnung als Ehrengast der Kärntner Landeshauptmann dabei sein müssen. Der hieß damals allerdings Jörg Haider, weshalb die Landeshauptleute gleich gar nicht zur Feier gebeten wurden. Von offizieller Seite bestätigt wurde dieser protokollarische Kunstkniff freilich nie.

Wo findet man in Graz Gotteshäuser der Weltreligionen?
Moschee der bosnischen Muslime: Laubgasse 22; Buddhistischer Stupa: Volksgarten; Jüdische Synagoge: David-Herzog-Platz 1.

Historischer
Promifriedhof

Der St.-Leonhard-Friedhof

Das vermutlich meistbesuchte Grazer Grab, die letzte Ruhestätte von Formel-1-Weltmeister Jochen Rindt, findet man zwar auf dem Zentralfriedhof, aber der Friedhof mit der größten Prominentendichte unter den Bestatteten ist jener in St. Leonhard. Freilich handelt es sich bei den Toten von Rang und Namen größtenteils um bedeutende Persönlichkeiten vergangener Tage, die heute teilweise in Vergessenheit geraten sind. Ein Friedhofsspaziergang lohnt sich dort nichtsdestotrotz, beschert so manches Aha-Erlebnis und gleicht mitunter einem Ausflug in alte Grazer Tage.

Von den 14 Grazer Friedhöfen, zu denen kurioserweise auch der Friedhof der Nachbargemeinde Feldkirchen gezählt wird, weil von der Pfarre Feldkirchen gewissermaßen als Ahnherrin die Grazer Pfarren gegründet worden waren, ist der St.-Leonhard-Friedhof altersmäßig im guten Mittelfeld gelegen. Offizielles Gründungsdatum ist das Jahr 1817, es gab aber schon vorher Bestattungen rund um die Pfarrkirche. Die Liste der dort beerdigten Prominenz umfasst gute drei DIN-A4-Seiten und enthält Politiker, darunter Grazer Bürgermeister, Wissenschaftler, Künstler und Musiker bis hin zu schwer zu beurteilenden Persönlichkeiten wie Jakob Lorber (siehe dazu „Prophezeiungen aus der Neuen Welt", Seite 38).

Einer der bekanntesten Verstorbenen des St.-Leonhard-Friedhofs ist Wilhelm von Tegetthoff. Der k. u. k. Vizeadmiral hatte im Jahr 1866 in der Seeschlacht von Lissa die

Viele prominente Verstorbene haben auf dem St.-Leonhard-Friedhof ihre letzte Ruhestätte gefunden.

italienische Marine vernichtend geschlagen, indem er und seine Mannen deren Schiffe mit der sogenannten Rammtaktik attackierten und zwei davon versenkten. Nicht allzu weit von seiner letzten Ruhestätte entfernt erinnert am Tegetthoffplatz ein großes Standbild an den „Seehelden von Lissa" und hat dort erst jüngst für Turbulenzen gesorgt. Drei Jahre lang war das Denkmal nämlich abgebaut, um es zu restaurieren. Tegetthoff-Fans vermuteten hinter der zugegeben ein wenig langen Abwesenheit des Admirals eine Bösartigkeit der zuständigen Kulturstadträtin der Grünen. Mittlerweile ist aber wieder alles eitel Wonne, seit Herbst 2016 steht der Bronze-Tegetthoff wieder frisch herausgeputzt auf seinem Sockel.

Zurück auf den St.-Leonhard-Friedhof. Außergewöhnlich liest sich auch die Biografie von Prinzessin Djana Djavidan. Die im Jahr 1968 verstorbene Frau gilt als Vorkämpferin der Emanzipation in der arabischen Welt. Sie veröffentlichte ihre Werke als Schriftstellerin unter verschiedenen Pseudonymen und machte sich auch als Malerin einen (heute weitgehend vergessenen) Namen. Als Gattin des letzten ägyptischen Vizekönigs Abbas Hilmi lebte sie 13 Jahre in dessen Harem und schrieb nach der Scheidung von ihm ein Buch: In „Harem" räumte sie mit den Vorurteilen über das glückliche Leben in einer derartigen Gemeinschaft auf.

Auch ein anderer Verstorbener, der auf dem St.-Leonhard-Friedhof seine letzte Ruhe gefunden hat, fühlte sich zum (fernen) Osten hingezogen: Anton Graf Prokesch von Osten. Der Diplomat und k. u. k. Feldzeugmeister gilt als einer der bedeutendsten Orientforscher seiner Zeit und erst im Oktober 2016 widmete man ihm anlässlich seines 140. Todestages ein umfangreiches Symposium in Graz. Als „Vermittler zwischen den Kulturen" bezeichnete man den Gelehrten dabei. Seine Grabkapelle ist ganz im Gegensatz zum schlichten Grabstein der Prinzessin nicht zu übersehen, das markante Mausoleum dürfte von Theophil Hansen, dem Architekten des Parlamentsgebäudes in Wien, errichtet worden sein.

Die Familie des Ex-Bürgermeisters Andreas Hüttenbrenner hat ihre Ruhestätte genauso am St.-Leonhard-Friedhof wie der bekannte Volkskundler Viktor von Geramb oder Ludwig Carl Seydler, der Komponist des Dachsteinliedes, auch als steirische Landeshymne im Ohr. Der von den Nazis ermordete Architekt Herbert Eichholzer ruht ebenfalls dort wie Psychiater Richard Freiherr von Krafft-Ebing.

Wo findet man den St.-Leonhard-Friedhof?
Entweder geht man vom Leonhardplatz aus rechts an der Pfarrkirche St. Leonhard vorbei und folgt den Hinweisschildern oder man betritt den Friedhof von der Riesstraße aus. In der Pfarrkirche gibt es einen Friedhofsführer zu erwerben, in dem die Promigräber samt Lageplan verzeichnet sind.

Jesuiten-Ruine
am Rosenhain

Sommerrefektorium und
Minoritenschlössl

Eine der zahlreichen Grazer Grünoasen, die sich mitten im Stadtgebiet auftun, ist der Rosenhain. Gegenüber dem Eingang – angesichts des herrschaftlich anmutenden Portals, durch das man den Wald betritt, darf man ihn so nennen, obwohl Wälder normalerweise keine Eingänge haben – stehen Gründerzeithäuser und moderne Wohnblocks noch dicht an dicht gedrängt. Ein paar Meter weiter wähnt man sich auf dem Land und hat die Stadt dennoch nicht verlassen. Dieser Wald am Rosenhain bietet neben malerisch gelegenen Teichen eine Besonderheit: das ehemalige Refektorium der Jesuiten. Leider schon seit Jahrzehnten dem Verfall preisgegeben, passt die Ruine, in der einst Mönche speisten, dennoch perfekt in den Wald, erschließt sich dem Besucher erst knapp, bevor er davorsteht, und bringt einen Hauch Mystik in die unbeschwerte Natur. Errichtet wurde das Refektorium im 16. Jahrhundert, wobei die Geschichte des Hauses viel weiter zurückreicht. Mit der Aufhebung des Jesuitenordens im Jahr 1773 war freilich auch die ursprüngliche Verwendung des Refektoriums Geschichte. In den Achtzigerjahren des vorigen Jahrhunderts ist das damals als Lager für Requisiten genutzte Gebäude ausgebrannt, seither stehen nur mehr die Außenmauern. Zwischenzeitig von Jugendlichen als idealer Platz für Feste (und wohl alles Mögliche andere) entdeckt, sind

Die Ruine des ehemaligen Jesuitenrefektoriums birgt immer noch so manche Überraschung, beispielsweise den Löwen über dem Portal, der frech die Zunge zeigt (ganz oben).

Das vorbildlich restaurierte Minoritenschlössl

die Fenster des alten Gemäuers mittlerweile zugemauert. Lange Jahre stand eine Weinpresse davor, die man darin gefunden hatte. Sie ist allerdings verschwunden.

Für die Jesuiten war das Refektorium, das seit dem Jahr 1928 der Stadt Graz gehört, die Sommerresidenz. Schon des Öfteren wurde der Versuch gestartet, das nunmehr fast verfallene Gebäude ins Leben zurückzurufen. Bis dato vergebens, es ist noch nicht wieder in die Gänge gekommen, was angesichts des Zustandes der Bausubstanz eher nicht mehr zu erwarten ist. Da Denkmalschutz besteht, kann das Refektorium aber auch nicht einfach weggerissen werden. Freuen wir uns also an der Ruine und der geheimnisvollen Aura, die sie umgibt. Baugeschichtlich interessierten Menschen sei empfohlen, von der Refektoriumsruine weiter auf den Rosenberg zu gehen und dann die Quellenstraße anzusteuern. Dort befindet sich das Minoritenschlössl, das im Gegensatz zum alten Jesuitenbau vorbildlich restauriert wurde. Als Privatbesitz ist es zwar nicht zugänglich, aber der im Jahr 1603 fertiggestellte Bau lohnt auch von außen einen Blick.

Wo findet man das Sommerrefektorium der Jesuiten und das Minoritenschlössl?

Ersteres befindet sich mitten im Wald des Rosenhains, erreichbar durch die Aigner-Rollett- oder die Max-Mell-Allee. Die Adresse des Minoritenschlössls lautet Quellengasse 4.

Durchs Schlüsselloch
gespäht

Das Schlüsselmuseum

Das zweitgrößte österreichische Museum, das Joanneum, überstrahlt mit acht Standorten allein in Graz die hiesige Museumslandschaft. Doch im Schlagschatten des von Erzherzog Johann gegründeten steirischen Parademuseums gedeiht eine vielfältige Ausstellungslandschaft: das „Johann Puch Museum" im alten, denkmalgeschützten „Einser-Werk" in der Puchstraße 85–119 beispielsweise, in dem so gut wie alles Fahrbare der legendären Zwei- und Vierradmarke dokumentiert wird. Auch das „Hans Gross Kriminalmuseum" in der Universität Graz verdient Aufmerksamkeit. Gegründet vom Grazer Kriminologen Hans Gross, dem Ahnherrn dieser Wissenschaft, präsentiert es die von ihm selbst ins Leben gerufene Lehrsammlung zur Ausbildung von Kriminologen in nahezu unveränderter Form – Gänsehaut à la Sherlock Holmes garantiert! Im „Spielzeugmuseum" in der Hartiggasse 4 geht's lieblicher zu, und im „Tramwaymuseum" an der Endhaltstelle der Straßenbahnlinie 1 in Mariatrost kommen größere Kinder mit den historischen Straßenbahngarnituren auf ihre Kosten. All diesen Sammlungen ist eines gemeinsam: Außerhalb der Öffnungszeiten bleiben sie bummfest zugesperrt – logisch.

Genau diesem Vorgang des Zusperrens ist ein Grazer Museum gewidmet, auf seine Art sogar das größte weltweit: das „Schlüsselmuseum" in der Wiener Straße 10. Offiziell nach dem Museumsgründer und Sammler auf „Hanns Schell Collection" benannt, eröffnet sich darin die Welt der Schließmechanismen von der Antike bis in die Gegenwart. Opferstöcke und Keuschheitsgürtel befinden sich genauso unter den Schaustücken wie mittelalterliche Schandgürtel und jede Menge Truhen, Kisten und Kästchen. Die rund 13 000 Exponate stammen aus aller Herren Länder, was unter anderem der schillernden Biografie des Museumsgründers geschuldet ist. Hanns Schell war auf zahlreichen Expeditionen weltweit unterwegs und machte sich dabei auch als Bergsteiger einen Namen. Spektakuläre Achttausender wie der Nanga Parbat stehen auf der Liste der von ihm bezwungenen Berge.

Wo findet man die Hanns Schell Collection?
In der Wiener Straße 10.

Des Kaisers
kleiner Bruder

Der Bauernmarkt am Lendplatz

Wenn die Grazerinnen und Grazer verkünden, auf den „Platz" zu gehen, dann kann nur einer gemeint sein: der Bauernmarkt auf dem Kaiser-Josef-Platz. Er stellt die größte „Leistungsschau" der Landwirte aus Graz und Umgebung dar und die Städter kaufen dort riesig gern ein. Gleichzeitig ist dieser täglich außer sonntags stattfindende Markt aber nur ein Bauernmarkt unter mehreren, insgesamt bieten die Bauern ihre selbst erzeugten Produkte auf rund 15 kleineren und größeren Märkten im gesamten Stadtgebiet an, fast jeder Stadtbezirk hat seinen eigenen Bauernmarkt.

Wenn man den Bauernmarkt am Kaiser-Josef-Platz – dem Namen entsprechend – als den Monarchen unter den Grazer Bauernmärkten bezeichnen kann, dann ist der Markt am Lendplatz gewissermaßen der kleine Bruder des Kaisers. Dem Aufschwung, den das Lendviertel seit dem Bau des Kunsthauses genommen hat, folgend hat sich der kleine Bruder inzwischen gehörig gemausert und herausgeputzt und zu einem Fixpunkt im Einkaufsverhalten

Der zweitgrößte Bauernmarkt der Stadt am Lendplatz bietet ein vielfältiges Angebot.

junger, städtischer, urbaner Menschen entwickelt. Man merkt an allen Ecken und Enden, dass es am Lendplatz lebhafter und vitaler zugeht als am Kaiser-Josef-Platz. Beiden Märkten gemeinsam sind die Frische des Angebots und die reiche Auswahl an landwirtschaftlichen Produkten: Käferbohnen, Salat, Zwiebeln liegen da breit aufgefächert, natürlich fehlt das Kraut nicht, Obst wie Äpfel und Zwetschken werden angeboten, Schnaps, Honig, selbst gemachte Marmeladen … Zudem werden je nach Jahreszeit frische Setzlinge für die Freizeitgärtner unter den Städtern angeboten und für die Hobbyköche gibt es Kräuterstöckerl. Auch Fische landen regelmäßig am Lendplatz – nicht aus der Mur, sondern aus den renommierten Fischzuchten des Landes. Das eine oder andere In-Lokal fehlt ebenfalls nicht im Umkreis der Marktstandeln, wo man sich nach dem Einkauf auf ein geselliges Gläschen mit Freunden trifft.

Wie der Kaiser-Josef-Platz ist auch der Lendplatz ein alter, traditionsreicher Handels- und Marktplatz. Die Entstehung des Marktes am Lendplatz lässt sich jahrhundertelang zurückverfolgen, bereits im 18. Jahrhundert ist von einem Holzkohlenmarkt die Rede und mit Vieh wurde ebenso gehandelt. Da die Murflöße an dieser Stelle anlegten – der Name Lend stammt vom „Anlanden" der Murschiffe ab –, war immer schon viel los und die Stelle eignete sich aufgrund der Weiträumigkeit des Platzes gut zum Handeln.

Seit 1945 gibt es auf dem Lendplatz den Bauernmarkt, der knapp vor der Jahrtausendwende sein aktuelles „Gesicht" erhielt und dank Kunsthaus wie das gesamte Viertel rundherum so richtig durchstartete: vom ehemaligen „Armenhaus" der Stadt zum angesagten und hippen, vielleicht „städtischsten" Viertel von Graz.

Wo findet man den Bauernmarkt am Lendplatz?
Im südlichen Teil des Lendplatzes. Geöffnet ist an Wochentagen von 6 bis 13 Uhr.

Mit dem Floß
in die Hauptstadt

Frühere Anlegeplätze

Das blumige Kompliment, Graz sei eine von den Damen, die sich im Alter zu schmücken anfangen, stammt von Joseph Kyselak. Der k. u. k. Beamte brachte es zu einiger Bekanntheit, nicht wegen seiner Komplimente, sondern weil er auf seinen Reisen an Orten, wo es ihm gefiel, gern sein Autogramm hinterließ – und das nicht in Gästebüchern oder auf Servietten, wie man meinen könnte, sondern an Felswänden, Burgen und Ruinen. Der Schriftzug „i. KYSELAK" wurde zu seinem Markenzeichen, mit ein wenig Fantasie könnte man den Mann als Vorfahren unserer heutigen Sprayer bezeichnen, wenngleich sein Schriftzug gestochen schön und elegant daherkam, im Gegensatz zum wirren Geschreibsel so manches heutigen „Lackdosenkünstlers". Uns interessiert an dieser Stelle aber weniger Kyselaks Autogrammkunst, vielmehr widmen wir uns einer seiner Reisen, genauer gesagt einer Fußreise, die er im Jahr 1825 unternommen und die ihn unter anderem nach Graz geführt hat. Darüber hat er Buch geführt, dieses veröffentlicht – ein bedeutendes Dokument damaligen Reisens nicht nur in der Steiermark – und aus ihm stammt auch der Vergleich von Graz mit einer alten Dame.

Für unsere Begriffe ungewöhnlich mutet bereits Kyselaks Anreise an. Er bestieg in Bruck an der Mur ein Floß und fuhr auf diesem nach Graz. Damals zählte die

Floß- und Schifffahrt auf der Mur zum Alltag des Transportwesens, während man heute einem äußerst selten auf der Mur dahinflitzenden Boot der Wasserrettung oder Feuerwehr erstaunt hinterherschaut.

Kyselak verrät uns, wie man sich die Flöße vorstellen muss, die früher das Bild auf der Mur prägten. Es bestand aus zusammengefügten Baumstämmen und hatte neben den Passagieren auch Fracht geladen, im konkreten Fall Bretter und Gipsfässer. Die Fahrt von Bruck an der Mur bis Graz dauerte einen Vormittag lang – genau fünf Stunden. Trotz infolge von Regen etwas reißender Mur verlief sie ruhig. Mit einer Ausnahme: Knapp vor Graz passierte das Floß die „gefürchtete Weinzettelbrücke", eine Stelle, an der sich die Flößer bekreuzigten. Der Grund der Beunruhigung: Gleich darauf folgten zwei Katarakte, die der Ableitung der Mühlgänge links und rechts der Mur dienten (einen Mühlgang gibt es heute noch, wie im Kapitel „Grazer Mühlen ohne Müller", Seite 99, beschrieben). Das herabfallende Floß wurde ordentlich durchgebeutelt und die Passagiere mit Murwasser getauft, wie Kyselak ironisch ausführt. An dieser Stelle, so erzählt er weiter, seien schon oft Murschiffer gescheitert und gekentert.

Angelegt wurde am rechten Murufer, auch Kyselak nennt die Landestelle „Länd", eine Bezeichnung, die etwa im Lendplatz weiterlebt, wie wir oben bereits ausgeführt haben. Nach dem Anlanden checkte Kyselak im Gasthaus „Zum wilden Mann" in der Schmiedgasse ein und verbrachte einige Tage in der Stadt. Heute, nur so nebenbei bemerkt, findet man den „Wilden Mann" in der Jakoministraße, freilich nicht mehr als Gasthaus gleichen Namens, das dort in seinem „zweiten Leben" nach der Schmiedgasse Legendenstatus errungen hatte, sondern als revitalisiertes Büro- und Wohngebäude.

Das Graz des Jahres 1825, so viel lässt sich sagen, hat unserem reisenden Kyselak im Großen und Ganzen gut gefallen. Zum positiven Eindruck trug auch das Gasthaus, in dem er Kost und Logis genommen hatte, bei. Ausdrücklich lobt er die Sauberkeit, das Essen und die Tatsache, dass man ihm unverfälschte Getränke vorgesetzt hat. Und lustig dürfte es in der damals berühmten Gastwirtschaft zugegangen sein, wie seine Erwähnung einer „herrlichen Tischgesellschaft" erahnen lässt.

Eines hat ihm an Graz freilich nicht behagt: der Zustand der Straßen und Gassen, die großteils mit Murnockerln gepflastert waren. Das Gehen darauf, so meint er, sei so ermüdend, dass man sich nach einem Stadtspaziergang fühle, als sei man vom weit entfernten Schöckl heruntergewandert.

Wo findet man Kyselaks Anlegeplatz?
Die ehemalige Schiff- und Floßfahrt auf der Mur hat im 20. Jahrhundert ihre Bedeutung endgültig verloren. Heute zeugen davon nur mehr einschlägige Flurnamen wie beispielsweise Lendplatz, Floßlendstraße, Schiffgasse. Sie verweisen auf ehemalige Anlegestellen.

Ein Hauch von
Metro

U-Bahn-Flair

Bis zur eigenen U-Bahn hat es Graz bis heute nicht gebracht. Aber es gab Ansätze dazu, durchaus ambitionierte ... Für die Kulturhauptstadt Europas 2003, für eine Stadt, die jährlich von mehr als einer Million Touristen aus dem In- und Ausland gestürmt wird, für eine beliebte Einkaufsstadt nicht nur der Grazer selbst, sondern auch der Bewohner aus dem Umland, für eine Stadt vieler Arbeitgeber und noch mehr Arbeitnehmer sowie für eine Studentenstadt wäre ein rasches Fortbewegungsmittel unter der Erde wohl nicht wirklich ein Luxus. Der Schönheitsfehler: Für eine „echte" U-Bahn ist Graz um eine Spur zu klein.

Trotzdem wurden diesbezügliche Ideen immer wieder gewälzt. Den letzten ernst zu nehmenden Versuch in diese Richtung unternahm der damalige ÖVP-Stadtrat Helmut Strobl, als „bunter Hund" immer für extravagante Ideen gut, knapp vor der Jahrtausendwende: Eine sogenannte Mini-Metro sollte zwischen den Bezirkszentren im Norden und Süden der Stadt verkehren, wobei sich die Streckenführung unter der Erde nicht allzu sehr von den oberirdischen Straßenbahnlinien unterschieden hätte. Haltestellen hätte es allerdings in wesentlich größerer Entfernung voneinander gegeben, damit die U-Bahn dazwischen auch ein wenig in Fahrt gekommen wäre – das war nur einer der Kritikpunkte, die der Veröffentlichung des Plans auf dem Fuße folgten.

Wie in solchen Fällen üblich und in Graz gelegentlich über Gebühr praktiziert, sollte eine Studie Klarheit über Sinn und Unsinn einer U-Bahn schaffen. Deren (vernichtendes) Urteil: Aus Kostengründen sei eine U-Bahn für Graz nicht geeignet, dafür sollte das bestehende Straßenbahnnetz besser ausgebaut werden. So war im Jahr 2001 Schluss mit den untergründigen Grazer Fantasien, aber lange noch nicht mit verkehrspolitischen Visionen im Allgemeinen.

Zum Zeitpunkt der Recherchen zu diesem Buch geisterte in regelmäßigen Abständen eine von ÖVP-Bürgermeister Siegfried Nagl in die Diskussion eingebrachte Gondelbahn entlang der Mur durch die Medien, die den öffentlichen Verkehr in Graz attraktiver machen sollte. Man darf gespannt sein, ob

Die Straßenbahnhaltestelle Hauptbahnhof bietet U-Bahn-Feeling auch in Graz.

diese Gondelbahn eines Tages wirklich durch die Lüfte schweben wird oder ob sie, wie die U-Bahn, in den Untergrund der niemals realisierten Projekte verbannt wird ...

Trotzdem: Einen Hauch von U-Bahn verspürt man mittlerweile auch in Graz. Nach dem Umbau der Kreuzung Bahnhofgürtel/Annenstraße verkehren die Straßenbahnen in diesem Bereich seit Ende 2013 nicht mehr über der Erde, sondern darunter. Bereits geraume Zeit vor dem Erreichen der Kreuzung tauchen sie ab und unterqueren den vielspurigen Knotenpunkt ungehindert. Auch die Straßenbahnhaltestelle Hauptbahnhof befindet sich „im Keller". Damit bieten die Straßenbahnlinien 1, 3, 6 und 7 auf ein paar Hundert Metern modernstes U-Bahn-Flair erster Klasse, in dessen Genuss die rund 30 000 Personen kommen, die pro Tag den Hauptbahnhof frequentieren und damit zu einem der wichtigsten Bahnhöfe Österreichs machen.

Wo verspürt man in Graz U-Bahn-Flair?
Die Straßenbahnlinien 1, 3, 6, 7 fahren den Hauptbahnhof unterirdisch an.
Die Haltestelle Hauptbahnhof befindet sich unter der Erde.

Bedrohte Stadtgärten
in der Gartenstadt

Die Grazer Vorgärten

Im 19. Jahrhundert setzte sich in den Grazer Gründerzeitvierteln der Trend zum kleinen privaten Grün durch – gar nicht so anders als heute, wo man in vielen neu errichteten Wohnanlagen Gartenanteile zu den Erdgeschoßwohnungen mitverkauft. Die Vorgärten in den Gründerzeitvierteln bildeten (und bilden heute noch, zumindest teilweise) eine Trennung zwischen Straße und Haus, das kleine Paradies wurde liebevoll bepflanzt. Charakteristisch für die Vorgärten waren (und sind, zumindest teilweise) schmiedeeiserne Zäune, die das Grundstück begrenzen. „Zierende Visitenkarte vor der Haustür" nennt man die Vorgärten auf der Website der Stadt Graz dementsprechend stimmig. Im Laufe der Zeit sind viele Vorgärten verschwunden, oft wurden sie zubetoniert oder asphaltiert, um Parkplätze für die Hausbewohner zu gewinnen. Manche der Vorgärten sind auch schlicht und einfach verwahrlost, weil sich niemand mehr die Mühe macht, sie zu pflegen. Nun hat aber ein Umdenken stattgefunden. Im Jahr 2016 wurden gemeinsam mit Elke Kahr (KPÖ), zu diesem Zeitpunkt Vizebürgermeisterin der Stadt Graz, und Gertraud Prügger vom Naturschutzbund Steiermark mit Interessierten in regelmäßigen Abständen sogenannte „Vorstadt-Spaziergänge" unternommen, bei denen man ausgesuchte Exemplare inspizierte. Auch wir haben uns so einem Spaziergang angeschlossen und einiges über die ehemaligen Vorgärten gelernt. Vor allem aber wurde uns deren Wert fürs Stadtbild bewusst. Die Stadt Graz forciert über diese Form der Bewusstseinsbildung hinaus die Rückführung der verbauten Vorgärten in ihren ursprünglichen Zustand – so gibt es sogar eine Förderung, wenn ein versiegelter Vorgarten innerhalb der Altstadtschutzzone in seinen ursprünglichen Zustand rückgeführt und wieder begrünt wird. Der Grund: Neben ihrer Funktion fürs Mikroklima im betreffenden Straßenzug stellen die Vorgärten auch ein typisches Gestaltungsmerkmal dar, das den Charme der alten Gründerzeitviertel zum Teil erst ausmacht.

Wo findet man die Grazer Vorgärten?
Beispielhaft für die gesamte Bandbreite der Grazer Vorgärten ist die Klosterwiesgasse – von wunderschön mit Rosen bepflanzt bis hässlich asphaltiert und als Parkplatz missbraucht.

Grazer Schlösser mit **ungewöhnlicher Karriere**

Karlau, Liebenau, Messendorf

Teil 1: Vom Hof zum Häfen

Einige der Grazer Schlösser wurden im Laufe der Jahrhunderte Nutzungszwecken zugeführt, die mit dem ursprünglichen Grund ihrer Errichtung nichts mehr zu tun hatten bzw. haben. Drei davon wollen wir auf diesen Seiten vorstellen: Schloss Karlau, Schloss Liebenau und das Messendorfer Schloss. Während sich Ersteres sozusagen zum „Bad Boy" unter den Grazer Schlössern entwickelt hat, dürfen die zwei anderen mit Fug und Recht als Musterschüler bezeichnet werden. Warum? Die Karlau mutierte im Laufe ihrer wechselvollen Geschichte zum Gefängnis, in Liebenau hingegen ist eine Schule eingezogen, ebenso in Schloss Messendorf.

Wir beginnen mit der Karlau. Noch im 16. Jahrhundert ließ Erzherzog Karl II. außerhalb der Stadtmauern von Graz ein Schloss errichten, das damals auf weithin unbebautem Grund gestanden war, in einer Aulandschaft nahe der Mur. Daher auch der sprechende Name Karlau, also die Au des (Bauherrn) Karl. Schloss Karlau war als typischer Sitz abseits des Hofes konzipiert und sollte Erholungszwecken vor allem im Sommer dienen. Dazu zählte für die hohen Herren natürlich die Jagd, für die sich die Auwälder im Umland des Schlosses ausgezeichnet eigneten. Auch ein Tiergarten umgab das repräsentativ ausgestattete Schloss, das mit prunkvollen Gemälden und Wandteppichen so manchem Renaissancefürsten – genau in

Die Justizanstalt Graz-Karlau

jener Zeit wurde es errichtet – zur Ehre gereicht hätte. Nicht weiter verwunderlich, als Baumeister zeichnete der Italiener Domenico dell'Aglio für die Architektur des Schlosses verantwortlich, jener Meister, der unter anderem das Grazer Landhaus mit seinem weltberühmten Arkadengang geschaffen hat.
Bald verlor Schloss Karlau seine ursprüngliche Bestimmung, die Habsburger übersiedelten und tauschten Graz gegen Wien als Residenzstadt. Was also tun mit einem Schloss, das man nicht mehr braucht? Dieses Luxusproblem löste Kaiserin Maria Theresia vollkommen unrepräsentativ, indem sie ein Lager für Kriegsgefangene in der Karlau einrichten ließ. In weiterer Folge wurde die Karlau zu einem der größten Gefängnisse Österreichs um- und ausgebaut. In der Justizanstalt Graz-Karlau verbüßten einige der prominentesten Verbrecher des Landes ihre Strafen, unter ihnen Franz Fuchs und Udo Proksch, die beide auch dort verstorben sind.

Wo findet man die Karlau?
Am besten natürlich gar nicht, sonst hätte man eine vielleicht nicht so angenehme Begegnung mit der Justiz … im Ernst: Von außen zu besichtigen ist der zum Gefängnis mutierte einstige Prachtbau im Straßenquadrat, gebildet von Triester Straße/Karlauer Gürtel/Herrgottwiesgasse. Es finden seit einigen Jahren aber auch Tage der offenen Tür statt, bei denen man sich ein Bild vom Leben hinter Gittern machen kann.

Teil 2: Altes Schloss, heute ganz schön hip
Nun zu einem der ganz „Braven" unter den Grazer Schlössern: Schloss Liebenau. Seine Laufbahn verlief während der Jahrhunderte zwar nicht – wie oft üblich – geradlinig von der repräsentativen Adelsbleibe hin zum Museum, sie mündete aber durch und durch ehrenwert in einer Schule.
Auf dem Weg durch den siebenten Grazer Bezirk Liebenau denkt man ja zunächst weniger an herrschaftliche Schlösser, sondern eher an proletarische Industriegeschichte. Dafür verantwortlich: Johann Puch, der Begründer der ehemaligen Puchwerke. Wie kaum ein anderer haben er und seine später in Liebenau angesiedelte Fahrrad-, Auto- und Motorradfabrik dem Bezirk ihren Stempel aufgedrückt – von der Puchsiedlung bis zum Puchhochhaus kreist heute noch alles in Liebenau um den bedeutenden Fahrzeugpionier, obwohl die Autofabrik längst unter dem Magna-Emblem produziert (Näheres zu Pionier Puch und seiner prägenden Wirkung für Graz-Liebenau siehe Seite 122). Biegt man aber in der Liebenauer Hauptstraße bei der Casalgasse Richtung Puntigam ab, so sieht man rechter Hand ein schlossähnliches Gebäude. Der erste Blick täuscht nicht, es handelt sich tatsächlich um ein Schloss, nämlich jenes von Liebenau. Dieses ist älter als die oben porträtierte Karlau, seine

Viele sehenswerte Details zeugen vom ehemaligen Prunk des heute als Schule genützten Schlosses Liebenau.

Geschichte reicht bis ins 12. Jahrhundert zurück. Damit gilt Schloss Liebenau als einer der ältesten Edelsitze von Graz. Über seine Funktion in den Anfangszeiten kursieren unter Historikern unterschiedliche Meinungen. So könnte es ursprünglich dem Schutz der Murschifffahrt gedient haben, was aber folgende Frage aufwirft: Warum hätte ausgerechnet an dieser Stelle die Murschifffahrt besonders geschützt werden sollen? Außerdem liegen zwischen Schloss und Mur zumindest heute doch etliche Hundert Meter.

Schutz benötigte die Gegend nichtsdestotrotz, nämlich in der Zeit, als türkische Heerscharen durch die steirischen Lande zogen: Im Gegensatz zur Stadt Graz selbst, die früher um einiges kleiner war und nur den Bereich des heutigen ersten Bezirks umfasste, wurde Schloss Liebenau samt dem umliegenden Dorf Opfer der Türkeneinfälle. Damals hörten Schloss und Dorf nach einem gewissen Heinrich von Vatersdorf auf den Namen Vatersdorf und beide fielen Verwüstungen und Plünderungen durch die Türken anheim. Später, in der Renaissancezeit, wurde Schloss Liebenau ähnlich wie Karlau prunkvoll ausgebaut und mit einem Tiergarten ausgestattet.

Im Jahr 1852 wurde das Schloss verkauft und einer neuen Nutzung zugeführt. Es wurde Sitz einer angesehenen Kadettenschule, in der ab 1854 k. u. k. Artilleriekadetten ausgebildet wurden. Sogar Kaiser Franz Joseph stattete der Schule zwei Jahre nach der Eröffnung einen Besuch ab. Nach dem Ende der Monarchie wurde aus der Schule für den militärischen Nachwuchs eine Bundeserziehungsanstalt, die heute auf den wenig hippen Namen HIB (Höhere Internatsschule des Bundes) Liebenau hört, dafür aber großes Ansehen genießt.

Wo findet man Schloss Liebenau?
Der Haupteingang zur heutigen Schule befindet sich in der Kadettengasse 19–23. Schulfremden Personen ist der Zugang nicht gestattet, man muss sich also mit einer Umrundung des Areals begnügen.

Teil 3: Und alles wurde gut ...

Eine ausgesprochen bewegte Schlosskarriere hat sich auch im heutigen Bezirk Graz-St. Peter zugetragen: Vom ehemaligen Schloss über ein Zwangsarbeiterhaus und eine Außenstelle der Landesnervenklinik bis hin zur alternativen Schule – Freud und Leid im Laufe der Jahrhunderte unter einem Dach sozusagen. Der Schauplatz dieser Wandlung ist Schloss Messendorf, weit draußen in der St.-Peter-Hauptstraße, fast schon an der Stadtgrenze.

Bis ins tiefste Mittelalter zurück reicht die Geschichte dieses zwischenzeitig auch von einer düsteren Vergangenheit umgebenen Schlosses. Der Name stammt von einer Siedlung namens „Mezzendorf" ab. Das nach dem Dörfchen benannte Schloss war seit dem 13. Jahrhundert Wohnsitz einer adeligen Ritterfamilie. Im Jahr 1479 tauchte es als „Schloss Messendorf" erstmals in den Urkunden auf. Es folgten einige Besitzerwechsel und eher ungewöhnliche Nutzungen des Areals. So beherbergte Schloss Messendorf unter anderem eine Bierbrauerei.

Nach dem Jahr 1865 brachen eher dunkle Jahre über die Schlossgeschichte herein. Das Land Steiermark kaufte das Anwesen und nutzte es als Zwangsarbeiterhaus mit insgesamt bis zu 500 Schlafplätzen. Und es diente ab dem Jahr 1871 auch als Unterkunft männlicher Insassen der „Landesirrenanstalt Feldhof". Aber auch politische Gefangene wurden im Schloss untergebracht, darunter unliebsame Gegner während des österreichischen Bürgerkriegs im Jahr 1934. Erst im Jahr 1936 wurde der sogenannte Notarrest in Schloss Messendorf aufgelassen, nur die Schattenseiten waren damit noch lange nicht vorbei, im Gegenteil. In der bald darauf folgenden Nazizeit, als Österreich Teil des Hitler'schen Dritten Reichs war, diente Schloss Messendorf nach wie vor als Außenstelle des Feldhofs, an dem man sich der Euthanasie, also der Tötung behinderter Menschen, schuldig machte. Insgesamt rund 1500 geistig

Letzte Reste einer bewegten Vergangenheit in Schloss Messendorf

behinderte Menschen wurden von den Nazis und ihren Schergen aus Graz zur Ermordung ins oberösterreichische Hartheim überstellt, darunter eben auch Menschen aus Schloss Messendorf. Nach dem Zweiten Weltkrieg wurde für das Schloss wieder eine positive Verwendung gefunden. Die Außenstelle des Landessonderkrankenhauses für Psychiatrie und Neurologie wurde offen geführt und ist noch in guter Erinnerung: weit reichende Kürbis- und Erdäpfelfelder, die von den Insassen mit den Betreuern und Betreuerinnen gemeinsam bearbeitet wurden. Der vorläufige Schlusspunkt unter die wechselvolle Geschichte von Schloss Messendorf wurde im Jahr 1980 gesetzt. Seit damals ist dort eine alternative Schule, die Freie Waldorfschule Graz, beheimatet, mit Einrichtungen vom Kindergarten über Krippe und Hort bis hin zur Schule. Baugeschichtlich lässt sich heute vom im 16. Jahrhundert im Stil der Spätrenaissance umgebauten ehemaligen Schloss Messendorf nicht mehr allzu viel bemerken. Der ursprüngliche Schlosscharakter blitzt für aufmerksame Beobachter an manchen Ecken und Enden zwar unverkennbar hervor, beispielsweise bei den Fensterrahmen aus Stein oder mit der nicht ganz so alten Uhr am Zwerchgiebel über dem Eingang. Dafür verströmt das Areal, wohl aufgrund der Waldorfschule, einen gehörigen Hauch an Kreativität – auch gut!

Wo findet man Schloss Messendorf?
In der St.-Peter-Hauptstraße 182.

Wie im
„Dritten Mann"

Der Grazbach

Kanalnetze durchziehen im Allgemeinen unsere Städte, schon im alten Rom gab es mit der Cloaca Maxima einen legendären Abwasserkanal – das weiß man. Weniger bekannt ist, dass in Graz unter der Erde nicht nur die Abwässer vor sich hinfließen, sondern auch Bäche unterirdisch der Mur zustreben. Der größte – und vom Namen her für dieses Buch wohl der passendste – ist der Grazbach. Das unterirdische Fließen dieses „echten Grazers" beginnt im Norden, wo der Kroisbach und der Leonhardbach zusammenfließen und den Grazbach bilden. Ab der Stelle, wo die Mandellstraße und die Sparbersbachgasse kreuzen, spricht man vom Grazbach. Seinen Verlauf sieht man oben nicht, man kann aber anhand von Straßenzügen und deren Namen teils erahnen, wo unterirdisch das Wasser fließt: Sparbersbachgasse, Dietrichsteinplatz und eben Grazbachgasse.

Erinnerungen an den berühmten Film „Der dritte Mann", in dem Orson Welles alias Harry Lime durch das unterirdische Wien hetzt, werden ange-

Oberirdisch sieht man nicht viel vom unter Tag fließenden Grazbach ...

... an der Mündung in die Mur lässt sich allerdings erahnen, was sich darunter tut.

sichts des unter den Straßen fließenden Grazer Bachs unweigerlich wach. Dunkle Kanäle, durch die man flüchten kann, gibt es also auch diesseits des Semmerings.

Die Begradigung und die Überbauung des ursprünglich unter freiem Himmel fließenden Gewässers begannen in der zweiten Hälfte des 19. Jahrhunderts. Zuvor wälzte sich der Grazbach (wie andere Bäche) oberirdisch durch die Vorstädte. Da er auch zur Abwasserentsorgung genutzt wurde, kann man die Geruchsbelästigung erahnen, die durch den offen fließenden Bach verursacht worden sein muss. Von den hygienischen Problemen ganz zu schweigen, zumal der Bach im Sommer immer wieder austrocknete und nur Unrat zurückblieb. Auf der anderen Seite sorgten regelmäßige Hochwässer für Überflutungen, sodass man sich ab 1879 daranmachte, den Bach zu überbauen und zu begradigen. Seither mündet der Grazbach nicht mehr auf der Höhe des Augartenbades in die Mur wie einst, sondern ein Stück weiter nördlich: dort, wo man oberirdisch den Augarten betritt, von der – erraten – Grazbachgasse aus!

Wo findet man den unterirdischen Grazbach?
Die Mündung des Grazbachs in die Mur befindet sich am Beginn des Augartens (Grazbachgasse). Will man das „unterirdische Graz" besuchen, bietet die Holding Graz immer wieder die Möglichkeit einer Kanalführung an.

Vier Buchstaben
für ein ganzes Viertel

Puch

Liebenau, den siebenten Grazer Stadtbezirk, prägte wohl niemand ähnlich stark wie ein gewisser Johann Puch beziehungsweise die von ihm ins Leben gerufene Fahrzeugindustrie, obwohl der Mann selbst gar nie auf Bezirksgebiet tätig gewesen war. Das Herzstück des Bezirks, das Puchwerk Thondorf (die einst eigenständige Gemeinde Thondorf teilte man bei ihrer Eingemeindung zwischen Gössendorf und Graz auf; der Grazer Teil, auf dem sich das Puchwerk befindet, wurde dem Bezirk Liebenau zugeschlagen), wurde nämlich erst in den 1940er-Jahren als sogenanntes Zweier-Werk errichtet, vorher produzierte man auf der anderen Seite der Mur in der Puchstraße im Einser-Werk. Zum Zeitpunkt der Eröffnung dieses neuen Standorts in Liebenau war Johann Puch also fast 30 Jahre tot. Trotzdem: Ob auf zwei Rädern oder mehr, den vier Buchstaben P U C H begegnet man in Liebenau auf Schritt und Tritt, auch wenn das legendäre Puchwerk der einstigen Steyr-Daimler-Puch AG heute Frank Stronachs kanadischem Fahrzeugtechnikhersteller Magna gehört (und auch so heißt).

Wie in der verstaatlichten Industrie Österreichs üblich, genossen die Arbeiter und Angestellten des Puchwerks ein Leben, das mehr oder weniger von der Fabrik geprägt wurde. Man arbeitete nicht nur im Werk, sondern wohnte in vom Werk errichteten Wohnbauten und verbrachte seine Freizeit in vom Werk betriebenen Einrichtungen, wie beispielsweise dem Puchbad oder eigens gegründeten Sportvereinen. Wie in anderen Verstaatlichtenhochburgen, man denke an Leoben-Donawitz, ist vom ehemaligen Arbeiterglanz auch in Liebenau nicht mehr allzu viel geblieben. Die Fabriken, so auch das Puchwerk, wurden verkauft, bieten aber in privater Hand nach wie vor Arbeit, sofern sie die Umstrukturierung überstanden haben. Das Puchwerk zählt zu den Überlebenden des Verstaatlichtendebakels, denen es heute wirtschaftlich gut geht.

Allerdings wurde der Rest, der zu einem gedeihlichen Arbeiterleben beigetragen hatte, entweder zugesperrt wie das Puchbad oder verkauft wie die Wohnungen. Unter anderer Eigentümerschaft dienen sie freilich denselben Zwecken wie damals.

Weithin sichtbares Zeugnis eines einst fortschrittlichen Wohnbaus im Einzugsbereich der Fabrik ist das sogenannte Puchhochhaus (siehe dazu das fol-

gende Kapitel). Im Jahr 1954 errichtet, zählt es bis heute zu den prägenden Gebäuden des Bezirks Liebenau. Vielen ist noch das rotierende Puchemblem auf dem Dach in Erinnerung. Während das Hochhaus stehen geblieben ist, wanderte das drehbare Logo bereits vor Jahren ins Johann Puch Museum in der Puchstraße. Am „Vulgonamen" Puchhochhaus änderte sich dadurch nichts. Auch die Tatsache, dass man unmittelbar neben dem Puchhochhaus längst ins Magna-Werk einfährt, konnte der gut eingeführten alten Bezeichnung nichts anhaben.

Ähnlich prägend war und ist die Puchsiedlung. Wie die Wohnungen im Hochhaus waren auch die Bleiben am Dieselweg sogenannte Werkswohnungen, die den Arbeitern, Angestellten, Betriebsräten von der Firma zur Verfügung gestellt wurden. Für die Puchsiedlung bildete ein älterer Bau aus dem Zweiten Weltkrieg die Grundlage. In mehreren Ausbaustufen wurden im Lauf der Jahre insgesamt 225 Wohneinheiten errichtet. Nach der Jahrtausendwende wurde ein Großteil der Wohnhäuser mit einer Wärmedämmung versehen, die die Siedlung aufgrund ihrer außergewöhnlichen Optik in die Schlagzeilen brachte.

Und ohne jetzt der Verstaatlichtenpolitik Nachkriegsösterreichs das Wort reden zu wollen: Dass eine entsprechende Förderung der Arbeiterschaft durchaus ihre Berechtigung hatte und schöne Erfolge zeitigte, beweist die Puchsiedlung aufs Beste. In dem letztlich doch wieder nicht gar so großen Komplex sind unter anderem aufgewachsen: Franz Voves, Ex-Landeshauptmann der Steiermark, Mitglieder einer stattlichen Eishockeymannschaft (mit ebendiesem Voves als Spieler), die es zur Olympiateilnahme brachte, ein Musikant und Gründungsmitglied einer der erfolgreichsten steirischen Volksmusikgruppen ...

Wo findet man Johann Puchs Spuren?
In Liebenau: Puchhochhaus/Liebenauer Hauptstraße 309; Puchsiedlung/ am gesamten Dieselweg; ehemaliges Puchwerk, heute Magna/Haupteingang Liebenauer Hauptstraße 317.
In Puntigam: Das „Johann Puch Museum" im ersten Grazer Puchwerk in der Puchstraße 85–119 bietet einen sehenswerten Überblick über Firmengeschichte und Fahrzeugpalette der Steyr-Daimler-Puch AG, darunter Legenden wie der Puch 500, der Haflinger oder das Clubman-Fahrrad.

Wo sind all die hohen
Häuser hin?

Grazer Hochhäuser

Graz und die Hochhäuser – eine konfliktbeladene Beziehung. Wenn man sehenden Auges durch die Stadt spaziert, vor allem auch durch die ehemaligen Vorstädte und die Randbezirke, wird man eine interessante Entdeckung machen: In Graz fehlt eine ganze Generation an Hochhäusern. Da gibt es auf der einen Seite die legendären Hochhäuser wie das Puchhochhaus (errichtet 1954) in Liebenau, das Post-(heute: Telekom-)Hochhaus (errichtet 1960) im Bezirk Gries oder das Elisabethhochhaus (errichtet 1964) in Geidorf. Diese Gebäude setzten bei ihrer Erbauung Meilensteine, im positiven wie im negativen Sinn. So entfachte das Letztgenannte mit seinen 24 Stockwerken inmitten der Gründerzeitviertel endgültig eine hitzige Debatte über Hochhausbauten in Graz. Ersteres, das Puchhochhaus, bildete hingegen den Auftakt für den Grazer Wohnbau in die Höhe und war das erste Wohnhochhaus der Stadt.

Auf der anderen Seite fehlen diesen „Hochhaus-Klassikern" der ersten Generation, die bis in die 1970er-Jahre hinein gebaut wurden, die Nachkommen. Dafür verantwortlich war das Bauverbot für Hochhäuser, das in Graz im Jahr 1974 erlassen wurde.

Der politischen Entscheidung waren jahrelange Kritik und Auffassungsunterschiede vorangegangen. Die einen brachten die Zerstörung des gewohnten Stadtbildes als Argument gegen Hochhäuser ins Spiel, die anderen betrachteten Hochhäuser als ganz normale Entwicklung in der städtischen Architektur, der sich eine lebendige Stadt nicht verschließen könne. Wer in diesem teils heftig geführten Grundsatzstreit den Sieg davongetragen hat, zeigt das genannte Bauverbot, das dazu geführt hat, dass jahrzehntelang keine Hochhäuser in der Stadt errichtet wurden. Noch im Jahr 2002 lautete der Befund in einem Buch über die Stadt: „... staunen wir zunächst über das in diesem Straßenzug völlig deplatzierte ‚Elisabethhochhaus', das mit 24 Stockwerken höchste Haus der Stadt ..." Je nach Perspektive kann man dieser Einschätzung natürlich etwas abgewinnen, denn die Gründerzeitbauten rundherum werden vom Hochhaus nicht nur bei Weitem überragt, sondern beinahe „erschlagen", wie man so schön sagt. Wie dem auch sei, die unsensible Wahl der Standorte für manche Hochhäuser bereitete den Wolkenkratzern à la Graz für Jahrzehnte generell das Aus, man könnte auch sagen, das Kind wurde mit dem Bade ausgeschüttet. Erst vor wenigen Jahren erfolgte ein Umdenken, unter anderem ausgelöst durch das wachsende Bewusstsein, dass in Österreich Tag für Tag viel zu viel Grünraum für Bauzwecke versiegelt wird. Eine Lösung dieses Problems bestand und besteht darin, dass man in die Höhe und nicht in die Breite baut – Hochhäuser eben, mit denen man wesentlich mehr Wohn- oder Bürofläche aus derselben Quadratmeteranzahl verbautem Boden erzielen kann als bei niedrigen Bauten.

Hochhäuser sind übrigens keine Erfindung des 20. Jahrhunderts, sondern waren schon im Mittelalter bekannt, wie Kirchenbauten und Wohntürme beweisen. Immerhin überragt der Turm der Herz-Jesu-Kirche mit 109,6 Metern Höhe das genannte Elisabethhochhaus (75 Meter) um mehr als 30 Meter. Die um die Wende

Grazer Hochhäuser: Umstritten und jahrzehntelang aus dem Stadtbild verbannt.

zum 20. Jahrhundert entstandenen Hochhäuser in den USA prägten in der Folge das Bild ganzer Generationen, wenn es um Moderne ging – die nun auch in Graz mit neuen, spektakulären Hochhausbauten, beispielsweise dem Science Tower oder dem Styria Media Center, wieder einzieht. Ob's gefällt oder nicht, ist eine andere Sache.

Wo findet man die „historischen" Meilensteine im Grazer Hochhausbau?
Elisabethhochhaus – Hugo-Wolf-Gasse 10
Telekom-Hochhaus – Ägydigasse 6
Puchhochhaus – Liebenauer Hauptstraße 309

Der Austein
als Teufelszeug

Grazer Kalvarienberg

Ironie der Legende: Ausgerechnet der Grazer Kalvarienberg, also an und für sich ein „heiliger Berg", soll seine Entstehung einem Missgeschick des Teufels verdanken, erzählt eine alte Sage. Denn der Leibhaftige habe hoch in den Lüften einen gewaltigen Felsen über Grazer Terrain transportiert, mit dem er den Schöckl aufpeppen wollte. Sein Plan: das bekannte Schweizer Gebirge der Rigi an Höhe zu übertreffen. Theoretisch wäre das durchaus machbar, denn mit 1797 Metern überragt der höchste Gipfel der Rigi unseren Schöckl (1445 Meter) gerade einmal um 350 Meter. Der Fürst der Finsternis hatte die Rechnung freilich ohne Ostern gemacht. Denn als er auf Flughöhe Wildon einer Osterprozession ansichtig wurde, durchfuhr es ihn: „Ei verdammt, Ostern – da ist meine Macht zu Ende!" Vor lauter Zorn darüber schleuderte er den Felsbrocken von seinen Schultern auf die Erde, wo dieser zerbrach: Die markanten Grazer Erhebungen Schloßberg und Austein waren geboren.

Letzterer ist heute „Sitz" des Kalvarienbergs. Jahrhundertelang blieb es relativ ruhig um den Austein vulgo Kalvarienberg weit außerhalb der Stadtgrenze. Das änderte sich erst, als auf dem Felsen im Jahr 1606 drei Kreuze aufgestellt wurden und er den Jesuiten zur Pflege übergeben wurde. Dieser einfache Kalvarienberg nach dem Muster der Jerusalemer Hinrichtungsstätte Jesu soll übrigens die erste diesbezügliche Anlage in den habsburgischen Erblanden gewesen sein. Zur darauffolgenden Beliebtheit des Grazer Kalvarienbergs dürfte auch beigetragen haben, dass der Austein der Schädelstätte Golgota ähnelte und etwa so weit von der damaligen Grazer Stadtgrenze entfernt lag, wie die Länge der Jerusalemer Via Dolorosa betrug, also der Strecke, die Jesus mit dem Kreuz auf den Schultern zurücklegen musste. Zumindest hätten es damalige Zeitgenossen so empfunden, berichtet Walter Brunner im Buch „Der Grazer Kalvarienberg".

Ab der Mitte des 17. Jahrhunderts begann der Ausbau der ursprünglichen Anlage, zu der damals schon ausgiebig gepilgert wurde, mit dem Bau einer Heilig-Grab-Kapelle – der Startschuss nicht nur für die Erweiterung des Kalvarienbergs mit Kapellen und Nischen auf seine heutige Größe, sondern auch für einen wahren Ansturm an Pilgern, die sich vom Besuch des heiligen Grazer

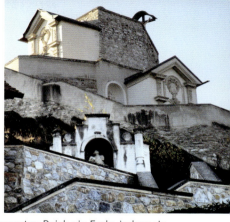

Berges unter anderem einen Generalablass ihrer Sünden versprechen durften. Die dafür getätigten Spenden flossen wiederum in die Ausgestaltung des Bergs. In weiterer Folge nahm das Geschehen rund um den Kalvarienberg eindeutig volksfesthafte Züge an: Von Geißlern und Kreuzschleppern wird berichtet, die dort ihr (frommes?) Unwesen trieben. Kaiserin Maria Theresia und ihr Sohn Kaiser Joseph II. bereiteten solchem Treiben im gesamten Reich ein Ende, indem sie übertriebene Zurschaustellung religiösen Eifers untersagten. Als Joseph II. schließlich die für den Grazer Kalvarienberg zuständige Bruderschaft auflöste, war der Höhenflug des Grazer Kalvarienbergs beendet und es folgten lange Jahre des Absturzes.

Auch in der jüngsten Vergangenheit war es um den Grazer Kalvarienberg nicht besonders gut bestellt gewesen: Er verfiel vor sich hin, erhebliche Baumängel traten an den Nischen und Kapellen zutage, so manches illegale nächtliche Fest dürfte auf dem Austein gefeiert worden sein. Der damalige Pfarrer der für den Berg zuständigen Pfarre meinte uns gegenüber einmal resignierend, dass es wohl ein Zeichen unserer Zeit sei, wenn ein Kalvarienberg so verkomme ... Zumindest in Graz haben sich die Zeiten dann aber schnell gebessert: Bald nach dem sichtbaren Niedergang vor der Wende zum 21. Jahrhundert erfolgten große Anstrengungen und der Grazer Kalvarienberg wurde einer umfassenden Sanierung unterzogen. Unzählige Hände halfen mit, egal ob beim Restaurieren mit der Maurerkelle oder mit einer Unterschrift unter gut dotierte Schecks, sodass dieses Zeugnis einer barocken Gläubigkeit seit dem Jahr 2003 wieder frisch vom Austein strahlt.

Damit war mit dem Aufschwung, den der Kalvarienberg nach langen Jahren des Niedergangs im 21. Jahrhundert wieder genommen hat, noch nicht Schluss: Unter dem Titel „Tabula saltandi" hat der Kärntner Künstler Werner Hofmeister die bestehenden Kreuzwegstationen des Bergs gewissermaßen um eine weitere ergänzt. Sie zeigt einen vom Kreuz springenden Jesus Christus – ähnlich wie Wasserspringer vom Zehn-Meter-Turm. Ob die Freude über die Sanierung des Kalvarienbergs ausschlaggebend für das Motiv war, ist nicht überliefert, seit dem Jahr 2003 ergänzt und konterkariert es die alte Frömmigkeit auf jeden Fall.

Wo findet man den Kalvarienberg?
Am Ende der Kalvarienbergstraße, direkt hinter der Pfarrkirche (Hausnummer 155).

Im „Prater"
von Graz

Der Augarten

Nirgendwo kann sich der städtische Mensch in Graz so gut und natürlich entfalten wie im Augarten. Es gibt einen riesengroßen Spielplatz für Kinder, Yoga-Kurse finden statt, Parkbänke laden zum Sitzen ein und er ist zudem ein wahrer Multikulti-Park, wo sich Nationen verschiedener Herkunftsländer treffen und weder Weiß noch Schwarz ein Problem mit der jeweils anderen Hautfarbe des Gegenübers hat – zumindest im Normalfall.

Knapp vor der Wende zum 20. Jahrhundert begannen die Arbeiten zur Einrichtung eines Parks im Augarten. Den Namen hat er, wie nicht unschwer zu erraten ist, von den ehemaligen Auen der nahe gelegenen Mur erhalten, wohin die Stadt im Zuge der Erweiterung immer mehr vorzudringen begann. Sein Aussehen hingegen verdankt der Augarten einer original Wiener Institution. So wurde er offiziell als „Naturpark im Style des Wiener Praters" konzipiert. Im Gegensatz zum Stadtpark gilt der Augarten bis heute als Park, den man auch benützen darf. Sprich, es ist gestattet, die Wiesen zu betreten, und er verströmt wesentlich weniger Museumscharakter als sein Pendant im Zentrum der Stadt. Legendär in diesem Zusammenhang ist das Augartenfest: Erstmalig im Jahr 1980 von der SPÖ Jakomini veranstaltet, entwickelte sich das Fest im Lauf seines mehr als 35-jährigen Bestehens gewissermaßen zur Grazer Ausgabe des Donauinselfests – wie der Augarten selbst zwar kleiner als das Wiener Vorbild, aber Graz ist ja auch kleiner als der „Wasserkopf" Wien ... Und an dieser Stelle müssen unbedingt die legendären Souvlaki des Griechenstandls beim Augartenfest genannt werden. Kenner sind sich einig: Die Augartenfest-Souvlaki schmecken besser als die „Originale" in ganz Griechenland.

Diese „Benutzerfreundlichkeit" des Parks dürfte ganz im Sinne seiner Begründer gelegen sein. Wie des Öfteren in damaligen Tagen zeigte die Gemeindesparkasse ihre soziale Ader und engagierte sich gemeinnützig. Im Jahr 1895, so ist der „Grazer Sparkassen Chronik" von Werner Rauchenwald zu entnehmen, kaufte die Bank Gründe einer bekannten Grazer Zimmermeisterdynastie, um zu verhindern, dass dort gebaut wurde. Die Grünfläche sollte für die Bevölkerung erhalten bleiben – siehe dazu auch das Kapitel „Wetterdienst mit Hut", Seite 132, wo Ähnliches über den Leechwald berichtet wird. Sukzessive

Der Städtische Augarten wurde nach dem Muster des Wiener Praters errichtet.

wurde dem Areal das Aussehen verliehen, mit dem es nach wie vor überzeugt: Anfang des 20. Jahrhunderts wurden weitere Flächen dazugekauft, ein Volksbad wurde eingerichtet und im Jahr 1930 schließlich das heute noch beliebte Augartenbad eröffnet. Im Gegensatz zu diesem Freibad hat sich das einst der Körperpflege dienende Volksbad, auch Tröpferlbad genannt, mittlerweile erübrigt, da Wohnungen heutzutage in der Regel mit eigenen Badezimmern ausgestattet sind. Im Jahr 1996 ist in das ehemalige Tröpferlbad deshalb das „Museum der Wahrnehmung" eingezogen. Es bietet neben allerlei Erfahrungsmöglichkeiten rund um die (subjektive) Wahrnehmung auch ein Samadhibad. Darin kann man, durch eine Solelösung in eine Art schwerkraftfreien Zustand versetzt, in absoluter Ruhe floaten und in sich hineinhören. Gebadet wird im ehemaligen Tröpferlbad also nach wie vor, wenn auch mit anderem Ziel.

Gegenwärtig dominiert „Multikulti" Teile des Augartens, weitgehend konfliktfrei, wie bereits erwähnt. Als Fokus dient dabei unter anderem das Auschlössl, in dem sich unterschiedlichste Kulturen treffen. So wie Hummus, Dolmades und Frankfurter auf der Speisekarte friedlich nebeneinander existieren, tun es auch die Gäste des Lokals.

Apropos Multikulti: Angehörige von rund 170 Nationen (!) leben in Graz (andere Quellen sprechen von 150, die Zahl schwankt klarerweise ständig), sie sprechen circa 150 unterschiedliche Sprachen – und ein Gutteil von ihnen trifft sich im Augarten.

Wo findet man den Augarten?
Der Städtische Augarten wird von den Straßenzügen Neuholdaugasse, Friedrichgasse, Grazbachgasse, Pula-Kai und Schönaugürtel begrenzt. Parkwege und Zugänge zweigen von allen Gassen ab.

Karrieresprung
zum Ausflugsziel

Der Hilmteich

Das nennt man Karriere: Ausgerechnet ein ehemaliger Ziegelteich, in dem man früher den Lehm zu Ziegeln anrührte, weit draußen vor der Stadt im sumpfigen Grün gelegen, entwickelte sich im Lauf der Jahre zu einem innerstädtischen Ausflugsziel, dem es an skurriler Romantik nicht fehlt. Eigentlich müsste man ja „fehlte" sagen, denn das Hilmteichschlössl, das dafür verantwortlich zeichnete, steht zwar noch, hat aber inzwischen eine völlig andere Rolle eingenommen. Doch der Reihe nach!
In der Hilmteichstraße, wo sich zu Beginn des 21. Jahrhunderts der Autoverkehr Richtung Mariatrost staut, befand sich Anfang des 19. Jahrhunderts der Teich – eigentlich waren es zwei, davon ist einer aber zugeschüttet – allein auf schlammiger Flur, die den alten Flurnamen „Hilm" trug. Ein paar Jahr-

Willkommen am romantischen Hilmteich mit seinem genauso romantischen Schlössl.

zehnte später, etwa um die Mitte des 19. Jahrhunderts, wurde das anfangs eher unwirtliche Areal von den Städtern entdeckt und entwickelte sich rasch zu einem echten Renner für Erholungsuchende. Der ehemalige Ziegelteich wurde vergrößert und umfunktioniert, es wurde Boot gefahren statt Ziegel geschöpft und im Winter eisgelaufen. Daran hat sich bis heute nicht viel geändert, der Hilmteich stellt mit einigem Auf und Ab ein beliebtes Ausflugsziel für Jung und Alt dar. Nur die Freizeitattraktionen haben sich ein wenig der Zeit angepasst.

Anno 1931 schwärmte Ernst Coelln in seinem Büchlein „100 Ausflüge von Graz" von der Gegend: *„Der Hilmteich ist kein Ausflug im Sinne der Bergwanderer, aber er ist bei der Bevölkerung, arm und reich, sehr beliebt. Tausende spazieren an Sonntagnachmittagen um den von den Kähnen belebten Teich und lauschen im Kaffeehaus oder im nahen Schweizerhaus den Klängen der Musik. Im Winter ist der Teich eine Eisbahn, auf der sich die muntere Jugend beim Schlittschuhlaufen erfreut."* Einiges davon gilt heute noch, obwohl es beim Eislaufen aufgrund der warmen Winter zwar des Öfteren erhebliche Startschwierigkeiten gibt und die Musik überhaupt nicht mehr spielt. Dafür warten andere Attraktionen, beispielsweise das „Kugeln", bei dem man, in große Plastikkugeln verpackt, über das Wasser rollt – jede Zeit hat eben ihre eigenen Vergnügungen!

Das gilt auch für das bereits genannte Hilmteichschlössl. Seit dem 19. Jahrhundert werden dort Gäste bewirtet. Einen heute bereits skurril anmutenden Hauch von Romantik verströmte das Lokal noch bis in die 1980er-Jahre: Singleabende sollten das Kennenlernen erleichtern, Tischtelefone inklusive ... Gegenwärtig beherbergt das Hilmteichschlössl eine interessante Kombination aus Kaffeehaus, Restaurant und Edelgärtnerei.

Nicht weit davon entfernt, im angrenzenden Leechwald, betreibt die GBG – Gebäude- und Baumanagement Graz, eine Tochterfirma der Stadt – die sogenannte Waldschule. Dort kann man Interessantes über die Grazer Wälder lernen, beispielsweise dass rund ein Viertel des Stadtgebietes bewaldet ist. 2,3 Millionen Bäume stehen in den insgesamt 3 111 Hektar Stadtwald herum, und die GBG ist der größte Waldbesitzer in der Stadt.

Und noch etwas soll an dieser Stelle erwähnt werden. Es hat zwar nichts mit dem Hilmteich als solchem zu tun – außer der Adresse –, verdient aber unsere volle Aufmerksamkeit: Der Verein „Kleine Wildtiere in Not" hat sich die Gegend als Sitz für seine Vereinsaktivitäten erwählt. In der Hilmteichstraße 106 werden auf Grazer Stadtgebiet gefundene verletzte (kleine) Wildtiere liebevoll aufgepäppelt, um danach wieder in die freie Wildbahn entlassen zu werden.

Wie erreicht man den Hilmteich?
Mit der Straßenbahnlinie 1 oder – einem beliebten Spaziergang früherer Hilmteich-Glanzzeiten folgend – zu Fuß durch die Schubertstraße.

Wetterdienst
mit Hut

Die Hilmwarte

Mitten im Leechwald steht ein imposanter Backsteinbau: die Hilmwarte. Obwohl sie längst nicht mehr ihrer ursprünglichen Funktion als Aussichtswarte nachkommt, lohnt sich allein wegen der verträumten Lage ein Spaziergang dorthin. Trotz modernster Technik, die unter das Dach der ehemaligen Aussichtswarte eingezogen ist, entführt uns der Turm mitsamt dem erhalten gebliebenen Turmwärterhaus in längst vergangene Tage. Heute nahezu unvorstellbar: Der Leechwald, ein beliebtes Naherholungsgebiet der Stadt, im ausgehenden 19. Jahrhundert aber auch im Blickwinkel von Grundstücksspekulanten, wurde im Jahr 1907 von der Sparkasse um 420 000 Kronen angekauft und der Grazer Bevölkerung geschenkt! Werner Rauchenwald schildert in der „Grazer Sparkassen Chronik" die Hintergründe: Das rund 86 000 Quadratmeter große Areal sei bereits in Villenbauplätze eingeteilt gewesen. Mit dem Kauf des Waldes durch die Sparkasse war es damit freilich vorbei und der Leechwald dient der Grazer Bevölkerung bis heute als Erholungsgebiet.
Durch diese Maßnahme im öffentlichen Interesse blieb auch die bereits einige Jahrzehnte vorher errichtete Hilmwarte bestehen. Schon im Jahr 1888 hatte der damals bekannte Grazer Bürger Johann Kleinoscheg, Weinhändler und Bankier, den rund 40 Meter hohen Aussichtsturm errichten lassen, der einem hölzernen Vorgänger nachfolgte. Über mehr als 180 Stufen erreichte man eine Aussichtsplattform – nur eine der Attraktionen im später „geretteten" Leechwald. Die längst geschlossene Aussichtswarte erfuhr in den Jahren 1984/1985 eine Renovierung und eine „Umwidmung": Ihr wurde ein weithin sichtbarer Kobel aufgesetzt – er gleicht einem überdimensionalen Hut und ist sogar vom Schloßberg aus gut zu erkennen –, in den man eine Wetterstation baute. 2013 hat die internationale Weltraumforschung hier Einzug gehalten: „Alphasat" wird von der Hilmwarte aus mit Signalen versorgt bzw. sendet diese an sie im Auftrag der europäischen Weltraumagentur ESA.

Wo findet man die Hilmwarte?
Vom Hilmteich aus erreicht man sie in einem rund viertelstündigen Spaziergang durch den Leechwald. Die genaue Adresse lautet Roseggerweg 31.

Letzter Tanz
im Schweizerhaus

Das Schweizerhaus

Hört man „Schweizerhaus", läuft einem das Wasser im Munde zusammen: Man denkt unweigerlich an den Wiener Prater mit der berühmten gleichnamigen Gastwirtschaft, Schweinsstelze und Budweiser Bier. Doch nicht nur Wien hat sein Schweizerhaus, auch in Graz gibt es eines, wenngleich heute ohne kulinarischen Hintergrund. Schweizerhäuser, so benannt aufgrund des charakteristischen inneralpinen Baustils, den man unter anderem bei den Eidgenossen pflegt, erfreuten sich im 19. Jahrhundert großer Beliebtheit. Meist beherbergten die rustikalen, vorwiegend aus Holz gebauten Häuser genauso rustikale, urgemütliche Gastwirtschaften. Graz hatte einige davon, immer an beliebten Ausflugszielen gelegen. Nur ein paar Schritte vom Hilmteich entfernt steht eines der letzten Grazer Schweizerhäuser. Von Zubauten abgesehen wurde der ursprüngliche Charakter des Gebäudes großteils beibehalten. Das denkmalgeschützte Haus wurde 1859 erbaut und war früher ein Biersalon mit Eiskeller, knapp 100 Jahre später zog die Tanzschule Kummer in das Haus, in den 1960er-Jahren angeblich die größte Tanzschule Österreichs. 1984, so berichtet Wikipedia, leitete Erika Kummer als erste Frau die Polonaise am Wiener Opernball, 2009 zeichneten die Kummers für dessen Eröffnung verantwortlich. Seit 2011 ist die Tanzschule Kummer aus dem Standort Schweizerhaus weg, das Gebäude selbst steht freilich nach wie vor romantisch am Leechwaldrand. Von einem anderen Grazer Schweizerhaus lebt heute nur mehr die Erinnerung: jenes beim Aufgang auf den Schloßberg von der Wickenburggasse aus. 1842 errichtet, entwickelte es sich zu einem beliebten Lokal. Ludwig Freiherr von Welden hatte sich den Bau des Häuschens in den Kopf gesetzt, schreibt Andreas Zbiral in einem Essay über die Gartenanlagen auf dem Schloßberg, die Stände hatten ihn anfangs wegen finanzieller Bedenken abgelehnt: *„Man könnte das Schweizerhaus daher als ersten Schwarzbau des Schloßberges bezeichnen"*, folgert Zbiral ironisch. Straftat verjährt, muss man ergänzen, und eine Strafverfolgung hätte sich ohnedies erübrigt, denn dieses Schweizerhaus steht längst nicht mehr.

Wo findet man das Grazer Schweizerhaus?
In der Hilmteichstraße 110.

Alle Menschenrechte
auf einem Weg

Alle Menschen sind vor dem Gesetz gleich und haben o... Unterschied Anspruch auf gleichen Schutz durch das Gesetz. Alle haben Anspr... auf gleichen Schutz gege... Diskriminierung, die geg... Erklärung verstöß...

Der Menschenrechtsweg

Zwischen 1938 und 1945 war Graz die „Stadt der Volkserhebung". Diese rück-blickend mehr als zweifelhafte Ehre hatte vor allem zu Beginn des unsäglichen Dritten Reichs in Österreich, also im Jahr 1938, zu großer internationaler Auf-merksamkeit gegenüber der Stadt an der Mur geführt. Unzählige Zeitungs-berichte – 53 Seiten zwischen 11. und 20. März 1938 allein in der „New York Times", wie ein Historiker einmal ermittelt hat – über die rasch erstarkenden Nationalsozialisten hierzulande rückten Graz weltweit in den Fokus.

So viel Interesse hat Graz nicht gegolten, als es 63 Jahre später als erste Stadt Europas zur Stadt der Menschenrechte wurde. Trotzdem, einen längst fälligen

Die 30 Artikel der „Erklärung der Menschenrechte" säumen einen Weg durch den Leechwald, ergänzt um eine Gedenkstätte für die NS-Euthanasieopfer.

Ausgleich dafür, was 1938 geschehen war, stellte der Gemeinderatsbeschluss vom 8. Februar 2001, mit dem man sich zur Menschenrechtsstadt erklärte, auch abseits der internationalen Journaille dar: „Die Stadt Graz, insbesondere die Mitglieder ihres Gemeinderates und der Stadtregierung, werden sich in ihrem Handeln von den internationalen Menschenrechten leiten lassen", heißt es da.

Wenn man auch nicht bei jeder Wortmeldung, die seit 2001 im Gemeinderat abgegeben wurde, von der hundertprozentigen Erfüllung der Vorgabe sprechen kann und wenn laut Medienberichten auch 10 Jahre später gerade einmal 30 Prozent der befragten Grazerinnen und Grazer mit dem Begriff „Menschenrechtsstadt" etwas anfangen konnten, folgten seither zahlreiche Maßnahmen, um dem Titel gerecht zu werden.

Eine davon war die Anlage des „Menschenrechtswegs" im Leechwald im Jahr 2007, der mit dem Geld errichtet wurde, das der bekannte Grazer Künstler und Kulturvermittler Max Aufischer im Zuge eines Menschenrechtspreises erhalten hatte. Auf diesem Weg durch den Leechwald folgt man der Allgemeinen Erklärung der Menschenrechte, von der Präambel bis zum 30. Artikel. Die einzelnen Textpassagen befinden sich auf Tafeln entlang des Weges und können beim Begehen abgelesen werden. Vier Jahre später, 2011, wurde am Menschenrechtsweg eine Gedenkstätte für die Opfer der NS-Euthanasie, also in der Zeit des Nationalsozialismus ermordete Menschen mit Behinderung, eingerichtet – in der Steiermark rund 1 500 Personen.

Wo findet man den Menschenrechtsweg?

Der Menschenrechtsweg folgt einer beliebten Nordic-Walking- und Laufroute durch den Leechwald. Er beginnt nahe der Waldschule in der Hilmteichstraße 108.

Zugang zu
dunklen Zeiten

Ehemaliger Luftschutzstollen

Eine der interessantesten und aufregendsten Exkursionen für dieses Buch verdanken wir Helmut Schmiedbauer-Wenig. Der Ingenieur führte uns nach Gösting, wo er uns den Eingang in einen Luftschutzstollen des Zweiten Weltkriegs zeigte – nicht verbarrikadiert, sondern entgegen in Österreich üblichen Usancen jederzeit und für jeden zugänglich. In einer lang gezogenen Kurve erstreckt sich der finstere Gang einige Hundert Meter in den Berg hinein, um dann wieder ans Tageslicht zurückzuführen. Lediglich ein wenig bücken muss man sich beim Einstieg, da kam in uns Abenteuerstimmung erster Ordnung auf.

Der mitten im Wald gelegene Stollen an einer Flanke des Plabutsch wurde zum Schutz vor den Bombenangriffen der Alliierten gegraben – vergleichbar mit den Stollen im Schloßberg, wenngleich er von wesentlich geringerer Länge ist. In diesen Stollen flüchteten nicht nur die Bewohner des Bezirks, sondern auch die Arbeiter einer nahe gelegenen Glasfabrik, wenn sich wieder einmal die Bombengeschwader der Alliierten im Anflug befanden. Und auch die Betonüberreste einer alten Flakstellung sind ein wenig unterhalb des Stolleneingangs zu finden.

Etwa an dieser Stelle dürfte sich eine historisch verbürgte, mittlerweile zu lokaler Berühmtheit gelangte und in einem Roman von Christian Polansek verarbeitete Episode echter Menschlichkeit im Zweiten Weltkrieg abgespielt haben: Ein getroffener Bomberpilot der Alliierten, so hat der Romanautor in mühevoller Kleinarbeit recherchiert, konnte sich mit dem Fallschirm aus seinem abstürzenden Flugzeug retten. Nach der Landung wurde er aber nicht – wie oft üblich – von der aufgebrachten Menge an Ort und Stelle gelyncht, sondern in Polizeigewahrsam gebracht. Die Göstinger Polizisten zeigten Größe und ließen den Gefangenen, für den die Erschießung vorgesehen war, dann unter Missachtung ihrer Befehle entkommen. Ihren Vorgesetzten tischten sie das Märchen auf, sie hätten den Bomberpiloten bei einem nächtlichen Fluchtversuch erschossen und die Leiche wäre in die Mur gestürzt. In Wahrheit hatten sie ihn aber laufen lassen und nur in die Luft gefeuert.

Weniger human ist es zur gleichen Zeit im Süden von Graz zugegangen: In Webling retteten sich ebenfalls Piloten der Alliierten mit Fallschirmen aus

Helmut Schmiedbauer-Wenig führte uns durch dieses Abenteuer in Gösting.

ihren getroffenen Kampfflugzeugen. Nach der Landung wurden sie in einem undurchsichtigen Kompetenzgerangel zwischen örtlicher Polizei und Wehrmacht von ortsansässigen SS-Leuten einfach erschossen. An diese Fliegermorde von Graz am 4. März 1945 gemahnt heute ein Gedenkstein, der an der Bahnhaltestelle Webling der GKB in der Kärntner Straße steht.

Zurück nach Gösting! Knapp vor dem Stolleneingang erinnern grün glänzende Überreste auf einem alten Lagerplatz an die längst aufgelassene Glasfabrik, deren Arbeiter des Öfteren unfreiwillig Gäste im Stollen waren. Am Waldrand wurde hier Glasabfall aus der ehemaligen Fabrik abgelagert und hat bis heute unter Büschen und Bäumen überdauert. Regelrecht ein kleiner Hügel erhebt sich auf dem Waldboden,

die nach wie vor reichlich vorhandenen Fundstücke reichen von kleinen Splittern bis zu mehrere Kilo schwere Brocken – alle geschliffen grün glänzend, teilweise von Laub bedeckt. Ein paar Hundert Meter vom Glaslagerplatz entfernt produzierte die Glasfabrik fast 100 Jahre lang die klassischen grünen Glasflaschen der Vor-Plastik-Ära, die für so gut wie alle Getränke zum Einsatz kamen, vom Mineralwasser über Limonade bis zum Bier.

Die alten Glasabfälle haben einen Hügel auf dem Waldboden geschaffen und bizarre Gebilde geformt, die an wertvolle Edelsteine erinnern.

1890 eröffnet, war die Fabrik Hanisch, Hildebrand & Co, die als „Göstinger Glasfabrik" oder „Glasfabrik Gösting" in Graz bekannt wurde, bis ins Jahr 1980 in Betrieb und zeitweise ein bedeutender Arbeitgeber. Kurioses Detail am Rande: Entgegen dem Vulgonamen der Fabrik zählt ihre alte Adresse in der Glasfabrikstraße zum Bezirk Eggenberg und nicht zum Bezirk Gösting – das subjektive Empfinden der Menschen hält sich aber nicht immer streng an Bezirksgrenzen.

Wo findet man den ehemaligen Luftschutzstollen aus dem Zweiten Weltkrieg?
An der Flanke des Plabutsch, des Gebirgszugs am westlichen Grazer Stadtrand. Ausgangspunkt ist die Kreuzung Göstinger Straße/Peter-Tunner-Straße. Von der Kreuzung auf der linken Seite der Göstinger Straße hinter den Häusern im Wald ein paar Hundert Meter parallel zur Straße stadtauswärts gehen, selbstverständlich nur unter Respektierung von Privatbesitz, persönlicher Konstitution und Tierschutz (im Stollen können Fledermäuse nisten). Der Eingang befindet sich in einer Felswand knapp oberhalb des Glasabfalls.

Volksschauspieler
entmündigt!

Alexander Girardi

„Volksschauspieler entmündigt!" – So würde wohl die Schlagzeile heute lauten. Den 1850 in Graz geborenen Alexander Girardi, als Volksschauspieler auf vielen Bühnen zu Hause und aufgrund seines Leibgerichts, des Girardi-Rostbratens, auch in aller Munde, wollte man doch tatsächlich besachwaltern lassen!

Aber beginnen wir in Graz: In der Leonhardstraße 28 steht das Geburtshaus Alexander Girardis, dessen Vater, ein Schlossermeister, aus Cortina d'Ampezzo zugewandert war. Klein-Alexander kam dort am 5. Dezember 1850 zur Welt. Allein dieses Haus, das sogenannte Girardi-Haus, würde mehrere Kapitel füllen: Im Kern stammt es aus dem 16. Jahrhundert und stellt ein typisches ehemaliges Grazer Vorstadthaus dar. Jahrhunderte später beherbergte es den Girardi-Keller, eine der Wirtinnen war die bekannte Kabarettistin Lore Krainer. Das urgemütliche Kellerlokal wurde für Generationen von Studenten zum Ersatzhörsaal und kulturaffine Grazer Bürger schätzten es als zweites Wohnzimmer, bis im Jahr 2003 die Lichter im Girardi-Keller endgültig ausgingen. Zum Zeitpunkt der Entstehung dieses Buchs tobte immer noch ein seit Jahren währender Streit, wie es mit dem traditionsreichen Haus weitergehen könnte, das trotz Denkmalschutz zusehends vor sich hin verfällt. Aber wer weiß ...? Der Namensgeber des Hauses, Alexander Girardi, machte seine Karriere nicht in Graz, wo er anfangs wie sein Vater als Schlosser werkte, sondern auf den Bühnen fern der Heimat. Große Erfolge feierte

Alexander Girardi, österreichischer Volksschauspieler mit Grazer Wurzeln

Über die Zukunft des vor sich hin verfallenden denkmalgeschützten Geburtshauses von Alexander Girardi in der Leonhardstraße ist man uneinig.

er im Theater an der Wien, er spielte viel Raimund, aber auch in Operetten-klassikern, was ihn zum beliebten Volksschauspieler werden ließ. Schluss-endlich verschlug es ihn – zwei Monate vor seinem Tod im Jahr 1918, nach-dem er wieder nach Graz übersiedelt war – sogar ans Burgtheater.

Mit den Frauen hatte der Vollblutschauspieler weniger Glück als mit den Rol-len: Er war zweimal verheiratet, wobei ihn seine erste Frau für geisteskrank erklären und entmündigen lassen wollte. Doch seine Schauspielerkollegin Katharina Schratt (ja, genau, die Freundin Kaiser Franz Josephs, die mit dem Gugelhupf) setzte sich für ihn ein und verhinderte das Schlimmste.

In Graz stößt man bei der Spurensuche immer wieder auf Alexander Girar-di. Neben dem genannten Geburtshaus in der Leonhardstraße gibt es auch eine nach ihm benannte Gasse. Die Girardigasse führt vom Opernring zur Glacisstraße. In der Galerie berühmter Steirer im Burghof findet man eine Büste des Schauspielers. Und heutzutage braucht man schon reichlich Glück, damit man in einem der Grazer Gasthäuser einen Girardi-Rostbraten serviert bekommt, jenes Leibgericht des Mimen, das sich ebenfalls Katharina Schratt eigens für ihn ausgedacht hat, als er unerwartet in Bad Ischl zu Besuch auf-tauchte: Angeblich versteckte sie Rindfleisch, das Girardi nicht mochte, unter einem Berg Gemüse, damit er es nicht bemerkte.

Wo findet man Spuren von Alexander Girardi?
Sehenswert sind sein Geburtshaus in der Leonhardstraße 28 (solange es noch steht) und seine Büste in der Galerie berühmter Steirer im Burghof.

Freud
an der Fassade

Ein Brief als Graffito

Die Fassade des heute auf den unaussprechlichen Namen „Landeskrankenhaus Graz Süd-West, Standort Süd" hörenden Spitals ziert ein riesiges Graffito. Das Wort „Graffito" stammt aus dem Italienischen und bezeichnet Aufschriften oder Bilder an Gebäuden. Mit Graffiti Häuser, Brücken und Mauern zu schmücken, ist in den vergangenen Jahren vor allem in Städten modern geworden. Im Falle unseres Graffito handelt es sich allerdings um etwas Besonderes, das nicht nur dem Trend der Zeit geschuldet ist.

Der prominente LKH-Standort nannte sich bis vor Kurzem noch „Landesnervenklinik Sigmund Freud", was wesentlich besser auf seine fachliche Ausrichtung verwies als die aktuelle Bezeichnung: Er diente und dient vor allem der Behandlung psychischer Erkrankungen. Passend für eine Nervenklinik pinselte man im Zuge der letzten Renovierung einen Ausschnitt aus einem Brief des weltberühmten Arztes und Begründers der Psychoanalyse, Sigmund Freud, auf die Fassade. Der Inhalt des Briefs ist nicht besonders spektakulär, es handelt sich um ein privates Schreiben und das Original, aus dem der Ausschnitt stammt, befindet sich im Besitz der Klinik.

Die Worte in dem am 27.9.1931 verfassten Brief, die auf der Fassade zu lesen sind, lauten:

Sehr geehrter Herr Doktor!

Ich bin überrascht, daß meine harmlose Vorliebe für die Relikte alter Kulturen eine spielerische Ergänzung zu meinen ernsteren Interessen mir den Ruf der Kennerschaft eingetragen hat, doch man muß annehmen, was einem Gutes oder Böses trifft und sich nicht verweigern, wenn etwas Angenehmes daraus hervorgeht. Da Sie selbst Ihren Besuch, den Termin von einigen Wochen gaben, bitte ich Sie, mich dann telegraphisch von Ihrer Absicht zu verständigen. Obwohl ich sonst keine Besuche empfange, werde ich mich freuen, Sie bei mir zu sehen und über gemeinsame Interessen zu plaudern.

Ihr sehr ergebener Freud.

So weit Freud im Originaltext auf „seiner" Klinik. Der Name des Hauses wurde im Lauf der Jahre und Jahrzehnte mehrmals geändert, angefangen von „Landesirrenanstalt" in Zeiten, in denen das Bewusstsein dafür, dass auch

Sigmund-Freud-Brief an der Fassade

psychische Erkrankungen ganz „normale" Krankheiten sind, noch nicht so ausgeprägt war wie heute, über „Landessonderkrankenhaus" und eben „Landesnervenklinik Sigmund Freud" bis hin zum eingangs angeführten aktuellen Namen. Angesichts der Namensvielfalt, die einige weitere hier nicht erwähnte Varianten umfasst, ist es kaum verwunderlich, dass man oft gar nicht mehr weiß, um welche Klinik es sich tatsächlich handelt.
Wie das wohl Freud analysiert hätte?

Wo findet man das riesige Graffito mit einem Brief von Sigmund Freud?
An der Fassade des LKH Graz Süd-West, Standort Süd, Wagner-Jauregg-Platz 1.

Wasser marsch!

Alter Wasserturm

Heute sind sie meist aus dem Stadtbild verschwunden. Umso staunender steht man davor, wenn man doch einmal einen zu Gesicht bekommt und sich fragt: Wozu mag dieser Riese einst wohl gedient haben?

Das Internetlexikon Wikipedia kennt die Antwort: *„Wasserturm ist die Bezeichnung für ein Betriebsbauwerk der Wasserversorgung, das einen Hochbehälter zur Speicherung von Trinkwasser oder Brauchwasser besitzt. Mit dem Hochbehälter wird neben der Bereithaltung einer temporär ausreichenden Wassermenge auch für einen ausreichenden und gleichmäßigen Druck im angeschlossenen Wassernetz gesorgt."*

Des Rätsels Lösung lautet also: Bei den Ungetümen, die, wenn erhalten, aus dem Stadtbild der Gegenwart hervorstechen, wie es ein Dinosaurier unter den Eichhörnchen im Stadtpark tun würde, handelt es sich um alte Wassertürme. Im Graz des 21. Jahrhunderts haben sie aufgrund einer zentralen Wasserversorgung ihre Daseinsberechtigung weitgehend verloren, manche von ihnen wurden anderen Verwendungszwecken zugeführt: Der ehemalige Wasserturm des Schlachthofs beispielsweise diente später als Medienturm. Auch der Denkmalschutz spielt in solchen Fällen immer wieder eine Rolle. Wie der Medienturm steht auch der Wasserturm des Hauptbahnhofs in der Waagner-Biro-Straße auf der Liste denkmalgeschützter Objekte.

Ein besonders schön erhaltenes Exemplar seiner Art stellt der Wasserturm des LKH Graz Süd-West, Standort Süd dar. Bevor man mit den „Operationen" am steirischen Spitalswesen begonnen hatte, lange Jahre bekannt als Landesnervenklinik Sigmund Freud, wie im vorangegangenen Kapitel ausgeführt.

Errichtet wurde das Bauwerk zur Wasserversorgung des Spitals knapp nach der Wende zum 20. Jahrhundert. In den Jahren 1904 und 1905 wurde laut der Klinikwebsite ein Großbrunnen gebaut, gleichzeitig auch der mehr als 42 Meter hohe Wasserturm. Wozu der ganze Aufwand? Siehe oben, er dient – bis heute – der Versorgung des Krankenhauses mit Wasser, die Höhe des Wasserbehälters sorgt für den nötigen Druck in den Leitungen. Denn die Zwischenlagerung des kostbaren Nasses in der luftigen Höhe des Hochbe-

Dieser Wasserturm ist heute noch in Betrieb und steht als einer der wenigen nach wie vor in einem Brunnenschutzgebiet.

hälters ergibt den Eigendruck, infolge dessen das Wasser von selbst durch die Leitungen strömt. Auch dieser Wasserturm steht wie seine genannten Kollegen unter Denkmalschutz.

Wo findet man den alten Wasserturm?
Auf dem Areal des LKH Graz Süd-West, Standort Süd, Wagner-Jauregg-Platz 27.

Wallfahrtskirche
ohne Wallfahrer

St. Ulrich zu Ulrichsbrunn

Wallfahrten zu Pilgerstätten haben eine lange Tradition. Manche dieser Wallfahrtsorte haben sich zu regelrechten Tourismusmagneten entwickelt und ziehen in unsicheren Zeiten wie diesen Menschenmassen an – man kann sagen, Wallfahren ist wieder in geworden, man denke an Santiago de Compostela in Spanien oder hierzulande an Mariazell, das bei den Besucherrankings regelmäßig weit vorne liegt.

Die Wallfahrtskirche St. Ulrich in Graz ist den umgekehrten Weg gegangen. Musste die Kirche im 18. Jahrhundert wegen der Besuchermassen noch vergrößert werden, kennen sie heute nicht einmal mehr alle Bewohner des Grazer Stadtbezirks Andritz, wo sie, idyllisch im Wald gelegen, zu finden ist.

Romantisch, auch aufgrund der geringen Besucherfrequenz:
Wallfahrtskirche und Maria-Quell in St. Ulrich

Dabei ist St. Ulrich in Graz-Andritz ein traditionsreicher, alter Kraftort, ausgestattet nicht nur mit einer Wallfahrtskirche, sondern auch mit einer Heilquelle. Wie es sich gehört, kann das Ulrichsbründl mit einer Legende aufwarten: Ulrich von Gösting, so heißt es, sei bei der Jagd in den Wäldern des Reinerkogels

wieder einmal arg vom türkischen Fieber gebeutelt worden, das er sich einst in der osmanischen Gefangenschaft geholt hatte. Doch ein Schluck aus der nahe gelegenen Waldquelle linderte nicht nur das aktuelle Fieberfeuer, sondern brachte überhaupt Heilung. Dankbarkeit war damals noch eine Tugend – Ulrich ließ ein Kreuz errichten und widmete es seinem heiligen Namensvetter, dem Augsburger Bischof Ulrich, der als Wasserheiliger gilt.

Besser historisch abgesichert als diese Gründungslegende ist Folgendes: Im Jahr 1572 hat hier alles begonnen, eine erste Kapelle war nachweislich beim Bründl vorhanden. Im Jahr 1688 folgte eine Kirche, die wegen der großen Zahl an Heilungsuchenden später wie erwähnt vergrößert werden musste.

Wie gewonnen, so zerronnen, könnte man in Anspielung auf das Wasser des Bründls sagen. So wie bei anderen kirchlichen Einrichtungen zog Kaiser Joseph II. auch hier einen Schlussstrich, seine Reformen beendeten die Wallfahrten zum Ulrichsbründl, die Pilgerströme versiegten. Ganz in Vergessenheit geriet St. Ulrich trotz der behördlich aufgetragenen Schließung freilich in der Folge nicht, das Wasser wurde weiterhin gern getrunken, um Heilung zu finden. Im Jahr 1917 kaufte schließlich Pfarrer Josef Berghold, ein gebürtiger Grazer, die verfallene Kirche und ließ ein paar Meter entfernt nach dem Vorbild von Lourdes eine Marienandachtsstätte errichten: Maria-Quell. Und dann kamen die Schwestern: Die Christkönigsgesellschaft vom Weißen Kreuz übernahm die Wallfahrtskirche und erbaute nicht weit davon ein Schwestern-Noviziatshaus und eine Wärmestube. Seit 1974 betreuen Schwestern der Kongregation der Dienerinnen Christi Ulrichsbrunn.

Wo findet man St. Ulrich zu Ulrichsbrunn?
In Graz-Andritz, versteckt im Wald am Ulrichsweg 16.

Hereinspaziert –
und abkassiert!

Das Grazer Mautwesen

Maut ist Mittelalter? Nicht in Graz! Sollten die herumgeisternden City-Maut-Pläne demnächst in die Tat umgesetzt werden, dann würden in der steirischen Landeshauptstadt gerade einmal acht Jahrzehnte Mautfreiheit schon wieder zu Ende sein. Das Gespenst einer City-Maut geht auch in Graz in regelmäßigen Abständen um. Andere Städte haben es bereits vorgemacht, dass damit der Autoverkehr in den von Pkw überquellenden Innenstädten zumindest ein wenig reduziert werden könnte. Wie in Graz der Konflikt zwischen wirtschaftlichen Interessen (gegen eine Maut) und ökologischen Notwendigkeiten (Verringerung der Schadstoffe durch eine Maut) letztendlich ausgehen wird, steht völlig in den Sternen. Fest steht dafür: Mit der letzten Maut in Graz war erst vor knapp achtzig Jahren Schluss, konkret im Jahr 1938.

Heute ist es ein Leichtes, die Stadtgrenzen mit dem Auto, im Zug, auf dem Rad oder zu Fuß zu überqueren. Ein gültiger Fahrschein, ausreichend Benzin, gutes Schuhwerk oder ein verkehrstaugliches Radl genügen und los geht's: Hereinspaziert oder hinausgeradelt!

Das war nicht immer so: Bis weit ins 20. Jahrhundert hinein musste eine Binnenmaut entrichtet werden, man wurde an den Stadtgrenzen zur Kasse gebeten. Im Visier der Kontrollore: Lebensmittel, die von den Bauern oder deren Kunden aus dem Umland in die Stadt eingeführt wurden, sowie Fahrzeuge, die die Stadtgrenzen überquerten. Nur Gehen war kostenlos.

Alt-Graz-Experte Robert Engele hat in einem Artikel der „Kleinen Zeitung" akribisch nachgerechnet, wie viel was kostete: Zehn Groschen wurden beispielsweise dem Kutscher eines Einspänner-Pferdewagens abgeknöpft, das Doppelte kostete es für einen Zweispänner. Motorradfahrern wurden ebenfalls zehn Groschen für die Passage verrechnet, während die Mautgebühren bei Autos nach der Anzahl der Sitze berechnet wurden – heutige Mini-Van-Fahrer hätten mit bis zu sieben Sitzen pro Fahrzeug also tief in die Tasche greifen müssen, von den vielen Autobussen, die Graz aus touristischen Motiven ansteuern, ganz zu schweigen.

Begonnen hat das Maut(un)wesen bereits im Mittelalter, es überlebte Zeitenwenden und Herrscherwechsel. Das beweist einmal mehr klar und deut-

Das mächtige Gebäude der ehemaligen Andritzer Maut

lich: Egal, wer an der Macht ist, ob Kaiser, König, Republikaner, gut sprudelnde Einnahmequellen abzuschaffen, fällt wirklich schwer. Erst im Zuge der Eingemeindungen der heutigen Randbezirke und der Errichtung von „Groß-Graz" nach dem „Anschluss" ans Deutsche Reich sind die Mauten weggefallen, weil die Stadtgrenzen völlig neu und viel weiter draußen gezogen wurden.

Von den ursprünglich 24 Mautstellen an den ehemaligen Grazer Stadtgrenzen ist nicht viel geblieben, zumindest heute noch deutlich sichtbare Zeugnisse sind rar: Lediglich in Puntigam nennt sich eine Straßenbahnhaltestelle der Linie 5 „Maut Puntigam". Dasselbe im Norden: „Maut Andritz" heißt dort ebenfalls eine Straßenbahnhaltestelle, wobei nahe dieser ein ehemaliges Mauthäusl überlebt hat, das heute unter Denkmalschutz steht und im Volksmund noch auf seinen traditionellen Namen hört. Das Andritzer Mauthaus, auch als Steinbruchmaut bekannt, zeigt als mächtiges Gebäude aus dem 17. Jahrhundert mit wehrhaft anmutendem Eckturm, dass mit den Mauteinhebern im alten Graz nicht zu spaßen war. Und die keine hundert Meter lange Mautgasse in der Nähe erinnert ebenfalls an die gute (?) alte Zeit.

Wo findet man Zeugnisse des historischen Grazer Mautwesens?

Zwei Straßenbahnstationen der Linien 4 bzw. 5 sind nach ehemaligen Mautstationen benannt: Maut Andritz und Maut Puntigam.
Schräg gegenüber Ersterer, auf der anderen Seite der Grabenstraße (an der Kreuzung mit der Andritzer Reichsstraße), steht das denkmalgeschützte ehemalige Andritzer Mauthaus.

Zurück
zur Natur!

Urban Gardening

Graz gilt als Gartenstadt, wenn auch als bedrohte – damit sind hauptsächlich die mittlerweile asphaltierten und zu Parkplätzen mutierten Vorgärten in den ehemaligen Vorstädten, heute längst etablierte Stadtbezirke, gemeint (diesen bedrohten Vorgärten widmen wir ein eigenes Kapitel, siehe Seite 114).

In einem anderen Bereich kann von einer Bedrohung der Gartenstadt Graz keine Rede sein, beim trendigen Urban Gardening nämlich, dem Gärtnern in der Stadt an oft ungewöhnlichen Orten. Eine wachsende Zahl an Initiativen widmet sich dem gemeinsamen Garteln in sogenannten Gemeinschaftsgärten. Mit Stand Mai 2016 gab es in Graz bereits 23 Stück davon. Man kann davon ausgehen, dass zu dieser (semi)offiziellen Zahl einige nicht gemeldete Gärten hinzuzurechnen sind. Die Gemeinschaftsgärten verteilen sich quer über die Stadt, von universitätsnahen Bereichen – Studierende zählen ja zur klassischen Klientel für Urban Gardening – bis hin zum Murfeld, traditionellem landwirtschaftlichen Gebiet. Zu den großen kommen zahlreiche kleine, meist private Initiativen: Wohin man auch schaut in der Stadt, an allen Ecken und Enden sind in den vergangenen Jahren kleine und kleinste Gärten aus dem Boden geschossen, oft nur in Form schmucker hölzener Kisterln, die auf den Gehsteig gestellt werden oder in denen ein Gastwirt im Zentrum plötzlich Tomaten und Paprika zieht, statt sie mit Zierblumen zu bepflanzen. Jean-Jacques Rousseaus Wort „Zurück zur Natur!" ist in Graz, um in der Sprache der Gärtner zu bleiben, in der jüngsten Vergangenheit wahrlich auf guten Grund und Boden gefallen.

Ein interessantes Projekt wollen wir an dieser Stelle näher vorstellen: „Muttererde". Dieser Gemeinschaftsgarten, in dem auch finanziell und sozial Bedürftige zum Mitmachen eingeladen sind, befindet sich auf der Trasse über dem Südportal des Plabutschtunnels. Die ersten paar Hundert Meter des Tunnels wurden in offener Bauweise errichtet, über dem Tunnel darf in diesem Bereich deshalb nicht gebaut werden. Einen kleinen Teil dieser Fläche, auf der nach Abschluss der Tunnelbauarbeiten unter anderem ein Bezirkssportplatz und ein Spazierweg errichtet worden sind, hat seit dem Jahr 2009 der Gemeinschaftsgarten „Muttererde" besiedelt und es wird nun auf

Man würde es nicht vermuten: Genau unter dem Gemeinschaftsgarten „Muttererde" fließt der Verkehr durch den Plabutschtunnel.

der Röhre des Tunnels eifrig gegartelt. Zwar unter erschwerten Bedingungen, weil aufgrund der darunter befindlichen Tunnelröhre nur knapp einen halben Meter tief gegraben werden kann, trotzdem mit Erfolg: So sieht man schon von Weitem liebevoll aufgestellte verwachsene Tipis mit Stroh und Tontöpfen, in den sich die Insekten tummeln können. Alte Gemüsesorten wie die Gartenmelde (Spinat) leben wieder auf und Kürbisse ranken sich durch den Garten bis auf die in unmittelbarer Nähe vorbeiführende Straße herunter. Ein krasser Kontrast: Unter der Erde fließt der umweltschädliche Verkehr, oben holt sich die Natur unter Mithilfe leidenschaftlicher Gärtnerinnen und Gärtner wieder ihren Anteil an der Welt zurück.

Wo findet man den Gemeinschaftsgarten „Muttererde"?
Am Beginn der Salfeldstraße führt rechter Hand ein Spazierweg über die Trasse des Plabutschtunnels. Dort ist auch der Zugang zum Garten, in dem Besucher willkommen sind.

Am Amazonas –
und doch in Graz!

Der Grazer Urwald

Grün zählt trotz reger Bautätigkeit auf dem Messendorfberg im Bezirk Graz-St. Peter immer noch zu den vorherrschenden Farben. Die reihenweise neu entstandenen Einfamilienhäuser und Wohnsiedlungen schmücken sich in der Regel genauso mit Gärten, wie es die zahlreichen historischen Villen in der Vergangenheit getan haben. Hat zufälligerweise ein alter Bauernhof den Bauboom der Gegenwart überstanden, dann trägt er ebenfalls zum hohen Grünanteil im an und für sich dicht besiedelten Gebiet bei. Hin und wieder schließt zwar eine grüne Attraktion ihre Pforten, wie beispielsweise Giovannis Garden – der beliebte Rosengarten ist seit Kurzem nicht mehr zugänglich. Andere Grünoasen hingegen überstehen die Jahrzehnte und die größten Katastrophen unbeschadet. Insbeson-

dere gilt das für den „Grazer Urwald", unmittelbar neben dem genannten Rosengarten gelegen und mit einer Geschichte ausgestattet, wie sie bunter nicht sein könnte.

In den Dreißigerjahren des vergangenen Jahrhunderts war es mit der Weltwirtschaft bekanntlich nicht zum Besten bestellt. Die Krise nahm am Schwarzen Freitag des Jahres 1929 in den USA ihren Ausgang und erreichte mit Verzögerung auch Graz. Davon betroffen war unter anderem die Baumschule und Gärtnerei Klenert auf dem Messendorfberg, die aus wirtschaftlichen Gründen den Laden dichtmachen musste. Wie das so ist, trotzte die Natur dem finanziellen Niedergang, ja, man könnte sagen, sie entfaltete sich in der Folge

Im Grazer Urwald fühlt man sich ganz klein.

erst so richtig. Auf dem Gelände der sich selbst überlassenen Baumschule wuchsen nämlich die Bäume im wahrsten Sinn des Wortes in den Himmel. Das Besondere: In der Baumschule waren Gehölze herangezogen worden, die bei uns keineswegs heimisch waren, sondern aus ferner Herren Länder stammten. Daraus ist im Laufe der Jahrzehnte dann der „Grazer Urwald" entstanden. So empfängt einen gleich beim Eingang ein gewaltiger Mammutbaum, danach schlängelt sich der Pfad durch einen Bambushain, wie man ihn eher am Amazonas erwarten würde statt in St. Peter. Insgesamt sind es mehr als 35 verschiedene Gehölze, die im gut 28 000 Quadratmeter großen Areal spazierend erkundet werden können. Nach dem exotischen Auftakt mit Mammutbaum, Bambus & Co biegt man in eine Streuobstwiese ein und weiß: Man ist wieder zu Hause.

Gehegt und gepflegt wird das Areal seit dem Jahr 1993 von der Österreichischen Naturschutzjugend.

Wo findet man den „Grazer Urwald"?
Auf dem Messendorfberg, „Hausnummer" 61 (als Orientierungshilfe möge der weithin sichtbare Mammutbaum dienen). Achtung, nur wenige Parkplätze im Umkreis!

Graz-Control
an Major Tom

Spuren der Weltraumfahrt

Vom „Raketen-Schmiedl" bis zur „Tschuri-Rosetta" – so lässt sich die Geschichte der Weltraumfahrt, die in Graz über eine große Tradition und eine gar nicht so unbedeutende Gegenwart verfügt, mit zwei markanten Eckpunkten zusammenfassen. Friedrich Schmiedl, 1902 in Schwertberg in Oberösterreich geboren, 1994 in Graz verstorben, darf mit Fug und Recht als Raketenpionier bezeichnet werden. An seine Versuche, Raketen für friedliche Zwecke einzusetzen, erinnert auf dem Schöckl eine Gedenktafel: „Ing. Friedrich Schmiedl – österr. Raketenpionier" steht dort geschrieben, in der Folge werden einige seiner „Starts" angeführt: Versuchsraketen, Registrierraketen, Hubdrachen etc., die zwischen 1924 und 1933 vom Hausberg der Grazer durchaus mit Erfolg abgehoben haben. Schmiedls Anstrengungen galten vor allem der Beförderung von Post mittels Raketen, im Jahr 1931 wurden 102 Briefe von ihm per Rakete zum Fuß des Schöckls nach St. Radegund geschickt – und kamen dort dank Fallschirmlandung wohlbehalten an. Langfristig plante der Tüftler die Einrichtung von Raketenpostlinien über weite Entfernungen. Die Pläne des Mannes wurden allerdings jäh gestoppt. Seine eigenen „Briefmarken", die er für die Beförderung mit Raketenpost eingeführt hatte, wurden von der staatlichen ös-

terreichischen Post „abgedreht", der Besitz des von ihm verwendeten Raketentreibstoffs verboten. Damit hatte es sich für Schmiedl im Jahr 1935 endgültig „ausgestartet". Der Pionier wurde aufgrund seiner Kenntnisse zuerst von den Nazis, nach dem Zweiten Weltkrieg dann von den Amerikanern heftig umworben. Schmiedl widerstand aber allen Anheuerungsversuchen und trat in den steirischen Landesdienst ein. Aktueller Höhepunkt in den Grazer Bemühungen, frei nach David Bowies berühmtem Song „Space Oddity" von der Bodenstation aus mit dem im Weltall gestrandeten Astronauten Major Tom in Kontakt zu treten, ist die Mitarbeit von

Auf dem Schöckl erinnert eine Gedenktafel an die Postraketenstarts durch Friedrich Schmiedl. Einen Aufstieg lohnt aber nicht nur diese Tafel, sondern vor allem das tolle Panorama über Graz und weit ins Umland hinein, fast schon bis ins Weltall …

Grazer Wissenschaftlern an diversen internationalen Weltraumprojekten. Am bekanntesten wurde die Mission „Rosetta": Im Herbst 2016 landete die gleichnamige Raumsonde, die seit dem Jahr 2004 in den Weiten des Weltraums unterwegs gewesen war, auf dem Kometen 67P/Tschurjumow-Gerassimenko, kurz Tschuri genannt. Dort trat sie nach ihrer 12-jährigen Reise den Ruhestand ohne Rückkehr an, weil ihre Energievorräte erschöpft waren. Beteiligt an der von der Europäischen Raumfahrtorganisation ESA durchgeführten Mission war das in Graz ansässige Institut für Weltraumforschung (IWF), das insgesamt fünf Instrumente für den Raum-Weltenbummler bereitstellte. Und natürlich ist in diesem Zusammenhang auch der erste und einzige Flug eines Österreichers ins Weltall zu nennen: Dass Franz Viehböck mit der Austromir-Mission zur sowjetischen Raumstation Mir aufbrechen konnte, war auf Bemühungen von Willibald Riedler zurückzuführen, dem legendären Grazer „Weltraumpapst".

Wo findet man Spuren der Grazer „Major Toms"?
Um die Gedenktafel zu finden, die an Friedrich Schmiedls Raketenstarts erinnert, muss man die Wanderschuhe anziehen oder in die Schöckl-Seilbahn einsteigen. Auf jeden Fall befindet sie sich oben auf dem Berg, gleich neben der Bergstation. Regelmäßig finden in Graz Weltraumtage statt, so etwas wie eine Leistungsschau der Grazer Weltraumforschung. Der letzte Weltraumtag ging 2016 im Joanneumsviertel über die Bühne.

Der „falsche"
Hausberg

Schöckl und/oder Plabutsch

Da wir im vorangegangenen Kapitel auf den Spuren von Raketenpionier Friedrich Schmiedl schon auf den Schöckl gestiegen (oder gegondelt) sind, bleiben wir gleich bei diesem markanten Gipfel nördlich von Graz, dem „mons Sekkel", wie er in einer Urkunde des Stifts Seckau bereits im 12. Jahrhundert bezeichnet wurde. Der Schöckl gilt ja als „Hausberg" der Grazer, obwohl er sich kurioserweise gar nicht auf Grazer Stadtgebiet befindet. Um ihn zu erklimmen, müssen sich die Städter erst einmal in den Luftkurort St. Radegund begeben. Ein Hausberg außer Haus also. Es mag sein Aussehen als allein und

„Falscher" oder „echter" Grazer Hausberg: der Schöckl. Er ist fast doppelt so hoch wie der auf Stadtgebiet befindliche Plabutsch, also oft schon im Spätherbst mit Schnee angezuckert.

Der Plabutsch

frei stehender Gipfel sein. Es mag dem Wasserreichtum der Region geschuldet sein, der in St. Radegund unzählige Quellen sprudeln lässt. Vielleicht liegt es auch an seiner Funktion als Wetterscheide zwischen dem kühleren Norden und dem wärmeren Süden – den Schöckl umgeben Sagen und Legenden wie kaum einen anderen Berg der Steiermark. Am bekanntesten davon sind die Geschichten um die Schöckl-Hexe, die in ihrer Wetterküche oft Unheilvolles zusammenbraut, das dann als Hagelschlag vom Himmel fällt.

Sagenhaft sind übrigens oft auch die Menschenmassen, die den Berg erklimmen, um dem Hochnebel in Graz wenigstens für ein paar Stunden zu entkommen. Da kann an schönen Herbstsonntagen oben auf dem Berg schon einmal mehr los sein als unten im Grazer Zentrum und man trifft auf dem Schöckl-Plateau mehr Grazerinnen und Grazer an, als in den Schanigärten der Herrengasse sitzen.

Das und die Nähe zur Hauptstadt haben wohl dazu geführt, dass man den Schöckl landauf, landab den Grazer Hausberg nennt. Richtigerweise müsste das der Plabutsch sein, nur er befindet sich auf Stadtgebiet. Im Vergleich zum Schöckl zieht der verkannte Grazer Hausberg freilich in allen Belangen den Kürzeren. Er ist gerade einmal halb so hoch wie der 1445 Meter hoch aufragende Schöckl, er ist weitgehend bewaldet und dadurch wesentlich weniger spektakulär anzuschauen als der teils felsige Schöckl und touristisch befindet sich der Plabutsch trotz wiedereröffneter Schenke beim Fürstenstand tief im Dornröschenschlaf.

Der heute gebräuchliche Name des früher Grafenberg oder Bauernkogel genannten Plabutschmassivs stammt aus dem Slawischen und bezeichnet entweder einen Eigennamen oder verweist – einer anderen Erklärung zufolge – auf ehemaligen Bergbau am Plabutsch. Davon und von mehreren Steinbrüchen sind heute nur mehr wenige Überreste zu erkennen, die Natur hat sich über weite Strecken ihren Platz zurückerobert. Deshalb ließe es sich auf den beziehungsweise dem Plabutsch mindestens genauso gut wandern wie auf den/dem Schöckl! Einziger Wermutstropfen: Auf den Plabutsch fährt keine Seilbahn mehr (siehe dazu das folgende Kapitel), man muss ihn sich also wirklich erwandern.

Weniger ruhig als auf dem Berg geht es unter dem Plabutsch zu. Verantwortlich dafür ist die Pyhrnautobahn A9, die in direkter Linie längs durch den Berg führt. Dem Bau des Plabutschtunnels, mit nicht ganz zehn Kilometern Länge der zweitlängste Doppelröhrentunnel Europas nach dem Gran-Sasso-Tunnel in Italien, waren in Graz heftige Kontroversen vorausgegangen. Ursprünglich sollte die Autobahntrasse nämlich mitten durch den Bezirk Eggenberg führen. Energischer Widerstand aus weiten Teilen der Bevölkerung war die Folge und eine Bürgerinitiative sammelte rund 37 000 Unterschriften gegen die Autobahn durch die Stadt. Der damalige SPÖ-Bürgermeister Gustav Scherbaum zeigte sich trotz des Protests uneinsichtig und ließ die Rechtmäßigkeit der Unterschriften besonders lange und genau nach den Buchstaben des Gesetzes prüfen. Mit zwei markanten Ergebnissen: Erstens verlor der bis zu diesem Zeitpunkt populäre Scherbaum bei der folgenden Gemeinderatswahl 1973 die Absolute. Zweitens fährt man seit mittlerweile 30 Jahren durch den Plabutschtunnel und nicht quer durch den Bezirk Eggenberg, wenn man Graz auf der Autobahn passiert.

Wie gelangt man auf den Plabutsch?
Mehrere Wanderwege führen auf den Plabutsch, unter anderem von Gösting (Fürstenstandweg) oder Eggenberg (Karolinenweg). Der sogenannte Kernstockweg, ebenfalls ein Wanderweg, erstreckt sich in einer 4- bis 5-stündigen Wanderung über den gesamten Bergrücken von Gösting bis Straßgang.
Auch eine Straße führt zum Fürstenstand, dem Gipfel des Plabutsch. Die Straße verläuft über gewisse Bereiche einspurig, d. h., längeres Zurückfahren bei Gegenverkehr ist unausweichlich. Die Abzweigung der Straße erfolgt unmittelbar nach der zweiten Kehre der Steinbergstraße.

„Schifoan"
in der mediterransten Stadt Österreichs

Die Grazer Ski- und Rodelwiese

Wenn Austrobarde Wolfgang Ambros in der heimlichen Nationalhymne „Schifoan" davon sang, „am Freitog auf'd Nocht" die Ski aufs Auto zu montieren, um ins Stubaital oder nach Zell am See aufzubrechen, hätte er sich die lange Reise eigentlich sparen und nach Graz kommen können. Denn auch hier, in der wohl mediterransten Stadt Österreichs, kann man die zwei Brettln unterschnallen – konnte man, muss man zugeben, denn der einzige Grazer Lift stellte nach dem Winter 2015/2016, in dem mangels Schnee nicht einen Tag lang gefahren werden konnte, den Betrieb ein. Ambros in seiner Glanzzeit hätte es aber können – obwohl, muss man nochmals zugeben, der Grazer Lift hätte dem Wolferl Nazionale eher keine Freude bereitet, handelte es sich dabei doch um einen Lift für die Kleinsten. Jetzt müssen skibegeisterte Kinder und jene, die es werden wollen, sowie deren Eltern in die Nachbargemeinde Seiersberg-Pirka im Süden von Graz ausweichen. Dort steht im „Skigebiet Gedersberg" ein 250 Meter langer Schlepplift zur Verfügung. Allerdings macht die meist spärliche Schneelage infolge des Klimawandels den Skipisten in niedrigen Lagen generell zu schaffen, auch dem Gedersberger Lift. So Frau Holle mitmacht, pendeln dort jedenfalls die Liftbügel hügelaufwärts und die Kinder rutschen wieder herunter.

Nicht mehr in Graz: Das (vorläufige?) Ende des Kinderlifts auf der Ski- und Rodelwiese unterhalb von Schloss St. Martin im Bezirk Straßgang stellte den Schlusspunkt regelmäßig wiederkehrender Versuche dar, den Skisport auch in der Landeshauptstadt der Steiermark, die mit Schladming über ein wahres Ski-Eldorado verfügt, heimisch zu machen. Diesbezüglicher Höhepunkt der Bemühungen war der Vorschlag eines Grazer Stadtpolitikers vor knapp 20 Jahren, auf dem höchsten Grazer Berg, dem Plabutsch mit 754 oder 763 Meter Seehöhe, je nach Angabe und Karte, einen Skilift zu bauen – in diesem Fall für Erwachsene. Sogar von Weltcuprennen auf der

Ein Bild aus besseren Tagen: der Kinderlift mit Schnee bei St. Martin.
Links: Aus der heute verfallenen Talstation am Marktannerweg gondelte der
Sessellift einst auf den Plabutsch.

1 200 Meter lang geplanten Piste war um die Jahrtausendwende die Rede. Aufgrund des sich schon abzeichnenden Klimawandels war aus dem Projekt freilich die Luft heraußen, bevor es überhaupt in die Planungsphase gekommen ist.
Einen Lift auf den Plabutsch hat es nichtsdestotrotz gegeben, allerdings nicht zum Skifahren, sondern für Ausflügler aller Art. Vom Marktannerweg in Gösting führte ein Einersessellift auf den sogenannten Fürstenstand, so benannt nach einem Besuch von Kaiser Franz I. auf dem Gipfel, natürlich noch ohne künstliche Aufstiegshilfe. Der Sessellift wurde im Jahr 1954 in Betrieb genommen. Schon zwei Jahre später – am 2. April 1956, einem Ostermontag – kam es zu einem schweren Unglück, wie die „Kleine Zeitung" berichtete. Nachdem der Lift plötzlich so schnell beschleunigt hatte, dass die Insassen bei der Umkehr mit den Sesseln infolge der Fliehkraft gegen die Liftstützen geschleudert wurden, zog der Betriebsleiter die Notbremse per Hand. Dadurch klinkte sich das Tragseil aus und ein Mann wurde durch das starke Auf- und Abschaukeln aus dem Sessel katapultiert. Er krachte auf den Fels und starb. Bereits im Jahr 1971 wurde der Sessellift stillgelegt und in den Folgejahren sukzessive abgebaut.

Wo findet man die Grazer Ski- und Rodelwiese?
Neben den Bründlteichen in der Krottendorfer Straße (unterhalb von Schloss St. Martin). Die Wiese eignet sich aufgrund des geringen Gefälles nur für (kleinere) Kinder und absolute Anfänger, außerdem müssen sie wegen der Einstellung der Aufstiegshilfe wieder wie in der guten, alten Zeit nach oben stapfen.

Auf Zeitreise
in die Antike

Das Hügelgrab

Das Grätzel unterhalb von Schloss St. Martin bietet eine Fülle von Attraktionen – nicht nur für Eltern, die den Nachwuchs ein paar erste ungelenke Schwünge im Schnee ziehen lassen möchten (so vorhanden). Angrenzend an die im vorangegangenen Kapitel genannte Ski- und Rodelwiese in der Krottendorfer Straße findet man die Bründlteiche: zwei Naturteiche, die man sich selbst überlässt und wo der Mensch ausnahmsweise einmal nicht seine Pfoten im Spiel hat. Wenn ein Baum ins Wasser fällt, dann bleibt er dort einfach liegen. Zumindest in der Theorie, denn als infolge der Bauarbeiten am Plabutschtunnel eine Quelle versiegt war, legte man einen Schlauch zu den Bründlteichen, der diese wieder mit Wasser versorgte. Sonst sind dort aber Ente, Frosch, Schildkröte & Co weitgehend auf sich allein gestellt und können – im Einklang mit den Menschen, die durch die Anlage spazieren dürfen – friedlich vor sich hin leben.

Ebenfalls in unmittelbarer Nähe befindet sich ein archäologisches Denkmal, das auf alle Fälle einen Besuch lohnt. Oberhalb der Skiwiese, direkt am Waldrand, wurden 2003 und 2004 drei Hügelgräber ergraben und wissenschaftlich untersucht. Eines davon wurde nicht wieder zugeschüttet (durch das Wiederzuschütten werden Funde für die Nachwelt am besten konserviert,

Vorbildlich konserviert und für die Öffentlichkeit zugänglich ist das Hügelgrab unterhalb von Schloss St. Martin.

sei nur am Rande angemerkt), sondern unter einen Glassturz gestellt und kann bis heute besichtigt werden.

Das Hügelgrab stammt aus dem 2. Jahrhundert nach Christus, was man anhand der Grabbeigaben feststellen konnte: Trinkbecher aus Ton, eine Dreifußschale, ebenfalls aus Ton, und eine Bronzemünze des Antoninus Pius, von 138 bis 161 n. Chr. römischer Kaiser. Von diesem Monarchen ist uns eine bemerkenswerte Geschichte überliefert: Als wegen einer Lebensmittelkrise in Rom ein Aufstand drohte und sogar der Kaiser mit Steinen beworfen wurde, soll dieser nicht, wie damals (und mancherorts heute noch) üblich, den Aufstand gewaltsam niedergeschlagen, sondern den aufgebrachten Menschen schlicht und einfach die Sachlage erklärt haben.

Zurück vom alten Rom zu den Spuren jener Zeit in Graz: Schön kann man an dem Hügelgrab nach wie vor den einst bienenkorbförmigen Aufbau der Grabkammer aus Steinen erkennen, in die ein Zugang führte. Durch diesen konnte man die Reste der Brandbestattung samt Grabbeigaben im Inneren der Kammer deponieren, um ihn danach wieder zu verschließen.

Wo findet man das Hügelgrab?

Oberhalb der Ski- und Rodelwiese an der Kreuzung Krottendorfer Straße/ Martinhofstraße/Kehlbergstraße. Der Glassturz über dem Grabhügel am Waldrand ist schon von Weitem zu sehen.

Das „Legohaus"

Die Landesverwaltungsakademie

Dritter im Bunde unserer Besichtigungstour rund um die Bründlteiche ist – so ungewöhnlich es aufs erste Hören klingen mag – ein Amtsgebäude. Doch im Fall der Steirischen Landesverwaltungsakademie in der Krottendorfer Straße 149 haben sich das Amt beziehungsweise die beauftragten Planer etwas einfallen lassen: Dach und Fassaden sind allesamt mit den gleichen bunten Faserzementplatten bedeckt, sodass das Gebäude anmutet wie ein riesengroßes Haus aus überdimensionalen „Lego"-Bausteinen. Die Platten haben zusätzlich zur außergewöhnlichen Optik einen Sinn: Sie schützen die Wärmedämmung des Gebäudes, einst als „Bründlhaus" bekannt und vor seiner Verwendung zu Schulungszwecken ein Internat für die nahe gelegene Fachschule St. Martin. Genannt wurde das Projekt übrigens „Froschkönig". Mehr als dreißig Farben spielt der bunte „König", und zwar äußerst konsequent. So wurden beispielsweise auch die Fensterrahmen und Jalousien in die farbige Gestaltung miteinbezogen. Wie sagt man so schön? – Über Geschmack kann man streiten, doch da möge sich jeder selbst ein Bild davon machen.

Wo findet man das „Legohaus"?
In der Krottendorfer Straße 149.

Die Landesverwaltungsakademie ist in einem der ungewöhnlichsten revitalisierten Gebäude der Stadt untergebracht.

Straße ohne
Wiederkehr

Die Kehlbergstraße

„Straße ohne Wiederkehr" – das ist nicht nur der deutschsprachige Titel eines in Vergessenheit geratenen Kinofilms, sondern wird in Graz gelebte – oder befahrene – Wirklichkeit. Zumindest fast: Denn die Kehlbergstraße im Südwesten der Stadt ist eine Straße mit unerwarteten Unterbrechungen. Beginnend unterhalb von Schloss St. Martin, an der Kreuzung Martinhofstraße/Krottendorfer Straße, schlängelt sich die Kehlbergstraße am Schloss vorbei und dann durch ländliches Gebiet, wie es idyllischer nicht sein könnte. Bauernhöfe säumen den Weg, einmal fährt man sogar durch einen Hof:

Die Kehlbergstraße: Vom ländlichen Idyll bis zur Unterbrechung durch eine Stiege

rechts das Wohnhaus, links der Stall. Auch im weiteren Verlauf kann die Kehlbergstraße ihre ländliche Herkunft nicht verleugnen. Viehweiden werden passiert, dann ein schmuckes Kellerstöckl aus längst vergangenen Winzertagen in der Stadt, von dem man hofft, dass es noch lange stehen bleibt. Denn das benachbarte Kellerstöckl musste erst vor wenigen Jahren einem neuen Einfamilienhaus weichen.

Es wird enger und enger und auch ein wenig steiler, schließlich befindet man sich längst an der Flanke des Buchkogels. Man ahnt es bereits: Lange kann es so nicht mehr weitergehen. Ein Verkehrszeichen vor einer nicht einsehbaren letzten Kurve bestätigt den Eindruck: Sackstraße, weiter vorne kein Umkehren mehr möglich. Wer sich übrigens mit dem Gedanken trägt, bis hierher zu fahren, darf dies zwar im völligen Einklang mit der Straßenverkehrsordnung tun, allerdings kann er wegen Platzmangels nicht parken. Es empfiehlt sich also, die Erkundungstour durch die Kehlbergstraße zu Fuß zu unternehmen, zumindest ab der Kreuzung mit der Salfeldstraße.

Nach der erwähnten letzten Kurve kommt's dann ganz dick. Die Fahrbahn endet und die Kehlbergstraße wird als Stiege fortgesetzt, die zwischen Steinmäuerchen steil nach oben führt! Das Ende bedeutet der abrupte Wechsel freilich noch lange nicht. Denn nach den Stiegen führt die Kehlbergstraße weiter und bietet wieder ihren gewohnten Charakter: eine Fahrbahn durch ländliche Umgebung, hier oben „auf dem Berg" dann zwischen Weinhängen und Äckern. Autos müssen hingegen einen weiten Umweg über den Mantscha-Waldweg fahren, um den oberen Teil der Kehlbergstraße zu erreichen – ein klarer Vorteil für Zweibeiner, die Stiegen steigen können.

Wo findet man die „Straße ohne Wiederkehr"?
Im Südwesten der Stadt. Die Kehlbergstraße beginnt an der Kreuzung Martinhofstraße/Krottendorfer Straße und mündet schlussendlich in die Mantschastraße.

Graz ist das größte
Bauerndorf

Landwirtschaft

Die Überschrift ist weder ironisch gemeint, noch soll sie die steirische Landeshauptstadt in irgendeiner Form herabwürdigen. Ganz im Gegenteil, sie entspricht schlicht und einfach den Tatsachen und bietet allen Grund, auf die Grazer Bauern stolz zu sein.

356 landwirtschaftliche Betriebe nennt die Landwirtschaftskammer Steiermark für Graz, womit „klassische" steirische Bauerngemeinden wie St. Stefan im Rosental oder St. Margarethen an der Raab klar auf die Plätze verwiesen werden. Fast 10 000 Hektar werden in Graz land- und forstwirtschaftlich genutzt; 9 Höfe gelten sogar als Bergbauernbetriebe.

Auf diesen mehr als 350 Bauernhöfen ist jede Menge los: 1288 Rinder, 840 Schweine und 336 Schafe tummeln sich dort. 323 Pferde zeugen davon, dass das städtische Publikum seine Freizeit gern hoch zu Ross verbringt. Das Hauptaugenmerk der Grazer Landwirte gilt aber nicht der Viehzucht, sondern dem Anbau von Gemüse. Mit den Erträgen der Felder vor allem im Süden der Stadt werden nicht nur die Grazer Bauernmärkte beschickt, sondern man findet Suppengemüse & Co aus Graz auch in vielen Supermarktregalen. Der Star unter dem Grünzeug ist freilich der Grazer Krauthäuptel, fachsprachlich genannt: Lactuca sativa var. capitata. Die Ursprünge dieser Spe-

Die land- und forstwirtschaftliche Fachschule Alt-Grottenhof in Graz

zialität (der Krauthäuptel gehört zu den „Traditionellen Lebensmitteln" von „Genuss Region Österreich") liegen laut Bundesministerium für Land- und Forstwirtschaft, Umwelt und Wasserwirtschaft, früher hieß es schlicht Landwirtschaftsministerium, in Slowenien, wo der Krauthäuptel vor 100 Jahren als Laibacher Eissalat bekannt war. Seine knackigen Blätter gehen mit steirischem Kürbiskernöl eine kongeniale Partnerschaft ein, der wahre Feinschmecker nur schwer widerstehen können. Die Saison, in der man mit dem Salat Graz sozusagen auf dem Teller hat, beginnt dank Glashäusern bereits im März und dauert bis November.

Am Stadtrand
wird scharf
geschossen

Der Feliferhof

Der Grazer Westen zeigt sich trotz des starken Baumbooms noch immer von seiner „grünen Seite", mit vielen Spazier- und Wanderwegen, aber auch mehreren legalen und illegalen Mountainbikerouten, die sonder Zahl durch das Landschaftsschutzgebiet Nummer 29 („Westliches Berg- und Hügelland von Graz") führen. Genau dort kann es aber durchaus anders kommen und statt ruhig dahindümpeln gelegentlich ganz ordentlich krachen …
Wer von der romantischen Ausflugskirche St. Johann und Paul – bis vor wenigen Jahren übrigens noch im Besitz des obersteirischen Benediktinerstifts Admont – über den Buchkogel Richtung Süden zur Rudolfswarte marschiert, der kommt anfangs an dichten Zäunen vorbei, auf denen vor dem Betreten des dahinter befindlichen militärischen Sperrgebiets ausdrücklich gewarnt wird. Dabei handelt es sich um die äußersten Ausläufer des unterhalb des

Sperrgebiet, denn am Stadtrand wird scharf geschossen.

Bergrückens befindlichen Feliferhofs, einer modernen Schießstätte für Polizei und Bundesheer. Der Feliferhof gehört heute zur in der Nazizeit erbauten Belgierkaserne im Bezirk Wetzelsdorf, der größten Grazer Kaserne, dient aber schon rund 150 Jahre lang als Schießplatz: Im Jahr 1869 wurde er von der k. u. k. Armee mit diesem Verwendungszweck in Betrieb genommen. Wird gerade geübt, dann hört man die Schüsse aus dem Dickicht heraufdonnern, wenn man den Bergrücken des Buchkogels entlangwandert.

Zu trauriger Berühmtheit gelangte der Feliferhof durch seine düstere Vergangenheit. Zwischen 1941 und 1945 kam es auf dem Gelände des Schießstandes zu zahlreichen Hinrichtungen, wobei die Delinquenten in der Regel erschossen wurden. Bei den mehr als 300 Opfern handelte es sich um zum Tode verurteilte Zivilisten und Uniformträger, aber auch um Kriegsgefangene. Schauplatz der Hinrichtungen war der heute unter Denkmalschutz stehende sogenannte Handgranatenwurfstand am Areal des Feliferhofs, wobei gegen Kriegsende auch in der Belgierkaserne (damals noch SS-Kaserne Wetzelsdorf genannt) ermordete Menschen zum Feliferhof gekarrt worden sein dürften.

140 Männer und 2 Frauen wurden nach dem Zweiten Weltkrieg aus einem Massengrab am Feliferhof exhumiert und auf den Zentralfriedhof umgebettet, wo im Jahr 1967 zum Gedenken an die tragischen Ereignisse von August Raidl eine Stele mit Mosaikbildern gestaltet wurde.

Denkmal für 142 in einem Massengrab gefundene Opfer am Feliferhof: vorne die Mulde des ehemaligen Massengrabs, links hinten die ehemalige Hinrichtungsstätte

Das Denkmal am Zentralfriedhof für NS-Opfer aus einem Massengrab am Feliferhof.

Jahrzehnte später gab es bei der Erinnerungsarbeit dann Probleme, und zwar für das künstlerische Projekt „Die Gänse vom Feliferhof" von Esther Shalev-Gerz und Jochen Gerz in den 1990er-Jahren. Zum Fahnenappell am Gelände sollten Fahnen aufgezogen werden, auf denen zum Nachdenken anregende Worte geschrieben standen, wie zum Beispiel „Barbarei ist die Soldatenbraut" oder „Auf Mut steht der Tod". Mit diesen Texten zeigte sich das Bundesheer nicht einverstanden, weshalb es nie zu einer Umsetzung des Projekts gekommen ist. Gerade dadurch war ihm aber eine enorme Aufmerksamkeit beschieden, die Causa ging bis ins Parlament.

Ungeachtet dessen gibt es am Feliferhof heute dennoch eine Gedenktafel, die von der Straße aus zu sehen ist, ohne dass man das Sperrgebiet betreten muss, und die an die zum Zentralfriedhof gebrachten Opfer im Massengrab erinnert.

Wo findet man den Feliferhof?

Die offizielle Adresse des Schießplatzes lautet Hofstättenweg 14. Aus naheliegenden Gründen ist der Schießplatz aber nicht öffentlich zugänglich. Das Denkmal für die Opfer im Massengrab findet man am Ölbergweg (Richtung Gasthaus St. Johann und Paul gehen) auf der rechten Seite unmittelbar am Zaun.

Am Grazer Zentralfriedhof steht die Raidl-Erinnerungsstele, vom Eingang Triester Straße aus gesehen rechts hinten bei den Soldatengräbern, nahe der Alten Poststraße.

Einmal um die
ganze Stadt

Der „Grazer Grenzgang"

Mit Bus und Bim kreuz und quer durch Graz? Auf zwei Rädern den Murrad-
weg entlang von Nord nach Süd? Auf Schusters Rappen durch den Leechwald
nach Mariatrost zum Wallfahren mit anschließender Einkehr beim Kirchen-
wirt? Alles schon gehabt, alles gemacht und auf der To-do-Liste abgehakt?
Für (gehfreudige) Menschen, die die ultimative Graz-Herausforderung suchen, haben wir zum Abschluss einen ganz besonderen Tipp vorbereitet:
eine Umrundung der Stadt Graz zu Fuß. Ein Hirngespinst mit Blasengarantie
auf den Füßen? Keineswegs, das Ganze hat bereits öfter stattgefunden und
nennt sich „Grazer Grenzgang". Die Hochblüte dieses Wanderspektakels
ist zwar längst vorbei – besonders der ehemalige Stadtrat Hans Pammer, in
Personalunion auch Chef der örtlichen Naturfreundegruppe, hatte sich darum verdient gemacht –, gegangen wird aber nach wie vor, zumindest spora-
disch und normalerweise nur abschnittsweise. Denn der gesamte Grenzgang
bringt es auf stolze 115 Kilometer, die selbst geübte Wandersleute an einem

*Von den Hügeln entlang der Stadtgrenze genießt man immer wieder sensationelle
Ausblicke auf die Stadt.*

Auch für Labung unterwegs ist gesorgt, wenngleich nicht alle Etappen gleichermaßen gut mit Gaststätten bestückt sind.

Tag kaum bewältigen werden können. Doch wozu gibt es Wirtshäuser? Was man in der Ferne ständig macht, nämlich einzukehren und zu übernachten, wenn die Tagesetappe bewältigt ist, ließe sich doch auch in Graz umsetzen. Die zweite Möglichkeit und eines der wesentlichsten Charakteristika des Grazer Grenzgangs: Man kehrt nach der Absolvierung des jeweiligen Plansolls nach Hause zurück, jeder Etappenanfangspunkt und -endpunkt befindet sich nämlich in leicht erreichbarer Entfernung von öffentlichen Verkehrsmitteln. Auf diese Weise lässt sich der Grazer Grenzgang bequem auf mehrere Wochenenden verteilen und in homöopathischen Dosen etappenweise beschreiten.

Welche Tagesetappen des „Grazer Grenzgangs" sind möglich?

Die Vorschläge entsprechen einer durchschnittlichen Wegstrecke von 15 bis 20 Kilometern pro Etappe und sind als Tagesmärsche bei durchschnittlicher Kondition bewältigbar. Mit einem guten Stadtplan lassen sich für die unten grob skizzierten Wegstrecken unterschiedliche Varianten finden. Manchmal können Wanderwege beschritten werden, oft sind es Nebenstraßen oder Feldwege. Nicht vergessen sollte man die Möglichkeit, Teilstücke einzelner Etappen mit den öffentlichen Verkehrsmitteln zurückzulegen.

Gösting-Straßgang: Der Weg über die Höhenrücken von Plabutsch und Buchkogel entlang der westlichen Stadtgrenze zählt sicherlich zu den landschaftlichen Highlights des Grenzgangs. Der Aufstieg auf den Plabutsch zu Beginn der Etappe ist anstrengend.

Straßgang-Raaba: Unspektakuläre Wanderung durchs Grazer Feld, so gut wie keine Anstiege sind zu bewältigen.

Raaba-Ragnitz: Der östliche Höhenrücken über Messendorfberg und Petersbergen präsentiert sich ähnlich reizvoll wie der Westen, allerdings ist hier die Wohnverbauung wesentlich dichter.

Ragnitz-Mariatrost: Über die Ries wird's kurzfristig wieder sehr steil, dafür wartet am Etappenende mit der Basilika Mariatrost ein lohnendes Ziel.

Mariatrost-Stattegg: Auf dieser Etappe wähnt man sich fast schon auf einer Überlandwanderung. Warum Graz das größte Bauerndorf ist, wie weiter oben ausgeführt, wird einmal mehr besonders deutlich.

Stattegg-Gösting: Zu Beginn noch einmal „viel Gegend", bevor man in Andritz wieder in dichter besiedeltes städtisches Gebiet eintaucht.

Für „Eingeborene"
und Steiermark-Fans

Reinhard M. Czar
Gabriela Timischl
Weißer – grüner – weiter
Das Buch der steirischen Rekorde

Franz. Broschur, 176 Seiten
13,5 x 21,5 cm, € 19,90
ISBN 978-3-7012-0219-5

Reinhard M. Czar
Gabriela Timischl
**50 Dinge, die ein Steirer
getan haben muss**

Broschur, 192 Seiten
13,5 x 21,5 cm, € 19,90
ISBN 978-3-222-13564-4

Literaturverzeichnis

Auferbauer, Günter und Luise: Grazer Spaziergänge mit Tram und Bus, Styria, 1996.

Auferbauer, Günter und Luise: 100 Ausflüge um Graz, Styria, 1995.

Bachhiesl, Christian, u. a.: Räuber, Mörder, Sittenstrolche, Leykam, 2013.

Coelln, Ernst: 100 Ausflüge von Graz, Leykam, 1931.

Dienes, Gerhard M./Kubinzky, Karl A.: Liebenau. Broschüre zur gleichnamigen Bezirksausstellung, Verlag für Sammler, 1992.

Engele, Robert: Mautstellen schotteten Graz ab – bis 1938. In: Kleine Zeitung, 19. Juni 2011.

Fellinger, Stefan: Jagen zwischen den Häusern von Graz. In: Der Anblick 4/2016.

Hofgartner, Heimo/Schurl, Katia/Stocker, Karl: Berg der Erinnerungen, Ein Projekt von Graz 2003.

Irmscher, Johannes (Hg.): Lexikon der Antike, Gondrom, 1985.

Karner, Stefan (Hg.): Graz in der NS-Zeit, Selbstverlag des Vereins zur Förderung der Forschung von Folgen nach Konflikten und Kriegen, 1998.

Kompacher, T.: Volksgarten und Augarten, Geschichte zweier Parklanlagen, in: Blätter für Heimatkunde, 65 Jg., 1991, 2. Heft, S. 41 ff.

Koren, Johannes: Unbekanntes Graz, Steirische Verlagsgesellschaft, 2003.

Kubinzky, Karl A./Wentner, Astrid M.: Grazer Straßennamen, Leykam, 1996.

Kyselak: Skizzen einer Fußreise durch Österreich, Jung und Jung, 2009.

Laukhardt, Peter: Der Grazer Schloßberg, Verlag für Sammler, 2000.

Polansek, Christian: Der Anfang vom Beginn, Edition Motor, 2013.

Popelka, Fritz: Geschichte der Stadt Graz, Band I und II, Styria, 1959 und 1960.

Rauchenwald, Werner: Die Grazer Sparkassen Chronik, Leykam, 2000.

Renhart, Erich (Hg.): Der Grazer Kalvarienberg, Steirische Verlagsgesellschaft, 2003.

Resch, Andreas: Industriekartelle in Österreich vor dem Ersten Weltkrieg (= Schriften zur Wirtschafts- und Sozialgeschichte Bd. 74), Duncker & Humblot, 2002.

Riesenplan Graz, Freytag & Berndt u. Artaria, 2006.

Schölnberger, Pia: Das Anhaltelager Wöllersdorf 1933–1938, Lit 2015.

Schweiger, Gerhard: Feliferhof und Menschenrechte. In: Der Soldat 6/2010.

Sotill, Wolfgang: Es gibt nur einen Gott und eine Menschheit. Graz und seine jüdischen Bürger, Styria, 2001.

Steirische Statistiken: Land- und Forstwirtschaft: Agrarstrukturerhebung 2010, Heft 2/2013.

Stradner, Reinhard: Bosniens treue Söhne. In: Truppendienst 6/2003.

Zbiral, Andreas: Geschichte und Perspektiven der Gartenanlagen. In: Lebensraum mit Geschichte. Der Grazer Schloßberg. Austria Medien Service, 1998.

Internetquellen

Wikipedia
http://druckmuseum.elis-management.
  com/druck-steiermark
www.gat.st
www.graz.at
www.grazerbe.at
www.grazwiki.at
www.johannpuchmuseum.at
www.juedischegemeinde-graz.at

www.kulturatlas.at
http://www.lkh-graz-sw.at
https://meine-tanzschule.at
http://offsite.kulturserver-graz.at
www.sagen.at
www.shedrupling.at
www.tagdesdenkmals.at
www.tuerkengedaechtnis.oeaw.ac.at
http://woment.mur.at

Dazu kommen unzählige Zeitungsartikel und natürlich die persönlichen Besuche aller im Buch vorgestellten Örtlichkeiten, mit Ausnahme der Karlau.

Die Autoren

Reinhard M. Czar, Mag.,
geb. 1964 in Graz,
Journalist und Autor.

Gabriela Timischl,
geb. 1960 in Graz,
im familieneigenen Unternehmen tätig.

Bei Styria sind u.a. erschienen:
50 Dinge, die ein Steirer getan haben muss
Weißer, grüner, weiter

Bildnachweis

Cover Vorderseite: Martin Behr (4), Czar/Timischl (1)
Cover Rückseite: Czar (2), Kothgasser (2), Similache (1)
Skyline Graz: fotolia.de, JiSign
S. 12, 14, 15, 16, 17, 20, 21, 22, 23, 30, 31 re., 32 o., 33 o., 34 o., 35 o., 36, 37, 40, 41, 42, 43, 44 u., 47 o., 48, 49, 50, 51, 52, 72 o., 73, 74 u., 76 o., 77, 80, 81 o., 94 o., 96, 108 o., 139 o., 142, 149, 150 u., 155 o., 166, 167: Ursula Kothgasser
S. 4, 8: fotolia.de, zm_photo
S. 18 u.: Montan- und Werksbahnmuseum Graz
S. 38: www.lorbergesellschaft.de
S. 63 o., S.64 o.: www.kastner-oehler.at/lupi spuma
S. 63 u.: www.kastner-oehler.at
S. 64 u.: www.kastner-oehler.at/Bernd Kammerer
S. 65 u.: Wikipedia/Kuratorium für triviale Mythen, Gleisdorf
S. 90: Wikipedia/gemeinfrei, Topographia Ducatus Stiriae
S. 97/98: Dachs: Steirische Landesjägerschaft/Rehe: Martin Garber/ Gämsen: Stefan Maurer
S. 110: Wikipedia/gemeinfrei, Kaiser – lithographirte Ansichten der Steyermärkischen Städte, Märkte und Schlösser, Graz 1824–1833
S. 115 o.: Nikolaus Similache, www.picturedesk.com
S. 115 u.: http://de.academic.ru
S. 126: Martin Behr
S. 159: Gerald Haßler
Alle anderen Fotos stammen von den Autoren.

ISBN 978-3-222-13561-3

Wien – Graz – Klagenfurt
© 2017 by *Styria Verlag* in der
Verlagsgruppe Styria GmbH & Co KG
Alle Rechte vorbehalten

Bücher aus der Verlagsgruppe Styria gibt es
in jeder Buchhandlung und im Online-Shop
www.styriabooks.at

Covergestaltung: Florian Zwickl
Lektorat: Nicole Richter
Buchgestaltung: Ursula Kothgasser, www.koco.at

Druck und Bindung: Dimograf
7 6 5 4 3 2 1

Printed in the EU

Exklusiv für Buchkäufer!

Ihre Arbeitshilfen online:

- Musterformulierungen für Verträge und Vereinbarungen
- Mahnschreiben
- Gesprächsleitfaden Telefoninkasso

Und so geht's:

- Einfach unter www.haufe.de/arbeitshilfen den Buchcode eingeben
- Oder direkt über Ihr Smartphone bzw. Tablet auf die Website gehen

Buchcode:

N5M-69NF

www.haufe.de/arbeitshilfen

Über den Umgang mit Schuldnern

Jens M. Schmittmann
Peter David

19., erweiterte und aktualisierte Auflage

Haufe Gruppe
Freiburg · München

Bibliografische Information der Deutschen Nationalbibliothek

Die Deutsche Nationalbibliothek verzeichnet diese Publikation in der Deutschen Nationalbibliografie; detaillierte bibliografische Daten sind im Internet über http://dnb.dnb.de abrufbar.

Print: ISBN: 978-3-648-03485-9   Bestell-Nr. 07903-0006
EPUB: ISBN: 978-3-648-03486-6   Bestell-Nr. 07903-0100
EPDF: ISBN: 978-3-648-03487-3   Bestell-Nr. 07903-0150

Jens M. Schmittmann, Peter David
Über den Umgang mit Schuldnern
19., erweiterte und aktualisierte Auflage
© 2013, Haufe-Lexware GmbH & Co. KG, Munzinger Straße 9, 79111 Freiburg

Redaktionsanschrift: Fraunhoferstraße 5, 82152 Planegg/München
Telefon: (089) 895 17-0
Telefax: (089) 895 17-290
Internet: www.haufe.de
E-Mail: online@haufe.de
Produktmanagement: Ulrich Leinz

Satz: kühn & weyh Software GmbH, 79110 Freiburg
Umschlag: RED GmbH, 82152 Krailling
Druck: Schätzl Druck, Donauwörth

Inhaltsverzeichnis

Vorwort zur 19., neu bearbeiteten Auflage   11

Vorwort zur 18., neu bearbeiteten Auflage   13

Abkürzungsverzeichnis   15

1   Außergerichtliches Vorgehen des Gläubigers beim Forderungseinzug   19
1.1   Rechtzeitige Absicherung des Gläubigers durch Vertragsgestaltung   19
1.2   Fälligkeit des Anspruchs, Mahnung und Verzug   30
1.3   Verzug   34
1.4   Verjährung   36
1.5   Telefoninkasso   39
1.6   Forderungseinziehung mit Inkassounternehmen, Rechtsanwälten und Rechtsbeiständen   41
1.7   Notwendigkeit der gerichtlichen Mahnung   48
1.8   Strafrechtliches Vorgehen gegen den Schuldner   51
1.9   Informationen über Schuldner   55
1.10   Verhandlungen mit Schuldnern   60

2   Das Mahnverfahren und die Klage vor dem Amtsgericht   63
2.1   Die sachliche Zuständigkeit des Amtsgerichts   63
2.2   Die Wahl zwischen Mahn- und Klageverfahren   64
2.3   Das Mahnverfahren im Detail   65
2.4   Der Antrag auf Erlass eines Mahnbescheids   71
2.5   Der Mahnbescheid   89
2.6   Der Vollstreckungsbescheid   95
2.7   Das amtsgerichtliche Klageverfahren im Einzelnen   108

3   Allgemeine Fragen der Zwangsvollstreckung   145
3.1   Die Wahl der Vollstreckungsart   146
3.2   Voraussetzungen der Zwangsvollstreckung   148
3.3   Einstellung und Beschränkung der Zwangsvollstreckung   152
3.4   Vollstreckungsorgane   153
3.5   Vollstreckungsantrag und Rechtsmittel   155
3.6   Der Sonderfall des Arrests   168
3.7   Die Kosten der Zwangsvollstreckung   172

4	**Zwangsvollstreckung in bewegliche körperliche Sachen**	**181**
4.1	Grundsätze und der Pfändungsauftrag	181
4.2	Pfändung eines Bankstahlfachinhalts	203
4.3	Pfändung von Sachen, die unter Eigentumsvorbehalt stehen	205
4.4	Pfändung einer zur Sicherung übereigneten Sache	209

5	**Zwangsvollstreckung in Forderungen**	**213**
5.1	Pfändung und Überweisung	213
5.2	Arten der Forderungspfändung und deren Verwertung	217
5.3	Rangfragen	219
5.4	Aufforderung an Drittschuldner zur Erklärung	219
5.5	Pfändung einer bereits abgetretenen oder verpfändeten Forderung	222
5.6	Private Vorpfändung von Forderungen	227
5.7	Pfändung von Bank- und Sparkassenkonten	236
5.8	Pfändungen im Erbrecht	247
5.9	Pfändung gesellschaftsrechtlicher Ansprüche	262
5.10	Pfändung von Grundpfandrechten und anderen grundbuchlichen Rechten	267
5.11	Pfändung von Lebensversicherungen	278
5.12	Die Pfändung von Steuererstattungsansprüchen	286
5.13	Pfändung von Miet- und Pachtzinsen	293
5.14	Pfändung von Postbankgiro- und Postsparguthaben	298
5.15	Pfändbarkeit sonstiger Forderungen	299

6	**Grundriss der Zwangsvollstreckung in unbewegliches Vermögen**	**307**
6.1	Allgemeine Fragen zur Grundstückszwangsvollstreckung	307
6.2	Grundstückszwangsversteigerung	308
6.3	Grundstückszwangsverwaltung	315
6.4	Zwangshypothek	317
6.5	Zusammentreffen von Immobiliarvollstreckung und Insolvenzverfahren	320

7	**Zwangsvollstreckung bei verheirateten Schuldnern**	**323**
7.1	Bedeutung des Güterrechts für die Zwangsvollstreckung	323
7.2	Güterrechtsarten	323
7.3	Die Güterstände im Einzelnen	324
7.4	Erforderlicher Vollstreckungstitel	327
7.5	Besonderheiten bei Zwangsvollstreckung in das bewegliche Vermögen	330
7.6	Die Zwangsvollstreckung bei Lebenspartnerschaften	333

8	**Vollstreckungsschutz**	**335**
8.1	Allgemeine Fragen zum Vollstreckungsschutz	335
8.2	Allgemeine Schutzvorschriften bei einzelnen Vollstreckungsarten	338

8.3	ABC der unpfändbaren körperlichen Sachen	347
8.4	ABC der – teilweise – unpfändbaren Forderungen und ähnlicher Ansprüche	359

9	**Pfändungsschutz für Arbeitseinkommen und ähnliche Bezüge**	**373**
9.1	Pfändungsschutz für Arbeitseinkommen bei nicht bevorrechtigten Gläubigern	373
9.2	Pfändungsschutz für Arbeitseinkommen bei einem bevorrechtigten Gläubiger	386
9.3	Erweiterter Pfändungsschutz in Sonderfällen	390
9.4	Pfändungsschutz für bereits ausgezahltes oder überwiesenes Arbeitseinkommen	392
9.5	Pfändungsschutz für Sachbezüge	393
9.6	Pfändungsschutz für selbstständig Erwerbstätige	394
9.7	Pfändungsschutz bei Bedienungsgeld	396
9.8	Pfändungsschutz bei Heimarbeit	398
9.9	Pfändungsschutz für Berufssoldaten und Wehrpflichtige	398
9.10	Abtretung und Pfändung von Arbeitseinkommen	400
9.11	Sonstige Fragen zur Pfändung von Arbeitseinkommen	407

10	**Gläubigerschutz gegen Lohnschiebungsversuche und dergleichen**	**411**
10.1	Zahlung des Arbeitseinkommens an einen Dritten (sog. Lohnschiebung)	411
10.2	Verschleierung des Arbeitseinkommens durch Schuldner	414
10.3	Auflösung des Arbeitsverhältnisses nach Pfändung	423

11	**Die wichtigsten Informationsquellen bei der Zwangsvollstreckung**	**425**
11.1	Die Vermögensauskunft des Schuldners	425
11.2	Auskunftsrechte des Gerichtsvollziehers	452
11.3	Das Recht des Gläubigers auf Urkundenherausgabe	452

12	**Ausgewählte Schuldnertricks und Gläubigerstrategien**	**455**
12.1	Der Schuldner ist „unbekannt verzogen"	455
12.2	Der Schuldner hat Rechnung und/oder Mahnung nicht erhalten	457
12.3	Der Gläubiger tappt in die Erlassfalle	458
12.4	Der Schuldner bezahlt mit ungedeckten Schecks	459
12.5	Schuldner hat sein Arbeitseinkommen abgetreten	460
12.6	Der Schuldner ist „gesetzlich" eingerichtet	461
12.7	Schuldner „parkt" Gelder auf Leihkonten	463
12.8	Schuldner belastet sein Grundstück	463
12.9	Schuldner verschleiert sein Einkommen	464
12.10	Schuldner wählt die Steuerklasse V	465
12.11	Der Schuldner löst sein Arbeitsverhältnis	466
12.12	Der Schuldner bekommt kein Taschengeld	466
12.13	Der Schuldner flüchtet sich ins Insolvenzverfahren	467

12.14	Schuldner arbeitet bei seiner Limited	468
12.15	Der Schuldner zieht immer Skonto	468
12.16	Schuldner widerspricht Mahnbescheid	469
12.17	Schuldner verschafft nahestehenden Personen vollstreckbaren Titel	469
12.18	Schuldner ist als unwiderruflich Bezugsberechtigter einer Lebensversicherung eingetragen	470
13	**Exquisite Vollstreckungen**	**471**
13.1	Die Pfändung künftiger Rentenansprüche	471
13.2	Drei privilegierte Pfändungen von Arbeitseinkommen	474
13.3	Nichtberücksichtigung von unterhaltsberechtigten Personen	478
13.4	Pfändung des Taschengeldanspruchs des nicht erwerbstätigen Ehepartners	480
13.5	Pfändung eines Wertpapierdepots	484
13.6	Leasing und Zwangsvollstreckung	485
13.7	Die Pfändung von Nebeneinkommen ohne Pfändungsschutz	487
13.8	Ansprüche auf Versicherungsleistungen	488
13.9	Die Pfändung von Internet-Domains	489
14	**Haftungs- und Vollstreckungsprobleme bei der GmbH**	**491**
14.1	Innenhaftung des Geschäftsführers einer GmbH	491
14.2	Außenhaftung des Geschäftsführers einer GmbH	495
15	**Die Gesellschaft bürgerlichen Rechts (GbR) als Schuldnerin**	**497**
15.1	Gesellschaft bürgerlichen Rechts	497
15.2	Rechtsprechung zur Haftungsbeschränkung einer sog. „GbR mbH"	499
Stichwortverzeichnis		**501**

Über den Umgang mit Schuldnern und Gläubigern habe ich wenig zu sagen. Man sei menschlich, billig und höflich gegen die ersteren! Man glaube nicht, dass jemand, der uns Geld schuldig ist, deswegen unser Sklave geworden sei, dass er sich alle Arten von Demütigungen von uns müsse gefallen lassen, dass er uns nichts abschlagen dürfe, noch überhaupt, dass der elende Bettel, der Mammon, einen Menschen berechtigen könne, sein Haupt über den anderen emporzuheben! Seine Gläubiger bezahle man pünktlich und halte sein Wort treulich!

Adolf Freiherr von Knigge (1752–1796)
„Über den Umgang mit Menschen"

Vollstreckung wird durch Kreativität und Fantasie erfolgreich.

Pump, VR 2013, 45, 53

Vorwort zur 19., neu bearbeiteten Auflage

Seit dem Erscheinen der 18. Auflage im Jahre 2008 hat es durchgreifende Änderungen im Insolvenz- und Zwangsvollstreckungsrecht gegeben, die erhebliche Auswirkungen auf das Gläubiger-Schuldner-Verhältnis haben. Hierbei sind zu nennen

- das Gesetz zur Verbesserung der grenzüberschreitenden Forderungsdurchsetzung und Zustellung vom 30.10.2008 (BGBl. I 2008, 2122),
- das Gesetz zur Reform des Kontopfändungsschutzes vom 07.07.2009 (BGBl. I 2009, 1707),
- das Gesetz zur Reform der Sachaufklärung in der Zwangsvollstreckung vom 29.07.2009 (BGBl. I 2009, 2258),
- das Gesetz über die Internetversteigerung in der Zwangsvollstreckung und zur Änderung anderer Gesetze vom 30.07.2009 (BGBl. I 2009, 2474),
- das Gesetz zur Ermittlung von Regelbedarfen und zur Änderung des Zweiten und Zwölften Buches des Sozialgesetzbuches vom 24.03.2011 (BGBl. I 2011, 453),
- das Gesetz über den Rechtsschutz bei überlangen Gerichtsverfahren und strafrechtlichen Ermittlungsverfahren vom 24.11.2011 (BGBl. I 2011, 2302) und
- das Gesetz zur Änderung von Vorschriften über die Verkündung und Bekanntmachungen sowie der Zivilprozessordnung,
- das Gesetz betreffend die Einführung der Zivilprozessordnung und der Abgabenordnung vom 22.12.2011 (BGBl. I 2011, 3044),
- die Verordnung über Formulare für die Zwangsvollstreckung vom 23.08.2012 (BGBl. I 2012, 1822).

Insbesondere das

- Gesetz zur Reform des Kontopfändungsschutzes, das zur Einführung des sog. P-Kontos geführt hat, und
- das Gesetz zur Reform der Sachaufklärung in der Zwangsvollstreckung

führen zu grundlegenden Veränderungen im Zwangsvollstreckungsrecht und damit zur Notwendigkeit, das Gläubigerverhalten in der Zwangsvollstreckung neu zu gestalten und zu optimieren.

Die erfreuliche Aufnahme des Werkes am Markt macht es möglich, bereits kurz nach Inkrafttreten des Gesetzes zur Reform der Sachaufklärung in der Zwangs-

Vorwort zur 19., neu bearbeiteten Auflage

vollstreckung eine Neuauflage des Buches auf den Markt zu bringen und damit dem Leser die Möglichkeit zu geben, bereits nach der neuen Rechtslage effektiv zu vollstrecken.

Dieses Handbuch ist im Jahre 1956 erstmals als von Herrn Notar Karl Haegele gestaltete Handreichung für Mitarbeiter von Sparkassen in Baden-Württemberg erschienen. Herr Richter am OLG a. D. Peter David hat das Werk im Jahre 1975 nicht nur in der 7. Auflage übernommen und weitblickend fortentwickelt, sondern auch bis zur 18. Auflage gestaltet. Es ist mir Aufgabe und Verpflichtung zugleich, das Werk fortzuführen.

Ich danke meiner studentischen Mitarbeiterin Cassandra Gödde für die zuverlässige Begleitung der Erstellung des Manuskripts und studentischen Mitarbeiterin Manon Heindorf für die sorgfältige Korrektur.

Prof. Dr. Jens M. Schmittmann,
Essen

Vorwort zur 18.,
neu bearbeiteten Auflage

Seit dem Erscheinen der 17. Auflage im Jahre 2003 hat es im Gläubiger-Schuldner-Verhältnis erhebliche Veränderungen durch zahlreiche neue Gesetze gegeben. Bei der Neubearbeitung des Buches, welche Ende Juni 2007 abgeschlossen wurde, konnten so neben den bereits 2004 und 2005 in Kraft getretenen Gesetzen (Kostenrechtsmodernisierungsgesetz vom 05.05.2004, Zivilprozessordnung in der Fassung vom 21.10.2005, Gesetz zur Grundsicherung für Arbeitssuchende [SGB I] und Einordnung des Sozialhilferechts in das Sozialgesetzbuch [SGB XII]) auch das 2. Justizmodernisierungsgesetz vom 22.12.2006, das Gesetz über das elektronische Handels- und Unternehmensregister vom 10.11.2006 sowie das längst überfällige Gesetz zum Pfändungsschutz der Altersvorsorge vom 26.03.2007 berücksichtigt werden.

Das **Mahnverfahren** — pro Jahr werden in Deutschland bereits nahezu zehn Millionen durchgeführt — ist nach wie vor der beliebteste Weg zu einem raschen, kostengünstigen Vollstreckungstitel. Ein Schwerpunkt der Neuauflage ist daher diesem wichtigem Bereich des Forderungseinzuges gewidmet: So kommt zum Beispiel seit dem 01.05.2007 bundesweit nur noch die maschinelle Bearbeitung der Mahnanträge zum Einsatz. Neue Übertragungsmöglichkeiten der Anträge wie zum Beispiel das sog. Barcode-Verfahren sorgen für eine wesentlich einfachere und schnellere Bearbeitung durch die Gerichte. Fast zeitgleich wurden auch die neuen Mahnformulare ausgegeben.

Wesentliche Impulse entstanden durch die Einführung des neuen Rechtszuges in Zwangsvollstreckungssachen vor dem Bundesgerichtshof. Ein Katalog mit 42 Leitsätzen vollstreckungsrechtlicher Rechtsbeschwerdeentscheidungen des BGH soll Ihnen einen Überblick über die Klärung zahlreicher, in der Rechtsprechung der Instanzgerichte kontrovers diskutierter Rechtsfragen bieten.

Schließlich wurden auch die Kapitel „Ausgewählte Schuldnertricks", „Exquisite Vollstreckungen" sowie „Vollstreckungsschutz" neu gestaltet und erweitert.

Das Buch soll auch weiterhin der legalen Einziehung von Außenständen dienen. Vergessen Sie aber dabei nicht, dass es auch Schuldner gibt, die unverschuldet — sei es durch Krankheit, Arbeitslosigkeit oder Ehescheidung oder als Opfer von Betrügereien — in Zahlungsverzug geraten sind. Gegen sie sollte man nachsichtig sein und eine angemessene Einigung anstreben. Über Anregungen und Hinweise zu diesem Buch danke ich sehr.

Peter David
Eichenau b. München, im September 2007

Abkürzungsverzeichnis

a. A.	anderer Ansicht
a. a. O.	am angegebenen Ort
abl.	ablehnend
Abs.	Absatz
a. E.	am Ende
AG	Amtsgericht
AFG	Arbeitsförderungsgesetz
AktG	Aktiengesetz
AO	Abgabenordnung
AP	Arbeitsrechtliche Praxis, Nachschlagewerk des BAG
ArbG	Arbeitsgericht
ARS	Arbeitsrechtssammlung
AV	Allgemeine Verfügung
AVAG	Anerkennungs- und Vollstreckungsausführungs- gesetz vom 19.02.2001
AVG	Angestelltenversicherungsgesetz
AZR-Gesetz	Gesetz über das Ausländerzentralregister
BAG	Bundesarbeitsgericht
BAnz	Bundesanzeiger
Baumbach/Lauterbach	Kommentar zur Zivilprozessordnung, 70. Aufl. 2012
BayObLG	Bayerisches Oberstes Landesgericht
BB	Der Betriebsberater, Zeitschrift
BBauG	Bundesbaugesetz
BFH	Bundesfinanzhof
BGB	Bürgerliches Gesetzbuch
BGBl.	Bundesgesetzblatt
BGH	Bundesgerichtshof
BGHZ	Entscheidungen des BGH in Zivilsachen
BRAGO	Bundesrechtsanwaltsgebührenordnung
BSHG	Bundessozialhilfegesetz
BSozG	Bundessozialgericht
BStBl	Bundessteuerblatt

Abkürzungsverzeichnis

BVerfG	Bundesverfassungsgericht
BVerwG	Bundesverwaltungsgericht
BWNotZ	Zeitschrift für das Notariat in Baden-Württemberg
DAR	Deutsches Autorecht
DB	Der Betrieb, Zeitschrift
DepG	Depotgesetz
DGVZ	Deutsche Gerichtsvollzieherzeitung
DNotZ	Deutsche Notarzeitschrift
DStZ	Deutsche Steuerzeitung
DVO	Durchführungsverordnung
ErbbauRVO	Erbbaurechtsverordnung
EStG	Einkommensteuergesetz
EuGVÜ	Übereinkommen der Europäischen Gemeinschaft über die gerichtliche Zuständigkeit und die Vollstreckung gerichtlicher Entscheidungen in Zivil- und Handelssachen v. 27.09.1968
f.	folgende
ff.	fortfolgende
FamRZ	Zeitschrift für das gesamte Familienrecht
FGB	Familiengesetzbuch der DDR
Fn.	Fußnote
GBO	Grundbuchordnung
GbR	Gesellschaft bürgerlichen Rechts
GenG	Genossenschaftsgesetz
GKG	Gerichtskostengesetz
GmbH	Gesellschaft mit beschränkter Haftung
GmbHG	Gesetz betreffend die Gesellschaften mit beschränkter Haftung
GmbH-Rdsch	Rundschau für GmbH, Zeitschrift
GVG	Gerichtsverfassungsgesetz
GVGA	Gerichtsvollziehergeschäftsanweisung (Stand: 01.08.2012)
GvKostG	Gesetz über Kosten der Gerichtsvollzieher
h. M.	herrschende Meinung
HandwO	Handwerksordnung
HGB	Handelsgesetzbuch

Heussen/Damm	Zwangsvollstreckung für Anfänger, 10. Aufl. 2010
i. d. F.	in der Fassung
InsO	Insolvenzordnung
InVO	Insolvenz und Vollstreckung, Zeitschrift
IPRax	Praxis des Internationalen Privat- und Verfahrensrechts
JMBl NRW	Justizministerialblatt Nordrhein-Westfalen
JR	Juristische Rundschau, Zeitschrift
JurBüro	Juristisches Büro, Zeitschrift
JuS	Juristische Schulung, Zeitschrift
Justiz	Die Justiz, Zeitschrift
JustVerwBl	Justizverwaltungsblatt
i. V. m.	in Verbindung mit
JW	Juristische Wochenschrift
KG	Kammergericht
KGJ	Jahrbuch für Entscheidungen des Kammergerichts
KO	Konkursordnung
KTS	Zeitschrift für Konkurs-, Treuhand- u. Schiedsgerichtswesen
KV	Kostenverzeichnis
LAG	Lastenausgleichsgesetz
LArbG	Landesarbeitsgericht
LG	Landgericht
LPartG	Lebenspartnerschaftsgesetz
LStDV	Lohnsteuerdurchführungsverordnung
MDR	Monatsschrift für Deutsches Recht, Zeitschrift
MRRG	Melderechtsrahmengesetz
m. w. N.	mit weiteren Nachweisen
NdsRpfl	Niedersächsische Rechtspflege, Zeitschrift
NJW	Neue Juristische Wochenschrift, Zeitschrift
NJW-RR	NJW-Rechtsprechungsreport, Zeitschrift
NZBau	Neue Zeitschrift für Baurecht
OLG	Oberlandesgericht
OLGZ	Entscheidungen der OLG in Zivilsachen
OVG	Oberverwaltungsgericht
Palandt	Palandt, Kurzkommentar zum BGB, 72. Aufl. 2013

RArbG	Reichsarbeitsgericht
RdL	Recht der Landwirtschaft, Zeitschrift
Rn.	Randnummer
RG	Reichsgericht
RGZ	Reichsgerichtsentscheidungen in Zivilsachen
RGBl	Reichsgesetzblatt
Rpfleger	Der Deutsche Rechtspfleger, Zeitschrift
RpflG	Rechtspflegergesetz
RVG	Rechtsanwaltsvergütungsgesetz
RVO	Reichsversicherungsordnung
SchlHA	Schleswig-Holsteinische Anzeigen
Seitz	Inkasso-Handbuch, 3. Aufl. 2008
SGB	Sozialgesetzbuch
SparPrämG	Sparprämiengesetz
SoldVersG	Soldatenversorgungsgesetz
StGB	Strafgesetzbuch
Stöber	Forderungspfändung, 15. Aufl. 2010
StWK	Steuer- und Wirtschafts-Kurzpost
Thomas/Putzo	Kommentar zur Zivilprozessordnung, 34. Aufl. 2013
VerglO	Vergleichsordnung
VermBildG	Vermögensbildungsgesetz
VersR	Versicherungsrecht, Zeitschrift
VO	Verordnung
VU	Versäumnisurteil
VVG	Versicherungsvertragsgesetz
WEG	Wohnungseigentumsgesetz
WM	Wertpapier-Mitteilungen, Zeitschrift
ZIP	Zeitschrift für Wirtschaftsrecht
Zöller/Bearbeiter	Kommentar zur Zivilprozessordnung, 29. Aufl. 2011
ZPO	Zivilprozessordnung
ZRHO	Rechtshilfeordnung in Zivilsachen
ZVG	Zwangsversteigerungsgesetz
ZVI	Zeitschrift für Verbraucherinsolvenzrecht

1 Außergerichtliches Vorgehen des Gläubigers beim Forderungseinzug

1.1 Rechtzeitige Absicherung des Gläubigers durch Vertragsgestaltung

1 **Gläubiger** und **Schuldner** lernen sich üblicherweise bei vertraglichen Ansprüchen nicht als (spätere) Gegner kennen, sondern als kooperierende **Geschäftspartner**. In aller Regel wird ein Schuldverhältnis begründet, aufgrund dessen beide Parteien von der anderen Partei eine bestimmte Leistung verlangen können, z. B. kann der Käufer vom Verkäufer gemäß § 433 Abs. 1 Satz 1 BGB die Übergabe und Eigentumsverschaffung der Kaufsache verlangen, während der Käufer gemäß § 433 Abs. 2 BGB verpflichtet ist, den Kaufpreis zu zahlen und die Kaufsache abzunehmen. Zur Zeit des Abschlusses des Vertrages ist das Verhältnis zwischen den Beteiligten, sofern nicht zu diesem Zeitpunkt eine der Parteien bereits entschlossen ist, ihre vertraglichen Verpflichtungen nicht zu erfüllen, noch intakt und entspannt, sodass durch vertragliche Regelungen bereits in vielfältiger Weise Vorsorge für den Streitfall getroffen werden kann.

Im Rahmen der Vertragsfreiheit[1] — sie bedeutet Freiheit des Vertragsabschlusses und der inhaltlichen Gestaltung — sind folgende Klauseln in Verträgen erlaubt und helfen dem Gläubiger, wenn er sein Geld erstreiten muss:

2
> **MUSTERKLAUSEL: Fälligkeit**
>
> Der Kaufpreis beträgt … Er ist am 06.03.2013 zur Zahlung fällig.
> *oder:*
> Der Kaufpreis beträgt … Er ist sofort nach Lieferung der Ware zur Zahlung fällig. Verzug tritt ohne Mahnung ein.

---

[1] Die Vertragsfreiheit gehört zu den grundlegenden Prinzipien unserer Rechtsordnung. Sie ist als Teil des Rechts auf freie Entfaltung der Persönlichkeit (Art. 2 Abs. 1 GG) verfassungsrechtlich gewährleistet, (BVerfGE 8, 328; BVerwGE 1, 323), unterliegt aber den Schranken der verfassungsmäßigen Ordnung. Im Schuldrecht findet die Freiheit der inhaltlichen Gestaltung ihre Grenze vor allem in den §§ 134, 138 BGB (Nichtigkeit eines Rechtsgeschäfts, das gegen ein gesetzliches Verbot oder gegen die guten Sitten verstößt), ferner in den §§ 305–310 BGB (Allgemeine Geschäftsbedingungen).

Hinweis: Diese und die nachfolgenden Musterklauseln finden Sie als Datei auf www. haufe.de/arbeitshilfen. Auf Seite 1 erhalten Sie dazu weitere Informationen.

Vorteil dieser Klauseln: Zum Verzugseintritt ist in beiden Fällen keine Mahnung erforderlich; im ersten Fall nicht, weil die Leistung kalendermäßig bestimmt ist (§ 286 Abs. 2 Nr. 1 BGB), im letzten Fall nicht, weil durch zulässige vertragliche Vereinbarung auf eine Mahnung verzichtet wurde. Letztere Klausel ist allerdings nicht in allgemeinen Geschäftsbedingungen erlaubt (vgl. § 309 Nr. 4 BGB), sondern muss individuell vereinbart werden. Weil in beiden Fällen eine Mahnung entbehrlich ist, entfällt auch der für den Gläubiger nicht immer einfache Nachweis, dass der Schuldner die Mahnung erhalten hat.

3

MUSTERKLAUSEL: Verzugszinsen

Gerät der Käufer mit der Zahlung des Kaufpreises in Verzug, schuldet er dem Verkäufer für die Dauer des Verzugs Verzugszinsen von 15 % jährlich.

Vorteil dieser Klausel: Der Zinsanspruch wird zwischen Gläubiger und Schuldner außer Streit gestellt, d. h., der Gläubiger braucht in einem etwaigen Rechtsstreit keinen Nachweis bezüglich der Höhe der Verzugszinsen zu führen, weil die Höhe vereinbart ist.

Eine **Sonderregelung** gilt für Verzugszinsen aus **Verbraucherdarlehensverträgen**: Nach § 497 Abs. 1 i. V. m. § 288 Abs. 1 BGB wird die Höhe des Verzugszinssatzes auf 5 Prozentpunkte über dem jeweiligen Basiszins der Bundesbank begrenzt. Der Basiszinssatz beträgt seit 01.01.2013 −0,13 % und wird zum 01.01. und 01.07. eines jeden Jahres von der Deutschen Bundesbank angepasst (§ 247 BGB)[2].

Der Verbraucher kann aber auch einen geringeren Verzugsschaden beim Kreditgeber nachweisen, ebenso wie es dem Kreditgeber möglich ist, einen höheren Schaden konkret nachzuweisen. Der Kreditgeber hat nach Eintritt des Verzugs für Hauptforderung und Zinsen jeweils getrennte Konten zu buchen. Die Hauptschuld ist dann nach derzeitigem Stand mit regelmäßig höchstens 4,87 % zu verzinsen. Die anfallenden Verzugszinsen sind auf gesondertem Konto verbucht und mit höchstens 4 % zu verzinsen — also dem gesetzlichen Zinssatz nach § 246 BGB (§ 497 Abs. 2 Satz 2 BGB).

---

[2] Aktueller Basiszinssatz unter www.bundesbank.de oder www.basiszinssatz.de.

4

MUSTERKLAUSEL: Unterwerfung unter die sofortige Zwangsvollstreckung

Wegen der in der Urkunde eingegangenen Zahlungsverpflichtung unterwirft sich Herr X der sofortigen Zwangsvollstreckung aus dieser Urkunde in sein gesamtes Vermögen, mit der Maßgabe, dass Vollstreckungsklausel ohne Nachweis und Behauptung der die Fälligkeit begründenden Tatsachen erteilt werden kann.

Vorteil dieser Klausel: Diese Unterwerfungsklausel verschafft dem Gläubiger einen Vollstreckungstitel ohne Einschaltung des Gerichts. Voraussetzung ist allerdings, dass die Urkunde von einem deutschen Gericht oder von einem deutschen Notar in der vorgeschriebenen Form aufgenommen wurde und einen Anspruch enthält, der die Zahlung einer bestimmten Menge vertretbarer Sachen oder Wertpapiere zum Gegenstand hat. Üblich ist diese Klausel vor allem hinsichtlich des Kaufpreises bei Grundstückskaufverträgen (die ohnehin stets beim Notar abgeschlossen werden müssen) sowie beim materiellen Schuldanerkenntnis (Rn. 41).

5

MUSTERKLAUSEL: Gerichtsstandsvereinbarung für Kaufleute

Für alle Rechtsstreitigkeiten aus diesem Vertrag sollen die für den Wohnsitz (bzw. Ort der geschäftlichen Niederlassung) des Verkäufers zuständigen Gerichte örtlich zuständig sein.
oder:
Erfüllungsort für Lieferung und Zahlung sowie Gerichtsstand ist der Wohnsitz des Lieferers.
oder einfach:
Gerichtsstand ist München.

Vorteil dieser Klauseln: Der Gläubiger kann an dem ihm günstig gelegenen Gericht den Rechtsstreit führen. Hierzu kann er sich, soweit erforderlich, seines gewohnten Rechtsanwaltes bedienen, ohne weitere Anwälte an anderen Gerichtsorten zu bemühen. Dies kann einerseits zu einer Verringerung von Kosten führen. Zudem ist dem Gläubiger bzw. seinem Rechtsanwalt meistens die Rechtsprechung dieses Gerichts bekannt.

Bei Anordnung des persönlichen Erscheinens durch das Gericht erspart er sich ansonsten notwendige Reisekosten.

Diese Gerichtsstandsvereinbarung ist grundsätzlich nur zulässig, wenn beide Parteien zur Zeit des Vertragsabschlusses Kaufleute sind, dann aber auch in allgemeinen Geschäftsbedingungen[3]. Gerichtsstandsvereinbarungen in allgemeinen

---

[3] S. OLG Karlsruhe, NJW 1996, 2041.

Geschäftsbedingungen sind im nichtkaufmännischen Verkehr nach § 307 Abs. 2 Nr. 1 BGB wegen Verstoßes gegen den Grundgedanken des § 38 ZPO (Verbraucherschutz!) unwirksam[4]. Mit Nichtkaufleuten ist eine Gerichtsstandsvereinbarung nur zulässig, wenn sie ausdrücklich und schriftlich nach dem Entstehen der Streitigkeit oder für den Fall geschlossen wird, dass der Schuldner nach Vertragsschluss seinen Wohnsitz oder gewöhnlichen Aufenthaltsort ins Ausland verlegt — wichtig bei Ausländern als Schuldnern, die in ihr Heimatland zurückkehren könnten — oder sein Wohnsitz oder gewöhnlicher Aufenthalt im Zeitpunkt der Klageerhebung nicht bekannt ist (§ 38 Abs. 3 ZPO).

MUSTER: Gerichtsstandsvereinbarung für Nichtkaufleute

Für den Fall, dass Herr Herbert Mayer, Donaugasse 14 in 93049 Regensburg, nach Vertragsschluss seinen Wohnsitz oder gewöhnlichen Aufenthaltsort ins Ausland verlegt oder sein Wohnsitz oder gewöhnlicher Aufenthaltsort im Zeitpunkt einer etwaigen Klageerhebung nicht bekannt ist, vereinbaren die Vertragsschließenden für alle Klagen wegen Streitigkeiten aus dem heute abgeschlossenen Werkvertrag München als Gerichtsstand.

München, den 12.03.2013
Franz Huber
Herbert Mayer, Bauschreinerei
(Unterschrift)
(Unterschrift)
Am Nymphenbad 13
82123 München

Ausnahmsweise darf auch zwischen Nichtkaufleuten von vornherein ein Gerichtsstand vereinbart werden, wenn eine der Parteien keinen allgemeinen Gerichtsstand im Inland hat (§ 38 Abs. 2 Satz 1 ZPO). Dies empfiehlt sich sehr mit Ausländern, die im Ausland wohnen. Die Vereinbarung muss aber in jedem Fall schriftlich abgeschlossen oder falls mündlich abgeschlossen, schriftlich bestätigt werden. Hat eine der vertragsschließenden Parteien einen allgemeinen Gerichtsstand im Inland, so kann nur ein Gericht gewählt werden, bei dem diese Partei ihren allgemeinen Gerichtsstand hat oder bei dem für sie ein besonderer Gerichtsstand begründet ist (vgl. Rn. 120–124).

---

[4] S. BGH, NJW 1987, 2867.

6

MUSTER: Schiedsvereinbarung

Alle Rechtsstreitigkeiten aus dem Vertrag vom 12.03.2013 betreffend den Einbau einer kompletten Erdgas-Warmwasserheizung in den Neubau München, Perlacher Str. 14, sind unter Ausschluss des Klageverfahrens vor den ordentlichen Gerichten nach den Bestimmungen der Schiedsgerichtsordnung des Deutschen Ausschusses für das Schiedsgerichtswesen durch ein Schiedsgericht zu entscheiden. Schiedsrichter soll sein ...

Vorteil dieser Klausel: Diese Schiedsvereinbarung, über die, wenn ein Verbraucher beteiligt ist, stets eine gesonderte Vereinbarung zu treffen ist, weil die Urkunde keine anderen Regelungen enthalten darf als solche, die sich auf das schiedsgerichtliche Verfahren beziehen (vgl. § 1031 Abs. 5 ZPO; bei notarieller Beurkundung darf die Urkunde auch andere Vereinbarung neben der Schiedsvereinbarung enthalten), führt zur beschleunigten Streiterledigung unter Ausschaltung der (bisweilen recht langsam arbeitenden) staatlichen Gerichtsbarkeit. Erhebt eine der Vertragsparteien vor dem ordentlichen Gericht Klage, so wird diese auf die Einrede der Schiedsgerichtsbarkeit als unzulässig abgewiesen (§ 1032 Abs. 1 ZPO).

7

MUSTER: Verfallklausel

Kommt der Schuldner mit Zahlung einer Rate zwei Wochen in Rückstand, so ist der gesamte noch offene Restbetrag zur Zahlung fällig.

Vorteil dieser Klausel: Diese Verfallklausel, die z. B. bei einem Ratenzahlungsvergleich vereinbart werden kann, dient dazu, die Zahlungsmoral des Schuldners, demgegenüber durch Einräumung von Ratenzahlung bereits Entgegenkommen gezeigt wurde, zu verbessern. Er muss bei Entstehen eines Rückstands damit rechnen, dass er den Restbetrag auf einmal entrichten muss.

8

MUSTER: Gehaltsabtretung

Der unterzeichnende Feinmechaniker Hans Maier in München schuldet dem Bauunternehmer Max Gleiser in Geltendorf aus dem Bau des Hauses Sonnenstraße 128b in München noch 1.500,00 EUR.
Zur Deckung dieses Betrags, der in zehn Monatsraten gezahlt werden soll, tritt der Schuldner von den ihm für Februar 2013 bis November 2013 zustehenden Gehaltsbezügen bei der Fa. Alexander Groß, Kamerawerk in Neuperlach jeweils 150,00 EUR monatlich an den Gläubiger ab.
Für den Fall des Arbeitsplatzwechsels gilt diese Abtretung auch für Arbeitseinkommen jeglicher Art, das er von seinem jeweiligen künftigen Arbeitgeber erhält.

Für den Fall der Arbeitslosigkeit tritt der Unterzeichnende 150,00 EUR seines monatlichen Arbeitslosengeldes, soweit dieser Betrag unter Beachtung der Pfändungsgrenzen des § 850c ZPO pfändbar wäre, ab.
München, den 11.01.2013
Hans Maier

Vorteile dieser Klausel: Diese **Gehaltsabtretung** (siehe Rn. 666 ff.), die dem Gläubiger bei nachfolgenden Pfändungen anderer Gläubiger den Vorrang sichert, erfasst auch alle künftigen Gehaltsansprüche aus später folgenden Arbeitsverhältnissen und wirkt gegen die jeweiligen Arbeitgeber (während die Pfändung immer nur Forderungen aus einem bestimmten Arbeitsverhältnis erfasst!). Außerdem wird auch der Fall der Arbeitslosigkeit erfasst (vgl. § 53 Abs. 3 SGB I).

Wenn **nach** stiller Zession ein anderer Gläubiger die Gehaltsforderung hat pfänden und sich zur Einbeziehung überweisen lassen, kann derjenige, dem die Forderung **zuvor** abgetreten wurde, die vom Gläubiger eingezogenen Beträge von diesem aus dem Gesichtspunkt der ungerechtfertigten Bereicherung herausverlangen (BGHZ 66, 150).

Ist der Schuldner Beamter, Soldat oder Geistlicher, so ist die Abtretung nur mittels öffentlich oder amtlich beglaubigter Urkunde möglich (vgl. § 411 BGB).

Arbeitseinkommen kann allerdings nur insoweit abgetreten werden, als es kraft Gesetzes pfändbar ist (§ 400 BGB, § 851 ZPO). Stets ist zu prüfen, ob die **Abtretung** nicht **vertraglich ausgeschlossen** ist (§ 399 BGB)!

Das kann durch besondere Vereinbarung zwischen Arbeitgeber und Arbeitnehmer im Arbeitsvertrag festgelegt sein. So enthalten manche Individualarbeitsverträge folgende Klausel: „Die Abtretbarkeit und Verpfändbarkeit der Lohnansprüche aus diesem Vertrag werden ausdrücklich ausgeschlossen".

Aber auch manche Tarifverträge erklären eine Lohnabtretung nur mit Zustimmung des Arbeitgebers für zulässig, z. B. der Bundesrahmentarifvertrag vom 03.02.1981 für das Baugewerbe (Arbeiter) in § 5 Nr. 12, der Manteltarifvertrag vom 09.05.1985 für die gewerblichen Arbeitnehmer der Industrie der Steine und Erden und des Betonhandwerks in Bayern in Nr. 82 („nur mit schriftlicher Zustimmung des Arbeitgebers zulässig"), ebenso der Bundesrahmentarifvertrag vom 20.06.1985 für gewerbliche Arbeiter im Garten-, Landschafts- und Sportplatzbau.

Der pfändbare Betrag kann anhand von Lohnpfändungstabellen ermittelt werden (siehe bei den Arbeitshilfen online).

9

> **MUSTER: Inkassokostenklausel**
>
> Wird bei Zahlungsverzug des Mieters, Käufers, Bestellers usw. ein Inkassobüro mit der Forderungseinziehung beauftragt, so hat der Mieter, Käufer, Besteller usw. die aus dieser Beauftragung entstehenden Kosten mit Ausnahme des Erfolgshonorars zu tragen.

Vorteil dieser Klausel: Um Beweisrisiken in einem etwaigen Rechtsstreit um vorgerichtliche Kosten zu vermindern, können Gläubiger und Schuldner den Ersatz der im Falle des Verzugs durch die Einschaltung eines Inkassobüros entstehenden Kosten vorab vertraglich vereinbaren. Eine solche Vereinbarung ist auch in allgemeinen Geschäftsbedingungen des Gläubigers möglich. Eine entsprechende Klausel verstößt nicht gegen die Klauselverbote der §§ 308, 309 BGB[5]. Nach § 307 Abs. 1 BGB sind jedoch Bestimmungen in AGBen unwirksam, wenn sie den Vertragspartner des Verwenders entgegen den Geboten von Treu und Glauben unangemessen benachteiligen. Eine solche unangemessene Benachteiligung läge im Abwälzen des Erfolgshonorars, das der Gläubiger dem Inkassobüro zahlen muss, auf den Schuldner.

10

> **MUSTER: Mahngebühren**
>
> Für jede Mahnung wird eine pauschale Gebühr von 5,00 EUR erhoben.

Ebenfalls zur Vermeidung von Beweisrisiken im Rechtsstreit dient diese Klausel. Soll sie in AGB Verwendung finden, ist allerdings hinter dem Wort Mahnung der Zusatz einzufügen „mit Ausnahme der Erstmahnung", denn sonst ist die Klausel gem. § 309 Nr. 4 BGB unwirksam.[6] Wird nämlich eine Mahnpauschale als Verzugsschaden schon für die erste Mahnung vorgesehen, so ist dies nach § 307 Abs. 2 Nr. 1 BGB unwirksam, da vor der ersten Mahnung noch kein Verzug gegeben ist.

Sonderfall Bauhandwerkersicherung

Bauunternehmer und Bauhandwerker haben häufig erhebliche Leistungen zu erbringen, bevor ihnen ihr Werklohn zusteht (Vorleistungspflicht, § 641 BGB). Es besteht daher ein besonderes Sicherungsbedürfnis für den Fall, dass der Auftraggeber nicht zahlen kann. Die Sicherungshypothek am Baugrundstück des Bestellers, die es schon früher gab (§ 648 BGB), ist kein ausreichendes Sicherungsmittel, da sie sich wegen vorrangiger Belastungen — z. B. zur Absicherung von Baukrediten —

---

[5] S. LG München I, JurBüro 1989, 648.
[6] BGH, NJW 1985, 324: Kein Ersatz der Kosten der Erstmahnung!

meist als wertlos erweist. Nunmehr kann der „Unternehmer eines Bauwerks" — das ist der Bauhandwerker, der kraft Werkvertrags bei einem Bauvorhaben tätig wird, aber auch der Architekt und Statiker sowie Subunternehmer — vom Besteller/Bauherrn (Auftraggeber) für die von ihm zu erbringenden Vorleistungen eine Sicherheit bis zur Höhe seines voraussichtlichen Vergütungsanspruchs zuzüglich 10 % pauschal für Nebenforderungen verlangen (§ 648a BGB). Damit wird der Bauhandwerker abgesichert; er muss dafür allerdings die Kosten der zu stellenden Sicherheit — meist eine selbstschuldnerische Bürgschaft einer Bank oder Sparkasse — bis zur Höhe von 2 % jährlich übernehmen.

Der Handwerker muss dem Bauherrn eine angemessene Frist — zwei bis drei Wochen — mit der Erklärung bestimmen, dass er nach Ablauf der Frist seine Leistung verweigern werde. Leistet der Besteller die Sicherheit nicht fristgemäß, kann der Unternehmer dem Besteller eine **Nachfrist verbunden mit Kündigungsandrohung** setzen. Verpflichtet ist er dazu allerdings nicht. Nach ergebnislosem Fristablauf gilt der Vertrag ohne zusätzliche Kündigung als aufgehoben (§ 643 Satz 2 BGB). Der Unternehmer hat dann **Anspruch auf anteilige Vergütung** entsprechend den bis zur Vertragsaufhebung erbrachten Leistungen und auf **Ersatz der Auslagen**, soweit sie nicht bereits in der Teilvergütung enthalten sind.

Ferner kann er **Ersatz des Vertrauensschadens** verlangen (z. B. den Gewinn, der dem Unternehmer entgeht, weil er im Hinblick auf diesen Bauvertrag die Übernahme eines anderen Bauauftrags abgelehnt hat). Die Höhe dieses Schadens wird für einen ab dem 01.05.2000 geschlossenen Vertrag mit 5 % der Auftragssumme vermutet, um dem Unternehmer die Darlegung des Schadens zu erleichtern.

Beachten Sie bitte folgende **Einschränkung:** Eine Bauhandwerkersicherheit kann nicht verlangt werden bei Herstellung oder Instandsetzung eines Einfamilienhauses einer Privatperson sowie bei Aufträgen juristischer Personen des öffentlichen Rechts. Es verbleiben also vornehmlich Bauträger.

| 10a | **MUSTER: Anforderung einer Bauhandwerkersicherung** |

Sehr geehrte Herren,
bezüglich des Bauvorhabens Bahnhofstraße 24 in Hildesheim wurde zwischen Ihnen und mir ein Bauvertrag über die Herstellung und Lieferung von Fenstern und Türen abgeschlossen. Zur Sicherung der von mir zu erbringenden Vorleistungen bitte ich Sie, mir eine selbstschuldnerische Bankbürgschaft in Höhe von 45.000,00 EUR bis zum 20.09.2013 zu stellen. Die üblichen Kosten der Bankbürgschaft bis zu einem Höchstbetrag von 2 % für das Jahr werde ich Ihnen erstatten. Ich bitte Sie für diese Sicherungsmaßnahme und auch dafür um Verständnis, dass ich nach Ablauf der Frist ohne Stellung der Sicherheit meine Leistung verweigern werde.

Neuere Rechtsprechung zur Bauhandwerkersicherung

BGH, Urt. v. 29.09.2011 — IX ZR 74/09, NZI 2011, 855 f.

1. Bei einer Sicherungsabtretung steht das Recht zur Einziehung oder anderweitigen Verwertung ausschließlich dem Insolvenzverwalter zu (§ 166 Abs. 2 InsO), solange er die Forderung nicht dem Sicherungsgläubiger zur Verwertung überlässt (§ 170 Abs. 2 InsO). Das der Insolvenzmasse zustehende Recht verkörpert einen selbstständigen, im Kern geschützten Vermögenswert.
2. Die Vorschrift des § 648a BGB gibt dem Unternehmer ein Leistungsverweigerungsrecht, jedoch keinen durchsetzbaren Anspruch auf Gewährung einer Sicherheit. Sie begründet deshalb nicht die Kongruenz einer nachträglichen Vereinbarung über die Abtretung einer Werklohnforderung des Hauptunternehmers gegen den Bauherrn an den Subunternehmer.

BGH, Urt. v. 20.12.2010 — VII ZR 22/09, MDR 2011, 153 = NJW-RR 2011, 235 ff.

Eine Nachfrist zur Sicherheitsleistung kann gemäß § 648a Abs. 5 Satz 1, § 643 Satz 1 BGB erst dann wirksam gesetzt werden, wenn die Frist zur Sicherheitsleistung, § 648a Abs. 1 BGB, fruchtlos abgelaufen ist.

BGH, Urt. v. 27.05.2010 — VII ZR 165/09, NJW 2010, 2272 ff. = MDR 2010, 859

Die folgende Klausel in den Allgemeinen Geschäftsbedingungen eines Einfamilienfertighausanbieters in Verträgen mit privaten Bauherren, ist nicht gemäß § 307 BGB unwirksam: „Der Bauherr ist verpflichtet, spätestens 8 Wochen vor dem vorgesehenen Baubeginn dem Unternehmer eine unbefristete, selbstschuldnerische Bürgschaft eines in Deutschland zugelassenen Kreditinstituts in Höhe der nach dem vorliegenden Vertrag geschuldeten Gesamtvergütung (unter Berücksichtigung von aus Sonderwünschen resultierenden Mehr- oder Minderkosten) zur Absicherung aller sich aus dem vorliegenden Vertrag ergebenden Zahlungspflichten des Bauherrn vorzulegen".

BGH, Urt. v. 26.04.2009 — VII ZR 9/08, NJW-RR 2009, 892 ff.= MDR 2009, 797 f.

1. Leistet der Besteller auf ein berechtigtes Sicherungsverlangen nach der Abnahme die Sicherheit nicht, ist der Unternehmer berechtigt, die Mängelbeseitigung zu verweigern (im Anschluss an BGH, Urt. v. 22.01.2004 — VII ZR 183/02, BGHZ 157, 335). Das gilt auch, wenn die Parteien die Einbeziehung der VOB/B vereinbart haben.

2. Die Abtretung der Gewährleistungsansprüche hat auf das Recht des Unternehmers, von seinem Besteller Sicherheit zu fordern und bei Nichterbringung der Sicherheit die Leistung zu verweigern, keinen Einfluss (im Anschluss an BGH, Urt. v. 27.09.2007 — VII ZR 80/05, Baurecht 2007, 2052 = NZBau 2008, 55 = ZfBR 2008, 537). Gleiches gilt für das Setzen der Nachfrist nach § 648a Abs. 5 BGB.

11 Vertragspartner ist regelmäßig eine **haftungsbeschränkte Gesellschaft**, insbesondere eine GmbH, eine Unternehmergesellschaft (haftungsbeschränkt), eine Limited oder eine GmbH & Co. KG. Bei diesen Gesellschaftsformen treten besonders häufig Zahlungsschwierigkeiten und Insolvenzverfahren ein. Da für die Verbindlichkeiten einer Kapitalgesellschaft den Gläubigern nur das Gesellschaftsvermögen haftet (vgl. § 13 Abs. 2 GmbHG), ist gerade hier erforderlich, dass der Vertragspartner sich rechtzeitig um Sicherheiten bemüht. Ansonsten bleibt lediglich die Möglichkeit zu versuchen, den Geschäftsführer in die Haftung zu nehmen (vgl. dazu insbesondere Rn. 775 ff.).

Der Gläubiger kann sich jedoch auf verschiedene Art vertraglich absichern, wenn er die Möglichkeit hat, **mit** einem **Geschäftsführer oder Gesellschafter** entsprechende **Vereinbarungen** zu **treffen**. Insbesondere in Fällen, in denen es sich um eine Einmann-GmbH handelt, deren einziger Gesellschafter gleichzeitig auch der Geschäftsführer der GmbH ist und wenn der Gläubiger der Kapitalkraft der Gesellschaft nicht traut, empfiehlt es sich, eine zusätzliche Absicherung vorzunehmen.

Durch die im BGB nicht geregelten, aber infolge der Vertragsfreiheit (siehe dazu Rn. 1) zulässigen Sicherungsformen **Schuldbeitritt** und **Garantievertrag** wird der Gläubiger im ersten Fall durch die Erweiterung der Haftung auf eine zusätzliche Person, im zweiten Fall durch die zusätzliche Übernahme einer Verpflichtung durch einen Dritten, für die Bezahlung der Schulden einzustehen, besser abgesichert.

Auch die **Bürgschaft**, insbesondere die selbstschuldnerische, bewirkt die zusätzliche Sicherung des Gläubigers für den Fall der Zahlungsunfähigkeit des Hauptschuldners.

Der Dritte, mit dem diese **Sicherungsvereinbarungen** getroffen werden können, wird im Regelfall ein Gesellschafter der GmbH sein. Zweckmäßig ist es, alle drei Sicherungsverträge schriftlich abzuschließen, obwohl lediglich die Bürgschaft von Gesetzes wegen der Schriftform bedarf.[7]

---

[7] § 766 BGB, die Erteilung der Bürgschaftserklärung in elektronischer Form ist ausgeschlossen.

Folgende Formulierungen werden vorgeschlagen:

MUSTER: Schuldbeitritt

Die X-GmbH schuldet Herrn Y (bzw. Fa. Y), …straße 13, München, aus Warenlieferungen einen Betrag von 42.500,00 EUR. Herr Franz Josef Huber, …straße 65, München, verpflichtet sich hiermit gegenüber Herrn Y (Fa. Y) zur Zahlung des vorgenannten Betrags als Gesamtschuldner neben der X-GmbH.
München, den …
Huber

MUSTER: Selbstschuldnerische Bürgschaft

Für die Herrn Y, …straße 13, München gegenüber der X-GmbH zustehende Forderung in Höhe von 42.500,00 EUR übernehme ich die Bürgschaft unter Verzicht auf die Einrede der Vorausklage.
München, den …
F. J. Huber

MUSTER: Garantievertrag

Ich, Franz Josef Huber, …straße 65, München, übernehme Herrn Y gegenüber unwiderruflich die Garantie für die pünktliche Begleichung der Forderung aus Warenlieferung in Höhe von 42.500,00 EUR, die Herrn Y gegen die X-GmbH zusteht.
München, den …
F. J. Huber

Auch mit Hilfe eines Kreditauftrags ist es möglich, auf vertraglichem Wege die Haftungsbeschränkung des § 13 Abs. 2 GmbHG zu beseitigen.

MUSTER: Kreditauftrag

An den Kreditgeber (z. B. die X-Bank)
Ich erteile Ihnen unter Verzicht auf die Einreden der §§ 768, 770 und 771 BGB und unter voller Haftung auch für sämtliche Zinsen und Kosten den Auftrag, der X-GmbH in … unter Einbeziehung der bereits gewährten Kredite bis auf weiteres in laufender Rechnung einen Kredit von 50.000,00 EUR einzuräumen. Meine Haftung bezieht sich auf die bereits gewährten Kredite. Für das durch diese Kredite begründete Rechtsverhältnis gelten Ihre allgemeinen Geschäftsbedingungen.
Ich verzichte auf Unterrichtung über die jeweilige Höhe des Kredits und etwaige die Kreditwürdigkeit der X-GmbH berührende Umstände. Ich werde mich insoweit selbst durch Einsicht in die Unterlagen der Kreditnehmerin informieren. § 776 BGB gilt nicht.
München, den …
F. J. Huber

1.2 Fälligkeit des Anspruchs, Mahnung und Verzug

12 Der Gläubiger kann Zahlung verlangen, sobald seine Forderung fällig geworden ist. Die Fälligkeit der Forderung ergibt sich in erster Linie aus der zwischen Gläubiger und Schuldner getroffenen Absprache; wenn ein Fälligkeitstermin weder ausdrücklich festgelegt ist noch aus den Umständen entnommen werden kann, bestimmt § 271 BGB, dass die Leistung auf Verlangen sofort erbracht werden muss.[8]

Mit der bloßen Fälligkeit kommt der Schuldner aber grundsätzlich noch nicht in Verzug; der Gläubiger muss ihn vielmehr vorher noch besonders auffordern, seine fällige Schuld zu erfüllen. Diese Aufforderung wird in der Regel als Mahnung bezeichnet (§ 286 Abs. 1 BGB). Das Mahnen ist zunächst Sache des Gläubigers selbst. Vielfach muss der außergerichtlichen Mahnung eine Kündigung des Gläubigers vorangehen, z. B. dann, wenn er dem Schuldner ein Darlehen gewährt hat, ohne dass ein bestimmter Rückzahlungstermin vereinbart worden ist. Die Kündigungsfrist für ein Darlehen beträgt, falls die Beteiligten nichts anderes vereinbart haben, drei Monate (§ 488 Abs. 3 BGB).

Sind Darlehenszinsen nicht geschuldet, so kann der Darlehensnehmer das Darlehen auch ohne Kündigung zurückerstatten.

13 Ist Ratenzahlung vereinbart, so hat die Fälligkeit einer Rate gesetzlich nicht die sofortige Fälligkeit aller späteren Raten zur Folge. Dazu bedarf es vielmehr der Festlegung einer besonderen Verfallklausel.[9]

MUSTER: Ratenzahlungsvereinbarung mit Verfallklausel

Der Kaufpreis mit 1.000,00 EUR ist in vier Vierteljahresraten, fällig am 02.01., 01.04., 01.07. und 01.10.2013 zinslos zahlbar. Sollte der Schuldner mit einer Rate länger als zwei Wochen in Rückstand kommen, so ist der gesamte (Rest-)Kaufpreis sofort zahlungsfällig, und zwar mit 12 % Zinsen vom 02.01.2013 an.

Diese Verfallklausel ist in den Kaufvertrag aufzunehmen und von den Vertragsparteien zu unterzeichnen.

---

[8] Die Erteilung einer Rechnung ist grundsätzlich keine Fälligkeitsvoraussetzung (BGHZ 103, 285; BGH, NJW 1989, 302).

[9] S. das Muster Rn. 7.

Nach dem Schuldrechtsmodernisierungsgesetz kommt der Schuldner grundsätzlich durch eine **Mahnung nach Fälligkeit** in Verzug (§ 286 Abs. 1 BGB).

Der Gläubiger kann aber auch auf eine Mahnung verzichten und dem Schuldner die Rechnung zusenden. Der Schuldner kommt dann **30 Tage nach Zugang der Rechnung** automatisch in Verzug (§ 286 Abs. 3 BGB). Ist der Schuldner Verbraucher, so gilt dies nur, wenn er in der Rechnung auf diese Folgen des Zugangs hingewiesen wurde. Verbraucher sind natürliche Personen, die das Rechtsgeschäft weder im Zusammenhang mit ihrer gewerblichen oder selbstständigen Tätigkeit abgeschlossen haben (§ 13 BGB).

MUSTER: Rechnung mit 30 Tage Zahlungsziel

Max Mayer
Heizung — Lüftung — Sanitär
Klimatechnik —Solaranlagen
(Anschrift)

Herr Anton Redlich	Rechnungsnummer: …
(Anschrift)	Datum
	Steuer-Nr. oder USt-ID
	Kundennummer

Rechnung
Über den Einbau eines neuen Heizkessels am … zum vereinbarten Preis von

	5.172,42 EUR
Zuzüglich 19 % MwSt.	982,76 EUR
	6.155,18 EUR

Sehr geehrter Herr Redlich,
zahlen Sie bitte den Betrag innerhalb von 10 Tagen ab Zugang dieser Rechnung. Spätestens 30 Tage nach Zugang der Rechnung tritt Zahlungsverzug ein, wodurch gesetzliche Verzugszinsen in Höhe von 4,87 %[10] jährlich anfallen. Ich danke Ihnen für den Auftrag und lege zu Ihrer Arbeitserleichterung ein Überweisungsformular bei.
Mit freundlichen Grüßen
Unterschrift
Bankverbindung …

---

[10] Bei Nichtverbrauchern sind anstelle der 4,87 % (Stand 01.01.2013) 7,87 % einzusetzen.

Wenn Sie mit Bankkredit arbeiten und ihn in Höhe der Kaufpreis- und Werklohnforderung in Anspruch genommen haben, fügen Sie bitte anstelle der Passage „wodurch gesetzliche Verzugszinsen in Höhe von …entstehen" folgenden Satz ein:

VARIANTE bei höheren Kreditzinsen
Da ich einen mit 13 % jährlich verzinsten Bankkredit in Höhe der mir gegen Sie zustehenden Forderung in Anspruch nehme, bitte ich um Verständnis, dass ich nach Eintritt des Zahlungsverzugs leider gezwungen bin, mir diesen Zinssatz für aufgewandte Kreditzinsen von Ihnen erstatten zu lassen. Ich danke Ihnen für Ihren Auftrag und bitte Sie, Ihre Zahlung so vorzunehmen, dass keine Kreditzinsen für Sie entstehen. Zu Ihrer Arbeitserleichterung lege ich ein Überweisungsformular bei Mit freundlichen Grüßen Unterschrift

Ist der Schuldner Nichtverbraucher (= Unternehmer), so tritt Verzug **spätestens** 30 Tage nach Fälligkeit und Empfang der Gegenleistung ein, auch wenn der Zeitpunkt des Zugangs der Rechnung ungewiss ist.

MUSTER: Mahnung (§ 286 Abs. BGB)
Sehr geehrter Herr Redlich, vor 10 Tagen habe ich Ihnen meine Rechnung vom … zugesandt. Leider konnte ich bislang noch keinen Zahlungseingang feststellen. Ich bitte um Verständnis, dass ich die Zahlung anmahnen muss. Ab Zugang dieser Mahnung wird der gesetzliche Verzugszins in Höhe von derzeit 4,87 % (für Nichtverbraucher in Höhe von 7,87 %) jährlich zur Zahlung fällig. Achten Sie bitte darauf, durch eine rasche Zahlung das Entstehen einer erheblichen Zinsforderung zu vermeiden. Mit freundlichen Grüßen Unterschrift

Wie man den Zugang einer Rechnung oder Mahnung beim Schuldner sicherstellt, erfahren Sie im Kapitel 12.2 „Schuldnertricks und Gläubigerstrategien" (Rn. 734).

13a

Eine Mahnung ist nicht notwendig,

1. wenn die **Vertragsparteien** einen festen Zahlungstermin **vereinbart** haben (§ 286 Abs. 2 Nr. 1 BGB). **Aber:** Nicht genügend für Verzug ohne Mahnung ist es, wenn der Gläubiger **einseitig** einen Zahlungstermin auf die Rechnung schreibt.[11]
2. wenn der Gläubiger dem Schuldner z. B. mitteilt, dass der Kaufpreis 10 Tage nach Lieferung zu überweisen ist (§ 286 Abs. 2 Nr. 2 BGB)
3. wenn der Schuldner die Leistung ernsthaft und endgültig verweigert (§ 286 Abs. 2 Nr. 3 BGB)[12] oder
4. wenn der Schuldner Zahlung zu einem bestimmten Termin ankündigt, dann aber nicht zahlt (§ 286 Abs. 2 Nr. 4 BGB). Der Verzug beginnt dann zu diesem Zeitpunkt.

13b

ÜBERSICHT: Wirksame Mahnstrategien

Abgestuft vorgehen! Bekannte oder Geschäftspartner sollten mit individuell gestalteten und persönlich unterzeichneten Mahnbriefen gemahnt werden. Erst wenn dies nichts nützt, sollten Sie ein zwangsweises Vorgehen ankündigen. Eine andere Vorgehensweise empfiehlt sich bei Schuldnern, mit denen man nur ein einmaliges Schuldverhältnis hat: Hier genügen schematisierte Mahnschreiben. Wenn darauf keine Reaktion erfolgt, können Sie sofort das gerichtliche Mahnverfahren einleiten.

Keine falschen Signale senden! Mahnungen sollten nie durchnummeriert werden, ein versierter Schuldner könnte sonst erwarten, dass nach einer „ersten Mahnung" stets auch noch eine „zweite" oder sogar noch eine „dritte Mahnung" erfolgt. Im Ergebnis würde er sich noch länger Zeit mit dem Bezahlen lassen. Wer knapp bei Kasse ist, verzögert die Zahlung, solange es geht.

Bezahlvorgang erleichtern! Wenn möglich, sollten Sie bereits ausgefüllte Überweisungsformulare beilegen. Menschen scheuen oft das Ausfüllen von Formularen.

Keine leeren Drohungen! Haben Sie mit der Durchführung eines gerichtlichen Mahnverfahrens gedroht und dem Schuldner noch eine letzte Frist zur Zahlung gesetzt, sollten Sie nach Fristablauf das Mahnverfahren auch tatsächlich einleiten. Andernfalls glaubt der Schuldner auch in späteren Fällen nicht mehr, dass es der Gläubiger mit einer gerichtlichen Durchsetzung seines Anspruchs ernst meint.

---

[11] S. OLG Düsseldorf, MDR 1976, 41; LG Mannheim, BB 1968, 269.

[12] BGH früher in ständiger Rspr., zuletzt NJW 1983, 1730. Bei wiederkehrenden kalendermäßig bestimmten Leistungen tritt Verzug des Schuldners jeweils bei Verspätung ein, auch wenn der Gläubiger bisher die regelmäßig unpünktlichen Leistungen stets widerspruchslos annahm (BGH, NJW 1959, 766).

Hartnäckig bleiben! Die Kosten für die Erlangung eines gerichtlichen Vollstreckungstitels sind meist auch dann nicht umsonst, wenn bei dem Schuldner zunächst im Wege der Zwangsvollstreckung nichts zu holen ist. Eine mit Vollstreckungstitel versehene Forderung verjährt regelmäßig erst nach 30 Jahren (§ 197 Abs. 1 Nr. 3 BGB), einem Zeitraum, in welchem der Schuldner durchaus wieder zu Geld kommen kann.

Verjährung beachten! Eine Mahnung unterbricht nie die Verjährung. Leiten Sie daher stets rechtzeitig das gerichtliche Mahn- oder Klageverfahren ein.

1.3 Verzug

Befindet sich der Schuldner mit der Zahlung im Verzug, kann der Gläubiger von ihm den infolge des Verzugs entstehenden Schaden ersetzt verlangen (§§ 280, 286 BGB). Dazu gehören zum Beispiel die Kosten für die Aufenthaltsermittlung, Inkassokosten und vor allem ein Zinsschaden.

Die richtige Berechnung des Verzugseintritts

13c   Den Verzugseintritt zu berechnen, ist mitunter etwas kompliziert, besonders wenn zum Beispiel Feiertage bei der Fristberechnung zu beachten sind. Das folgende Beispiel soll Ihnen die richtige Berechnung veranschaulichen.

▶ **BEISPIEL: Berechnung des Verzugseintritts**

Zugang der Rechnung am:	30.08.2012
(Dieser Tag wird bei der 30-Tage-Schutzfrist nicht mitberechnet, § 187 Abs. 1 BGB).	
Die Frist beginnt demzufolge am:	31.08.2012
Der 30. Tag ist Samstag, der	29.09.2012
(Fällt der erste oder letzte Tag der Frist auf einen Samstag, Sonntag oder Feiertag, so tritt an dessen Stelle der nächste Werktag, § 193 BGB.)	
Fristablauf (§ 188 Abs. 1 BGB) ist somit am Montag, den	01.10.2012, um 24.00 Uhr
Der Verzug tritt ein am:	02.10.2012

Verzugszinsen

Bei Verzugszinsen unterscheidet man zwischen diesen Zinsarten:

13d
1. Gesetzliche Verzugszinsen
Sie sind der gesetzliche Mindestschaden, der ohne Nachweis verlangt werden kann. Er liegt bei Verbrauchern bei 5 Prozentpunkten über dem Basiszins, bei Nicht-verbrauchern 8 Prozentpunkten über dem Basiszins. Die Übersicht zeigt die Entwicklung des Basiszinses in den letzten Jahren.

Zeitpunkt	Basiszinssatz[13]
ab 01.01.2004	1,14 %
ab 01.07.2004	1,13 %
ab 01.01.2005	1,21 %
ab 01.07.2005	1,17 %
ab 01.01.2006	1,37 %
ab 01.07.2006	1,95 %
ab 01.01.2007	2,70 %
ab 01.07.2007	3,19 %
ab 01.01.2008	3,32 %
ab 01.07.2008	3,19 %
ab 01.01.2009	1,62 %
ab 01.07.2009	0,12 %
ab 01.01.2010	0,12 %
ab 01.07.2010	0,12 %
ab 01.01.2011	0,12 %
ab 01.07.2011	0,37 %
ab 01.01.2012	0,12 %
ab 01.07.2012	0,12 %
ab 01.01.2013	−0,13 %

2. Aufgewandte Kreditzinsen
Diese kann der Gläubiger geltend machen, wenn er mit Bankkredit arbeitet, z. B. in Höhe von 13 %. Für den Fall, dass der Schuldner die Zinsen bestreitet, kann als Beweis eine Bankbestätigung vorgelegt oder der Sachbearbeiter der Bank als Zeuge gehört werden.

---

[13] Der Basiszins wird jeweils am 1. Januar und am 1. Juli eines Jahres festgelegt und von der Deutschen Bundesbank im Bundesanzeiger bekannt gegeben. Den jeweils geltenden Basiszinssatz finden Sie unter www.bundesbank.de oder www.basiszinssatz.de.

3. Entgangene Anlagezinsen

Diese Zinsen werden aufgrund der niedrigen Zinssätze derzeit als Verzugsschaden sehr selten geltend gemacht. Sie würden sich nur über 7 % rentieren.

4. Vertraglicher Verzugszins

Diese Zinsen müssen vertraglich, z. B. in Höhe von 15 %, vereinbart werden. Allgemeine Geschäftsbedingungen gelten nicht.

13e **Entgangener Gewinn als Verzugsschaden**

Als Verzugsschaden ist auch ein entgangener Gewinn aus Spekulationsgeschäften zu ersetzen[14]. Der Gläubiger hatte beabsichtigt, den geschuldeten Betrag zum Kauf von 1.000 Stück Dresdner Bank- und SAP-Aktien zu verwenden. Er teilte dies seiner Bank unter Avisierung des erwarteten Zahlungseingangs mit. Da der Schuldner nicht fristgerecht leistete, erwarb der Gläubiger aus seinerzeit verfügbaren Geldern je 100 Stück Dresdner Bank- und SAP-Aktien.

Die Aktien verkaufte er wenige Monate später mit einem hohen Gewinn. Aufgrund der beiden Wertpapiergeschäfte errechnete sich der Gläubiger als Folge des Verzugs des Schuldners einen entgangenen Spekulationsgewinn, den er einklagte. Der BGH sprach ihm durch oben genanntes Urteil in der letzten Instanz 53.793 DM zu.

1.4   Verjährung

14 Die Verjährung beseitigt zwar den Zahlungsanspruch nicht — es kann also auch ein verjährter Anspruch angemahnt werden — der Verpflichtete hat jedoch ein **Leistungsverweigerungsrecht**. Dieses Recht wird vor Gericht nur beachtet, wenn der Schuldner es geltend macht. Er muss dazu die **Einrede der Verjährung** erheben. Zahlt der Schuldner jedoch in Unkenntnis der Verjährung, kann er das Geleistete nicht zurückfordern.

---

[14] S. BGH, WM 2002, 909.

> **TIPP**
>
> Durch Neubeginn — die Verjährungsfrist beginnt von erneut — oder durch Hemmung — die Verjährungsfrist läuft zeitweise nicht — kann der Verjährungseintritt verzögert werden.

Einen **Verjährungsneubeginn** führen u. a. herbei:

- das Anerkenntnis des Anspruchs durch den Schuldner (z. B. durch Abschlagszahlung, Zinszahlung, Sicherheitsleistung oder in sonstiger Weise, z. B. durch Verwahrung gegen eine sog. Zuvielmahnung, § 212 Abs. 1 Nr. 1 BGB; vgl. Rn. 29 a. E.),
- die Stellung eines Antrags auf Zwangsvollstreckung (§ 212 Abs. 1 Nr. 2 BGB). [15]
- Durch Vollstreckungshandlungen wird auch die 30-jährige Verjährungsfrist rechtskräftig festgestellter Ansprüche unterbrochen. [16]

Eine **Verjährungshemmung** — der Zeitraum, in dem sie andauert, wird in die Verjährungsfrist nicht eingerechnet — durch Rechtsverfolgung führen herbei:

- Verhandlungen zwischen Gläubiger und Schuldner über den Anspruch oder die den Anspruch begründenden Umstände solange, bis eine der beiden Parteien die Fortsetzung der Verhandlungen verweigert (§ 203 BGB) oder der Schuldner jegliche Zahlung ablehnt [17],
- die Zustellung eines Mahnbescheids im gerichtlichen Mahnverfahren,
- die Erhebung der Zahlungsklage,
- das Fortbetreiben eines Prozesses oder Mahnverfahrens (§ 204 Abs. 2 Satz 2 BGB), [18]
- die Anmeldung eines Anspruchs im Insolvenzverfahren,
- die Geltendmachung der Aufrechnung des Anspruchs im Prozess.

15   Ansprüche des Gläubigers gegen den Schuldner verjähren regelmäßig innerhalb von drei Jahren (§ 195 BGB). Die **regelmäßige Verjährungsfrist beginnt** mit dem Schluss des Jahres, in dem der Anspruch entstanden ist und der Gläubiger von den den Anspruch begründenden Umständen und der Person des Schuldners Kenntnis erlangt oder ohne grobe Fahrlässigkeit erlangen müsste (§ 199 Abs. 1 BGB).

---

[15] Früher bereits BGH, KTS 1985, 581.

[16] AG Viersen, JurBüro 1990, 1220.

[17] BGH, MDR 2007, 311

[18] OLG Karlsruhe, NJW-RR 1992, 63 (Fortbetreiben eines Mahnverfahrens durch Einzahlung der zweiten Gebührenhälfte, nunmehr 2 ½ Gerichtsgebühren).

Folgende Abweichungen von der dreijährigen Verjährungsfrist sind zu beachten:

16   **In 30 Jahren verjähren** (§ 197 Abs. 1 BGB):

- rechtskräftig festgestellte Ansprüche,
- Ansprüche aus vollstreckbaren Vergleichen und vollstreckbaren Urkunden,
- Ansprüche, die durch die im Insolvenzverfahren erfolgte Feststellung vollstreckbar geworden sind,
- Herausgabeansprüche aus Eigentum und anderen dinglichen Rechten,
- familien- und erbrechtliche Ansprüche.

Titulierte Zinsen und Unterhaltsansprüche verjähren aber bereits nach drei Jahren (§ 197 Abs. 2 BGB)!

In zehn Jahren verjähren (§ 196 BGB):

- Ansprüche aus Übertragung des Eigentums an einem Grundstück,
- Ansprüche auf Begründung, Übertragung oder Aufhebung eines Rechts an einem Grundstück.

In fünf Jahren verjähren:

- werkvertragliche Gewährleistungsansprüche für Mängel eines Bauwerks (§ 634a Abs. 1 Nr. 2 BGB),
- kaufrechtliche Mängelansprüche bei Bauwerken und bei Sachen, die für ein Bauwerk verwendet worden sind und dessen Mangelhaftigkeit verursacht haben (§ 438 Abs. 1 Nr. 2a und b BGB).

In zwei Jahren verjähren:

- Kauf- und werkvertragliche Gewährleistungsansprüche.
  Die Frist beginnt mit der Lieferung der gekauften Sache, bei Grundstücken mit der Übergabe, bei Werken mit der Abnahme. Bei Arglist des Verkäufers oder Werkunternehmers verbleibt es bei der dreijährigen Regelverjährung (§ 438 Abs. 3 und § 634a Abs. 1 Nr. 3, Abs. 3 Satz 1 BGB).

Die Verjährungsfrist von Ansprüchen, die nicht der regelmäßigen Verjährungsfrist unterliegen, beginnt mit der Entstehung des Anspruchs (§ 200 Abs. 1 ZPO), also z. B. mit der Rechtskraft eines Urteils.

1.5 Telefoninkasso

17 Schriftliche Mahnungen haben sicher Vorzüge. Sie können mit Zugangsnachweis verschickt werden und man muss sich nicht persönlich mit einem zahlungsunwilligen Schuldner auseinander setzen, was vielen unangenehm ist. Beim persönlichen Gespräch ist der Schuldner gezwungen zu reagieren. Telefoninkasso ist also immer dann zu empfehlen, wenn der Schuldner auf schriftliche Mahnungen nicht in angemessener Frist reagiert.

Manchmal hat die Nichtzahlung auch nachvollziehbare Gründe: Der Kunde hat berechtigte Reklamationen, die Sachbearbeiterin ist plötzlich erkrankt, der Schuldner hat vorübergehende Zahlungsschwierigkeiten, er hat aber Hemmungen, diese von sich aus anzusprechen. Diese Umstände lassen sich durch einen Telefonanruf klären.

Falls Sie noch keine Erfahrungen mit Telefoninkasso haben, nutzen Sie doch einfach den folgenden Gesprächsleitfaden. Dieser stellt wichtige Gesprächssituationen dar und zeigt Ihnen, wie Sie auf bestimmte Umstände reagieren können.

18

GESPRÄCHSLEITFADEN Telefoninkasso — Anruf Zentrale		
Guten Tag! Mein Name ist .... von .... Spreche ich mit Frau/Herrn .... (der, der für die Begleichung der Rechnung zuständig ist, z. B. Käufer, Besteller, Buchhaltung)? Ggf. verbinden lassen.		
	Antwort des Gesprächspartners (zutreffendes ankreuzen):	
	[ ]	„Der zuständige Sachbearbeiter ist heute nicht im Hause. Er ruft Sie aber zurück."
		ToDo: Termin für Rückruf vereinbaren
		Rückruf am .... um .... Uhr

GESPRÄCHSLEITFADEN Telefoninkasso — Telefonat mit Sachbearbeiter

Wir haben Ihnen am .... (Rechnungsdatum) eine Rechnung für .... in Höhe von .... EUR geschickt. Bei der Überprüfung unserer Kontoauszüge haben wir festgestellt, dass bis heute keine Zahlung eingegangen ist (Alternativ: nur eine Teilzahlung in Höhe von .... EUR eingegangen ist).
Die Rechnung haben wir am .... das erste Mal angemahnt. Sie befinden sich also gemäß § 286 BGB bereits in Zahlungsverzug.
Frau/Herr ...., können Sie bitte überprüfen, warum die Rechnung noch nicht bezahlt wurde?

	Antwort des Gesprächspartners (Zutreffendes bitte ankreuzen):
[ ]	„Die Rechnung wurde am .... bereits bezahlt."
	ToDo: Klären sie gleich, ob die Summe auf das richtige Konto überwiesen wurde.
[ ]	„Die Rechnung wurde noch nicht bezahlt, wird aber noch bezahlt."
	ToDo: Legen Sie unbedingt einen genauen Termin fest
	Zahlung erfolgt am/bis ....
[ ]	„Ich muss das erst überprüfen und melde mich wieder."
	unbedingt genauen Termin festlegen:
	Rückruf erfolgt am/bis ....
[ ]	„Die Rechnung kann nicht auf einmal bezahlt werden."
	verbindlichen Ratenzahlungsplan vereinbaren, ggf. schriftlich mit Verfallklausel:
	Rate: am .... in Höhe von .... EUR
	Rate: am .... in Höhe von .... EUR
	Rate: am .... in Höhe von .... EUR
[ ]	„Mit der Rechnung/Lieferung stimmt etwas nicht"
	ToDo: • Grund notieren • wenn möglich sofort klären • Falls intern Rücksprache notwendig ist, Termin nennen
	Ich werde das umgehend klären. Ich rufe Sie deswegen um .... Uhr zurück.
[ ]	„Die Rechnung wird nicht bezahlt, da: ..."
	ToDo: • Grund notieren • wenn möglich sofort klären • Falls intern Rücksprache notwendig ist, Termin nennen
	Ich werde das umgehend klären. Ich rufe Sie deswegen um .... Uhr zurück.
	Bei einer grundlosen, endgültigen Zahlungsverweigerung: Mahnverfahren einleiten.
Vielen Dank für das Gespräch. Auf Wiederhören!	

1.6 Forderungseinziehung mit Inkassounternehmen, Rechtsanwälten und Rechtsbeiständen

1.6.1 Forderungseinziehung mit Hilfe von Inkassobüros

19 Inkassounternehmen erbringen unterschiedliche Formen von Dienstleistungen. Zum Teil werden Inkassounternehmen namens und im Auftrag des Auftraggebers tätig, zum Teil lassen sie sich eine Abtretung zum Zwecke der Einziehung erteilen (sog. „Inkassozession") oder es erfolgt eine Vollabtretung (sog. „Forderungskauf").

Die Einziehung fremder oder zum Zwecke der Einziehung auf fremde Rechnung abgetretener Forderungen ist Rechtsdienstleistung gemäß § 2 Abs. 2 RDG, wenn die Forderungseinziehung als eigenständiges Geschäft betrieben wird (sog. „Inkassodienstleistung"). Gemäß § 2 Abs. 2 Satz 2 RDG gelten abgetretene Forderungen für den bisherigen Gläubiger nicht als fremd.

Aufgrund besonderer Sachkunde dürfen gemäß § 10 Abs. 1 Nr. 1 RDG natürliche und juristische Personen sowie Gesellschaften ohne Rechtspersönlichkeit, die bei der zuständigen Behörde registriert sind („registrierte Personen"), Inkassodienstleistungen erbringen. Die Registrierung erfolgt gemäß § 10 Abs. 2 Satz 1 RDG auf Antrag. Die Registrierung kann gemäß § 10 Abs. 3 Satz 1 RDG von Bedingungen abhängig gemacht oder mit Auflagen verbunden werden, wenn dies zum Schutz der Rechtssuchenden oder des Rechtsverkehrs erforderlich ist. Im Bereich der Inkassodienstleistungen soll die Auflage angeordnet werden, fremde Gelder unverzüglich an eine empfangsberechtigte Person weiterzuleiten oder auf ein gesondertes Konto einzuzahlen, § 10 Abs. 3 Satz 2 RDG.

Inkassodienstleistungen erfordern gemäß § 11 Abs. 1 RDG besondere Sachkunde in den für die beantragte Inkassotätigkeit bedeutsamen Gebieten des Rechts, insbesondere des Bürgerlichen Rechts, des Handels-, Wertpapier- und Gesellschaftsrechts, des Zivilprozessrechts einschließlich des Zwangsvollstreckungs- und Insolvenzrechts sowie des Kostenrechts. Die Registrierungsvoraussetzungen sowie das Registrierungsverfahren sind in §§ 12 ff. RDG im Einzelnen geregelt.

Inkassounternehmen haben sich regelmäßig auf die außergerichtliche Einziehung von Forderungen spezialisiert. Dabei bedienen sie sich psychologisch wirksamer

Mittel gegenüber Schuldnern, mit denen sie schriftlich, per Telefoninkasso und durch Besuche ihres Außendienstes verkehren.

In Deutschland sind im Bundesverband Deutscher Inkasso-Unternehmen e.V. (BDIU) 560 (Stand September 2012) Inkassounternehmen organisiert. Der Verband versteht die Mitgliedschaft als Gütesiegel und unternimmt zahlreiche Versuche, unseriösen Geschäftspraktiken entgegenzuwirken.

Die kleinsten Inkassounternehmen sind Einmann-Betriebe, die größten haben bis zu 900 Mitarbeiter. Sie ziehen jährlich rund 3 Milliarden EUR für Gläubiger ein.

20   **Welche Vorteile der Zusammenarbeit bieten Inkassounternehmen?**

1. Bei regelmäßiger Zusammenarbeit mit Inkassounternehmen, die in diesem Fall Sonderkonditionen anbieten, kann sich der Unternehmer die Kosten für eine eigene Mahn- und Vollstreckungsabteilung sparen.
2. Durch Telefon- und Außendienstinkasso stellen sie direkte persönliche Kontakte zum Schuldner her, was der Gläubiger selbst aus Verärgerung oder weil es ihm unangenehm ist, meist nicht fertig bringt. Die persönliche Mahnansprache führt oft zum Erfolg.
3. Die Inkassounternehmen besitzen gute Erfahrungen im Umgang mit Schuldnern. Sie nutzen Querverbindungen zu anderen Inkassounternehmen und zu Auskunfteien. Gleichzeitig konzentrieren sich voll und ganz auf die Einziehung der Außenstände, während für den Unternehmer das Haupttätigkeitfeld woanders liegt.
4. Bei Einschaltung eines Inkassounternehmens steht auch die Kreditwürdigkeit des Schuldners auf dem Spiel. Aus der engen Zusammenarbeit der Inkassounternehmen und Auskunfteien ergibt sich ein gewisser Rückkoppelungseffekt, der auch dem Schuldner meistens bekannt ist. Er ist deshalb bemüht, seinen Verpflichtungen im Inkassobereich nachzukommen, um im Auskunftsbereich weiterhin als kreditwürdig zu gelten.

21   **Welche Nachteile der Zusammenarbeit können entstehen?**

1. Der Gläubiger verliert für die Dauer der Geltung des Inkassoauftrags den Kontakt mit dem Kunden, da er sich nach den meisten Allgemeinen Geschäftsbedingungen der Inkassounternehmen verpflichten muss, jeglichen Kontakt mit dem Schuldner zu unterlassen. Die Inkassounternehmen fürchten nämlich, dass der Kunde seine Schuld direkt an den Unternehmer zahlt und dieser dann den Inkassoauftrag zurücknimmt und das Inkassounternehmen um seinen Lohn, insbesondere um das Erfolgshonorar bringt.

2. Manche Gerichte — insbesondere in den neuen Bundesländern — erkennen die Inkassogebühren nicht als Verzugsschaden an, weil der Unternehmer durch die Beauftragung eines Inkassobüros gegen seine Pflicht, den Schaden gering zu halten verstoßen habe. Das gilt vor allem dann, wenn der Unternehmer voraussehen konnte, dass es zu einem Rechtsstreit kommen werde und er dann ohnehin einen Rechtsanwalt werde beauftragen müssen.

22 **Welche Kosten entstehen bei Inkassounternehmen?**

Hier muss zwischen den **erfolgsunabhängigen Inkassokosten und dem Erfolgshonorar** unterschieden werden. Letzteres fällt — wie der Name schon sagt — nur bei erfolgreicher Inkassotätigkeit an, während die erfolgsunabhängigen Inkassokosten — sie setzen sich aus den „Inkassogebühren" und den Auslagen zusammen — dem Inkassounternehmen auch bei erfolgloser Tätigkeit zustehen.

Zeitlich kann man die Inkassotätigkeit in die vorgerichtlichen Bemühungen und die Einziehung titulierter Forderungen — Vollstreckungsbescheide, Urteile, Notarielle Schuldanerkenntnisse — unterteilen.

Für die „Inkassogebühren" gibt es keine Gebührenordnung, da der Gesetzgeber im Hinblick auf den gewerblichen und kaufmännischen Charakter des Inkassogeschäfts von einer verbindlich festgelegten Gebühr abgesehen hat. Die Inkassogebühr wird also mit dem Auftraggeber frei vereinbart, weshalb man sich stets vor Auftragserteilung über die Gebühren- und Erfolgshonorarsätze sowie die Allgemeinen Geschäftsbedingungen des Inkassounternehmens genau informieren sollte. Der Vertrag, den der Gläubiger mit dem Inkassounternehmen abschließt, ist ein **entgeltlicher Geschäftsbesorgungsvertrag (§ 675 BGB).** In ihm sind die Bedingungen festgelegt, zu denen das Inkassounternehmen die Forderungseinziehung zu übernehmen bereit ist.

23 Die **üblichen Inkasso-Gebührensätze** betragen 5–10 % der beizutreibenden Forderung oder es wird eine Vergütung in Höhe der Sätze nach Anlage 2 des Rechtsanwalts-Vergütungsgesetzes gefordert. Üblich sind 7,5/10 bis 15/10 einer Gegenstandsgebühr. Eine Gegenstandsgebühr beträgt bei 1.000,00 EUR zum Beispiel 85,00 EUR. Hinzu kommen die Mehrwertsteuer und ein etwaiger Auslagenersatz, zum Beispiel 5,00 EUR für eine Einwohnermeldeamtsanfrage.

24 **Übliche Erfolgshonorarsätze (jeweils zuzüglich MwSt.) sind:**

- bei nicht tituliert übergebenen Forderungen bis 20 %,
- bei tituliert ohne Beitreibungsversuch übergebenen bis 30 %,
- bei tituliert mit Beitreibungsversuch übergebenen bis 50 %,
- bei Forderungen gegen Schuldner im Ausland bis 40 %,
- bei titulierten Forderungen mit Übernahme des Kostenrisikos bis 60 %.

Die Inkassogebühren und Auslagen sind als Verzugsschaden vom Kunden zu ersetzen, während das Erfolgshonorar + MwSt. als Teil der beizutreibenden Forderung vom Auftraggeber zu tragen ist.

Wenn man vorhat, ein Inkassounternehmen zu beauftragen, ist Folgendes zu beachten:

- Die Geldforderung muss **unstreitig** sein, d. h. der Kunde darf gegen sie keine Einwendungen — z. B. Mängelrügen — gegen sie erhoben haben. Das Inkassounternehmen übernimmt nur unstreitige Forderungen.
- Der Kunde muss sich mit der Zahlung in **Verzug** befinden. Das ist der Fall, wenn er innerhalb der 30-Tage-Zahlungsfrist ab Zugang einer Rechnung oder auf eine Mahnung nach Eintritt der Fälligkeit nicht gezahlt hat. Fälligkeit tritt mit Abnahme des Werks ein oder wenn eine vertraglich vereinbarte Abschlagszahlung nicht fristgerecht eingeht.
- Die Inkassobüros übernehmen auch titulierte Forderungen (Vollstreckungsbescheide, Urteile) zum Einzug — so genanntes nachgerichtliches Inkasso.

▶ **BEISPIEL**

Auftrag zur Einziehung einer Forderung von 1.000,00 EUR:
Inkassogebühr 89,25 EUR (7,5 % von 1.000 = 75 + 19 % von 75 = 14,25)
Erfolgshonorar 238,00 EUR (20 % von 1.000 = 200 + 19 % von 200 = 38)

Einige Inkassounternehmen **kaufen** neben ihrer Auftragstätigkeit auch **Forderungen auf.** Der Forderungskauf — in Form der Vollabtretung — erfolgt durch das Inkassounternehmen nach Risikoabwägung und bringt in den meisten Fällen nur einige Prozent der Forderungssumme.

Erhofft man sich vom Kunden weitere Aufträge und will man mit ihm in Geschäftsbeziehung bleiben, empfiehlt sich die Einschaltung eines Inkassounternehmens nicht.

Vorsicht ist auch bei Inkassounternehmen geboten, die „Russisches Inkasso" anbieten. Für den Auftraggeber besteht die Gefahr einer Ermittlung wegen Anstiftung zur Bedrohung, Körperverletzung oder Erpressung.

27 Inkassokosten sind dem Grunde nach als Verzugsschaden gemäß § 286 Abs. 1 BGB vom Schuldner zu erstatten, wenn der Gläubiger bei Beauftragung eines Inkassounternehmens davon ausgehen durfte, dass seine Forderungen auch ohne Einschaltung von Rechtsanwalt und Gericht beitreibbar sind, der Schuldner sie vorher noch nicht bestritten hat und auch keine erkennbare Zahlungsunfähigkeit oder Zahlungsunwilligkeit vorgelegen hat[19]. Die Kosten für die Beauftragung eines Inkassoinstitutes können nicht als Verzugsschaden im Sinne von § 286 Abs. 2 BGB geltend gemacht werden, wenn zu diesem Zeitpunkt bereits offenkundig ist, dass der Schuldner zahlungsunfähig oder zahlungsunwillig ist. Dies ist vom Gericht auch im Versäumnisverfahren bei der Schlüssigkeitsprüfung zu berücksichtigen[20].

Der Gläubiger hat die freie Wahl zwischen der Einschaltung eines zugelassenen Inkassobüros, eines Rechtsbeistandes oder eines Rechtsanwalts. Es ist daher nicht zulässig, die nicht anrechenbare Hälfte der Geschäftsgebühr des Rechtsanwalts in besonderen Fällen der erkennbaren Zahlungsunfähigkeit und -unwilligkeit des Schuldners als erstattungsfähig anzunehmen, aber demgegenüber die Erstattung eines Anteils der Inkassogebühren in dieser Höhe abzulehnen[21].

Die Einzelheiten der Erstattungsfähigkeit von Inkassokosten sind im Übrigen umstritten[22].

---

[19] So OLG Dresden, Urt. v. 04.04.1995 – 13 U 1515/93, NJW-RR 1996, 1471 = MDR 1995, 1207; vgl. im Übrigen: AG Brandenburg, Urt. v. 27.08.2012 – 31 C 266/11, n. v.; AG Plön, Beschl. v. 20.07.2012 – 2 C 664/11, n. v.; AG Marbach, Beschl. v. 29.06.2012 – 1 C 517/11, n. v.; OLG Bremen, Urt. v. 09.03.2012 – 2 U 98/11, n. v.; AG Einbeck, Urt. v. 11.11.2011 – 2 C 191/11, JurBüro 2012, 205.

[20] So OLG München, Urt. v. 29.11.1974 – 19 U 3081/74, NJW 1975, 832; OLG Oldenburg, Urt. v. 24.04.2006 – 11 U 8/06, JurBüro 2006, 481.

[21] So OLG Oldenburg, Versäumnisurt. v. 24.04.2006 – 11 U 8/06, JurBüro 2006, 481.

[22] Vgl. Schultz, Zur Erstattungsfähigkeit von Inkassokosten, SchlHA 2012, 128 ff.; Woitkewitsch, Ersatzpflicht für außergerichtliche Rechtsanwalts- und Inkassokosten, MDR 2012, 500 ff.; Wedel, Generelle Inkassokosten-Deckung durch den Gesetzgeber?, JurBüro 2012, 60 f.; Wedel, Durchsetzbarkeit von Inkassokosten nach der Neuregelung des Rechtsberatungsrechts, DGVZ 2010, 101 f.; Hergenröder, Rechts- und Vollstreckungsschutz bei angeschwollenen Bagatellforderungen, DGVZ 2009, 49 ff.; Röhl, Die Erstattungsfähigkeit vorgerichtlich angefallener Inkassobürokosten, MDR 2008, 664 ff.; Salten, Die Erstattungsfähigkeit von Inkassokosten und die Auswirkungen des neuen Rechtsdienstleistungsgesetzes, ZRP 2007, 88 ff.; Wedel, Aktuelles zur Frage der Erstattungsfähigkeit von Inkassokosten, JurBüro 2006, 180 f.; Peter, Der Ersatz von Inkassokosten nach § 286 BGB, JurBüro 1999, 174 ff.; Jäckle, Effektivität und Erstattungsfähigkeit der Kosten eines Inkassounternehmens, BB 1993, 2463 ff.

28   Für die **vorgerichtliche Tätigkeit** eines Inkassounternehmens werden von der
       Rechtsprechung als Verzugsschaden Beträge entsprechend einer 0,6 bis 1,6
       Rechtsanwaltsgebühr angesetzt (siehe Gebührenübersicht Rn. 179 und bei den
       Arbeitshilfen online).

ANERKANNTE Inkassogebühren aus der Rechtsprechung[23]

LG Kiel, Urteil v. 07.12.2006	13 O 107/06	1,0[24]
LG Frankfurt/Main, VU v. 12.07.2006	2 O 34/06	1,3
AG Meißen, Urteil v. 25.01.2007	3 C 1069/06	1,3
AG Biberach, VU v. 01.03.2006	7 C 114/06	1,5
AG Bad Oeynhausen, VU v. 17.01.2007	24 nC 374/06	0,8
AG Anklam, Urteil v. 12.10.2006	7 C 177/06	0,65
AG Bocholt, Urteil v. 02.01.2006	11 C 370/06	1,5
AG Eutin, Urteil v. 26.07.2006	21 C 100/05	1,6
AG Hamburg-Blankenese, Urteil v. 03.05.2006	508 C 437/05	1,5
AG Memmingen, VU v. 14.09.2006	11 C 1189/06	1,5

Verschiedene Gerichte erkennen Inkassogebühren nicht als Verzugsschaden an,
weil der Gläubiger durch die Beauftragung des Inkassounternehmens gegen die
ihm obliegende **Schadensminderungspflicht** (§ 254 Abs. 2 BGB) verstoßen habe. Er
habe davon ausgehen können, dass die Forderung ohne Einschaltung von Gericht
oder Rechtsanwalt nicht beitreibbar sei.

INKASSOKOSTEN wurden nicht anerkannt von:

LG Essen, Beschluss v. 28.08.2006	13 S 65/06
AG Essen, Urteil v. 08.12.2006	13 C 285/06
AG Gelsenkirchen-Buer, Urteil v. 08.01.2007	28 C 387/06
AG Soltau, Urteil v. 22.08.2006	4 C 589/06
AG Plön, Urteil v. 26.04.2006	2 C 1376/06

Bei **nachgerichtlicher Tätigkeit** eines Inkassounternehmens erkennt die Recht-
sprechung Inkassokosten entsprechen einer Rechtsanwaltsgebühr von 0,3 nach
Nr. 3309 des Vergütungsverzeichnisses zum RVG an (LG Bremen, JurBüro 2002, 212;
AG Villingen-Schwenningen, Beschluss v. 15.08.2006 — 4 M 3413/06).

---

[23] Rechtsprechung 2006/2007.
[24] Einer Anwaltsgebühr entsprechend.

Zur Frage des Umfangs der Prüfungspflicht des Rechtspflegers bezüglich Inkassokosten im Mahnverfahren vgl. Seitz, a. a. O., Rn. 931 ff.[25]

1.6.2 Forderungseinziehung mit Hilfe von Rechtsanwälten

28a Der Rechtsanwalt ist der Berater und Vertreter in allen Rechtsangelegenheiten. Als Rechtsanwalt wird von den Justizverwaltungen nur zugelassen, wer die Erste und Zweite Juristische Staatsprüfung bestanden und damit die Befähigung zum Richteramt erworben hat.

Ist ein Rechtsanwalt bei einem Landgericht in Deutschland zugelassen, kann er bei allen Landgerichten und Oberlandesgerichten auftreten. Vor den Landgerichten, Oberlandesgerichten und dem Bundesgerichtshof herrscht **Anwaltszwang**, d. h. man muss sich dort von einem zugelassenen Anwalt vertreten lassen. Das bedeutet, dass eine Klage über 5.000,00 EUR — Zinsen werden nicht mitgerechnet — beim Landgericht von einem zugelassenen Rechtsanwalt eingelegt werden muss.

Für seine freiberufliche Tätigkeit erhält er eine gesetzlich geregelte Vergütung. Sie fällt bereits bei einer Beratung an, setzt sich bei einer außergerichtlichen Vertretung fort und betrifft schließlich die Tätigkeit in einem gerichtlichen Verfahren. Sie errechnet sich nach dem seit 01.07.2004 geltenden Rechtsanwaltsvergütungsgesetz. Für ein einfaches Mahnschreiben über eine Forderung von 3.000,00 EUR erhält der Anwalt 56,70 EUR + MwSt.

Erteilt er in diesem Falle einen mündlichen oder schriftlichen Rat, oder eine Auskunft (Beratung) außerhalb eines gerichtlichen Verfahrens, so bekommt er — je nach Sach- und Rechtslage — mindestens 18,90 EUR und höchstens 189,00 EUR, jeweils plus MwSt.

Wird ein Vergleich über eine Forderung von 3.000,00 EUR geschlossen, fallen 283,50 EUR + MwSt. an Gebühren an. Den gleichen Betrag erhält er für die Vertretung in einem Mahnverfahren bis zum Vollstreckungsbescheid. Legt der Kunde gegen den Vollstreckungsbescheid innerhalb von 2 Wochen ab Zustellung Einspruch ein und vertritt der Rechtsanwalt den Unternehmer im anschließenden Streitverfahren vor Gericht, wird die Gebühr für das Mahnverfahren auf die beim Streitgericht für die anwaltliche Tätigkeit anfallenden Kosten angerechnet. Reicht der Anwalt eine Klage über 3.000,00 EUR bei Gericht ein, erhält er für die Klageeinreichung und -vertretung im Termin 472,50 EUR + 16% MwSt.

---

[25] Zusammenfassend Jenisch, JurBüro 1989, 721.

Ob ein Rechtsanwalt oder eine Rechtsanwältin gut ist, erfährt man oft über eine Empfehlung. Ansonsten kann man sich über die „Gelben Seiten" des Telefonbuchs unter dem Stichwort „Rechtsanwälte" informieren oder bei der Rechtsanwaltskammer anfragen, die es in jedem Oberlandesgerichtsbezirk gibt (z. B. ww.rak-muenchen.de). Inzwischen führt auch die Bundesrechtsanwaltskammer ein kostenlos online einsehbares Verzeichnis aller in Deutschland zugelassenen Rechtsanwälte.

1.6.3 Forderungseinziehung durch Rechtsbeistände

28b Der Rechtsbeistand hat die von der Justizverwaltung erteilte Erlaubnis für die geschäftsmäßige Besorgung fremder Rechtsangelegenheiten. Er darf jedermann rechtlich beraten und außergerichtlich vertreten sowie als Mitglied einer Rechtsanwaltskammer vor den Amtsgerichten auftreten. Die Vergütung errechnet sich nach dem Rechtsanwaltsvergütungsgesetz.

Seit 1981 können Rechtsbeistände mit dieser umfassenden Beratungs- und Vertretungsfunktion nicht mehr bestellt werden. Es sind derzeit aber noch zahlreiche Rechtsbeistände in Deutschland tätig, 400 davon als Mitglieder von Rechtsanwaltskammern.

Der Bundesverband Deutscher Rechtsbeistände (BDR) e. V., Geschäftsstelle 53113 Bonn, Rheinweg 24, Tel.0228/923991-20, Fax -26, (www.Rechtsbeistand.de), gibt gerne Auskunft über Rechtsbeistände in Ihrer Nähe.

1.7 Notwendigkeit der gerichtlichen Mahnung

29 Führt die außergerichtliche Mahnung nicht zur Zahlung durch den Schuldner, so wird der Gläubiger das gerichtliche Mahnverfahren einleiten, das als schärfste und nachdrücklichste Form der Mahnung bezeichnet werden kann. Der Gläubiger kann stattdessen auch unmittelbar Klage gegen seinen Schuldner erheben (siehe Rn. 44, 127). Erst nach erfolgreicher Durchführung eines solchen gerichtlichen Verfahrens kann gegen den Schuldner im Wege der Zwangsvollstreckung vorgegangen werden (Rn. 184). Des besseren Verständnisses halber sei bereits hier kurz zusammenfassend gesagt, dass das Gericht im Mahnverfahren auf Antrag des Gläubigers an den Schuldner einen Mahnbescheid erlässt mit der Aufforderung, binnen einer bestimmten Frist Zahlung zu leisten oder Widerspruch zu erheben. Erhebt der Schuldner Widerspruch, so erwächst daraus auf Antrag des Gläubigers oder des Schuldners ein ordentliches Prozessverfahren, ohne dass noch besondere Klageerhebung erforderlich ist. Wird nicht Widerspruch erhoben, so kann der Gläubiger, ohne dass vor dem Gericht eine mündliche Verhandlung stattfindet, Erteilung eines Vollstreckungsbescheids beantragen und mit ihm seine Forderung beitreiben. Gegen den Vollstreckungsbescheid kann der Schuldner Einspruch einlegen. Ein solcher führt ebenfalls in das ordentliche Prozessverfahren über. Durch die Zustellung eines Mahnbescheides wird die Verjährung eines Anspruchs gehemmt. Diese Wirkung wird bereits durch Einreichung des Mahnantrags beim zuständigen Gericht (Amtsgericht oder Arbeitsgericht — zur sachlichen Zuständigkeit des Letzteren vgl. Rn. 43) erzielt, wenn die Zustellung des Mahnbescheids **„demnächst"** erfolgt (sog. Vorwirkung — vgl. § 204 Abs. 1 Nr. 3 BGB i. V. m. § 167 ZPO).

„Demnächst" bedeutet in nicht allzu erheblichem Zeitabstand vom Fristablauf. Zusätzlich stellt die Rechtsprechung darauf ab, ob der Zustellungsbetreiber alles ihm Zumutbare für eine alsbaldige Zustellung unternommen hat.

Ein Mahnbescheid, dessen Zustellung aufgrund einer unzutreffenden Postanschrift des Antragsgegners nicht zugestellt werden kann, gilt gemäß § 167 ZPO n. F. (= § 693 Abs. 2 ZPO a. F.) als **demnächst** zugestellt, wenn er nach Zugang der Mitteilung der Unzustellbarkeit beim Antragsteller **innerhalb eines Monats** zugestellt wird.[26]

TIPP

Welche Frist als angemessen gilt, ist stets individuell zu bestimmen.[27] Bei nicht vom Zustellungsbetreiber verursachten Verzögerungen im Geschäftsbetrieb des Gerichts neigt die Rechtsprechung zu einer sehr weiten Auslegung des Begriffs „demnächst" und geht über den Monatszeitraum hinaus.

Ja nach Sachlage kann ein Versäumnis aber auch darin liegen, dass der Zustellungsbetreiber nicht nachfragt, warum die Zustellung ausbleibt[28]: Die Zustellung eines Mahnbescheides ist dann **nicht mehr demnächst** im Sinne von § 167 ZPO erfolgt, wenn der Antragsteller es unterlassen hat, beim Mahngericht nach Ablauf einer je nach Umständen des Einzelfalls bemessenen Frist nachzufragen, ob die Zustellung bereits veranlasst wurde, und dieses Unterlassen nachweislich zu einer Verzögerung der Zustellung um mehr als einen Monat geführt hat.[29]

---

[26] BGH, MDR 2002, 1085.

[27] OLG Hamm, NJW 1977, 2364.

[28] BGH, NJW 2005, 1194.

[29] BGH, MDR 2007, 45.

Eine Verzögerung der Zustellung infolge Wohnsitzwechsel des Schuldners geht allerdings grundsätzlich zu dessen Lasten.[30] Gleichwohl sollte es der Gläubiger für die Einreichung des Mahnantrags bei Gericht nicht auf den letzten für die Verjährung maßgeblichen Tag (etwa das Jahresende) ankommen lassen.

Ob eine Mahnung, die sich auf mehr als den wirklichen Rückstand erstreckt, völlig unwirksam oder nur im Umfang des tatsächlichen Rückstands wirksam ist, entscheidet sich unter Berücksichtigung der Umstände nach Treu und Glauben.[31]

Der BGH vertritt die Auffassung, dass eine Zuvielforderung die Wirksamkeit der Mahnung und damit den Verzug hinsichtlich der verbleibenden Restforderung nicht infrage stellt, wenn der Schuldner die Erklärung des Gläubigers nach den Umständen des Falles als Aufforderung zur Bewirkung der tatsächlich geschuldeten Leistung verstehen muss und der Gläubiger zur Annahme der ihm gegenüber seinen Vorstellungen geringeren Leistung bereit ist[32]. Lediglich eine unverhältnismäßig hohe, weit übersetzte Zuvielforderung kann den zu Recht angemahnten Teil so in den Hintergrund treten lassen, dass dem Schuldner kein Schuldvorwurf zu machen ist, wenn er sich nicht als wirksam gemahnt sieht. Am Verschulden fehlt es, wenn der Schuldner die wirklich geschuldete Forderung nicht allein ausrechnen kann, weil sie von ihm unbekannten internen Daten des Gläubigers abhängt[33].

Der Grund für eine sog. „Zuvielmahnung" liegt bei weitem nicht immer in einem Fehler auf Seiten des Gläubigers, sondern kann auch kühl kalkulierte Strategie sein. Der versierte Gläubiger verfolgt damit den Zweck, vom (entrüsteten) Schuldner eine Zuschrift zu erhalten, in der der genaue Schuldbetrag angegeben ist. Dies führt dazu, dass es sich um ein Anerkenntnis handelt, sodass nicht nur der Zugang der Mahnung dokumentiert wird, sondern auch die Verjährung neu beginnt (§ 812 Abs. 1 Nr. 1 BGB). Weiterhin eröffnet der Schuldner auch für den Gläubiger den Weg ins Urkundenmahnverfahren (Rn. 104) oder in den Urkundenprozess (Rn. 135).

---

[30] LG Düsseldorf, VersR 1966, 526.

[31] BGH, MDR 1999, 1128.

[32] So BGH, MDR 2007, 200; BGH, WM 2000, 586; BGH, NJW 1999, 3115.

[33] So BGH, MDR 2007, 200; BGH, NJW 1993, 1260; BGH, NJW 1991, 1286.

1.8 Strafrechtliches Vorgehen gegen den Schuldner

30   Der Gläubiger hat geleistet (z. B. Ware geliefert, einen Dienst erbracht, ein Werk erstellt), aber der Schuldner verweigert die Gegenleistung. Ist der Gläubiger dann nicht betrogen worden? Kann er den Schuldner nicht wegen Betrugs anzeigen?

Zunächst fragt es sich, ob eine Strafanzeige dem Gläubiger nützt, d. h. ihn eventuell rascher und mit größerer Wahrscheinlichkeit zu seinem Geld kommen lässt.

In geeigneten Fällen kann eine Strafanzeige oder bereits die Drohung mit ihr ein wirksames Druckmittel gegen den Schuldner sein. Allerdings sollte man bedenken, dass eine spätere geschäftliche Beziehung mit diesem Schuldner dann wohl ausscheiden dürfte, ein solches Vorgehen also auf Schuldner beschränkt bleiben sollte, mit denen man keine weiteren Beziehungen mehr pflegen will.

In Betracht kommt eine Anzeige wegen Betrugs bei der Polizeidienststelle oder der Staatsanwaltschaft des Tatorts (= wo der Betrug begangen wurde, vor allem, wo getäuscht wurde), die man schriftlich oder mündlich einlegen kann.

Dabei sollte es aber vermieden werden, „Herrn X wegen Betrugs" anzuzeigen, sondern vielmehr eine Sachverhaltsschilderung ohne Rechtsausführungen mit der Bitte um strafrechtliche Würdigung gegeben werden. So vermeidet man jedenfalls ein Verfahren gegen sich selbst wegen falscher Verdächtigung (§ 164 StGB). Außerdem sollte die **Strafanzeige zunächst als Entwurf** dem Schuldner zur Stellungnahme binnen einer Woche isoliert, d. h. ohne Drohung und Forderung, zugesandt werden. So wird jedenfalls einer Gegenanzeige des Schuldners wegen Nötigung vorgebeugt. Auch weiß der Schuldner, dass der Gläubiger, wenn er sein Geld bekommt, die Anzeige nicht einreichen wird. Die Zusendung der Strafanzeige als Entwurf fördert erfahrungsgemäß die Kommunikation zwischen Gläubiger und Schuldner: In aller Regel meldet sich der Schuldner und bittet, von der Anzeige abzusehen. Nun kann über die Zahlung verhandelt werden.

MUSTER: Strafanzeige

An die
Staatsanwaltschaft
bei dem Landgericht München II
Sehr geehrte Damen und Herren!
Ich möchte Ihnen folgenden Sachverhalt zur strafrechtlichen Würdigung unterbreiten:
Am 03.01.2013 bestellte Herr Franz Maier, Gauting, Bahnhofstraße 7, bei mir eine Sauna zum Preis von 3.566,00 EUR, wobei er sich als zahlungsfähiger und zah-

lungswilliger Kunde ausgab. Nach Einbau der Sauna am 17.01.2013 übergab mir Herr Maier den in Ablichtung beigefügten Verrechnungsscheck Nr. 3224679, bezogen auf die Kreissparkasse Starnberg, den ich am 28.01.2013 von meiner Bank mit dem Aufdruck „Vorgelegt und nicht bezahlt" zurückerhielt.

Herr Maier erklärte auf meine Anfrage, er sei der Meinung gewesen, der Scheck sei gedeckt.

Da Herr Maier mir bis heute für die Sauna nichts bezahlt hat, scheint mir, dass Herr Maier von vornherein vorhatte, sich durch die Lieferung der Sauna einen rechtswidrigen Vermögensteil zu verschaffen.

Ich bitte um Benachrichtigung über die von der Staatsanwaltschaft getroffenen Maßnahmen.

Mit freundlichen Grüßen

Unterschrift

---

31 Der entscheidende Punkt bei der Frage, ob sich ein Schuldnerverhalten als Betrug darstellt, ist das Vorliegen der **vorgefassten Betrugsabsicht.**

Neben der Täuschungshandlung (z. B. Vorspiegelung von Zahlungsfähigkeit), die zur Irrtumserregung beim Gläubiger führt (z. B. Vorstellung, der Schuldner sei zahlungsfähig), die wiederum eine Vermögensverfügung bewirkt (z. B. Lieferung einer bestimmten Ware, Erbringung einer Handwerkerleistung), die einen Vermögensschaden beim Gläubiger herbeiführt, muss die im Zeitpunkt der Täuschungshandlung bereits vorliegende Absicht, sich rechtswidrig zu bereichern, kommen.

Der Schuldner muss also im Zeitpunkt der Bestellung einer Leistung beim Gläubiger bereits die Absicht haben, sich einen Vorteil ohne Gegenleistung zu verschaffen.

Diese Absicht lässt sich trotz Bestreitens durch den Schuldner dann nachweisen, wenn seine Einkommens- und Vermögensverhältnisse im Zeitpunkt der Bestellung so sind, dass er davon ausgehen musste, die Gegenleistung nicht erbringen, d. h. seine Schuld nicht bezahlen zu können.

Anzeichen für eine vorgefasste Betrugsabsicht können sein:

- ein Geschäftsabschluss, wenn der Schuldner zuvor die eidesstattliche Vermögensoffenbarung abgegeben hat und er keine begründeten Aussichten darlegen kann, dass er wieder hätte zu Geld kommen können;
- eine Lohnabtretung in Kenntnis der Tatsache, dass sie durch Einzelvertrag oder Tarifvertrag mit dem Arbeitgeber ausgeschlossen ist (siehe Rn. 8). In diesem Fall kann sich für den Gläubiger ein Vermögensschaden dadurch ergeben, dass er beispielsweise im Vertrauen auf die Abtretung nicht rechtzeitig vollstreckt und ihm andere Gläubiger zuvorkommen;

- dem Schuldner gehört nichts. Er lebt bei seiner begüterten Frau und seinen wohlhabenden Kindern;
- der Arbeitslohn wurde bereits anderweitig ausgegeben.

Im Falle des so genannten Scheckbetrugs (Hingabe eines ungedeckten Schecks, der nicht eingelöst wird) lässt sich dies meistens über die Offenlegung der Kontenbewegungen des Schuldners feststellen. Die Kontenbewegungen kann sich allerdings der private Gläubiger wegen des Bankgeheimnisses nicht offen legen lassen. Dazu bedarf es vielmehr eines richterlichen Beschlusses, den die Staatsanwaltschaft beantragt.

Wird dabei festgestellt, dass das Konto des Schuldners bereits Wochen oder gar Monate vor der Bestellung leer war und Wochen oder Monate nach der Bestellung nichts eingegangen ist, so spricht dies für einen Betrug. Der Schuldner hat dann dem Gläubiger Zahlungsfähigkeit und Zahlungswilligkeit vorgespiegelt und ihn so zu einer vermögensschädigenden Verfügung veranlasst.

32 Ein weiteres neben anderen Umständen wichtiges Indiz für vorgefasste Betrugsabsicht kann auch das Aufgeben des Wohnsitzes durch den Schuldner und das Verziehen „nach Unbekannt", ohne sich mit dem Gläubiger in Verbindung gesetzt zu haben, sein.

Hier hat eine Betrugsanzeige noch den willkommenen Nebeneffekt, dass die polizeiliche Fahndung (Ausschreibung zur Aufenthaltsermittlung, in schweren Fällen Ausschreibung zur Festnahme) dem Gläubiger zum Bekanntwerden der neuen Anschrift des Schuldners verhilft, was wegen Erlangung eines Titels oder Durchführung einer Zwangsvollstreckung bedeutsam ist.

Häufig werden Schulden nach erfolgter Strafanzeige und vor der Strafverhandlung bezahlt, um eine milde Strafe oder gar die Einstellung des Verfahrens wegen Geringfügigkeit zu erreichen. In der Strafverhandlung wird auch oft eine Freiheitsstrafe verhängt, die zur Bewährung unter Auflage der Wiedergutmachung des angerichteten Schadens ausgesetzt wird. Hier wird sich der Schuldner rasch um eine Begleichung seiner Schulden bemühen, da er anderenfalls Gefahr läuft, dass die Strafaussetzung zur Bewährung widerrufen wird.

Folgende drei Gesichtspunkte sollte der Gläubiger immer bedenken:

1. Die vorgefasste **Betrugsabsicht**, die Voraussetzung eines Strafverfahrens ist, liegt dann **nicht** vor, **wenn beim Schuldner erst nach Bestellung eine nicht vorhersehbare Verschlechterung** seiner Einkommens- und Vermögensverhält-

nisse eingetreten ist (wenn z. B. eine vom Schuldner erwartete Zahlung, mit der er seine Schulden begleichen wollte, nicht eingegangen ist).

2. Eine Geldstrafe wegen Betrugs, die der Staatskasse zufließt, mindert bzw. verzögert die Zahlungsfähigkeit des Schuldners.

Betrug ist ein **Offizialdelikt**, d. h., es wird auch ohne Strafantrag verfolgt und auch bei „Rücknahme" der Strafanzeige durch den Gläubiger.

Eine weitere Straftat des Schuldners, die allerdings nur auf Antrag des Gläubigers verfolgt wird, ist die **Vollstreckungsvereitelung** (§ 288 StGB): Wer bei einer ihm drohenden Zwangsvollstreckung in der Absicht, die Befriedigung des Gläubigers zu vereiteln, Bestandteile seines Vermögens veräußert oder beiseite schafft, wird mit Freiheitsstrafe bis zu zwei Jahren oder mit Geldstrafe bestraft. Die Vorschrift will die Befriedigung des Gläubigers aus dem Schuldnervermögen sichern. Wann „droht" die Zwangsvollstreckung? Es muss ein vollstreckbarer Anspruch bestehen. Eine Klage braucht noch nicht erhoben zu sein. Dringende Mahnungen können genügen. Die veräußerten oder beiseite geschafften Vermögensbestandteile müssen der Zwangsvollstreckung unterliegen. Daher scheiden unpfändbare Gegenstände aus. Veräußern bedeutet Ausscheiden aus dem Vermögen ohne vollen Ausgleich, beiseiteschaffen, verstecken, verlegen, zerstören. Der Täter muss mit Absicht, also mit unbedingtem Vorsatz handeln.

Weiterhin strafbar für Schuldner:

- **Falsche Versicherung an Eides statt** (§§ 156, 163 StGB): Sie kann z. B. bei der eidesstattlichen Offenbarungsversicherung begangen werden, wenn falsche Angaben zur Person oder zum Vermögen gemacht werden.
- **Insolvenzverschleppung** (§ 15a InsO): Mit Freiheitsstrafe bis zu drei Jahren oder mit Geldstrafe wird bestraft, wer einen erforderlichen Eröffnungsantrag nicht, nicht richtig oder nicht rechtzeitig stellt. Bei Kapitalgesellschaften und haftungsbeschränkten Personenhandelsgesellschaften haben die Mitglieder des Vertretungsorgans oder die Abwickler ohne schuldhaftes Zögern, spätestens aber drei Wochen nach Eintritt der Zahlungsunfähigkeit oder Überschuldung, einen Eröffnungsantrag zu stellen, § 15a Abs. 1 und Abs. 2 InsO. Im Falle der Führungslosigkeit einer Gesellschaft mit beschränkter Haftung ist gemäß § 15a Abs. 3 InsO auch jeder Gesellschafter, im Falle der Führungslosigkeit einer Aktiengesellschaft oder einer Genossenschaft auch jedes Mitglied des Aufsichtsrats zur Stellung des Antrags verpflichtet, es sei denn, diese Person hat von der Zahlungsunfähigkeit oder der Überschuldung oder der Führungslosigkeit keine Kenntnis[34]. Bei natürlichen Personen besteht keine Insolvenzantragspflicht.

---

[34] Vgl. Schmittmann/Theurich/Brune, Das insolvenzrechtliche Mandat, § 11 Rn. 62 ff.

Auch für Stiftungen und Vereine besteht keine Verpflichtung, Insolvenzantrag zu stellen[35].

- **Verstrickungsbruch** (§ 136 Abs. 1 StGB): Er liegt vor, wenn eine gepfändete Sache der Beschlagnahme entzogen wird, wenn sie beschädigt oder zerstört wird. Meist ist dann auch ein **Siegelbruch** (§ 136 Abs. 2 StGB) gegeben, wenn das Pfandsiegel beschädigt oder abgelöst wird. Die drei letztgenannten Straftaten werden von Amts wegen ohne Strafantrag verfolgt.

1.9 Informationen über Schuldner

33   Informationen über Schuldner sind bereits im **Stadium der Vertragsverhandlungen** wichtig. Mit ihrer Hilfe kann sich der Gläubiger rechtzeitig über die Bonität des (künftigen) Schuldners informieren, was ihn vor Forderungsausfällen bewahren kann.

Vor allem aber **bei der Zwangsvollstreckung** sind Informationen über den Schuldner für die Zugriffsstrategie besonders wichtig. Von ihnen ausgehend kann sich der Gläubiger zu zwei- oder gar dreispurigem Vorgehen entschließen: Der Gerichtsvollzieher wird mit der Sachpfändung beauftragt (Rn. 233 ff.). Es wird ihm mitgeteilt, dass gleichzeitig Antrag auf Erlass eines Pfändungs- und Überweisungsbeschlusses — etwa zur Lohnpfändung — gestellt werde. Die vollstreckbare Ausfertigung des Titels werde ihm vom Vollstreckungsgericht nach Gebrauch auf Bitte des Gläubigers zugesandt werden. Damit kann der Gerichtsvollzieher den Vollstreckungsauftrag bereits in seine Planung aufnehmen; im Großstadtbereich wird der Auftrag ohnehin oftmals erst nach fünf bis zehn Monaten durchgeführt.

Gleichzeitig kann der Gläubiger mit Hilfe einer **weiteren vollstreckbaren Ausfertigung** des Titels (§ 733 ZPO) — etwa wenn der Schuldner Grundbesitz in einem anderen Gerichtsbezirk hat[36] — die **Immobiliarzwangsvollstreckung** durch Eintragung einer Zwangshypothek (siehe Rn. 516) betreiben. Auch zur Vollstreckung gegen Gesamtschuldner kann eine weitere Titelausfertigung beantragt werden[37].

---

[35] So kritisch: Schmittmann/Dannemann, Die zweite Stufe der Insolvenzrechtsreform aus Sicht der öffentlich-rechtlichen Gläubiger, VR 2012, 253 ff.

[36] Vgl. OLG Karlsruhe, Rpfleger 1977, 453.

[37] LG Leipzig, JurBüro 2004, 559.

34 Bereits bei der Vertragsanbahnung, spätestens aber bei laufender Geschäftsbeziehung, sollte der Gläubiger Informationen über die **Einkommens- und Vermögensverhältnisse** des Schuldners sammeln.

Von welchen Einkünften lebt der Schuldner?

Zur Beantwortung dieser Frage dienen Informationen über seine sämtlichen Einkommensquellen:

- Welchen Beruf übt der Schuldner aus?
- Wer ist sein Arbeitgeber?
- Wie hoch ist sein Einkommen?
- Zieht er Kapitaleinkünfte (Zinsen, Dividenden etc.)?
- Hat er Miet- oder Pachteinkünfte?
- Ist er an einer OHG, KG oder GmbH — evtl. als stiller Gesellschafter — beteiligt?

Verfügt der Gläubiger hierüber keine Erkenntnisse — etwa aufgrund einer Selbstauskunft des Schuldners (gelegentlich ergeben sich daraus Anhaltspunkte für einen so genannten Eingehungsbetrug, vgl. Rn. 30) —, so kann er sich diese durch eigene Ermittlungen oder durch Einschaltung einer Auskunftei oder eines Privatdetektivs oder letztendlich über die eidesstattliche Offenbarungsversicherung (siehe Rn. 703) verschaffen. Auch eine Anfrage an das Amtsgericht — Schuldnerverzeichnis —, das für den Wohnsitz des Schuldners zuständig ist, bietet sich an (siehe dazu Rn. 722).

35 Handelt es sich bei dem Schuldner um eine Kapitalgesellschaft oder eine haftungsbeschränkte Personenhandelsgesellschaft, also insbesondere eine GmbH, eine GmbH & Co. KG oder eine AG, bietet das elektronische Unternehmensregister, das unter www.unternehmensregister.de erreichbar ist, weitere Informationsmöglichkeiten, z. B. können Handelsregisterinformationen elektronisch eingesehen werden. Darüber hinaus ist auch eine Einsichtnahme in die gemäß § 325 HGB offenzulegenden Jahresabschlüsse möglich. Dabei darf allerdings nicht verkannt werden, dass die Jahresabschlüsse erst nach Ablauf eines Jahres nach dem Bilanzstichtag offengelegt werden müssen, sodass es sich um veraltete Informationen handelt. Weiterhin beabsichtigt die Bundesregierung durch das Gesetz zur Umsetzung der Richtlinie 2012/6/EU des Europäischen Parlaments und des Rates vom 14.03.2012 zur Änderung der Richtlinie 78/660/EWG des Rates über den Jahresabschluss von Gesellschaften bestimmter Rechtsformen hinsichtlich Kleinstbetrieben[38] für Kleinst-

---

[38] So Kleinstkapitalgesellschaften-Bilanzrechtsänderungsgesetz.

kapitalgesellschaften und haftungsbeschränkte Personenhandelsgesellschaften die Offenlegung im Internet unter www.unternehmensregister.de durch ein Hinterlegungsverfahren gemäß § 326 Abs. 2 in Verbindung mit § 9 Abs. 6 HGB zu modifizieren, was die Informationsbeschaffung für den Gläubiger deutlich erschwert. Kleinstkapitalgesellschaften sind gemäß § 267a Abs. 1 HGB Kapitalgesellschaften, die mindestens zwei der drei nachstehenden Merkmale nicht überschreiten:

- 350.000,00 EUR Bilanzsumme nach Abzug eines auf der Aktivseite ausgewiesenen Fehlbetrages;
- 700.000,00 EUR Umsatzerlöse in den zwölf Monaten vor dem Abschlussstichtag;
- im Jahresdurchschnitt zehn Arbeitnehmer.

Gleichwohl sollte auf eine Recherche unter www.unternehmensregister.de nicht verzichtet werden, da sich der Vertragspartner dort z. B. zuverlässig über die Höhe des Stammkapitals, ein gegebenenfalls bereits eingeleitetes Liquidationsverfahren oder einen häufigen Geschäftsführerwechsel unterrichten kann.

36 ## Was hat der Schuldner an pfändbarem Vermögen?

Hier ist zunächst an **Konten** zu denken. Nahezu jeder hat Giro- und Sparkonten. Die Auffindung von Konten, die der Schuldner praktischerweise an seinem Wohnort üblicherweise nahe bei seiner Wohnung unterhält, kann durch einen Versuch einer Einzahlung oder durch Zustellung von Pfändungs- und Überweisungsbeschlüssen z. B. an drei ortsansässige Banken und Sparkassen — gleichzeitig in **einem** Antrag möglich! — mit Aufforderung zur Drittschuldnererklärung (siehe Rn. 298) erfolgen.

37 Als sonstige pfändbare Forderungen sollten in Erwägung gezogen werden:

- Arbeitseinkommen,
- Forderungen gegen Kunden und Auftraggeber,
- Aktiendepotforderungen (zur Pfändung siehe Rn. 756),
- Anwartschaftsrechte,
- Erbansprüche,
- Lebensversicherungsansprüche,
- Sozialgeldleistungsansprüche,
- Zugewinnausgleichsansprüche,
- Taschengeldansprüche gegen Ehegatten,
- Forderungen gegen Versicherungen einschließlich Rechtsschutzversicherung sowie
- Steuererstattungsansprüche.

Hat der Gläubiger guten **Kontakt zu** einer **Bank**, kann er über diese, die sich wiederum bei anderen Banken und der SCHUFA informiert, wirtschaftliche Informationen über Schuldner bekommen.

Letztlich bleibt dem Gläubiger als Informationsquelle noch die eidesstattliche Offenbarungsversicherung (Rn. 703).

38   Was ist bei unbekanntem Aufenthalt des Schuldners zu tun?

Manchmal ist dem Gläubiger nur das **Postfach** des Schuldners bekannt. Die Post darf einem Dritten für Zwecke des Postverkehrs auf dessen Verlangen die **Anschrift eines Postfachinhabers** mitteilen, sofern er ein berechtigtes Interesse an der Kenntnis der Anschrift im Einzelfall glaubhaft macht, das im Zusammenhang mit dem postalischen Dienstleistungsangebot steht.

Der Postfachinhaber kann der Mitteilung seiner Anschrift widersprechen. Auf sein **Widerspruchsrecht** ist er bei Vertragsschluss oder bei bestehenden Verträgen durch ein gesondertes Schreiben hinzuweisen (§ 5 Postdienst-Datenschutz-VO).

Ansonsten bestehen für Gläubiger bei unbekannter Anschrift des Schuldners folgende Informationsquellen:

- Telefonbuch (telefonische Auskunft, CD-ROM, Internet),
- Postauskunft (siehe aber Rn. 38a),
- Einwohnermeldeamt (gebührenpflichtig),
- Handelsregister,
- Handwerkskammer (wenn Schuldner Handwerk ausübt),
- Gewerbeamt der Gemeinde, in der Schuldner Gewerbe betreibt,
- Industrie- und Handelskammer, wenn Schuldner dort Mitglied,
- Schuldnerverzeichnis (kann bei der IHK abonniert werden und wird dann laufend ergänzt. Es kann auch dort kostenlos eingesehen werden.),
- Anruf bei Verwandten, Lebensgefährten, Mithausbewohnern, Nachbarn,
- Anruf beim Arbeitgeber,
- Ausschreibung zur Aufenthaltsermittlung im Deutschen Fahndungsbuch durch die Staatsanwaltschaft bei hinreichendem Betrugsverdacht auf Anzeige durch den Gläubiger,
- Detekteien und Auskunfteien (gegen Entgelt [pro Auftrag] 40–60 EUR, im Abonnement billiger).

Rechtsgrundlage für die Einwohnermeldeamtsanfrage ist § 21 des Melderechts-rahmengesetzes in seiner Neufassung vom 24.06.1994 (BGBl. I, 1430). Danach kann man — gebührenpflichtig — Auskunft über Vorname, Familienname, Doktorgrad und Anschrift bestimmter Einwohner verlangen (einfache Melderegisterauskunft, § 21 Abs. 1 MRRG). Jede Melderegisterauskunft ist unzulässig, wenn der Betroffene der Meldebehörde das Vorliegen von Tatsachen glaubhaft macht, die die Annahme rechtfertigen, dass ihm oder einer anderen Person hieraus eine Gefahr für Leben, Gesundheit, persönliche Freiheit oder ähnliche schutzwürdige Belange erwachsen kann, § 21 Abs. 5 MRRG.

38a

> ### TIPP: Anschriftenermittlung
>
> Die Möglichkeit der Anschriftenermittlung von Schuldnern **über die sog. Post-anfrage** wurde durch die am 01.07.1991 in Kraft getretene Postdienst-Daten-schutzverordnung erheblich eingeschränkt.
>
> Ist die zu prüfende Anschrift richtig, darf die Post dies dem Anfragenden un-eingeschränkt mitteilen.
>
> Hat sich die zu prüfende **Anschrift geändert,** darf die neue Anschrift nur mit-geteilt werden, wenn diese durch einen noch vorliegenden Nachsendeantrag bekannt geworden ist und der Empfänger der Weitergabe seiner neuen An-schrift nicht widersprochen hat.
>
> Ist die neue Anschrift dem Postamt ohne geltenden Nachsendeantrag be-kannt, muss die Anschriftenanfrage dem Empfänger zugesandt werden, der selbst über die Mitteilung der neuen Anschrift entscheidet.
>
> Bei Sendungen mit Vorausverfügungen wie z. B. „Nicht nachsenden, bitte mit neuer Anschrift zurück!" bzw. „Bei Anschriftenänderung bitte Anschrif-tenbenachrichtigungskarte zurück" gilt Entsprechendes. Gegebenenfalls wird die Sendung nachgesandt und bei Widerspruch des Empfängers bezüglich der Adressenmitteilung der Anfragende wie folgt benachrichtigt: „Verzogen, neue Anschrift darf nicht mitgeteilt werden" (§ 4 PD-DSVO).

39
Bei **im Bundesgebiet unbekannt verzogenen Ausländern** kann eine Anfrage an das **Ausländerzentralregister** in Köln gerichtet werden, mit der Bitte, die zustän-dige Ausländerbehörde (Kreisverwaltungsbehörde, Landratsamt, Stadtverwaltung-Ausländeramt) zu benennen, bei der man anfragen kann.

Zweckmäßig ist es, die Nationalität, den Geburtsort, das Geburtsdatum und den früheren deutschen Wohnsitz anzugeben. Anschrift: Bundesverwaltungsamt Abt. III — Ausländerzentralregister —, Postfach 680169, Barbarastraße 1, **50735 Köln**, Tel. 0221/7580 und Fax 0221/758—2831, www.bundesverwaltungsamt.de.

Nach § 27 des seit 01.10.1994 geltenden Gesetzes über das Ausländerzentralregister vom 02.09.1994 (BGBl. I, 2265) dürfen Daten über die aktenführende Ausländerbehörde, zum Zuzug oder Fortzug oder über das Sterbedatum des betroffenen Ausländers an Privatpersonen nur übermittelt werden,

- wenn die Nachfrage bei der zuletzt zuständigen Meldebehörde erfolglos geblieben ist und
- ein rechtliches Interesse an der Kenntnis des Aufenthaltsorts nachgewiesen wird.

Ersteres geschieht durch Vorlage einer Negativbescheinigung des Einwohnermeldeamts — sie darf nicht älter als vier Wochen sein —, in dessen Bereich der Ausländer zuletzt wohnte, letzterer Nachweis kann nur erbracht werden durch Vorlage eines nach deutschem Recht gültigen Vollstreckungstitels (§ 27 Abs. 1 Nr. 1 AZR-Gesetz) oder einer Aufforderung eines deutschen Gerichts, eine Auskunft aus dem Ausländerzentralregister einzuholen. Beizufügen ist ein frankierter Briefumschlag für die Rückantwort.

40 Hat der Schuldner **durch Heirat den Namen gewechselt** (Annahme des Namens des Ehepartners als Ehenamen) oder die Schuldnerin nach Scheidung ihren **Geburtsnamen wieder angenommen**, so erteilen die zuständigen Standesämter nach § 61 PersonenstandsG bei Glaubhaftmachung eines rechtlichen Interesses Auskunft. Auch die Einwohnermeldeämter können die Identität des Schuldners mit der gesuchten Person bestätigen (LG Bielefeld, JurBüro 1987, 930).

1.10 Verhandlungen mit Schuldnern

41 Bietet der Schuldner nach Mahnung Ratenzahlung an, was auf Seiten des Gläubigers einer Stundung gleichkommt, so sollte sich der Gläubiger dieses Entgegenkommen stets vom Schuldner honorieren lassen, und zwar (wenn er die Geschäftsverbindung aufrechterhalten möchte) mindestens **durch Abgabe eines Schuldanerkenntnisses**, im Rahmen dessen der Schuldner auf Einwendungen gegen Grund und Höhe der Forderung ausdrücklich verzichtet und das dem Gläubiger für den Fall der Nichtzahlung die Führung eines Urkundenmahnverfahrens (siehe dazu Rn. 104–106) oder eines Urkundenprozesses (siehe Rn. 135) ermöglicht. Eine noch bessere Sicherung erfolgt (insbesondere wenn der Gläubiger auf den Schuldner keine Rücksicht zu nehmen braucht) **durch Titulierung der Forderung** in einer notariellen vollstreckbaren Urkunde (schnell, da unabhängig vom Geschäftsgang eines Gerichts, diskret und billig, siehe Muster: Notarielles Schuldanerkenntnis,

Rn. 41a, Kostenübersicht bei Rn. 42) oder durch Zusicherung des Schuldners, gegen einen Mahn- und Vollstreckungsbescheid weder Widerspruch noch Einspruch einzulegen und zwar gegen die Verpflichtung des Gläubigers, aus dem Vollstreckungsbescheid so lange nicht zu vollstrecken, als die vereinbarten Raten eingehalten werden (vgl. Kostenübersicht Rn. 42).

Durch diese Maßnahme ist der Gläubiger durch den Titel gesichert und der Schuldner braucht, wenn er die Raten pünktlich zahlt, keine (diskriminierenden) Vollstreckungsmaßnahmen zu befürchten.

Der Gläubiger kann aber auch versuchen, vom Schuldner Sicherheiten zu erhalten, wie z. B. die **Abtretung eigener Forderungen des Schuldners** gegen Drittschuldner oder **Lohnabtretung** (siehe Rn. 8). Bei letzterer sind allerdings etwaige Abtretungsverbote und die Pfändungsgrenzen zu beachten (nur pfändbare Forderungen sind abtretbar, § 400 BGB).

Wird ein **schriftlicher Ratenzahlungsvergleich** geschlossen, sollte nach Möglichkeit Folgendes vereinbart werden:

1. Ein Sockelbetrag als Abschlag, der gleich zu zahlen ist,
2. Die Raten sollten den Zeitraum eines Jahres nicht übersteigen,
3. Der Vergleich sollte eine Verfallsklausel enthalten,
4. Es sollten angemessene Zinsen (zz. etwa 10–12 %) vereinbart werden, die bei längeren Zahlungsfristen durchaus auch höher sein können.
5. Ist ein Rechtsanwalt beim Vergleichsabschluss beteiligt, sollten die Kosten des Vergleichs dem Schuldner auferlegt werden.

41a

MUSTER: Notarielles Schuldanerkenntnis

Am 10.05.2012 ist vor mir, Notar Dr. Franz Huber in Nürnberg, anwesend: Herr Hermann Vogelreiter, Donaustraße 14, Nürnberg, ausgewiesen durch Personalausweis Nr. 1234567890.
Der Erschienene beantragt die Aufnahme folgenden
Schuldanerkenntnisses
und erklärt:
Ich anerkenne hiermit, Herrn/Firma Edgar Hausmann, Frankenstraße 24 in Nürnberg, einen Betrag von 4.500,00 EUR, i. W. EUR viertausendfünfhundert, zu schulden, und verpflichte mich, diese Schuld in monatlichen Raten von 450,00 EUR zu tilgen. Die Raten sind jeweils am Ersten eines Monats für den laufenden Monat zur Zahlung fällig. Die erste Rate ist am 01.06.2012 zur Zahlung fällig. Sollte ich mit einer Rate ganz oder teilweise länger als zehn Tage in Rückstand kommen, wird der jeweils geschuldete Restbetrag sofort zur Zah-

lung fällig. Der geschuldete Betrag ist mit 9 % ab heute zu verzinsen. Die Zinsen sind jeweils zum 01.12.2012 und 01.04.2013 zu zahlen. Wegen und in Höhe dieser Schuld unterwerfe ich mich der sofortigen Zwangsvollstreckung in mein gesamtes Vermögen aus dieser Urkunde. Der beurkundende Notar wird ermächtigt, dem Gläubiger eine vollstreckbare Ausfertigung dieser Urkunde zu erteilen. Ich bitte um Erteilung einer einfachen Abschrift. Die Kosten dieser Urkunde übernehme ich.

— Notarsiegel —

Unterschrift Hermann Vogelreiter

Unterschrift Notar Dr. Franz Huber

Vorstehende, mit der Urschrift übereinstimmende Ausfertigung wird hiermit Herrn Edgar Hausmann zum Zwecke der Zwangsvollstreckung auf Antrag erteilt.

Nürnberg, den 10.05.2012

Dr. Franz Huber, Notar

---

42   Als brauchbares **Verhandlungsargument** kann dem Gläubiger, der einen Vollstreckungstitel anstrebt — der titulierte Anspruch — mit Ausnahme der laufenden Zinsen, die in drei Jahren verjähren, §§ 197 Abs. 2, 195 BGB, — verjährt erst in 30 Jahren —, der Hinweis auf die **kostengünstige freiwillige Titulierung** dienen, wie folgende Übersicht zeigt.

Kosten verschiedener Vollstreckungstitel			
Forderung:	Notarielles Schuldanerkenntnis (freiwillig)	Vollstreckungsbescheid im gerichtl. Mahnverfahren	Urteil im Prozess
500,00 EUR	10,00 EUR	23,00 EUR	105,00 EUR
1.000,00 EUR	10,00 EUR	27,50 EUR	165,00 EUR
10.000,00 EUR	54,00 EUR	98,00 EUR	588,00 EUR

2 Das Mahnverfahren und die Klage vor dem Amtsgericht

Wenn die außergerichtliche Forderungseinziehung misslingt, kann der Gläubiger versuchen, mit Hilfe der Gerichte zu seinem Geld zu kommen.

2.1 Die sachliche Zuständigkeit des Amtsgerichts

43 Die sachliche Zuständigkeit des Amtsgerichts in bürgerlichen Rechtsstreitigkeiten besteht grundsätzlich für alle Ansprüche, deren Gegenstand an Geld oder Geldeswert den Betrag von 5.000,00 EUR nicht übersteigt (§ 23 Nr. 1 GVG). Bei Streitwerten über 5.000,00 EUR ist das Landgericht sachlich zuständig, bei dem Anwaltszwang besteht.

Eine große Zahl von Rechtsstreitigkeiten wickelt sich daher im ersten Rechtszug vor dem Amtsgericht ab.

Eine Ausnahme besteht ohne Rücksicht auf den Wert des Streitgegenstands für **arbeitsgerichtliche Streitigkeiten**: Für sie ist das Arbeitsgericht ausschließlich zuständig. Dies gilt vor allem für Lohnforderungen der Arbeitnehmer oder Forderungen aus unerlaubter Handlung, die mit dem Arbeitsverhältnis zusammenhängen, soweit sie zwischen Arbeitgeber und Arbeitnehmer bestehen (vgl. zur sachlichen Zuständigkeit des Arbeitsgerichts weiterhin die §§ 2 und 3 des ArbGG).

Beim Amtsgericht und Arbeitsgericht besteht kein Anwaltszwang, es kann also jedermann, sei er Kaufmann, Gewerbetreibender, Beamter, Angestellter, Arbeiter oder Privatmann, sei er Landwirt oder selbstständig Berufstätiger, seine Sache vor diesem Gericht selbst vertreten. Insbesondere gilt dies für das vor dem Amtsgericht (§§ 688 ff. ZPO) oder dem Arbeitsgericht (§ 46a ArbGG) sich abspielende Mahnverfahren (Verfahren auf Erlass eines Mahnbescheids mit nachfolgendem Vollstreckungsbescheid).

Hier besteht überhaupt keine Obergrenze für den Streitwert; es kann also beispielsweise ein Mahnbescheid über 100.000 EUR oder eine Million EUR beantragt werden.

Wegen der Rechtslage, die dann entsteht, wenn der Schuldner gegen den Mahnbescheid Widerspruch oder gegen den Vollstreckungsbescheid Einspruch einlegt, vgl. Rn. 84 und 103.

2.2 Die Wahl zwischen Mahn- und Klageverfahren

44 Der Gläubiger hat die Wahl, ob er das Mahn- oder das Klageverfahren betreibt.

Das Mahnverfahren hat zwar den Vorteil, dass für den Fall, dass seitens des Schuldners keine Reaktion erfolgt, kurzfristig ein Vollstreckungsbescheid ergeht, aus dem ohne Sicherheitsleistung vollstreckt werden kann. Der Zustellung des Mahnbescheides ist aber bereits ein Formular beigefügt, in dem der Schuldner lediglich anzukreuzen braucht, dass er Widerspruch einlegt. Sendet er dieses Formular an das Mahngericht unterzeichnet zurück, ist das Mahnverfahren beendet und die Forderung kann lediglich noch im Klageverfahren durchgesetzt werden. Schuldner, die diese Regularien kennen, werden häufig — allein um Zeit zu gewinnen — zunächst Widerspruch einlegen, auch wenn sie gegen die Forderung selbst keine begründeten Einwendungen haben. Aus den sogleich noch zu schildernden Gründen verzögert sich dann die weitere Rechtsverfolgung.

Ist mit einer gewissen Wahrscheinlichkeit damit zu rechnen, dass der Schuldner versuchen wird, das Verfahren in die Länge zu ziehen, so bietet es sich an, zugleich das Klageverfahren zu wählen. In diesem Fall erhält der Beklagte eine gerichtliche Zustellung der Klageschrift und eine Frist zur Mitteilung der Verteidigungsbereitschaft, die üblicherweise zwei Wochen beträgt. Ein Vordruck zur Abgabe der Verteidigungsanzeige wird nicht beigefügt, sodass der Beklagte individuell an das Gericht schreiben und seine Verteidigungsbereitschaft artikulieren muss. Die Erfahrung zeigt, dass dies in der Regel nicht geschieht, sondern der Schuldner das Verfahren über sich ergehen lässt. Es kann sodann — was im Folgenden noch näher dargestellt wird — im schriftlichen Verfahren ein Versäumnisurteil ergehen, das ebenfalls zur Zwangsvollstreckung ohne Sicherheitsleistung berechtigt.

Für Klagen vor dem Landgericht — wie bereits dargestellt — besteht Anwaltszwang. Dies bedeutet zwar für den Kläger, dass er bereits mit Erhebung der Klage einen Anwalt beauftragen muss, andererseits aber muss der Beklagte schon zur Abgabe der Verteidigungsanzeige vor dem Landgericht einen Anwalt beauftragen, was in vielen Fällen von der Erhebung nicht Erfolg versprechender Einwendungen abhält.

Die nachfolgende Übersicht stellt die Kosten des Mahn- und Klageverfahrens am Beispiel des Verfahrens über 6.000,00 EUR dar.

Mahnverfahren	Klageverfahren
Gebührenvorschuss	Gebührenvorschuss
1/2 Gerichtsgebühr = 109,50 EUR	3 Gerichtsgebühren = 657,00 EUR
Kein Anwaltszwang	Anwaltszwang (Berechnung inklusive mündlicher Verhandlung)
	+ 1,3 Verfahrensgebühr
	+ 1,2 Termingebühr
	= 1.315,00 EUR
	+ Auslagengebühr = 20,00 EUR
	alles zzgl. 19 % MwSt.
Schriftlich rasch selbst zu erledigen (Ausfüllen des Vordrucks für Mahnanträge)	Schriftliche Klageerhebung durch Rechtsanwalt, den man eingehend informieren muss. In der Regel Erscheinungspflicht im Gerichtstermin.
Keine Fristen, keine Termine	Termin zur mündlichen Verhandlung nach Ablauf der Einlassungsfrist von zwei Wochen.

2.3 Das Mahnverfahren im Detail

2.3.1 Das örtliche zuständige Amtsgericht

Der Schuldner wohnt im Inland

45   Örtlich zuständig zum Erlass eines Mahnbescheids — nicht aber auch für die unmittelbare Klageerhebung (siehe Rn. 117) — ist dasjenige Amtsgericht, in dessen Bezirk der Gläubiger seinen Wohnsitz oder seinen gewöhnlichen Aufenthalt hat (§§ 689 Abs. 2, 13, 16 ZPO).[1] Bei juristischen Personen (Aktiengesellschaft, GmbH, eingetragener Verein) bestimmt sich die örtliche Zuständigkeit nach dem Ort, an dem

---

[1]   Die Landesregierungen sind ermächtigt, Mahnverfahren einem Amtsgericht für den Bezirk eines oder mehrerer Oberlandesgerichte zuzuweisen, wenn dies ihrer schnelleren und rationelleren Erledigung dient. Mehrere Länder können die Zuständigkeit eines Amtsgerichts über die Landesgrenzen hinaus vereinbaren (§ 689 Abs. 3 ZPO). Die Landesregierungen bestimmen durch Rechtsverordnung den Zeitpunkt, in dem bei einem Amtsgericht die maschinelle Bearbeitung der Mahnverfahren eingeführt wird (§ 703c Abs. 3 ZPO). Wo das maschinelle Mahnverfahren schon eingeführt ist, siehe Rn. 52.

die Verwaltung geführt wird. Bei einer **ausländischen Versicherungsgesellschaft** oder **Bank**, die im Inland eine selbstständige Niederlassung unterhält, ist allgemeiner Gerichtsstand i. S. v. § 689 Abs. 2 ZPO der Ort des Sitzes der Niederlassung.[2] Hat der Gläubiger im Inland keinen allgemeinen Gerichtsstand, so ist das Amtsgericht Schöneberg in Berlin ausschließlich zuständig.[3]

Im Mahnverfahren bedarf es also, vom Interesse des Gläubigers aus gesehen, keiner Gerichtsstandsvereinbarung mehr.

Der Schuldner wohnt im Ausland

46 Für Fälle, in denen der Schuldner (im Mahnverfahren neutral „Antragsgegner" genannt) **keinen allgemeinen Gerichtsstand im Inland** hat, gleichwohl aber ein Mahnverfahren mit nachfolgendem Streitverfahren wegen der an sich gegebenen Inlandszuständigkeit ermöglicht werden soll, gilt Folgendes (§ 703d ZPO)[4]: Zuständig für das Mahnverfahren ist das Amtsgericht, das für das streitige Verfahren zuständig sein würde, wenn die Amtsgerichte im ersten Rechtszug ohne Rücksicht auf den Streitwert unbeschränkt sachlich zuständig wären. Diese Zuständigkeitsregelung knüpft also an die Zuständigkeit für ein späteres Streitverfahren an (siehe dazu Rn. 117).

Hat der Schuldner also beispielsweise seinen Wohnsitz in London, so könnte ein Mahnantrag gegen ihn im Inland beim Amtsgericht, in dessen Bezirk er sich längere Zeit aufhält (z. B. in einem Krankenhaus) oder eine geschäftliche Niederlassung hat oder sich Vermögen des Schuldners befindet (§§ 20, 21, 23 ZPO), gestellt werden. Zwischen Gläubiger und Schuldner kann aber auch die Zuständigkeit eines Amtsgerichts wirksam vereinbart werden, wenn mindestens einer von ihnen keinen allgemeinen Gerichtsstand im Inland hat (siehe Rn. 5, 122).

Ist eine solche Zuständigkeit der inländischen Gerichte für ein späteres Streitverfahren nicht gegeben, so kann der Anspruch auch nicht im Mahnverfahren geltend gemacht werden.

Das für das Mahnverfahren zuständige Amtsgericht hat die Sache bei Widerspruch oder Einspruch (siehe Rn. 103) als Streitgericht weiterzubehandeln, wenn sie in

---

[2] BGH, NJW 1979, 1785 = MDR 1979, 647; AG Frankfurt/Main, NJW 1980, 2028.

[3] Zum Antrag einer französischen Gesellschaft ohne Sitz im Inland vgl. BGH, IPRax 1992, 43.

[4] Vgl. Seibel/Grothe/Harbeck/Kessel/Schultes/Sievers/Volpert/Wilhelm, Zwangsvollstreckungsrecht aktuell, 259 ff.

seinen sachlichen Zuständigkeitsbereich fällt. Anderenfalls ist sie an das überge-ordnete Landgericht, im Falle der Zuweisung der Mahnverfahren an ein zentrales Gericht (§ 689 Abs. 3 ZPO; siehe Rn. 51), an das zuständige Amtsgericht oder Land-gericht abzugeben.

Von der vorstehend behandelten Sonderregelung werden in erster Linie Fälle erfasst, in denen die Zustellung des Mahnbescheids an den Schuldner nach den allgemeinen Vorschriften im Inland bewirkt werden kann (z. B. Zustellung an einen Bevollmäch-tigten), und lediglich der allgemeine Gerichtsstand des Schuldners im Inland fehlt. Darüber hinaus kann es sich um Fälle mit notwendiger, aber nach § 688 Abs. 3 ZPO (siehe Rn. 49) zulässiger Zustellung des Mahnbescheids im Ausland handeln.

2.3.2 Im Mahnverfahren verfolgbare Ansprüche

47 Mit dem gerichtlichen Mahnverfahren kann nur ein Anspruch verfolgt werden, der die Zahlung einer bestimmten Geldsumme in inländischer Währung zum Gegen-stand hat (§ 688 Abs. 1 ZPO). Hierunter fallen insbesondere die in EUR zu erfüllen-den Verbindlichkeiten aus Kauf, Werkvertrag, Darlehen, Wechsel, Hypothek, Grund-schuld, Rentenschuld, Schiffshypothek und dergleichen.

Daneben kann das Mahnverfahren auch für Zahlungsansprüche in **Wohnungs-eigentumssachen** benutzt werden (§ 46a WEG).

Erfasst werden

- Ansprüche der Wohnungseigentümer auf Beiträge zu den Lasten des gemein-schaftlichen Eigentums und zu den Kosten seiner Instandhaltung, Instandset-zung und sonstigen Verwaltung sowie eines gemeinschaftlichen Gebrauchs (§ 16 II WEG),
- Ansprüche auf Beiträge zur Instandhaltungsrückstellung (§ 28 I Nr. 3 WEG),
- Ansprüche auf Vorschüsse entsprechend dem Wirtschaftsplan (§ 28 II WEG),
- Ansprüche auf Schadenersatz wegen Verletzung der aus der Gemeinschaft entspringenden schuldrechtlichen Verpflichtungen,
- Ansprüche gegen den Verwalter wegen einer Verletzung des Verwaltervertrags,
- Ansprüche des Verwalters gegen Wohnungseigentümer, etwa auf Zahlung von Vergütung.

Das Mahnverfahren findet aber nicht statt, wenn die Geltendmachung des An-spruchs von einer noch nicht erfolgten Gegenleistung abhängig ist oder wenn die Zustellung durch öffentliche Bekanntmachung (z. B. bei unbekanntem Aufenthalt des Schuldners) erfolgen müsste (§ 688 Abs. 2 ZPO).

Wegen anderer Ansprüche als den vorgenannten, etwa wegen Leistung von vertretbaren Sachen (z. B. 30 Zentner Speisekartoffeln) oder Wertpapieren, kann ein Mahnverfahren nicht eingeleitet werden. Hier muss unmittelbar der Klageweg beschritten werden. Der Grund für diese Regelung ist insbesondere, dass bei Berücksichtigung auch solcher Ansprüche im Mahnverfahren dessen Umstellung auf das automatisierte (maschinelle) Mahnverfahren (siehe Rn. 51) erhebliche Schwierigkeiten bereitete.

Besonderheiten bei Forderungen aus Verbraucherdarlehensverträgen

48   Die Vorschriften über Verbraucherdarlehensverträge finden sich seit dem Schuldrechtsmodernisierungsgesetz in §§ 491 ff. BGB. Verbraucherdarlehensverträge sind entgeltliche Darlehensverträge zwischen einem Unternehmer als Darlehensgeber und einem Verbraucher als Darlehensnehmer, soweit keine Ausnahmen bestimmt sind. Ausnahmen liegen z. B. bei Nettodarlehensbeträgen von weniger als 200,00 EUR (§ 291 Abs. 2 Nr. 1 BGB) oder bei Arbeitgeberdarlehen mit einem marktüblichen Zins (§ 491 Abs. 2 Nr. 4 BGB) vor. Die besondere Schutzbedürftigkeit des Verbrauchers, von der der Gesetzgeber ausgeht, schlägt sich auch in Vorschriften über das Mahnverfahren nieder. Zwar soll sich der Darlehensgeber im Mahnverfahren rasch einen Vollstreckungstitel verschaffen können, andererseits muss der Darlehensnehmer davor geschützt werden, dass ein möglicherweise sittenwidriges Darlehen gegen ihn vorschnell tituliert wird. Gemäß § 290 Abs. 1 Nr. 3 ZPO muss der Antrag auf den Erlass eines Mahnbescheides die Bezeichnung des Anspruchs unter bestimmter Angabe der verlangten Leistung enthalten. Haupt- und Nebenforderungen sind gesondert und einzeln zu bezeichnen, Ansprüche aus Verträgen gemäß §§ 491 bis 509 BGB auch unter Angabe des Datums des Vertragsabschlusses und des gemäß § 492 Abs. 2 BGB anzugebenden effektiven Jahreszinses. Das Mahnverfahren findet nicht statt für Ansprüche eines Unternehmers aus einem Vertrag gemäß den §§ 491 bis 509 BGB, wenn der gemäß § 492 Abs. 2 BGB anzugebende effektive Jahreszins den bei Vertragsschluss geltenden Basiszinssatz nach § 247 BGB um mehr als 12 Prozentpunkte übersteigt.

Liegt der vereinbarte effektive Jahreszins über diesem Betrag, so bleibt dem Gläubiger lediglich die Möglichkeit, den Anspruch vor den Gerichten im Klageverfahren geltend zu machen.

Entspricht der Mahnbescheidsantrag nicht den gesetzlichen Erfordernissen, so wird er vom Mahngericht zurückgewiesen. Zuvor ist der Antragsteller im Wege der Zwischenverfügung („Monierung") zu hören. Er soll auf die Mängel aufmerksam gemacht werden. Ihm ist Gelegenheit zu geben, den Mahnbescheidsantrag, soweit die Mängel behebbar sind, nachzubessern.

MUSTER: Anspruch aus Verbraucherdarlehensvertrag

Anspruch aus Vertrag vom 01.02.2013, für den die Verbraucherdarlehensvorschriften gelten. Effektiver Jahreszins 12 %.

Handelt es sich um eine Forderung aus einem Überziehungskredit, den eine Bank oder Sparkasse einem Verbraucher eingeräumt hat (§ 493 BGB), genügt die Angabe „Anspruch aus Vertrag, für den § 493 BGB gilt".

Ein Mahnbescheid wird nicht erlassen (§ 688 Abs. 2 ZPO), wenn die oben genannten Angaben fehlen oder wenn der effektive Jahreszins um 12 Prozentpunkten über dem Basiszins der Deutschen Bundesbank liegt (Basiszins seit 01.01.2013 −0,13 % + 12 % = 11,87 %; sog. Schwellenzins).

Liegt der vereinbarte effektive Jahreszins darüber, kann der Gläubiger seine Forderung nur über das Klageverfahren (Rn. 117) geltend machen.

Entspricht der Mahnantrag nicht den obigen Erfordernissen, so ist er vom Mahngericht zurückzuweisen. Zuvor ist der Antragsteller aber im Wege der Zwischenverfügung zu hören, in der er auf die Mängel aufmerksam gemacht wird. Er hat dann Gelegenheit, den Mahnantrag, soweit die Mängel behebbar sind, nachzubessern.

2.3.3 Das grenzüberschreitende Mahnverfahren

49

LITERATUR

Finger, Europäisches Verfahrensrecht — Eine Übersicht, FuR 2006, 56 ff. | **Franzmann**, Der Europäische Vollstreckungstitel für unbestrittene Forderungen — Hinweise für die notarielle Praxis, MittBayNot 2005, 470 ff. | **Freitag/Leible**, Erleichterungen der grenzüberschreitenden Forderungsbeitreibung in Europa: Das Europäische Mahnverfahren, BB 2008, 2750 ff. | **Gebauer**, Der Europäische Vollstreckungstitel für unbestrittene Forderungen, NJ 2006 , 103 ff. | **Gebauer**, Vollstreckung von Unterhaltstiteln nach der EuVTVO und der geplanten Unterhaltsverordnung, FPR 2006, 252 ff. | **Heger**, Europa ganz praktisch — Das Gesetz zur Verbesserung der grenzüberschreitenden Forderungsdurchsetzung und Zustellung, DStR 2009, 435 ff. | **Rausch**, Unterhaltsvollstreckung im Ausland, FPR 2007, 498 ff. | **Reichel**, Das EG-Vollstreckungstitel-Durchführungsgesetz und die Auswirkungen auf das arbeitsgerichtliche Verfahren, NZA 2005, 1096 ff. | **Strasser**, Praxisprobleme bei der Zwangsvollstreckung aus einem europäischen Vollstreckungstitel, Rpfleger 2007, 249 ff. | **Vollkommer/Huber**, Neues Europäisches Zivilverfahrensrecht in Deutschland, NJW 2009, 1105 ff. | **Von**

Bernstorff, Der Europäische Zahlungsbefehl, RIW 2008, 548 ff. | **Wagner**, Die Vereinheitlichung des internationalen Privat- und Zivilverfahrensrecht zehn Jahre nach In-Kraft-Treten des Amsterdamer Vertrages, NJW 2009, 1911 ff.

Hinsichtlich des grenzüberschreitenden Mahnverfahrens ist zu differenzieren:

Sitz des Antragsgegners innerhalb der Europäischen Union

Innerhalb der Europäischen Union kann der Antragsteller im Europäischen Mahnverfahren nach der Verordnung (EG) Nr. 1896/2006 vorgehen, die in §§ 1087 ff. ZPO geregelt ist. Für die Bearbeitung von Anträgen auf Erlass und Überprüfung sowie die Vollstreckbarkeitserklärung eines europäischen Zahlungsbefehls ist das Amtsgericht Wedding ausschließlich zuständig (§ 1087 BGB). Es ist das maschinelle Verfahren angeordnet (§ 1088 Abs. 1 ZPO). Für den Fall, dass Einspruch gegen den europäischen Zahlungsbefehl erhoben wird, gibt das Gericht, das den Zahlungsbefehl erlassen hat, das Verfahren von Amts wegen an das zuständige Gericht ab (§ 1090 Abs. 2 ZPO). Bei alsbaldiger Abgabe gilt die Streitsache gemäß § 1090 Abs. 3 ZPO als mit Zustellung des Zahlungsbefehls rechtshängig geworden.

Aus einem europäischen Zahlungsbefehl findet die Zwangsvollstreckung im Inland gemäß § 1093 ZPO statt, ohne dass es einer Vollstreckungsklausel bedarf.

Darüber hinaus kommt gegebenenfalls auch das Europäische Verfahren für geringfügige Forderungen nach der Verordnung (EG) Nr. 861/2007 in Betracht, das in §§ 1097 ff. ZPO geregelt ist.

Sitz des Antragsgegners außerhalb der Europäischen Union

Hat der Antragsgegner seinen Sitz außerhalb der Europäischen Union, greift § 688 Abs. 3 ZPO ein. In diesen Fällen findet das Mahnverfahren nur statt, soweit das Anerkennungs- und Vollstreckungsausführungsgesetz vom 19. Februar 2001[5] dies vorsieht. Dies betrifft sämtliche Mitgliedstaaten der Europäischen Union sowie Island, Norwegen, die Schweiz und Israel.[6] Auch ein im „Auslandsmahnverfahren" erwirkter Vollstreckungsbescheid kann als europäischer Vollstreckungsbescheid gemäß §§ 1079 ff. ZPO vollstreckt werden.

---

[5] So BGBl. I 2001, 288.

[6] So Stöber/Vollkommer, § 688 Rn. 10.

2.4   Der Antrag auf Erlass eines Mahnbescheids

50   Der Antrag auf Erlass eines Mahnbescheids **muss** enthalten (§ 690 ZPO):

- die Bezeichnung der Parteien, ihrer gesetzlichen Vertreter und der etwaigen Prozessbevollmächtigten (siehe dazu Rn. 66, 55);
- die Bezeichnung des Gerichts, bei dem der Antrag gestellt wird.

Diese Bezeichnung geht aus der Anschrift des Antrags hervor (Rn. 53);

1. die Bezeichnung des Anspruchs unter bestimmter Angabe der verlangten Leistung, wobei Haupt- und Nebenforderungen gesondert und einzeln zu bezeichnen sind und besondere Kennzeichnungspflichten für Ansprüche im Zusammenhang mit einem Darlehensverbrauchervertrag gelten (siehe Rn. 47 f., 67);
2. die Erklärung, dass der Anspruch nicht von einer Gegenleistung abhängt oder dass die Gegenleistung erbracht ist (siehe Rn. 69);
3. die Bezeichnung des Gerichts, das für ein streitiges Verfahren sachlich und örtlich zuständig ist (siehe Rn. 54).

Der Antrag muss vom Antragsteller oder seinem Bevollmächtigten, bei Minderjährigen und Entmündigten von deren gesetzlichem Vertreter **handschriftlich** unterzeichnet werden. Eine Faksimileunterschrift mit einem Stempel genügt nicht. Ein Bevollmächtigter hat seine ordnungsgemäße Bevollmächtigung durch den Antragsteller zu versichern; des Nachweises einer Vollmacht bedarf es dagegen im Mahnverfahren nicht (§ 703 ZPO).

51   Gemäß § 690 Abs. 3 Satz 1 ZPO kann der Antrag auf Erlass eines Mahnbescheides nur in maschinell lesbarer Form übermittelt werden, wenn diese dem Gericht für seine maschinelle Bearbeitung geeignet erscheint. Wird der Antrag von einem Rechtsanwalt oder einer registrierten Person nach § 10 Abs. 1 Satz 1 Nr. 1 RDG gestellt, ist gemäß § 690 Abs. 3 Satz 2 RDG nur diese Form der Antragstellung zulässig. Der handschriftlichen Unterzeichnung (§ 690 Abs. 2 ZPO) bedarf es nicht, wenn in anderer Weise gewährleistet ist, dass der Antrag nicht ohne den Willen des Antragstellers übermittelt wird (§ 690 Abs. 3 Satz 3 ZPO).

Baden-Württemberg

Amtsgericht Stuttgart	Tel. 0711/921-3285/3359
Mahnabteilung	Fax 0711/921-3400
70154 Stuttgart	
Vordrucke, Datenträger, EGVP, Barcode, online	

Bayern

Amtsgericht Coburg	Tel. 09561/878-5
Mahngericht	Fax 09561/878-6666
Heiligkreuzstr. 22	
96441 Coburg	
Vordrucke, Datenträger, EGVP, online, Barcode, Online-Datenübertragung TARWEB	

Berlin

Amtsgericht Wedding	Tel. 030/90156-0
Zentrales Mahngericht	Fax 030/90156-203/233
13357 Berlin	
Vordrucke, Datenträger, EGVP, Barcode, online-Mahnantrag	

Bremen

Amtsgericht Bremen	Tel. 0421/361-6115
Mahnabteilung	Fax 0421/3 61-2820
28184 Bremen	
Vordrucke, EGVP, Barcode, online-Mahnantrag	

Hamburg und Mecklenburg-Vorpommern

Amtsgericht Hamburg-Mitte	Tel. 040/42811-1401
22747 Hamburg	Fax 040/42811-2758
Vordrucke, Datenträger, EGVP, Barcode, online-Mahnantrag	

Hessen

Amtsgericht Hünfeld	Tel. 06652/600-01
Mahnabteilung	Fax 06652/600-222
36084 Hünfeld	
Vordrucke, Datenträger, EGVP, Barcode, online-Mahnantrag	

Niedersachsen

Amtsgericht Uelzen	Tel. 0581/8851-1
Zentrales Mahngericht	Fax 0581/8851-282540
Postfach 1363	
29503 Uelzen	
Vordrucke, Datenträger, EGVP, Barcode, online-Mahnantrag	

Nordrhein-Westfalen

Amtsgericht Hagen (ZEMA I) OLG-Bezirk Hamm/Düsseldorf Mahnabteilung 58081 Hagen	Tel. 02331/967-5 Fax 02331/967-700
Vordrucke, Datenträger, EGVP, Barcode, online-Mahnantrag	
Amtsgericht Euskirchen (ZEMA II) OLG-Bezirk Köln Mahnabteilung 53878 Euskirchen	Tel. 02251/951-0 Fax 02251/9 84-2900
Vordrucke, Datenträger, EGVP, Barcode, online-Mahnantrag	

Rheinland-Pfalz und Saarland

Amtsgericht Mayen 56723 Mayen	Tel. 02651/403-0 Fax 02651/403-100
Vordrucke, Datenträger, EDA-Mail	

Sachsen-Anhalt, Sachsen, Thüringen

Amtsgericht Aschersleben Dienstgebäude Staßfurt Lehrter Str. 15 39418 Staßfurt	Tel. 03925/876-0 Fax 03925/876-252
Vordrucke, Datenträger, EGVP, Barcode, online	

Schleswig-Holstein

Amtsgericht Schleswig Postfach 1170 24821 Schleswig	Tel. 04621/815-0 Fax 04621/815-311
EGVP, online, Barcode	

Die Vordrucksätze sind in Schreibwarengeschäften in der Nähe der Gerichte oder bei Formularverlagen erhältlich. In den nachfolgenden Abschnitten werden die amtlichen Vordrucksätze für das maschinelle Verfahren (Rn. 53 ff.) im Einzelnen erläutert.

52 Wird der amtliche Vordruck nicht benutzt, wird der Mahnantrag zurückgewiesen (§§ 691 Abs. 1, 703c Abs. 2 ZPO).

Der Gesetzgeber sieht eine „tagfertige" Verarbeitung der Mahneingänge vor (§ 689 Abs. 1 Satz 3 ZPO). Auch wird grundsätzlich auf Aktenführung verzichtet (§ 696 Abs. 2 ZPO). Mahnakten sind nur zu führen, wenn sich die Sache für maschinelle Bearbeitung nicht eignet oder wenn sie der Rechtspfleger hiervon ausnimmt.

TIPP: Hilfe bei Schwierigkeiten mit dem Mahnantrag

Im Mahnverfahren können bei **Auftreten von Schwierigkeiten** alle Anträge und Erklärungen vor dem Urkundsbeamten der Geschäftsstelle eines jeden deutschen Amtsgerichts abgegeben werden. Hier können Sie jegliche Erklärung zu Protokoll geben — also auch die Beantragung eines Mahnantrages. Der Urkundsbeamte wird Ihnen beim Ausfüllen der Vordrucke behilflich sein (§§ 702, 129a Abs. 1 ZPO).

Die Geschäftsstelle des Amtsgerichts hat den Mahnantrag unverzüglich an das zuständige Mahngericht zu übersenden (§ 129a Abs. 2 ZPO). Er kann auch dem Antragsteller samt Protokoll zur Übermittlung an das zuständige Gericht übergeben werden, wenn dieser damit einverstanden ist.

52a Ein neuer, einfacher Weg, das Mahnverfahren zu betreiben, führt über das sog. **Barcode-Verfahren**. Mit diesem neuen elektronischen Verfahren weicht man zum ersten Mal vom Formularzwang ab.

Der Antragsteller füllt den Antrag über ein Internetportal (Die Internetseite www.online-mahnantrag.de ist eine Anwendung der deutschen Mahngerichte.) aus. Die erforderlichen Daten werden zunächst in einen sog. Barcode, d. h. einen automatisiert auslesbaren Strichcode, übertragen und dann auf weißem Standardpapier und zusätzlich als Barcode ausgedruckt. Den unterschriebenen Antrag können Sie sodann an das Mahngericht senden. Dort wird der Barcode mit einem Scanner erfasst, um eine automatisierte Bearbeitung zu ermöglichen.

Der Vorteil gegenüber dem nun weggefallenen amtlichen Vordruck ist, dass zusätzlicher Platz für Informationen zum Antrag zur Verfügung steht. Zudem können nun Gläubiger mit Unterstützung des Internets ohne amtlichen Vordruck schnell, einfach und kostengünstig zu einem vollstreckbaren Titel gelangen.

2.4.1 Die Bezeichnung des Gerichts

53 Hier muss man unterscheiden zwischen dem Mahngericht, das im Anschriftenfeld in Zeile 53 (maschineller Vordruck) anzugeben ist und dem Gericht, bei dem für den Fall des Widerspruchs gegen den Mahnbescheid oder des Einspruchs gegen den

Vollstreckungsbescheid das streitige Verfahren durchzuführen und das in der Zeile 45 (maschineller Vordruck) einzutragen ist.

Welches Mahngericht zuständig ist, ergibt sich aus den Ausführungen in Rn. 45 ff. Im Normalfall ist es das zentrale Mahngericht (siehe Rn. 52).

54   Will man das Gericht für das streitige Verfahren finden, muss man sich erst darüber klar werden, welches Gericht sachlich und örtlich für den Rechtsstreit zuständig sein wird. Es wird in Zeile 45 eingetragen.

Sachlich zuständig ist für Ansprüche bis 5.000,00 EUR (ohne Zinsen und Kosten) sowie für Ansprüche aus Wohnraummietverhältnissen und für Unterhaltsansprüche das Amtsgericht, sonst grundsätzlich das Landgericht.

Örtlich zuständig ist grundsätzlich das Gericht, in dessen Bezirk der Antragsgegner wohnt. Abweichend davon kann eine besondere oder ausschließliche Zuständigkeit gegeben sein, z. B. bei wirksamer Gerichtsstandsvereinbarung (§ 38 ZPO) oder bei Klagen aus unerlaubten Handlungen (§ 32 ZPO) oder bei bestimmten Erbschaftsstreitigkeiten (§§ 27, 28 ZPO), beim Gerichtsstand des Erfüllungsorts (§ 29 ZPO) oder beim besonderen Gerichtsstand des Vermögens oder des Streitobjekts (§ 23 ZPO), auch der besondere Gerichtsstand des Aufenthaltsorts kommt etwa bei Studierenden, Arbeitern, Schülern, Auszubildenden usw. in Betracht (§ 20 ZPO). In Wohnungseigentumssachen ist das Amtsgericht zuständig, in dessen Bezirk das Grundstück liegt (§ 43 WEG).

Die unrichtige Angabe über den Gerichtsstand kann für den Antragsteller Kostennachteile zur Folge haben.

Nach § 696 Abs. 1 Satz 1 ZPO ist nach Widerspruch der Rechtsstreit auf Antrag einer Partei an das im Mahnbescheid für ein streitiges Verfahren als zuständig bezeichnete Gericht abzugeben. Der Antrag kann bereits im Antrag auf Erlass des Mahnbescheids aufgenommen werden. Die Berichtigung einer fehlerhaften Bezeichnung ist nicht vorgesehen, auch wenn der Antragsteller ein nicht oder nicht mehr zuständiges Gericht (z. B., wenn der Antragsgegner seinen Wohnsitz zwischen letzter vorgerichtlicher Mahnung und Zustellung des Mahnbescheids wechselt) angegeben hat. Die Prüfung des Mahngerichts beschränkt sich darauf, ob an dem im Mahnantrag bezeichneten Ort, wie angegeben, ein Amts- oder Landgericht besteht. Ist dies nicht der Fall, liegt ein Grund vor, den Antrag zurückzuweisen (§ 691 ZPO). Im Übrigen soll das Mahngericht bei einer erkennbaren Unstimmigkeit den Mahnbescheid wie bisher nicht erlassen, sondern dem Antragsteller durch **Zwischenverfügung** mit Fristsetzung Gelegenheit zur Nachbesserung geben.

Das kann etwa der Fall sein, wenn der Antragsteller nicht das Gericht angegeben hat, bei dem für die Klage wegen des geltend gemachten Anspruchs ein ausschließlicher Gerichtsstand — z. B. der ausschließliche Gerichtsstand in Mietsachen, § 29a ZPO — besteht oder wenn ein Gericht bezeichnet wird, das aufgrund einer Gerichtsstandsvereinbarung zuständig sein soll, die Voraussetzungen für eine Gerichtsstandsvereinbarung aber offensichtlich nicht vorliegen (zu Gerichtsstandsvereinbarungen siehe Rn. 5).

2.4.2 Die Bezeichnung des Antragsgegners im Mahnantrag

55 Die Bezeichnung des Antragsgegners muss so erfolgen, dass eine Zustellung des Mahnbescheids möglich ist und eine etwaige spätere Vollstreckung des Vollstreckungsbescheids, der aus dem Mahnbescheid hervorgeht, durchgeführt werden kann. Das bedeutet, dass der Antragsgegner im Adressenfeld (Zeilen 17–31 maschineller Vordruck) möglichst individualisierbar zu bezeichnen ist.

Familienstand, Beruf oder Gewerbe brauchen nicht angegeben zu werden, erleichtern aber die Identifizierung. Auch kann ein Beizeichen zum Namen wie „junior" wichtig sein, wenn beispielsweise Vater und Sohn den gleichen Namen tragen. Auf die genaue Bezeichnung des Antragsgegners sollte größter Wert gelegt werden, da eine ungenaue Bezeichnung zu Schwierigkeiten bei der eventuellen späteren Vollstreckung führen kann. Es ist nämlich nach der Rechtsprechung nicht Aufgabe des Gerichtsvollziehers, die Anschrift eines **verzogenen Schuldners** festzustellen, denn Gerichtsvollzieher sind keine Ermittlungsorgane.[7]

Trifft eine Schuldnerbezeichnung auf zwei Personen gleichermaßen zu, so kann eine Vollstreckung nicht erfolgen, wenn weder der Vollstreckungstitel noch sonstige Umstände einen verlässlichen Hinweis dafür geben, wer von beiden gemeint ist.[8]

Trägt jemand einen **Familiennamen**, der **auch Vorname** sein könnte (Peter Franz), so sollte der Familienname nachgestellt und unterstrichen werden. Ist eine konkrete Verwechslungsgefahr nicht gegeben, so kann auch — wie z. B. in Bayern üblich — der Familienname vorangestellt werden.[9]

---

[7] OLG München, KTS 1971, 289, LG Osnabrück, DGVZ 1971, 175; AG Augsburg, DGVZ 1994, 78; a. A. LG Hannover, JurBüro 2005, 274 hinsichtlich Auskunft Einwohnermeldeamt.

[8] LG Mainz, DGVZ 1973, 170.

[9] Vgl. LG Hannover, JurBüro 1992, 57.

Der gegen einen **Verstorbenen** (meist versehentlich) erlassene Mahnbescheid ist unwirksam, seine Berichtigung auf den Erben kommt nicht in Betracht. Gegen ihn muss der Gläubiger vielmehr einen neuen Mahnbescheid erwirken.[10]

Auch ein **Künstlername** kann genügen, wenn damit die Identität festgestellt werden kann.

Die Angabe eines **Postfachs** des Schuldners ist nicht ausreichend, weil die Niederlegung des zuzustellenden Mahnbescheids einen vorhergehenden Zustellungsversuch in der Wohnung voraussetzt (§ 178 ZPO) und überdies nicht einmal die Einlegung der Niederlegungsmitteilung in das Schließfach den Zustellungsformalitäten entspricht.[11] Zur Ermittlung der Anschrift eines Postfachinhabers siehe Rn. 38.

56 Ein Kaufmann (zum Begriff siehe Rn. 120) kann unter seinem bürgerlichen Namen oder unter seiner **Firma** belangt werden (§ 17 Abs. 2 HGB). Die Firma ist im Handelsregister eingetragen (§ 29 HGB).

Seit 01.04.2003 sind alle Einzelkaufleute und Personenhandelsgesellschaften zum Schutz des Rechtsverkehrs **verpflichtet**, einen eindeutigen Rechtsformzusatz in ihre Firmenbezeichnung aufzunehmen (§ 19 HGB). Für Einzelkaufleute kann dieser lauten: „e. K.", „e. Kfm." oder „e. Kfr." und ist im maschinellen Mahnverfahren in den Zeilen 8 und 23 einzutragen.

57 Manchmal weiß der Gläubiger nur, dass sich sein Schuldner z. B. mit „Firma August Maier" bezeichnet. Damit weiß er aber noch nicht sicher, ob sein Schuldner tatsächlich auch August Maier heißt. Es kann dies auch ein Otto Müller sein. Denn der ursprünglich bestehende Grundsatz der Firmenwahrheit wird im Falle einer Veräußerung des Geschäfts zugunsten der Firmenbeständigkeit vielfach durchbrochen, um den Übernehmer nicht zur Neubildung einer Firma zu nötigen und um die in der alten Firma verkörperten Werte zu erhalten. Will in solchen Fällen der Gläubiger den Firmeninhaber persönlich in Anspruch nehmen, so muss er sich durch Einsicht in das beim Amtsgericht befindliche Handelsregister erst darüber vergewissern, wer der Firmeninhaber tatsächlich ist. Aber, wie gesagt, der Gläubiger kann in Fällen, in denen es sich tatsächlich um eine eingetragene Firma handelt, auch die Firma als den Schuldner in seinem Mahnantrag angeben, wenn es sich um eine Geschäfts-

---

[10] AG Köln, JurBüro 1968 Sp. 418 = Rpfleger 1969, 250 mit weiteren Nachweisen. Mit dieser Frage und mit weiteren Fragen des Einflusses des Todes des Schuldners auf ein gegen ihn gerichtetes Mahnverfahren (Schuldner stirbt nach Zustellung des Mahnbescheids, jedoch vor Erteilung des Vollstreckungsbescheids, er stirbt nach rechtzeitigem Widerspruch oder nach Erteilung des Vollstreckungsbescheids) befasst sich Ahlborn, JurBüro 1969 Sp. 19.

[11] BayObLG, NJW 1963, 600.

verbindlichkeit handelt. Unrichtig ist es, im Antrag etwa als Schuldner anzuführen „1. die Firma August Maier, 2. deren Inhaber Otto Müller, je als Gesamtschuldner haftend". Denn ein Titel, der gegen eine Firma ergeht, richtet sich nicht gegen die Firma als solche, sondern gegen deren Inhaber. Die Firma ist kein Rechtssubjekt, sondern nur der Name des Kaufmanns im Handelsverkehr. **Partei** ist daher **nur** derjenige, der zum Zeitpunkt der Zustellung des Mahnbescheids **Inhaber der Firma** war.[12] Es handelt sich also nicht um zwei Schuldner.

Am sichersten ist es für den Gläubiger, wenn er als Schuldner anführt „Firma August Maier, Inhaber Kaufmann Otto Müller". Die Frage, in welcher Eigenschaft — Kaufmann oder Privatmann — der Schuldner beansprucht wird, ist für die Zulässigkeit der Zwangsvollstreckung gegen ihn von Erheblichkeit. Die Antwort auf diese Frage ergibt sich aus dem Namen, mit dem er im Mahnbescheid (und damit auch im Vollstreckungsbescheid bzw. im Urteil) als Partei bezeichnet ist. Geht der Titel gegen einen Einzelkaufmann unter seinem bürgerlichen Namen, dann ist es für die Zulässigkeit der Zwangsvollstreckung in sein gesamtes Vermögen ohne Bedeutung, ob der Anspruch gegen ihn aus seiner Tätigkeit im Handel entstanden ist oder nicht, da es bei ihm keine Trennung zwischen Privat- und Handelsvermögen gibt. Auch wenn der Anspruch des Gläubigers aus einem Handelsgeschäft herrührt, steht die bloße Bezeichnung des Schuldners mit seinem bürgerlichen Namen der Zwangsvollstreckung in sein Geschäftsvermögen grundsätzlich dann nicht entgegen, wenn **Handelsname und bürgerlicher Name übereinstimmen**, es sei denn, dass sich aus einer verschiedenen Lage von Geschäft und Wohnung oder aus sonstigen Gründen Zweifel am Besitz des Schuldners an seinen dort vorhandenen beiden Vermögensteilen ergeben. Weicht dagegen der bürgerliche Name des Einzelkaufmanns von seinem Handelsnamen ab, so ist für das Vollstreckungsorgan nur aus der Bezeichnung des Schuldners mit seinem Handelsnamen erkennbar, dass außer der Vollstreckung in ein Geschäftsvermögen noch eine Vollstreckung in ein Privatvermögen in Frage kommt und möglicherweise in das eines anderen Namensträgers.[13]

58   Den Minderkaufmann (§ 4 HGB a. F.) gibt es seit dem Handelsrechtsreformgesetz vom 22.06.1998 nicht mehr.

59   Ist Schuldner eine **offene Handelsgesellschaft**, so empfiehlt es sich, den Mahnbescheid sowohl gegen die — im Handelsregister eingetragene — Gesellschaft wie auch gegen die einzelnen Gesellschafter (feststellbar durch Einsichtnahme in das

---

[12] KG, Rpfleger 1982, 191; OLG München, NJW 1971, 1615.
[13] Vgl. näher dazu Zöller/Stöber, § 750 ZPO Rn. 10.

Handelsregister) zu richten.[14] Das Gleiche gilt bei einer Kommanditgesellschaft und bei einer GmbH & Co Kommanditgesellschaft wegen der persönlich haftenden Gesellschafter (bei der zuletzt genannten Gesellschaft meist verkörpert durch eine GmbH).

60   Bei einer **Gesellschaft mit beschränkter Haftung** als Schuldnerin sind der oder die Geschäftsführer (feststellbar durch Einsicht in das Handelsregister) mitanzuführen. Bei einer Aktiengesellschaft gilt Entsprechendes für deren Vorstandsmitglieder.[15]

61   Bei einer **Gesellschaft nach bürgerlichem Recht** muss sich der Antrag auf Erlass eines Mahnbescheids entweder gegen alle Gesellschafter oder gegen die Gesellschaft richten.[16] Die GbR ist als Außengesellschaft aktiv und passiv rechts- und prozessfähig. Möchte der Gläubiger nicht nur in das Gesellschaftsvermögen, sondern auch in das Privatvermögen der Gesellschafter vollstrecken, muss der Mahnantrag gegen die Gesellschafter als Gesamtschuldner gerichtet werden. Handwerkerunternehmen können als offene Handelsgesellschaften betrieben werden. Voraussetzung für die Eintragung als Gesellschaft ist in diesem Fall, dass der für die Leitung des technischen Betriebs vorgesehene persönlich haftende Gesellschafter die Meisterprüfung oder die Ausnahmebewilligung besitzt (§ 7 Abs. 4 HandwO und Gesetz über die Kaufmannseigenschaft von Handwerkern vom 31.03.1953; BGBl. I, 106).

Ein **land- oder forstwirtschaftlicher Unternehmer** kann, muss aber nicht, durch Eintragung in das Handelsregister Kaufmannseigenschaft erlangen, falls der Gewerbebetrieb nach Art und Umfang eine kaufmännische Einrichtung erfordert. Entsprechendes gilt, wenn mit dem Betrieb der Land- und Forstwirtschaft ein Unternehmen verbunden ist, das nur ein Nebengewerbe des land- oder forstwirtschaftlichen Unternehmens darstellt, für das Nebengewerbe. Unter diesen Voraussetzungen kann ein land- oder forstwirtschaftliches Unternehmen oder ein damit verbundenes Nebengewerbe eine offene Handelsgesellschaft oder eine Kommanditgesellschaft sein (Gesetz über die Kaufmannseigenschaften von Land- und Forstwirten vom 13.05.1976; BGBl. I, 1197).[17]

---

[14] Aus einem Titel nur gegen die Firma kann bloß in das Gesellschaftsvermögen vollstreckt werden (§ 124 Abs. 2 HGB), nicht in das persönliche Vermögen der Gesellschafter (§ 129 Abs. 4 HGB).

[15] Ein Antrag gegen die Firma A Versicherungs-Aktiengesellschaft in … Regionaldirektion … Straße mit dem Zusatz „Privat … Straße" ist nicht zu beanstanden, also insbesondere vollstreckbar (OLG Köln, Rpfleger 1975, 102).

[16] BGH, NJW 2001, 1056; BGH, NJW 2006, 2191.

[17] S. zu diesem Gesetz Hartmann, NJW 1976, 1297.

62 Ist der **Schuldner verheiratet**, so kommt eventuell ein Mahnantrag gegen die Eheleute in Betracht, wenn beide sich zur Zahlung verpflichtet haben und als Gesamtschuldner haften.[18] Im maschinellen Verfahren können in Zeile 17–22 von vornherein zwei Antraggegner erfasst werden.

63 Soll der Mahnantrag gegen einen Minderjährigen oder gegen eine Person, die unter Betreuung steht, gerichtet werden, so ist in den Zeilen 12 bis 16 die Anschrift des gesetzlichen Vertreters (Eltern, Vater, Mutter, Vormund) einzusetzen. Wird in einem Rechtsstreit eine prozessfähige Person durch einen Betreuer oder Pfleger vertreten, so steht sie für den Rechtsstreit gemäß § 53 ZPO einer nicht prozessfähigen Person gleich.

64 Ist dem Antragsteller aus dem Schriftverkehr mit dem Antragsgegner bekannt, dass dieser bereits einen **Prozessbevollmächtigten** hat, so ist dieser im Vordruck für das maschinelle Verfahren anzugeben. Eine Adressierung und Zustellung an den Prozessbevollmächtigten wäre nur zulässig, wenn der Antragsteller zugleich mit dem Mahnantrag die Vollmachtsurkunde des Antragsgegners für dessen Prozessbevollmächtigten vorlegen könnte, was normalerweise aber nicht möglich ist.

65 Wird der Mahnantrag auf zwei oder mehreren Vordrucken gegen **mehrere Antragsgegner als Gesamtschuldner** gerichtet (z. B. gegen mehrere Personen, die sich gemeinschaftlich zur Zahlung verpflichtet haben oder die gemeinschaftlich eine unerlaubte Handlung nach §§ 823, 840 BGB gegen den Antragsteller begangen haben), so ist das Kästchen in Zeile 17 (maschineller Vordruck) auf dem Vordruck anzukreuzen

2.4.3 Die Bezeichnung des Antragstellers im Mahnantrag

66 Der Antragsteller muss, ebenfalls im Hinblick auf den späteren Vollstreckungsbescheid, im Mahnantrag in den Zeilen 2–6 (maschineller Vordruck) mit gleicher Genauigkeit wie der Antragsgegner bezeichnet werden, d. h. mit Vornamen, Namen oder Firma, sowie Straße, Hausnummer, Postleitzahl, Ort und gegebenenfalls Zustellpostamt (z. B. 80805 München).

---

[18] Wegen der bei verheirateten Schuldnern bestehenden Rechtslage siehe Rn. 521.

Im Antrag ist ferner der etwaige gesetzliche Vertreter des Antragstellers, gegebenenfalls auch ein Prozessbevollmächtigter, den der Antragsteller beauftragt hat, anzugeben.[19]

2.4.4 Die Bezeichnung des Anspruchs

67   Anzugeben ist im Mahnantrag die Bezeichnung des Anspruchs unter bestimmter Angabe der verlangten Leistung (§ 690 Abs. 1 Nr. 3 ZPO). Angaben zur Begründung des Anspruchs sind nicht erforderlich. Nur Grund und Umfang der verlangten Leistung sind in den Zeilen 32–37 (maschineller Vordruck) zu bezeichnen. Die danach **lediglich** zu fordernde **Individualisierung des Anspruchs** dient der Abgrenzung von etwaigen anderen Ansprüchen und ist bedeutsam für den Umfang der Rechtskraft des auf der Grundlage des Mahnbescheids später ergehenden Vollstreckungsbescheids.[20]

Eine **Schlüssigkeitsprüfung** (Prüfung, ob die tatsächlichen Angaben als richtig unterstellt, den Mahnantrag rechtfertigen) wie bei der Klage **findet nicht statt**.

Der Rechtspfleger beim Mahngericht hat aber in Ausnahmefällen eine Prüfungskompetenz, nämlich dahingehend, ob es sich um eine offensichtlich unbegründete oder gerichtlich nicht durchsetzbare Forderung handelt.[21]

FORMULIERUNGEN typischer Ansprüche

bei Forderungen von Handwerkern und Unternehmern:
- „Werklohnforderung gemäß Rechnung vom …",
- „Restwerklohnforderung gemäß Rechnung vom …",
- „Reparatur gemäß Rechnung vom …",

bei Forderungen aus Darlehensvertrag:
- „Darlehensrückzahlung gemäß Vertrag vom …",
- „Darlehenszinsen für die Zeit vom … bis … gemäß Vertrag vom …",

bei Kaufpreisforderungen:
- „Warenkauf gem. Rechnung vom …",

---

[19] Der gesetzliche Vertreter ist namentlich zu bezeichnen; nicht genügend ist z. B. die allgemeine Angabe „vertreten durch den Vorstand".

[20] BGH in ständiger Rechtsprechung, NJW-RR 2006, 276.

[21] Wedel, Die Prüfungsbefugnis des Rechtspflegers im gerichtlichen Mahnverfahren, Jur-Büro 1994, 325.

bei Forderungen aus Miet- oder Pachtvertrag:
▪ „Miete/Pacht gemäß Vertrag vom … für die Zeit vom … bis …",
bei Forderungen aus Verkehrsunfall oder sonstigem Unfall:
▪ „Schadenersatz aus Unfall vom …",
bei Unterhaltsforderungen:
▪ „Rückständiger Unterhalt für die Zeit vom … bis …",
bei Forderungen aus Dienstvertrag:
▪ „Dienstleistung gemäß Rechnung vom …",
ferner:
▪ „Mitgliedsbeitrag vom … bis …",
▪ „Ärztliche/Zahnärztliche/Architektenleistung gemäß Rechnung vom …",
▪ „Versicherungsprämien für die Zeit vom … bis …",
▪ „Lehrgang/Unterricht gemäß Vertrag vom … für die Zeit vom … bis …".

Bei den Vordrucken für das maschinell bearbeitete Mahnverfahren ist in den Zeilen Nr. 32–34 die entsprechende Nummer des Anspruchskatalogs einzusetzen (für Kaufvertrag z. B. die Katalog-Nr. 11, für Unterhaltsrückstände z. B. die Katalog-Nr. 38 — einen erweiterten Hauptforderungskatalog finden Sie bei den Arbeitshilfen online). In der letzten Spalte ist hier der Betrag der **Hauptforderung** einzutragen.

Nebenforderungen müssen gesondert und einzeln bezeichnet werden in Zeile 44.

Darunter fallen z. B. notwendige vorprozessuale Kosten wie etwa Anschriftenermittlungskosten infolge Einwohnermeldeamtsauskünften und gegebenenfalls auch Detektivkosten sowie Kosten für Handelsregisterauskünfte, ferner Kontoführungsgebühren, Bearbeitungsgebühren, Inkassokosten, rückständige Zinsen. In Zeile 44 des Vordrucks für das maschinelle Verfahren sind einige beispielhaft aufgeführt.

Was zu Ansprüchen im Rahmen von Verbraucherdarlehensverträgen gilt siehe o. Rn. 47.

68   Beim **Zusammentreffen von Mahnantrag und Prozesskostenhilfeantrag** (vgl. Rn. 108) genügt allerdings die bloße Individualisierung des Anspruchs nach obigem Schema nicht. Hier muss der Gläubiger den Antrag im Prozesskostenhilfeantrag durch weiteren Tatsachenvortrag schlüssig darlegen (d. h., die vorgebrachten Tatsachen müssen — ihre Richtigkeit unterstellt — den Antrag rechtfertigen), damit die für die Gewährung der Prozesskostenhilfe erforderliche Erfolgsaussicht geprüft werden kann (§§ 114 Abs. 1 Satz 1, 117 Abs. 2 ZPO — siehe Rn. 182).[22]

---

[22] Vgl. hierzu näher Schlemmer, Rpfleger 1978, 204.

In den Fällen nicht typisierter Ansprüche kann darüber hinaus im Allgemeinen allenfalls noch festgestellt werden, ob es sich bei dem geltend gemachten Anspruch um ein klagbares Recht handelt.[23]

69 Ausdrücklich ist in einem der beiden Kästchen in Zeile 52 des maschinellen Vordrucks zu erklären, dass entweder der geltend gemachte Anspruch von einer Gegenleistung nicht abhängig oder dass die Gegenleistung bereits erbracht ist. So kann im Mahnverfahren beispielsweise eine Kaufpreisforderung erst dann geltend gemacht werden, wenn die Ware bereits geliefert wurde, d. h. die Gegenleistung erbracht wurde, es sei denn, dass Vorauszahlung des Preises vereinbart wurde. Kann diese Erklärung nicht abgegeben werden, so wird der Mahnantrag zurückgewiesen (§ 691 Abs. 1 ZPO).

70 So wie gegen mehrere Antragsgegner ein Anspruch im Mahnverfahren geltend gemacht werden kann (vgl. Rn. 65), ist es auch möglich, **mehrere Ansprüche gegen einen Antragsgegner** zu erheben (Anspruchshäufung). Für diesen Fall ist im maschinellen Verfahren in Zeile 32–34 Raum für drei Ansprüche vorgesehen.

2.4.5 Was gehört in die Spalte „Zinsen"?

71 Mit Eintritt des Verzugs beginnt die Pflicht des Schuldners, die Schuld mit 5 % jährlich über dem Basiszins (§ 247 BGB) zu verzinsen (§ 288 Abs. 1 BGB). Wenn kein Verbraucher (§ 13 BGB) am Rechtsgeschäft beteiligt ist, beträgt der Zinssatz 8 Prozentpunkte jährlich über dem Basiszins (§ 288 Abs. 2 BGB).

Dieser gesetzliche Verzugszinssatz ist der **Mindestschaden**, den der Gläubiger ohne Nachweis fordern kann. Der Schuldner kommt in Verzug, wenn er nach Fälligkeit gemahnt wird (§ 286 Abs. 1 Satz 1 BGB und Rn. 16) oder spätestens 30 Tage nach Zugang einer Rechnung (siehe Rn. 13).

Wurde der Schuldner also durch ein Mahnschreiben unmissverständlich zur Zahlung aufgefordert, kann der Gläubiger den gesetzlichen Verzugszins ab Zugang des Schreibens verlangen. Auf alle Fälle aber kann er ihn ab Zustellung des Mahnbescheids verlangen, da die Zustellung des Mahnbescheids einer Mahnung gleichsteht (§ 286 Abs. 1 Satz 2 BGB).

---

[23] So die Stellungnahme im Bericht des Rechtsausschusses zu § 690 ZPO, Bundestagsdrucksache 7/5250, 13 f.

Höhere Verzugszinsen als 5 bzw. 8 Prozentpunkte jährlich über dem Basiszins
können als „weiterer Verzugsschaden" nach § 288 Abs. 3 BGB gefordert werden.
Dabei ist zu unterscheiden zwischen

1. entgangenen Anlagezinsen (Anlagevereitelung),
2. aufgewendeten Kreditzinsen und
3. vereinbarten Verzugszinsen (vgl. dazu Rn. 3).

Der erste, seltenere Fall liegt dann vor, wenn der Gläubiger bisher mit eingehenden
Geldern zinsgünstige Anlagen in Wertpapieren getätigt hat und seine Vermögensverhältnisse dies auch weiterhin zulassen.

Der zweite, wesentlich häufigere Fall betrifft die Kreditaufnahme, die, wenn der
Schuldner ordnungsgemäß und rechtzeitig gezahlt hätte, unterblieben wäre.

Bestreitet der Schuldner die aufgewandten Kreditzinsen, muss der Gläubiger für
sie Beweis antreten. Dies geschieht in der Regel durch Vorlage einer Zinsbescheini-
gung seines Kreditinstituts. Aus ihr müssen nicht nur die Höhe des Zinssatzes, sondern auch der Stand des Kredits und der Zeitraum der Überziehung hervorgehen.

MUSTER: Zinsbescheinigung

Kreissparkasse München
München, den ...
Sehr geehrter Herr ...,
wir haben Ihnen auf Ihrem Konto eine Kontokorrentkreditlinie zur Verfügung
gestellt, die seit dem 02.02.2013 von Ihnen mit einem Betrag von 50.000,00 EUR
und mehr ständig beansprucht war und derzeit auch mindestens in dieser
Höhe beansprucht wird.
Die Kontokorrentzinsen betragen 12,75 % seit dem 02.02.2013.
Mit freundlichen Grüßen

Nach einer neuen Entscheidung des BGH kann der Gläubiger als Verzugsschaden
auch **Zinsen aus Verzugszinsen** (= Zinseszinsen) verlangen, wenn er den Schuldner wegen zusammengerechneter rückständiger Verzugszinsbeträge wirksam in
Verzug gesetzt hat.[24]

In den Zeilen 40–43 (maschineller Vordruck) wird man in der Spalte „Zinsen" nach
obigen Ausführungen z. B. Folgendes einsetzen:

---

[24] BGH, MDR 1993, 509 = NJW 1993, 1260.

6,97 % hieraus (gemeint ist die vorstehende Hauptsacheforderung!) seit … (Zeitpunkt des Verzugseintritts)
oder:
6,97 % aus … (Betrag einsetzen, den man verzinst haben möchte) seit …/vom …
bis … (wenn man Zinsen nur für einen bestimmten Zeitraum geltend machen will)
oder:
12 % hieraus/aus … wegen Inanspruchnahme von Bankkredit ab … (Zeitpunkt des Verzugseintritts).

Arten von Verzugszinsen	
Gesetzlicher Verzugszins (§ 288 Abs. 1 BGB)* Er ist ein gesetzlicher Mindestschaden, der ohne Nachweis verlangt werden kann. Er liegt bei Verbrauchern bei 5 Prozentpunkte über dem Basiszins, bei Nichtverbrauchern bei 8 Prozentpunkte über dem Basiszins. Er beträgt vom	
01.01.2010–31.12.2010	0,12 %
01.01.2011–30.06.2011	0,12 %
01.07.2011–31.12.2011	0,37 %
01.01.2012–30.06.2012	0,12 %
01.07.2012–31.12.2012	0,12 %
seit 01.01.2013	−0,13 %
Aufgewandter Kreditzins: z. B. 13 %, wenn der Gläubiger mit Bankkredit arbeitet. Beweis durch Bankbestätigung oder Sachbearbeiter der Bank als Zeuge, wenn Schuldner Zinsen bestreitet.	
Entgangener Anlagezins: Zurzeit wegen niedriger Zinsen sehr selten. Würde sich bei über 8 % rentieren.	
Vertraglicher Verzugszins: z. B. 15 %. Er muss im Individualvertrag vereinbart sein. Allgemeine Geschäftsbedingungen gelten nicht.	
* Der Basiszinssatz wird jeweils am 01.01. und 01.07. von der Deutschen Bundesbank im Bundesanzeiger veröffentlicht (§ 247 BGB).	

2.4.6 Ersatz von vorgerichtlichen Mahnkosten

72 Die vorgerichtlichen Mahnkosten sind in Zeile 44 des Vordrucks als **Nebenforderung** einzusetzen.

Darüber, dass der Schuldner verpflichtet ist, die vom Gläubiger aufgewendeten Kosten für eigene Mahnung zu erstatten, besteht keine ausdrückliche Vorschrift. Doch kann § 280 Abs. 1 Satz 1 BGB angewendet werden, wonach der Schuldner dem Gläubiger den durch den Verzug entstehenden Schaden zu ersetzen hat. Dies gilt nicht, wenn der Schuldner den Zahlungsverzug nicht zu vertreten hat (§ 280 Abs. 1 Satz 2 BGB). Die Kosten für die Mahnung selbst stellen aber noch keinen Verzugsschaden dar, da der Schuldner durch diese Mahnung vielfach erst in Verzug gesetzt werden soll, falls nicht seine Schuld bereits vorher fällig ist (vgl. Rn. 12).

Es werden nicht nur die Kosten für eine einmalige Mahnung, sondern auch die für mehrmalige Mahnungen ersetzt verlangt werden können, falls es sich um eine unbestrittene Forderung handelt.[25] Weiß der Gläubiger, dass der Schuldner die Forderung bestreitet, die Mahnung also aussichtslos und überflüssig ist, so erübrigt sich eine Mahnung von selbst.[26]

Die Höhe der Kosten für die vom Gläubiger selbst vorgenommene Mahnung ergibt sich aus den **Portoauslagen** und einer angemessenen **Entschädigung für die Schreibarbeit**, etwa in Höhe von 0,50 EUR für jede angefangene Seite. Der Zeitverlust, der dem Gläubiger durch die Mahnung entsteht, kann dem Schuldner in der Regel nicht in Rechnung gestellt werden. Dagegen kommen als vorgerichtliche Kosten etwa auch die Kosten für eine Ermittlung des Aufenthalts des Antragsgegners (Kosten für Auskunft vom Einwohnermeldeamt) in Frage.

Wegen der durch Zuziehung eines Rechtsanwalts, Rechtsbeistands oder eines Inkassobüros entstandenen vorgerichtlichen Mahnkosten vgl. Rn. 27.

2.4.7 Antrag auf Durchführung des streitigen Verfahrens

73 Zweckmäßig ist es, bereits im Antrag auf Erlass des Mahnbescheids den Antrag auf Durchführung des streitigen Verfahrens für den Fall aufzunehmen, dass der Schuldner gegen den Mahnbescheid Widerspruch erheben sollte (§ 696 Abs. 1 Satz 2 ZPO). Hierzu ist das Kästchen in Zeile 45 (Vordruck maschinelles Verfahren) anzukreuzen. Wird dies übersehen, so tritt bei Einlegung des Widerspruchs durch den Antragsgegner ein Stillstand für gewisse Zeit ein, nämlich bis zur entsprechenden Antragstellung durch den Antragsteller oder den Antragsgegner.[27]

---

[25] Über Postgebühren und Auslagen vgl. Schneider, JurBüro 1965 Sp. 196.
[26] BGH, VersR 1974, 642.
[27] Zur Kostenfolge siehe Rn. 86 mit Rechenbeispiel.

2.4.8 Unterzeichnung des Mahnantrags

74 Schließlich ist der Mahnantrag vom Antragsteller oder seinem gesetzlichen Vertreter (z. B. Eltern bei minderjährigen Kindern) oder seinem Bevollmächtigten unter Angabe von Ort und Datum zu unterzeichnen. Des Nachweises einer Vollmacht bedarf es dabei für den Bevollmächtigten nicht (§ 703 Satz 1 ZPO). Allerdings muss der Bevollmächtigte im Kästchen in Zeile 46-49 (Vordruck maschinelles Verfahren) durch Ankreuzen seine ordnungsgemäße Bevollmächtigung versichern (§ 703 Satz 2 ZPO). Wird der Antrag in einer nur maschinell lesbaren Form übermittelt, entfällt die Unterschrift, wenn sichergestellt ist, dass der Antrag mit Willen des Antragstellers oder seines Prozessbevollmächtigten übermittelt wurde.[28]

2.4.9 Die Zurückweisung des Mahnantrags

75 Der zuständige Rechtspfleger des Amtsgerichts weist den Mahnantrag in folgenden Fällen zurück:

1. wenn er sich gegen eine Person richtet, die der deutschen Gerichtsbarkeit nicht unterliegt (vgl. §§ 18 ff. GVG; insbesondere kommen hier in Betracht Mitglieder diplomatischer und konsularischer Vertretungen),
2. wenn der ordentliche Rechtsweg nicht zulässig ist,
3. wenn Partei- und Prozessfähigkeit nicht vorliegen, bzw. wenn nicht der gesetzliche Vertreter handelt,
4. wenn das angegangene Gericht sachlich oder örtlich nicht zuständig ist (vgl. Rn. 45 ff.),
5. wenn der Anspruch nicht die Zahlung einer bestimmten Geldsumme in inländischer Währung zum Gegenstand hat (§ 688 Abs. 1 ZPO),
6. wenn die Erklärung fehlt, dass der Anspruch nicht von einer Gegenleistung abhängig ist oder die Gegenleistung schon erbracht sei (§ 688 Abs. 2 Nr. 2 ZPO),
7. wenn die Zustellung durch öffentliche Bekanntmachung erfolgen müsste (also bei unbekanntem Aufenthalt des Antragsgegners),
8. wenn die Zustellung im Ausland — ausgenommen sind die in Rn. 43 genannten Staaten — erfolgen müsste,
9. wenn dem Mahnantrag der notwendige Inhalt fehlt (siehe Rn. 50),
10. wenn ein Bevollmächtigter den Antrag einreicht, der seine ordnungsgemäße Bevollmächtigung nicht versichert hat (§ 703 Satz 2 ZPO),
11. wenn der amtliche Vordruck nicht benutzt wird (§ 703c Abs. 2 ZPO),

---

[28] § 690 Abs. 3 Satz 3 ZPO; siehe Hansen, Rpfleger 1991, 134.

12. wenn die Gerichtskosten nicht oder nicht in der erforderlichen Höhe voraus entrichtet sind (vgl. dazu Rn. 106),
13. bei Ansprüchen des Verbraucherdarlehensgebers, wenn der sog. Schwellenzins überschritten wird (dazu Rn. 48).

Zur Frage der Zurückweisung bei überhöhten Inkassokosten siehe Wedel, JurBüro 1994, 325.

Liegt einer der oben genannten Mängel vor, so prüft der Rechtspfleger, ob dieser **Mangel behebbar** ist oder nicht. Ist er behebbar, so erlässt er eine **Zwischenverfügung**, in der der Antragsteller aufgefordert wird, binnen einer bestimmten Frist den Mangel zu beheben (also z. B. den gesetzlichen Vertreter genau zu bezeichnen). Wird der Mangel nicht behoben, weist der Rechtspfleger den Mahnantrag zurück (§ 691 ZPO).

Ist der Mangel von vornherein nicht behebbar (richtet er sich also z. B. gegen einen Exterritorialen, etwa einen Botschafter eines fremden Staates), so erfolgt sofortige Zurückweisung des Mahnantrags.

Der Mahnantrag ist auch dann in vollem Umfang zurückzuweisen, wenn der Mahnbescheid nur wegen eines Teils des Anspruchs nicht erlassen werden kann; z. B. bei sittenwidrigen Ratenkredit- oder Bürgschaftsverträgen. Vor der Zurückweisung ist der Antragsteller zu hören (§ 691 Abs. 1 Satz 2 Ziff. 2 ZPO).

76 Da der Antragsteller die Möglichkeit hat, nach Zurückweisung seines Mahnantrags beliebig oft verbesserte Mahnanträge zu stellen, und er außerdem klagen kann (vgl. Rn. 117), ist die Zurückweisung grundsätzlich nicht mit der **Beschwerde** anfechtbar. Eine Ausnahme gilt nur nach § 691 Abs. 3 ZPO. Ist der Antrag in einer nur maschinell lesbaren Aufzeichnung eingereicht und mit der Begründung zurückgewiesen, dass die Aufzeichnung dem Gericht für seine maschinelle Bearbeitung nicht geeignet erscheine, so ist der Zurückweisungsbeschluss des Rechtspflegers mit **sofortiger Beschwerde** zur Beschwerdekammer des übergeordneten Landgerichts (§§ 691 Abs. 3 Satz 1, 567 Abs. 1 Nr. 1 ZPO) anfechtbar.

Unbeschränkt zulässig ist gegen einen zurückweisenden Beschluss des Rechtspflegers dagegen stets die so genannte **befristete Erinnerung**, der der Rechtspfleger abhelfen kann (§ 11 Abs. 2 Satz 2 RPflG) und über die der Amtsrichter endgültig entscheidet (§ 11 Abs. 2 Satz 3 RPflG). Sie ist binnen zwei Wochen ab Zustellung des Zurückweisungsbeschlusses einzulegen. Über sie entscheidet der Richter, dessen Entscheidung unanfechtbar ist. Vor drohender Zurückweisung oder aus sonstigen

Gründen (z. B. wenn der Schuldner inzwischen gezahlt hat) kann der Antragsteller seinen Antrag jederzeit zurücknehmen.[29]

Wird der Mahnantrag vor Erlass des Mahnbescheids zurückgenommen, wird die eingezahlte halbe Gerichtsgebühr im nicht maschinellen Verfahren nicht zurückgezahlt und im maschinellen Verfahren erhoben, weil die Gebühr als **Verfahrensgebühr und nicht als Entscheidungsgebühr** ausgestaltet ist (siehe Rn. 106).

2.5   Der Mahnbescheid

77   Der Mahnbescheid des Amtsgerichts enthält:

1. die fünf Musserfordernisse des Mahnantrags (siehe oben Rn. 50),
2. den Hinweis, dass das Gericht nicht geprüft hat, ob dem Antragsteller der geltend gemachte Anspruch zusteht,
3. die Aufforderung, innerhalb von zwei Wochen seit Zustellung des Mahnbescheids, soweit der geltend gemachte Anspruch als begründet angesehen wird, die behauptete Schuld nebst der geforderten Zinsen und den dem Betrag nach bezeichneten Kosten zu begleichen oder dem Gericht mitzuteilen, ob und in welchem Umfange dem geltend gemachten Anspruch widersprochen wird,
4. den Hinweis, dass ein dem Mahnbescheid entsprechender Vollstreckungsbescheid ergehen kann, aus dem der Antragsteller die Zwangsvollstreckung betreiben kann, falls der Antragsgegner nicht bis zum Fristablauf Widerspruch erhoben hat,
5. für den Fall, dass Vordrucke eingeführt sind (inzwischen gibt es Widerspruchs-Vordrucke, den Hinweis, dass der Widerspruch mit einem Vordruck der beigefügten Art erhoben werden soll, der auch bei jedem Amtsgericht erhältlich ist und ausgefüllt werden kann,
6. für den Fall des Widerspruchs die Ankündigung, an welches Gericht die Sache abgegeben wird, mit dem Hinweis, dass diesem Gericht die Prüfung seiner Zuständigkeit vorbehalten bleibt.

---

[29] S. dazu Schneider, JurBüro 1966 Sp. 645. Der Mahnbescheid ist nicht bereits mit seiner Unterzeichnung durch den Rechtspfleger, sondern erst dann erlassen, wenn er den unteren Geschäftsgang verlassen hat und unabänderlich geworden ist. Das bloße Versprechen einer Ratenzahlung durch den Schuldner sollte den Gläubiger jedenfalls im Allgemeinen nicht sofort zur Zurücknahme des Antrags auf Erlass eines Mahnbescheids veranlassen, dessen Kosten ohnehin grundsätzlich schon ausgelöst sind. Besser ist es, in solchen Fällen vorsorglich einen Vollstreckungsbescheid zu erwirken.

Dieser Mahnbescheid, der gemäß § 692 ZPO die obigen Erfordernisse erfüllen muss, braucht vom Rechtspfleger nicht handschriftlich unterzeichnet werden; es genügt vielmehr ein entsprechender Stempelaufdruck (§ 692 Abs. 2 ZPO).

78 Die Zustellung des Mahnbescheids an den Schuldner nimmt das Amtsgericht vor (§ 693 Abs. 1 ZPO). Es benachrichtigt den Antragsteller vom Zeitpunkt der Zustellung (§ 693 Abs. 2 ZPO).

2.5.1 Widerspruch gegen den Mahnbescheid

79 Der Antragsgegner kann nach Zustellung des Mahnbescheids gegen den darin geltend gemachten Anspruch oder einen Teil des Anspruchs bei dem Gericht, das den Mahnbescheid erlassen hat, **schriftlich** Widerspruch erheben, solange der Vollstreckungsbescheid nicht verfügt ist (§ 694 Abs. 1 ZPO).

Der Antragsgegner wird dem Mahnbescheid widersprechen, wenn er glaubt, den geforderten Betrag nicht oder noch nicht (Fälligkeit vgl. Rn. 12) zuschulden oder wenn er dem Antragsteller keinen Anlass zur Einleitung eines Mahnverfahrens gegeben hat. Im letzteren Fall werden dann nämlich die Kosten des Rechtsstreits und damit auch des Mahnverfahrens dem Antragsteller auferlegt, wenn der Antragsgegner im Termin zur mündlichen Verhandlung den Anspruch sofort anerkennt (vgl. Rn. 115 und 144).

Ist der Antragsgegner im Zweifel, ob sein Widerspruch Erfolg verspricht, sollte er sich Rat bei einem Rechtsanwalt, einem Rechtsbeistand oder bei einer Rechtsberatungsstelle holen. Eine Übersicht über die zugelassenen Rechtsanwälte und Rechtsbeistände finden Sie im Branchenbuch oder im Internet. Auch bei der regionalen Rechtsanwaltskammer — beim Sitz eines jeden Oberlandesgerichtes — kann man eine Liste der dort zugelassenen Rechtsanwälte und Rechtsbeistände einsehen; bei der Bundesrechtsanwaltskammer erhalten Sie Verzeichnisse aller zugelassenen Anwälte auch online (www.brak.de). Über die Qualität der einzelnen Anwälte und Beistände kann man unter Umständen Näheres im Bekanntenkreis erfahren, das Gerichtspersonal gibt hierüber keine Auskunft.

Gelegentlich legen Antragsgegner Widerspruch nur ein, um den Prozess zu verzögern und nicht gleich zur Kasse gebeten zu werden. Sie wollen damit eine ihnen nicht eingeräumte Stundung ihrer Schuld erreichen.

Kann der Antragsgegner den Anspruch nicht bestreiten, so ist ein Widerspruch letztlich sinnlos, da er erheblich zur Steigerung der Kosten des Rechtsstreits beiträgt, was den Verlierer des Prozesses teuer zu stehen kommen kann.

80 Bei Einlegung des Widerspruchs, der innerhalb von zwei Wochen ab Zustellung schriftlich zu erfolgen hat (§ 692 Abs. 1 Nr. 3 ZPO), wird sich der Antragsgegner in der Regel des Widerspruchsvordrucks bedienen. Abweichend vom Benutzungszwang für Mahnantragsvordrucke besteht ein solcher Zwang zur Benutzung des amtlichen Widerspruchsvordrucks jedoch nicht. Der Widerspruch kann auch bei der Geschäftsstelle eines jeden Amtsgerichts eingelegt werden. Die Erklärung muss nicht ausdrücklich als Widerspruch bezeichnet sein; es genügt, wenn das entsprechende Verlangen aus dem Inhalt der Erklärung hervorgeht.

81 Der Widerspruch kann erhoben werden, solange der Vollstreckungsbescheid nicht verfügt ist (= den inneren Geschäftsbetrieb des Gerichts verlassen hat); das bedeutet praktisch in vielen Fällen eine Verlängerung der Zweiwochenfrist, wenn der Vollstreckungsbescheid aus irgendeinem Grund nicht unmittelbar nach Ablauf dieser zwei Wochen erteilt wird.

82 Ein **verspäteter**, also erst nach Verfügung des Vollstreckungsbescheids erhobener **Widerspruch** wird **als Einspruch** gegen den Vollstreckungsbescheid (siehe Rn. 100) behandelt. Dies ist dem Schuldner, der den Widerspruch erhoben hat, mitzuteilen (§ 694 Abs. 2 ZPO).

83 Das Gericht hat den Gläubiger von dem Widerspruch und dem Zeitpunkt seiner Erhebung in Kenntnis zu setzen. Wird das Mahnverfahren nicht maschinell bearbeitet, so soll der Schuldner die erforderliche Zahl von Abschriften mit dem Widerspruch einreichen (§ 695 ZPO). Dem amtlichen Widerspruchsvordruck ist als Blatt 2 eine Durchschrift des Widerspruchs beigegeben.

Der rechtzeitige Widerspruch bewirkt, dass dem Gläubiger der zur Vollstreckung in das Vermögen des Schuldners erforderliche Vollstreckungsbescheid nicht erteilt werden kann.

Zur Zurücknahme des Widerspruchs durch den Antragsgegner vgl. Rn. 90.

2.5.2 Abgabe an das Streitgericht nach Widerspruch

84 Wird rechtzeitig Widerspruch erhoben und beantragt eine Partei die Durchführung des streitigen Verfahrens, so gibt das Gericht (Rechtspfleger), das den Mahnbescheid erlassen hat, den Rechtsstreit von Amts wegen an das Gericht ab, das im Mahnantrag bei in Zeile 45 (Vordruck maschinelles Verfahren) bezeichnet worden ist. Die Abgabe erfolgt an dieses Gericht ohne Rücksicht darauf, ob es überhaupt zuständig ist. Der Rechtspfleger ist insoweit gebunden. Ist das streitige Verfahren

beim selben Amtsgericht durchzuführen, bei dem der Mahnantrag gestellt wurde, so wird das Verfahren von der Mahnabteilung an das Streitgericht abgegeben. Die Abgabe erfolgt in jedem Fall durch Übersendung der Akten (§ 696 Abs. 1 Satz 4 ZPO).

85 Der Antrag auf Durchführung des streitigen Verfahrens kann vom Antragsteller bereits in seinem Antrag auf Erlass eines Mahnbescheids gestellt werden (vgl. Rn. 73). Hierzu muss das Kästchen in Zeile 45 angekreuzt werden.

Der Antragsteller kann aber auch erst nach Unterrichtung darüber, dass der Antragsgegner Widerspruch eingelegt hat, diesen Antrag stellen. Er kann dies vor dem Urkundsbeamten eines jeden Amtsgerichts tun oder eine schriftliche Erklärung an das Gericht, bei dem er seinen Mahnantrag eingereicht hat, senden:

MUSTER: Durchführung streitiges Verfahren

In meiner Mahnsache gegen … Aktenzeichen … beantrage ich, weil der Schuldner gegen den Mahnbescheid vom … am … Widerspruch eingelegt hat, die Durchführung des streitigen Verfahrens.
Ort, Datum, Unterschrift

Dieser Antrag kann bei jedem deutschen Amtsgericht gestellt werden (§§ 702, 129a ZPO).

86 Auf Antrag des Antragstellers erfolgt die Abgabe an das Streitgericht aber erst, wenn außer der bereits bezahlten Gebühr für das Mahnverfahren jetzt auch die pauschale Gebühr für das Streitverfahren, für die eine Kostenrechnung an den Antragsteller übersandt wurde, vom Gläubiger eingezahlt wird.

▶ BEISPIEL

Gebühr Nr. 1110 KV für das Verfahren über den Antrag auf Erlass eines Mahnbescheids aus 9.500,00 EUR	98,00 EUR
Gebühr Nr. 1210 KV für das Prozessverfahren aus 9.500,00 EUR (3 Gerichtsgebühren nach Kostentabelle Rn. 173)	588,00 EUR
Somit als Verfahrensgebühr noch zu zahlen 588,00 EUR–98,00 EUR (anzurechnende Gebühr für das Mahnverfahren)	490,00 EUR

Der Antragsgegner kann dagegen den Antrag auf Durchführung des streitigen Verfahrens zusammen mit seinem Widerspruch stellen, ohne dass ihn dies **zunächst** etwas kostet.

Wird nach Einlegung des Widerspruchs weder vom Antragsteller noch vom Antragsgegner ein Antrag auf Durchführung des streitigen Verfahrens gestellt, so tritt ein Stillstand des Verfahrens ein. Die verjährungshemmende Wirkung gemäß § 167 ZPO endet nach sechs Monaten (§ 701 ZPO), während sie bei alsbaldiger Abgabe an das Streitgericht nach eingelegtem Widerspruch erhalten bleibt (§ 696 Abs. 3 ZPO).

Das Mahnverfahren endet mit dem Eingang der Akten beim Streitgericht. Die anlässlich des Mahnverfahrens entstandenen Kosten werden als Teil der Kosten des anschließenden streitigen Verfahrens behandelt (§ 696 Abs. 1 Satz 5, § 281 Abs. 3 Satz 1 ZPO).

87 Der Antrag auf Durchführung des streitigen Verfahrens kann von jeder Partei bis zum Beginn der mündlichen Verhandlung des Antragsgegners zur Hauptsache zurückgenommen werden. Die Zurücknahme kann vor der Geschäftsstelle des Gerichts erklärt werden (§ 696 Abs. 4 Satz 2 ZPO). Auch wenn das streitige Verfahren vor dem Landgericht, bei dem Anwaltszwang herrscht, stattfindet, kann die Partei die Zurücknahme zu Protokoll der Geschäftsstelle erklären, ohne einen Anwalt einschalten zu müssen.

Mit der Rücknahme des Antrags gilt die Sache als nicht rechtshängig geworden (§ 696 Abs. 4 Satz 3 ZPO).

MUSTER: Rücknahme Streitantrag

In meiner Streitsache gegen … Aktenzeichen … nehme ich den von mir am … gestellten Antrag auf Durchführung des streitigen Verfahrens hiermit zurück. Ort, Datum, Unterschrift des Antragstellers

---

In gleicher Weise kann auch der Schuldner seinen Antrag zurücknehmen. Darin ist auch der Antrag auf Rücknahme seines Widerspruchs zu erblicken, sodass dem Gläubiger in diesem Fall auf Antrag Vollstreckungsbescheid erteilt werden kann.

Hatten beide Parteien die Durchführung des streitigen Verfahrens beantragt, so entfällt dieses nur, wenn beide ihre Anträge zurücknehmen.

Die **Rücknahme des Antrags** auf Durchführung des streitigen Verfahrens kann sich auch **kostenmäßig** auswirken:

Die nach Nr. 1210 KV angefallenen drei Gebühren (siehe das Rechenbeispiel Rn. 86) ermäßigen sich auf eine Gebühr.

88   Das Gericht, an das der Rechtsstreit abgegeben ist, ist hierdurch in seiner Zuständigkeit nicht gebunden (§ 696 Abs. 5 ZPO). Stellt sich z. B. heraus, dass es örtlich oder sachlich für den Rechtsstreit unzuständig ist, so verweist es auf Antrag des Klägers (früher Antragsteller) den Rechtsstreit an das zuständige Gericht. Die Verweisung erfolgt nicht von Amts wegen, sondern nur auf Antrag des Klägers. Stellt der Kläger keinen Verweisungsantrag, so wird seine Klage als unzulässig abgewiesen. Es ist auch möglich, dass der Rechtsstreit an das Gericht verwiesen wird, das das Verfahren abgegeben hatte.

89   Bejaht das Gericht, an das der Rechtsstreit abgegeben wurde, seine Zuständigkeit, gibt es dem Antragsteller auf, seinen Anspruch binnen zwei Wochen in einer der Klageschrift (siehe Rn. 128) entsprechenden Form zu begründen (§ 697 Abs. 1 ZPO).

Reicht der Antragsteller/Kläger die **Anspruchsbegründung nicht** innerhalb der Zweiwochenfrist ein, bestimmt das Gericht den Termin zur mündlichen Verhandlung bis zum Eingang der Anspruchsbegründung **nur** auf Antrag des Antragsgegners/Beklagten.

Beantragt der Beklagte Termin zur mündlichen Verhandlung, setzt das Gericht dem Kläger zusammen mit der förmlich zuzustellenden Terminsbestimmung nochmals eine Frist zur Anspruchsbegründung.

Versäumt er diese erneut, so ist seine später eingehende Anspruchsbegründung als verspätet zurückzuweisen und die Klage abzuweisen, es sei denn, dass die Erledigung des Rechtsstreits trotz Berücksichtigung der verspäteten Anspruchsbegründung nicht verzögert würde oder der Kläger die Verspätung genügend entschuldigt und die Gründe hierfür auf Verlangen des Gerichts glaubhaft gemacht hat (§ 697 Abs. 3 Satz 2, § 296 Abs. 1 und 4, § 294 ZPO; siehe auch Rn. 154).

Geht die **Anspruchsbegründung ein**, ist wie nach Eingang einer Klage weiter zu verfahren, d. h., der Vorsitzende wählt entweder ein schriftliches Vorverfahren zur Vorbereitung des Haupttermins oder er entscheidet sich für einen frühen ersten Termin. Zu beiden Möglichkeiten siehe Rn. 150–152.

Seit 01.01.1992 hat das Gericht die Möglichkeit, nach Widerspruch in einem vorausgegangenen Mahnverfahren ein **schriftliches Versäumnisurteil** nach § 331 Abs. 3 ZPO (siehe dazu Rn. 136) zu erlassen.

Wählt der Vorsitzende nach Eingang der Anspruchsbegründung das **schriftliche Vorverfahren**, so fordert er den Beklagten mit der Zustellung der Anspruchsbegründung auf, seine Verteidigungsabsicht innerhalb einer Notfrist von zwei Wochen nach Zustellung dem Gericht schriftlich anzuzeigen (§ 276 Abs. 1 Satz 1 ZPO). Mit der Aufforderung ist der Beklagte darauf hinzuweisen, dass seine bisher im Verfahren abgegebenen Erklärungen, insbesondere auch der Widerspruch gegen den Mahnbescheid, noch nicht als Anzeige der Verteidigungsabsicht gelten und dass er, falls der Prozess vor dem Landgericht läuft, einen zugelassenen Rechtsanwalt bevollmächtigen muss (Anwaltszwang!).

90 Der Beklagte kann seinen Widerspruch gegen den Mahnbescheid bis zum Beginn seiner mündlichen Verhandlung zur Hauptsache zurücknehmen. Die Zurücknahme ist ausgeschlossen, wenn bereits ein Versäumnisurteil gegen den Schuldner ergangen ist. Liegt bereits ein Titel vor, so soll es also dem Schuldner verwehrt sein, durch Zurücknahme des Widerspruchs diesen Titel wieder aus der Welt zu schaffen. Die Zurücknahme kann zu Protokoll der Geschäftsstelle erfolgen (§ 697 Abs. 4 ZPO), sodass sich, wenn der Streitfall beim Landgericht anhängig geworden ist, die Zuziehung eines Rechtsanwalts durch den Schuldner lediglich zur Zurücknahme erübrigt.

91 Nach Zurücknahme des Widerspruchs durch den Schuldner endet das streitige Verfahren und es kann auf den vom Gläubiger gestellten Antrag hin Vollstreckungsbescheid erlassen werden (§ 699 ZPO). Um Verzögerungen zu vermeiden, wird der Vollstreckungsbescheid gleich von dem Gericht, bei dem die Sache anhängig ist, erlassen (§ 699 Abs. 1 Satz 3 ZPO). Ist der Rechtsstreit also beim Landgericht anhängig, so erlässt der Rechtspfleger beim Landgericht den Vollstreckungsbescheid.

Die vorstehenden Ausführungen über die Abgabe des Verfahrens nach Widerspruch (§ 696 ZPO) gelten sinngemäß, wenn Mahnverfahren und streitiges Verfahren bei demselben Gericht durchgeführt werden (§ 698 ZPO).

2.6 Der Vollstreckungsbescheid

92 Hat der Antragsgegner gegen den ihm zugestellten Mahnbescheid nicht rechtzeitig Widerspruch erhoben, so erlässt das Gericht nach Ablauf der zweiwöchigen Widerspruchsfrist auf besonderen Antrag des Antragstellers hin auf der Grundlage des Mahnbescheids den Vollstreckungsbescheid.

Gleiches gilt, wenn der Antragsgegner einen erhobenen Widerspruch wieder zurückgenommen hat.

Der Antrag auf Erlass des Vollstreckungsbescheids kann nicht bereits mit dem Mahnantrag gestellt werden, sondern erst nach Ablauf der zweiwöchigen Widerspruchsfrist oder nach Rücknahme des Widerspruchs durch den Antragsgegner. Der Antrag muss weiter die Erklärung enthalten, ob und welche Zahlungen der Antragsgegner zwischenzeitlich geleistet hat. Damit soll verhindert werden, dass es zum Vollstreckungsbescheid automatisch kommt, obwohl die Schuld inzwischen ganz oder teilweise bezahlt wurde (§ 699 Abs. 1 Satz 2 ZPO). Weitere Voraussetzungen für den Erlass des Vollstreckungsbescheids sind, dass der Mahnbescheid wirksam zugestellt wurde (§ 693 Abs. 1 ZPO) und dass seit Zustellung des Mahnbescheids nicht sechs Monate verstrichen sind und damit der Mahnbescheid wirkungslos geworden ist (§ 701 Satz 1 ZPO).

93   Wurde dem Antragsteller vom Gericht die Zustellung des Mahnbescheids mitgeteilt (§ 693 Abs. 2 ZPO), so muss er mit dem Antrag auf Vollstreckungsbescheid mindestens zwei Wochen warten und darf ihn nicht später als nach sechs Monaten stellen. Das hierfür benötigte Formular erhält der Antragsteller zusammen mit dem Vermerk, wann der Mahnbescheid an den Antragsgegner zugestellt wurde, zugesandt.

Zunächst ist in Zeile 1 das Datum einzutragen. Hat der Antragsgegner nicht bezahlt, so ist in Zeile 2 eine „1" einzusetzen.

Hat der Antragsgegner Zahlungen geleistet, so sind diese in Zeile 3–5 einzutragen; in Zeile 2 ist eine „2" einzusetzen.

Hat z. B. der Antragsgegner nur wegen der verlangten Zinsen Widerspruch eingelegt, weil es ihm darum geht, rasch den Hauptbetrag zu bekommen, so wird im maschinellen Verfahren automatisch ein Vollstreckungsbescheid für den Teil des Anspruchs erlassen, dem nicht widersprochen wurde.

Der Antrag auf Erlass eines Vollstreckungsbescheids wird dem Antragsgegner nicht mitgeteilt (§ 702 Abs. 2 ZPO). Dies stellt eine zulässige Einschränkung des vorherigen rechtlichen Gehörs dar, um die Überraschungswirkung einer sofortigen Zwangsvollstreckung nicht zu vereiteln.

94   In den Vollstreckungsbescheid sind gemäß § 699 Abs. 3 Satz 1 ZPO die bisher entstandenen Kosten des Verfahrens aufzunehmen. Bei Zurücknahme des Widerspruchs nach Abgabe des Falls an das Streitgericht sind also auch die dort entstandenen Kosten in den Vollstreckungsbescheid aufzunehmen. Der Antragsteller muss sie daher in den Feldern in Zeile 7 eintragen und deren Summe errechnen. Hierbei sind nur Beträge einzutragen, die nach Erlass des Mahnbescheids entstanden sind, da die bis zum Erlass des Mahnbescheids entstandenen Kosten vom Mahnbescheidsformular in das Vollstreckungsbescheidsformular bereits durchgeschrieben worden sind.

Soll das Gericht die Zustellung des Vollstreckungsbescheids veranlassen, muss der Antragsteller in Zeile 6 eine „1" eintragen.

Das Porto für die Übersendung des Antrags an das Gericht kann in Zeile 7 geltend gemacht werden. Hat der Antragsteller einen Rechtsanwalt oder Rechtsbeistand mit der Durchführung des Mahnverfahrens beauftragt, so kann dieser seine Gebühr, seine Auslagen und seine Mehrwertsteuer in den Kästchen [2] bis [4] einsetzen.

Auf besonderen Antrag des Antragstellers werden die gesamten Kosten des Mahnverfahrens ab Erlass des Vollstreckungsbescheids mit 5 Prozentpunkten über dem Basiszins verzinst. Er muss dafür das erste Kästchen in Zeile 8 ankreuzen. Unterlässt er dies, erleidet er einen Zinsverlust.

95   Bisweilen verspricht sich der Antragsteller einen „Überraschungseffekt" daraus, dass er den Vollstreckungsbescheid erst zugleich mit dem Vollstreckungsversuch durch den Gerichtsvollzieher zustellen lässt. Er hat daher die Möglichkeit, sich eine Ausfertigung zum Zwecke der Vollstreckung durch den Gerichtsvollzieher aushändigen zu lassen.

Er wird sich den Vollstreckungsbescheid insbesondere dann aushändigen lassen, wenn er mit seiner Zustellung an den Schuldner durch den Gerichtsvollzieher (siehe Rn. 191) gleichzeitig die Zwangsvollstreckung in das bewegliche Vermögen des Schuldners betreiben will. Es kann aus ihm die Zwangsvollstreckung in das Vermögen des Schuldners ohne Sicherheitsleistung betrieben werden.

96   Entspricht der Antrag auf Vollstreckungsbescheid nicht den gesetzlichen Anforderungen, so wird der Antragsteller bei behebbaren Mängeln (z. B. wenn die Erklärung über Zahlungen des Antragsgegners fehlt) unter Fristsetzung in einer Zwischenverfügung aufgefordert, den Mangel zu beseitigen. Tut er dies nicht, wird der Antrag zurückgewiesen.

97   Bei unbehebbaren Mängeln (z. B. wenn die Sechsmonatsfrist seit Zustellung des Mahnbescheids verstrichen ist) erfolgt sofortige Zurückweisung. Gegen den zurückweisenden Beschluss des Rechtspflegers kann der Antragsteller **sofortige Beschwerde** nach § 567 Abs. 1 Nr. 2 ZPO i. V. m. § 11 Abs. 1 RPflG) schriftlich oder zu Protokoll der Geschäftsstelle einlegen. Hilft der Rechtspfleger nicht ab, so legt er die Beschwerde dem Landgericht (Beschwerdekammer) zur Entscheidung vor. Die Beschwerdekammer entscheidet endgültig.

Ist der Antrag auf Vollstreckungsbescheid danach endgültig zurückgewiesen, so entfällt die Wirkung des Mahnbescheids (§ 701 Satz 2 ZPO).

98

Bestehen gegen den Erlass des Vollstreckungsbescheids keine Bedenken, so ist er unverzüglich zu erlassen. Zuständig ist der Rechtspfleger des Mahngerichts oder, wenn der Rechtsstreit nach Widerspruch des Antragsgegners bereits an das Prozessgericht abgegeben war und dann der Widerspruch zurückgenommen wurde, der Rechtspfleger des Prozessgerichts (§ 699 Abs. 1 Satz 3 ZPO).

Er benutzt dabei Blatt 3 des Vordrucksatzes (= im Original gelbes Blatt), auf dem der Antragsteller bereits den unteren Teil ausgefüllt hat. Der Vollstreckungsbescheid ergeht auf der Grundlage des Mahnbescheids. Das bedeutet, dass er — ausgenommen die weiteren Verfahrenskosten — keine Beträge erhalten darf, die nicht bereits im Mahnbescheid enthalten waren.

Die Ausfertigung des Vollstreckungsbescheids auf Blatt 4 ist für den Antragsteller, die Ausfertigung auf Blatt 5 des Vordrucksatzes ist für den Antragsgegner bestimmt. Die Urschrift (Blatt 3) bleibt bei Gericht.

Der Antragsteller kann zwischen der Zustellung im Amts- und derjenigen im Parteibetrieb wählen (vgl. Rn. 95).[30]

Anders als der Mahnbescheid darf der Vollstreckungsbescheid auch öffentlich, d. h. durch Anheftung an der Gerichtstafel (§§ 699 Abs. 4 Satz 3, 186 Abs. 2 ZPO) zugestellt werden, wenn der Antragsgegner nach Zustellung des Mahnbescheids unbekannten Aufenthalts ist.

Die Anheftung des Vollstreckungsbescheids erfolgt an der Gerichtstafel des Gerichts, an das der Rechtsstreit im Falle des Einspruchs gegen den Vollstreckungsbescheid abzugeben wäre (§ 699 Abs. 4 Satz 4 ZPO).

99

Der Vollstreckungsbescheid steht einem für vorläufig vollstreckbar erklärten Versäumnisurteil gleich (§ 700 Abs. 1 ZPO). Er stellt also für den Antragsteller einen vollstreckbaren Titel (§ 794 Abs. 1 Nr. 4 ZPO) dar, aus dem er ohne Rücksicht darauf, ob der Antragsgegner Einspruch dagegen einlegt, **sofort vollstrecken** kann. Der Antragsteller kann also sofort nach Erlass des Vollstreckungsbescheids den Gerichtsvollzieher mit der Zwangsvollstreckung unter Zustellung des Vollstreckungsbescheids an den Schuldner beauftragen oder beim Vollstreckungsgericht die Pfändung und Überweisung einer Geldforderung des Schuldners beantragen.

---

[30] Zu den Amtspflichten des Urkundsbeamten der Geschäftsstelle bei Zustellungen im Mahnverfahren siehe BGH, DGVZ 1991, 115.

Ein **gewisses Risiko** birgt die rasche Vollstreckung aber in sich: Legt der Schuldner Einspruch gegen den Vollstreckungsbescheid ein und wird dieser im streitigen Verfahren dann aufgehoben, so fällt auch seine vorläufige Vollstreckbarkeit weg und der Gläubiger muss dem Schuldner den Schaden ersetzen, den dieser durch die Zwangsvollstreckung erlitten hat (§ 717 Abs. 2 ZPO). Wird gegen den Vollstreckungsbescheid Einspruch nicht erhoben, so steht er einem rechtskräftigen Urteil gleich. Ansprüche aus ihm verjähren erst in 30 Jahren, soweit es sich nicht um Zinsen oder andere regelmäßig wiederkehrende Leistungen handelt (§§ 195, 197 Abs. 1 Nr. 3 BGB). Letztere verjähren bereits in drei Jahren (§ 197 Abs. 2, § 195 BGB).

2.6.1 Der Einspruch gegen den Vollstreckungsbescheid

100 Der Einspruch ist der einzige Rechtsbehelf, der dem Antragsgegner gegen den Vollstreckungsbescheid zusteht. Er kann ihn in vollem Umfang oder auf einen Teil beschränkt einlegen (wenn er z. B. in der Zwischenzeit einen Teil der geforderten Summe bezahlt hat). Zugleich mit Einlegung des Einspruchs kann der Antragsgegner bei Gericht beantragen, die Zwangsvollstreckung aus dem Vollstreckungsbescheid einstweilen einzustellen (§ 719 Abs. 1, § 707 ZPO). Die Stellung eines solchen Antrags ist erforderlich, wenn der Schuldner befürchten muss, der Gläubiger werde aufgrund des Vollstreckungsbescheids im Wege der Zwangsvollstreckung gegen ihn vorgehen. Einstellung der Vollstreckung ohne Sicherheitsleistung ist nur zulässig, wenn der Vollstreckungsbescheid nicht in gesetzlicher Form ergangen ist oder der Schuldner glaubhaft macht, dass seine Säumnis unverschuldet war (§ 719 Abs. 1, § 700 Abs. 1 ZPO).

MUSTER: Einspruch gegen Vollstreckungsbescheid

(unter Beachtung der Form des § 340 Abs. 2 ZPO)
Gegen den gegen mich am ... erlassenen Vollstreckungsbescheids — Aktenzeichen B ... — lege ich Einspruch ein. Ich beantrage zugleich, die Zwangsvollstreckung aus dem Vollstreckungsbescheid einstweilen einzustellen. Sicherheitsleistung bitte ich nicht anzuordnen. Ich bin zwei Tage vor Ablauf der Widerrufsfrist völlig unerwartet an ... schwer erkrankt und in die Intensivstation des Krankenhauses in ... aufgenommen worden. Angehörige durften mich dort in den ersten Tagen nicht besuchen. Beweis: Zeugnis des Arztes Dr. ... in ...
Datum und Unterschrift des Schuldners

Der wirksame Einspruch führt automatisch zur Abgabe des Rechtsstreits an das für das streitige Verfahren zuständige Gericht (§ 700 Abs. 3 Satz 1 ZPO).

Auf der Rückseite von Blatt 5 des Vordrucksatzes wird der Antragsgegner darauf hingewiesen, dass sein Einspruch zwecklos und nur kostensteigernd sei, wenn der Anspruch nicht bestritten werden könne. Vielfach wollen aber Schuldner nur Zeit gewinnen und stören sich an diesem Hinweis nicht.

Die Einspruchsfrist beträgt zwei Wochen (§ 700 Abs. 1 i. V. m. § 339 Abs. 1 ZPO). Sie beginnt am Tag der Zustellung des Vollstreckungsbescheids.

101 Der Einspruch kann schriftlich oder durch mündliche Erklärung vor dem Urkundsbeamten der Geschäftsstelle eines jeden Amtsgerichts eingelegt werden (§§ 700 Abs. 1, 340 Abs. 1, 702 Abs. 1 Satz 1 ZPO). Er kann auch telegrafisch oder per Fernschreiben oder Telefax eingelegt werden.[31]

Ein Vordruck für den Einspruch existiert nicht, er könnte aber eingeführt werden. Jedoch gibt es dann wie beim Widerspruch keinen Benutzungszwang.

Wird der Einspruch zu Protokoll des Urkundsbeamten der Geschäftsstelle eines anderen Amtsgerichts als des Mahngerichts eingelegt, so ist die Einspruchsfrist nur gewahrt, wenn das Protokoll vor ihrem Ablauf beim Mahngericht eingeht (§ 129a Abs. 2 Satz 2 ZPO). Allerdings kann sich der Einspruchsführer das Protokoll zur Übermittlung an das Mahngericht aushändigen lassen und selbst hinbefördern (§ 129a Abs. 2 Satz 3 ZPO).

102 Hat es der Anspruchsgegner versäumt, gegen den Vollstreckungsbescheid rechtzeitig Einspruch einzulegen, so wird dieser rechtskräftig. Nur aus ganz besonderen Gründen kann der Antragsgegner **Wiedereinsetzung in den vorigen Stand** verlangen, nämlich dann, wenn er glaubhaft macht, dass er ohne sein Verschulden verhindert war, die Einspruchsfrist einzuhalten (§ 233 ZPO). Das wäre z. B. der Fall, wenn er die Einspruchsschrift nicht mehr rechtzeitig abgeben konnte, weil er unterwegs einen Verkehrsunfall mit anschließender Bewusstlosigkeit oder sonstiger Handlungsunfähigkeit erlitten hat.

Zusammen mit dem Wiedereinsetzungsgesuch muss der Antragsgegner den Einspruch nachholen. Die Wiedereinsetzung muss innerhalb zwei Wochen nach der Beseitigung des Hindernisses bei Gericht beantragt werden.

---

[31] BGH, NJW 1986, 1759 und wohl auch telefonisch, vgl. LG Aschaffenburg, NJW 1969, 280 sowie BGH, Rpfleger 1980, 99 u. BayObLG, NJW 1980, 1592; eigenhändige Unterzeichnung ist nicht unerlässlich, LG Köln, MDR 2005, 234.

2.6.2 Die Durchführung des streitigen Verfahrens nach Einspruch

103 Wird rechtzeitig Einspruch eingelegt,[32] so gibt das Gericht, das den Vollstreckungsbescheid erlassen hat, den Rechtsstreit von Amts wegen (also ohne Antrag einer Partei) an das für den Schuldner zuständige Gericht, das im Mahnbescheid bezeichnet worden ist, wenn die Parteien **übereinstimmend** die Abgabe an ein anderes Gericht verlangen, an dieses, ab (§ 700 Abs. 3 ZPO).

Die Abgabe ist den Parteien mitzuteilen; sie ist nicht anfechtbar. Mit Eingang der Akten bei dem Gericht (= Streitgericht), an das der Antrag abgegeben worden ist, gilt der Rechtsstreit als dort anhängig.

Das Streitgericht prüft zunächst seine Zuständigkeit und verfährt bei Unzuständigkeit wie oben bei Rn. 88 geschildert.

Verweist es den Rechtsstreit an ein anderes Gericht, so werden auch die Kosten des Mahnverfahrens als Teil der Kosten behandelt, die bei dem Gericht entstehen, an das verwiesen wurde (§§ 696 Abs. 1 Satz 5, 281 Abs. 3 Satz 1 i. V. m. § 700 Abs. 3 ZPO). Erfolgt die Verweisung, weil das Gericht, an das verwiesen wird, ausschließlich zuständig ist (etwa bei Klagen aufgrund eines Mietverhältnisses über Wohnraum, § 29a ZPO) oder weil eine Gerichtsstandsvereinbarung zwischen den Parteien besteht, so hat der Antragsteller die Mehrkosten, die durch die Einschaltung des unzuständigen Gerichts entstanden sind, auch dann zu tragen, wenn er in der Hauptsache obsiegt (§ 281 Abs. 3 Satz 2 ZPO).

Sodann prüft das Gericht, wenn es seine Zuständigkeit bejaht hat, die Zulässigkeit des Einspruchs, insbesondere die Einhaltung der Einspruchsfrist. Ist der Einspruch unzulässig, so verwirft es ihn entweder ohne mündliche Verhandlung durch Beschluss gemäß § 341 Abs. 1 ZPO oder bestimmt bei Zweifeln über die Zulässigkeit einen Termin zur mündlichen Verhandlung über den Einspruch. In diesem Termin wird es den Einspruch bei festgestellter Unzulässigkeit durch Endurteil verwerfen. Ist der Einspruch zulässig, fordert das Streitgericht den Kläger auf, seinen Anspruch binnen zwei Wochen in einer der Klageschrift entsprechenden Form (siehe Rn. 127 f.) zu begründen.

---

[32] Ein verspäteter Widerspruch gegen den Mahnbescheid gilt als Einspruch gegen den Vollstreckungsbescheid, § 694 Abs. 2 ZPO.

Nach **Eingang der Anspruchsbegründung** verfährt das Gericht „wie nach Eingang einer Klage" (§ 700 Abs. 4 ZPO), d. h., es trifft die Wahl zwischen schriftlichem Vorverfahren oder einem früheren ersten Termin.

Häufig wird es statt des zeitraubenden schriftlichen Vorverfahrens (siehe dazu Rn. 152) einen frühen ersten Termin (Rn. 150 ff.) bestimmen.

Sollte es sich für das schriftliche Vorverfahren entscheiden, so setzt es hier im Gegensatz zum allgemeinen Klageverfahren dem Beklagten keine Frist zur Anzeige der Verteidigungsabsicht, sondern nur die zweiwöchige Frist zur schriftlichen Klageerwiderung und belehrt ihn auch nicht über die Folgen einer Fristversäumnis (§ 700 Abs. 4 Satz 2 ZPO).

Anders als im Verfahren nach Widerspruch gegen einen Mahnbescheid (siehe Rn. 89) kann hier **im schriftlichen Vorverfahren kein Versäumnisurteil** ergehen.

Geht die Anspruchsbegründung nicht innerhalb der Zweiwochenfrist ein, bestimmt der Vorsitzende von Amts wegen unverzüglich einen Termin zur mündlichen Verhandlung.

Erscheint der Beklagte im Termin nicht, so ist gegen ihn auf Antrag des Klägers ein den Einspruch verwerfendes Versäumnisurteil (zweites Versäumnisurteil i. S. v. § 345 ZPO) zu erlassen; dies aber nur, wenn der Vollstreckungsbescheid ordnungsgemäß ergangen ist und die Klage zulässig und vor allem schlüssig ist (§ 700 Abs. 6 ZPO). Schlüssig ist die Klage dann, wenn das Vorbringen in der Anspruchsbegründung, seine Richtigkeit unterstellt, geeignet ist, den Klageantrag zu rechtfertigen. Ist das Vorbringen des Klägers nicht schlüssig, wird der Vollstreckungsbescheid durch Urteil aufgehoben.

Soweit die Entscheidung, die aufgrund der Verhandlung zu erlassen ist, mit der im Vollstreckungsbescheid enthaltenen Entscheidung übereinstimmt, spricht das Gericht aus, dass der **Vollstreckungsbescheid aufrechtzuerhalten** ist (§§ 700 Abs. 1, 343 ZPO).

In diesem Fall enthält das Urteil regelmäßig keinen vollstreckbaren Inhalt. Die Vollstreckbarkeit richtet sich weiterhin nach dem Vollstreckungsbescheid, sodass es zur Eintragung einer Zwangssicherungshypothek keiner Vollstreckungsklausel bedarf.[33]

---

[33] LG Koblenz, Rpfleger 1998, 357.

103a Der Vollstreckungsbescheid kann auch Antrag des Gläubigers vom Rechtspfleger des Amtsgerichts als **Europäischer Vollstreckungstitel** erklärt werden (siehe Rn. 189).

2.6.3 Urkunden-, Wechsel- und Scheckmahnbescheid

104 Ein beschleunigtes Verfahren zur Erlangung eines Titels bietet § 703a ZPO. Es handelt sich um das Urkunden-, Wechsel- und Scheckmahnverfahren, das voraussetzt, dass sich der geltend gemachte Anspruch aus einer Urkunde, einem Wechsel oder Scheck ergibt.

Dem Antrag auf Erlass eines Mahnbescheides braucht die Urkunde bzw. der Wechsel oder Scheck nicht beigefügt zu werden.

In der Praxis ist insbesondere das Scheckmahnverfahren ungebräuchlich, da nicht bezahlte Schecks in der Regel — wie andere Schecks auch — von der Bank mikroverfilmt werden und daher im Original nicht mehr zur Verfügung stehen.

● TIPP

Im maschinellen Mahnverfahren ist der Scheck, Wechsel oder Schuldschein in Zeile 32 mit der Katalognummer 30-33 einzutragen.

Erlässt das Gericht einen Urkunden-, Wechsel- oder Scheckmahnbescheid, so wird die Sache bei rechtzeitigem Widerspruch des Gegners nach Abgabe an das zuständige Streitgericht im so genannten Urkunden-, Wechsel- oder Scheckprozess anhängig.

Die Besonderheit dieser Prozessart liegt darin, dass der Beklagte mit Einwendungen, die er nicht mit den im Urkundenprozess einzig zugelassenen Beweismitteln — das sind Vorlage von Urkunden und Antrag auf Parteivernehmung — beweisen kann, nicht gehört wird. Er kann also z. B. in dieser Prozessart den Beweis nicht mit einem Zeugen antreten, der bekunden kann, dass der geforderte Betrag bereits zurückgezahlt sei.[34] Allerdings kann der Schuldner diesen Zeugen später in einem Nachverfahren (§ 600 ZPO) in den Prozess einführen (vgl. Rn. 135).

Wird die Sache nach Widerspruch oder Einspruch des Antragsgegners an das zuständige Streitgericht abgegeben, so muss der Antragsteller nunmehr die Urkunden, auf die er seinen Antrag stützt, im Original oder in Abschrift (Ablichtung) seiner Anspruchsbegründung (vgl. Rn. 89) beifügen (§ 703a Abs. 2 Nr. 2 Halbs. 2 ZPO).

---

[34] Zum Urkunden-, Scheck- und Wechselprozess siehe Rn. 135.

105 Statt ihn unbeschränkt einzulegen, kann der Antragsgegner im Urkundenmahnverfahren seinen Widerspruch auf den Antrag beschränken, „ihm die Ausführung seiner Rechte vorzubehalten". Dann wird der Vollstreckungsbescheid zwar erlassen; in ihn wird aber dieser Vorbehalt aufgenommen, was zur Folge hat, dass der Rechtsstreit von Amts wegen an das Streitgericht abgegeben und im **ordentlichen Verfahren** (nicht im Urkundenprozess, wie bei unbeschränkt eingelegtem Widerspruch) die Berechtigung des Vollstreckungsbescheids nachgeprüft wird (§ 697 ZPO). In diesem Nachverfahren (§ 600 ZPO) ist der Beklagte bei seiner Beweisführung nicht mehr auf Urkunden und Antrag auf Parteivernehmung zum Beweis seiner Einwendungen beschränkt, sondern es stehen ihm alle Beweismittel der Zivilprozessordnung, u. a. auch der wichtige Zeugenbeweis, zur Verfügung.

Die Vollstreckung eines unter Vorbehalt erlassenen Vollstreckungsbescheids ist ohne Rücksicht auf das weiterlaufende Verfahren möglich, birgt aber gewisse Risiken in sich:

Bringt der Antragsgegner im Nachverfahren den Vollstreckungsbescheid zu Fall, so muss der Antragsteller die bereits empfangene Geldsumme zurückzahlen und wird mit den Kosten des Rechtsstreits belastet. Außerdem kann er sich nach § 717 Abs. 2 ZPO schadenersatzpflichtig machen, wenn dem Antragsgegner durch die Vollstreckung des Vollstreckungsbescheids oder durch eine zur Abwendung der Vollstreckung gemachte Leistung ein Schaden entstanden ist.

❗ ACHTUNG

Die Vollstreckung aus einem Scheck-Vollstreckungsbescheid ist nur zulässig, wenn der Originalscheck vorliegt.[35]

2.6.4 Die Kosten im Mahnverfahren

106 Ein Mahnbescheid soll erst nach Zahlung der dafür vorgesehenen Gebühr erlassen werden. Ist die maschinelle Bearbeitung des Mahnantrags eingeführt, so brauchen Gebühr und Zustellungskosten erst beim Erlass des Vollstreckungsbescheids eingezahlt werden (§ 12 Abs. 3 Satz 2 GKG).

Als **pauschale Verfahrensgebühr** wird für das Mahnverfahren eine **halbe Gerichtsgebühr** erhoben. Sie richtet sich nach dem Streitwert, d. h. dem Wert der Hauptforderung, die im Antrag für das maschinelle Mahnverfahren in den Zeilen

---

[35] LG Hannover, DGVZ 1991, 142; LG Saarbrücken, DGVZ 1990, 43 f.

32–37 (vgl. oben Rn. 67) eingetragen ist. Zinsen und Kosten spielen für den Streitwert keine Rolle. Die Höhe der Gebühr ist der Tabelle Rn. 173 zu entnehmen. Der **Mindestbetrag** einer Gebühr im Mahnverfahren ist **23,00 EUR** (Nr. 1110 KV-GKG). Eine gebührenfreie Rücknahme des Mahnantrags ist — weil es sich um eine **Verfahrensgebühr** und nicht wie früher um eine Entscheidungsgebühr handelt, nicht mehr möglich.

107

> **BEISPIEL**
>
> Wenn eine Forderung in Höhe bis 600,00 EUR im Mahnverfahren geltend gemacht werden soll, so muss der Gläubiger (Antragsteller) eine Gebühr von 23,00 EUR leisten. Bei einer Forderung von 8.000,00 EUR ist eine Gebühr von 83,00 EUR zu entrichten. Die Eintragung erfolgt in Zeile 42 (Antrag maschinelles Verfahren).

108

Keinen Gebührenvorschuss braucht der Antragsteller zu leisten, dem **Prozesskostenhilfe** für das Mahnverfahren bewilligt wurde (vgl. Rn. 68 und 182). Über den Antrag auf Bewilligung von Prozesskostenhilfe entscheidet der Rechtspfleger des Amtsgerichts, bei dem der Mahnantrag eingereicht werden soll.

Die Vorschusspflicht entfällt ferner, wenn der Antragsteller glaubhaft macht, dass ihm die alsbaldige Zahlung der Kosten mit Rücksicht auf seine Vermögenslage oder aus sonstigen Gründen Schwierigkeiten bereiten würde oder wenn glaubhaft gemacht wird, dass eine Verzögerung dem Antragsteller einen nicht oder schwer zu ersetzenden Schaden bringen würde (§ 65 Abs. 7 GKG). In den beiden letztgenannten Fällen entfällt die Vorschusspflicht jedoch nicht, wenn „die beabsichtigte Rechtsverfolgung aussichtslos oder mutwillig erscheint" (§ 65 Abs. 7 Satz 2 GKG).

109

Erteilt der Antragsteller einem **Rechtsanwalt** den Auftrag, für ihn das Mahnverfahren zu betreiben, so erhält dieser für seine **Tätigkeit im Verfahren über den Antrag auf Erlass eines Mahnbescheids** eine volle Anwaltsgebühr (Nr. 3305 RVG-VV). Die Anwaltsgebühr richtet sich ebenfalls nach dem Streitwert, also der Höhe der Hauptforderung (vgl. Tabelle Rn. 179).

In unseren beiden oben genannten Beispielen würde ein Rechtsanwalt Gebühren in Höhe von 45,00 bzw. 412,00 EUR sowie eine Auslagenpauschale in Höhe von 9,00 bzw. 20,00 EUR, jeweils zuzüglich 19 % Mehrwertsteuer, erhalten. Kommt es nach dem Mahnverfahren durch Einlegung eines Widerspruchs oder Einspruchs (vgl. Rn. 84 und 100) zum streitigen Verfahren, so wird die oben genannte Gebühr auf die Verfahrensgebühr des Rechtsanwalts angerechnet.

Beauftragt der Antragsgegner einen Rechtsanwalt mit der Einlegung eines Widerspruchs gegen den Mahnbescheid, so muss er diesem 0,5 einer Rechtsanwaltsgebühr bezahlen (Nr. 3307 RVG-VV). Auch sie wird in einem nachfolgenden Rechtsstreit angerechnet.

110   Führt das Mahnverfahren infolge Widerspruchs gegen den Mahnbescheid oder infolge Einspruchs gegen den Vollstreckungsbescheid zu einem streitigen Zivilprozess, so ist hierfür meistens das Gericht am Wohnsitz des Schuldners zuständig (siehe Rn. 117).

111   Infolge der seit Anfang des Jahres 2000 geltenden bundesweiten Postulationsfähigkeit eines bei einem Landgericht zugelassenen Rechtsanwalts muss nicht — wie früher — ein weiterer Rechtsanwalt, der im Landgerichtsbezirk des Schuldners zugelassen ist, zusätzlich beauftragt werden.

112   Hat der Antragsteller einen **Rechtsanwalt** für das Mahnverfahren beauftragt, so erhält dieser für seine **Tätigkeit im Verfahren über den Antrag auf Erlass eines Vollstreckungsbescheids** 0,5 der vollen Anwaltsgebühr, in unseren Beispielen also 22,50 bzw. 206,00 EUR (vgl. Tabelle Rn. 179).

113   Legt der Antragsgegner Widerspruch gegen den Mahnbescheid ein und beantragt der Antragsteller daraufhin die Durchführung des streitigen Verfahrens (vgl. Rn. 84), so soll der Rechtspfleger die Sache an das für das streitige Verfahren als zuständig bezeichnete Gericht erst dann abgeben, wenn der Antragsteller die geforderte Gebühr für das Verfahren im Allgemeinen gezahlt hat (§ 13 Abs. 3 Satz 2 GKG); außerdem muss spätestens zu diesem Zeitpunkt die halbe Gebühr für das Mahnverfahren bezahlt sein, da anderenfalls eine Abgabe nicht erfolgt.

114   Schließt sich an das Mahnverfahren ein streitiges Verfahren an (weil der Antragsgegner Widerspruch gegen den Mahnbescheid oder Einspruch gegen den Vollstreckungsbescheid eingelegt hat und es zur Abgabe der Sache an das Streitgericht kommt), so werden die **Kosten des Mahnverfahrens** als **Teil der Kosten des anschließenden streitigen Verfahrens** angesehen, d. h., die Gerichtskosten werden auf die Gebühr für das Verfahren, die Anwaltskosten auf die Verfahrensgebühr angerechnet.

115   Wird der Beklagte kostenpflichtig verurteilt, so erfasst diese Verurteilung auch die Kosten des Mahnverfahrens. Erkennt der Beklagte im Termin vor dem Streitgericht den Anspruch sofort an und hat er durch sein Verhalten dem Kläger keinen Anlass gegeben, einen Mahnbescheid gegen ihn zu beantragen, so fallen die Prozesskosten (und damit auch die Kosten des Mahnverfahrens) dem Kläger zur Last (§ 93 ZPO; vgl. Rn. 144).

116   Nimmt nach vorausgegangenem Mahnverfahren und Überleitung ins streitige Verfahren der Kläger seine Klage oder der Beklagte seinen Widerspruch oder seinen Einspruch vor dem Schluss der mündlichen Verhandlung zurück, so ermäßigen sich die Verfahrenskosten von drei Gebühren auf eine Gebühr (Nr. 1211 KV).

2.6.5   Mahnverfahren und Insolvenz

116a   Die Eröffnung des Insolvenzverfahrens über das Vermögen des Antragstellers hindert die Zustellung des Mahnbescheides an den Antragsgegner nicht. Die Vorwirkungen des § 167 ZPO treten zugunsten der Insolvenzmasse ein.

Der geltend gemachte Anspruch unterfällt ab Eröffnung des Insolvenzverfahrens der Verwaltungs- und Verfügungsbefugnis des Insolvenzverwalters gemäß § 80 Abs. 1 InsO.

Bei **Insolvenz des Antragsgegners** kann ein Mahnbescheid weder an den Antragsgegner noch an den Insolvenzverwalter zugestellt werden (§ 87 InsO). Den Gläubigern bleibt nur die schriftliche Anmeldung zur Tabelle, die vom Insolvenzverwalter geführt wird (§§ 174 ff. InsO) oder ggf. die Feststellungsklage nach §§ 179, 180 InsO.

Nach Zustellung des Mahnbescheids, aber vor Widerspruch und Vollstreckungsbescheid wird das Mahnverfahren nach § 240 ZPO unterbrochen. Bei Insolvenz des **Antragstellers** kann der Insolvenzverwalter das Mahnverfahren aufnehmen (§ 85 InsO). Bei Insolvenz des **Antragsgegners** kann das Verfahren gegen ihn nicht nach § 250 ZPO aufgenommen werden. Es bleibt dem Gläubiger nur die Anmeldung zur Tabelle (§§ 174 ff. InsO) und bei Bestreiten im Prüfungstermin wiederum die Feststellungsklage nach §§ 179, 180 InsO. Bei Insolvenz einer der Parteien **nach Widerspruch** bis zur Abgabe an das Streitgericht oder **nach Einspruch** gegen den Vollstreckungsbescheid sind die §§ 240, 249, 250 ZPO unmittelbar anzuwenden.

2.7 Das amtsgerichtliche Klageverfahren im Einzelnen

2.7.1 Sachliche und örtliche Zuständigkeit des Amtsgerichts

117 Der Gläubiger kann das Klageverfahren vor dem Amtsgericht auch ohne vorhergehendes Mahnverfahren unmittelbar einleiten, soweit dieses Gericht in vermögensrechtlichen Streitigkeiten hierfür zuständig ist. Die sachliche Zuständigkeit des Amtsgerichts ist bei Rn. 43 behandelt.[36]

Beim Klageverfahren muss beachtet werden, dass in einigen Bundesländern eine außergerichtliche Streitbeilegung gesetzlich vorgeschrieben ist (§ 15a EGZPO). Soweit vermögensrechtliche Streitigkeiten betroffen sind, gelten folgende Regelungen:

Bundesland	Streitwert	Räumliche Zuständigkeit
Baden-Württemberg	bis 750,00 EUR	nur Parteien in demselben oder in benachbarten Landgerichtsbezirken
Saarland	bis 600,00 EUR	nur Parteien in demselben Landgerichtsbezirk

Unter diesen Voraussetzungen muss vor einer Schlichtungsstelle ein (zeitraubendes und oft erfolgloses) Schlichtungsverfahren durchgeführt werden, bevor Klage erhoben werden kann. Ohne vorheriges Schlichtungsverfahren ist eine Klage unzulässig (§ 15a Abs. 1 Satz 1 EGZPO).

---

[36] Zur sachlichen Zuständigkeit des Amtsgerichts sei in Ergänzung der bereits bei Rn. 43 hierüber gemachten Ausführungen der Vollständigkeit halber noch folgendes gesagt: Für diese Zuständigkeit ist nach § 23 GVG zu unterscheiden zwischen

a) Streitigkeiten, die ohne Rücksicht auf den Wert des Streitgegenstandes stets vor dem Amtsgericht verhandelt werden;

b) Streitigkeiten über vermögensrechtliche Angelegenheiten, deren Gegenstand an Geld oder Geldeswert die Summe von 5.000 EUR nicht übersteigt.

Zu den Streitigkeiten unter a) gehören diejenigen zwischen Vermietern und Mietern wegen Überlassung, Benutzung, Räumung sowie Zurückbehaltung der vom Mieter eingebrachten Sachen, ferner diejenigen zwischen Reisenden und Wirten, Fuhrleuten usw. wegen Wirtszechen, Fuhrlohn, weiter die Viehmängelklagen, die Streitigkeiten auf Erfüllung einer durch Ehe oder Verwandtschaft begründeten gesetzlichen Unterhaltspflicht und aus einem Altenteilsvertrag. Maßgebend für die Wertberechnung im Falle b) ist der Verkehrswert des vom Kläger geltend gemachten Anspruchs, der vom Gericht grundsätzlich nach freiem Ermessen festgesetzt wird.

Wurde dagegen in diesen Fällen ein Mahnverfahren durchgeführt, kann im Anschluss daran ohne Schlichtungsverfahren sofort das streitige Verfahren durchgeführt werden, wenn der Schuldner Widerspruch einlegt (§ 15a Abs. 2 Ziff. 5 EGZPO). Wenn also Kleinbeträge wie in der Tabelle genannt geltend gemacht werden sollen, sollte dies am besten im Mahnverfahren erfolgen. Das Schlichtungsverfahren kann so umgangen werden

Die örtliche Zuständigkeit des Amtsgerichts in vermögensrechtlichen Angelegenheiten ist, wie sich bereits aus der Darstellung des Mahnverfahrens ergibt (vgl. insbesondere Rn. 45), eine andere. Örtlich zuständig für das Klageverfahren ist gesetzlich dasjenige Amtsgericht, bei dem der Schuldner seinen allgemeinen Gerichtsstand hat, also das Amtsgericht, in dessen Bezirk der Schuldner seinen Wohnsitz oder seinen gewöhnlichen Aufenthalt hat. Bei juristischen Personen (Aktiengesellschaft, Gesellschaft mit beschränkter Haftung, eingetragener Verein) bestimmt sich der allgemeine Gerichtsstand nach ihrem Sitz, d. h. nach dem Ort, an dem ihre Verwaltung geführt wird. Von diesen Grundsätzen gibt es Ausnahmen: Das Gesetz kennt auch einen Gerichtsstand des Leistungsortes, der wahlweise neben dem allgemeinen Gerichtsstand in Frage kommt. Erfüllungsort ist in denjenigen Fällen, in denen ein Ort für die Leistung weder bestimmt noch aus den Umständen ersichtlich ist, der Wohnsitz dessen, der die Leistung schuldet (§ 269 BGB; § 29 ZPO). Es ist dies im Allgemeinen ebenfalls der allgemeine Gerichtsstand des Schuldners. Wenn dieser aber etwa bei Eingehung der Schuld am Wohnsitz des Gläubigers gewohnt hat und erst später verzogen ist, so kann der Gläubiger die Klage am früheren Wohnsitz des Schuldners erheben. Die nachträgliche Wohnsitzänderung ist hier bedeutungslos.

118 Wesentliche Bedeutung kommt im Klageverfahren dem vereinbarten Gerichtsstand zu. Er kommt durch Vertrag zwischen Gläubiger und Schuldner zustande und hat meist die Wirkung, dass der Gläubiger die Klage bei dem für seinen Wohnsitz bzw. Firmensitz zuständigen Amtsgericht erheben kann. Die Vereinbarung eines solchen Gerichtsstands kann in der Auftragsbestätigung oder in den Geschäftsbedingungen des Gläubigers festgelegt sein, sofern diese dem Vertragsschuldner zugänglich gemacht sind. Ob er sie liest, ist seine Sache. Nicht ausreichend ist dagegen ein bloßer Vermerk auf der dem Schuldner nachträglich übersandten Rechnung oder der Vermerk auf einer Preisliste, falls diese dem Schuldner erst bei den Vertragsverhandlungen überreicht, aber nicht weiter durchgesprochen wird.

119 Bei Beantwortung der Frage, inwieweit **Gerichtsstandsvereinbarungen** zulässig sind, muss zwischen Vereinbarungen unter Kaufleuten und Nichtkaufleuten unterschieden werden.

120 Ein nach dem Gesetz örtlich nicht zuständiges Gericht (Rn. 117) kann als Gerichtsstand ausdrücklich (in allgemeinen Geschäftbedingungen, Formularverträgen oder sonstiger Weise) oder stillschweigend (aufgrund Verkehrssitte oder Handelsbrauchs) **vereinbart** werden, wenn beide Parteien Kaufleute (zum Begriff siehe §§ 1 — 3, 5 u. 6 HGB) oder juristische Personen des öffentlichen Rechts oder öffentlich-rechtliche Sondervermögen sind (§§ 29 Abs. 2, 38 Abs. 1 ZPO). Bei Kaufleuten gilt dies nicht nur für beiderseitige Handelsgeschäfte, sondern auch für Geschäfte im privaten Bereich. Kaufleute sind auch die Handelsgesellschaften (OHG, KG, GmbH & Co. KG, GmbH, AG und KGaA). Kaufleute sind schließlich auch die persönlich haftenden Gesellschafter einer OHG und die Komplementäre einer KG, nicht dagegen Kommanditisten einer KG und Geschäftsführer einer GmbH. Juristische Personen des öffentlichen Rechts sind Bund, Länder, Gemeinden, Gemeindeverbände, Universitäten, Rundfunkanstalten und ähnliche Einrichtungen.

Zum Schutz des Rechtsverkehrs müssen gemäß § 37a Abs. 1 HGB und § 125a Abs. 1 HGB alle Geschäftsbriefe von Einzelkaufleuten und Personenhandelsgesellschaften, also offene Handelsgesellschaften (oHG) und Kommanditgesellschaften (KG) die Firma, den Ort der Handelsniederlassung, das Registergericht und die Handelsregisternummer enthalten[37].

Soweit nach vorstehenden Ausführungen eine Gerichtsstandsvereinbarung zulässig ist, ist deren stillschweigende Vereinbarung auch dann anzunehmen, wenn der beklagte Schuldner, ohne die Unzuständigkeit geltend zu machen, zur Hauptsache mündlich verhandelt hat, obwohl ihn das Gericht vorschriftsmäßig (§ 504 ZPO) auf die Folgen einer rügelosen Einlassung zur Hauptsache hingewiesen hat (§ 39 Satz 2 ZPO).

121 Bei Schuldnern, die keine Kaufmannseigenschaft im Sinne der unter Rn. 120 gemachten Ausführungen haben, also bei **Privatpersonen** (Letztverbrauchern) und Personengemeinschaften (BGB-Gesellschaft, nicht rechtsfähiger Verein) und bei juristischen Personen des Privatrechts, die nicht bereits kraft ihrer Form Kaufleute sind, sind Gerichtsvereinbarungen grundsätzlich unzulässig.

---

[37] Vgl. Leuering/Rubel, Pflichtangaben in E-Mails: Der Link ins Internet als Alternative, NJW-Spezial 2008, 47 f.; Hoeren/Pfaff, Pflichtangaben im elektronischen Geschäftsverkehr aus juristischer und technischer Sicht, MMR 2007, 207 ff.; Maaßen/Orlikowski-Wolf, Stellt das Fehlen von Pflichtangaben in Geschäftskorrespondenz einen Wettbewerbsverstoß dar?, BB 2007, 561 ff.; Hoeren, Informationspflichten im Internet – Im Lichte des neuen UWG, WM 2004, 2461 ff.; Roth/Groß, Pflichtangaben auf Geschäftsbrief und Bestellschein im Internet, K&R 2002, 127 ff.; Schmittmann/Ahrens, Pflichtangaben in E-Mails – Ist die elektronische Post ein Geschäftsbrief?, DB 2002, 1038 ff.

122 Ausnahmsweise sind sie zulässig, wenn sie ausdrücklich und schriftlich — also mit Unterschriften beider Vertragsparteien oder in einseitiger Schrift des Gläubigers mit schriftlicher Bestätigung des Schuldners — in einer besonderen Abrede in einem der nach genannten Fälle vereinbart werden (§ 38 Abs. 2, 3 ZPO, zur Formulierung siehe Rn. 5):

1. Mindestens eine der Vertragsparteien hat keinen allgemeinen Gerichtsstand im Inland (ist also z. B. Ausländer). Hat eine der Parteien einen inländischen allgemeinen Gerichtsstand, so kann für das Inland nur ein Gericht gewählt werden, bei dem diese Partei ihren inländischen allgemeinen Gerichtsstand hat (siehe dazu Rn. 117).
2. Die Gerichtsstandsvereinbarung wird erst nach dem Entstehen der Streitigkeit getroffen.
3. Der im Klageweg in Anspruch zu nehmende Schuldner (etwa ein Gastarbeiter) verlegt nach Vertragsschluss seinen Wohnsitz oder gewöhnlichen Aufenthaltsort aus der Bundesrepublik. Gleichgestellt ist der Fall, dass der Wohnsitz oder der gewöhnliche Aufenthalt des Schuldners im Zeitpunkt der Klageerhebung nicht bekannt ist.

123 Im Verfahren vor dem Amtsgericht wird der Beklagte dadurch besonders geschützt, dass ihn das Gericht vor der Verhandlung zur Hauptsache auf die Unzuständigkeit und auf die Folgen einer rügelosen Einlassung zur Hauptsache hinzuweisen hat (§ 504 ZPO). Verhandelt der Beklagte trotz des Hinweises nach § 504 ZPO vor dem an sich unzuständigen Amtsgericht mündlich zur Hauptsache — bestreitet er also z. B. etwas zu schulden oder wendet er Verjährung ein — ohne die Unzuständigkeit geltend zu machen, so wird die Zuständigkeit dieses Gerichts begründet (§ 39 ZPO).

124 Die Gerichtsstandsvereinbarung in den nach den Ausführungen in Rn. 120 und 121 zulässigen Fällen muss den in Frage kommenden Tatbestand eindeutig bezeichnen, sich also auf ein bestimmtes Rechtsverhältnis und die aus ihm entspringenden Rechtsstreitigkeiten beziehen. Die Vereinbarung kann für den Einzelfall wie folgt gefasst werden:

MUSTER: Gerichtsstandsvereinbarung

Gerichtsstand für alle Streitigkeiten aus dem vorstehenden Rechtsverhältnis ist das Amts- bzw. Landgericht in …

Gewählt wird in der Regel das dem Gläubiger am günstigsten gelegene Gericht.

Neben dem **allgemeinen Gerichtsstand** gibt es außer dem vereinbarten Gerichtsstand und dem oben erwähnten Gerichtsstand des vertraglichen Erfüllungsortes noch weitere **besondere Gerichtsstände:**

So kann der Gläubiger die Klage auch bei dem Gericht einreichen, in dessen Bezirk eine **unerlaubte Handlung** gegen ihn **begangen** wurde (Gerichtsstand der unerlaubten Handlung, § 32 ZPO). Dies ist z. B. bei Forderungen aus einem Verkehrsunfall oder wegen einer Verletzung bei einer Schlägerei bedeutsam. Wird Schadenersatz gegen einen Kraftfahrzeughalter nach einem Verkehrsunfall geltend gemacht, so kann die Klage auch bei dem Gericht erhoben werden, in dessen Bezirk das schädigende Ereignis eintrat (§ 20 StVG). Auch bei betrügerischer Täuschung bei Vertragsschluss (sog. Eingehungsbetrug) kommt der Gerichtsstand der unerlaubten Handlung in Betracht (§ 823 Abs. 2 BGB i. V. m. § 263 StGB).

125 Sind nach **mehreren Gerichtsständen** mehrere Gerichte für die Klage zuständig, so hat der Gläubiger die Wahl: Er kann sich das für ihn am günstigsten erreichbare Gericht auswählen (§ 35 ZPO). Dieses Wahlrecht gilt allerdings nicht für so genannte ausschließliche Gerichtsstände: Liegt ein solcher vor, so kann nur in ihm bei einem bestimmten Gericht geklagt werden. So ist z. B. für Mietstreitigkeiten nur das Amtsgericht zuständig, in dessen Bezirk sich die Wohnung befindet (§ 29a ZPO).

126 Reicht der Kläger eine Klage beim örtlich unzuständigen Gericht ein und stellt er auf Hinweis des Gerichts keinen Antrag auf Verweisung an das zuständige Gericht, so muss er mit kostenpflichtiger Klageabweisung rechnen.

Es ist also Aufgabe des Klägers, das zuständige Gericht herauszufinden und dort seine Klage zu erheben, da ihm sonst Kostennachteile und Zeitverlust entstehen.

2.7.2 Klageerhebung und Klagerücknahme vor dem Amtsgericht

127 Die Klageschrift im Verfahren vor dem Amtsgericht muss die Bezeichnung der Parteien (Kläger — Beklagter) und des Gerichts, die bestimmten Angaben des Gegenstands und des Grunds des erhobenen Anspruchs und einen bestimmten Antrag (auf entsprechende Verurteilung des Beklagten) enthalten. Das Gericht entscheidet sowohl über die Kosten des Rechtsstreits als auch über die vorläufige Vollstreckbarkeit von Amts wegen. Gleichwohl ist es in der Praxis üblich, einen entsprechenden Antrag zu stellen.

Mündliche Verhandlung vor dem Gericht ist hier unerlässlich.

128

MUSTER: Klage

An das

Amtsgericht München

Ich erhebe Klage gegen … Ich beantrage Anberaumung eines Termins zur mündlichen Verhandlung, in der ich den Antrag stellen werde:

a) Der Beklagte wird verurteilt, an den Kläger … EUR samt … % Zinsen hieraus seit … zu zahlen.

b) Der Beklagte hat die Kosten des Rechtsstreits zu tragen.

c) Das Urteil ist vorläufig vollstreckbar.[38]

Gründe: Ich habe dem Beklagten am … Waren zum Kaufpreis von … EUR auf seine Bestellung geliefert, die am … bezahlt werden sollten. Zahlung ist trotz Mahnung vom … bis heute nicht erfolgt. Die Zinsen stellen Verzugsschaden dar. Ich muss Bankkredit mit diesem Zinssatz in Anspruch nehmen.

Datum und Unterschrift des Klägers

Mit Einreichung des Klageantrags ist der Gerichtskostenvorschuss (Rn. 172) zu zahlen.

129 Das Gericht hat etwaige unklare Anträge berichtigen zu lassen und auf Stellung sachdienlicher Anträge hinzuwirken.

Die Zustellung von Ladungen und Schriftstücken erfolgt durch die Geschäftsstelle des Amtsgerichts.

Durch die Zustellung der Klage wird die Verjährung des eingeklagten Anspruchs gehemmt (§ 204 Abs. 1 Nr. 1 BGB). Diese Wirkung tritt bereits mit **Einreichung der Klage** bei Gericht ein — **sog. Vorwirkung** —, wenn die Zustellung „demnächst" erfolgt (§ 167 ZPO). Siehe dazu die Rechtsprechung Rn. 29.

130 Der Kläger kann eine Klage ohne Einwilligung des Beklagten bis zum Beginn der mündlichen Verhandlung zurücknehmen (§ 269 Abs. 1 ZPO). Einwilligung des Beklagten ist notwendig, wenn er zum prozessualen Anspruch verhandelt hat, wenn er also beispielsweise vorgetragen hat, er habe die Schuld bereits bezahlt.

Nach **Klagerücknahme** hat der Kläger die Kosten des Rechtsstreits — also auch die seinem Gegner erwachsenen Kosten — zu tragen. Die Verfahrensgebühr von drei Gerichtsgebühren ermäßigt sich bei Zurücknahme der Klage vor dem **Schluss**

---

[38] Über die Verpflichtung, die Prozesskosten zu tragen, sowie über die vorläufige Vollstreckbarkeit entscheidet das Gericht auch ohne Antrag (§§ 308 Abs. 2, 708 ZPO).

der mündlichen Verhandlung und im Falle des schriftlichen Verfahrens (Rn. 155) **vor** dem Zeitpunkt, der dem **Schluss der mündlichen Verhandlung entspricht**, auf eine Gebühr (Rn. 173). Eine Klagerücknahme hindert den Kläger übrigens nicht daran, denselben Anspruch in einem weiteren Prozess erneut geltend zu machen. Voraussetzung hierfür ist nur, dass er inzwischen dem Beklagten dessen im ersten Prozess entstandene Kosten erstattet hat, da dieser anderenfalls die Einlassung zur Hauptsache verweigern kann (§ 269 Abs. 6 ZPO). Werden ihm die Kosten vom Kläger nicht erstattet, wird die Klage auf die „Einrede der mangelnden Kostenerstattung" des Beklagten als unzulässig abgewiesen.

131

MUSTER: Klagerücknahme

An das
Amtsgericht München
Zum Rechtsstreit Franz Müller gegen Josef Meier 14 C 867/03.
Meine am ... eingereichte Klage nehme ich zurück, da ich mich mit dem Beklagten gütlich geeinigt habe, und zwar auch über die Kosten des Rechtsstreits.
Datum und Unterschrift des Klägers

132 Bezahlt der Beklagte nach Klageerhebung die Forderung des Klägers oder schließen die Parteien einen außergerichtlichen Vergleich, so ist damit der **Rechtsstreit „in der Hauptsache erledigt"**, wenn die Parteien dies übereinstimmend dem Gericht mitteilen. Allerdings streiten die Parteien dann häufig noch über die Verteilung der entstandenen Kosten. In diesem Fall können der Kläger, der Beklagte oder beide einen Antrag folgenden Inhalts bei Gericht stellen (§ 91a ZPO):

133

MUSTER: Kostenantrag

An das
Amtsgericht München
Zum Rechtsstreit Franz Müller gegen Josef Meier 14 C 867/03
Ich habe mit dem Beklagten einen außergerichtlichen Vergleich über die Hauptsache geschlossen. Eine Einigung über die Verteilung der Kosten des Rechtsstreits ist nicht zustande gekommen. Ich beantrage, über diese Kosten zu entscheiden und sie dem Beklagten aufzuerlegen.
Datum und Unterschrift des Klägers

Das Gericht entscheidet dann unter Berücksichtigung des bisherigen Sach- und Streitstandes „nach billigem Ermessen", wer die Kosten des Rechtsstreits zu tragen hat.

Bei klarer Sach- und Rechtslage werden die ganzen Kosten also der Partei aufzuerlegen sein, die voraussichtlich in der Sache selbst unterlegen wäre. Bei Teilerfolg und ungewissem Prozessausgang ist Kostenaufhebung zulässig; ebenso, wenn die Parteien über die Kosten keine Vereinbarung getroffen haben (§ 98 ZPO in entsprechender Anwendung).

2.7.3 Die Rechtsantragsstelle des Amtsgerichts

134 Da beim Amtsgericht in vermögensrechtlichen Streitigkeiten kein Anwaltszwang herrscht, kann jedermann eine Klage selbst schriftlich formulieren (vgl. Muster: Klage, Rn. 128) und bei Gericht einreichen.

Er kann sich aber auch, z. B. wenn er schriftlich nicht so gewandt ist, an die Rechtsantragsstelle seines Amtsgerichts wenden. Dort kann er die Klage mündlich vortragen. Sie wird vom **Rechtspfleger** protokolliert (§ 496 ZPO, § 24 Abs. 2 RpflegerG). Der Rechtspfleger stellt dann eine Klageschrift nach den Angaben der Partei her.

Eine derartige Klage zu Protokoll der Rechtsantragsstelle kann bei jedem Amtsgericht ohne Rücksicht auf seine Zuständigkeit aufgenommen werden (§ 129a Abs. 1 ZPO).

Der Rechtspfleger hat die Klageschrift aufzunehmen und unverzüglich an das zuständige Amtsgericht zu übersenden. Die Wirkung der Klageeinreichung (Verjährungshemmung! § 204 Abs. 1 Nr. 1 BGB, § 167 ZPO) tritt allerdings erst ein, wenn die Klageschrift beim zuständigen Gericht eingeht. Die Übermittlung des Protokolls bzw. der Klageschrift an das zuständige Gericht kann dem Antragsteller mit dessen Zustimmung (und selbstverständlich auf seinen Wunsch) überlassen werden (§ 129a Abs. 2 ZPO), denn möglicherweise kann er die Klageschrift rascher befördern, als es im normalen Dienstbetrieb möglich ist.

Die Rechtsantragsstelle ist auch für die Aufnahme sonstiger Anträge und Erklärungen einer Partei sowie für die Aufnahme der Klageerwiderung zuständig (§ 496 ZPO).

2.7.4 Urkunden-, Wechsel- und Scheckprozess

135 Entsprechend dem unter Rn. 104 f. behandelten Urkunden-, Wechsel- und Scheckmahnverfahren gibt es auch einen nach ähnlichen Grundsätzen ausgestalteten Urkunden-, Wechsel- und Scheckprozess (§§ 592–605a ZPO).

Das Mahnverfahren und die Klage vor dem Amtsgericht

In ihm können Zahlungsansprüche und Ansprüche auf Leistung einer bestimmten Menge anderer vertretbarer Sachen oder Wertpapiere geltend gemacht werden, wenn die sämtlichen zur Begründung des Anspruchs erforderlichen Tatsachen durch **Urkunden** bewiesen werden können.

Auch hier ist es das Ziel, dem Gläubiger rasch einen Vollstreckungstitel zu verschaffen. Dies geschieht durch Beschränkung der Beweismittel auf Urkunden, soweit klagebegründende Tatsachen bewiesen werden sollen, und auf Urkunden und Parteivernehmung, soweit es um die Echtheit oder Unechtheit einer Urkunde oder andere Tatsachen (z. B. Einwendungen des Beklagten) geht. Der Zeugenbeweis ist in diesem Verfahren nicht zugelassen, eine Widerklage ist nicht statthaft.

Die wegen der Beschränkung der Beweismittel möglicherweise falsche Entscheidung des Gerichts kann, wenn der Beklagte dem Klageantrag widerspricht, in einem **Nachverfahren**, in dem alle Beweismittel des normalen Zivilprozesses (Zeugenbeweis, Urkundenbeweis, Augenscheinsbeweis, Sachverständigenbeweis, Parteivernehmung) zugelassen sind, überprüft werden. Dabei wird dann das im Urkundenprozess ergangene sog. Vorbehaltsurteil (es ist vorbehaltlich der Rechte des Beklagten erlassen worden) entweder aufgehoben und die Klage abgewiesen oder aber bestätigt („Das Vorbehaltsurteil vom 13.03.2003 wird für vorbehaltslos erklärt.").[39]

Welche Risiken die Vollstreckung eines Vorbehaltsurteils in sich birgt, wurde unter Rn. 105 für den unter Vorbehalt erlassenen Vollstreckungsbescheid dargelegt.

Widerspricht der Beklagte dem Klageantrag nicht, so wird er ohne Vorbehalt verurteilt.[40]

---

[39] Das Nachverfahren setzt nicht die Rechtskraft des im Urkundenprozess ergangenen Vorbehaltungsurteils voraus (BGH, NJW 1973, 467). Das Nachverfahren kann sich nicht mehr auf Einwendungen erstrecken, die im Vorbehaltsurteil nicht infolge der Beschränkung der Beweismittel im Urkundenprozess, sondern ohne Rücksicht darauf als materiell unbegründet zurückgewiesen worden waren (BGH a. a. O.).

Zur Statthaftig- und Beweisbedürftigkeit im Urkundenprozess siehe Stürmer, NJW 1972, 1257.

Zum Versäumnisurteil gegen eine zunächst erschienene Partei, die sich dann wegen Terminsverzögerung entfernt, siehe LArbG Hamm, NJW 1973, 1950.

[40] Die Zwangsvollstreckung aus einem rechtskräftigen Urteil im Wechselprozess kann entsprechend §§ 707, 719 ZPO eingestellt werden; dabei ist jedoch ein strenger Maßstab anzulegen (OLG Hamm, MDR 1975, 850). Für Unzulässigkeit einer solchen Einstellung im Wechsel-Mahnverfahren KG, MDR 1973, 57.

2.7.5   Das Versäumnisverfahren

136   **Ist der Beklagte** trotz ordnungsgemäß zugestellter Ladung im Termin zur mündlichen Verhandlung **nicht erschienen** oder ist er zwar erschienen, verhandelt aber nicht zur Sache oder lässt er die ihm im schriftlichen Vorverfahren (siehe dazu Rn. 150, 155) gesetzte Frist, seine Verteidigungsbereitschaft anzuzeigen, ungenutzt verstreichen, so kann gegen ihn auf Antrag des Klägers ein Versäumnisurteil ergehen (§ 331 ZPO). Der Vorteil des Versäumnisverfahrens für den Kläger liegt vor allem darin, dass er die Tatsachen, die er zur Begründung seines Klageantrags vorgetragen hat, nicht zu beweisen braucht. Was der Kläger vorgetragen hat, wird als vom Beklagten zugestanden angesehen. Allerdings muss der Vortrag des Klägers geeignet sein, sein Klagebegehren zu rechtfertigen: Er muss schlüssig sein. Trägt der Kläger etwa vor, der Beklagte habe sich gegenüber seiner Forderung auf Verjährung berufen, so wird auch dieser Vortrag als feststehende Tatsache angesehen. Das kann dann statt zu einem Versäumnisurteil zur Abweisung der Klage führen, wenn das Gericht die Forderung des Klägers für verjährt erachtet.

137   Ausnahmsweise ist das Vorbringen des Klägers zur Zuständigkeit des Gerichts als vom Beklagten nicht zugestanden anzusehen, wenn es um Gerichtsstandsvereinbarungen (§§ 29 Abs. 2, 38, 331 Abs. 1 Satz 2 ZPO) geht. In diesem Fall kann das Gericht Beweise verlangen.

138   **Erscheint der Kläger** trotz ordnungsgemäßer Ladung im Termin zur mündlichen Verhandlung **nicht**, so wird die Klage auf Antrag des Beklagten ohne Sachprüfung abgewiesen (§ 330 ZPO). Dabei ist es ohne Bedeutung, ob die Klage begründet ist oder nicht. Fehlt die Zuständigkeit des Gerichts, so wird die Klage trotz Säumnis des Klägers nicht wegen seiner Säumnis, sondern wegen Fehlens einer Prozessvoraussetzung als unzulässig abgewiesen (sog. unechtes Versäumnisurteil).

139   Der Unterschied zwischen (echtem) Versäumnisurteil und unechtem Versäumnisurteil ist bedeutsam: Gegen ein echtes Versäumnisurteil ist der Einspruch als einziger Rechtsbehelf vorgesehen. Er ist wie im Mahnverfahren binnen zwei Wochen ab Zustellung des Versäumnisurteils durch Einreichung einer nach § 340 ZPO zu begründenden Einspruchsschrift bei Gericht oder zu Protokoll der Geschäftsstelle des Gerichts (siehe Rn. 134) einzulegen. Gegen das unechte Versäumnisurteil ist das Rechtsmittel der Berufung statthaft.

Ein Versäumnisurteil bedarf keines Tatbestands und keiner Entscheidungsgründe, es genügt der Urteilssatz; das unechte Versäumnisurteil muss mit Tatbestand und Entscheidungsgründen versehen werden.

140   Der Antrag des Klägers auf Erlass eines Versäumnisurteils wird durch Beschluss des Gerichts zurückgewiesen, wenn dem säumigen Beklagten eine Behauptung des Klägers oder ein Sachantrag nicht rechtzeitig vor dem Termin mitgeteilt war. Ein Vorbringen des Klägers im Termin, in dem der Beklagte säumig ist, darf nicht zu dessen Lasten als zugestanden angesehen werden, da nur über den Prozessstoff entschieden werden soll, von dem die nicht erschienene Partei Kenntnis nehmen konnte.

Das Gericht vertagt die Verhandlung über den Antrag auf Erlass eines Versäumnisurteils, wenn es der Ansicht ist, dass die abwesende Partei ohne ihr Verschulden am Erscheinen verhindert ist (§ 337 ZPO). Das kann z. B. der Fall sein, wenn ein Arztattest übersandt wird, aus dem hervorgeht, dass die Partei nicht erscheinen kann oder wenn die Partei telefonisch mitteilt, dass sie im Verkehrsgewühl stecken geblieben sei oder auf dem Weg zum Termin einen Verkehrsunfall erlitten habe.

141   Ein Versäumnisurteil ist ohne Sicherheitsleistung für vorläufig vollstreckbar zu erklären (§ 708 Abs. 1 Nr. 2 ZPO). Das gilt auch für Urteile, durch die der Einspruch gegen ein Versäumnisurteil als unzulässig verworfen wird (§ 708 Abs. 1 Nr. 3 ZPO).

Diese Urteile geben also einen sofort vollstreckbaren Titel. Die Zwangsvollstreckung aus einem Versäumnisurteil darf nur gegen Sicherheitsleistung durch den Beklagten eingestellt werden, es sei denn, dass das Versäumnisurteil nicht in gesetzlicher Form ergangen ist oder dass die säumige Partei glaubhaft macht, dass ihre Säumnis unverschuldet war (§ 719 Abs. 1 ZPO). Wegen der Rechtslage nach Erhebung eines Einspruchs gegen ein Versäumnisurteil vgl. Rn. 164.

2.7.6   Entscheidung nach Lage der Akten

142   Erscheinen oder verhandeln in einem Termin beide Parteien nicht, so kann das Gericht nach Lage der Akten entscheiden. Ein Urteil nach Lage der Akten darf nur ergehen, wenn in einem früheren Termin mündlich verhandelt worden ist. Es darf frühestens in zwei Wochen verkündet werden. Das Gericht hat der nicht erschienenen Partei den Verkündungstermin formlos mitzuteilen. Es bestimmt einen neuen Termin zur mündlichen Verhandlung, wenn die Partei dies spätestens am siebten Tag vor dem zur Verkündung bestimmten Termin beantragt und glaubhaft macht, dass sie ohne ihr Verschulden ausgeblieben ist und die Verlegung des Termins nicht rechtzeitig beantragen konnte (§ 251a Abs. 1, 2 ZPO).

143   Für die vorläufige Vollstreckbarkeit eines Urteils nach Lage der Akten gilt das Gleiche wie für die Vollstreckbarkeit eines Versäumnisurteils (Rn. 141), allerdings nur bei einem Urteil gegen die säumige Partei. Würde vorstehende Bestimmung (§ 708 Nr. 2

ZPO) auch für die nicht säumige Partei gelten, wäre diese, zu deren Gunsten das Urteil ergeht, günstiger gestellt als ohne Säumnis.

Wenn das Gericht nicht nach Lage der Akten entscheidet und nicht nach § 227 ZPO vertagt — was nur aus erheblichen Gründen zulässig ist[41] — ordnet es das Ruhen des Verfahrens an (§ 251a Abs. 3 ZPO).

2.7.7 Anerkenntnisurteil

144 Erkennt der Beklagte den Klageanspruch — ganz oder teilweise — an, so ist auf Antrag des Klägers in der mündlichen Verhandlung Anerkenntnisurteil gegen ihn zu erlassen und zu verkünden.

Grundsätzlich trägt der Beklagte als unterlegene Partei die Kosten des Rechtsstreits. Hat er aber keine Veranlassung zur Klageerhebung gegeben, fallen die Prozesskosten dem Kläger zur Last, wenn der Beklagte den Klageanspruch unter Protest gegen die Kostenlast sofort anerkennt (§ 93 ZPO).

Urteile, die aufgrund eines Anerkenntnisses ergehen, sind ohne Sicherheitsleistung für vorläufig vollstreckbar zu erklären (§ 708 Nr. 1 ZPO).

Wird das gesamte Verfahren durch ein Anerkenntnisurteil beendet, ermäßigen sich die Verfahrensgebühren von drei Gebühren auf eine Gebühr (KV Nr. 1211).

2.7.8 Gütliche Einigung (Vergleich)

145 Ein durch gegenseitiges Nachgeben gekennzeichneter Vergleich kann besonders unter Verwandten, Freunden, Bekannten und Geschäftspartnern eine wesentlich bessere Lösung eines Streits darstellen als ein Urteil des Gerichts.

Er kann als **außergerichtlicher Vergleich** oder als **Prozessvergleich** vor einem Gericht abgeschlossen werden.

---

[41] Erhebliche Gründe sind insbesondere nicht das Ausbleiben einer Partei oder die Ankündigung, nicht zu erscheinen, wenn nicht das Gericht dafürhält, dass die Partei ohne ihr Verschulden am Erscheinen verhindert ist, die mangelnde Vorbereitung einer Partei, wenn nicht die Partei dies genügend entschuldigt, und das Einvernehmen der Parteien allein.

Im ersten Falle wirkt er wie ein Vertrag zwischen den streitenden Parteien, d. h., bei seiner Nichterfüllung kann vor Gericht auf Erfüllung der Verpflichtungen aus dem Vergleich geklagt werden. Im letzteren Falle stellt er einen vollstreckbaren Titel dar, aus dem sofort vollstreckt werden kann (§ 794 Abs. 1 Nr. 1 ZPO).

Auch der außergerichtliche Vergleich kann dadurch zu einem Vollstreckungstitel werden, dass er im Rechtsstreit von den Parteien zu Protokoll des Gerichts erklärt wird.

Seit 01.04.1991 gibt es auch noch den so genannten **Anwaltsvergleich**, der eine frühzeitige Beendigung von Streitigkeiten ohne Einschaltung des Prozessgerichts ermöglicht. Er wird von den Parteien und ihren Anwälten unterschrieben und der Schuldner unterwirft sich darin der sofortigen Zwangsvollstreckung. Er wird dann vom Gericht oder einem Notar für vollstreckbar erklärt. Aus ihm kann sodann wie aus einem Urteil oder Prozessvergleich vollstreckt werden (§§ 794 Abs. 1 Nr. 4b, 796a — c ZPO).

Beim Vergleich gibt es — wegen beiderseitigen Nachgebens — keinen völligen Verlierer, sei es, dass dem Beklagten Ratenzahlung zur Begleichung der Schuld eingeräumt wird, sei es, dass ihm ein Teil der Schuld, wenn er sofort zahlt, erlassen wird.

Ehe der Gläubiger einen lang dauernden Prozess mit umfangreicher Beweisaufnahme auf sich nimmt, wird er häufig dem Beklagten etwas nachlassen oder ihm Ratenzahlung einräumen, um möglichst bald etwas von ihm zu bekommen. Dem Schuldner, dem es häufig „ums Prinzip geht", wird durch ein solches Entgegenkommen der Entschluss zu zahlen erleichtert.

Vorsicht ist beim Vergleichsabschluss geboten, wenn der Prozess ein Stadium erreicht hat, in dem bereits erhebliche Kosten entstanden sind. Hier muss darauf hingewirkt werden, dass auch hinsichtlich der Kostentragung eine befriedigende Lösung gefunden wird. Die Kosten eines abgeschlossenen Vergleichs sind anderenfalls als gegeneinander aufgehoben anzusehen (§ 98 ZPO), was bedeutet, dass jede Partei ihre eigenen Kosten (z. B. Anwaltskosten, Fahrtkosten zum Termin usw.) selbst zu tragen hat und etwaige Gerichtskosten hälftig geteilt werden.

Das Gericht, das nach der Zivilprozessordnung in jeder Lage des Verfahrens auf eine gütliche Beilegung des Rechtsstreits oder einzelner Streitpunkte (Teilvergleich) bedacht sein soll (§ 278 Abs. 1 ZPO), sollte dabei den Parteien auch die genauen Kosten des Rechtsstreits vorrechnen und diese in seinen Vergleichsvorschlag unbedingt einbeziehen. Für einen Güteversuch vor Gericht kann das persönliche Erscheinen der Parteien angeordnet, aber nicht erzwungen werden.

Bei einer Klage im Anwaltsprozess, wenn also Rechtsanwälte beteiligt sind, ist stets zu beachten, dass jeder Rechtsanwalt für seine Mitwirkung beim Vergleich eine Anwaltsgebühr (sog. Einigungsgebühr, vgl. Rn. 177) erhält. Allerdings ermäßigt sich im Falle eines Vergleichsabschlusses vor Gericht, wenn dadurch das gesamte Verfahren beendet wird und kein Urteil vorausgegangen ist, die Verfahrensgebühr von drei Gebühren auf eine Gebühr (KV Nr. 1211).

Es beträgt die Ersparnis an Gerichtskosten bei einem Streitwert von 2.000,00 EUR in erster Instanz 146,00 EUR; die einem Anwalt zusätzlich zu zahlende Einigungsgebühr aber bereits 158,27 EUR (inklusive 19 % Mehrwertsteuer).

Eine Kostenersparnis wird erzielt, wenn sich die Parteien außerhalb des Gerichtstermins, also privat, einigen und den Vergleich ohne Erörterung vor Gericht lediglich von ihren Anwälten vor Gericht zu Protokoll geben lassen. Dann entfallen nämlich zwei Gebühren bei den Gerichtskosten, und die Anwälte erhalten nur jeweils 2 Gebühren (Termingebühr und Einigungsgebühr, vgl. Rn. 176 und 177).

146 Nicht selten behält sich die eine oder andere Partei oder es behalten sich beide Parteien den Widerruf eines Vergleichs bis zu einem kalendermäßig festgelegten Zeitpunkt vor, weil man das Ergebnis des Vergleichs nochmals überdenken und in Ruhe abwägen möchte. Erfolgt dann der Widerruf, so ist beim außergerichtlichen Vergleich der Streit wieder in dem Stadium, in dem er sich vor Abschluss des Vergleichs befand, beim gerichtlichen Vergleich muss vor Gericht weiterverhandelt werden.

Gleiches gilt, wenn der Vergleich wegen arglistiger Täuschung angefochten wird.

147 | **MUSTER: Widerruflicher Prozessvergleich:**

Vergleich
1. Der Beklagte verpflichtet sich, an den Kläger 2.200,00 EUR in monatlichen Raten zu je 200,00 EUR, zahlbar am 1. eines jeden Monats, beginnend am 01.03.2013, zu bezahlen.
2. Kommt der Beklagte mit Zahlung einer Rate ganz oder teilweise zwei Wochen in Rückstand, so ist der gesamte noch offene Restbetrag zur Zahlung fällig.
3. Damit sind sämtliche Ansprüche unter den Parteien abgegolten.
4. Der Beklagte hat die Kosten des Rechtsstreits zu tragen.
5. Der Beklagte kann diesen Vergleich durch Schriftsatz, der bis zum 15.02.2013 bei Gericht eingegangen sein muss, widerrufen.

148

MUSTER: Vergleichswiderruf

An das
Amtsgericht Starnberg
Zum Rechtsstreit Josef Müller gegen Franz Meier 4 C 213/13
Hiermit widerrufe ich den im Termin vom ... geschlossenen Vergleich und
bitte, den Rechtsstreit fortzusetzen. Nach reiflicher Überlegung erscheint mir
der im Vergleich festgelegte Betrag von ... EUR für die mit Mängeln behaftete
Ware zu hoch. Ich werde im Termin ein Gutachten des Sachverständigen ...
vorlegen, wonach die Ware höchstens einen Wert von ... EUR hat. Auf dieser
Basis könnte ich mich zu einem neuen Vergleich entschließen.
Datum und Unterschrift

Kommt ein Vergleich außergerichtlich nicht zustande, so kann der Beklagte auf die
Klage etwa wie folgt erwidern:

149

MUSTER: Klageerwiderung

An das
Amtsgericht Starnberg
Zum Rechtsstreit ... Aktenzeichen ...
Im Termin zur mündlichen Verhandlung werde ich beantragen, die Klage kos-
tenpflichtig abzuweisen.
Ich habe gegen den Kläger eine bereits fällige Gegenforderung in Höhe von ...
aus Kaufvertrag vom ..., mit der ich gegen seine Forderung aufrechne.

2.7.9   Mündliche Verhandlung im Streitverfahren

150

Das Streitverfahren vor Gericht ist so gestaltet, dass der Rechtsstreit in regelmäßig
nur einem umfassend vorbereiteten Termin zur mündlichen Verhandlung — dem
Haupttermin — seine Erledigung finden soll. Dazu sind folgende Möglichkeiten für
das Gericht gegeben:

1. Entweder bestimmt das Gericht einen frühen ersten Termin zur mündlichen
   Verhandlung, die sobald wie möglich erfolgen soll;
2. oder das Gericht veranlasst ein schriftliches Vorverfahren (§ 272 ZPO).

Im Falle der Ziffer 1) hat das Gericht aufgrund der mündlichen Verhandlung darauf
hinzuwirken, dass noch nicht vorgetragener aber entscheidungserheblicher Streit-
stoff rechtzeitig zum nächsten Termin in das Verfahren eingeführt wird. Im Falle
der Ziffer 2) wird durch ein schriftliches Vorverfahren ein erst später stattfindender
Verhandlungstermin vorbereitet.

151 Welchen der beiden Wege zum Haupttermin das Gericht einschlägt, steht in seinem freien Ermessen. Die Anberaumung eines frühen ersten Termins bietet den Vorteil, dass der streiterhebliche Prozessstoff von vornherein eingegrenzt und geordnet werden kann. Nicht streitige Sachen können auf diese Weise gleich durch Anerkenntnisurteil (siehe Rn. 144), Versäumnisurteil (siehe Rn. 136 ff.), durch Klagerücknahme (siehe Rn. 130) oder Vergleich (siehe Rn. 145) ausgeschieden werden. Der frühe erste Termin wird in der Praxis dem schriftlichen Vorverfahren häufig vorgezogen, weil eine mündliche Erörterung des Streitstoffes mit den Parteien zu einer rascheren Abklärung und damit Erledigung des Rechtsstreits führen kann.

Zur **Vorbereitung des frühen ersten Termins** zur mündlichen Verhandlung kann das Gericht dem Beklagten eine Frist zur schriftlichen Klageerwiderung setzen. Wird das Verfahren in dem frühen ersten Termin zur mündlichen Verhandlung nicht abgeschlossen, so trifft das Gericht alle Anordnungen, die zur Vorbereitung des Haupttermins noch erforderlich sind. Das Gericht setzt in dem Termin eine Frist zur schriftlichen Klageerwiderung, wenn der Beklagte noch nicht oder nicht ausreichend auf die Klage erwidert hat und ihm noch keine Frist im Sinne der vorstehenden Ausführungen gesetzt war. Das Gericht kann dem Kläger in dem Termin oder nach Eingang der Klageerwiderung eine Frist zur schriftlichen Stellungnahme auf die Klageerwiderung setzen (§ 275 ZPO). In dem dann anzusetzenden Haupttermin soll das Gericht umfassend und nach Möglichkeit erschöpfend den Rechtsstreit behandeln können.

152 Wählt das Gericht den **Weg des schriftlichen Vorverfahrens**, so fordert es den Beklagten mit der Zustellung der Klage auf, wenn er sich gegen die Klage verteidigen wolle, dies binnen einer Notfrist von zwei Wochen nach Zustellung der Klageschrift dem Gericht schriftlich mitzuteilen; der Kläger ist von der Aufforderung zu unterrichten. Zugleich ist dem Beklagten eine Frist von mindestens zwei weiteren Wochen zur schriftlichen Klageerwiderung zu setzen. Erklärt der Beklagte nicht, der Klage entgegentreten zu wollen, so ergeht gegen ihn auf Antrag des Klägers ein Versäumnisurteil im schriftlichen Verfahren (§ 331 Abs. 3 ZPO).

Geht vom Beklagten im Vorverfahren eine Klageerwiderung ein, so kann das Gericht dem Kläger eine Frist zur schriftlichen Stellungnahme setzen (Frist mindestens zwei Wochen, §§ 276, 277 ZPO).

153 Sonstige erforderliche vorbereitende Maßnahmen hat das Gericht rechtzeitig zu veranlassen. In jeder Lage des Verfahrens ist darauf hinzuwirken, dass sich die Parteien rechtzeitig und vollständig erklären. Einzelheiten darüber ergeben sich aus § 273 ZPO. Insbesondere sind Zeugen, auf die sich eine Partei bezogen hat, und Sachverständige zur mündlichen Verhandlung zu laden. Das Gericht kann schon vor der mündlichen Verhandlung einen Beweisbeschluss erlassen. Dieser kann u. U. bereits vor der mündlichen Verhandlung ausgeführt werden (§ 358a ZPO).

Zu Beginn der mündlichen Verhandlung hat das Gericht einen Einigungsversuch zu unternehmen (**Güteverhandlung**), es sei denn, dass bereits ein Schlichtungsversuch vor einer außergerichtlichen Gütestelle stattgefunden hat oder eine Güteverhandlung erkennbar aussichtslos erscheint. Bereits im Rahmen der Güteverhandlung hat das Gericht den **Sach- und Streitstand** mit den Parteien zu erörtern und notwendige Fragen zu stellen. Die erschienenen Parteien sollen hierzu gehört werden. In der Regel soll dazu das persönliche Erscheinen der Parteien angeordnet werden (§ 278 ZPO).

Erscheinen beide Parteien in der Güteverhandlung nicht, ist das Ruhen des Verfahrens anzuordnen.

Die Parteien können in der Güteverhandlung oder auch in der späteren mündlichen Verhandlung einen **Prozessvergleich** schließen, der zu Protokoll genommen wird. Sie können aber auch einen Vergleichsvorschlag des Gerichts durch Schriftsatz annehmen. Dann stellt das Gericht das Zustandekommen des Vergleichs durch Beschluss fest (§ 278 Abs. 6 ZPO).

Vor **Überraschungsentscheidungen** sollen die Parteien dadurch geschützt werden, dass das Gericht auf entscheidungserhebliche rechtliche Gesichtspunkte, die eine Partei erkennbar übersehen oder für unerheblich gehalten hat, hinzuweisen hat, um der Partei Gelegenheit zu geben, sich dazu zu äußern (§ 139 ZPO).

Aus erheblichen Gründen kann ein Termin aufgehoben oder verlegt sowie eine Verhandlung vertagt werden (§ 227 ZPO; siehe dazu Rn. 143).

154   Die Parteien haben eine **Prozessförderungspflicht**. Jede Partei hat in der mündlichen Verhandlung ihre Angriffs- und Verteidigungsmittel, insbesondere Behauptungen, Bestreiten, Einwendungen, Einreden, Beweismittel und Beweiseinreden, so rechtzeitig vorzubringen, wie es nach der Prozesslage einer sorgfältigen und auf Förderung des Verfahrens bedachten Prozessführung entspricht. Beziehen sich auf denselben Anspruch mehrere selbstständige Angriffs- oder Verteidigungsmittel, so kann die Partei sich jedoch auf das Vorbringen einzelner beschränken, solange sie nach dem Sach- und Streitstand davon ausgehen darf, dass diese Angriffs- oder Verteidigungsmittel für ihre Rechtsverfolgung oder Rechtsverteidigung ausreichen (§ 282 Abs. 1 ZPO). Wichtigster Grundsatz im Zivilprozess ist: **Tatsachen, die nicht ausdrücklich bestritten werden, sind als zugestanden anzusehen** (§ 138 Abs. 3 ZPO). Die Parteien sind also nur zu dem nach der jeweiligen Prozesslage erforderlichen Vortrag verpflichtet, der ihnen ein stufenweises, prozesstaktisches Vorgehen ermöglicht. Damit soll allerdings nicht die „tropfenweise" Information des Gerichts durch die Parteien gefördert werden.

Angriffs- und Verteidigungsmittel, die erst nach Ablauf einer hierfür gesetzten Frist vorgebracht werden, sind nur zuzulassen, wenn nach der freien Überzeugung des Gerichts ihre Zulassung die Erledigung des Rechtsstreits nicht verzögern würde oder wenn die Partei die Verspätung genügend entschuldigt. Angriffs- und Verteidigungsmittel, die entgegen dem vorstehend behandelten § 282 ZPO nicht rechtzeitig oder auf eine rechtzeitige Mitteilung nicht im Folgenden Termin vorgebracht werden, können zurückgewiesen werden, wenn ihre Zulassung nach der freien Überzeugung des Gerichts die Erledigung des Rechtsstreits verzögern würde und die Verspätung auf grober Nachlässigkeit beruht (§ 296 Abs. 1, 2 ZPO). Wegen der Rechtslage bei einem Vorbringen, das in erster Instanz zu Recht zurückgewiesen worden ist, in der zweiten Instanz siehe § 531 Abs. 1 ZPO.

154a Die Parteien trifft aber vor allem die **Wahrheitspflicht**: Sie haben ihre Erklärungen über tatsächliche Umstände vollständig und der Wahrheit gemäß abzugeben (§ 138 Abs. 1 ZPO). Bei Verstößen gegen die Wahrheitspflicht in der Absicht, sich einen rechtswidrigen Vermögensvorteil zu verschaffen, kann ein (versuchter) **Prozessbetrug** vorliegen. Das Zivilgericht kann dann die Akten zur Strafverfolgung an die Staatsanwaltschaft senden.

2.7.10 Schriftliches Verfahren

155 **Grundsatz** ist, dass die Parteien über den Rechtsstreit vor dem Prozessgericht **mündlich verhandeln**. Ausnahmsweise kann das Gericht aber auch ohne vorhergehende mündliche Verhandlung entscheiden; man spricht dann vom schriftlichen Verfahren. Dies ist einmal möglich, wenn **beide Parteien** zustimmen. Die Einverständniserklärungen werden vom Gericht zu Protokoll genommen oder sind in Schriftsätzen an das Gericht enthalten. Sie können nur bei einer wesentlichen Änderung der Prozesslage widerrufen werden. Sie beziehen sich nur auf die jeweils nächste Entscheidung. Ist diese z. B. ein Beweisbeschluss, so muss danach wieder mündlich verhandelt werden. Liegen die Einverständniserklärungen der Parteien vor, so ergeht Beschluss des Gerichts, dass schriftlich entschieden werde. In diesem Beschluss gibt das Gericht an, bis zu welchem Zeitpunkt Schriftsätze eingereicht werden können. Zugleich wird in diesem Beschluss ein Entscheidungsverkündungstermin festgelegt, der innerhalb von drei Monaten nach Eingang der letzten Zustimmungserklärung liegen muss. Das Gericht entscheidet dann aufgrund des gesamten Akteninhalts, der bis zu dem im Beschluss genannten Zeitpunkt vorliegt (§ 128 Abs. 1 und 2 ZPO).

Ist nur noch über die Kosten zu entscheiden, kann die Entscheidung ohne mündliche Verhandlung ergehen (§ 128 Abs. 3 ZPO).

2.7.11 Ruhen des Verfahrens

156 Nicht selten ergibt sich im Laufe eines Rechtsstreits die Aussicht, dass Kläger und Beklagter doch noch zu einer außergerichtlichen Einigung und Bereinigung des Prozesses kommen werden. Dann kann der Gläubiger das Gericht um Anordnung des Ruhens des Verfahrens mit jederzeitigem Widerrufsrecht bitten.

MUSTER: Antrag auf Ruhen des Verfahrens

In meiner Rechtssache gegen … (Aktenzeichen C …) besteht aufgrund neuer privater Verhandlungen mit dem Beklagten die Möglichkeit einer außergerichtlichen Einigung. Im Einverständnis mit dem Beklagten bitte ich, das Ruhen des Verfahrens mit dem Recht meines jederzeitigen Widerrufs anzuordnen.
Datum und Unterschrift des Klägers

MUSTER: Antrag auf Aufnahme des Verfahrens

In meiner Rechtssache gegen … (Aktenzeichen C …) muss ich um Ansetzung eines neuen Verhandlungstermins bitten, da sich die außergerichtlichen Verhandlungen mit dem Beklagten leider zerschlagen haben.
Datum und Unterschrift des Klägers

---

157 Das Ruhen des Verfahrens wird auch dann vom Gericht angeordnet, wenn beide Parteien im Termin zur mündlichen Verhandlung nicht erscheinen und das Gericht weder eine Entscheidung nach Lage der Akten erlässt (siehe Rn. 142), noch den Termin verlegt (§ 251a Abs. 3 ZPO). In der Praxis der Gerichte wird meist der Termin verlegt; die Anordnung des Ruhens des Verfahrens wird seltener getroffen.

2.7.12 Parteifähigkeit – Prozessfähigkeit

158 Parteifähig, d. h. fähig, Kläger oder Beklagter zu sein, ist, wer rechtsfähig ist (§ 50 Abs. 1 ZPO).

Das sind alle natürlichen Personen von der Geburt bis zum Tod. Ferner juristische Personen des öffentlichen (Staat, Gemeinden) und des privaten (rechtsfähige Vereine, GmbH, Aktiengesellschaft) Rechts. Obwohl nicht rechtsfähig, sind für parteifähig erklärt: die OHG und die KG. Sie können unter ihrer Firma klagen und verklagt werden (§§ 124 Abs. 1 und 161 Abs. 2 HGB). Der nicht rechtsfähige Verein ist lediglich passiv parteifähig, d. h., er kann verklagt werden, selbst aber nicht klagen (§ 50 Abs. 2 ZPO). Will ein nicht rechtsfähiger Verein klagen, so müssen alle Mitglieder als Kläger auftreten. Parteifähig sind außerdem die politischen Parteien (§ 3 Parteiengesetz).

Die Gesellschaft bürgerlichen Rechts (GbR) besitzt Rechtsfähigkeit, soweit sie durch Teilnahme am Rechtsverkehr eigene Rechte und Pflichten begründet (Außengesellschaft), sodass sie in diesem Rahmen zugleich im Zivilprozess aktiv und passiv parteifähig ist[42].

Die Parteifähigkeit ist vom Gericht von Amts wegen zu prüfen. Wird sie verneint, so ist die Klage als unzulässig abzuweisen.

Von der Parteifähigkeit zu unterscheiden ist die **Prozessfähigkeit**, das ist die Fähigkeit, im Prozess in eigener Person oder durch einen bestellten Vertreter wirksam zu handeln. Sie entspricht der Geschäftsfähigkeit des Bürgerlichen Rechts. Geschäftsunfähige Personen (das sind nach § 104 BGB Kinder bis zum siebten Lebensjahr und an einer krankhaften Störung der Geistestätigkeit Leidende) sind nicht prozessfähig. Dies gilt grundsätzlich auch für Minderjährige zwischen sieben und 18 Jahren. Allerdings kann z. B. eine minderjährige Hausgehilfin ihren Lohn selbstständig einklagen, weil sie insoweit geschäftsfähig und damit Prozessfähig ist (§ 113 BGB).

2.7.13 Parteivertreter – Prozessvertreter

159 Minderjährige haben einen gesetzlichen Vertreter (Eltern, Vater oder Mutter — wenn der andere Teil verstorben ist oder wenn die Ehe geschieden wurde), ebenso unter Betreuung Stehende (Betreuer). Juristische Personen (Aktiengesellschaften, Gesellschaften mit beschränkter Haftung, eingetragene Vereine und Genossenschaften) werden durch die in ihrer Geschäftssatzung bestellten Organe (Vorstand, Geschäftsführer) vertreten.

Diese Vertreter einer Partei sind zu unterscheiden von den Prozessbevollmächtigten, die von den Parteivertretern für einen bestimmten Prozess bevollmächtigt werden. Bei den Amtsgerichten können die Parteivertreter selbst auftreten oder einen Prozessvertreter bevollmächtigen.

In der Klageschrift sind die Parteivertreter stets, die Prozessvertreter, wenn solche bestellt wurden, anzugeben.

---

[42] So BGH, Urt. v. 29.01.2001 – I ZR 331/00, BGHZ 146, 341 ff. = ZIP 2001, 330 ff. = NJW 2001, 1056 ff.

160

MUSTER: Klagerubrum

Klage
des Minderjährigen Arnold Schön, geb. am 19.01.2002,
gesetzlich vertreten durch seine Eltern Hubert und Anna Schön,
Landsberger Straße 278, 82940 München,
im Prozess vertreten durch Rechtsanwalt Franz Hübner,
Karlsplatz 8/III, 80711 München,
— Kläger —
gegen
die Firma Raum und Glas GmbH, vertreten durch ihren Geschäftsführer Felix Hell, Moosacher Straße 17, 82177 München,
im Prozess vertreten durch Rechtsanwalt Kurt Eilig,
Lenbachplatz 6/II, 80711 München,
— Beklagte —

Für die Bevollmächtigung von Rechtsanwälten gibt es Vordrucke, die der Rechtsanwalt der Partei anlässlich der Vollmachterteilung zur Unterschrift vorlegt.

Ansonsten kann jedermann seinen Prozess durch jede prozessfähige Person (siehe Rn. 158) vor dem Amtsgericht führen lassen (§ 79 ZPO). Eine Vollmacht sieht so aus:

161

MUSTER: Prozessvollmacht

Hiermit bevollmächtige ich Herrn Adam Müller, … Anschrift …, mich in dem Rechtsstreit Kunze gegen Vogel — Aktenzeichen 3 C 313/06 AG München — zu vertreten.
München, den 12.03.2007
Rolf Kunze
(eigenhändige Unterschrift)

Soll die Vollmacht nur für einen Gerichtstermin gelten, so lautet die Vollmacht z. B. auf „Vertretung im Termin vom 22.03.2013".

Beglaubigung der Unterschrift des Vollmachtgebers durch einen Notar ist nicht erforderlich. Die Prozessvollmacht berechtigt zu allen den Rechtsstreit einschließlich der Zwangsvollstreckung betreffenden Prozesshandlungen.

Also z. B. auch zum Abschluss eines Vergleichs, zur Anerkennung des Anspruchs, zur Bestellung eines Unterbevollmächtigten. Hinsichtlich eines Vergleichs, einer Verzichtleistung auf den Streitgegenstand und eines Anerkenntnisses kann der Vollmachtgeber jedoch seine Vollmacht beschränken, d. h. diese Punkte von der Vollmacht wirksam ausschließen (§ 83 Abs. 1 ZPO).

162 Neben den Rechtsanwälten haben auch die Rechtsbeistände die Erlaubnis zur Besorgung fremder Rechtsangelegenheiten einschließlich der Rechtsberatung. Sofern sie als Prozessagenten zugelassen sind, können sie auch in der mündlichen Verhandlung vor Gericht als Prozess- oder Terminbevollmächtigte auftreten (§157 Abs. 3 ZPO).

Vor dem Amtsgericht kann ferner jede Partei mit einer prozessfähigen Person als Beistand erscheinen. Dieser Beistand ist nichts anderes als der Wortführer der Partei, für die er auftritt.

Tritt ein anderer für eine Partei im Prozess auf, so prüft das Amtsgericht seine Vollmacht. Sie muss in schriftlicher Form vorgelegt werden. Im Übrigen kann der Mangel der Vollmacht vom Gegner in jeder Lage des Rechtsstreits gerügt werden (§ 88 ZPO).

2.7.14 Das Urteil

163 Das Urteil wird in dem Termin, in dem die mündliche Verhandlung geschlossen wird, oder in einem sofort anzuberaumenden Termin verkündet. Dieser wird nur dann über drei Wochen hinaus angesetzt, wenn wichtige Gründe, insbesondere der Umfang oder die Schwierigkeit der Sache, dies erfordern. Wird das Urteil nicht in dem Termin, in dem die mündliche Verhandlung geschlossen wird, verkündet, so muss es bei der Verkündung in vollständiger Form abgefasst sein (§ 310 ZPO).

Das Urteil hat insbesondere die Urteilsformel, den **Tatbestand** (eine knappe Darstellung des Sach- und Streitgegenstandes unter Hervorhebung der gestellten Anträge) und die **Entscheidungsgründe** (Begründung der in der Urteilsformel enthaltenen Entscheidung) zu enthalten (§ 313 ZPO).

Das Urteil braucht **keinen Tatbestand** zu enthalten, wenn ein Rechtsmittel gegen das Urteil unzweifelhaft nicht zulässig ist, also z. B. dann, wenn der Wert des Beschwerdegegenstands 600,00 EUR nicht übersteigt (§ 313a ZPO). Dann ist nämlich eine Berufung nicht zulässig (§ 511 Abs. 2 Nr. 1 ZPO). In diesem Fall braucht das Urteil auch **keine Entscheidungsgründe** enthalten, wenn die Parteien auf sie verzichten oder wenn ihr wesentlicher Inhalt in das Protokoll aufgenommen worden ist.

Die Parteien können auch im Verhandlungstermin, wenn das Urteil in diesem Termin verkündet wird, auf Rechtsmittel verzichten. Auch in diesem Fall braucht das Urteil Tatbestand und Entscheidungsgründe nicht zu enthalten (§ 313a Abs. 2 ZPO).

Bei Versäumnis-, Anerkenntnis- und Verzichtsurteilen (siehe Rn. 136, 144) braucht das Urteil keinen Tatbestand und keine Entscheidungsgründe zu enthalten (§ 313b ZPO — sog. Urteil in abgekürzter Form).

Alle Urteile werden den Parteien, verkündete Versäumnisurteile nur der unterliegenden Partei (die andere war ja bei Verkündung anwesend!) von Amts wegen zugestellt (§ 317 Abs. 1 ZPO).

Da die Zustellung eines Urteils die Rechtsmittelfrist (vgl. Rn. 167) oder die Einspruchsfrist (bei Versäumnisurteilen vgl. Rn. 139) in Lauf setzt, können die Parteien, die z. B. in Vergleichsverhandlungen stehen, den Beginn dieser Fristen hinauszögern, indem sie **übereinstimmend** bei Gericht den Antrag stellen, die Zustellung bis zum Ablauf von fünf Monaten nach der Verkündung hinauszuschieben (§ 317 Abs. 1 Satz 3 ZPO).

164 Ist ein Urteil verkündet und unterschrieben, kann sich jede Partei eine Ausfertigung des Urteils ohne Tatbestand und Entscheidungsgründe, auf besonderen Wunsch auch eine vollständige Ausfertigung, aushändigen lassen (§ 317 Abs. 2 ZPO). Die erste Art dient vor allem der Zwangsvollstreckung und enthält nur den Urteilseingang, die Urteilsformel und die Unterschriften von Richter und Urkundsbeamten. Das Amtsgericht kann sein eigenes Urteil nicht abändern. Von diesem Grundsatz gibt es allerdings einige Ausnahmen. Ist ein Versäumnisurteil ergangen und von der anderen Partei rechtzeitig, spätestens innerhalb von zwei Wochen nach seiner Zustellung, Einspruch eingelegt, so wird weiter vor dem Amtsgericht verhandelt. Erscheint derjenige, gegen den das Versäumnisurteil ergangen ist, in dem neuen Termin wieder nicht, dann wird auf Antrag der erschienenen Partei der Einspruch durch ein **zweites Versäumnisurteil** verworfen. Gegen dieses Urteil gibt es nur unter ganz bestimmten Voraussetzungen, wenn der Fall der Säumnis nicht vorgelegen hat (siehe § 514 ZPO), das Rechtsmittel der Berufung, das von einem Rechtsanwalt beim Landgericht einzulegen ist. Ein neuer Einspruch gegen das zweite Versäumnisurteil ist nicht zulässig (§ 345 ZPO). Ist in dem Einspruchstermin streitig verhandelt worden, dann wird in dem darauf ergehenden Urteil das Versäumnisurteil entweder aufgehoben und anderweitig entschieden oder dieses Urteil aufrechterhalten.

165 Urteile in vermögensrechtlichen Angelegenheiten sind, solange sie noch keine Rechtskraft erlangt haben, ohne Sicherheitsleistung für vorläufig vollstreckbar zu erklären, wenn der Gegenstand der Verurteilung in der Hauptsache 1.250,00 EUR nicht übersteigt oder wenn nur die Entscheidung über die Kosten vollstreckbar ist und eine Vollstreckung im Wert von nicht mehr als 1.500,00 EUR ermöglicht (§ 708 Nr. 11 ZPO). Andere Urteile sind gegen eine der Höhe nach zu bestimmende Sicherheit für vorläufig vollstreckbar zu erklären (§ 709, Ausnahmen § 710 ZPO). Wegen Abwendung der Vollstreckung durch Sicherheitsleistung seitens des Beklagten und anderen einschlägigen Fragen siehe §§ 711 bis 717 ZPO.

2.7.15 Die Berufung

166 Gegen das Urteil des Amtsgerichts kommt das Rechtsmittel der Berufung in Betracht. Der Einspruch ist lediglich gegen (echte) Versäumnisurteile zugelassen.

Eine Berufung ist nur zulässig, wenn der Wert des Beschwerdegegenstandes 600,00 EUR übersteigt (§ 511 Abs. 2 Nr. 1 ZPO) oder das Gericht des ersten Rechtszuges die Berufung im Urteil zugelassen hat (§ 511 Abs. 2 Nr. 2 ZPO).

Das Gericht des ersten Rechtszuges lässt die Berufung zu, wenn die Rechtssache grundsätzliche Bedeutung hat oder die Fortbildung des Rechts oder die Sicherung einer einheitlichen Rechtsprechung eine Entscheidung des Berufungsgerichts erfordert (§ 511 Abs. 4 Satz 1 Nr. 1 ZPO) oder die Partei durch das Urteil mit nicht mehr als 600,00 EUR beschwert ist (§511 Abs. 4 Satz 1 Nr. 2 ZPO). Das Berufungsgericht ist an die Zulassung gebunden, § 511 Abs. 4 Satz 2 ZPO.

Ohne Einschränkung auf eine bestimmte Mindestsumme ist die Berufung gegen ein sog. zweites Versäumnisurteil zulässig (§ 514 Abs. 2 ZPO; siehe dazu auch Rn. 164). Ist die Partei lediglich mit dem Kostenausspruch im Urteil unzufrieden, so kann sie die Entscheidung allein wegen der Kosten nicht mit der Berufung anfechten; hier muss vielmehr, um eine Überprüfung durch das Berufungsgericht zu erreichen, gegen die Entscheidung in der Hauptsache Berufung eingelegt werden (§ 99 Abs. 1 ZPO).

167 Die Berufung ist innerhalb eines Monats ab Zustellung des in vollständiger Form abgefassten Urteils bei dem, dem Amtsgericht übergeordneten, Landgericht durch Einreichung einer Berufungsschrift einzulegen (§§ 517, 519 ZPO) und ist innerhalb von zwei Monaten ab Zustellung des vollständigen Urteils zu begründen.

Die **Berufung** kann **wirksam nur von** einem zugelassenen **Rechtsanwalt** eingelegt und begründet werden, da vor den Landgerichten Anwaltszwang herrscht (§ 78 Abs. 1 ZPO).

Ist die Berufung zulässig (also gegen das betreffende Urteil statthaft sowie form- und fristgerecht durch einen Anwalt eingelegt), so prüft das Landgericht ihre Begründetheit in tatsächlicher und rechtlicher Hinsicht. Das Landgericht entscheidet hier in letzter Instanz. Eine Revision ist nicht statthaft.

168   Wird gegen ein für vorläufig vollstreckbar erklärtes Urteil (siehe Rn. 165) Berufung eingelegt, so kann das Gericht auf Antrag anordnen, dass die Zwangsvollstreckung gegen oder ohne Sicherheitsleistung einstweilen eingestellt wird oder nur gegen Sicherheitsleistung stattfindet und dass die Vollstreckungsmaßregeln gegen Sicherheitsleistung aufzuheben sind. Die Zwangsvollstreckung ist allerdings nur bei Erfolgsaussicht des Rechtsmittels einzustellen; dabei sind die Interessen der Parteien gegeneinander abzuwägen.[43] Die Einstellung sollte die Ausnahme bilden. Der Gegner ist vorher zu hören.[44]

Die Einstellung der Zwangsvollstreckung ohne Sicherheitsleistung ist nur zulässig, wenn glaubhaft gemacht wird, dass der Schuldner zur Sicherheitsleistung nicht in der Lage ist und ihm die Vollstreckung einen nicht zu ersetzenden Schaden bringen würde (§§ 719, 707 ZPO). Die Entscheidung ergeht durch Beschluss.

2.7.16   Die Prozesskosten

169   Die Kosten eines Prozesses gliedern sich in

1. **Gerichtskosten**, d. h. die von den Parteien dem Staat für die Inanspruchnahme des Gerichts zu entrichtenden Gebühren und Auslagen;
2. **Parteikosten**, d. h. die Kosten, die der Rechtsstreit den Parteien an Aufwendungen jeder Art verursacht, und zwar der Partei selbst (Reisekosten, Portoauslagen), ihrem Prozessbevollmächtigten (Gebühren und Auslagen) und dem Gerichtsvollzieher (Gebühren und Auslagen).

Jede Partei hat zunächst ihre Kosten selbst zu tragen. Ist eine Kostenentscheidung durch das Gericht ergangen, so kann die obsiegende Partei von der unterlegenen entsprechende Kostenerstattung fordern. Sie muss dazu bei Gericht einen Antrag auf Kostenfestsetzung in doppelter Fertigung einreichen (§§ 103 ff. ZPO).

---

[43] OLG Köln, MDR 1975, 850; OLG Bamberg, NJW-RR 1989, 576.
[44] Schneider, MDR 1973, 356.

170

| MUSTER: Kostenfestsetzungsantrag |

An das
Amtsgericht
Starnberg
Im Rechtsstreit Franz Müller gegen Josef Meier — 2 C 144/12 — beantrage ich, die vom Beklagten aufgrund des rechtskräftigen Urteils des Amtsgerichts Starnberg vom 03.03.2013 an den Kläger zu erstattenden Kosten wie folgt festzusetzen:
Streitwert: 2.250,00 Euro

a) Verfahrensgebühr	209,30 EUR
b) Terminsgebühr	193,20 EUR
c) Post- und Telekommunikationsgebühren pauschal	20,00 EUR
d) Gerichtskostenvorschuss	243,00 EUR
e) Mehrwertsteuer (19 % aus Summe a–c)	80,27 EUR
f) mein Verdienstausfall von 4 Stunden zu 15,00 EUR	60,00 EUR
g) meine Fahrtauslagen zum Termin	10,00 EUR
h) Zustellungskosten bei Gericht	5,62 EUR

Ich versichere, dass die Auslagen unter f) und g) tatsächlich entstanden sind. Ich beantrage auszusprechen, dass die festgesetzten Kosten von der Anbringung dieses Gesuchs an mit 5 Prozentpunkten über dem Basiszinssatz zu verzinsen sind.[45]
Datum und Unterschrift des Klägers

171 Die **Gerichtsgebühren** bestimmen sich nach dem Wert des Streitgegenstandes (§ 3 GKG), also z. B. nach der Höhe der Geldforderung.

Es wird eine **pauschale Verfahrensgebühr** erhoben, mit der die Kosten des Verfahrens und auch die Auslagen wie z. B. Zustellungskosten abgegolten sind. Sie beträgt drei volle Gebühren nach der unten abgedruckten Tabelle und ist im Voraus zu zahlen.

172 Erst wenn die Vorauszahlung geleistet ist, wird die Klage dem Beklagten zugestellt (§ 12 Abs. 1 Satz 1 GKG).

Schuldner der Gerichtskosten ist zunächst der Kläger, ferner derjenige, dem die Kosten des Rechtsstreits durch Urteil auferlegt wurden. Beide haften der Gerichtskasse als Gesamtschuldner. Der Kläger muss allerdings die gesamten Gerichtskosten trotz Verurteilung des Beklagten tragen, wenn dieser unpfändbar ist (§ 31 Abs. 2 GKG).

---

[45] Rechtsgrundlage für die Verzinsung ist § 104 Abs. 1 Satz 2 ZPO.

Es beträgt eine volle **Gerichtsgebühr** bei Gegenständen im

173

Streitwert bis ... EUR	Gebühr EUR	Streitwert bis ... EUR	Gebühr EUR
300	25	40.000	398
600	35	45.000	427
900	45	50.000	456
1.200	55	65.000	556
1.500	65	80.000	656
2.000	73	95.000	756
2.500	81	110.000	856
3.000	89	125.000	956
3.500	97	140.000	1.056
4.000	105	155.000	1.156
4.500	113	170.000	1.256
5.000	121	185.000	1.356
6.000	136	200.000	1.456
7.000	151	230.000	1.606
8.000	166	260.000	1.756
9.000	181	290.000	1.906
10.000	196	320.000	2.056
13.000	219	350.000	2.206
16.000	242	380.000	2.356
19.000	265	410.000	2.506
22.000	288	440.000	2.656
25.000	311	470.000	2.806
30.000	340	500.000	2.956
35.000	369	…	…

174   Der Kläger kann von der Zahlung des Gebührenvorschusses befreit werden, wenn ihm die alsbaldige Zahlung mit Rücksicht auf seine Vermögenslage oder aus sonstigen Gründen Schwierigkeiten bereiten würde (§ 14 Nr. 3 GKG).

MUSTER: Antrag auf Befreiung von der Zahlung des Gerichtskostenvorschusses

An das
Amtsgericht
Fürstenfeldbruck
Im Rechtsstreit Huber gegen Meier, Aktenzeichen 2 C 23/13, habe ich am 15.01.2013 Klage eingereicht und inzwischen die Aufforderung zur Zahlung des Gebührenvorschusses erhalten. Ich bin momentan nicht in der Lage, den Vorschuss zu entrichten, da ich wegen einer soeben durchgeführten Kur, zu deren Durchführung mir die Krankenkasse nur einen Teilbetrag gezahlt hat, derzeit nahezu ohne Bargeld bin. Ich bitte, mich daher von der Kostenvorschusspflicht zu befreien. Die Richtigkeit meiner Angaben versichere ich an Eides statt und füge zur Glaubhaftmachung die quittierte Rechnung des Kursanatoriums „Sonnenblick" in Bad Füssing, eine Ablichtung des Schreibens der … Krankenkasse sowie eine ärztliche Bescheinigung über die Dringlichkeit der Kur bei.
Mit freundlichen Grüßen
Josef Huber

---

175   Neben den Gebühren zählen zu den Gerichtskosten auch noch die **gerichtlichen Auslagen**. Es kommen insbesondere in Betracht: Schreibauslagen (0,50 EUR pro Seite), Entgelte für Telekommunikationsdienstleistungen außer für den Telefondienst und Kosten für die Zustellung in voller Höhe, Kosten, die durch öffentliche Zustellung entstehen, und — was sehr häufig in Betracht kommt — Entschädigungsbeträge für Zeugen und Sachverständige[46]. Die Zeugen erhalten Verdienstausfall (pro Stunde höchstens 17,00 EUR) und Fahrtkosten ersetzt. Üblich ist je nach Entfernung des Zeugen vom Gerichtsort auf Antrag einen angemessenen Vorschuss zu bewilligen.

176   Zu den **Parteikosten** oder außergerichtlichen Kosten zählen vor allem die gesetzlichen Gebühren und Auslagen des Rechtsanwalts sowie die Reisekosten der Partei und die Entschädigung für ihre Zeitversäumnis.

Der bevollmächtigte **Rechtsanwalt erhält** im normalen Prozess von der Partei folgende vollen Gebühren:

1. die **Verfahrensgebühr von 1,3 Gebühren** für das Betreiben des Geschäfts einschließlich der Information,
2. die **Termingebühr von 1,2 Gebühren** für die mündliche Verhandlung (für die nichtstreitige Verhandlung, also im Versäumnisverfahren, erhält er nur eine halbe Verhandlungsgebühr).

---

[46] Vgl. zur Höhe dieser Beträge: Justizvergütungs- und Entschädigungsgesetz vom 05.05.2004, BGBl I, 718, 776; zuletzt geändert durch Gesetz vom 05.12.2012, BGBl I, 2418.

177 Er hat daneben Anspruch auf eine volle Gebühr als **Einigungsgebühr**, wenn er beim Abschluss eines Vergleichs mitwirkt. Auch hier gilt wie bei den Gerichtsgebühren der **Grundsatz der einmaligen Erhebung**, d. h., es fallen diese Gebühren nur einmal an, und zwar ohne Rücksicht auf die Dauer des Prozesses und die Zahl der Termine.

178 An Auslagen kann der Rechtsanwalt Entgelte für Post- und Kommunikationsdienstleistungen (höchstens 20,00 EUR), Schreibauslagen, für Geschäftsreisen Tage- und Abwesenheitsgelder sowie Fahrtkosten ersetzt verlangen.[47] Zudem fällt noch die gesetzliche Mehrwertsteuer in Höhe von zurzeit 19 % an.

Der Rechtsanwalt kann von seinem Auftraggeber für die entstandenen und die voraussichtlich entstehenden Gebühren und Auslagen einen angemessenen Vorschuss verlangen (§ 9 RVG).

Die volle **Gebühr eines Rechtsanwalts** beträgt bei einem

179

Gegenstandswert bis … EUR	Gebühr … EUR	Gegenstandswert bis … EUR	Gebühr … EUR
300	25	40.000	902
600	45	45.000	974
900	65	50.000	1.046
1.200	85	65.000	1.123
1.500	105	80.000	1.200
2.000	133	95.000	1.277
2.500	161	110.000	1.354
3.000	189	125.000	1.431
3.500	217	140.000	1.508
4.000	245	155.000	1.585
4.500	273	170.000	1.662
5.000	301	185.000	1.739
6.000	338	200.000	1.816
7.000	375	230.000	1.934
8.000	412	260.000	2.052
9.000	449	290.000	2.170
10.000	486	320.000	2.288
13.000	526	350.000	2.406
16.000	566	380.000	2.524
19.000	606	410.000	2.642
22.000	646	440.000	2.760
25.000	686	470.000	2.878
30.000	758	500.000	2.996
35.000	830	…	…

---

[47] Näheres siehe Nr. 7000 – 7008 RVG-VV.

180   Die **Rechtsbeistände** und **Prozessagenten**, deren man sich an Stelle von Rechtsanwälten im Zivilprozess vor den Amtsgerichten bedienen kann, erhalten Gebühren und Auslagen nach den gleichen Grundsätzen wie Rechtsanwälte. Ihre Gebühren richten sich daher nach obiger Tabelle.[48]

Die Vereinbarung eines sog. Erfolgshonorars, also einer Vereinbarung, durch die eine Vergütung oder ihre Höhe vom Ausgang der Sache oder vom Erfolg der anwaltlichen Tätigkeit abhängig gemacht wird oder nach der der Rechtsanwalt einen Teil des erstrittenen Betrages als Honorar erhält, ist gemäß § 49b Abs. 2 Satz 1 BRAO unzulässig, soweit das RVG nichts anderes bestimmt. Ein Erfolgshonorar liegt gemäß § 49b Abs. 2 Satz 3 BRAO nicht vor, wenn lediglich vereinbart wird, dass sich die gesetzlichen Gebühren ohne weitere Bedingungen erhöhen.

Grundsätzlich widersprechen derartige Vereinbarungen der Stellung des Rechtsanwalts als unabhängiges Organ der Rechtspflege. Der Rechtsanwalt verstößt gegen die guten Sitten, wenn er sich von seinem Auftraggeber ein nach dem Ausmaß des Erfolges abgestuftes Erfolgshonorar, insbesondere einen Streitanteil, versprechen lässt. Eine solche Vereinbarung ist gemäß § 138 BGB nichtig.[49]

Das Verbot anwaltlicher Erfolgshonorare einschließlich des Verbotes der „quota litis" ist nach der Rechtsprechung des Bundesverfassungsgerichts mit Art. 12 Abs. 1 GG insoweit nicht vereinbar, als es keine Ausnahme für den Fall zulässt, dass der Rechtsanwalt mit der Vereinbarung einer erfolgsbasierten Vergütung besonderen Umständen in der Person des Auftraggebers Rechnung trägt, die diesen ansonsten davon abhielten, seine Rechte zu verfolgen.[50]

Nunmehr sieht § 4a Abs. 1 RVG vor, dass ein Erfolgshonorar nur für den Einzelfall und nur dann vereinbart werden darf, wenn der Auftraggeber aufgrund seiner wirtschaftlichen Verhältnisse bei verständiger Betrachtung ohne die Vereinbarung eines Erfolgshonorars von der Rechtsverfolgung abgehalten würde. In einem gerichtlichen Verfahren darf dabei für den Fall des Misserfolgs vereinbart werden, dass keine oder eine geringere als die gesetzliche Vergütung zu zahlen ist, wenn für den Erfolgsfall ein angemessener Zuschlag auf die gesetzliche Vergütung vereinbart wird. Die Vereinbarung über das Erfolgshonorar muss gemäß § 4a Abs. 2 RVG die voraussichtliche gesetzliche Vergütung und gegebenenfalls die erfolgsun-

---

[48] Rechtsgrundlage für die Bemessung der Gebühren und Auslagen der Rechtsbeistände ist das Gesetz zur Änderung und Ergänzung kostenrechtlicher Vorschriften vom 26.07.1957 (BGBl. I, 861), zuletzt geändert durch das Gesetz vom 18.08.1980 (BGBl. I, 1503).

[49] So BGH, Urt. v. 28.02.1963 – VII ZR 167/61, BGHZ 39, 142 ff. = NJW 1963, 1147 f.

[50] So BVerfG, Beschl. v. 12.12.2006 – 1 BvR 2576/04, BVerfGE 117, 163 ff. = NJW 2007, 979 ff.

abhängige vertragliche Vergütung, zu der der Rechtsanwalt bereit wäre, den Auftrag zu übernehmen, sowie die Angabe, welche Vergütung bei Eintritt welcher Bedingung verdient sein soll, enthalten. Weiterhin sind in der Vereinbarung gemäß § 4a Abs. 3 RVG außerdem die wesentlichen Gründe anzugeben, die für die Bemessung des Erfolgshonorars bestimmend sind.[51]

2.7.17 Beratungs- und Prozesskostenhilfe

181

LITERATUR

Mümmler, Das Beratungshilfegesetz, JurBüro 1980, 1601 | Grunsky, Die neuen Gesetze über die Prozesskosten- und Beratungshilfe, NJW 1980, 2041 | **Nöcker**, Das Beratungshilfegesetz Rpfleger 1981, 1. | **Schneider**, Die neuere Rechtsprechung zum Prozesskostenhilferecht, MDR 1985, 441 und 529 | **Schuster**, Prozesskostenhilfe, Köln 1980

Personen, die die für eine Rechtsverfolgung erforderlichen Mittel nach ihren persönlichen und wirtschaftlichen Verhältnissen nicht aufbringen können, haben die Möglichkeit, sich entweder kostenlos oder gegen eine geringe Gebühr bereits **vor Einleitung eines Gerichtsverfahrens** über Möglichkeiten und Aussichten der Rechtsverfolgung **beraten** zu lassen (Beratungshilfe).

Dabei kann der ratsuchende Bürger sich an die **Rechtsantragsstelle seines Wohnsitzamtsgerichts** mündlich oder schriftlich wenden. Der dort tätige Rechtspfleger wird nach Offenlegung der Einkommens- und Vermögensverhältnisse des Antragstellers prüfen, ob die Voraussetzungen für die Gewährung der Beratungshilfe gegeben sind.

Voraussetzung ist zunächst, dass der Antragsteller zum Kreis derjenigen zählt, die **volle Prozesskostenhilfe** beanspruchen könnten.[52]

Weitere Voraussetzung der Gewährung von Beratungshilfe ist, dass die **Wahrnehmung der Rechte nicht mutwillig** erscheint. Das ist dann der Fall, wenn ein Bürger

---

[51] Vgl. im Einzelnen Blattner, Die output-basierte Vergütung – worauf es beim Erfolgshonorar ankommt, AnwBl. 2012, 562 ff.; Grunewald, Die Entwicklung des anwaltlichen Berufsrechts im Jahre 2011, NJW 2011, 3767 ff.; Henssler, Die Anwaltschaft zwischen Berufsethos und Kommerz, AnwBl. 2008, 721 ff.; Meyer, Das Erfolgshonorar für Anwälte – Chancen & Schwierigkeiten, DRiZ 2008, 199 ff.; von Seltmann, Die Neuregelung des anwaltlichen Erfolgshonorars – und was sich sonst noch ändert, BRAK-Mitt 2008, 99 ff.; Fölsch, Auswirkungen des Erfolgshonorargesetzes auf die Vergütungsvereinbarung, MDR 2008, 728 ff.

[52] Zu Einsatz von Einkommen und Vermögen siehe Rn. 182.

mit normalem Einkommen ebenfalls rechtskundigen Beistand in Anspruch nehmen würde, denn das Gesetz will keine Privilegierung des Rechtssuchenden, sondern seine Gleichstellung mit normal Verdienenden.

Beratungshilfe kommt natürlich nicht in Betracht, wenn der Rechtssuchende **rechtsschutzversichert** ist. Dann kann er sich nämlich ohne besondere Kosten von jedem Anwalt beraten und vertreten lassen.

Wird die Beratungshilfe nach Vorliegen dieser Voraussetzungen vom Rechtspfleger bejaht, wird sie wie folgt durchgeführt:

- Kann dem Anliegen des Ratsuchenden durch eine sofortige Auskunft (sog. Erstauskunft), durch einen Hinweis auf andere Möglichkeiten der Hilfe oder durch die Aufnahme eines Antrags oder einer Erklärung entsprochen werden, führt der **Rechtspfleger** die Beratung sogleich selbst **kostenlos** durch;
- Wenn dies nicht möglich ist, insbesondere wenn es sich um kompliziertere Rechtsfragen handelt, stellt er dem Bürger einen **Berechtigungsschein** für die Inanspruchnahme eines **Rechtsanwalts** aus. Dieser kann sich dann von einem Rechtsanwalt seiner Wahl gegen eine bei diesem zu zahlende **Pauschalgebühr von 10,00 EUR** beraten lassen. Der Rechtsanwalt kann dem Ratsuchenden die Gebühr auch erlassen, wenn dessen Verhältnisse entsprechend bescheiden sind. Der Rechtsanwalt erhält eine zusätzliche Vergütung aus der Staatskasse.

Es besteht auch die Möglichkeit, dass sich der Ratsuchende gleich zu einem Rechtsanwalt begibt, der dann für ihn beim Amtsgericht den Antrag auf Gewährung der Beratungshilfe stellt. Vor Eingang des Berechtigungsscheins vom Amtsgericht berät der Anwalt den Ratsuchenden dann allerdings auf eigenes Kostenrisiko.

Zu seiner persönlichen Absicherung hat er sich vom Bürger versichern zu lassen, dass diesem in derselben Angelegenheit Beratungshilfe weder bereits gewährt, noch durch das Amtsgericht versagt wurde.

Beratungshilfe wird nur gewährt auf den Gebieten des Zivilrechts, Verwaltungsrechts, Verfassungsrechts und Straf- sowie des Ordnungswidrigkeitenrechts.

Ausgeschlossen von der Beratungshilfe sind Arbeits-, Sozial- und Steuerrecht. Dies hielt der Gesetzgeber deshalb für gerechtfertigt, weil auf diesen Gebieten ausreichende Beratung bereits durch andere Institutionen wie Gewerkschaften, Träger der Sozialhilfe, Verbände der freien Wohlfahrtspflege oder Lohnsteuerhilfevereine gewährt würde.

182 An Stelle des früheren „Armenrechts" gibt es seit 01.01.1981 die **Prozesskosten-hilfe**. Durch sie soll minderbemittelten Bürgern der Zugang zum Gericht durch Beseitigung der Kostenbarriere erleichtert und damit die Chancengleichheit für die Wahrnehmung von Rechten verbessert werden.

Die Bewilligung von Prozesskostenhilfe kommt im Zivilprozess für jedes Verfahren in Betracht, also nicht nur für das Urteilsverfahren, sondern auch für das häufig gewählte Mahnverfahren, das Beweissicherungsverfahren, die Nebenintervention, das Aufgebots- und Entmündigungsverfahren, die Zwangsvollstreckung, sowie den Vollstreckungs-, Arrest- und Konkursprozess.

Die Prozesskostenhilfe im Urteilsverfahren wird für jede Instanz besonders bewilligt (§ 119 Satz 1 ZPO).

Sie erstreckt sich — entgegen dem früheren Armenrecht — nicht automatisch auf die Zwangsvollstreckung; für diese muss sie vielmehr gesondert angeordnet werden.

Die Gewährung von Prozesskostenhilfe setzt Folgendes voraus:

- Der Bürger (Deutscher, Ausländer, Staatenloser) verfügt nicht über genügend Einkommen oder verfügbares Vermögen, um die Kosten für die Prozessführung aufbringen zu können. Dabei werden die **Einkommensverhältnisse** wie folgt bewertet:

---

§ 115 ZPO (Einsatz von Einkommen und Vermögen)

1) Die Partei hat ihr Einkommen einzusetzen. Zum Einkommen gehören alle Einkünfte in Geld oder Geldeswert. Von ihm sind abzusetzen:
1. a) die in § 82 Abs. 2 des Zwölften Buches Sozialgesetzbuch bezeichneten Beträge;
b) bei Parteien, die ein Einkommen aus Erwerbstätigkeit erzielen, ein Betrag in Höhe von 50 vom Hundert des höchsten durch Rechtsverordnung nach § 28 Abs. 2 Satz 1 des Zwölften Buches Sozialgesetzbuch festgesetzten Regelsatzes für den Haushaltsvorstand;
2. a) für die Partei und ihren Ehegatten oder ihren Lebenspartner jeweils ein Betrag in Höhe des um 10 vom Hundert erhöhten höchsten durch Rechtsverordnung nach § 28 Abs. 2 Satz 1 des Zwölften Buches Sozialgesetzbuch festgesetzten Regelsatzes für den Haushaltsvorstand;
b) bei weiteren Unterhaltsleistungen aufgrund gesetzlicher Unterhaltspflicht für jede unterhaltsberechtigte Person 70 vom Hundert des unter Buchstabe a genannten Betrages;
3. die Kosten der Unterkunft und Heizung, soweit sie nicht in einem auffälligen Missverhältnis zu den Lebensverhältnissen der Partei stehen;

4. weitere Beträge, soweit dies mit Rücksicht auf besondere Belastungen angemessen ist; § 1610a des Bürgerlichen Gesetzbuchs gilt entsprechend. Maßgeblich sind die Beträge, die zum Zeitpunkt der Bewilligung der Prozesskostenhilfe gelten. Das Bundesministerium der Justiz gibt jährlich die vom 01.06.bis zum 30.07. des Folgejahres maßgebenden Beträge nach Satz 3 Nr. 1 Buchstabe b und Nr. 2 im Bundesgesetzblatt bekannt. Diese Beträge sind, soweit sie nicht volle EUR ergeben, bis zu 0,49 EUR abzurunden und von 0,50 EUR an aufzurunden. Die Unterhaltsfreibeträge nach Satz 3 Nr. 2 vermindern sich um eigenes Einkommen der unterhaltsberechtigten Person. Wird eine Geldrente gezahlt, so ist sie anstelle des Freibetrages abzusetzen, soweit dies angemessen ist.

(2) Von dem nach den Abzügen verbleibenden, auf volle EUR abzurundenden Teil des monatlichen Einkommens (einzusetzendes Einkommen) sind unabhängig von der Zahl der Rechtszüge höchstens 48 Monatsraten aufzubringen, und zwar bei einem

einzusetzenden Einkommen (EUR)	eine Monatsrate von (EUR)
bis 15	0
50	15
100	30
150	45
200	60
250	75
300	95
350	115
400	135
450	155
500	175
550	200
600	225
650	250
700	275
750	300
über 750	300 zuzüglich des 750 übersteigenden Teils des einzusetzenden Einkommens

(2) Die Partei hat ihr Vermögen einzusetzen, soweit dies zumutbar ist; § 90 des 12. Buches Sozialgesetzbuch gilt entsprechend.

(3) Prozesskostenhilfe wird nicht bewilligt, wenn die Kosten der Prozessführung der Partei vier Monatsraten und die aus dem Vermögen aufzubringenden Teilbeträge voraussichtlich nicht übersteigen.

Die **in § 115 Abs. 1 Nr. 1 ZPO bezeichneten Beträge** setzen sich zusammen aus Einkommen- bzw. Lohnsteuer, Sozialversicherungsbeiträgen, gesetzlich vorgeschriebenen Versicherungsbeiträgen wie z. B. für die Kfz-Haftpflichtversicherung und Fahrtkosten zum Arbeitsplatz sowie Kosten für Arbeitsmaterial.

Der **in § 115 Abs. 1 Nr. 2 ZPO genannte Grundbetrag** beläuft sich vom 01.01.2002 bis 30.06.2002 auf 353,00 EUR (RentenanpassungsVO 2001, BGBl. I, 1204, § 82 BSHG). Die Prozesskostenhilfe ist auch dann **für jeden Ehegatten einzeln** zu berechnen, wenn Eheleute gemeinsam einen vermögensrechtlichen Anspruch einklagen. Nicht zu berücksichtigen ist das Einkommen von **Lebensgefährten** die mit dem PKH-Beantragenden in häuslicher Gemeinschaft leben.[53]

Weitere Voraussetzung für die Gewährung von Prozesskostenhilfe ist, dass die Rechtsverfolgung oder Rechtsverteidigung **hinreichende Aussicht auf Erfolg** bietet und nicht mutwillig erscheint (§ 114 Satz 1 ZPO).

Das Gericht prüft hier bei Zugrundelegung der vom Antragsteller vorgetragenen Tatsachen, ob sich daraus der vom Antragsteller geltend gemachte oder zu machende Anspruch ergibt **(Schlüssigkeitsprüfung)**. Erfolgsaussicht ist zu bejahen, wenn auch eine zahlungsfähige Partei nach sorgfältiger und gewissenhafter Prüfung die Gefahr eines Prozesses in diesem Falle auf sich nehmen würde. **Mutwillig** ist eine Prozessführung, wenn sie durch sachliche Erwägungen nicht veranlasst ist, z. B. wenn auch eine wohlhabende Partei nur einen Teil des Anspruchs einklagen würde, um Kosten zu sparen, wenn erwartet werden kann, dass der Gegner dann den Restanspruch freiwillig erfüllen wird.

183 Das **Verfahren** auf Gewährung von Prozesskostenhilfe wird durch einen Antrag an das Gericht eingeleitet, vor dem das im Antrag bezeichnete Verfahren anhängig ist oder anhängig gemacht werden soll. Er kann vor der Geschäftsstelle des Gerichts zu Protokoll erklärt werden. Im Antrag muss das Streitverhältnis unter Angabe der Beweismittel dargelegt werden (§ 117 Abs. 1 Sätze 1 und 2 ZPO). Dem Antrag ist ferner eine **Erklärung des Antragstellers über seine persönlichen und wirtschaftlichen Verhältnisse** mit entsprechenden Belegen beizufügen (§ 117 Abs. 2 ZPO). Für diese Erklärung ist ein Vordruck eingeführt (erhältlich in Schreibwarenläden und bei Gericht, meistens in der Rechtsantragsstelle), der benutzt werden muss (§ 117 Abs. 4 ZPO). Die Erklärung darf dem Gegner nur mit Zustimmung des PKH-Antragstellers zugänglich gemacht werden (§ 117 Abs. 2 Satz 2 ZPO). Wichtig ist die **möglichst frühzeitige Beantragung von Prozesskostenhilfe**, da sie erst ab Antragstellung bewilligt wird.

---

[53] S. Zöller/Philippi, § 115 ZPO Rn. 8.

Beim Mahnverfahren entscheidet der Rechtspfleger über die Gewährung der Prozesskostenhilfe (§ 4 Abs. 1 RPflG), beim Zivilprozess das Prozessgericht, für die Zwangsvollstreckung das Vollstreckungsgericht (§ 764 ZPO) und dort meistens der Rechtspfleger (§ 20 Nr. 5 RPflG).

Das Gericht schafft so rasch wie möglich die Voraussetzungen für die Prozesskostenhilfe. Es kann verlangen, dass der Antragsteller die tatsächlichen Angaben glaubhaft macht, und muss grundsätzlich dem Gegner Gelegenheit zur Stellungnahme geben. Es kann Erhebungen anstellen und insbesondere die Vorlegung von Urkunden anordnen und Auskünfte einholen. Zeugen und Sachverständige werden grundsätzlich nicht vernommen. Hat der Antragsteller innerhalb einer vom Gericht festgesetzten Frist Angaben zu seinen persönlichen und wirtschaftlichen Verhältnissen nicht glaubhaft gemacht oder bestimmte Fragen nicht oder ungenügend beantwortet, so lehnt das Gericht die Bewilligung von Prozesskostenhilfe insoweit ab (§ 118 Abs. 2 ZPO).

Zu einer mündlichen Erörterung darf das Gericht die Parteien nur vorladen, wenn eine Einigung zu erwarten ist. Schließlich entscheidet das Gericht durch Beschluss, welcher der Partei oder ihrem Vertreter formlos mitgeteilt wird.

Gegen den die Prozesskostenhilfe ablehnenden Beschluss kann der Antragsteller Beschwerde einlegen; wenn der Beschluss vom Rechtspfleger erlassen wurde, gibt es gegen seine Entscheidung die Erinnerung (§ 11 RPflG).

Die **Erteilung der Prozesskostenhilfe** hat folgende **Wirkungen**:

- volle Kostenbefreiung oder Ratenzahlungseinräumung,
- rückständige oder künftige Gerichtskosten können nicht gegen die Partei geltend gemacht werden,
- auch die Gerichtsvollzieherkosten können von der Partei nicht verlangt werden,
- im Anwaltsprozess wird der Partei ein beim Prozessgericht zugelassener Rechtsanwalt ihrer Wahl beigeordnet (der gegen die Partei keinen Anspruch auf Vergütung geltend machen kann),
- auch im Prozess ohne Anwaltszwang (vor dem Amtsgericht) ist der Partei auf Antrag ein Anwalt beizuordnen, wenn die Vertretung durch einen Rechtsanwalt nach dem Ermessen des Gerichts erforderlich erscheint oder wenn der Gegner durch einen Rechtsanwalt vertreten ist (Waffengleichheit!).

Die Prozesskostenhilfe kann aufgehoben werden, wenn die Partei durch unrichtige Angaben über das Streitverhältnis die Voraussetzungen für die Prozesskostenhilfe vorgetäuscht hat oder wenn sie absichtlich oder aus grober Nachlässigkeit unrichtige Angaben über die persönlichen oder wirtschaftlichen Verhältnisse gemacht hat, wenn die persönlichen oder wirtschaftlichen Voraussetzungen für die Gewährung der Prozesskostenhilfe nicht vorgelegen haben oder wenn die Partei länger als drei Monate mit der Zahlung einer Monatsrate oder mit Zahlung eines sonstigen Betrags im Rückstand ist (§ 124 ZPO).Dem beigeordneten Rechtsanwalt werden bis zu einem Streitwert von 3.000,00 EUR die vollen Gebühren aus der Staatskasse vergütet (vgl. Rn. 179). Anstelle der vollen Gebühren werden ihm nach § 49 RVG folgende ermäßigten Gebühren vergütet:

Gegenstandswert bis ... EUR	Gebühr ... EUR	Gegenstandswert bis ... EUR	Gebühr ... EUR
3.500	195	10.000	242
4.000	204	13.000	246
4.500	212	16.000	257
5.000	219	19.000	272
6.000	225	22.000	293
7.000	230	25.000	318
8.000	234	30.000	354
9.000	238	über 30.000	391

3 Allgemeine Fragen der Zwangsvollstreckung

184

LITERATUR

Brox/Walker, Zwangsvollstreckungsrecht, 9. Aufl., München, 2011 | **Heiderhoff/Skamel**, Zwangsvollstreckungsrecht, Heidelberg, 2010 | **Heussen/Damm**, Zwangsvollstreckung für Anfänger, 10. Aufl., München, 2011 | **Hofmann**, Modernisierung der Zwangsvollstreckung — Das neue Gesetz zur Reform der Saachaufklärung in der Zwangsvollstreckung, BRAK-Mitt. 2013, 22 ff. | **Keller**, Handbuch Zwangsvollstreckungsrecht, Berlin, 2013 | **Kornol/Wahlmann**, Zwangsvollstreckungsrecht, Baden-Baden, 2011 | **Lackmann**, Zwangsvollstreckungsrecht, 9. Aufl., München, 2009 | **Lippross**, Zwangsvollstreckungsrecht, 10. Aufl., 2011 | **Saenger/Ulrich/Siebert**, Zwangsvollstreckung — Kommentiertes Prozessformularbuch, 2. Aufl., Baden-Baden, 2012 | **Salten/Gräve**, Gerichtliches Mahnverfahren und Zwangsvollstreckung, 5. Aufl., Köln, 2013 | **Seibel/Grothe/Harbeck/Kessel/Schultes/Sievers/Volpert/Wilhelm**, Zwangsvollstreckungsrecht aktuell: Sachaufklärung — Kontopfändung — weitere Neuregelungen — aktuelle Rechtsprechung, 2. Aufl., Baden-Baden, 2012 | **Weigelt**, Das Gesetz zur Reform der Sachaufklärung in der Zwangsvollstreckung, InsbürO 2012, 412 ff.

Hat das Gericht über das Bestehen oder Nichtbestehen des geltend gemachten Anspruchs entschieden, so ist damit die Rechtsfindung („Erkenntnisverfahren") abgeschlossen. In vielen Fällen wird der Schuldner nunmehr die gerichtlich titulierte Schuld zahlen, ohne dass es weiterer Maßnahmen des Gläubigers bedarf. Zahlt der Schuldner nicht oder nicht vollständig, so bedarf es weiterer Schritte. Es schließt sich sodann das Verfahren der Rechtsverwirklichung („Vollstreckungsverfahren") an. Wann der Gläubiger von seinem Titel Gebrauch macht, bleibt ihm — unter Beachtung der verjährungsrechtlichen Vorschriften — selbst überlassen. So kann es z. B. sinnvoll sein, der Vollstreckung zuzuwarten, wenn Erkenntnisse dahin vorliegen, dass gegebenenfalls zu einem späteren Zeitpunkt, etwa aufgrund veränderter Lebensumstände oder Erbschaft, bessere Vollstreckungsaussichten bestehen. Hat der Gläubiger einen Titel gegenüber einem nachhaltig finanziell leistungsfähigen Schuldner, z. B. einer Körperschaft des öffentlichen Rechts, einer Bank oder einer Versicherung, so wird er die Vollstreckung — sofern er die Mittel nicht sofort benötigt — nicht sogleich betreiben, wenn die titulierten Zinsen höher sind als der übliche Zinssatz, den der Gläubiger auf dem Kapitalmarkt erlangen kann.

Hat der Gläubiger allerdings sein Ziel erreicht, hat also der Schuldner vollständig gezahlt, ist ihm der Titel auszuhändigen.

185 Bei der Zwangsvollstreckung wegen einer Geldforderung sind insbesondere folgende Fragengebiete zu behandeln:

1. Allgemeine Fragen der Zwangsvollstreckung (hierzu siehe Rn. 186 ff.),
2. Fragen der Zwangsvollstreckung in körperliche Sachen (hierzu siehe Rn. 233 ff.),
3. Fragen der Zwangsvollstreckung in Forderungen und ähnliche Ansprüche (hierzu siehe Rn. 284 ff.),
4. Fragen der Zwangsvollstreckung in unbewegliches Vermögen (hierzu siehe Rn. 493 ff.),
5. Sonderfragen bei verheirateten Schuldnern und Lebenspartnern (hierzu siehe Rn. 521 ff.),
6. das weite Gebiet des Vollstreckungsschutzes (hierzu siehe Rn. 542 ff.),
7. Spezialfragen bei Pfändung von Arbeitseinkommen (hierzu siehe Rn. 618 ff.),
8. Der Schutz des Gläubigers gegen Lohnschiebungen und dgl. (hierzu siehe Rn. 686 ff.),
9. Die eidesstattliche Offenbarungsversicherung (hierzu siehe Rn. 703 ff.).

3.1 Die Wahl der Vollstreckungsart

186 Der Gläubiger hat in erster Linie zu überlegen, aus welchen Vermögenswerten des Schuldners am meisten und schnellstens mit dem Eingang seiner Forderung zu rechnen ist. Die **Zwangsvollstreckung in bewegliche körperliche Sachen und in Geldforderungen**, insbesondere in Arbeitseinkommen des Schuldners, geht ziemlich schnell vor sich. Bis dagegen der Gläubiger durch eine **Zwangsvollstreckung in Grundbesitz** seines Schuldners zu Geld kommt, kann erhebliche Zeit vergehen. Bei jeglicher Art von Zwangsvollstreckung kommt dem für den Schuldner vielfach bestehenden Vollstreckungsschutz erhebliche Bedeutung zu.

Die Zwangsvollstreckung in bewegliche körperliche Sachen (Sachpfändung) ist den Gerichtsvollziehern zugewiesen. Die Zahl der Gerichtsvollzieher ist in den einzelnen Bundesländern sehr unterschiedlich. Im Jahre 1999 entfiel in Berlin auf 13.926 Einwohner ein Gerichtsvollzieher, während in Baden-Württemberg auf 22.715 Einwohner ein Gerichtsvollzieher entfiel.[1]

---

[1] Vgl. Schleswig-Holsteinischer Landtag, Drucksache 15/630: Antwort der Landesregierung auf die kleine Anfrage des Abgeordneten Werner Kalinka (CDU) zur Belastung der Gerichtsvollzieher.

Die Sachpfändung durch den Gerichtsvollzieher leidet unter verschiedenen Nachteilen:

- Der Geschäftsgang beim Gerichtsvollzieher ist wegen Überlastung oft schleppend. Es können von der Auftragserteilung bis zum Vollstreckungsversuch drei bis zehn Monate vergehen. In den neuen Bundesländern kann es derzeit noch länger dauern.[2] § 64 Abs. 2 GVGA, der von einem Monat ausgeht, kann oft nur in ländlichen Regionen eingehalten werden. Die Übertragung der eidesstattlichen Offenbarungsversicherung in die Zuständigkeit des Gerichtsvollziehers ab 01.01.1999 hat eine weitere Verzögerung bei der Sachpfändung mit sich gebracht. (So waren es in 2005 im Durchschnitt 62 Offenbarungsverfahren im Monat pro Gerichtsvollzieher.)
- Viele Gegenstände, die der Schuldner besitzt, unterliegen wegen des weit reichenden Pfändungsschutzes des § 811 ZPO nicht der Pfändung. Vor allem geht es hier um alle Gegenstände, die der Schuldner zu einer bescheidenen Lebens- und Haushaltsführung (§ 811 Abs. 1 Nr. 1 ZPO) und zur Fortsetzung seiner Erwerbstätigkeit (§ 811 Abs. 1 Nr. 5 ZPO) benötigt (siehe dazu näher Rn. 568 ff.).

Schneller und wesentlich schlagkräftiger ist dagegen eine **Forderungspfändung**, unterstützt durch eine Vorpfändung, sei es in Form der Lohnpfändung oder in Form der Kontenpfändung, um die beiden wichtigsten Arten zu nennen.

Der Gläubiger kann auch **mehrspurig vorgehen** und mehrere Vollstreckungsmaßnahmen einleiten, sofern er damit rechnen muss, dass eine allein nicht zum Erfolg führt. So kann er beim Vollstreckungsgericht unter Vorlage des Titels eine Forderungspfändung beantragen und gleichzeitig dem Gerichtsvollzieher einen Vollstreckungsauftrag erteilen und ihm ankündigen, dass die Übersendung des Vollstreckungstitels durch das Vollstreckungsgericht nach Erlass eines Pfändungs- und Überweisungsbeschlusses erfolgen werde. Gleichzeitig kann er mit einer weiteren, auf die Immobiliarvollstreckung beschränkt erteilten vollstreckbaren Ausfertigung des Vollstreckungstitels, die Eintragung einer Zwangssicherungshypothek, die Zwangsversteigerung oder Zwangsverwaltung betreiben.[3]

Auch zur Vollstreckung gegen Gesamtschuldner kann der Gläubiger eine vollstreckbare Ausfertigung des Vollstreckungstitels gegen jeden Gesamtschuldner beantragen, wenn diese in verschiedenen Orten wohnen.[4]

---

[2] S. LG Neubrandenburg, MDR 1994, 305 und LG Dessau, JurBüro 1997, 46.

[3] KG, FamRZ 1985, 628; OLG Düsseldorf, DNotZ 1977, 571.

[4] LG Leipzig, JurBüro 2004, 559.

3.2 Voraussetzungen der Zwangsvollstreckung

187 Voraussetzungen für den Beginn einer Zwangsvollstreckung — gleichgültig welcher Art — sind das Vorliegen eines Vollstreckungstitels mit der Vollstreckungsklausel beim Gläubiger und die vorherige oder mindestens gleichzeitige Zustellung des Titels an den Schuldner (§§ 724 ff. ZPO).[5] Bevor diese drei Voraussetzungen nicht gegeben sind, darf die Zwangsvollstreckung nicht beginnen. Wegen der Möglichkeit einer so genannten außergerichtlichen Vorpfändung siehe die Ausführungen Rn. 313 ff.

3.2.1 Vollstreckungstitel

188 Von den Vollstreckungstiteln sind als am häufigsten vorkommend zu nennen: der im Mahnverfahren erwirkte **Vollstreckungsbescheid**, das **Leistungsurteil**, insbesondere das **Versäumnisurteil**, das **Anerkenntnisurteil**, das **Urteil nach Lage der Akten** gegen die säumige Partei, das Urteil, das im Urkunden-, Wechsel- oder Scheckprozess ergangen ist, der **vollstreckbare Vergleich**[6] und das nach streitiger Verhandlung ergangene, **vorläufig vollstreckbare oder rechtskräftige Urteil** sowie gerichtliche **Kostenfestsetzungsbeschlüsse**. Weiter sind hier zu erwähnen **Arreste** (siehe Rn. 208), Eintragung in die **Insolvenztabelle** (§ 201 Abs. 2 InsO) und **vollstreckbare notarielle Urkunde** (siehe Rn. 41 und 42), die insbesondere im Hypotheken- und Grundschuldrecht, aber auch sonst oftmals vorkommt und die Durchführung eines gerichtlichen Mahn- und Klageverfahrens erübrigt[7] und schließlich der für vollstreckbar erklärte **Anwaltsvergleich** (siehe Rn. 145). Üblicherweise wird zwischen den endgültig vollstreckbaren und den vorläufig vollstreckbaren Titeln unterschieden. Vorläufig vollstreckbar sind Titel bis zum Eintritt ihrer Rechtskraft. Von da an sind sie endgültig vollstreckbar. Hier interessierende vorläufig vollstreck-

---

[5] Der Schuldner kann auf Zustellung des Vollstreckungstitels freiwillig verzichten (LG Ellwangen, Rpfleger 1966, 145 und Berner, Rpfleger 1966, 134), weil mit der Zustellung allein die Schuldnerinteressen gewahrt werden.

[6] Ist der vollstreckbaren Ausfertigung eines gerichtlichen Vergleichs nicht zu entnehmen, dass der Vergleich den Parteien vorgelesen und von ihnen genehmigt worden ist, so ist die Zwangsvollstreckung unzulässig. Dies gilt auch dann, wenn die Niederschrift über den Abschluss des Vergleichs keine Angaben enthält; BGH, NJW 1984, 1465, 1466.

[7] Die vollstreckbare notarielle Urkunde ist in § 794 Abs. 1 Nr. 5, § 800 ZPO geregelt. Von ihr Gebrauch zu machen, wenn der Schuldner zur Mitwirkung – wenn auch oft nur unter dem Druck der Verhältnisse – zur Abgabe der entsprechenden Erklärung bereit ist, ist empfehlenswert. Sie kann über einen Anspruch errichtet werden, der die Zahlung einer bestimmten Geldsumme oder die Leistung einer bestimmten Menge anderer vertretbarer Sachen oder Wertpapiere zum Inhalt hat. Bestimmt bedeutet ziffernmäßig festgelegt, vgl. BGH, NJW 1983, 2262. Achtung, die Vollstreckung darf erst 2 Wochen nach Zustellung der Urkunde beginnen, § 798 ZPO.

bare Titel sind z. B. Versäumnis- und Anerkenntnisurteile (siehe Rn. 136, 144). Vielfach wird der Gläubiger sich scheuen, aus einem nur vorläufig vollstreckbaren Titel gegen seinen Schuldner vorzugehen, denn er muss dem Letzteren allen Schaden ersetzen, wenn das für vorläufig vollstreckbare, erklärte Urteil später im Rechtsmittelverfahren aufgehoben oder geändert wird (§ 717 Abs. 2 ZPO).

189   Die Zwangsvollstreckung darf nur beginnen, wenn die Personen, für und gegen die sie stattfinden soll, in dem Urteil (oder in der ihm beigefügten Vollstreckungsklausel; siehe Rn. 190) namentlich bezeichnet sind (§ 750 Abs. 1 ZPO).

3.2.2   Vollstreckungsklausel

190   Die Vollstreckungsklausel geht in aller Regel dahin, dass auf der Urteilsausfertigung oder dem sonstigen Titel der Vermerk beigesetzt wird: „Vorstehende Ausfertigung wird dem Kläger (Gläubiger) zum Zwecke der Zwangsvollstreckung (oder kürzer: zur Zwangsvollstreckung) hiermit erteilt." Bei Vollstreckungsbescheiden (siehe Rn. 92) und bei Arrestbefehlen (siehe Rn. 214) ist eine solche Vollstreckungsklausel ausnahmsweise nicht erforderlich.[8]

190a   Möchte ein Rechtsnachfolger des Gläubigers, z. B. ein Erbe nach Anfall der Erbschaft, ein Erwerber der Forderung oder der Insolvenzverwalter des Gläubigers, aus dem Titel vollstrecken, muss die Vollstreckungsklausel „auf ihn umgeschrieben" werden. Gemäß § 727 Abs. 1 ZPO setzt die Umschreibung voraus, dass die Rechtsnachfolge bei dem Gericht offenkundig ist oder durch öffentliche oder öffentlich beglaubigte Urkunden nachgewiesen wird. Dies kann z. B. der Erbschein oder der Insolvenzeröffnungsbeschluss sein.

Liegt eine Übernahme eines Handelsgeschäfts gemäß § 25 HGB vor, so kommt eine Umschreibung des Titels ebenfalls in Betracht. Voraussetzung ist gemäß § 729 Abs. 2 ZPO allerdings, dass die Forderung vor dem Erwerb des Geschäfts gegen den früheren Inhaber rechtskräftig festgestellt worden ist.

---

[8] Eine Ausfertigung des vollstreckbaren Titels ist dem Gläubiger erteilt, wenn sie vom Gericht abgesandt worden ist. Zum Nachweis hierüber genügt, dass die Absendung in den Akten vermerkt ist. Dass die Ausfertigung den Gläubiger bzw. seinen Bevollmächtigten nicht erreicht, fällt in seinen Risikobereich. Ist die Erstausfertigung des vollstreckbaren Titels erteilt, jedoch nicht beim Gläubiger oder dessen Bevollmächtigtem angekommen, so kann nur die Erteilung einer weiteren vollstreckbaren Ausfertigung bei Gericht beantragt werden (§ 733 ZPO; LG Köln, JurBüro 1969 Sp. 1218).

Sofern der erforderliche Nachweis nicht durch öffentliche oder öffentlich beglaubigte Urkunden geführt werden kann, so hat der Gläubiger gemäß § 731 ZPO bei dem Prozessgericht des ersten Rechtszuges aus dem Urteil auf Erteilung der Vollstreckungsklausel Klage zu erheben.

Die qualifizierte Vollstreckungsklausel wird vom Rechtspfleger des Gerichts erster Instanz oder, wenn der Rechtsstreit in einer höheren Instanz anhängig ist, vom Rechtspfleger diesen Gerichts erteilt.

Gleiches gilt, wenn gegen einen Rechtsnachfolger des Schuldners vollstreckt werden soll.

3.2.3 Zustellung des Titels[9]

191   Die (ebenfalls eine Voraussetzung des Beginns der Vollstreckung bildende) Zustellung des Vollstreckungstitels an den Schuldner erfolgt jetzt grundsätzlich durch das Gericht von Amts wegen (siehe Rn. 163). Gleichwohl ist auch Zustellung des Titels durch die Partei selbst zulässig, wobei die Ausfertigung des Urteils Tatbestand und Entscheidungsgründe nicht zu enthalten braucht (§ 750 Abs. 1 Satz 2 ZPO). Der Gläubiger kann sich also eine **abgekürzte Ausfertigung eines Urteils** geben lassen, die in der Regel noch am Tag der Urteilsverkündung erteilt wird, was die Durchführung der Zwangsvollstreckung deutlich beschleunigt (§ 317 Abs. 2 Satz 2 ZPO). Soweit der Schuldner **durch** einen **Prozessbevollmächtigten vertreten** ist (siehe darüber Rn. 159), muss die Zustellung unbedingt und erkennbar an diesen, nicht an den Schuldner selbst, erfolgen (§ 172 ZPO). Ein Verstoß dagegen macht die Zustellung unwirksam. Der Zustellung auch der Vollstreckungsklausel bedarf es grundsätzlich nicht. Der Gläubiger kann zur Beschleunigung der Zustellung dadurch beitragen, dass er eine Abschrift des Vollstreckungstitels selbst fertigt und seinem Zustellungsauftrag an den Gerichtsvollzieher beilegt. Dieser Auftrag kann wie folgt gefasst werden:

192

MUSTER: Zustellung eines Versäumnisurteils
In meiner Rechtssache gegen ... bitte ich, anliegende vollstreckbare Ausfertigung des Versäumnisurteils des Amtsgerichts ... vom ... — Aktenzeichen C ... — dem Beklagten zuzustellen und die Ausfertigung mit Zustellungsnachweis unter Kostennachnahme an mich zurückzugeben. Eine unbeglaubigte Abschrift der Urteilsausfertigung für den Beklagten liegt bei. Datum und Unterschrift des Gläubigers

---

[9] Alle Zustellungsvorschriften in Rn. 191–193 entsprechen dem am 01.07.2002 in Kraft getretenen Zustellungsreformgesetz.

Der Zustellungsauftrag kann, soweit eine Pfändung in körperliche Sachen in Frage steht, gleich mit dem Pfändungsauftrag verbunden werden; siehe darüber Muster: Sachpfändungsauftrag (Rn. 234).

193 Arrestbefehle (siehe Rn. 214) können ohne vorherige Zustellung vollstreckt werden. Bei selbstständigen Kostenfestsetzungen und vollstreckbaren notariellen Urkunden muss zwischen der Zustellung und der Vollstreckung eine Frist von zwei Wochen liegen, §798 Abs. 2 ZPO.

Die Frage, ob der Gerichtsvollzieher bei der Zustellung die Prozessfähigkeit des Schuldners (siehe über diesen Begriff die Ausführungen bei Rn. 158) zu prüfen hat, wird teils verneint, teils bejaht; sie dürfte dem Grundsatz nach zu verneinen sein.[10]

An den Zustellungsadressaten kann im Inland überall zugestellt werden, wo er angetroffen wird (§ 177 ZPO).

Wird er nicht angetroffen, so kann die Zustellung im Wege der **Ersatzzustellung** erfolgen

1. in der Wohnung des Zustellungsadressaten an einen erwachsenen Familienangehörigen, wozu auch **Lebensgefährten** und Lebenspartner (§ 11 Lebenspartnerschaftsgesetz) sowie erwachsene ständige Mitbewohner gehören (§ 178 Abs. 1 Nr. 1 ZPO),[11]
2. an eine in der Familie beschäftigte Person in der Wohnung des Zustellungsadressaten (z. B. eine Hausangestellte, (§ 178 Abs. 1 Nr. 1 ZPO),
3. im Geschäftsraum an eine dort beschäftigte Person , wenn der Zustellungsadressat Gewerbetreibender ist (§ 178 Abs. 1 Nr. 2 ZPO),
4. wenn die Zustellung nach § 178 Abs. 1 Nr. 1 oder 2 ZPO nicht ausführbar ist, kann das Schriftstück in einen zur Wohnung oder zum Geschäftsraum gehörenden Briefkasten oder eine ähnliche Vorrichtung[12] eingelegt werden (§ 180 ZPO),

durch Niederlegung bei der Postanstalt am Ort der Zustellung, wenn Zustellung und sonstige Ersatzzustellung nicht möglich ist (§ 181 ZPO).

---

[10] S. Kube, MDR 1969, 10 (mit Nachweisen).

[11] BGHZ 111,1 = NJW 1990, 1666; Mayer/Rang, 1988, 811; David, DGVZ 1988, 162; Zöller/Stöber, § 181 ZPO Rn. 10.

[12] Z. B. der Briefschlitz in der Wohnungstür eines Einfamilienhauses, BGH, NJW 2006, 150, 152).

3.3 Einstellung und Beschränkung der Zwangsvollstreckung

194   Ein besonderes vorbeugendes und rangwahrendes Sicherungsmittel des Gläubigers ist die so genannte Sicherungsvollstreckung (§ 720a ZPO).[13]

195   Aus einem nur gegen Sicherheitsleistung durch den Gläubiger vollstreckbaren Urteil, durch das der Schuldner zu einer Geldleistung verurteilt worden ist, darf der Gläubiger **ohne Sicherheitsleistung** die Zwangsvollstreckung insoweit betreiben, als bewegliches Vermögen gepfändet oder im Wege der Zwangsvollstreckung in das unbewegliche Vermögen eine Sicherungshypothek eingetragen wird.

Das bedeutet, dass der Gläubiger, bevor er Sicherheit geleistet hat, folgende Maßnahmen gegen den Schuldner veranlassen kann:

1. die Pfändung körperlicher Sachen des Schuldners. Dabei wird gepfändetes Geld vom Gerichtsvollzieher hinterlegt (§ 720a Abs. 2 i. V. m. § 930 Abs. 2 ZPO). Auf Antrag kann das Vollstreckungsgericht anordnen, dass eine bewegliche körperliche Sache, wenn sie der Gefahr einer beträchtlichen Wertverringerung ausgesetzt ist oder wenn ihre Aufbewahrung unverhältnismäßige Kosten verursachen würde, versteigert und der Erlös hinterlegt wird (§ 720a Abs. 2 i. V. m. § 930 Abs. 3 ZPO);
2. die Eintragung einer Sicherungshypothek auf einem Grundstück des Schuldners;
3. die Pfändung von Forderungen des Schuldners durch Pfändungsbeschluss.

Dem Gläubiger ist die **Verwertung** — bei der gepfändeten körperlichen Sache die Versteigerung, bei der gepfändeten Forderung die Überweisung zur Einziehung — **so lange versagt, bis er die Sicherheitsleistung erbracht hat**.

Der Sinn der Sicherungsvollstreckung liegt in der Wahrung des Rangs vor späteren Pfändungen anderer Gläubiger und in der Möglichkeit einer raschen Beschlagnahme verwertbarer Vermögensbestandteile des Schuldners.

196   Der Schuldner ist befugt, die Zwangsvollstreckung nach vorstehenden Ausführungen durch Leistung einer Sicherheit in Höhe des Hauptanspruchs abzuwenden, wegen dessen der Gläubiger vollstrecken kann, wenn nicht der Gläubiger vorher die ihm obliegende Sicherheit geleistet hat (§ 720a Abs. 3 ZPO).

---

[13] Wegen Einstellung der Zwangsvollstreckung aus einem Vollstreckungsbescheid und einem Versäumnisurteil siehe die Ausführungen unter Rn. 100, 141.

> **!** **ACHTUNG**
>
> In den Fällen, in denen eine so genannte qualifizierte Vollstreckungsklausel —
> z. B. bei Umschreibung des Vollstreckungstitels für oder gegen einen Rechts-
> nachfolger — erteilt wurde, muss diese zusammen mit dem Urteil mindestens
> zwei Wochen vor Beginn der Sicherungsvollstreckung zugestellt werden (§ 750
> Abs. 3 ZPO). Für eine einfache Vollstreckungsklausel (§ 724 ZPO, Rn. 190) gilt
> dieses Regelung nicht. [14]

Erfolgt eine Vorpfändung im Rahmen der Sicherungsvollstreckung, so braucht die
zweiwöchige Wartefrist nicht eingehalten zu werden.[15]

Der Gläubiger kann bei der Sicherungsvollstreckung vom Schuldner auch die Abgabe der eidesstattlichen Offenbarungsversicherung nach § 807 ZPO verlangen.[16]

3.4   Vollstreckungsorgane

3.4.1   Sachliche Zuständigkeit

197
Der Gläubiger muss sich bei der Zwangsvollstreckung in das Vermögen seines
Schuldners der hierzu berufenen staatlichen Vollstreckungsorgane bedienen. Er
darf nicht etwa zur Selbsthilfe greifen.[17]

---

[14] BGH, MDR 2005, 1433.

[15] LG Frankfurt, Rpfleger 1983, 32; AG München, DGVZ 1986, 47; Zöller/Stöber, § 845 ZPO Rn. 2.

[16] BGH, NJW-RR 2007, 416.

[17] Selbsthilfe ist ausnahmsweise zulässig im Mietrecht. Hier kann der Vermieter die Entfernung der von einem Mieter eingebrachten, seinem gesetzlichen Pfandrecht unterliegenden Sachen auch ohne Anrufen des Gerichts verhindern und die Sachen in Besitz nehmen
oder die Herausgabe der bereits entfernten Sachen zum Zweck der Zurückschaffung in
die Mieträume verlangen, vorausgesetzt, dass der Mieter noch Miete schuldet und die Sachen pfändbar sind (§§ 562 ff. BGB). Ähnliches gilt im Pachtrecht (§§ 585, 581 Abs. 2 BGB).
In anderen Fällen ist Selbsthilfe zur Durchsetzung eines Anspruchs nur zulässig, wenn
obrigkeitliche Hilfe nicht rechtzeitig zu erlangen ist und die Gefahr der Vereitelung des
Anspruchs besteht (§ 229 BGB).

Vollstreckungsorgane sind

1. der **Gerichtsvollzieher** bei der Zwangsvollstreckung in bewegliche körperliche Sachen (siehe Rn. 233 ff.)[18] und bei der eidesstattlichen Offenbarungsversicherung, wenn der Antrag vom Gläubiger nach dem 01.01.1999 gestellt wurde, im Bereich der öffentlich-rechtlichen Ansprüche der Vollziehungsbeamte, z. B. derjenige des Finanzamts, aber nur für die Sachpfändung;
2. das **Vollstreckungsgericht** beim Amtsgericht bei der Zwangsvollstreckung in Forderungen und ähnliche Ansprüche (siehe Rn. 284 ff.), bei Anordnung eines Arrests (siehe Rn. 208 ff.), bei der Grundstückszwangsversteigerung und Grundstückszwangsverwaltung (siehe Rn. 493 ff.) und bei der eidesstattlichen Offenbarungsversicherung (siehe Rn. 705 ff.), wenn der Antrag auf Bestimmung eines Offenbarungstermins vor dem 01.01.1999 gestellt worden ist (Art. 8 des Gesetzes zur Änderung des Einführungsgesetzes zur Insolvenzordnung und anderer Gesetze vom 19.12.1998, BGBl. I, 3836);
3. das **Grundbuchamt** beim Amtsgericht (in Baden-Württemberg beim Notar) bei Eintragung von Zwangshypotheken (siehe Rn. 516).[19]

3.4.2   Örtliche Zuständigkeit

198   Örtlich zuständig ist der Gerichtsvollzieher oder das Vollstreckungsgericht, in dessen Bezirk das Vollstreckungsverfahren stattfindet.

An die Stelle des vorgenannten Gerichts tritt ausnahmsweise bei Pfändung von Forderungen das Amtsgericht des allgemeinen Gerichtsstands des Schuldners (siehe dazu Rn. 117), eventuell das Amtsgericht des Gerichtsstands des Vermögens (§ 828 ZPO).

---

[18] Der Gerichtsvollzieher ist ein selbstständiges Organ der Zwangsvollstreckung. Der Gläubiger kann ihm Weisungen zu Beginn, Art und Ausmaß der Vollstreckung erteilen. Sie sind bindend, wenn sie mit den Gesetzen und der GVGA nicht in Widerspruch stehen.

[19] Ausführlich zur Zwangshypothek Stöber, Zwangsvollstreckung in das unbewegliche Vermögen, 9. Aufl., 2010, Rn. 14 ff.

3.5 Vollstreckungsantrag und Rechtsmittel

3.5.1 Antrag auf Vollstreckung

199 Der Vollstreckungsantrag muss bei demjenigen Vollstreckungsorgan eingereicht werden, das für die Zwangsvollstreckung sachlich und örtlich zuständig ist (Rn. 197 und 198). Welchen Inhalt der Antrag haben muss, richtet sich nach dem Gegenstand, in den der Gläubiger vollstreckt haben will. Näheres ergibt sich aus den weiter unten folgenden Mustern. Dem Antrag muss der in Frage kommende Vollstreckungstitel samt Vollstreckungsklausel und Zustellungsnachweis (Rn. 191) beigefügt werden. Handelt es sich um eine Zwangsvollstreckung in bewegliche körperliche Sachen durch den Gerichtsvollzieher, so kann diesem auch der noch nicht zugestellte Titel übergeben werden; es erfolgt dann Titelzustellung im Zusammenhang mit der Pfändung, d. h. unmittelbar vor deren Vornahme.

Der Gerichtsvollzieher kann seine Tätigkeit von der Entrichtung eines angemessenen Kostenvorschusses abhängig machen (§ 4 GVKostG).

Grundsätzlich besteht hinsichtlich der Erteilung eines Zwangsvollstreckungsauftrags betragsmäßig keine Untergrenze. Der Gläubiger handelt insbesondere selbst dann bei der Vollstreckung einer geringfügigen Restforderung nicht rechtsmissbräuchlich, wenn die durch die Vollstreckung verursachten Kosten den Restanspruch deutlich übersteigen.[20]

3.5.2 Rechtsbehelfe und Rechtsmittel[21]

200 Weigert sich der **Gerichtsvollzieher**, dem Antrag des **Gläubigers** auf Pfändung beweglichen Vermögens zu entsprechen oder im Rahmen der eidesstattlichen Offenbarungserklärung eine Frage des Gläubigers an den Schuldner zuzulassen, so kann sich dieser mit der form- und fristlosen Erinnerung an das Amtsgericht (Vollstreckungsgericht) wenden (§ 766 Abs. 2 ZPO, siehe auch das Schaubild unter Rn. 205c).

---

[20] So LG Aachen, Beschl. v. 16.02.1987 – 5 T 17/87, DGVZ 1987, 139 f.; a. A. AG Kamen, Beschl. v. 23.06.1983 – 6 M 1153/83, DGVZ 1983, 190. Selbst die Vollstreckung eines Restbetrages in Höhe von 0,71 DM ist nicht schlicht unzulässig (so AG Staufen, Beschl. v. 19.10.1978 – 2 M 96/78, DGVZ 1978, 189 f.).

[21] Zu den Rechtsbehelfen in Vollstreckungssachen siehe Rn. 199 - 205c.

201

MUSTER: Erinnerung (durch den Gläubiger)

In meiner Zwangsvollstreckungssache gegen … habe ich den Gerichtsvollzieher … in … mit Vornahme der Zwangsvollstreckung in das bewegliche körperliche Vermögen des Schuldners beauftragt und ihn gebeten, insbesondere in den beim Schuldner befindlichen Pkw zu vollstrecken. Der Gerichtsvollzieher hat den Pkw zwar gepfändet, ihn aber mit der Begründung, der Schuldner benötige ihn, um damit zur Arbeit zu fahren, diesem belassen. Der Schuldner kann jedoch mit öffentlichen Verkehrsmitteln (U-Bahn Linie 6) seinen Arbeitsplatz unmittelbar erreichen. Ich bitte, ihm den Pkw wegzunehmen und zu verwerten, nicht zuletzt wegen der Unfallgefahr bei weiterer Benutzung.
Datum und Unterschrift des Gläubigers

Der Gläubiger kann bei der Zwangsvollstreckung wegen Geldforderungen dem Gerichtsvollzieher grundsätzlich nicht vorschreiben, welche beweglichen Sachen des Schuldners er zu pfänden hat (siehe auch Rn. 239). Deshalb kann es sich in dem gegebenen Beispiel hinsichtlich der Maschinen nur um einen Hinweis auf pfändbare Vermögenswerte des Schuldners handeln, an den sich der Gerichtsvollzieher in der Regel zwar halten wird, aber nicht zu halten braucht. Er könnte in dem gegebenen Beispiel ebenso gut den Inhalt der Kasse des Schuldners pfänden. Wenn aber der Gerichtsvollzieher unter Hinweis auf die vermeintliche Unpfändbarkeit der Maschinen und das sonstige Fehlen pfändbarer Sachen beim Schuldner die Pfändung überhaupt unterlässt, so kann sich der Gläubiger dagegen mit der Erinnerung gegen die Art und Weise der Zwangsvollstreckung (§ 766 Abs. 2 ZPO) beim Amtsgericht als Vollstreckungsgericht zur Wehr setzen.[22]

202

Der **Schuldner** kann sich bei der Zwangsvollstreckung in bewegliche Sachen ebenfalls durch Einlegung von form- und fristloser Erinnerung beim Amtsgericht gegen das Vorgehen des Gerichtsvollziehers zur Wehr setzen (siehe dazu Muster: Erinnerung (durch den Schuldner), Rn. 238).[23] Handelt es sich um die **Vollstreckung in eine Forderung** des Schuldners und ist daher das Vollstreckungsgericht (Amtsgericht) zuständig, kann der **Gläubiger** dann, wenn der für die Pfändung regelmäßig zuständige Rechtspfleger seinen Antrag ablehnt, sofortige Beschwerde binnen einer Notfrist von zwei Wochen ab Zustellung beim Vollstreckungsgericht (§ 569

---

[22] Zum Sachpfändungsauftrag siehe Rn. 233 ff.

[23] Einwendungen, die sich gegen den im Urteil festgestellten Anspruch selbst richten, kann der Schuldner nur im Wege der Klage nach § 767 ZPO geltend machen. Der Streit, ob ein Gläubiger aufgrund einer Vereinbarung verpflichtet ist, eine nach Art und Umfang einwandfreie Vollstreckungsmaßnahme aufzuheben, also etwa den Verzicht auf ein Pfändungspfandrecht zu erklären, ist ebenfalls nicht vor dem Vollstreckungsgericht im Wege der Erinnerung nach § 766 ZPO, sondern im Wege der Klage gegen den Gläubiger zu verfolgen, der sich weigert, diese Willenserklärung abzugeben (BGH, DB 1968, 171).

Abs. 1 ZPO) nach § 11 Abs. 1 RpflG i. V. m. § 793 ZPO erheben. Die zulässige Einlegung beim Beschwerdegericht (Landgericht) genügt zur Wahrung der Frist (§ 577 Abs. 2 Satz 2 mit § 569 Abs. 1 ZPO), ist allerdings nicht zu empfehlen, da das Landgericht die sofortige Beschwerde erst dem Vollstreckungsgericht zur Durchführung des Abhilfeverfahrens vorlegt, und das kostet Zeit. Der Rechtspfleger kann der sofortigen Beschwerde abhelfen (§ 572 Abs. 1 ZPO).[24] Andernfalls legt er die Beschwerde unverzüglich dem Beschwerdegericht (Landgericht) vor. Es herrscht kein Anwaltszwang.

| 203 | **MUSTER: Sofortige Beschwerde** |

Gegen den in meiner Zwangsvollstreckungssache gegen ... vom Rechtspfleger des dortigen Gerichts am ... erlassenen, mir am ... zugegangenen Abweisungsbeschluss lege ich hiermit sofortige Beschwerde ein mit dem Antrag, die Pfändung und Überweisung der in meinem Gesuch vom ... genannten, dem Schuldner gegen ... zustehenden Forderung auszusprechen.

Gründe: Es ist nicht richtig, dass der Anspruch des Schuldners auf Heiratsbeihilfe, deren Pfändung ich beantragt habe, für mich unpfändbar ist. Ich habe dem Schuldner anlässlich seiner Verheiratung das Schlafzimmer geliefert. Diese Lieferung liegt meinem Zahlungsanspruch zugrunde. Es handelt sich bei meiner Forderung also um einen Anspruch, der aus Anlass der Heirat des Schuldners entstanden ist.[25]

Datum und Unterschrift des Gläubigers

204 Spricht der Rechtspfleger eine Forderungspfändung aus, so kann der **Schuldner** hiergegen form- und **fristlos Erinnerung** nach § 766 ZPO einlegen, über welche der Richter des Vollstreckungsgerichts entscheidet.[26] Gegen dessen ablehnende Entscheidung kann der Schuldner binnen zwei Wochen nach ihrer Zustellung sofortige Beschwerde zum Landgericht einlegen.

Der Rechtspfleger kann der unbefristeten Erinnerung abhelfen.

205 Wird ein **Pfändungsbeschluss** auf Erinnerung des Schuldners vom Amtsgericht (bzw. auf sofortige Beschwerde des Schuldners vom Landgericht) **aufgehoben**, so steht dem Gläubiger die sofortige Beschwerde an das Landgericht zu mit einer Beschwerdefrist von zwei Wochen (§§ 793, 567 Abs. 1 Nr. 1 ZPO). Hat die Beschwerde

---

[24] S. dazu Zöller/Stöber, § 793 ZPO Rn. 3.

[25] Wegen der Pfändbarkeit von Heiratsbeihilfen siehe § 850a Nr. 5 ZPO (Rn. 628).

[26] Der Rechtspfleger kann der Erinnerung abhelfen, d. h., er kann eine Vollstreckungsmaßnahme aufheben, wenn er die Erinnerung für begründet erachtet. Zuvor muss er dem Gläubiger jedoch rechtliches Gehör gewähren (OLG Frankfurt, Rpfleger 1979, 111).

Erfolg, so lebt die zunächst aufgehobene Pfändung nicht automatisch wieder auf. Der in Frage kommende Vermögenswert muss vielmehr neu gepfändet werden.[27] Diese neue Pfändung hat keine Rückwirkung, sodass etwa in der Zwischenzeit vorgenommene Pfändungen durch andere Gläubiger ein Vorrecht haben. Abhilfe gegen diese dem Gläubiger ungünstige Rechtslage kann dadurch geschaffen werden, dass der Gläubiger dann, wenn der Schuldner die Aufhebung eines Pfändungs- und Überweisungs-Beschlusses beantragt, sofort bei Gericht den **Antrag** stellt, dieses möge die Vollziehung seiner Entscheidung bis zum Ablauf der Beschwerdefrist oder bis zu einer anderweitigen Entscheidung des Beschwerdegerichts **hinausschieben**. Weiterhin ist es in einem solchen Fall zweckmäßig, dass der Gläubiger mit Einlegung der eigenen Beschwerde gegen den Aufhebungsbeschluss des Amts- oder Landgerichts auf seinen ursprünglichen Pfändungsantrag hinweist und beim Beschwerdegericht beantragt, bei Erlass einer für ihn günstigen Entscheidung sofort einen neuen Pfändungs- und Überweisungsbeschluss zu erlassen und dem Drittschuldner zuzustellen. Anwaltszwang besteht in einem solchen Fall nicht.

205a Gegen die Entscheidung des Beschwerdegerichts gibt es seit 01.01.2002 die Möglichkeit, **Rechtsbeschwerde** einzulegen, wenn sie vom Beschwerdegericht zugelassen wurde (§ 574 Abs. 1 Nr. 2 ZPO). Dem Beschwerdeführer kann Prozesskostenhilfe für die Rechtsbeschwerde bewilligt werden.[28]

Das Beschwerdegericht lässt die Rechtsbeschwerde zu, wenn die Rechtssache grundsätzliche Bedeutung hat oder die Fortbildung des Rechts oder die Sicherung einer einheitlichen Rechtsprechung eine Entscheidung des Rechtsbeschwerdegerichts erfordert (§ 574 Abs. 2 ZPO).

Wird die Rechtsbeschwerde zugelassen, ist sie binnen einem Monat nach Zustellung des Beschlusses durch Einreichen einer Beschwerdeschrift bei dem Rechtsbeschwerdegericht (Bundesgerichtshof) durch einen der zurzeit dort zugelassenen Rechtsanwälte (§ 78 Abs. 1 ZPO) einzulegen und innerhalb eines Monats zu begründen (§ 575 Abs. 1 u. 2. ZPO).

Der Rechtsbeschwerdegegner kann sich durch **Anschlussrechtsbeschwerde** bis zum Ablauf der Notfrist von einem Monat nach Zustellung der Begründung der Rechtsbeschwerde anschließen, wobei die Anschlussrechtsbeschwerde in der Anschlussschrift zu begründen ist (§ 574 Abs. 4 ZPO).

---

[27] S. dazu Stöber a. a. O., Rn. 741 mit Rechtsprechungshinweisen.

[28] BGH, Beschluß vom 19.12.2002 – III ZD 33/02, NJW 2003, 1182 = JurBüro 2003, 429 f.

Das Rechtsbeschwerdeverfahren eröffnet — anders als die frühere sofortige weitere Beschwerde — keine neue Tatsacheninstanz und kann daher nur auf **Rechtsverletzungen** gestützt werden (§ 576 ZPO).

205b Am häufigsten dürfte die Rechtsbeschwerde vorkommen, wenn das Beschwerdegericht in seiner Entscheidung in einer Rechtsfrage von der Entscheidung eines höherrangigen oder gleichgeordneten oder eines anderen Spruchkörpers des gleichen Gerichts abweicht, sodass eine Entscheidung des Rechtsbeschwerdegerichts zur Sicherung einer einheitlichen Rechtsprechung erforderlich wird (**„Divergenzbeschwerde"**).

In einer ersten hierzu ergangenen Entscheidung hat der BGH[29] ausgeführt, dass einer derartigen Rechtsbeschwerde zur Sicherung einer einheitlichen Rechtsprechung ein Rechtsfehler des Beschwerdegerichts zugrunde liegen muss, der dazu führt, dass schwer erträgliche Unterschiede in der Rechtsprechung entstehen oder fortbestehen. Diese Voraussetzung sei beispielsweise dann gegeben, wenn ein Gericht in einer bestimmten Rechtsfrage **in ständiger Praxis eine höchstrichterliche Rechtsprechung nicht berücksichtigt**, der Rechtsfehler also „symptomatische Bedeutung" hat, nicht aber schon dann, wenn in einem **Einzelfall** eine Fehlentscheidung getroffen worden ist, selbst wenn der Rechtsfehler offensichtlich ist.

Anders verhalte es sich, wenn konkret zu besorgen sei, dass dem Rechtsfehler ohne eine Korrektur durch den BGH ein Nachahmungseffekt zukommen könnte, der geeignet wäre, das Vertrauen in die Rechtsprechung insgesamt zu erschüttern, und deswegen eine höchstrichterliche Leitentscheidung erforderlich sei.

Zur Herabsetzung des unpfändbaren Arbeitseinkommens bei Vollstreckung wegen vorsätzlich begangener unerlaubter Handlung durch den Schuldner nach § 850f Abs. 2 ZPO liegt bereits eine Rechtsbeschwerdeentscheidung des BGH[30] vor:

! **ACHTUNG**

Ist in dem zu vollstreckenden Titel keine oder nur eine vertragliche Anspruchsgrundlage genannt, kann der Gläubiger im Vollstreckungsverfahren ohne Zustimmung des Schuldners nicht mehr nachweisen, dass der titulierte Anspruch auch auf einer vorsätzlich begangenen unerlaubten Handlung beruht.

---

[29] BGH, Rpfleger 2002, 527.
[30] BGH, MDR 2003, 290 = Rpfleger 2003, 91.

Danach kann das Vollstreckungsgericht von § 850f Abs. 2 ZPO auf Antrag des Gläubigers nur Gebrauch machen, wenn die vorsätzliche unerlaubte Handlung aus dem Titel hervorgeht. Ist das nicht der Fall, bleibt dem Gläubiger nach den Ausführungen in dieser Entscheidung nur eine **titelergänzende Feststellungsklage** (siehe auch Rn. 627).

205c

> **MUSTER: Antrag des Gläubigers auf Zulassung der Rechtsbeschwerde im Rahmen einer sofortigen Beschwerde**
>
> Sollte die Beschwerdekammer die Auffassung des Amtsgerichts teilen und die sofortige Beschwerde zurückweisen, bitte ich im Hinblick auf die gegenteiligen Entscheidungen der Landgerichte X, Y und Z … (Zitate der Fundstellen) die **Rechtsbeschwerde** zum Bundesgerichtshof zuzulassen[31]. Die von der Beschwerdekammer in ständiger Rechtsprechung vertretene Auffassung … wird von der herrschenden Meinung der gleichgeordneten Landgerichte nicht geteilt. Sie weicht vielmehr grundlegend ab, was zu schwer erträglichen Unterschieden führt, die zur Vereinheitlichung der Rechtsprechung beseitigt werden müssen.

Das Rechtsbeschwerdegericht ist an die Zulassung gebunden (§ 574 Abs. 3 Satz 2 ZPO). Eine Nichtzulassungsbeschwerde ist gesetzlich nicht vorgesehen. Wegen der Zunahme der Arbeitsbelastung des für Zwangsvollstreckungs- und Insolvenzsachen zuständigen IX. Zivilsenats des BGH um 130 % wurde im Januar 2003 ein IXa. Hilfssenat eingerichtet, der aus gerichtsverfassungsrechtlichen Gründen zum 31.12.2004 wieder aufgelöst wurde. Nunmehr werden die vollstreckungsrechtlichen Rechtsbeschwerden seit dem 01.01.2005 vom I., V. und schwerpunktmäßig vom VII. Zivilsenat entschieden.

---

[31] „Divergenzbeschwerde", s. BGH, Rpfleger 2002, 527.

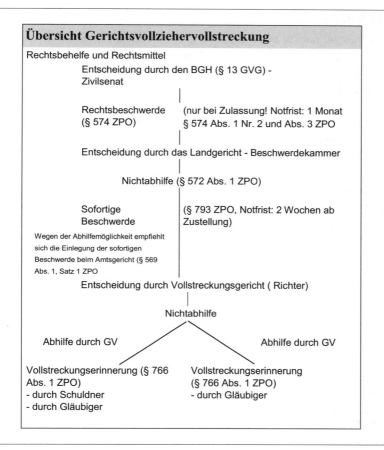

Übersicht Gerichtsvollstreckung

205e Hat der Gläubiger eine bewegliche Sache des Schuldners im Besitz, in Ansehung deren ihm ein Pfandrecht oder ein Zurückbehaltungsrecht für seine Forderung zusteht, so kann der Schuldner der Zwangsvollstreckung in sein übriges Vermögen im Wege der Erinnerung nach § 766 ZPO widersprechen, soweit die Forderung durch den Wert der Sache gedeckt ist (besonderes Erinnerungsrecht nach § 777 ZPO). Die Vorschrift gilt nur bei der Zwangsvollstreckung wegen einer Geldforderung, also nicht bei Vollstreckung auf Herausgabe einer Sache. Das Pfandrecht darf kein im Wege der Pfändung erworbenes Recht sein.[32]

---

[32] Zöller/Stöber, § 777 ZPO Rn. 3.

▶ **BEISPIEL**

Der Gläubiger hat für seine Forderung ein Pfandrecht an einem ihm übergebenen Computer des Schuldners, durch dessen Wert seine Forderung gedeckt ist. Wenn er nun Arbeitseinkommen des Schuldners pfändet, kann der Schuldner Erinnerung einlegen.

206   Einwendungen, die den durch das Urteil selbst festgestellten Anspruch, nicht also die Art und Weise der Zwangsvollstreckung, betreffen, sind vom Schuldner im Wege der Klage beim Prozessgericht des ersten Rechtszuges (Amts- oder Landgericht, vgl. Rn. 43) geltend zu machen — so genannte **Vollstreckungsabwehrklage** oder auch **Vollstreckungsgegenklage** genannt — (§ 767 ZPO). Zweck dieser Klage ist die Beseitigung der Vollstreckbarkeit des Urteils oder sonstigen Titels. Derartige Einwendungen sind nur insoweit zulässig, als die Gründe, auf denen sie beruhen, erst nach dem Schluss der mündlichen Verhandlung, in der die Einwendungen nach der ZPO hätten geltend gemacht werden müssen, entstanden sind und durch Einspruch nicht mehr geltend gemacht werden können. Das Prozessgericht kann auf Antrag des Schuldners anordnen, dass bis zum Urteilserlass die Zwangsvollstreckung gegen (nur ausnahmsweise ohne) Sicherheitsleistung eingestellt oder nur gegen Sicherheitsleistung fortgesetzt werde und dass Vollstreckungsmaßregeln gegen Sicherheitsleistung aufzuheben seien. In dringenden Fällen kann das Vollstreckungsgericht (Rechtspfleger) eine solche Anordnung erlassen, unter Bestimmung einer Frist, innerhalb der die Entscheidung des Prozessgerichts beizubringen sei. Nach fruchtlosem Ablauf der Frist wird die Zwangsvollstreckung fortgesetzt.[33] Die Entscheidung über solche Vollstreckungsschutzanträge kann ohne mündliche Verhandlung ergehen (§ 769 ZPO). Gegen die Entscheidung ist sofortige Beschwerde ausgeschlossen, auch wenn das erstinstanzliche Gericht die Grenzen seines Ermessensspielraums verkannt oder eine greifbar gesetzwidrige Entscheidung getroffen hat.[34] Hat der Rechtspfleger des Vollstreckungsgerichts die einstweilige Einstellung der Zwangsvollstreckung ausgesprochen, so ist zunächst der aus Rn. 200 ersichtliche Rechtsbehelf gegeben.[35]

207   Ein Dritter, der Eigentums- oder Gläubigerrechte an einem beim Schuldner gepfändeten Gegenstand der Zwangsvollstreckung geltend macht, muss Widerspruchsklage erheben (§ 771 ZPO vgl. Rn. 260).

---

[33] Um einen dringenden Fall handelt es sich nicht, wenn der Betroffene noch beim Prozessgericht Klage erheben kann. Das Vollstreckungsgericht wird daher nur in Ausnahmefällen tätig. In Eilfällen kann die einstweilige Einstellung der Zwangsvollstreckung ohne Anhörung des Gegners erfolgen; die Anhörung ist dann bis zur endgültigen Entscheidung nachzuholen (OLG Celle, MDR 1962, 243).

[34] BGH, MDR 2005, 927 und Zöller/Herget, § 769 ZPO Rn. 13.

[35] LG Frankenthal, RPfleger 1981, 314.

3.5.3 Wichtige Entscheidungen des BGH zum Zwangsvollstreckungsrecht

Vollstreckungsprivileg des § 850f Abs. 2 ZPO

Das Vollstreckungsgericht kann auf Antrag des Gläubigers gemäß § 850f Abs. 2 ZPO den pfändbaren Teil des Arbeitseinkommens ohne Rücksicht auf die in § 850c ZPO vorgesehenen Beschränkungen bestimmen, wenn die Zwangsvollstreckung wegen einer Forderung aus einer vorsätzlich begangenen unerlaubten Handlung betrieben wird. Dem Schuldner ist jedoch so viel zu belassen, wie er für seinen notwendigen Unterhalt und zur Erfüllung seiner laufenden gesetzlichen Unterhaltspflichten bedarf.[36]

Befindet sich der Schuldner in der Wohlverhaltensphase eines Insolvenzverfahrens, kann ein Insolvenzgläubiger auch bei Ansprüchen aus vorsätzlich begangener unerlaubter Handlung nicht in den Vorrechtsbereich für solche Forderungen vollstrecken.[37]

Hat der Käufer marktgängiger Ware über seine Zahlungswilligkeit oder -fähigkeit getäuscht, wird zugunsten des Verkäufers vermutet, dass der Kaufpreis ohne die Täuschung dem Verkäufer über ein Geschäft mit einem Dritten zugeflossen wäre.[38]

Der Gesetzgeber, der jedem nach dem Sozialstaatsgebot ein menschenwürdiges Existenzminimum sichern muss, hat in § 850f Abs. 2 ZPO bestimmt, dass dem Schuldner einer Forderung aus einer vorsätzlich begangenen unerlaubten Handlung so viel zu belassen ist, wie er für seinen notwendigen Unterhalt bedarf. Dem notwendigen Lebensunterhalt gleichzusetzen sind die Regelleistungen nach dem SGB XII, die nach der Wertung des Gesetzgebers das „soziokulturelle" Existenzminimum darstellen. Demgegenüber muss das durch Art. 14 GG geschützte Interesse des Gläubigers einer aus einer vorsätzlich begangenen unerlaubten Handlung erwachsenen Forderung zurücktreten[39].

---

[36] So BGH, Beschl. v. 28.06.2012 – IX ZB 313/11, ZInsO 2012, 1437 ff.

[37] So BGH, Beschl. v. 28.06.2012 – IX ZB 313/11, ZInsO 2012, 1437 ff.

[38] So BGH, Urt. v. 15.11.2011 – VI ZR 4/11, NJW 2012, 601 f.

[39] So BGH, Beschl. v. 13.10.2011 – VII ZB 7/11, DGVZ 2012, 11 ff.; BGH, Beschl. v. 25.11.2010 – VII ZB 111/09, DGVZ 2012, 10 f. = NJW-RR 2011, 706 ff.

Sowohl die Zwangsvollstreckung wegen des Anspruchs auf Zahlung von Verzugszinsen als auch wegen der Ansprüche auf Erstattung von Prozesskosten und Kosten der Zwangsvollstreckung unterfällt dem Vollstreckungsprivileg des § 850f Abs. 2 ZPO, wenn diese Ansprüche von der vorsätzlich begangenen unerlaubten Handlung sind.[40]

Wird die Zwangsvollstreckung wegen einer Forderung aus einer vorsätzlich begangenen unerlaubten Handlung betrieben, sind dem Schuldner für seinen notwendigen Unterhalt jedenfalls die Regelsätze nach § 28 SGB XII zu belassen. Eine Pfändung kleiner Teilbeträge hieraus kommt nicht in Betracht.[41]

Durch die Vorlage eines Vollstreckungsbescheides kann der Nachweis einer Forderung aus vorsätzlich begangener unerlaubter Handlung für das Vollstreckungsprivileg des § 850f Abs. 2 ZPO durch den Gläubiger nicht geführt werden.[42]

Pfändungsschutzkonto

Eine umfassende Regelung zum Pfändungsschutzkonto hat der Gesetzgeber mit § 850k ZPO getroffen.

Ist das Arbeitseinkommen des Schuldners gepfändet, wird daher auf ein Pfändungsschutzkonto des Schuldners vom Arbeitgeber monatlich nur der unpfändbare Betrag überwiesen. Weicht dieser ständig in unterschiedlichem Maße von den Sockelbeträgen des § 850k Abs. 1 und Abs. 2 Satz 1 Nr. 1 und Abs. 3 ZPO ab, kann das Vollstreckungsgericht den Freibetrag gemäß § 850k Abs. 4 ZPO durch Bezugnahme auf das vom Arbeitgeber monatlich überwiesene pfändungsfreie Arbeitseinkommen festsetzen.[43]

Ein Guthaben auf einem Pfändungsschutzkonto im Sinne von § 850k Abs. 7 ZPO kann am Monatsende nur insoweit an die Gläubiger ausgezahlt werden, als dieses den dem Schuldner gemäß § 850k Abs. 1 ZPO zustehenden monatlichen Freibetrag für den Folgemonat übersteigt.[44]

---

[40] So BGH, Beschl. v. 10.03.2011 – VII ZB 70/08, NJW-RR 2011, 791 f.

[41] So BGH, Beschl. v. 25.11.2010 – VII ZB 111/09, MDR 2011, 127 f. = DGVZ 2012, 10 f.

[42] So BGH, Beschl. v. 05.04.2005 – VII ZB 17/05, NJW 2005, 1663 f. = ZVI 2005, 253 f.

[43] So BGH, Beschl. v. 10.11.2011 – VII ZB 64/10, BGHZ 191, 270 ff. = ZVI 2011, 450 ff.

[44] So BGH, Beschl. v. 10.11.2011 – VII ZB 32/11, FamRZ 2012, 362.

Bei Pfändung eines Pfändungsschutzkontos sieht § 850k Abs. 2 Satz 1 ZPO die Erhöhung des Sockelbetrages um weitere unpfändbare Beträge vor, wenn der Schuldner die Voraussetzungen dem Kreditinstitut im Sinne von § 850k Abs. 5 Satz 2 ZPO nachweist. Auf Antrag kann das Vollstreckungsgericht einen von den Absätzen 1, 2 Satz 1 Nr. 1 und Abs. 3 ZPO abweichenden pfändungsfreien Betrag festsetzen, § 850k Abs. 4 ZPO. Die Kreditinstitute haben somit lediglich den Sockelbetrag nach § 850k Abs. 1 ZPO und anhand der vom Schuldner vorgelegten Bescheinigung den Aufstockungsbetrag nach § 850k Abs. 2 Satz 1 ZPO zu bestimmen. Dem Vollstreckungsgericht bleibt es vorbehalten, auf Antrag des Schuldners oder des Gläubigers einen anderen pfändungsfreien Betrag festzusetzen, § 850k Abs. 4 ZPO. Das Vollstreckungsgericht hat im Rahmen seines Beschlusses den pfändungsfreien Betrag grundsätzlich zu beziffern, um den Aufwand für die Banken und Sparkassen in einem vertretbaren Rahmen zu halten; der Schuldner und die Vollstreckungsgerichte werden hierdurch nicht unzumutbar belastet. Eine andere Regelung gilt, wenn das vom Arbeitgeber auf das Pfändungsschutzkonto überwiesene pfändungsfreie Arbeitseinkommen nicht gleich bleibt, sondern ständig in unterschiedlichem Maße von den Sockelbeträgen des § 850k ZPO abweicht. In diesen Fällen ist es weder dem Schuldner noch den Vollstreckungsgerichten zumutbar, dass der Schuldner unter Umständen jeden Monat einen neuen Antrag nach § 850k Abs. 4 ZPO stellen muss. Dem ist dadurch Rechnung zu tragen, dass in dem Beschluss nach § 850k Abs. 4 ZPO der monatliche Freibetrag nicht beziffert, sondern durch die Bezugnahme auf das vom Arbeitgeber des Schuldners überwiesene Arbeitseinkommen festgesetzt wird; der Freibetrag ist auf diese Weise ausreichend bestimmbar. Dass der auf dem Pfändungsschutzkonto eingehende Betrag dem unpfändbaren Arbeitseinkommen entspricht, wurde durch den Pfändungs- und Überweisungsbeschluss, mit dem das Arbeitseinkommen des Schuldners bei seinem Arbeitgeber gepfändet wurde, festgestellt. Weder dem Gesetz noch den Gesetzesmaterialien ist zu entnehmen, dass der Beschluss nach § 850k Abs. 4 ZPO stets einen bezifferten Betrag enthalten muss.[45]

Mit der Neuregelung des § 835 Abs. 4 Satz 1 ZPO vom 12.04.2011[46] darf durch den Drittschuldner ein Guthaben auf einem Pfändungsschutzkonto im Sinne von § 850k Abs. 7 ZPO am Monatsende nur insoweit an den Gläubiger ausgezahlt werden, als dieses den dem Schuldner gemäß § 850k Abs. 1 ZPO zustehenden monatlichen Freibetrag für den Folgemonat übersteigt. Somit kann der Schuldner über die auf dem Pfändungsschutzkonto eingegangenen Sozialleistungen, die zur Bestreitung des Lebensunterhaltes im Folgemonat bestimmt sind, auch dann verfügen, wenn der monatliche Freibetrag des Kalendermonats gemäß § 850k Abs. 1 ZPO zu diesem

---

[45] So BGH, Beschl. v. 10.11.2011 – VII ZB 74/10, juris.
[46] So BGBl. I 2011, 615 ff.

Zeitpunkt bereits ausgeschöpft ist, soweit die eingegangenen Sozialleistungen den Freibetrag des Folgemonats nicht überschreiten, § 835 Abs. 4 Satz 1 in Verbindung mit § 850k Abs. 1 Satz 2 ZPO. Die Anwendbarkeit neuer Prozessgesetze auf anhängige Rechtsstreitigkeiten richtet sich in erster Linie nach den vom Gesetzgeber — regelmäßig in Gestalt von Überleitungsvorschriften — getroffenen positiven Regelungen. Soweit diese fehlen, erfassen Änderungen des Prozessrechts im Allgemeinen auch schwebende Verfahren. Diese sind daher mit dem Inkrafttreten des Änderungsgesetzes grundsätzlich nach dem neuen Recht zu beurteilen, soweit es nicht um unter der Geltung des alten Rechts abgeschlossene Prozesshandlungen und anschließend entstandene Prozesslagen geht oder sich aus dem Sinn und Zweck der betreffenden Vorschrift oder aus dem Zusammenhang mit anderen Grundsätzen des Prozessrechts etwas Abweichendes ergibt. Das Zweite Gesetz zur erbrechtlichen Gleichstellung nichtehelicher Kinder, zur Änderung der Zivilprozessordnung und der Abgabenordnung vom 12.04.2011 enthält keine Überleitungsvorschriften. Den Gesetzesmaterialien lässt sich jedoch mit hinreichender Klarheit entnehmen, dass der Gesetzgeber die Neuregelung auch auf noch nicht abgeschlossene Sachverhalte angewendet wissen wollte. Denn nach seiner Vorstellung diente die Neuregelung lediglich der Klarstellung einer mit der Einführung des Pfändungsschutzkontos nach dem Willen des Gesetzgebers bestehenden Rechtslage. Durch die Änderungen der Regelungen zum Pfändungsschutzkonto soll sichergestellt werden, dass es nicht zur Auszahlung von nicht pfändbaren Beträgen kommt, die dem Konto des Schuldners zum Monatsende gutgeschrieben werden und die für den Folgemonat bestimmt sind. Beträge, die der Existenzsicherung in einem bestimmten Monat dienen würden, sollten dem Empfänger auch in diesem Monat zur Verfügung stehen; dies habe bereits nach der alten Rechtslage gelten sollen.[47]

Ein Zwangsvollstreckungsschuldner kann über die auf seinem Pfändungsschutzkonto eingegangenen Sozialleistungen, die zur Bestreitung des Lebensunterhaltes im Folgemonat bestimmt sind, auch dann verfügen, wenn der monatliche Freibetrag des Kalendermonats gemäß § 850k Abs. 1 ZPO zu diesem Zeitpunkt bereits ausgeschöpft ist, soweit die eingegangenen Sozialleistungen den Freibetrag des Folgemonats nicht überschreiten, § 835 Abs. 4 Satz 1 in Verbindung mit § 850k Abs. 1 Satz 2 ZPO.[48]

---

[47] So BGH, Beschl. v. 28.07.2011 – VII ZB 92/10, NZI 2011, 717 ff.
[48] So BGH, Beschl. v. 28.07.2011 – VII ZB 94/10, juris.

Pfändung von Steuererstattungsansprüchen

Die Vorpfändung eines Steuererstattungsanspruchs ist mit der vom Gerichtsvollzieher bewirkten Zustellung des die Vorpfändung enthaltenden Schreibens im Sinne des § 46 Abs. 6 AO „erlassen". Auf den Zeitpunkt, zu dem das Schreiben dem Gerichtsvollzieher übergeben worden ist, kommt es nicht an.[49]

Wer einen Anspruch auf Erstattung von Einkommensteuer gepfändet und zur Einziehung überwiesen erhalten hat, kann aufgrund des Pfändungs- und Überweisungsbeschlusses weder einen Anspruch auf Vornahme von Verfahrenshandlungen im Steuerfestsetzungsverfahren gemäß § 888 ZPO durch Haftantrag gegen den Schuldner vollstrecken noch nach § 887 ZPO ermächtigt werden, Verfahrenshandlungen des Schuldners im Steuerfestsetzungsverfahren selbst vorzunehmen.[50]

Sachpfändung und Austauschpfändung

Die Austauschpfändung eines nach § 811 Abs. 1 Nr. 5 ZPO unpfändbaren Kraftfahrzeuges ist nur zulässig, wenn das Ersatzstück eine annähernd gleiche Haltbarkeit und Lebensdauer wie das gepfändete Fahrzeug aufweist. Das ist beispielsweise dann nicht der Fall, wenn das gepfändete Fahrzeug 9 Jahre alt ist und eine Laufleistung von 50.000 Kilometern hat, das Ersatzstück dagegen 19 Jahre alt ist und eine Laufleistung von 200.000 Kilometern hat.[51]

Der PKW eines gehbehinderten Schuldners unterliegt nicht der Pfändung, wenn die Benutzung des PKW erforderlich ist, um die Gehbehinderung teilweise zu kompensieren und die Eingliederung des Schuldners in das öffentliche Leben wesentlich zu erleichtern.[52]

Ein Grabstein ist wegen einer Geldforderung grundsätzlich jedenfalls dann pfändbar, wenn er unter Eigentumsvorbehalt geliefert wurde und der Steinmetz wegen seines Zahlungsanspruchs vollstreckt[53].

---

[49] So BGH, Beschl. v. 10.11.2011 – VII ZB 55/10, DGVZ 2012, 30 f. = DB 2012, 228 f.

[50] So BGH, Beschl. v. 27.03.2008 – VII ZB 70/06, BGHZ 176, 79 ff. = NJW 2008, 1675 ff.

[51] So BGH, Beschl. v. 16.06.2011 – VII ZB 114/09, DGVZ 2011, 184 f. = NJW-RR 2011, 1366 f.

[52] So BGH, Beschl. v. 16.06.2011 – VII ZB 12/09, NJW-RR 2011, 1367 f. = DGVZ 2011, 185 ff.; vgl. Ahrens, Der Pkw des Schuldners in der Insolvenz, NJW-Spezial 2012, 725 f.

[53] So BGH, Beschl. v. 20.02.2005 – VII ZB 48/05, NJW-RR 2006, 570 f. = DGVZ 2006, 47 f.

3.6 Der Sonderfall des Arrests

3.6.1 Voraussetzungen für einen Arrest

208 Der gerichtliche Arrest dient zur Sicherung der künftigen Zwangsvollstreckung in das bewegliche und in das unbewegliche Vermögen des Schuldners. Er kann zur Sicherung einer beliebigen Geldforderung stattfinden, bevor überhaupt Klage erhoben und ein Urteil ergangen ist. Die Forderung des Gläubigers braucht noch nicht fällig zu sein. Grund zur Anordnung eines (sog. dinglichen) Arrests ist gegeben, wenn zu erwarten ist, dass ohne seine Verhängung die Vollstreckung eines Urteils vereitelt oder doch wesentlich erschwert würde (§§ 916 ff. ZPO). Der Umstand, dass sich der Schuldner in schlechten Vermögensverhältnissen befindet oder der Ansturm zahlreicher Gläubiger droht, ist an und für sich kein Arrestgrund. Hinzukommen muss etwa, dass der Schuldner Anstalten trifft, ins Ausland zu gehen oder dass er wesentliche Vermögenswerte verschiebt oder verschleudert.[54]

Als zureichender Arrestgrund (§ 917 Abs. 2 ZPO) ist es anzusehen, wenn das **Urteil im Ausland vollstreckt** werden müsste und die Gegenseitigkeit nicht verbürgt ist. Zum „Ausland" in diesem Sinne zählen nach dieser Vorschrift nur noch so genannte „Drittstaaten", nicht aber die Staaten der EuGVVO. Auch bei Verbürgung der Gegenseitigkeit kann ein Arrestgrund im Sinne von § 917 Abs. 2 ZPO vorliegen, wenn das Auslandsvermögen nur schwer festgestellt werden kann.[55]

3.6.2 Arrestantrag

209 Der Arrest kann vom Gericht ohne Anhörung des Schuldners erlassen werden. Der Gläubiger braucht seinen Anspruch und den Arrestgrund nur glaubhaft zu machen. Dies geschieht in der Regel durch Vorlage entsprechender eidesstattlicher Versicherungen (vgl. § 294 Abs. 1 ZPO). Das Arrestgesuch kann wie folgt lauten:

---

[54] Kein Arrestgrund ist allein die schlechte Vermögenslage des Schuldners oder die drohende Konkurrenz anderer Gläubiger (BGH, NJW 1996, 324).

[55] OLG Dresden, JurBüro 2007, 220.

210

> **MUSTER: Arrestantrag**
>
> In meiner Forderungssache gegen ... in ... beantrage ich, den dinglichen Arrest in das bewegliche Vermögen des Schuldners wegen einer mir gegen ihn zustehenden Forderung über ... EUR aus Warenlieferungen anzuordnen. Die Kosten des Arrests hat der Schuldner zu tragen.
>
> Gründe: Die vorgenannten Warenlieferungen ergeben sich aus den angeschlossenen drei Rechnungsabschnitten mit den Daten ... Der Schuldner besitzt kein anderes Vermögen als seine nicht allzu umfangreichen Warenvorräte. Diese Vorräte verschleudert er seit einigen Tagen. Dies ergibt sich aus der anliegenden Zeitungsanzeige, nach der der Schuldner sein Geschäft aufgibt und bis ... alle Vorräte zu 40 % ihres Einkaufspreises abgeben will. Es ist mithin zu erwarten, dass ohne Arrestverhängung die Vollstreckung des erstrebten Urteils vereitelt oder wesentlich erschwert wird. Wegen meiner Forderung selbst habe ich heute beim dortigen Gericht Zahlungsklage gegen den Schuldner eingereicht. Die Richtigkeit meiner Angaben versichere ich hiermit an Eides statt. Die Bedeutung einer solchen Versicherung und die Folgen ihrer Unrichtigkeit sind mir bekannt. Mit Rücksicht auf die Eilbedürftigkeit bitte ich, über das Gesuch ohne mündliche Verhandlung zu entscheiden.
>
> Datum und Unterschrift des Gläubigers

211 Das vorstehende Gesuch ist bei demjenigen Amtsgericht einzureichen, in dessen Bezirk sich der mit Arrest zu belegende Vermögensgegenstand befindet. Ist bereits ein Klageverfahren vor Gericht anhängig, so kann das Arrestgesuch auch bei dem hierfür zuständigen Gericht eingereicht werden. Ist dieses ein Landgericht, so besteht für das Arrestgesuch kein Anwaltszwang (§ 920 Abs. 3 ZPO).

3.6.3 Arrestanordnung und –vollzug

212 Das Gericht hat über das Arrestgesuch zu entscheiden. Es kann dem Gesuch stattgeben oder es abweisen.[56] Geschieht die Abweisung durch Beschluss — ohne mündliche Verhandlung —, so kann der Gläubiger sofortige Beschwerde einlegen. Geschieht die Abweisung nach mündlicher Verhandlung durch Urteil, so ist Berufung nach den allgemeinen Vorschriften zulässig (siehe Rn. 166). Wird der Arrest angeordnet, so kann der Schuldner fristlos Widerspruch einlegen.

---

[56] Wird das Arrestgesuch ohne mündliche Verhandlung zurückgewiesen, so erfährt der Gegner davon nichts.

213

MUSTER: Widerspruch gegen Arrest

In der Forderungssache des ... gegen mich ... erhebe ich gegen den Arrestbefehl des Amtsgerichts ... vom ... — Aktenzeichen G ... — Widerspruch mit dem Antrag, zu erkennen:

1. Der genannte Arrestbefehl wird aufgehoben.
2. Der Antragsteller hat die Kosten des Verfahrens zu tragen.
3. Das Urteil ist vorläufig vollstreckbar.

Gründe: Richtig ist, dass ich dem Antragsteller den fraglichen Betrag schulde. Ich gebe zwar mein nicht mehr rentables Geschäft auf, will aber aus dem Erlös meine Gläubiger befriedigen. Ich habe auch bereits ab ... eine Stellung als Buchhalter bei der Firma ... angenommen. Gehalt monatlich ... EUR. Ein Fortzug kommt also nicht in Frage. Im Termin[57] werde ich Quittungen darüber vorlegen, welche Gläubiger ich inzwischen mit dem Erlös aus meinem Warenlager befriedigt habe. Ein Arrestgrund ist also nicht gegeben.

Datum und Unterschrift des Schuldners

214 Erlässt das Gericht den Arrest, so ist in diesem ein Geldbetrag festzusetzen, durch dessen Hinterlegung die Vollziehung des Arrests gehemmt und der Schuldner zu dem Antrag auf Aufhebung des vollzogenen Arrests berechtigt wird.

Das Gericht kann die Anordnung des Arrests auch dann von einer Sicherheitsleistung durch den Gläubiger abhängig machen, wenn der Anspruch und der Arrestgrund glaubhaft gemacht sind.

Die Vollziehung des Arrests erfolgt nach den Regeln der Zwangsvollstreckung. Der Arrestbefehl bedarf aber keiner **Vollstreckungsklausel**, es sei denn, dass er für oder gegen eine andere als die in ihm bezeichnete Person vollstreckt wird. Die Vollziehung ist auch vor Zustellung des Arrestbefehls an den Schuldner zulässig. Sie ist aber ohne Wirkung, wenn die Zustellung auf Antrag des Gläubigers nicht binnen einer Woche nach der Vollziehung und vor Ablauf eines Monats seit Verkündung bzw. Zustellung des Arrests durch das Gericht an den Gläubiger erfolgt. Die Vollziehung ist unstatthaft, wenn seit dem Tage, an dem der Befehl verkündet oder der Partei, auf deren Gesuch er erging, zugestellt worden ist, ein Monat verstrichen ist (§ 929 Abs. 2 ZPO).[58]

---

[57] Bei Widerspruch ist mündliche Verhandlung zwingend vorgeschrieben. Die Entscheidung erfolgt durch Endurteil.

[58] Vollstreckungsmaßnahmen aus einem Arrestbefehl, die unter Wahrung der obigen Monatsfrist eingeleitet worden sind, können auch nach Fristablauf fortgesetzt werden, wenn sie eine wirtschaftliche und zeitliche Einheit bilden (OLG München, NJW 1968, 708; LG Hamburg, DGVZ 1991, 12). Siehe auch Finger, NJW 1971, 1242, wonach auch nach Ablauf der Frist des § 929 Abs. 2 eine Vollziehung des Arrests noch statthaft ist, wenn der Gläubiger innerhalb der Monatsfrist ausreichende Vollstreckungsversuche unternommen hatte. Zum erneuten Erlass eines Arrests nach Ablauf der Vollziehungsfrist siehe OLG Hamm, MDR 1970, 936. Über die Gefahren des § 929 Abs. 2 ZPO siehe im Einzelnen Schaffer, NJW 1972, 1176.

215

MUSTER: Vollziehung Arrest

Ich beantrage, den anliegenden Arrestbefehl des Amtsgerichts … vom … — Aktenzeichen G … — zu vollziehen und die meinem Schuldner gegen … zustehende Forderung in Höhe von … EUR aus Warenlieferung zu pfänden.
Die Zustellung des Arrestbefehls und des Pfändungsbeschlusses bitte ich zu vermitteln.
Datum und Unterschrift des Gläubigers

216

Da der Arrest lediglich zur Sicherstellung des Gläubigeranspruchs dient, kann aus ihm mithin nur gepfändet (Geld hinterlegt), der Gläubiger aber nicht befriedigt werden. Bei beweglichen Sachen ist also nur die Pfändung, nicht die Verwertung, bei Forderungen nur die Pfändung, nicht die Überweisung zur Einziehung oder an Zahlung statt zugunsten des Gläubigers zulässig. Zur Vornahme der Forderungspfändung ist das Arrestgericht (Streitgericht) selbst zuständig, nicht wie sonst das Vollstreckungsgericht beim Amtsgericht.

Ist bei Erlass des Arrestbefehls die Hauptsache — Klage über den Anspruch — noch nicht anhängig gemacht, so hat das Arrestgericht auf Antrag des Schuldners anzuordnen, dass der Gläubiger binnen einer vom Gericht festzusetzenden Frist Klage zur Hauptsache zu erheben hat (§ 926 Abs. 1 ZPO).

217

MUSTER: Anordnung der Klageerhebung

In der Arrestsache des … gegen mich — Aktenzeichen … — beantrage ich, dem Gläubiger eine Frist zu bestimmen, innerhalb der er wegen seiner Forderung Klage beim ordentlichen Gericht gegen mich zu erheben hat.
Datum und Unterschrift des Schuldners

Wird der vom Gericht in diesem Sinne erlassenen Anordnung vom Gläubiger nicht fristgemäß Folge geleistet, so ist auf Antrag des Schuldners die Aufhebung des Arrests durch Urteil nach mündlicher Verhandlung anzuordnen.

218

MUSTER: Aufhebung des Arrests

In der Arrestsache des … gegen mich … — Aktenzeichen G … — beantrage ich, die Aufhebung des Arrests durch Endurteil anzuordnen, weil der Gläubiger nach der anliegenden Bescheinigung der Geschäftsstelle des Amtsgerichts … vom … die ihm durch Beschluss des Arrestgerichts vom … auferlegte Klage nicht eingereicht hat.
Datum und Unterschrift des Schuldners

219   Der Gläubiger kann einen Antrag auf gerichtliche Verlängerung der ihm gesetzten Frist stellen. Gegen die Verlängerung kann sich dann der Schuldner beschweren (§ 224 Abs. 2 ZPO).

3.7 Die Kosten der Zwangsvollstreckung

3.7.1 Kostentragung

220   Die Kosten der Zwangsvollstreckung, die beim Gerichtsvollzieher oder dem Gericht anfallen, trägt, soweit sie notwendig waren, der Schuldner.[59] Sie sind zugleich mit dem zu vollstreckenden Anspruch beizutreiben, ohne dass es einer besonderen Festsetzung bedarf (§ 788 ZPO). Auch die Kosten der Vertretung des Gläubigers durch einen Rechtsanwalt im Zwangsvollstreckungsverfahren hat insoweit der Schuldner zu tragen. Das Gleiche gilt grundsätzlich für die Kosten früherer Vollstreckungsversuche. Diese müssen aber im Pfändungsantrag nach Grund und Höhe bezeichnet und glaubhaft gemacht werden.

Leistet der Schuldner nach Beginn der Zwangsvollstreckung freiwillige Zahlungen, so ändern diese an seiner vorstehend behandelten Zahlungspflicht nichts.

Nicht notwendige Kosten einer Zwangsvollstreckung muss der Gläubiger selbst tragen.

220a   Sind mehrere **Schuldner als Gesamtschuldner** verurteilt worden, so haften sie auch für die notwendigen Kosten der Zwangsvollstreckung gesamtschuldnerisch, d. h. der Gläubiger kann auch die Kosten, die durch eine Zwangsvollstreckungsmaßnahme gegen einen von mehreren Gesamtschuldnern entstanden sind, von den anderen Gesamtschuldnern erstattet verlangen (§ 788 Abs. 1 Satz 3 ZPO).

221   Der Gläubiger kann die Kosten der Zwangsvollstreckung ohne vorhergehende Festsetzung zugleich mit dem zu vollstreckenden Anspruch beitreiben. Er kann aber auch eine gerichtliche Festsetzung dieser Kosten erwirken (§ 104 ZPO). Ein Anlass dazu kann insbesondere bestehen, wenn die Kostenerstattungsforderung nicht durch die sie auslösende Vollstreckungsmaßnahme befriedigt worden ist und der

---

[59] Über notwendige und nicht notwendige Kosten der Zwangsvollstreckung siehe die Zusammenfassung bei Zöller/Stöber, § 788 ZPO Rn. 9 – 13.

Gläubiger für künftige weitere Beitreibungsversuche möglichen Nachweisschwierigkeiten über Höhe und Notwendigkeit der Kosten vorbeugen will. Auf **Antrag des Gläubigers** setzt das **Vollstreckungsgericht**, bei dem zum Zeitpunkt der Antragstellung eine Vollstreckungshandlung anhängig ist, die **Kosten** gemäß §§ 103 Abs. 2, 104 ZPO **fest**. Stellt der Gläubiger Antrag, die Kosten mehrerer Vollstreckungsverfahren festzusetzen (z. B. für Sachpfändung, Lohnpfändung, Immobiliarvollstreckung), dann ist nach Beendigung das Vollstreckungsgericht zuständig, in dessen Bezirk die letzte Vollstreckungshandlung erfolgt ist (§ 788 Abs. 2 S. 1 ZPO). Sind Vollstreckungsverfahren bei mehreren Gerichten noch anhängig, hat der Gläubiger die Wahl unter den zuständigen Vollstreckungsgerichten. In Fällen der Vollstreckung nach §§ 887, 888, 890 ZPO entscheidet nicht das Vollstreckungs-, sondern das Prozessgericht (§ 788 Abs. 2 Satz 2 ZPO).[60]

Frühzeitige Kostenfestsetzung empfiehlt sich, denn **Vollstreckungskosten verjähren** seit 01.01.2002 in **drei Jahren**!

3.7.2   Notwendige und angemessene Kosten

222   Soweit keine solche Kostenfestsetzung erfolgt, hat der Gerichtsvollzieher nur die notwendigen Kosten der Zwangsvollstreckung zu berücksichtigen; darüber hinaus geltend gemachte Beträge scheiden aus. Der Gläubiger ist verpflichtet, die von ihm geltend gemachten **Vollstreckungskosten aufzugliedern und nachzuweisen**. Der Gerichtsvollzieher hat insbesondere auch zu prüfen, ob die mehrfach angesetzten Gebühren des Gläubigervertreters angemessen sind.

Im Verfahren der Pfändung einer Forderung ist eine eidesstattliche Versicherung des betreibenden Anwalts erforderlich, um glaubhaft zu machen, dass Vollstreckungskosten entstanden sind. Eine bloße Versicherung des Rechtsanwalts genügt nur, soweit es sich um Post-, Telegraphen- und Fernsprechgebühren handelt (§ 104 Abs. 2 ZPO).[61]

Die Entscheidungen, die sich mit der Frage befassen, ob der Schuldner die Vollstreckungskosten aufgrund des hier behandelten § 788 ZPO zu tragen hat, sind kaum zu überblicken. Es soll hier nur auf einige Entscheidungen von Obergerichten hinge-

---

[60] Zöller/Stöber, § 788 ZPO Rn. 19b.

[61] LG München I, AnwBl. 1970, 107. Im einfachen Verfahren zur Pfändung einer Forderung sind bereits entstandene Vollstreckungskosten dann in den beantragten Pfändungs- und Überweisungsbeschluss aufzunehmen, wenn sie nicht allzu hoch sind, aufgeschlüsselt werden und ihre Entstehung eidesstattlich versichert wird (AG Hannover, AnwBl. 1973, 47).

wiesen werden: Die sofortige Anmahnung der Leistung vom Schuldner durch einen Rechtsanwalt kann bei Vorliegen der formellen Voraussetzungen der Zwangsvollstreckung nicht uneingeschränkt als notwendig bejaht werden mit der Folge, dass diese Kosten den Schuldner belasten.[62] Die Erstattungsfähigkeit der Vollstreckungskosten des § 57 BRAGO ist auch dann nicht gegeben, wenn der Anwalt den Schuldner zur Leistung unter Androhung der Zwangsvollstreckung bereits auffordert, bevor die zur Zwangsvollstreckung erforderliche Sicherheit schon geleistet ist[63].

Die Kosten einer **Avalbürgschaft**, die geleistet wurde, um die Zwangsvollstreckung aus einem noch nicht rechtskräftigen Urteil zu ermöglichen, sind als Verfahrenskosten im weiteren Sinn von dem unterlegenen Prozessgegner zu tragen. Ob sie im Kostenfestsetzungsverfahren angesetzt werden können, bleibt dahingestellt.[64]

Zur Erstattbarkeit der Kosten für eine **Sicherheitsleistung** (Eintragung einer Grundschuld): OLG München in MDR 1974, 408. Kosten, die aus einer Darlehensaufnahme zwecks Sicherheitsleistung im Zusammenhang mit einer Zwangsvollstreckung entstanden sind, können im Kostenfestsetzungsverfahren nicht berücksichtigt werden.[65] Nach OLG Frankfurt[66] und OLG Nürnberg[67] dagegen gehören derartige Kosten zu den notwendigen Kosten der Zwangsvollstreckung.[68]

Provisionszahlungen für eine vom Gläubiger zum Zwecke der Sicherheitsleistung beigebrachte **Bankbürgschaft** sind als Kosten der Zwangsvollstreckung festsetzungsfähig.[69] Vollstreckungskosten, die zeitlich vor einem Prozessvergleich entstanden sind, können aufgrund des Vergleichs nur festgesetzt werden, wenn der Vergleichswortlaut ausreichende Anhaltspunkte für eine Einbeziehung enthält.[70]

Kosten der Arrestvollziehung können nicht mehr beigetrieben oder festgesetzt werden, wenn der Arrestbefehl aufgehoben worden ist, mag dies auch durch ge-

---

[62] OLG Hamburg, JurBüro 1971, Sp. 770.

[63] OLG Hamburg, JurBüro 1972, Sp. 422 mit Anm. Mümmler; Zur Frage der Erstattungsfähigkeit von Mehrkosten infolge Einreichung eines Mahngesuchs beim unzuständigen Gericht: OLG Hamm, MDR 1973, 944.

[64] BGH, NJW 1974, 693.

[65] OLG Celle, NdsRpfl 1973, 321 und OLG München, JurBüro 1970 Sp. 514 = MDR 1970, 599 = NJW 1970, 1195.

[66] OLG Frankfurt, Rpfleger 1973, 101.

[67] OLG Nürnberg, JurBüro 1970 Sp. 698.

[68] S. zu diesen Fragen auch Lange, VersR 1972, 713, Noack, JurBüro 1973 Sp. 677 und Schneider, MDR 1974, 885.

[69] KG, JurBüro 1975, 78.

[70] OLG Koblenz, NJW 1976, 719.

richtlichen Vergleich geschehen sein, es sei denn, die Parteien vereinbaren im Vergleich die Erstattung solcher Kosten.[71]

Aufwendungen für Detektive (eine Detektivstunde kostet durchschnittlich 75,00 EUR, der gefahrene Kilometer 0,75 EUR; Aufenthaltsermittlung pauschal 40–65 EUR) stellen nur dann notwendige Kosten der Zwangsvollstreckung dar, wenn deren Tätigkeit für die Realisierung der Zwangsvollstreckung erforderlich ist (z. B. Ermittlungen zur Feststellung der Anschrift des Schuldners, der die polizeiliche Anmeldung unterlassen hat oder zur **Arbeitsplatzermittlung**, wenn die eidesstattliche Offenbarungsversicherung wegen § 903 ZPO noch nicht zulässig ist (wenn die 3-Jahresfrist noch nicht abgelaufen ist).[72] Auch **Observierungskosten**, die die Verwirkung eines Unterhaltsanspruchs betreffen, können erstattungsfähig sein[73]; ebenso Ermittlungskosten zum Wegfall einer vertraglichen Unterhaltspflicht nach Scheitern einer nichtehelichen Lebensgemeinschaft.[74]

Die **Kosten eines** im Vollstreckungsverfahren geschlossenen **Vergleichs** sind nur insoweit nach § 788 Abs. 1 ZPO beitreibbar, als sie vom Schuldner ausdrücklich übernommen wurden; fehlt eine solche Abrede, so sind die Kosten gemäß § 98 ZPO als gegeneinander aufgehoben anzusehen.[75]

Auch die Kosten für eine **Vorpfändung** (Rn. 313 ff.) können als notwendige Kosten erstattungsfähig sein (OLG Hamburg, MDR 1990, 344, OLG Frankfurt, MDR 1994, 843). Gleiches gilt für Prozesskosten eines Drittschuldners.[76]

223 Vielfach hat der Gläubiger bei Beginn einer Zwangsvollstreckung noch vorgerichtliche Kosten (Mahnauslagen, Wechselkosten) und die Kosten des Rechtsstreits selbst, den er zur Erlangung eines Vollstreckungstitels geführt hat, gut. Solche Kosten können nur aufgrund eines mit Vollstreckungsklausel versehenen gerichtlichen Kostenfestsetzungsbeschlusses (siehe Rn. 169 ff.) geltend gemacht werden.

[71] OLG Hamm, NJW 1976, 1409; KG, NJW 1963, 661.
[72] LG Bochum, JurBüro 1988, 256.
[73] OLG Schleswig, MDR 2006, 175.
[74] OLG Koblenz, NJW-RR 2007, 292.
[75] OLG Düsseldorf, Rpfleger 1994, 264.
[76] LG Traunstein, Rpfleger 2005, 551.

3.7.3 Kostenarten und –höhe

224 Die **Gerichtskosten** im Zwangsvollstreckungsverfahren sind von der Höhe des Streitwerts unabhängig. Es wird stets eine feste Gebühr — auch in den neuen Bundesländern — erhoben. Sie beträgt bei der Sachpfändung 20,00 EUR, bei der Forderungspfändung 15,00 EUR (GVKostG KV 205 und GKG KV 2110) und gilt für alle nach dem 01.07.2004 anhängig gewordenen Anträge.

Die Gebühr für den Erlass eines Pfändungs- und Überweisungsbeschlusses hinsichtlich einer Geldforderung (z. B. Lohnpfändung) beträgt also 10,00 EUR zuzüglich der Zustellungskosten, unabhängig davon, in welcher Höhe die Forderung gepfändet wird.

225 Rechtsanwalt und Rechtsbeistand erhalten für ihre Tätigkeit in der Zwangsvollstreckung regelmäßig eine 0,3-Verfahrensgebühr (Nr. 3309 VV-RVG) sowie bei Teilnahme an einem Gerichtstermin oder einem Termin zur Abgabe einer eidesstattlichen Offenbarungsversicherung eine 0,3-Terminsgebühr (Nr. 3310 VV-RVG).

Auch ein Inkassobüro kann für Zwangsvollstreckungsmaßnahmen 0,3 Anwaltsgebühren verlangen.[77] Für die Berechnung maßgebend ist der Betrag der beizutreibenden Forderung (siehe die Gebührentabelle Rn. 179). Der Rechtsanwalt hat bereits Anspruch auf eine 0,3-Gebühr, wenn er nach Erhalt des Vollstreckungsauftrags den Schuldner auffordert, zur Vermeidung der Zwangsvollstreckung zu zahlen.[78]

Die dem Gläubiger im Rechtsstreit für das Verfahren erster Instanz gewährte **Prozesskostenhilfe** (vgl. Rn. 181 ff.) umfasst **nicht** auch die Zwangsvollstreckung. Diese stellt vielmehr ein neues Verfahren dar, für das Prozesskostenhilfe bei dem für die Zwangsvollstreckung zuständigen Gericht gesondert beantragt werden muss (§ 117 Abs. 1 Satz 3 ZPO).

Die beim Gerichtsvollzieher entstehenden Kosten ergeben sich aus dem Gesetz über Kosten der Gerichtsvollzieher vom 19.04.2001, BGBl. I, 623. Für die **Sachpfändung** wird eine Festgebühr von 20,00 EUR erhoben. Nimmt die Pfändung nach dem Inhalt des Protokolls mehr als drei Stunden in Anspruch, so fallen für jede weitere angefangene Stunde 15,00 EUR an (Nr. 500 GVKostG KV).

---

[77] LG Bremen, JurBüro 2002, 212.

[78] Zur Erstattungsfähigkeit von Rechtsanwaltsgebühren im Zwangsvollstreckungsverfahren siehe BVerfG, NJW 1999, 778; Mümmler, JurBüro 1976, 62.

Für eine nicht erledigte Sachpfändung werden 12,50 EUR (Nr. 604 KV), für eine Versteigerung 40,00 EUR (Nr. 300 KV) erhoben. Zu den Gebühren treten noch Auslagen, insbesondere Schreibauslagen, Wegegeld und Reisekostenpauschbetrag.[79]

226   Nach erheblichen Kontroversen in der Rechtsprechung hat der Gesetzgeber eine Nachbesserung des Gerichtsvollzieherkostengesetzes durch Änderungsgesetz vom 01.08.2002 (BGBl. I, 2853) vorgenommen: **Einem Vollstreckungsauftrag** können **mehrere Vollstreckungstitel** (gegen denselben Schuldner) zugrunde liegen (§ 3 Abs. 1 GVKostG), d. h., es fällt nur eine Gebühr von 20,00 EUR an.

Ein Auftrag umfasst alle Amtshandlungen, die zu seiner Durchführung erforderlich sind. **Wegegeld** wird (nur) erhoben, wenn der Gerichtsvollzieher zur Durchführung des Auftrags **Wegstrecken zurückgelegt** hat (KV 711 GVKostG).

WEGEKOSTENPAUSCHALEN

bis 10 km	2,50 EUR
bis 20 km	5,00 EUR
bis 30 km	7,50 EUR
mehr als 30 km	10,00 EUR

227   Der Gerichtsvollzieher darf einen Vorschuss verlangen, der die bei ihm voraussichtlich entstehenden Kosten deckt (§ 4 GVKostG). Dies gilt nicht, wenn der Auftrag vom Gericht erteilt wird oder dem Auftraggeber Prozesskostenhilfe bewilligt ist. Er ist auch befugt, sich aus dem für den Gläubiger beigetriebenen Geld vorweg um seine Kosten zu befriedigen.

Die Gebühr für die **Abnahme der eidesstattlichen Versicherung** beträgt **30,00 EUR**. Ob die eidesstattliche Versicherung abgenommen wird, hat auf die Höhe der Gebühr, da es sich um eine **Verfahrensgebühr** handelt, Einfluss: Für die Abnahme der eidesstattlichen Versicherung werden 30,00 EUR, für die nicht abgenommene eidesstattliche Versicherung 12,50 EUR erhoben (Nr. 260 u. 604 KV).

Die Gebühr für die nicht abgenommene eidesstattliche Versicherung wird nicht erhoben, wenn diese deshalb nicht abgenommen wird, weil der Schuldner sie innerhalb der letzten drei Jahre bereits abgegeben hat (§ 903 ZPO).

---

[79] Zu die Gerichtsvollzieherkosten betreffenden Fragen siehe Seip, DGVZ 2001, 17 ff.

Beantragt der Gläubiger eine **Abschrift des** oder Einsicht in das **Vermögensverzeichnis** und stellt das Vollstreckungsgericht fest, dass der Schuldner noch keine eidesstattliche Offenbarungsversicherung abgegeben hat und beantragt der Gläubiger darauf beim Gerichtsvollzieher die Abgabe der Offenbarungsversicherung, so fällt eine Gebühr von 15,00 EUR beim Vollstreckungsgericht (KV 2115, 2116) und beim Gerichtsvollzieher (Nr. 260 KV) an.[80]

3.7.4 Sonderfragen bei der Pfändung von Arbeitseinkommen

228 Hat der Gläubiger das Arbeitseinkommen des Schuldners gepfändet (s. Rn. 618 ff.), ist er zur Geltendmachung der Forderungsrechte seines Schuldners gegen dessen Arbeitgeber im eigenen Namen berechtigt. Die gerichtliche Geltendmachung erfolgt vor dem Arbeitsgericht, da es sich um Ansprüche aus dem Arbeitsverhältnis handelt.[81] Damit kommt auch § 270 BGB zur Anwendung, wonach der Schuldner Geld im Zweifel auf seine Kosten und Gefahr dem Gläubiger an dessen Wohnsitz zu übermitteln hat. Mithin hat der Arbeitgeber die gepfändeten Lohnteile an den Wohn- oder Geschäftssitz des Gläubigers zu übermitteln. Es darf aber aus § 270 BGB nicht auch gefolgert werden, dass der Arbeitgeber die etwaigen Kosten der Geldübersendung zu tragen hätte. Denn er ist nicht der Schuldner des Gläubigers geworden; als solcher Schuldner kann nach wie vor nur der Arbeitnehmer betrachtet werden. Daher hat letzterer die Kosten der Geldübersendung allein und endgültig zu tragen (§ 788 ZPO). Nach Stöber, Rn. 608, kann der Drittschuldner diese Kosten von dem an den Gläubiger monatlich zu überweisenden Betrag absetzen. Dem Gläubiger sind die Kosten mit der letzten Arbeitseinkommens-Abzugsrate auf Kosten des Schuldners zu erstatten.

229 Die mit der Bearbeitung von Lohn- und Gehaltspfändungen verbundenen Kosten des Arbeitgebers fallen diesem selbst zur Last. Er hat weder einen gesetzlichen Erstattungsanspruch gegen den Arbeitnehmer noch kann ein solcher Anspruch durch (freiwillige) Betriebsvereinbarung begründet werden.[82]

230 [frei]

---

[80] Zu weiteren Fallgestaltungen siehe Winterstein, DGVZ 1998, 54.

[81] Vgl. LAG Köln, Beschl. v. 17.02.2011 – 5 Ta 28/11, juris.

[82] So BAG, Urt. v. 18.07.2006 – 1 AZR 578/05, BAGE 119, 122 ff. = NJW 2007, 1302 ff.

231   Die Frage, ob der Arbeitgeber die Möglichkeit hat, die bei ihm entstehenden Kosten gegen das gepfändete Arbeitseinkommen aufzurechnen, sodass er die Kosten auf diese Weise gegenüber dem Gläubiger geltend machen könnte, ist zu verneinen, weil §§ 392, 407, 406, 412, 1275, 1070 BGB entgegenstehen.[83] Nach diesen Vorschriften ist durch die Beschlagnahme des Arbeitseinkommens die Aufrechnung einer dem Arbeitgeber gegen den Arbeitnehmer zustehenden Forderung dann ausgeschlossen, wenn der Arbeitgeber seine Forderung erst nach der Beschlagnahme erworben hat (siehe auch Rn. 633).

232   Kosten, die dem Drittschuldner durch Abgabe der Erklärung nach § 840 ZPO (Rn. 298) entstehen, kann er vom Gläubiger nicht erstattet verlangen, weil dafür eine Rechtsgrundlage fehlt.[84]

---

[83] Ebenso Mertz, BB 1959, 493 und Stöber, Rn. 942; a. A. Gutzmann, BB 1976, 700.
[84] BAG, NJW 1985, 1181 = MDR 1985, 523 = BB 1986, 188; näher dazu Stöber, Rn. 647.

4 Zwangsvollstreckung in bewegliche körperliche Sachen

Bei der Zwangsvollstreckung unterscheidet man je nach Zugriffsobjekt zwischen dem beweglichen und dem unbeweglichen Vermögen. Wobei das bewegliche Vermögen nochmals unterteilt wird in körperliche bewegliche Sachen und Forderungen des Schuldners. Dieser Unterteilung folgen dieses Kapitel (bewegliche körperliche Sachen) und die beiden folgenden: Kapitel 5 (Forderungen) und Kapitel 6 (unbewegliches Vermögen).

4.1 Grundsätze und der Pfändungsauftrag

233 Die Zwangsvollstreckung wegen einer Geldforderung in das bewegliche körperliche Vermögen des Schuldners erfolgt durch Pfändung seitens des Gerichtsvollziehers (s. Rn. 197). Die Pfändung ist die Grundlage für die spätere Verwertung und Auskehrung des Erlöses an den Gläubiger. Der Gerichtsvollzieher wird hoheitlich tätig. Er ist an Weisungen des Gläubigers gebunden, soweit sich diese im Rahmen der gesetzlichen Vorschriften halten.

Das Handeln des Gerichtsvollziehers richtet sich im Wesentlichen nach der **Geschäftsanweisung für Gerichtsvollzieher (GVGA)**. Hinweis:

Die GVGA befinden sich bei den Arbeitshilfen online. Es ist Anfang 2013 zu prüfen, welche Fassung aktuell anwendbar ist.

Diese ist eine wahre Fundgrube für den Gläubiger, die es ihm einerseits ermöglicht, zu überprüfen, ob sich der Gerichtsvollzieher korrekt verhält, und die ihm andererseits die Möglichkeit gibt, durch gezielte Hinweise an den Gerichtsvollzieher die Wirksamkeit der Zwangsvollstreckung zu beeinflussen. So kann er den Gerichtsvollzieher etwa bitten, auf Möglichkeiten der vorläufigen Austauschpfändung besonders zu achten (§ 124 GVGA). Andererseits kann der Gläubiger die Vollstreckung durch gezielte Weisungen auch einschränken, wenn er z. B. den Gerichtsvollzieher anweist, keine Pfändung von Gegenständen durchzuführen, an denen der Gläubiger Sicherungseigentum besitzt (§ 111 Nr. 1 GVGA).

Die **Beachtung der Geschäftsanweisung**, die bundesweit gilt, gehört zu den **Amtspflichten des Gerichtsvollziehers** (§ 1 Abs. 3 GVGA). Bei Nichtbeachtung kann sich eine Amtspflichtverletzung ergeben, für die das betreffende Bundesland Schadenersatz zu leisten hat und zwar gegenüber Gläubiger, Schuldner und Dritten (z. B. bei Pfändung eines Pkw, der nicht dem Schuldner, sondern einem Dritten gehört, wenn der Gerichtsvollzieher die §§ 157 ff. GVGA nicht beachtet).

Wegen der großen Bedeutung der **GVGA** finden Sie die wichtigsten Vorschriften in der ab 01.08.2012 geltenden Fassung, insbesondere die die eidesstattlichen Versicherungen betreffenden, ab 01.01.1999 geltenden Dienstvorschriften (§§ 185a ff. GVGA) bei den Arbeitshilfen online.

Die Zwangsvollstreckung darf nicht weiter ausgedehnt werden, als zur Deckung des durch den Vollstreckungstitel ausgewiesenen Geldbetrags einschließlich der Kosten der Zwangsvollstreckung (über diese siehe Rn. 220 ff.) erforderlich ist (Verbot der Überpfändung; siehe darüber auch Rn. 549). Sie hat zu unterbleiben, wenn aus der Verwertung der zu pfändenden Gegenstände ein Überschuss über die Kosten der Vollstreckung nicht zu erwarten ist (Verbot der überflüssigen Pfändung; siehe darüber Rn. 550). Durch die Pfändung erwirbt der Gläubiger ein Pfandrecht — Pfändungspfandrecht — an den gepfändeten Gegenständen. Das durch eine **frühere Pfändung** begründete Pfandrecht **geht** demjenigen **vor**, das erst durch eine spätere Pfändung erworben worden ist (§§ 803, 804 ZPO; vgl. Rn. 245). Es gilt also der Satz: „Wer zuerst kommt, mahlt zuerst."[1] Die Verwertung der gepfändeten Gegenstände erfolgt in der Regel durch Versteigerung seitens des Gerichtsvollziehers in einem besonderen Versteigerungstermin (Rn. 248 ff.; wegen einer anderen Verwertungsmöglichkeit in Ausnahmefällen siehe Rn. 256 und Rn. 552). Wegen des Mindestgebots und des Gebots bei Versteigerung von Gold- und Silbersachen siehe Rn. 548.

234   Der Pfändungsauftrag an den örtlich zuständigen Gerichtsvollzieher (siehe Rn. 197 und 198) kann etwa lauten:[2]

MUSTER: Sachpfändungsauftrag

In meiner Rechtssache gegen … in … bitte ich um Vornahme der Zwangsvollstreckung in das bewegliche körperliche Vermögen des Schuldners. Meine Forderung setzt sich wie folgt zusammen:

---

[1] Zur Erledigung mehrerer konkurrierender Vollstreckungsaufträge vgl. § 168 GVGA.

[2] Er muss eigenhändig unterzeichnet sein; ein Faksimilestempelabdruck genügt nicht (LG München I, DGVZ 1983, 57; AG Aachen, DGVZ 1984, 61; Müller, DGVZ 1993, 7).

a) Hauptforderung: ... EUR
b) ... Zinsen hieraus vom ... bis ... ... EUR
c) bisherige Kosten ... EUR
d) künftig entstehende Kosten und weitere ... % Zinsen ab ... aus ... EUR
Meinen Schuldtitel, nämlich Vollstreckungsbescheid des Amtsgerichts ... vom
... — Aktenzeichen: M ... — mit der Bitte um Zustellung lege ich bei.
Um Übermittlung einer Abschrift des Pfändungsprotokolls wird gebeten.
Datum und Unterschrift des Gläubigers

Besonders unangenehm für den Schuldner ist es, wenn der Sachpfändungsauftrag für den Fall, dass er zu einer Befriedigung des Gläubigers nicht führt, mit einem Antrag auf Abgabe der eidesstattlichen Offenbarungsversicherung kombiniert wird (s. „Kombiauftrag" Rn. 706a).

235 Eine **direkte Beauftragung des** zuständigen **Gerichtsvollziehers** — das ist derjenige, in dessen Bezirk der Schuldner wohnt oder Geschäftsräume unterhält (§ 753 I, § 764 II ZPO) — bringt Zeitgewinn (Ablichtung des Verteilungsplans oder Auskunft über den zuständigen Gerichtsvollzieher von der Gerichtsvollzieherverteilungsstelle des Amtsgerichts anfordern!).

Der Sachpfändungsauftrag, dem stets eine vollstreckbare Ausfertigung des Titels beizufügen ist (§ 754 ZPO), muss eine **detaillierte Forderungsaufstellung** enthalten. Die Beschränkung des Pfändungsauftrags auf einen Teilbetrag der titulierten Forderung aus Kostengründen ist im Hinblick auf die Festgebühr von 20,00 EUR nicht mehr erforderlich, da dadurch keine Kostenersparnis erzielt werden kann. Betreibt der Gläubiger die Vollstreckung wegen **eines Restbetrags**, so hat er dem Vollstreckungsauftrag eine Berechnung der Gesamtforderung beizufügen, um dem Gerichtsvollzieher die Prüfung zu ermöglichen, ob die Forderung in der angegebenen Höhe noch besteht.[3]

Die Vorlage einer Berechnung der Gesamtforderung ist jedoch dann erforderlich, wenn der Gläubiger dem Pfändungsauftrag den in diesem Fall zweckmäßigen Zusatz anfügt: „Zahlt der Schuldner die Gesamtforderung einschließlich der aufgelaufenen Zinsen, kann ihm der Vollstreckungstitel ausgehändigt werden."

Statt des oben abgebildeten Musters eines Sachpfändungsauftrag kann für den Pfändungsauftrag an den Gerichtsvollzieher auch eines der üblichen **Formblätter** benutzt werden, die im Schreibwarenhandel erhältlich sind.

---

[3] LG Hagen, DGVZ 1994, 91.

236 Hier können folgende **Zusätze**, die die Effektivität steigern und von Kenntnis der GVGA zeugen, angefügt werden:

- Bitte um **Ermittlung des Arbeitgebers** bei (teilweise) fruchtlosem Pfändungsversuch. Die Ermittlung wird durch die gesetzliche Möglichkeit für den Gerichtsvollzieher, anlässlich der Zwangsvollstreckung den Schuldner zu befragen und Einsicht in Schriftstücke (z. B. Lohnbescheinigungen) zu nehmen, sowie zum Hausstand des Schuldners gehörende erwachsene Personen bei Abwesenheit des Schuldners nach dessen Arbeitgeber zu befragen (§ 806a ZPO), erleichtert. Nach Eintreffen des Pfändungsprotokolls beim Gläubiger **sofortiger Anruf** beim angegebenen Arbeitgeber, ob der Schuldner dort zu erreichen ist (manche Schuldner geben den früheren Arbeitgeber an!);
- Erteilung selbstständiger **Vorpfändungsermächtigung** an den Gerichtsvollzieher durch ausdrücklichen Auftrag (§ 845 Abs. 1 Satz 2 ZPO). Sie erlaubt ihm Ermittlungen zum Aufspüren pfändbarer Forderungen (z. B. Durchsuchung einer Dokumentenmappe, Suchen nach Bankbelegen oder Unterlagen über Arbeitsverhältnis). Zweckmäßig ist es, ein bis auf die zu pfändende Forderung und den Drittschuldner ausgefülltes Vorpfändungsformular beizufügen. Der Gerichtsvollzieher sollte gebeten werden, von einer Vorpfändung abzusehen, falls sich der Schuldner noch in einem **Probearbeitsverhältnis** befindet (zur Vorpfändung siehe Rn. 313);
- Anweisung an den Gerichtsvollzieher, keine Pfändung von Gegenständen durchzuführen, an denen der **Gläubiger Sicherungseigentum** besitzt (§ 111 Nr. 1 GVGA);
- Erklärung der **Bereitschaft zur Einräumung von Ratenzahlungen** mit Verfallklausel. Die Erklärung sollte, wenn möglich, einen gleich zu zahlenden Abschlag und eine Mindestrate vorschreiben (Die Raten höchstens auf ein Jahr verteilen!). Diese Möglichkeit bietet sich sowohl für den Fall, dass der Gerichtsvollzieher pfändbare Habe nicht vorfindet (§ 806b ZPO), als auch in Verbindung mit einem Verwertungsaufschub (§ 813a ZPO) und im Rahmen der eidesstattlichen Offenbarungsversicherung (§ 900 Abs. 3 ZPO);
- Angabe einer **Vergleichsbereitschaft** mit Nennung des maximalen Forderungsnachlasses (insbesondere bei Altforderungen);
- Bitte um vorläufige **Wegnahme von Papieren** i. S. d. § 836 III ZPO (Sparbücher, Schuldscheine, Pfandscheine, Depotscheine etc.), die der Gläubiger zur Geltendmachung der Forderung benötigt, im Wege der Hilfspfändung (§ 156 GVGA);
- Auftrag zur **Pfändung** auch **angeblich sicherungsübereigneter** (näher dazu: Rn. 280–283) oder nach Angaben des Schuldners sonstigen **Dritten gehörender** oder unter **Eigentumsvorbehalt** (zu deren Pfändung siehe Rn. 269–279) gelieferter **Gegenstände** (§ 119 Nr. 2 GVGA). Andernfalls fragt der Gerichtsvollzieher häufig beim Gläubiger an, ob er solche Gegenstände pfänden soll;

- Antrag für den **Fall**, dass dem Gerichtsvollzieher die **Durchsuchung verweigert** wird oder er pfändbare Habe nicht vorfindet oder sonst die Voraussetzungen für die eidesstattliche Offenbarungsversicherung gemäß § 807 Abs. 1 ZPO vorliegen, dem Schuldner die eidesstattliche Offenbarungsversicherung abzunehmen, es sei denn, dass der Schuldner Ratenzahlungen anbietet (siehe Muster: Sachpfändungsauftrag (kombiniert), Rn. 706);

- Bitte, im Protokoll zu vermerken, welche qualifizierten **elektrischen und elektronischen Geräte** beim Schuldner vorgefunden wurden und warum von einer **vorläufigen Austauschpfändung** dieser Geräte abgesehen wurde (§ 135 Nr. 6c GVGA);[4]

- Verlangen, dass **Anschlusspfändung** auch für von anderen Gläubigern bereits **vorgepfändete Gegenstände** durchgeführt wird (§ 167 Nr. 5 Satz 2 GVGA), wenn der Wert der Gegenstände für die Befriedigung beider Forderungen nicht auszureichen scheint. Bei Befriedigung des erstpfändenden Gläubigers durch Zahlung Möglichkeit des Aufrückens!

- Erklärung, dass einer **Einstellung der Vollstreckung** nach § 63 GVGA (Rücksendung des Vollstreckungstitels ohne Vollstreckungsversuch wegen begründeter Anhaltspunkte für Fruchtlosigkeit und Betrachtung des Vollstreckungsauftrags als zurückgenommen) **widersprochen** und auf der Ausführung des Auftrags (z. B. zur Verjährungsunterbrechung, insbesondere bei rückständigen Zinsen, §§ 197 II, 195 BGB) bestanden werde;

- Hinweis darauf, dass besonders **§ 107 Nr. 2 GVGA bei Nichtgestattung der Durchsuchung** beachtet werden solle.

Es können ferner Hinweise auf das Vorhandensein bestimmter Wertgegenstände (Sammlungen, Weinkeller, Videorecorder, Computer etc.) und auf eine günstige Vollstreckungszeit (z. B. bei Geschäftsschluss um 18.30 Uhr) angefügt werden. Auch ein Hinweis auf Austausch- und Taschenpfändung, Letztere auch an Orten, die der Schuldner gern mit Geld versehen aufsucht, z. B. Restaurants, Bars, Gaststätten, Bordelle, ist angebracht.

237 Der Gerichtsvollzieher hat Forderungen, über die ein Vollstreckungstitel vorliegt, als bestehend zu erachten, solange die Zwangsvollstreckung nicht zu ihrer Erfüllung geführt hat. Materielle Einwendungen gegen einen Titel muss der Schuldner beim Prozessgericht geltend machen (Rn. 206).

Für den Fall, dass der Vollstreckungstitel dem Schuldner noch nicht zugestellt wurde, sollten Sie das Muster: „Zustellung eines Versäumnisurteils" (siehe Rn. 192) entsprechend mit verwenden. Lehnt der Gerichtsvollzieher den Vollzug des Pfän-

---

[4] § 135 GVGA wurde mit Wirkung vom 01.11.1994 neu gefasst.

dungsauftrags des Gläubigers ab, so kann dieser dagegen beim Amtsgericht Erinnerung einlegen (siehe Rn. 201).[5]

Der Schuldner kann eine **Pfändung** dadurch **abwenden, dass er an den zur Pfändung erschienenen Gerichtsvollzieher Zahlung** nach Maßgabe des Vollstreckungstitels gegen Aushändigung des Vollstreckungstitels leistet oder dass er ihm eine vom Gläubiger bewilligte Stundung oder die inzwischen erfolgte Zahlung des gesamten Gläubigeranspruchs anhand von Belegen nachweist.[6]

Will sich der Schuldner gegen die Art und Weise der vom Gerichtsvollzieher vorgenommenen Pfändung beweglicher körperlicher Sachen zur Wehr setzen, so kann er form- und fristlos Erinnerung nach § 766 Abs. 1 ZPO beim Amtsgericht als Vollstreckungsgericht erheben, beispielsweise wenn der Gerichtsvollzieher den Pkw des Schuldners pfändet, mit dem dieser zu seinem mit öffentlichen Verkehrsmitteln nicht erreichbaren Arbeitsplatz fährt (siehe auch Rn. 201).

238

> **MUSTER: Erinnerung durch den Schuldner**
>
> In der Zwangsvollstreckungssache des ... gegen mich ... hat der Gerichtsvollzieher am ... bei mir einen Computer Fabrikat ... gepfändet. Gegen diese Pfändung lege ich Erinnerung ein mit dem Antrag, sie aufzuheben. Ich benötige den Computer unbedingt zur Führung der in meinem Geschäft (... Angestellte) anfallenden umfangreichen Korrespondenz. Er ist also für mich unentbehrlich. Bis zur Entscheidung über diesen Antrag bitte ich, die Zwangsvollstreckung in den Computer einstweilen einzustellen.
> Datum und Unterschrift des Schuldners

4.1.1   Arten der Pfändung in körperliche Sachen

239

Liegen Hinderungsgründe nicht vor, pfändet der Gerichtsvollzieher bewegliche körperliche Sachen[7] des Schuldners, die sich in seinem Gewahrsam befinden.[8]

---

[5] Darüber und über die weiteren Rechtsmittel siehe die Ausführungen Rn. 200 ff.

[6] Es genügt die Vorlage eines Einzahlungs- oder Überweisungsnachweises einer Bank oder Sparkasse (siehe § 775 Nr. 5 ZPO).

[7] Dazu gehören auch die noch nicht vom Boden getrennten Früchte, solange nicht ihre Beschlagnahme im Wege der Immobiliarzwangsvollstreckung erfolgt ist (§ 810 ZPO).

[8] Welche beweglichen Sachen beim Schuldner zu pfänden sind, steht grundsätzlich im pflichtgemäßen Ermessen des Gerichtsvollziehers. Auf etwaige Wünsche des Gläubigers nimmt der Gerichtsvollzieher angemessen Rücksicht (§ 104 Abs. 2 GVGA). Die Pfändung von nicht dem Schuldner gehörenden, aber in seinem Gewahrsam befindlichen Sachen darf der Gerichtsvollzieher nur ablehnen, wenn es von vornherein offensichtlich ist, dass diese Sachen dem Schuldner nicht gehören.

Gewahrsam hat der Schuldner an solchen Sachen, die in seiner tatsächlichen Herrschaft sind.[9] Der Gerichtsvollzieher hat allgemein nicht zu prüfen, ob eine im Gewahrsam des Schuldners befindliche Sache in fremdem Eigentum steht (§ 119 GVGA), es sei denn, das Nichteigentum des Schuldners werde ihm sofort in völlig einwandfreier Form nachgewiesen[10] oder der Gläubiger hat die Pfändung ausdrücklich verlangt[11] (§ 119 Nr. 2 GVGA). Im Übrigen ist es Sache des tatsächlichen Eigentümers, im Falle der unrechtmäßigen Pfändung seine Rechte geltend zu machen (siehe Rn. 257).

Die Pfändung erfolgt dadurch, dass der Gerichtsvollzieher die zur Pfändung geeigneten körperlichen Sachen in Besitz nimmt. Dabei ist er berechtigt, verschlossene Haustüren, Zimmertüren und Behälter öffnen zu lassen. Dabei darf der Gerichtsvollzieher den Widerstand des Schuldners nicht mehr ohne Weiteres durch Gewalt brechen, sondern muss die Grundrechte beachten. Auch bei der Zwangsvollstreckung erfordert Art. 13 Abs. 2 GG eine besondere richterliche Anordnung für die Durchsuchung der Wohnung des Schuldners zum Zwecke der Pfändung beweglicher Sachen, wenn nicht Gefahr im Verzuge vorliegt.[12]

Nach der nunmehrigen Regelung in § 758a Abs. 1 Satz 1 ZPO darf die Wohnung des Schuldners ohne dessen Einwilligung nur aufgrund einer Anordnung des Richters bei dem Amtsgericht durchsucht werden, in dessen Bezirk die Durchsuchung erfolgen soll, soweit nicht die Einholung der Anordnung den Erfolg der Durchsuchung gefährden würde, § 758a Abs. 1 Satz 2 ZPO.

Willigt der Schuldner in die Durchsuchung ein oder ist eine Anordnung gegen ihn ergangen oder entbehrlich, so haben gemäß § 758a Abs. 3 Satz 1 ZPO Personen, die Mitgewahrsam an der Wohnung des Schuldners haben, die Durchsuchung zu dulden, wobei gegen diese unbillige Härten zu vermeiden sind, § 758a Abs. 3 Satz 2 ZPO.

Bei der Zwangsvollstreckung hat der Gerichtsvollzieher gemäß § 758a Abs. 5 ZPO die Anordnung nach § 758a Abs. 1 ZPO vorzuzeigen.

---

[9] Vgl. dazu Gaul, RPfleger 1971, 91.

[10] S. etwa LG Koblenz, DGVZ 1968, 124; AG Bremen, DGVZ 1968, 42 und AG Wilhelmshaven, DGVZ 1968, 159; ferner Schneider, JurBüro 1970 Sp. 365.

[11] Siehe den lehrreichen Fall LG Aschaffenburg, DGVZ 1995, 57.

[12] So BVerfG, Beschl. v. 03.04.1979 – 1 BvR 994/76, BVerfGE 51, 97 ff. = DGVZ 1979, 115 ff. = NJW 1979, 1539 ff.

240 Wird der Gerichtsvollzieher vom Schuldner nicht hereingelassen — was im Hinblick auf das mögliche Vorliegen eines „Kombiauftrages" allerdings selten der Fall sein wird, da die Durchsuchungsverweigerung auf Antrag des Gläubigers sofort zur Abnahme der eidesstattlichen Offenbarungsversicherung führen kann —, kann der Gläubiger dennoch einen gewissen Überraschungseffekt, der der Verlagerung pfändbarer Habe durch den Schuldner entgegenwirkt, in folgender Weise erzielen:

Mit dem Vollstreckungsauftrag an den Gerichtsvollzieher kann ihm gleichzeitig ein Antrag auf Durchsuchungsanordnung für den Fall, dass der Schuldner ihm das Betreten oder die Durchsuchung seiner Wohnung und seiner Geschäftsräume verweigert mit der Bitte übergeben werden, den Antrag beim Vollstreckungsgericht einzureichen. Der Gerichtsvollzieher muss dieser Bitte allerdings nicht nachkommen. In der GVGA ist dieser Fall nicht geregelt.

MUSTER: Durchsuchungsanordnung

An das Amtsgericht — Vollstreckungsgericht — München
Antrag auf Durchsuchungsanordnung
in der Zwangsvollstreckungssache
Franz Meier gegen Karl Huber
Ich beantrage den Erlass folgenden Beschlusses:
Die Öffnung und Durchsuchung von Wohnung und Geschäftsräumen des Schuldners in München, Goetheplatz 12/o einschließlich der Öffnung und Durchsuchung aller Räume und Behältnisse zum Zweck der Zwangsvollstreckung aus dem Endurteil des Landgerichts München I vom 14.03.2013 — 16 O 145/13 — wird angeordnet.
Begründung:
Der Schuldner hat nach dem anliegenden Protokoll des Gerichtsvollziehers die Durchsuchung seiner Räume verweigert, sodass die Vollstreckung aus dem anliegenden, im Antrag genannten Urteil erfolglos geblieben ist. Unter Hinweis auf den Beschluss des Bundesverfassungsgerichts vom 03.04.1979 — DGVZ 1979, 115 — beantrage ich die Anordnung der Durchsuchung.
Die Vollstreckungsunterlagen bitte ich mir mit dem Beschluss zurückzugeben.
Franz Meier
(eigenhändige Unterschrift!)

Der Durchsuchungsbeschluss wird in der Regel rasch erlassen und der Gerichtsvollzieher kann sich sofort wieder zum Schuldner begeben. In München gab es 1997 noch 19.000 Durchsuchungsanordnungen, diese Zahl ist im Hinblick auf § 807 Abs. 1 Nr. 3 ZPO, wonach bei Durchsuchungsverweigerung die Abgabe der eidesstattlichen Offenbarungsversicherung droht, stark zurückgegangen.

Die Frage, ob nur der Gläubiger oder auch der Gerichtsvollzieher den **Antrag auf richterliche Durchsuchungsanordnung** beim Vollstreckungsgericht stellen darf, war lange Zeit umstritten. Inzwischen herrscht Einigkeit darüber, dass **nur der** Gläubiger den Durchsuchungsantrag schriftlich oder zu Protokoll der Geschäftsstelle des Amtsgerichtes, in dessen Bezirk die Durchsuchung stattfinden soll, stellen kann.

Der Gläubiger kann allerdings für den Fall, dass ein Vollstreckungsversuch infolge Durchsuchungsverweigerung scheitert, einen Durchsuchungsantrag vorsorglich mit dem Pfändungsantrag einreichen.[13] Für einen Durchsuchungsbeschluss vor Verweigerung besteht kein Rechtsschutzbedürfnis. Es herrscht kein Anwaltszwang.

Kraft der im Vollstreckungsrecht herrschenden Dispositionsmaxime (danach kann der Gläubiger allein über das Ob und Wann der Zwangsvollstreckung entscheiden) ist ein Antragsrecht des Gerichtsvollziehers zu verneinen.[14]

Keinesfalls besteht für den Gerichtsvollzieher eine Antragspflicht.[15]

Bei konkreter Gefahr der Wegschaffung pfändbarer Habe ist „Gefahr im Verzug" im Sinne von Art. 13 Abs. 2 GG anzunehmen, was den Gerichtsvollzieher zur zwangsweisen Wohnungsdurchsuchung auch ohne richterliche Durchsuchungsanordnung berechtigt (§ 758a Abs. 1 Satz 2 ZPO). Das kann z. B. der Fall sein, wenn ein Umzug des Schuldners bevorsteht und die neue Anschrift des Schuldners nicht bekannt ist. Auch konkrete Anhaltspunkte für eine beabsichtigte Vollstreckungsvereitelung oder eine bevorstehende Ausreise ins Ausland auf Dauer können „Gefahr im Verzug" begründen.[16]

Auch **Geschäftsräume,** die allgemein zugänglich sind, dürfen zum Zweck der Pfändung gegen den Willen des Inhabers nur aufgrund einer richterlichen Anordnung durchsucht werden.[17] Andere Sachen als Geld, Kostbarkeiten und Wertpapiere sind im Gewahrsam des Schuldners zu belassen, soweit nicht hierdurch die Befriedigung des Gläubigers gefährdet wird.[18] Werden die gepfändeten Sachen im Gewahrsam des Schuldners belassen, so ist die Wirksamkeit der Pfändung dadurch bedingt,

---

[13] Zöller/Stöber, § 758a ZPO Rn. 23.

[14] So ebenfalls Behr, DGVZ 1980, 49 (58/59).

[15] AG Lübeck, DGVZ 1980, 62.

[16] Zöller/Stöber, § 758a ZPO Rn. 32.

[17] LG Wuppertal, DGVZ 1980, 11; AG Rheydt, DGVZ 1981, 14. Zöller/ Stöber, § 758a ZPO Rn. 12.

[18] Eine Gefährdung (Unfallgefahr!) wird in der Regel bei Kraftfahrzeugen anzunehmen sein, vgl. § 157 GVGA.

dass durch Anlegung von Siegeln oder auf sonstige Weise die Pfändung ersichtlich gemacht ist (§ 808 ZPO).[19]

Der Gerichtsvollzieher übermittelt dem Gläubiger eine Abschrift des Pfändungs-protokolls.[20] Dieser kann dann prüfen, ob durch die Pfändung Aussicht auf Befriedigung besteht und ob nach seiner Kenntnis alle beim Schuldner pfändbaren Sachen gepfändet worden sind, soweit dies zu seiner Befriedigung erforderlich ist. Notfalls muss er sich um Ausdehnung der Pfändung beim Gerichtsvollzieher bemühen. Bedeutsam ist im Einzelfall § 811d ZPO: Ist zu erwarten, dass eine **Sache demnächst pfändbar** wird, so kann sie gepfändet werden, ist aber im Gewahrsam des Schuldners zu belassen. Die Vollstreckung darf erst fortgesetzt werden, wenn die Sache pfändbar geworden ist. Die Pfändung ist aufzuheben, wenn die Sache nicht binnen eines Jahres pfändbar geworden ist. Der Begriff der „demnächstigen Pfändbarkeit" betrifft nicht den Fall, dass eine noch schuldnerfremde Sache dem-nächst in das Eigentum des Schuldners gelangt.[21] Der Gerichtsvollzieher hat **auf Verlangen** des Gläubigers, diesem rechtzeitig den Zeitpunkt der Vollstreckung mit-zuteilen und die **Anwesenheit des Gläubigers** bei der Vollstreckungshandlung zu dulden (§ 62 Nr. 5 GVGA). Ein selbstständiges Eingreifen des Gläubigers in den Gang der Vollstreckungshandlung, etwa das Durchsuchen von Behältnissen, darf der Ge-richtsvollzieher aber nicht dulden. Der Schuldner braucht den Gläubiger — ebenso wie den Gerichtsvollzieher — in seine Wohn- und Geschäftsräume ohne richterliche Durchsuchungsanordnung aber nicht einlassen. Dem Gläubiger wird die Erlaubnis, bei der Durchsuchung anwesend zu sein, in der Regel nur gestattet, wenn er etwa zur Identifizierung von Gegenständen benötigt wird. Die Rechtsprechung ist reg-ional stark unterschiedlich.[22]

241 Es gibt zahlreiche Sachen, die der Gerichtsvollzieher nicht pfänden darf. Wegen Einzelheiten hierüber siehe Rn. 568 ff.

---

[19] Wird gegen diese Vorschrift verstoßen, ist die Pfändung unheilbar unwirksam.

[20] Näheres hierzu vgl. § 135 GVGA.

[21] AG Gronau, MDR 1967, 223. Vorwegpfändung kommt z. B. wegen bevorstehenden Berufs-wechsels in Betracht.

[22] LG Münster, NJW-RR 1991, 1407; LG Hof, DGVZ 1991, 123; LG Bochum, JurBüro 1992, 57.

242　Gegenstände, die sich im Gewahrsam eines Dritten befinden, darf der Gerichtsvollzieher nur pfänden, wenn der Dritte zu ihrer Herausgabe bereit ist (§ 809 ZPO).[23] Der Gerichtsvollzieher darf Kosten für die Fortschaffung gepfändeter Kraftfahrzeuge, die sich bei einem zur Herausgabe bereiten Dritten befinden, nur dann aufwenden, wenn andernfalls die Befriedigung des Gläubigers gefährdet würde.

243　Zur **Nachtzeit** — sie umfasst die Stunden von 21 Uhr bis 6 Uhr — **und an Sonn- und Feiertagen** darf der Gerichtsvollzieher außerhalb von Wohnungen Zwangsvollstreckungshandlungen vornehmen, wenn dies weder für den Schuldner noch für die Mitgewahrsamsinhaber eine unbillige Härte darstellt (z. B. akute schwere Erkrankung) und wenn der zu erwartende Erfolg in keinem Missverhältnis zu dem Eingriff steht (z. B. wenn die Vollstreckung nach Einschätzung des Gerichtsvollziehers keine ausreichende Aussicht auf Erfolg bietet). Voraussetzung ist allerdings (§ 65 Nr. 1 GVGA), dass der Gerichtsvollzieher wenigstens einmal zur Tageszeit und an einem gewöhnlichen Werktag die Vollstreckung vergeblich versucht hat (ergänzend zum Wortlaut des § 758a Abs. 4 ZPO, siehe Zöller/Stöber, a. a. O., Rn. 35). In Wohn- und Geschäftsräumen darf der Gerichtsvollzieher nur aufgrund einer besonderen richterlichen Anordnung vollstrecken. Das gilt auch für den Vollzug eines Haftbefehls zur Erzwingung der eidesstattlichen Versicherungen.[24]

Der Nacht- und Feiertagsdurchsuchungsbeschluss, den der Richter am Amtsgericht erteilt, in dessen Bezirk die Vollstreckungshandlung durchgeführt werden soll, ist auch erforderlich, wenn die Zwangsvollstreckungshandlung in der geschützten Zeit fortgesetzt werden soll (§ 65 Nr. 2 GVGA). In Betracht kommen vor allem Pfändungsversuche in Gaststätten, Restaurants, Discos und Nachtbars am Ende der Öffnungszeit, ferner bei (Wochenend-)Veranstaltungen und bei Schuldnern, die keiner geregelten Arbeit nachgehen, z. B. aber abends in einer bestimmten Gaststätte anzutreffen sind (siehe Taschenpfändung Rn. 236). Im Antrag muss der Gläubiger darlegen, dass die Vollstreckung zur ungewöhnlichen Zeit erforderlich ist, weil der Schuldner innerhalb und außerhalb der normalen Arbeitszeit nicht angetroffen wurde oder die Zwangsvollstreckung in der geschützten Zeit größere Erfolgsaussicht bietet.

---

[23] BGH, MDR 2004, 414, wonach der Dritte auch mit der Wegnahme der Sache zum Zweck der Verwertung einverstanden sein muss; OLG Düsseldorf, DGVZ 1997, 57 für den Fall einer Pkw-Pfändung.
Das gilt auch für Sachen, an denen ein Dritter Mitbesitz hat (LG Berlin, MDR 1975, 939). Gelangt der Pfandgegenstand nachträglich in den Besitz eines Dritten, so hat der Gerichtsvollzieher nach AG Dortmund, DGVZ 1974, 24 keine gesetzliche Ermächtigung, diesen mit Gewalt aus dem Gewahrsam des Dritten zurückzuholen, während nach LG Saarbrücken in DGVZ 1975, 170 die nach erfolgter Pfändung eingetretene Änderung des Gewahrsams ab den Pfandgegenständen die Fortsetzung der Zwangsvollstreckung nicht hindert. Siehe zu § 809 ZPO auch Pawlowski, DGVZ 1976, 33.

[24] LG Trier, DGVZ 1981, 13.

244

MUSTER: Nachtbeschluss

In meiner Zwangsvollstreckungssache gegen … waren zwei Vollstreckungsversuche erfolglos, da die Registrierkasse des Schuldners bei Erscheinen des Gerichtsvollziehers stets leer war. Der Schuldner betreibt eine Schank- und Speisewirtschaft, die insbesondere am Wochenende stark frequentiert wird. Es ist erforderlich, dass der Gerichtsvollzieher überraschend erscheint, damit das Ziel der Vollstreckung erreicht werden kann. Ich beantrage daher zu genehmigen, dass der Gerichtsvollzieher an einem der drei kommenden Sonntage (Datum …) nach 23 Uhr beim Schuldner eine Geldpfändung vornimmt.
Datum und Unterschrift des Gläubigers

Abschrift des durch den Schuldner nicht anfechtbaren Beschlusses erhält der Gläubiger, der sie dem Gerichtsvollzieher übergeben muss.[25]

245   Bereits gepfändete Sachen können für einen anderen Gläubiger oder für den gleichen Gläubiger wegen einer anderen Forderung nochmals gepfändet werden (**Anschlusspfändung**; § 826 ZPO).[26] Können sich in einem solchen Verfahren die verschiedenen Gläubiger über die Verteilung des Erlöses nicht einigen, so wird dieser vom Gerichtsvollzieher hinterlegt und vom Vollstreckungsgericht ein Verteilungsverfahren durchgeführt (§ 827 ZPO).[27]

Zur besonderen Pfändungserleichterung gegen verheiratete Schuldner siehe Rn. 534 ff.

245a   Nach erfolgter Pfändung und Überweisung einer Forderung können dem Schuldner die hierüber **vorhandenen Urkunden** (hier: Versicherungsschein einer Lebensversicherung), **die im Beschluss konkret bezeichnet** sein müssen, durch den Gerichtsvollzieher weggenommen werden. Einer besonderen Herausgabeanordnung bedarf es hierzu nicht.[28]

---

[25] Dabei ist nicht notwendig, für jede Einzelvollstreckung zur Nachtzeit (oder an Sonn- oder allgemeinen Feiertagen) jeweils eine besondere Genehmigung einzuholen (LG Hagen, JurBüro 1967 Sp. 673 mit zust. Anm. Bauer).

[26] Hatte der Dritte, in dessen Besitz sich eine bewegliche Sache vor der Erstpfändung befunden hatte, dieser widersprochen, so ist – auch nach Verbringung der gepfändeten Sache in die Pfandkammer – eine Anschlusspfändung nur zulässig, wenn der Dritte damit einverstanden ist (OLG Düsseldorf, OLGZ 1973, 50). Siehe zur Anschlusspfändung § 167 GVGA.

[27] Beim Verteilungsverfahren wird der Erlös aus der Verwertung, der die Forderungen aller Gläubiger nicht deckt, vom Amtsgericht nach §§ 872 ff. ZPO verteilt.

[28] LG Darmstadt, DGVZ 1991, 9.

Im Hinblick auf die Informationsfreiheit, die durch Art. 5 Abs. 1 GG abgesichert ist, kann der (einzige) Farbfernseher des Schuldners nicht gepfändet werden. Dies gilt selbst dann, wenn der Schuldner noch zusätzlich über ein Rundfunkgerät verfügt.[29] Dabei ist jedoch zu berücksichtigen, dass eine Austauschpfändung gemäß § 811a ZPO möglich ist, insbesondere durch Austausch mit einem Schwarz-Weiß-Fernsehgerät.[30]

Der Grundsatz der Verhältnismäßigkeit ist allerdings zu beachten. Darüber hinaus ist eine sinnlose Vollstreckung zu vermeiden, sodass der Gerichtsvollzieher eine vorläufige Austauschpfändung ablehnen kann, wenn zu erwarten ist, dass der Versteigerungserlös für den gepfändeten Gegenstand — nach Abzug der Vollstreckungskosten — den Anschaffungspreis des Ersatzstückes nicht erheblich übersteigen wird, was z. B. dann der Fall ist, wenn für das Farbfernsehgerät voraussichtlich lediglich ein Betrag von 75,00 EUR erzielt werden wird.[31]

Ein Rundfunkgerät allein ist auch unter Berücksichtigung der „bescheidenen Lebensführung" nicht ausreichend, um das Unterhaltungs- und Informationsbedürfnis des Schuldners zu befriedigen.[32] Der Schuldner braucht sich auch weder auf einen „internetfähigen Computer" noch auf ein vom Gerichtsvollzieher zur Verfügung gestelltes Radio verweisen lassen.[33] Das Fernsehgerät zählt heute zu den Gegenständen, die dem Schuldner zu belassen sind.[34]

Ein Kfz-Kennzeichen darf nicht isoliert gepfändet werden. Die Zwangsvollstreckung soll zu einer Befriedigung des Gläubigers durch die Verwertung der gepfändeten Sache führen, nicht aber so, dass dem Gläubiger ein Druckmittel zur Verfügung gestellt wird, mit dem er erzwingen kann, dass ein höherwertiger Gegenstand nicht mehr genutzt wird.[35]

Der von einem Versicherungskaufmann eingesetzte **Computer** unterliegt nicht der Pfändung. Bei Beurteilung der Pfändbarkeit ist darauf abzustellen, ob der Schuldner unter Berücksichtigung der Brancheneigenart, der Konkurrenz und der technischen Entwicklung auf den Gegenstand angewiesen ist (§ 811 Nr. 5 ZPO; § 121 GVGA[36]).

---

[29] So BFH, Urt. v. 30.01.1990 – VII R 97/89, BStBl. II 1990, 416 ff. = NJW 1990, 1871 f.

[30] So BFH, Urt. v. 30.01.1990 – VII R 97/89, BStBl. II 1990, 416 ff. = NJW 1990, 1871 f.

[31] So LG Düsseldorf, Beschl. v. 09.01.1995 – 25 T 1270/94, DGVZ 1995, 43.

[32] So LG Detmold, Beschl. v. 30.11.1989 – 2 T 400/89, DGVZ 1990, 26.

[33] So AG Wuppertal, Beschl. v. 15.05.2008 – 44 M 6516/08, DGVZ 2008, 163.

[34] So AG Lichtenberg, Beschl. v. 25.09.2007 – 34 M 8064/07, DGVZ 2007, 173 f.

[35] So LG Stuttgart, Beschl. v. 18.12.1990 – 2 T 1074/90, DGVZ 1991, 58.

[36] AG Bersenbrück, DGVZ 1990, 78.

Der in einem einschlägigen Gewerbebetrieb (Büro zur Erstellung von Bauzeichnungen und Massenermittlungen einschließlich Bauleitung für den Wohnungsbau) vom Schuldner selbst benutzte **Computer** ist als zur Fortsetzung der Erwerbstätigkeit erforderlich anzusehen und nicht pfändbar.[37]

Besitzt ein Rechtsanwalt **zwei Computer**, so kann einer davon gepfändet werden. Hinsichtlich geringerer Speicherkapazität ist der Anwalt auf externe Speicher (hier: Disketten; wohl heute auch übertragbar auf externe Festplatten, Speicherkarten, CD-ROMs, DVDs o. ä.) zu verweisen.[38]

Die Pfändung eines **Computers** aus der Anfangsphase der Microcomputer wie auch eines alten Druckers ist grundsätzlich nach § 803 Abs. 2 ZPO unzulässig (nutzlose Pfändung).[39]

Verweigern Dritte (hier: Gaststätteninhaber) den **Zugang** zu den in ihren Räumen aufgestellten **Automaten** des Schuldners, kann eine Durchsuchungsanordnung gem. § 758 ZPO zwecks Pfändung des in Alleingewahrsam des Schuldners stehenden **Geldinhalts** nicht ergehen. Dem Gläubiger bleibt nur die Möglichkeit der **Pfändung des Zugangsrechts** aus den Automatenaufstellungsverträgen.[40]

Eine **Austauschpfändung** ist unzulässig, wenn nach Abzug der Kosten ein Versteigerungserlös von nur 75 EUR zu erwarten ist und hiervon noch die Aufwendungen für die Ersatzbeschaffung abzuziehen sind.[41]

Auf Antrag des Gläubigers hat der Gerichtsvollzieher unter der vom Gläubiger genannten **Adresse des Schuldners** die Zwangsvollstreckung zu versuchen und nötigenfalls entsprechende **Nachfrage**, z. B. bei Nachbarn oder beim Hausmeister, zu halten.[42]

Gegenstände, die der Schuldner zur Fortsetzung seiner Erwerbstätigkeit benötigt — hier ein **Telefaxgerät und eine Schreibmaschine** —, werden nicht deshalb pfändbar, weil er im Zeitpunkt der Vollstreckung ohne Aufträge ist und deshalb seine Tätigkeit nicht ausübt.[43] Die Entscheidung betraf einen selbstständigen Maschinenbauingenieur, der keine Aufträge hatte, seine Tätigkeit aber nicht einstellte.

---

[37] LG Hildesheim, DGVZ 1990, 30.

[38] LG Frankfurt am Main, DGVZ 1994, 28.

[39] LG Heilbronn, JurBüro 1994, 740.

[40] LG Aurich, JurBüro 1990, 1370.

[41] LG Düsseldorf, DGVZ 1995, 43.

[42] LG Lübeck, DGVZ 1997, 140.

[43] LG Wiesbaden, DGVZ 1997, 59.

Ein **Kraftfahrzeug**, das sich nicht in den Räumlichkeiten oder auf dem befriedeten Besitztum des Schuldners befindet, sondern von einem Dritten benutzt wird, der auch die Fahrzeugpapiere besitzt, ist für eine Pfändung nicht ohne Weiteres dem Gewahrsam des Schuldners zuzurechnen.[44] Der Gerichtsvollzieher hatte den Pkw in unmittelbarer Nähe des Hauses des Schuldners auf der Straße gepfändet, als er von der Tochter des Schuldners abgestellt worden war. Die Tochter trug im Rahmen der Beschwerde unter Vorlage eines Briefes ihres Vaters vor, dass dieser ihr das Auto geschenkt habe. Wegen Verstoßes gegen § 809 ZPO wurde die Pfändung für unzulässig erklärt und der Gerichtsvollzieher angewiesen, die Pfändung aufzuheben.

Der zur Fortführung der Erwerbstätigkeit des Schuldners bestehende **Pfändungsschutz nach § 811 Abs. 1 Nr. 5 ZPO** erstreckt sich auch auf dessen Warenbestand (hier: Zierfische), soweit er für eine sinnvolle Geschäftsfortführung erforderlich ist und hierbei die Arbeitsleistung des Schuldners gegenüber dem Kapitaleinsatz überwiegt.[45]

Der Pfändung eines **Pkws** steht nicht entgegen, dass der Fahrzeugbrief auf den Ehegatten lautet, da der Kfz-Brief nur den Halter und nicht den Eigentümer des Fahrzeugs ausweist, sodass allein dadurch die Eigentumsvermutung des § 1362 BGB nicht widerlegt wird.[46]

Sonnenbänke eines **Sonnenstudios** sind keine nach § 811 Abs. 1 Nr. 5 ZPO unpfändbaren Sachen.[47]

Die bei einem **Einzelhändler** befindlichen **Waren und Warenvorräte** gehören regelmäßig nicht zu den durch § 811 Abs. 1 Nr. 5 ZPO geschützten Gegenständen. Gleiches gilt auch für das im Ladenlokal befindliche Wechselgeld. (**Anmerkung:** Der Gerichtsvollzieher muss aber § 811 Abs. 1 Nr. 8 ZPO beachten!) **Dritteigentum** an den beim Schuldner vorgefundenen Gegenständen hat der Gerichtsvollzieher in der Regel zu beachten. (**Anmerkung:** Siehe aber § 808 Abs. 1 ZPO, wonach Anknüpfungspunkt der Gewahrsam und nicht das Eigentum ist!) Verlangt der Gläubiger dennoch ausdrücklich die Pfändung (**Anmerkung:** siehe § 119 Nr. 2 GVGA), hat der Gerichtsvollzieher dem nachzukommen, falls nicht andere Gründe entgegenstehen.[48]

---

[44] OLG Düsseldorf, DGVZ 1997, 57.

[45] OLG Celle, DGVZ 1999, 26.

[46] LG München II, DGVZ 2000, 22.

[47] OLG Köln, InVo 2000, 397.

[48] LG Cottbus, JurBüro 2002, 548.

Ist nur ein einzelner pfändbarer Gegenstand (hier PKW) vorhanden, liegt auch dann keine Überpfändung vor, wenn dessen Wert die Vollstreckungsforderung nebst Kosten weit übersteigt.[49]

4.1.2 Verwertungsaufschub für den Schuldner

246 Vor der Verwertung gepfändeter Sachen ist dem Schuldner Gelegenheit zu geben, seine Schuld durch freiwillige Leistungen zu tilgen, falls es sich nicht um eine Wechselschuld handelt. Der Gerichtsvollzieher kann die **Verwertung** der gepfändeten Sachen mit der Zustimmung des Gläubigers zur Einräumung von Ratenzahlungen oder bei Fehlen eines ausdrücklichen Ausschlusses **aufschieben**, wenn der Schuldner sich verpflichtet, den geschuldeten Betrag einschließlich der Kosten der Zwangsvollstreckung innerhalb eines Jahres zu zahlen (§ 813a ZPO). Hat der Gläubiger im Vollstreckungsauftrag Bedingungen für sein Einverständnis mit einer Ratenzahlung festgelegt, so darf der Gerichtsvollzieher hiervon nicht abweichen.

Der Verwertungsaufschub endet, wenn ihm der Gläubiger widerspricht oder wenn der Schuldner mit einer Zahlung ganz oder teilweise in Rückstand kommt. Stimmt der Gläubiger dem Verwertungsaufschub nicht zu, kann das Vollstreckungsgericht auf unverzüglich nach der Pfändung zu stellenden Antrag des Schuldners unter Anordnung von Zahlungsfristen die Verwertung der Pfandstücke durch unanfechtbaren Beschluss zeitweilig aussetzen, wenn dies nach der Persönlichkeit und den wirtschaftlichen Verhältnissen des Schuldners und nach der Art der Schuld angemessen erscheint und nicht überwiegende Belange des Gläubigers entgegenstehen (§ 813b ZPO; über Einzelheiten siehe Rn. 551).

MUSTER: Verwertungsaufschub

Für ... hat der Gerichtsvollzieher ... am ... folgende Gegenstände bei mir gepfändet: ... Die Forderung des Gläubigers betrug ursprünglich ... EUR und ist durch meine bisherigen Zahlungen auf ... EUR zurückgegangen. Ich bin infolge einer unerwarteten sechswöchigen Grippeerkrankung außer Stande, die Restschuld sofort zu zahlen. Durch den Verlust der Pfandstücke würde mir ein unverhältnismäßiger Nachteil erwachsen. Ich wäre auf lange Zeit außer Stande, Ersatzstücke zu beschaffen. Ich beantrage daher, die Verwertung der Pfandstücke einstweilen auszusetzen und mir zu gestatten, die Restschuld in monatlichen Raten von ... EUR, die erste Rate fällig am ..., abzutragen.

---

[49] AG Neubrandenburg, DGVZ 2005, 14.

Die Richtigkeit meiner vorstehenden Angaben versichere ich in Kenntnis der Bedeutung einer solchen Erklärung an Eides statt. Bis zur Beschlussfassung bitte ich um einstweilige Einstellung der Zwangsvollstreckung.
Datum und Unterschrift des Schuldners

247 Kommt nach erfolgter Aussetzung der Verwertung der Schuldner seinen Zahlungsverpflichtungen nicht fristgemäß nach, so kann der Gläubiger Antrag auf Aufhebung des Beschlusses und auf Fortsetzung der Vollstreckung stellen (§ 813b Abs. 3 ZPO).

MUSTER: Aufhebung Verwertungsaufschub:

Der Schuldner hat die ihm durch Beschluss vom ... auferlegten Ratenzahlungen nicht eingehalten. Ich beantrage die Aufhebung des Beschlusses, damit ich den Gerichtsvollzieher mit Fortsetzung der Zwangsvollstreckung beauftragen kann.
Datum und Unterschrift des Gläubigers

Vielfach wird der gerichtliche Einstellungsbeschluss bereits dahin gefasst, dass die Vollstreckung vom Gerichtsvollzieher ohne Weiteres fortgesetzt werden darf, wenn der Schuldner eine Rate binnen einer Woche nach Fälligkeit noch nicht bezahlt hat.

4.1.3   Verwertung gepfändeter Sachen

248 Der Gerichtsvollzieher hat die Verwertung der im Auftrag eines Gläubigers gepfändeten Sachen, ohne dass es dazu eines weiteren Auftrags des Gläubigers bedarf, normalerweise **durch öffentliche Versteigerung** vorzunehmen (§ 814 ZPO). Er ist dabei nicht Beauftragter des Gläubigers, nimmt vielmehr damit einen staatlichen Hoheitsakt vor.[50]

Der Verwertung wirksam gepfändeter Sachen steht weder der Tod des Schuldners noch die Eröffnung des Insolvenzverfahrens über sein Vermögen entgegen. Jedoch ist die sog. „Rückschlagsperre" gemäß § 88 InsO zu berücksichtigen, wonach eine Sicherung an dem zur Insolvenzmasse gehörenden Vermögen des Schuldners, die durch Zwangsvollstreckung erlangt worden ist, mit Eröffnung des Insolvenzverfahrens unwirksam wird, wenn sie im letzten Monat vor dem Antrag auf Eröffnung des Insolvenzverfahrens erfolgt ist. Diese Frist verlängert sich im Verbraucherinsolvenz-

---

[50] RGZ 156, 398.

verfahren gemäß § 312 Abs. 1 Satz 3 InsO auf drei Monate. Für den Gläubiger besteht im Übrigen die Gefahr einer Insolvenzanfechtung, insbesondere gemäß § 131 InsO.[51]

249 Der Gerichtsvollzieher setzt den Termin zur öffentlichen Versteigerung der Sachen bei der Pfändung an. Der Termin ist öffentlich bekannt zu geben.[52]

Vor der Versteigerung sind die gepfändeten Sachen durch den Gerichtsvollzieher (bzw. durch einen Sachverständigen) zu schätzen. Die Schätzung ist schriftlich vorzunehmen. Bei der Schätzung von Gold- und Silbersachen ist außer dem Verkaufswert auch der Metallwert zu ermitteln.

Die Versteigerung soll nicht vor Ablauf einer Woche seit der Pfändung erfolgen, sofern sich nicht Gläubiger und Schuldner auf einen früheren Termin einigen oder eine frühere Versteigerung erforderlich ist, um die Gefahr einer beträchtlichen Wertminderung oder um unverhältnismäßige Kosten einer längeren Aufbewahrung zu vermeiden. Die Frist zwischen der Pfändung und dem Versteigerungstermin ist so zu bestimmen, dass die Versteigerung in einer der Beschaffenheit und dem Wert der zu versteigernden Sachen entsprechenden Weise öffentlich bekannt gemacht werden kann. In der Regel ist die Frist auf zwei Wochen zu bestimmen. Über einen Monat soll der Versteigerungstermin nicht hinausgeschoben werden. Art und Weise der öffentlichen Bekanntmachung stehen im pflichtgemäßen Ermessen des Gerichtsvollziehers.

250 Die Versteigerung erfolgt entweder in der Gemeinde, in der die Pfändung vorgenommen worden ist oder an einem anderen Ort im Bezirk des Vollstreckungsgerichts, sofern nicht der Gläubiger **und** der Schuldner sich über einen dritten Ort einigen (§ 816 Abs. 2 ZPO).

Von der Möglichkeit, die Versteigerung an einem anderen Ort im Gerichtsbezirk vorzunehmen, wird der Gerichtsvollzieher z. B. dann Gebrauch machen, wenn am Pfändungsort voraussichtlich kein angemessener Preis zu erzielen sein wird (z. B. bei Versteigerung eines wertvollen Kunstgegenstandes in einem kleinen Ort). Da die Versteigerung einen möglichst hohen Erlös bringen soll, kann der Gerichtsvollzieher auf Antrag des Gläubigers oder Schuldners anordnen, dass die Verwertung der Sache an einem anderen Ort zu erfolgen hat, wenn z. B. an den oben genannten Versteigerungsorten geeignete Kaufinteressenten fehlen dürften (§ 825 ZPO).

---

[51] Vgl. umfassend Haarmeyer/Huber/Schmittmann, Praxis der Insolvenzanfechtung, Köln, 2012.

[52] § 816 Abs. 3 ZPO und § 142 GVGA.

251   Der pfändende Gläubiger und der Schuldner können bei der Versteigerung mitbieten. Das Gebot des Schuldners kann der Gerichtsvollzieher jedoch zurückweisen, wenn der Betrag nicht bar hinterlegt wird (§ 816 Abs. 4 ZPO).

252   Bei der Versteigerung beweglicher Sachen darf nur für ein solches Gebot der Zuschlag erteilt werden, das mindestens die Hälfte des gewöhnlichen Verkaufswerts der Sachen erreicht (§ 817a ZPO). Der gewöhnliche Verkaufswert und das **Mindestgebot** sollen beim Ausbieten bekannt gegeben werden. Pfändet der Gerichtsvollzieher Gegenstände höchstens im doppelten Wert der Forderung des Gläubigers, so verstößt er mithin nicht gegen seine Amtspflicht.

253   Der **Zuschlag** erfolgt an den Meistbietenden nach dreimaligem Aufruf. Die Ablieferung der ersteigerten Sache an den Ersteher darf **nur gegen Barzahlung** erfolgen. Ist der Gläubiger der Ersteher, so ist er von der Pflicht zur Barzahlung insoweit befreit, als der Erlös zu seiner Befriedigung zu verwenden ist.

Den Erlös[53] hat der Gerichtsvollzieher in der Regel an den Gläubiger abzuführen, soweit dies zu dessen Befriedigung erforderlich ist, im Verhältnis zwischen Gläubiger und Schuldner gilt bereits die Empfangnahme des Erlöses durch den Gerichtsvollzieher als Zahlung (§§ 817 ff. ZPO). Damit geht die Gefahr des Verlustes des Geldes auf den Gläubiger über.

Die Zwangsvollstreckung endet erst mit der Übergabe des Erlöses an den Gläubiger.

254   Wird der Zuschlag nicht erteilt, weil ein das Mindestgebot erreichendes Gebot nicht abgegeben wird,[54] bleibt das Pfandrecht des Gläubigers bestehen. Dieser kann jederzeit die Anberaumung eines neuen Versteigerungstermins oder die Anordnung anderweitiger Verwertung (§ 825 ZPO) beantragen, aber auch bei der anderweitigen Verwertung sind die vorstehend behandelten Vorschriften über das Mindestgebot zu beachten.

255   Die Versteigerung ist einzustellen, sobald der Erlös zur Befriedigung des Gläubigers und der Kosten der Zwangsvollstreckung ausreicht (§ 818 ZPO). Die gepfändeten Sachen, deren Versteigerung nicht erforderlich ist, sind an den Schuldner zurückzuge-

---

[53] Über den Erlös gepfändeter Sachen (Surrogation des Erlöses – Pfandrechtskonkurrenz – Verlust des Gläubigerrechts – Pfändung des Erlöses gegen den Gerichtsvollzieher als Drittschuldner – Behandlung des Vollstreckungstitels) siehe Noack, MDR 1973, 988.

[54] Es ist eine Erfahrungstatsache, dass gebrauchte Gegenstände bei der Zwangsvollstreckung oft schwer absetzbar sind (vgl. OLG Hamm, JurBüro 1972 Sp. 290, KG, NJW 1968, 846 und OLG Zweibrücken, NJW 1978, 110).

ben. Dieser erhält auch einen etwaigen Erlösüberschuss, wenn nicht eine Anschlusspfändung oder eine Pfändung des überschießenden Versteigerungserlöses vorliegt.

256 Die Verwertung einer gepfändeten Sache kann der Gerichtsvollzieher auf Antrag des Gläubigers in anderer Weise als durch Versteigerung zulassen, auch durch freihändigen Verkauf oder durch Überweisung an den Gläubiger zu einem bestimmten Preis (§ 825 ZPO; über Einzelheiten siehe Rn. 552).

MUSTER: freihändige Verwertung

In meiner Zwangsvollstreckungssache gegen … in … hat der Gerichtsvollzieher am … zehn naturheilkundliche Bücher mit einem Einkaufswert von … EUR gepfändet. Der voraussichtliche Erlös wird vom Gerichtsvollzieher nur auf 1/8 dieses Wertes geschätzt. Da mithin bei der Versteigerung nur ein geringer Erlös zu erwarten ist, stelle ich den Antrag, den Gerichtsvollzieher zur freihändigen Verwertung der Bücher zu ermächtigen und zu gestatten, dass sie auch mir für … EUR überlassen werden können, falls nicht der Schuldner innerhalb … Tagen ab Zustellung des Beschlusses einen Käufer beibringt, der mehr als ich in bar zahlt.
Datum und Unterschrift des Gläubigers

Der Gerichtsvollzieher hat nach Empfang der Leistungen, gleichgültig ob freiwillig oder zwangsweise erlangt, dem Schuldner die vollstreckbare Ausfertigung nebst einer Quittung auszuliefern, bei teilweiser Leistung diese auf der vollstreckbaren Ausfertigung zu vermerken und dem Schuldner Quittung zu erteilen. Das Recht des Schuldners, nachträglich eine Quittung des Gläubigers selbst zu fordern, wird dadurch nicht berührt (§ 757 ZPO).[55]

4.1.4 Sachen, die nicht im Eigentum des Schuldners stehen

257 Der Gerichtsvollzieher kann der zu pfändenden Sache in aller Regel nicht ansehen, ob sie im Eigentum des Schuldners steht. Vielfach besteht an Sachen, die sich im Gewahrsam des Schuldners befinden, Eigentumsvorbehalt. Insbesondere Unterhaltungselektronik pflegen Schuldner, im Wege des Ratenkaufs zu erwerben. In

---

[55] Der Gerichtsvollzieher ist nicht verpflichtet, den auf dem Schuldtitel angebrachten Vermerk über den erzielten Versteigerungserlös nach Beendigung der Vollstreckung zu ändern, wenn der Gläubiger den Erlös später teilweise an den Eigentümer der versteigerten Sache herausgeben musste (AG Frankfurt, DGVZ 1974, 15). Nach Aufhebung der Pfändung und Aushändigung des Schuldtitels an den Schuldner kann der Gerichtsvollzieher nicht angewiesen werden, die Zwangsvollstreckung wegen eines Restbetrags fortzusetzen (LG Düsseldorf, DGVZ 1974, 38).

diesen Fällen ist regelmäßig Eigentumsvorbehalt vereinbart, sodass der Schuldner lediglich über ein Anwartschaftsrecht, nicht aber über Volleigentum verfügt. Weiterhin ist zu berücksichtigen, dass die im Gewahrsam des Schuldners befindlichen Sachen einem anderen Gläubiger zur Sicherung übereignet sind. Auch vom Schuldner geleaste Gegenstände stehen nicht in seinem Eigentum (siehe dazu Rn. 761).

Nicht selten behauptet der Ehegatte des Schuldners, dass die Sachen ihm gehören (siehe auch Rn. 531 ff.).[56] Der Schuldner muss in solchen Fällen den tatsächlichen Eigentümer von der Pfändung unverzüglich benachrichtigen. Der wahre Eigentümer selbst muss sich gegen die Pfändung rechtzeitig zur Wehr setzen und unter Nachweis seines Eigentums die Freigabe der gepfändeten Gegenstände erwirken. Zu diesem Zweck muss er zunächst den **Gläubiger zur Freigabe auffordern**.

258

MUSTER: Freigabeaufforderung:

Herrn ... in ...
Der Gerichtsvollzieher ... beim Amtsgericht ... hat in Ihrem Auftrag bei ... in ... am ... eine Ziehharmonika Fabrikat Hohner gepfändet. Dieses Instrument hat Ihr Schuldner bei mir am ... auf Raten gekauft. Ich habe mir bis zur vollständigen Zahlung des Kaufpreises das Eigentum daran vorbehalten. Vom Gesamtkaufpreis mit ... EUR wurden bis heute nur ... EUR bezahlt, sodass mein Eigentumsrecht an dem Instrument noch nicht erloschen ist. Zur Glaubhaftmachung schließe ich die Abschrift des Bestellscheins mit dem darauf vom Schuldner anerkannten Eigentumsvorbehalt an.
Ich bitte Sie, mir bis spätestens ... mitzuteilen, dass die Pfändung der Ziehharmonika aufgehoben ist. Andernfalls müsste ich Widerspruchsklage gegen Sie erheben.
Datum und Unterschrift des Lieferanten

Der Gläubiger sollte einen Durchschlag dieser Aufforderung dem zuständigen Gerichtsvollzieher zusenden.

259

Erfährt der Dritte erst kurz vor dem Versteigerungstermin von der Pfändung, so ist er meist genötigt, beim Vollstreckungsgericht die vorläufige Einstellung der Zwangsvollstreckung zu beantragen, damit die Versteigerung nicht stattfindet, bevor er sich mit dem Gläubiger im Sinne von Muster: Freigabeaufforderung (Rn. 258) in Verbindung setzen konnte. Das Gericht setzt dem Dritten dann eine Frist, innerhalb derer er die Widerspruchsklage gegen den Gläubiger beim Streitgericht (Amts- oder Landgericht) spätestens zu erheben hat.

---

[56] S. zum Widerspruchsrecht des Dritten (Käufers) nach § 771 ZPO aufgrund seines Anwartschaftsrechts auch BGH, BB 1971, 14 = MDR 1971, 212 = NJW 1971, 799 = Rpfleger 1971, 13.

MUSTER: einstweilige Einstellung

In der Zwangsvollstreckungssache des ... gegen ... beantrage ich einstweilige Einstellung der Zwangsvollstreckung in die vom Gerichtsvollzieher ... in ... am ... gepfändete Ziehharmonika Fabrikat Hohner ohne Sicherheitsleistung. Gründe: Der Schuldner hat dieses Instrument bei mir gekauft. Vom Gesamtkaufpreis mit ... EUR ist er noch ... EUR schuldig. Nach dem anliegenden Bestellschein vom ... steht mir das Eigentumsrecht an dem Instrument zu. Ich habe von der Pfändung erst gestern erfahren und den Gläubiger sofort zur Freigabe aufgefordert. Versteigerungstermin steht aber bereits auf morgen an. Datum und Unterschrift des Lieferanten

---

260   Gibt der Gläubiger dem Freigabeersuchen des Dritten trotz ausreichender Glaubhaftmachung nicht statt, so muss dieser Drittwiderspruchsklage bei dem (Amts- oder Land-)Gericht, in dessen Bezirk der Gläubiger vollstreckt, erheben (§ 771 ZPO). Beim Amtsgericht (Streitwert bis 5.000,00 EUR) kann der Dritte diese Klage selbst einreichen. Beim Landgericht besteht dagegen Anwaltszwang.

MUSTER: Drittwiderspruchsklage

Ich erhebe Klage gegen ... mit dem Antrag, zu erkennen:
a) Die vom Gerichtsvollzieher ... in ... am ... in Sachen des Beklagten gegen ... vorgenommene Zwangsvollstreckung in eine Ziehharmonika Fabrikat Hohner wird für unzulässig erklärt.
b) Die Kosten des Rechtsstreits fallen dem Beklagten zur Last.
c) Das Urteil ist vorläufig vollstreckbar.
Gleichzeitig beantrage ich die einstweilige Einstellung der Zwangsvollstreckung ohne Sicherheitsleistung. Den Wert des Streitgegenstandes gebe ich mit ... EUR an.
Gründe: Das gepfändete Instrument ist nicht Eigentum des Schuldners, sondern mein Eigentum. Der Schuldner hat es bei mir am ... für ... EUR gekauft. Vom Kaufpreis ist er noch ... schuldig. Nach dem angeschlossenen Bestellschein vom ... habe ich mir das Eigentum an dem Instrument bis zur völligen Zahlung vorbehalten. Den pfändenden Gläubiger habe ich am ... unter Setzung einer Frist von zwei Wochen erfolglos zur Freigabe aufgefordert; siehe angeschlossenen Durchschlag des genannten Schreibens.
Datum und Unterschrift des Lieferanten

---

261   Wegen der Möglichkeit der Pfändung einer unter Eigentumsvorbehalt stehenden Sache siehe die Ausführungen Rn. 269, einer zur Sicherung übereigneten Sache siehe die Ausführungen Rn. 280.

262   Der Pfändung einer Sache kann ein Dritter, der sich nicht im Besitz der Sache befindet, aufgrund eines Pfand- oder Vorzugsrechts nicht nach Rn. 257 ff. widersprechen. Er kann jedoch seinen **Anspruch auf vorzugsweise Befriedigung aus dem Erlös** im Wege der Klage geltend machen, ohne Rücksicht darauf, ob seine Forderung fällig ist oder nicht. Diese Möglichkeit besteht für Vertragspfandrechte, gesetzliche Pfandrechte (etwa des Vermieters oder Verpächters nach §§ 562, 581 II BGB)[57] und Pfändungspfandrechte an der Sache, soweit ihnen ein besserer Rang zusteht (siehe dazu § 804 ZPO; Rn. 233). Die Klage ist bei dem Vollstreckungsgericht und, wenn der Streitgegenstand zur Zuständigkeit des Amtsgerichts nicht gehört (vgl. Rn. 43), bei dem Landgericht zu erheben, in dessen Bezirk das Vollstreckungsgericht seinen Sitz hat (§ 805 ZPO). Der Klageantrag ist wie folgt zu fassen:

> **MUSTER: vorzugsweise Befriedigung**
>
> „Der Kläger ist aus dem Reinerlös des am ... gepfändeten Gegenstandes, nämlich ... bis zum Betrag von ... EUR von dem Beklagten zu befriedigen."

Aufgrund des Urteils zahlt der Gerichtsvollzieher, bei nach § 805 Abs. 4 ZPO erfolgter Hinterlegung die Hinterlegungsstelle, den Erlös an den Kläger in beantragter Höhe aus.

4.2   Pfändung eines Bankstahlfachinhalts

263   Ist der Gerichtsvollzieher mit der Pfändung in das bewegliche Vermögen eines Schuldners beauftragt und findet er dabei einen Schlüssel zu einem Bankstahlfach (Tresor) vor, so hat er diesen im Wege der Hilfspfändung von Amts wegen an sich zu nehmen, das Stahlfach zu öffnen, seinen Inhalt zu entnehmen und zu pfänden, soweit zulässig (§ 808 Abs. 1 ZPO).

---

[57] Der Vermieter (Verpächter) hat sein Vorzugsrecht dem Gerichtsvollzieher gegenüber glaubhaft zu machen. Er muss eine etwaige Behauptung des Pfändungsgläubigers widerlegen, dass genügend andere verwertbare pfändbare Sachen in der Wohnung des Mieters sind. Wegen Einzelheiten über das Vermieterpfandrecht in der Zwangsvollstreckung siehe Noack, DGVZ 1975, 1303, insbesondere Sp. 1307.

4.2.1 Weigerung der Bank zur Stahlfachöffnung

264 Wie aber ist die Rechtslage, wenn sich die Bank der Öffnung des Stahlfachs und der Pfändung seines Inhalts widersetzt? Im Allgemeinen wird das Rechtsverhältnis zwischen Schuldner und Bank ein Mietverhältnis (kein Verwahrungsverhältnis) sein, und zwar auch dann, wenn der Kunde, was die Regel bildet, das Fach nur zusammen mit der Bank öffnen kann.[58] Es besteht damit insbesondere kein Herausgabeanspruch des Kunden an die Bank, den der Gläubiger pfänden könnte. Steht der Bank das bereits genannte Mitverschlussrecht zu, dann kann der Gerichtsvollzieher einen etwaigen Widerstand der Bank nicht ohne Weiteres brechen. Der Gläubiger muss in einem solchen Fall vielmehr einen Pfändungs- und Überweisungsbeschluss beim Amtsgericht erwirken, durch den der Anspruch des Schuldners gegen die Bank auf Zutritt zum Stahlfach und auf Mitwirkung beim Öffnen gepfändet und ihm zur Einziehung überwiesen wird (§ 857 ZPO).

265 **MUSTER: Öffnung Bankstahlfach**

In meiner Zwangsvollstreckungssache gegen ... beantrage ich unter Bezugnahme auf den beiliegenden, mit Zustellungsnachweis versehenen Vollstreckungstitel wegen meiner darin genannten, noch nicht getilgten Forderung, den Anspruch des Schuldners als Inhaber eines Stahlfachs bei der X Bank in ... auf Zutritt zu dem Fach und auf Mitwirkung der genannten Bank bei der Öffnung oder auf Öffnung durch den Drittschuldner allein zum Zwecke der Pfändung des Fachinhalts zu pfänden und mir zur Einziehung zu überweisen, sowie einem von mir zu beauftragenden Gerichtsvollzieher den Zutritt zum Stahlfach zu gestatten. Datum und Unterschrift des Gläubigers

266 Die Pfändung des Öffnungsanspruchs begründet aber noch kein Pfandrecht des Gläubigers an den im Stahlfach befindlichen Sachen. Der Gerichtsvollzieher muss vielmehr diese Pfändung nach Zustellung des Beschlusses und Öffnung des Fachs noch besonders vornehmen. Verweigert die Bank auch dabei ihre Mitwirkung, so kann der Gerichtsvollzieher ihren Widerstand mit Gewalt brechen (§ 758 Abs. 2 und 3 ZPO).

267 Bei Nichtbestehen eines Mitverschlussrechts der Bank kann der Gerichtsvollzieher deren etwaigen Widerstand ohne Hilfspfändung jederzeit brechen, um den Fachinhalt pfänden zu können.[59]

---

[58] RGZ 141, 99.
[59] Noack, DGVZ 1956, 195.

4.2.2 Nichtauffindbarkeit des Schlüssels

268 Weiß der Gläubiger, dass sein Schuldner ein Stahlfach hat, findet aber der Gerichtsvollzieher bei ihm den Schlüssel nicht, so bildet der hiervor behandelte Pfändungs- und Überweisungsbeschluss die Grundlage dafür, vom Schuldner die Herausgabe des Schlüssels zu erzwingen (§§ 836, 883 ZPO). Ist ein Schlüssel nicht beibringbar, so kann der Gerichtsvollzieher das Fach für den Schuldner gewaltsam öffnen lassen.

4.3 Pfändung von Sachen, die unter Eigentumsvorbehalt stehen

269 Hat sich der Verkäufer einer beweglichen Sache das Eigentum an ihr bis zur Zahlung des Kaufpreises vorbehalten, so ist im Zweifel anzunehmen, dass die Übertragung des Eigentums unter der aufschiebenden Bedingung vollständiger Zahlung des Kaufpreises erfolgt (§ 449 BGB)[60]. Der Käufer der Sache — nachfolgend Vorbehaltskäufer genannt — wird, wenn ihm die Sache übergeben ist, was die Regel bildet, ihr Besitzer. Das auf ihn ebenfalls übertragene Eigentum erwirbt er aber nur bedingt; diese Bedingung ist eine aufschiebende; endgültiger Erwerb des Eigentums erfolgt nur und erst nach vollständiger Zahlung des Kaufpreises.

Das Recht des Vorbehaltskäufers, mit Zahlung des Kaufpreises endgültig Eigentümer der gekauften Sache zu werden, und zwar ohne Weiteres, d. h. ohne weiteres Zutun der Beteiligten, bezeichnet man als **Anwartschaftsrecht.** Es ist ein Vermögensrecht und umso wertvoller, je mehr der Vorbehaltskäufer selbst bereits auf den Kaufpreis bezahlt hat.

4.3.1 Pfändung des Anwartschaftsrechts des Vorbehaltskäufers

270 Das unter Rn. 269 behandelte Anwartschaftsrecht des Käufers ist übertragbar, es kann daher auch von einem seiner Gläubiger gepfändet werden. Diese Pfändung allein verschafft allerdings dem Gläubiger noch keine sichere Rechtsstellung; er muss zusätzlich auch die Sache selbst pfänden (sog. **Doppelpfändung;** siehe Rn. 239, 272).

---

[60] S. dazu ausführlich, auch wegen Pfändung durch den Vorbehaltsverkäufer selbst, Stöber, Rn. 1487 ff., mit weiteren Nachweisen. Wegen Überlegungen zur Pfändung von Sachen bei bestehendem Eigentumsvorbehalt siehe Noack, DGVZ 1972, 81.

Die Pfändung der Anwartschaft hat als Pfändung eines Rechts, also durch Beschluss des Amtsgerichts als Vollstreckungsgericht, zu erfolgen. Ob als Drittschuldner dabei der Verkäufer der Sache oder der Vorbehaltskäufer anzusehen ist, ist eine strittige Frage.[61] Um sie zu umgehen, sollte der Pfändungsbeschluss beiden Beteiligten zugestellt werden.

271   Die Pfändung des Anwartschaftsrechts zugunsten des Pfändungsgläubigers hat folgende Wirkungen: Der Pfändungsschuldner (Vorbehaltskäufer) kann jetzt über sein Anwartschaftsrecht nicht mehr mit Wirkung gegenüber dem Pfändungsgläubiger verfügen, d. h. es nicht mehr veräußern oder verpfänden. Andererseits muss der Pfändungsgläubiger eine bereits vorher erfolgte Verfügung über das Anwartschaftsrecht gegen sich gelten lassen.

Eine weitere, praktisch wichtige Wirkung der Pfändung des Anwartschaftsrechts für den Pfändungsgläubiger ist, dass er durch die Pfändung und die Überweisung des gepfändeten Anwartschaftsrechts befugt wird, den Kaufpreis oder Restkaufpreis an den Verkäufer zu zahlen (siehe dazu auch § 271 BGB), um dadurch den Vorbehaltskäufer endgültig zum Eigentümer zu machen und auf diese Weise freie Zugriffsmöglichkeit an der Sache selbst zu erlangen.

Der folgende Antrag ist an das Vollstreckungsgericht beim Amtsgericht zu richten.

MUSTER: Pfändung der Anwartschaft

In meiner Zwangsvollstreckungssache gegen … in … beantrage ich wegen meiner Forderung über … EUR Hauptsumme, … % Zinsen daraus seit … und meiner bisherigen durch Belege nachgewiesenen Vollstreckungskosten mit … EUR folgende Rechte und Ansprüche des Schuldners zu pfänden und mir zur Einziehung zu überweisen:
a) die Anwartschaft des Schuldners auf den endgültigen Erwerb der durch ihn unter Eigentumsvorbehalt von der Firma … in … gekauften Rechenmaschine Fabrikat …,
b) im Falle des bereits erfolgten oder noch erfolgenden Rücktritts des Lieferanten vom Kaufvertrag oder infolge sonstiger Vertragsauflösung sämtliche dem Schuldner an den Lieferanten zustehenden Rückvergütungsansprüche.
Vollstreckungstitel und Zustellungsnachweis liegen bei. Ich bitte, die Zustellung des Pfändungs- und Überweisungsbeschlusses zu vermitteln und den Vollstreckungstitel mit Zustellungsnachweis baldmöglichst der dortigen Gerichtsvollzieherstelle zu übermitteln, bei der ich heute die Pfändung der Rechenmaschine selbst beantragt habe.
Datum und Unterschrift des Gläubigers

---

[61] Vgl. dazu BGHZ 49, 197 = BB 1968, 271 = DNotZ 1968, 483 = MDR 1968, 313 = NJW 1968, 493 mit Anm.; Rose, NJW 1968, 1097 = Rpfleger 1968, 83; Stöber, Rn. 1489.

4.3.2 Pfändung der unter Eigentumsvorbehalt stehenden Sache

272 Das Pfändungspfandrecht am Anwartschaftsrecht des Vorbehaltskäufers wandelt sich nach endgültigem Erwerb des Eigentums durch diesen (Zahlung des Kaufpreises) nicht in ein Pfändungsrecht an der Sache um.[62] Solange eine Pfändung der Sache nicht erfolgt, kann der Vorbehaltskäufer über diese unbeschränkt verfügen, auch mit Wirkung gegen den Gläubiger. Er kann so lange auch den Restkaufpreis zahlen mit der Folge, dass das — gepfändete — Anwartschaftsrecht untergeht und an Stelle dieses Rechts sein mit einem Pfandrecht nicht belastetes Eigentum an der Sache tritt.

Um dies zu vermeiden, muss der Gläubiger auch die Sache selbst pfänden. Diese Pfändung erfolgt in der üblichen Weise, also durch den Gerichtsvollzieher (§§ 808 ff. ZPO). Streitig ist, ob das Pfändungspfandrecht bereits im Zeitpunkt der Pfändung entsteht oder erst dann, und zwar ohne Rückwirkung, wenn der Schuldner Eigentümer geworden ist, also bei einem Vorbehaltskauf erst mit Zahlung des Kaufpreises. Die letztere Ansicht ist die herrschende. Der Gläubiger kann den Eigentumsübergang auf den Vorbehaltskäufer (Pfändungsschuldner) dadurch herbeiführen und so seine Pfändung wirksam machen, dass er an den Vorbehaltsverkäufer den Kaufpreis oder Restkaufpreis bezahlt. Dadurch kann auch verhindert werden, dass der Verkäufer der Pfändung der Sache durch Klage nach § 771 ZPO widerspricht oder es kann erreicht werden, dass die bereits erhobene Widerspruchsklage gegenstandslos wird (siehe dazu die Ausführungen Rn. 257 ff.).

273 Zweifelhaft ist, ob der vorgenannten Zahlung vom Vorbehaltskäufer (Pfändungsschuldner) mit der Wirkung widersprochen werden kann, dass der Verkäufer zur Verweigerung der Annahme der Zahlung berechtigt wird (§ 267 BGB). Auf jeden Fall kann die Annahme der Zahlung dann nicht verweigert werden, wenn der Gläubiger auch das Anwartschaftsrecht des Käufers gepfändet hat.

274 Ist dem Pfändungsgläubiger, der Zahlung leisten will, die Höhe oder restliche Höhe des Kaufpreises nicht bekannt, so kann er vom Pfändungsschuldner und vom Drittschuldner entsprechende Auskunft verlangen (§§ 836, 840 ZPO; siehe Rn. 298).

---

[62] BGH a. a. O., Stöber a. a. O. Umgekehrt ergreift die Sachpfändung nicht die Pfändung des Anwartschaftsrechts des Vorbehaltskäufers (Tiedtke, NJW 1972, 1404) gegen LG Braunschweig, MDR 1972, 57 wie folgt: Die Pfändung beweglicher Sachen, die der Schuldner zuvor einem Darlehensgläubiger zur Sicherung übereignet hat, durch einen anderen Gläubiger ist nach Rückzahlung des Darlehens einem dritten Gläubiger gegenüber wirksam, dem der Schuldner nach der Pfändung seinen Anspruch gegen den Sicherungsnehmer für den Fall der Rückzahlung des Darlehens überträgt.

275 Der Pfändungsgläubiger kann den Betrag, den er an den Verkäufer bezahlt hat, als Kosten der Zwangsvollstreckung (§ 788 ZPO) geltend machen. Doch benötigt er dazu einen besonderen Schuldtitel.[63]

Der Pfändungsgläubiger muss in seinem Interesse vor Zahlung des Kaufpreises, also einer fremden Schuld, prüfen, ob er Aussicht hat, sein Geld wiederzubekommen. Dazu gehört die Prüfung der Frage, ob die dem Pfändungsschuldner bedingt übereignete Sache selbst pfändbar ist (siehe dazu insbesondere § 811 ZPO) und, bejahendenfalls, ob sie sich nicht im Laufe der Zeit in ihrem Wert erheblich gemindert hat oder noch einen angemessenen Versteigerungserlös erwarten lässt. Auch hat er darauf zu achten, ob seine Zahlung nicht etwaige im Zeitpunkt der Zahlung bestehende Pfandrechte (Vermieterpfandrecht oder andere Pfandrechte oder Pfändungspfandrechte) wirksam werden lässt.

276 Unerheblich ist, ob zuerst das Anwartschaftsrecht oder die Sache selbst gepfändet wird. Der **Rang richtet sich** immer allein **nach der Pfändung der Sache.**

277 Hat der Vorbehaltskäufer das Anwartschaftsrecht an einen Dritten veräußert, so erlangt der Erwerber des Anwartschaftsrechts das Eigentum an der Sache ohne Weiteres, sobald die Kaufpreisforderung des Verkäufers bezahlt ist. Dieser Erwerb der Sache geschieht unmittelbar, d. h. ohne ihren Durchgang durch das Vermögen des Vorbehaltskäufers. Daraus folgt: Ist die Sache in der Zwischenzeit durch einen Gläubiger des ersten Anwartschaftsberechtigten (des Vorbehaltskäufers) gepfändet worden, so wird diese Pfändung nicht wirksam; dem Erwerber des Anwartschaftsrechts steht die Widerspruchsklage nach § 771 ZPO gegen den vorgenannten Pfändungsgläubiger zu.[64]

278 Seit 01.01.1999 ist der **Vorbehaltsverkäufer** privilegiert, wenn er **Gläubiger** ist und in den unter Eigentumsvorbehalt gelieferten Gegenstand vollstrecken will: Ihm kann der Schuldner nicht mehr entgegenhalten, dass der Gegenstand nach § 811 Abs. 1 Nr. 1, 4, 5 und 7 ZPO unpfändbar sei (§ 811 Abs. 2 ZPO). Damit ist der Vorbehaltsverkäufer als Gläubiger nicht mehr gezwungen, sich einen Herausgabetitel (über § 985 BGB) zu beschaffen, um den Gegenstand zu erlangen und zu verwerten.

Die Vereinbarung des Eigentumsvorbehalts ist dem Gerichtsvollzieher durch Urkunden nachzuweisen. Dieses Pfändungsprivileg steht auch dem Lieferanten des Verkäufers zu, wenn ihm dieser die Kaufpreisforderung abgetreten hat (siehe § 121 Nr. 2c GVGA).

---

[63] Kein Titel erforderlich, vielmehr Abzug am Versteigerungserlös möglich nach LG Aachen, Rpfleger 1968, 60 und LG Bonn, Rpfleger 1956, 44.

[64] BGHZ 20, 88 = MDR 1956, 593 (mit Anm. Reinicke) = NJW 1956, 665; LG Bückeburg, NJW 1955, 1156 und LG Köln, NJW 1954, 1773 je mit Anm. Baumann.

MUSTER: Pfändung der Sache selbst

In meiner Zwangsvollstreckungssache gegen ... in ... beantrage ich wegen meiner Forderung über ... EUR Hauptsumme, ... % Zinsen daraus seit ... und meiner bisherigen durch Belege nachgewiesenen Vollstreckungskosten mit ... EUR sowie wegen der künftig entstehenden Kosten, die beim Schuldner befindliche Rechenmaschine Fabrikat ... zu pfänden (Lieferant Firma ... in ...). Einen Versteigerungstermin bitte ich zunächst nicht anzusetzen, da die Maschine unter Eigentumsvorbehalt steht. Ich habe heute beim dortigen Amtsgericht gleichzeitig die Pfändung des Anwartschaftsrechts des Schuldners auf die genannte Maschine beantragt und gebeten, den dem Amtsgericht beigelegten Vollstreckungstitel mit Zustellungsnachweis baldigst an die Gerichtsvollzieherstelle weiterzuleiten.
Datum und Unterschrift des Gläubigers

---

279   Vorstehender Antrag ist an den Gerichtsvollzieher zu richten. Wegen des Pfändungsschutzes nach § 811 Abs. 1 Nr. 1 und 5 ZPO bei einer unter Eigentumsvorbehalt stehenden Sache siehe Rn. 568, 581, 585.[65]

4.4 Pfändung einer zur Sicherung übereigneten Sache

280   Die Sicherungsübereignung einer beweglichen Sache stellt eine in ernstlicher Absicht erfolgende Übertragung von Volleigentum zum Zwecke der Sicherung einer dem Erwerber zustehenden Forderung mit der Maßgabe dar, dass letzterer keine Verfügung über die Sache treffen darf, die außerhalb des Sicherungszweckes liegt. Der Erwerber darf die ihm übereignete Sache insbesondere vor Fälligkeit seiner Forderung nicht verwerten, namentlich nicht veräußern. Nach rechtzeitiger Befriedigung seiner Forderung muss der Erwerber die Sache auf den Sicherungsgeber zurückübertragen (schuldrechtlicher Anspruch), falls diese Rückübertragung infolge der bei Abschluss des Sicherungsübereignungsvertrags getroffenen Vereinbarungen nicht bereits automatisch eintritt (so genannte auflösend bedingte Übereignung).

Erfüllt der Sicherungsgeber seine Zahlungsverpflichtungen gegenüber dem Sicherungsnehmer nicht rechtzeitig, so kann letzterer zu seiner Befriedigung die übereignete Sache verwerten.

---

[65] S. dazu Hartmann, Sicherungsübereignung, Freiburg/Breisgau, 1968, 122 ff.

Anders als bei einer Verpfändung kann die übereignete Sache im Besitz des Sicherungsgebers verbleiben. Zu diesem Zweck wird zwischen den Beteiligten ein bestimmtes Besitzkonstitut, etwa Leihe, Verwahrung, kommissionsähnliches Verhältnis (vgl. §§ 930, 868 BGB), vereinbart.

4.4.1 Pfändung bei Sicherungsübereignung

281 Eine zur Sicherung übereignete, aber im Besitz des Sicherungsgebers (Schuldners) verbliebene Sache kann ein dritter Gläubiger durch den Gerichtsvollzieher pfänden lassen (§ 808 ZPO). Einer solchen Sachpfändung kann aber der Sicherungsnehmer widersprechen (§ 771 ZPO; siehe Rn. 257 ff.).

Zur Abwendung dieses Widerspruchs muss der pfändende Gläubiger durch das Vollstreckungsgericht zusätzlich den schuldrechtlichen Anspruch auf Rückübertragung des Eigentums an der übereigneten Sache pfänden lassen, der dem Sicherungsgeber nach Befriedigung des Sicherungsnehmers gemäß den Ausführungen in Rn. 280 zusteht. Dies gilt auch für eine auflösend bedingte Übereignung. Es ist also im Ergebnis eine Doppelpfändung (wie bei Pfändung einer unter Eigentumsvorbehalt stehenden Sache; siehe Rn. 270, 272) notwendig.

Hierauf kann der Pfändungsgläubiger den Sicherungsnehmer um seine (Rest-)Ansprüche befriedigen, wobei letzterer kein Widerspruchsrecht nach § 267 Abs. 2 BGB hat.[66]

Der pfändende Gläubiger kann nach Pfändung auch warten, bis der Schuldner den Sicherungsgläubiger selbst befriedigt.

4.4.2 Pfändungsantrag wegen eines Rückübertragungsanspruchs

282 Für die Pfändung der übereigneten Sache selbst gilt nichts Besonderes. Wegen des für sie unter Umständen bestehenden Pfändungsschutzes nach § 811 Abs. 1 Nr. 1 oder 5 ZPO siehe Rn. 568, 581, 585.

---

[66] OLG Celle, NJW 1960, 2196.

283

MUSTER: Pfändung des Rückübertragungsanspruchs

Ich beantrage wegen meiner Forderung laut angeschlossener Aufstellung und der Kosten der Pfändung folgende Ansprüche und Rechte des Schuldners an X (Sicherungsnehmer) aus dem (zur Sicherung eines Darlehens erfolgten) Sicherungsübereignungsvertrag vom ... über Übereignung einer Rechenmaschine Fabrikat ... zu pfänden und mir zur Einziehung zu überweisen:

a) das Recht des Schuldners, durch Zahlung der gesicherten Schuld die Rückübertragung des Eigentums an der Rechenmaschine herbeizuführen,[67]

b) das Recht des Schuldners auf Ausgleich in Geld samt Rechnungslegung,

c) den Anspruch des Schuldners gegenüber dem Gerichtsvollzieher auf Herausgabe eines sich ergebenden Überschusses, falls durch ihn die Verwertung der übereigneten Rechenmaschine erfolgt. Vollstreckungstitel mit Zustellungsnachweis ist angeschlossen.

Datum und Unterschrift des Gläubigers

---

[67] Im Fall einer auflösend bedingten Sicherungsübereignung (siehe Rn. 280) ist zu formulieren: „des Anwartschaftsrechts des Schuldners auf Wiedererwerb des Eigentums."

5 Zwangsvollstreckung in Forderungen

5.1 Pfändung und Überweisung

284

LITERATUR

Diepold/Hintzen, Musteranträge für Pfändung und Überweisung, 9. Aufl., Köln, 2010 | **Hellwig/Frankenberg**, Pfändung des Arbeitseinkommens und Verbraucherinsolvenz, 6. Aufl., Köln, 2010 | **Heussen/Damm**, Zwangsvollstreckung für Anfänger, 10. Aufl., München, 2011 | **Stöber**, Forderungspfändung: Zwangsvollstreckung in Forderungen und andere Vermögensrechte, 15. Aufl., Bielefeld, 2010.

Die Forderungspfändung ist — insbesondere wenn ihr eine Vorpfändung vorausgeht (s. Rn. 313) — die wirksamste Vollstreckungsart, da der Schuldner vor der Pfändung über das Pfändungsgesuch gemäß § 834 ZPO nicht zu hören ist und daher nur wenig Vorsorge gegen sie treffen kann. Gleichwohl ist der Schuldner dadurch gewarnt, dass ihm z. B. bereits ein Mahnbescheid oder ein Urteil zugestellt worden ist, sodass es naheliegt, dass die Zwangsvollstreckung droht.

Forderungen, also z. B. Ansprüche des Schuldners gegen seinen Arbeitgeber auf Zahlung von Arbeitsentgelt oder gegen die Bank aus dem Bankvertrag sowie ähnliche vermögensrechtliche Ansprüche des Schuldners stehen der Pfändung durch einen Gläubiger in erheblichem Umfang offen. Beim Arbeitseinkommen ist aber zu berücksichtigen, dass dieses gemäß §§ 850 ff. ZPO in erheblichem Maße einem Pfändungsschutz unterliegt, weil der Schuldner aus sozialpolitischen Gründen vor einer „Kahlpfändung" geschützt werden muss, sodass die Pfändungsschutzvorschriften im öffentlichen Interesse liegen, unabdingbar sind und von Amts wegen berücksichtigt werden müssen.[1] Ebenso wie bei der Mobiliarvollstreckung ist bei der Zwangsvollstreckung in Forderungen ein Erfolg nur dann möglich, wenn der Gläubiger schnell handelt und die Instrumentarien der Forderungsvollstreckung im Einzelnen kennt. Bei der Vollstreckung in Forderungen und andere Vermögensrechte besteht gemäß §§ 802, 828 ZPO eine ausschließliche Zuständigkeit der Amtsgerichte als Vollstreckungsgerichte am allgemeinen Gerichtsstand des Schuldners (hier Rn. 197). Pfändung allein verschafft dem Gläubiger noch keine Befriedigung.

---

[1] So Thomas/Putzo-Hüßtege, § 850 ZPO Rn. 2.

Ihm muss zusätzlich durch das Vollstreckungsorgan die gepfändete Forderung überwiesen werden. Der Gläubiger wird daher zugleich auch die Überweisung der Forderung beantragen. Dies geschieht durch einen Antrag auf Erlass eines Pfändungs- und Überweisungsbeschlusses. Die Pfändung wird mit Zustellung des Pfändungs- und Überweisungsbeschlusses an den Drittschuldner wirksam (§ 829 Abs. 3 ZPO). Nachdem der Beschluss dem Drittschuldner zugestellt worden ist, hat der Gerichtsvollzieher den Beschluss mit einer Abschrift der Zustellungsurkunde dem Schuldner zuzustellen (§ 829 Abs. 2 Satz 2 ZPO). Gemäß § 835 Abs. 3 Satz 1 ZPO sind die Vorschriften des § 829 Abs. 2 und Abs. 3 ZPO auf die Überweisung entsprechend anzuwenden.

285 Die Pfändung gemäß § 829 Abs. 1 ZPO hat eine doppelte Wirkung. Zum einen enthält sie das Arrestatorium gemäß § 829 Abs. 1 Satz 1 ZPO, mit dem dem Drittschuldner verboten wird, an den Schuldner zu zahlen sowie das Inhibitorium gemäß § 829 Abs. 1 Satz 2 ZPO, mit dem dem Schuldner geboten wird, sich jeder Verfügung über die Forderung, insbesondere ihrer Einziehung, zu enthalten.

Der Gläubiger hat die Wahl, ob er Überweisung zur Einziehung oder Zahlung anstatt beantragen will. Die **Überweisung zur Einziehung** — die weitaus häufigere Form der Überweisung — ermächtigt den Gläubiger, die gepfändete Forderung an Stelle des Schuldners im eigenen Namen geltend zu machen und vom Drittschuldner die von diesem geschuldete Leistung zur Erfüllung seiner Schuld anzunehmen. Einen Forderungsübergang auf den pfändenden Gläubiger hat die Überweisung zur Einziehung nicht zum Inhalt. Inhaber der gepfändeten Forderung bleibt also der Schuldner.

Die Einziehungsbefugnis ist der Höhe nach auf den Betrag der durch den Vollstreckungstitel gedeckten Ansprüche des Gläubigers begrenzt, falls die überwiesene Forderung höher ist. Die Forderung des pfändenden Gläubigers erlischt nicht mit der Überweisung, sondern erst dann, wenn — und soweit — dieser Gläubiger wegen seines Anspruchs gegen den Schuldner befriedigt ist.

286 Verzögert der Gläubiger die Einziehung der ihm überwiesenen Forderung, so wird er dem Schuldner gemäß §§ 842 ZPO, § 276 BGB schadenersatzpflichtig.

287 Verzichtet der Gläubiger auf die durch die Pfändung und Überweisung erworbenen Rechte, so wird dadurch sein Anspruch als solcher nicht berührt (§ 843 ZPO).

288 Bei der — vom Gläubiger zu beantragenden — **Überweisung an Zahlungs statt** wird die gepfändete Forderung auf den Gläubiger übertragen, sie geht auf ihn wie im Falle einer Abtretung über (§ 398 BGB). Der Schuldner scheidet aus dem Schuldverhältnis aus.

Ist die **Forderung, die gepfändet worden ist, höher als der Anspruch** des pfändenden Gläubigers, so geht sie auf diesen nur in Höhe seiner Forderung im Zeitpunkt der Zustellung des gerichtlichen Beschlusses an den Drittschuldner über, und
zwar im gleichen Rang mit dem dem Schuldner verbleibenden Teil, falls sich aus dem
Pfändungsantrag und -beschluss nichts anderes ergibt. Der Gläubiger sollte aus den
Rn. 294 a. E. ersichtlichen Gründen stets eine **„Vollpfändung"** beantragen. Mit dem
durch die Überweisung an Zahlungs statt erlangten Gläubigerrecht stehen dem
pfändenden Gläubiger auch die aus der zu pfändenden Forderung etwa zu erbringenden Zinsen zu. Aus seiner eigenen — durch die Überweisung an Zahlungs statt erloschenen — Forderung kann der Gläubiger auch keine Zinsen mehr geltend machen.

289   Die vorstehend behandelten Wirkungen der Überweisung an Zahlungs statt treten
ohne Rücksicht darauf ein, ob die Forderung gegen den Drittschuldner einbringlich
ist oder nicht. Der Schuldner haftet für die Uneinbringlichkeit nicht. Dann allerdings,
wenn die überwiesene Forderung gar nicht besteht oder durch Einwendungen des
Drittschuldners (§§ 404 ff. BGB) vernichtet wird, treten die Wirkungen der Überweisung an Zahlungs statt nicht ein. Der Gläubiger kann dann wegen seiner weithin
bestehenden Forderung in andere Vermögenswerte des Schuldners vollstrecken.

290   Eine dem Gläubiger nach Pfändung an Zahlungs statt überwiesene Forderung kann
von anderen Gläubigern seines Schuldners nicht mehr gepfändet werden.

5.1.1   Pflichten des Schuldners nach erfolgter Überweisung

291   Nach Erlass eines Pfändungs- und Überweisungsbeschlusses ist der Schuldner verpflichtet, dem Gläubiger **die zur Geltendmachung der Forderung nötige Auskunft**
zu erteilen (§ 836 Abs. 3 Satz 2 ZPO). Dabei wird der Umfang der Auskunftspflicht
recht weit gezogen: In der Auskunft müssen dem Gläubiger vom Schuldner alle für
die Forderung und ihre Nebenrechte wichtigen Einzelheiten genannt werden, also
Höhe der Forderung, Zeit und Ort der Leistung, etwaige Einwendungen des Drittschuldners und Verteidigungsmittel dagegen und sämtliche Beweismittel, die dem
Schuldner zur Verfügung stehen. Erteilt der Schuldner die nötige Auskunft innerhalb
gesetzter Frist (ein bis zwei Wochen) nicht, ist er auf Antrag des Gläubigers verpflichtet, sie zu Protokoll des Gerichtsvollziehers zu geben und seine Angaben an
Eides statt zu versichern (§ 836 Abs. 3 Satz 3, § 899 Abs. 1 ZPO). Näher dazu Rn. 733a ff.

Erscheint der Schuldner zum Termin nicht oder verweigert er die Abgabe der eides-
stattlichen Versicherung, hat das Vollstreckungsgericht auf Antrag des Gläubigers
Haftbefehl zur Erzwingung der eidesstattlichen Versicherung zu erlassen (§ 901
ZPO).

Ist die Auskunft unzureichend, hat der Schuldner in einem weiteren Termin nachzubessern.

Der Schuldner hat dem Gläubiger auch die über die Forderung vorhandenen Unterlagen, insbesondere Lohnabrechnung (Rn.733e), Schuldschein, Mietvertrag, Sparkassenbuch, Leistungsbescheid des Arbeitsamtes[2], Versicherungsschein[3], Flugschein[4], Lohnabtretungsurkunden[5], herauszugeben (§ 836 Abs. 3 ZPO). Die **Urkundenherausgabe** kann der Gläubiger im Wege der Zwangsvollstreckung erzwingen (§ 836 Abs. 3 Satz 2 ZPO). Die Wegnahme erfolgt durch den Gerichtsvollzieher (§ 883 Abs. 1 ZPO), dem vom Gläubiger der Vollstreckungstitel und der Überweisungsbeschluss ausgehändigt wurden.[6] Herausgabetitel ist dabei der Überweisungsbeschluss, der die herauszugebenden Urkunden genau bezeichnen muss (§ 174 GVGA). Ist die Urkunde im Überweisungsbeschluss nicht (genau) bezeichnet, so kann der Gläubiger die Ergänzung des Beschlusses auch noch nachträglich beim Vollstreckungsgericht beantragen.[7] Sind die Urkunden im Besitz eines zu ihrer Herausgabe nicht bereiten Dritten, so berechtigt der Pfändungs- und Überweisungsbeschluss den Gläubiger zur Klage auf Herausgabe der in Frage stehenden Urkunden.

An den Schuldner wird im (Pfändungs- und) Überweisungsbeschluss das Gebot erlassen, sich jeder Verfügung über die Forderung, insbesondere ihrer Einziehung, zu enthalten (§ 829 Abs. 1 ZPO).

5.1.2   Rechtsstellung des Drittschuldners

292   Dem Drittschuldner wird im Überweisungsbeschluss verboten, noch an seinen Gläubiger zu zahlen. Zahlt er gleichwohl, so wird er von seiner Zahlungspflicht gegenüber dem pfändenden Gläubiger nicht befreit.[8]

Der Drittschuldner kann dem Gläubiger alle Einreden und Einwendungen entgegenhalten, die ihm zur Zeit der Pfändung gegenüber dem Schuldner zustanden;

---

[2] LG Leipzig, InVo 2000, 391.

[3] LG Darmstadt, DGVZ 1991, 9.

[4] LG Frankfurt/M., DGVZ 1990, 169.

[5] LG München II, JurBüro 2000, 490, a. A. LG Hof, DGVZ 1991, 138.

[6] LG Limburg, DGVZ 1975, 11.

[7] Näher zur Urkundenherausgabe Behr, JurBüro 1994, 327.

[8] Dadurch, dass der Drittschuldner einer gepfändeten Forderung verbotswidrig an den Schuldner zahlt, verliert er nicht seine Einwendungen gegen die gepfändete Forderung (BGH, NJW 1972, 428).

er kann insbesondere geltend machen, dass die Forderung nicht entstanden oder erloschen ist. Der Drittschuldner kann ferner die Wirksamkeit der Pfändung und Überweisung bestreiten oder geltend machen, dass die Forderung — zumindest teilweise — unpfändbar ist, wie dies auf Arbeitseinkommen in großem Umfang zutrifft (siehe Rn. 618 ff.).

Verweigert der Drittschuldner die Zahlung an den pfändenden Gläubiger, so bleibt diesem nichts anderes übrig, als den Drittschuldner auf Zahlung zu verklagen. Hierzu ist er bei der Überweisung zur Einziehung befugt, weil ihm das Einziehungsrecht verliehen ist, bei der Überweisung an Zahlungs statt (Rn. 288), weil er der Gläubiger der Forderung geworden ist (siehe Rn. 302).

5.1.3 Voraussetzungen der Pfändung von Forderungen

293 Die Voraussetzungen, unter denen die Pfändung einer Forderung zulässig ist, sind die gleichen wie bei jeder anderen Vollstreckung, also (siehe Rn. 187 ff.): Vollstreckungstitel, Vollstreckungsklausel und Zustellung des Titels an den Schuldner.

5.2 Arten der Forderungspfändung und deren Verwertung

5.2.1 Normale Art

294 Die **Pfändung einer Forderung** oder eines ähnlichen vermögensrechtlichen Anspruchs erfolgt auf Antrag des Gläubigers **ohne Anwaltszwang** durch das Vollstreckungsgericht beim Amtsgericht. Zuständig ist der Rechtspfleger. Glaubhaftmachung der zu pfändenden Forderung durch den Gläubiger ist nicht erforderlich. Das Gericht pfändet die **„angebliche" Forderung** des Schuldners. Eine Anhörung des Schuldners vor der Pfändung erfolgt nicht (§ 834 ZPO)[9]. Der Antrag kann nur nach dem Musterformular aus der ZVFV gestellt werden (Arbeitshilfen online).

---

[9] Dieses Verbot ist eine Schutzvorschrift nur zugunsten des Gläubigers. Beantragt der Gläubiger die Anhörung des Schuldners, so hat das Gericht im Rahmen seiner Aufklärungspflicht den Schuldner zu hören (OLG Celle, MDR 1972, 958, m. Zust. Anm. von Schneider, MDR 1972, 912).

Dabei ist zu beachten, dass der Nennbetrag der zu pfändenden Forderung durchaus den Nennbetrag der zu vollstreckenden Forderung übersteigen darf (**sog. Vollpfändung**), ohne dass gegen das Verbot der Überpfändung verstoßen wird.[10]

Die Vollpfändung ist deshalb angebracht, weil der Gläubiger, der stets nur die „angebliche Forderung" seines Schuldners gegen den Drittschuldner pfändet, nicht über den wahren Bestand der Forderung und ihre Durchsetzbarkeit informiert ist. Eine Beschränkung der Pfändung auf die Höhe der zu vollstreckenden Forderung, wie sie in manchen Pfändungsformblättern enthalten ist, kann für den Gläubiger recht unvorteilhaft sein: Wird z. B. wegen einer 1.000-EUR-Forderung in eine 5.000-EUR-Forderung vollstreckt, so geht der Gläubiger bei Beschränkung der Vollstreckung in Höhe von 1.000 EUR bei einer Aufrechnung durch den Drittschuldner mit einer Gegenforderung in Höhe von 1.000 EUR leer aus, während er bei Durchführung einer Vollpfändung voll befriedigt wird. Ähnlich liegt es, wenn der Drittschuldner in Insolvenz fällt: Dann wird die Verteilungsquote im Fall der Vollpfändung aus 5.000 EUR, ansonsten nur aus 1.000 EUR berechnet. Die handelsüblichen Formulare „Antrag auf Pfändungs- und Überweisungsbeschluss" entsprechen der für den Gläubiger vorteilhaften Vollpfändung.

295 Die Pfändung wird mit der Zustellung des Pfändungsbeschlusses an den Drittschuldner wirksam.[11] Der Gläubiger erhält, nachdem der Beschluss auch dem Schuldner zugestellt worden ist, Ausfertigung des Pfändungsbeschlusses mit Zustellungsnachweisen. Ersatzzustellung ist statthaft[12]; öffentliche Zustellung an den Drittschuldner ist ausgeschlossen, weil er nicht Partei ist. Wegen der für Gläubiger und Schuldner bestehenden Rechtsmittel siehe die Ausführungen Rn. 200. Wegen der Möglichkeit einer Vorpfändung siehe die Ausführungen Rn. 313 ff.

5.2.2 Andere Arten von Pfändung

296 Ist die gepfändete Forderung bedingt oder betagt oder ist ihre Einziehung wegen der Abhängigkeit von einer Gegenleistung oder aus anderen Gründen mit Schwierigkeiten verbunden, so kann das Gericht auf Antrag an Stelle der Überweisung eine andere Art der Verwertung anordnen. Vor Erlass des Beschlusses, durch welchen dem Antrag stattgegeben wird, ist der Gegner zu hören, sofern nicht eine

---

[10] BGH, NJW 1975, 738; NJW 1985, 1155, 1157; Stöber, Rn. 761.

[11] Die Zustellung des Pfändungsbeschlusses kann nur an den darin namentlich bezeichneten Drittschuldner erfolgen. Wechselt etwa der Schuldner seinen Arbeitsplatz (siehe dazu auch Rn. 661), und will der Gläubiger die Lohnpfändung fortsetzen, so muss er einen neuen Pfändungsbeschluss erwirken (AG Stuttgart, DGVZ 1973, 61).

[12] AG Köln, DGVZ 1988, 123.

Zustellung im Ausland oder eine öffentliche Zustellung erforderlich wird (§ 844 ZPO). Angeordnet werden kann z. B. der freihändige Verkauf oder eine Versteigerung der Forderung oder die Überweisung an Zahlungs statt zu einem unter dem Nennwert liegenden Betrag.

5.3 Rangfragen

297 Das durch eine frühere Pfändung begründete Pfandrecht geht demjenigen vor, das durch eine spätere Pfändung begründet wird (§ 804 ZPO; vgl. für die Pfändung beweglicher Sachen Rn. 205).[13] Gleichzeitige Pfändungen haben gleichen Rang. Bei Vorrang wird der Gläubiger des früheren Rechts vor dem nachrangigen Gläubiger **voll** befriedigt. Bei Gleichrang wird der Erlös im Verhältnis der einzelnen Forderungen verteilt.

5.4 Aufforderung an Drittschuldner zur Erklärung

298 In der Regel ist es zweckmäßig, dass der Gläubiger den Drittschuldner durch den Gerichtsvollzieher zur Erklärung nach § 840 ZPO auffordern lässt. Bei einer Zustellung mit der Post ist dies nicht möglich. Der Drittschuldner ist zur Abgabe der Drittschuldnererklärung gemäß § 840 Abs. 1 ZPO binnen zwei Wochen verpflichtet, wobei die Frist durch den Gläubiger verlängerbar ist.

Die Drittschuldnererklärung hat folgende Punkte zu umfassen:

1. ob und inwieweit er die Forderung als begründet anerkenne und Zahlung zu leisten bereit sei;
2. ob und welche Ansprüche andere Personen an die Forderung haben;
3. ob und wegen welcher Ansprüche die Forderung bereits für andere Gläubiger gepfändet sei;
4. ob innerhalb der letzten zwölf Monate im Hinblick auf das Konto, dessen Guthaben gepfändet worden ist, nach § 850l ZPO die Unpfändbarkeit des Guthabens angeordnet worden ist und
5. ob es sich bei dem Konto, dessen Guthaben gepfändet worden ist, um ein Pfändungsschutzkonto im Sinne von § 850k Abs. 7 ZPO handelt.

---

[13] Zum „Rang" beim Zusammentreffen von Abtretung und Pfändung siehe Rn. 305.

Will der Gläubiger auf diese Weise vorgehen, so muss er am Schluss seines an das Vollstreckungsgericht gerichteten Pfändungsantrags (Muster: Pfändungs- und Überweisungsbeschluss) noch den Satz einfügen:

MUSTER: Erklärung nach § 840 ZPO

Antrag auf Aufforderung des Drittschuldners zur Erklärung nach § 840 ZPO wird hiermit gestellt.

299　Als etwaige Einwendungen des Drittschuldners nach vorstehend Buchstabe a) kommen in Frage: Arbeitgeber hat selbst einen fälligen Darlehensanspruch gegen den Schuldner in Höhe von … EUR, mit dem aufgerechnet wird, bei einer Kontenpfändung hat die Bankvorrangig Ansprüche gegen den Schuldner wegen des von ihm gemäß Nr. 14 AGB-Banken eingeräumten Vertragspfandrechts (siehe Rn. 341); Schuldner hat das Arbeitsverhältnis zum … gekündigt; Pfändungsbeschluss enthält folgende Unklarheiten …[14] Unter oben Buchstabe b) wäre eine etwaige Abtretung des Anspruchs durch den Schuldner anzugeben. Bei Buchstabe c) müssen auch Vorpfändungen angegeben werden, wenn die dabei zu beachtende Monatsfrist noch nicht abgelaufen ist (siehe dazu Rn. 321). Anzugeben ist hier auch, ob ein bevorrechtigter oder ein gewöhnlicher Gläubiger (siehe darüber Rn. 623 und Rn. 641) gepfändet hat. Auch der Zustellungstag ist mitzuteilen. Die mithin in Frage kommenden Erklärungen des Drittschuldners können bei Zustellung des Pfändungsbeschlusses durch den Gerichtsvollzieher oder innerhalb der genannten Zweiwochenfrist an den Gerichtsvollzieher erfolgen. Der **Drittschuldner** ist **nur einmal zur Auskunftserteilung verpflichtet**. Eine erneute Auskunft — nach Ablauf einer gewissen Zeit — kann der Pfändungsgläubiger nur aufgrund neuer Vorlage und Zustellung eines Pfändungsbeschlusses verlangen.

Der Pfändungsgläubiger hat keinen einklagbaren Anspruch auf Abgabe der Drittschuldnererklärung. Der Drittschuldner haftet dem Gläubiger allerdings gemäß § 840 Abs. 2 Satz 2 ZPO für den aus der Nichterfüllung seiner Verpflichtung entstehenden Schaden, sodass der Pfändungsgläubiger ohne Kostenrisiko gegen den Drittschuldner auf Leistung (Zahlung) klagen kann.

300　Die durch Abgabe der Erklärung entstandenen Kosten muss der Gläubiger dem Drittschuldner mangels Rechtsgrundlage nicht erstatten.[15]

---

[14] S. zur Auskunftspflicht nach oben Buchstabe a) auch OLG München, NJW 1975, 174 (wenn von einem Kaufmann abgegeben, in der Regel deklaratorisches Schuldanerkenntnis, mit kritischen Ausführungen von Benöhr, NJW 1976, 6).

[15] BAG, NJW 1985, 1181. Bei schwieriger Sach- und Rechtslage sind nach anderer Ansicht Rechtsanwaltskosten zu erstatten, AG Düsseldorf, JurBüro 1985, 723; Eckert, MDR 1986, 799.

Für den aus der Nichterfüllung seiner ihm nach den vorstehenden Ausführungen obliegenden Pflicht entstandenen Schaden haftet der Drittschuldner dem Pfändungsgläubiger.[16]

Der **Schaden** kann z. B. in nutzlos aufgewandten Gerichts- und Anwaltskosten für einen Prozess gegen den Drittschuldner bestehen.[17] Diese Kosten sind dem Gläubiger zu erstatten.[18] Der Schaden umfasst auch — entgegen der früheren Rechtsprechung — die dem Gläubiger durch die Zuziehung eines Anwalts beim Arbeitsgericht entstandenen Kosten.[19]

Ferner ist auch ein etwaiger Schaden vom Drittschuldner zu ersetzen, den der Gläubiger dadurch erlitten hat, dass er infolge der unzulänglichen Auskunft andere Vollstreckungsmöglichkeiten gegen den Schuldner versäumt hat.[20]

301 Der Gläubiger kann sich wegen Erteilung von Auskunft auch unmittelbar an den Drittschuldner wenden. Reagiert dieser nicht, so muss aber der Weg des § 840 ZPO nachträglich beschritten werden.

5.4.1 Klage des Gläubigers gegen Drittschuldner bei Nichtzahlung

302 Ist dem Gläubiger die gepfändete Forderung zur Einziehung überwiesen (Rn. 285 ff.), zahlt aber der Drittschuldner nicht, so muss der Gläubiger wegen seines Anspruchs gegen den Drittschuldner Klage erheben. Für die Klage ist das Gericht sachlich und örtlich zuständig, bei dem der Schuldner seine Forderung gegen den Drittschuldner nach den gesetzlichen Bestimmungen (Rn. 43) geltend machen müsste, bei Arbeitseinkommen also beim Arbeitsgericht (Rn. 43). Der Gläubiger tritt selbstständig auf, d. h. als Partei im eigenen Namen.

Wegen **Streitverkündung** des Gläubigers an den Schuldner siehe §§ 841, 73 ZPO.

---

[16] Zu den Folgen der Nichtabgabe der Drittschuldnererklärung siehe ausführlich David, Lohnpfändung, 70.

[17] BGH, DGVZ 1984, 137.

[18] BGHZ 79, 275; OLG Stuttgart, Rpfleger 1990, 265.

[19] BAG, ZIP 1990, 1094; LG Rottweil, Rpfleger 1990, 265; LG Oldenburg, JurBüro 1991, 727.

[20] BGHZ 69, 328, 333.

303 | **MUSTER: Streitverkündung**

In meinem Rechtsstreit gegen ... — Aktenzeichen ... des Amtsgerichts ... — verkünde ich hiermit meinem Schuldner ... den Streit. Im Rechtsstreit mache ich die für mich mit Pfändungs- und Überweisungsbeschluss des Amtsgerichts vom ... — Aktenzeichen ... — gepfändete und zum Einzug überwiesene Forderung des Schuldners an den Beklagten aus ... vom ... geltend. Eingeklagt sind ... EUR Hauptsumme, ... % Zinsen hieraus seit ... und ... EUR Kosten.
Termin zur ersten mündlichen Verhandlung findet vor dem Amtsgericht ... am ... Uhr statt.
Datum und Unterschrift des Gläubigers

304   Die für das Klageverfahren zu beachtenden Vorschriften werden in Rn. 127 ff. erläutert.

5.5 Pfändung einer bereits abgetretenen oder verpfändeten Forderung

5.5.1 Pfändung einer uneingeschränkt abgetretenen Forderung

305   Die Pfändung einer Forderung, die bereits abgetreten ist,[21] durch einen Gläubiger ihres bisherigen Gläubigers (nachstehend kurz „Altgläubiger" genannt) würde ins Leere gehen, denn eine Pfändung kann nicht erfassen, was nicht mehr dem Schuldner gehört; die abgetretene Forderung unterliegt vielmehr fortan nur noch dem Zugriff der Gläubiger des neuen Gläubigers (letzterer nachstehend „Neugläubiger" genannt).[22] Voraussetzung der Unwirksamkeit der durch Gläubiger des Altgläubigers erfolgten Pfändung einer von diesem bereits abgetretenen Forderung ist, dass die **Abtretung** rechtswirksam erfolgt ist, und zwar **vor** dem Zeitpunkt des Wirksamwerdens der **Pfändung**.

---

[21] Wegen der Möglichkeit der Abtretung von Arbeitseinkommen siehe im Einzelnen die Ausführungen Rn. 666. Wegen der Rechtslage bei Zusammentreffen von Abtretung und Pfändung von Arbeitseinkommen siehe die Ausführungen Rn. 673.

[22] Ist eine Forderung bereits vor der Pfändung vom Schuldner abgetreten worden, so wird sie, wenn der neue Gläubiger sie nach der Pfändung zurückabtritt, von dieser nicht erfasst (BGH, MDR 1971, 910 = NJW 1971, 1938 = Rpfleger 1971, 351; zur Pfändung des Rückabtretungsanspruchs siehe Rn. 307.

Zu einer rechtswirksamen Abtretung genügt in der Regel ein formloser — auch ein bloß mündlicher — Abtretungsvertrag, ausgenommen grundsätzlich bei der Abtretung hypothekarisch gesicherter Forderungen und hypothekarischer Rechte. Ferner ist Voraussetzung der Unwirksamkeit der durch Gläubiger des Altgläubigers erfolgten Pfändung einer bereits abgetretenen Forderung, dass die Abtretung in voller Höhe der Forderung erfolgt ist. Ist nur ein **Teilbetrag abgetreten** worden, der Altgläubiger also in Höhe ihres Restbetrags noch weiterhin der Gläubiger, dann bleibt dieser Restbetrag durch seine Gläubiger pfändbar. Gleichgültig für die Unwirksamkeit der Pfändung ist, ob die Abtretung gegen Entgelt erfolgt ist (sog. Forderungskauf) oder, was praktisch auf das Gleiche herauskommt, zur sofortigen Tilgung einer Forderung des Neugläubigers (sog. Abtretung an Erfüllungs statt).

Auch eine bloß zahlungshalber oder erfüllungshalber erfolgte Abtretung ist eine wirkliche Abtretung. In diesem Falle hat aber im Zweifel, d. h. wenn ein anderer Wille der Beteiligten nicht ersichtlich ist, der Altgläubiger einen Anspruch an den Neugläubiger auf Erstattung des etwa von diesem über seine eigene Forderung hinaus aus der abgetretenen Forderung Erlangten. Dieser Anspruch des Altgläubigers ist schon jetzt als bedingte bzw. künftige Geldforderung von seinen Gläubigern pfändbar.

Auch eine Abtretung, die lediglich zu dem Zwecke erfolgt ist, die abgetretene Forderung für Rechnung des abtretenden Gläubigers einzuziehen, kann eine wirkliche Abtretung (sog. Inkassoabtretung) sein; sie kann aber auch nur als bloße Einziehungsermächtigung gewollt sein. In beiden Fällen hat der abtretende Gläubiger gegen den Inkassoberechtigten (Inkassobüro und dergl.) einen Anspruch auf Ausfolgung des von diesem aus der Einziehung der Forderung Erlangten. Dieser Anspruch des abtretenden Gläubigers ist schon jetzt als bedingte bzw. künftige Geldforderung von seinen Gläubigern pfändbar. Liegt eine Inkassoabtretung vor, so kann die ihr zugrunde liegende Inkassovollmacht vom Vollmachtgeber grundsätzlich jederzeit widerrufen und alsdann von ihm die Rückabtretung der Forderung an ihn verlangt werden.

5.5.2 Rechtslage bei Sicherungsabtretung

306 Der Grund für die erfolgte Abtretung einer Forderung kann auch der sein, durch diese Abtretung dem Neugläubiger bloße Sicherheit für eine ihm selbst zustehende Forderung zu leisten. Auch eine derartige, d. h. nur sicherungshalber abgetretene, Forderung gehört nicht mehr dem abtretenden Gläubiger, dem Altgläubiger, sondern demjenigen, an den sie abgetreten ist, also dem Neugläubiger. Die Gläubiger des Altgläubigers können deshalb die abgetretene Forderung nicht mehr, auf jeden Fall nicht mehr ohne Weiteres, pfänden. Es besteht aber für die Gläubiger des Altgläubigers in Ansehung der abgetretenen Forderung eine andere Zugriffsmög-

lichkeit. Denn der Altgläubiger hat bei einer durch ihn nur sicherungshalber erfolgten Abtretung einen durch die völlige Tilgung der zu sichernden Forderung des Neugläubigers aufschiebend bedingten schuldrechtlichen **Anspruch** an diesen **auf Rückübertragung — Rückabtretung** — der abgetretenen Forderung. Nach erfolgter Rückabtretung der Forderung gehört diese Forderung wieder zum Vermögen des Altgläubigers.

307 Der vorerwähnte Anspruch des Altgläubigers auf Rückabtretung der Forderung kann von seinen Gläubigern gepfändet und ihnen zur Einziehung — Geltendmachung — überwiesen werden (§§ 829, 835, 857 ZPO). Der Anspruch auf diese Pfändung kann gestellt werden, bevor der Anspruch an den Neugläubiger auf Rückabtretung existent geworden, d. h. seine Forderung getilgt ist. Der auf den Pfändungsantrag hin ergangene Pfändungs- und Überweisungsbeschluss muss, um wirksam zu sein, dem Neugläubiger zugestellt werden; denn er ist bei dieser Pfändung der Drittschuldner.[23]

Die vorgenannte Pfändung und Überweisung des Rückabtretungsanspruchs gibt dem Pfändungsgläubiger die folgende Befugnis: Er kann vom Neugläubiger, sobald dessen — durch die Abtretung gesicherte — Forderung getilgt ist, die Abgabe der zur Rückabtretung an den Altgläubiger erforderlichen (Abtretungs-) Erklärung verlangen, und zwar zu seinen — des Pfändungsgläubigers — Händen. Diese Erklärung kann erforderlichenfalls im Klageweg erzwungen werden (siehe dazu § 894 ZPO). Zweckmäßig stellt der Pfändungsgläubiger **bei** der Beantragung der **Pfändung des Rückabtretungsanspruchs** den Antrag, **auch** die **Forderung selbst** für den Fall ihrer künftig erfolgenden Rückabtretung zu **pfänden**. Außerdem wäre, um auch insoweit Klarheit zu schaffen, von ihm anzugeben, ob er Überweisung dieser Forderung zur Einziehung oder an Zahlungs statt wünscht (siehe Rn. 284) oder ob eine gerichtliche Anordnung nach § 844 ZPO (siehe Rn. 192) ergehen soll.

308 Der besonderen Rückabtretung einer sicherungshalber abgetretenen Forderung bedarf es nicht, wenn bei der Abtretung der Forderung des Altgläubigers an den Neugläubiger vereinbart wird, dass die abgetretene Forderung ohne Weiteres wieder dem Altgläubiger zustehen soll, sobald die durch die Abtretung gesicherte Forderung des Neugläubigers vom Altgläubiger getilgt wird (sog. auflösend bedingte Abtretung). In diesem Falle kann die Forderung sofort, d. h. trotz ihrer Abtretung, als eine dem Altgläubiger bedingt bzw. künftig zustehende Forderung von seinen Gläubigern gepfändet werden; die vorherige Pfändung und Überweisung des bei Rn. 306 besprochenen Rückabtretungsanspruchs des Altgläubigers kommt hier nicht in Betracht.

---

[23] Instruktiver Fall: LG Münster, Rpfleger 1991, 379.

Wird die sicherungshalber abgetretene Forderung von ihrem Schuldner — dem Drittschuldner — an den Neugläubiger bezahlt, so gilt Folgendes: Ist die durch diese Abtretung gesicherte, also die eigene Forderung des Neugläubigers, gerade so hoch oder höher als die vom Drittschuldner zu zahlende und bezahlte abgetretene Forderung, so hat der Pfändungsgläubiger endgültig das Nachsehen. Ist aber der vom Drittschuldner zu zahlende und an den Neugläubiger bezahlte Betrag höher, so hat der Altgläubiger gegen den Neugläubiger grundsätzlich Anspruch auf Erstattung des Mehrbetrags; auch dieser — eventuell — künftige bzw. bedingte Geldanspruch des Altgläubigers kann von vornherein von jedem seiner Gläubiger gepfändet und ihm überwiesen werden.

5.5.3 Pfändung bei Abtretungsverbot

309 Zwischen dem Gläubiger und dem Schuldner einer Forderung kann vereinbart worden sein, dass die Forderung nicht abgetreten werden darf (§ 399 BGB). Dies ist oftmals in Arbeitsverträgen der Fall, weil sich der Arbeitgeber dem Arbeitsaufwand entziehen will, der mit einer Lohnpfändung verbunden sein kann. Es ist aber zu berücksichtigen, dass gemäß § 251 Abs. 2 ZPO eine nach § 399 BGB nicht übertragbare Forderung insoweit gepfändet und zur Einziehung überwiesen werden kann, als der geschuldete Gegenstand der Pfändung unterworfen ist. Eine derartige Nichtabtretbarkeit einer Forderung bildet kein Hindernis für ihre Pfändung (§ 851 Abs. 2 ZPO). Wurde trotz einer derartigen Vereinbarung die Forderung ohne Zustimmung ihres Schuldners abgetreten, so ist die Abtretung (schwebend) unwirksam, und zwar grundsätzlich auch dann, wenn dem Abtretungsempfänger (Zessionar) die Vereinbarung der Nichtabtretbarkeit unbekannt war; die Forderung kann sonach in diesem Falle trotz ihrer erfolgten Abtretung von den Gläubigern des abtretenden Gläubigers wirksam gepfändet werden. Diese Pfändung würde auch dann wirksam bleiben, wenn der Schuldner der abgetretenen Forderung (der Drittschuldner) etwa nachträglich, d. h. erst nach der Pfändung, die — einseitige — Zustimmung zur Abtretung erteilt hat (§ 184 Abs. 2 BGB).

5.5.4 Pfändung nach Abtretung, die wirksam angefochten wird

310 Ist die Forderungspfändung ins Leere gegangen, weil der Vollstreckungsschuldner die Forderung vorher abgetreten hatte, wird die Pfändung und Überweisung nicht dadurch wirksam, dass der Vollstreckungsgläubiger die Abtretung erfolgreich wegen Gläubigerbenachteiligung anficht.

Es bedarf vielmehr einer **neuen Pfändung und Überweisung** der Forderung aufgrund des im Anfechtungsprozess gegen den Abtretungsempfänger ergangenen Urteils, denn der alte Pfändungsbeschluss kann nicht die Wirkung haben, dem Anfechtungsgegner als neuem Anspruchsinhaber die Einzugsberechtigung zu entziehen, obwohl sich der Beschluss gar nicht gegen ihn richtet.

Andernfalls ist weder der Abtretungsempfänger gehindert, über die Forderung anderweitig zu verfügen, noch der Drittschuldner, mit befreiender Wirkung an den Abtretungsempfänger zu leisten.[24]

5.5.5 Pfändung nach rückdatierter Abtretung

311   Wird dem Drittschuldner nach einer wirksamen Forderungspfändung eine Abtretungsurkunde des Vollstreckungsschuldners vorgelegt, die auf einen Zeitpunkt vor der Pfändung rückdatiert, tatsächlich aber erst nach der Pfändung ausgestellt ist, so wird er weder nach § 408 noch nach § 409 BGB gegenüber dem Vollstreckungsgläubiger von der Leistungspflicht frei, wenn er im Vertrauen auf die Urkunde und in Unkenntnis des zeitlichen Vorrangs der Pfändung an den in der Urkunde genannten Abtretungsempfänger leistet oder mit ihm ein Rechtsgeschäft über die Forderung vornimmt (kein Gutglaubensschutz!). In der Regel wird nicht nachweisbar sein, dass die Abtretungsurkunde auf einen Zeitpunkt vor der Pfändung rückdatiert ist. Der Nachweis gelingt allerdings in den Fällen, in denen aus Nachlässigkeit z. B. die Abtretungserklärung in EUR lautet, allerdings zu einem Zeitpunkt datiert ist, in dem noch die DM galt oder eine fünfstellige Postleitzahl zu einer Zeit verwendet worden ist, als lediglich vierstellige Postleitzahlen verwendet wurden.

5.5.6 Pfändung nach erfolgter Verpfändung

312   Eine verpfändete Forderung ist gleichwohl pfändbar. Denn ihr Verpfänder ist rechtlich Gläubiger geblieben; die Forderung gehört also weiterhin zu seinem Vermögen. Wird eine bereits verpfändete Forderung später gepfändet, dann geht aber das Pfandrecht des Pfandgläubigers dem Pfändungspfandrecht des Pfändungsgläubigers im Range vor. Voraussetzung des Rangvorrechts des Pfandgläubigers ist allerdings, dass die Verpfändung an ihn vorschriftsmäßig erfolgt, namentlich dem Schuldner der Forderung angezeigt worden ist (§§ 1274, 1280 BGB), und zwar noch vor dem Zeitpunkt des Wirksamwerdens der Pfändung (Zustellung der gerichtlichen Pfändung bzw. privaten Vorpfändungen an den Drittschuldner; § 829 Abs. 3 ZPO). Liegen diese Voraussetzungen vor, so hat der Pfandgläubiger das Vorrecht,

---

[24] BGH, Urteil vom 05.02.1987 – IX ZR 161/85, DB 1987, 778 = NJW 1987, 1703.

ohne Rücksicht darauf, ob der Pfändungsgläubiger bei der Pfändung Kenntnis von der bereits erfolgten Verpfändung hatte oder nicht; denn bei Forderungen gibt es insoweit keinen Schutz des guten Glaubens.

Die Pfändung einer bereits verpfändeten Forderung hat in der gleichen Weise zu erfolgen, wie wenn sie nicht verpfändet wäre.

Eine andere Frage ist, ob durch die Pfändung einer bereits verpfändeten Forderung praktisch etwas erreicht wird, d. h. ob der Pfändungsgläubiger trotz der bereits erfolgten Pfändung noch Befriedigung erlangen kann.

5.6 Private Vorpfändung von Forderungen

5.6.1 Bedeutung und Grundlagen der Vorpfändung

313 Wenn ein Gläubiger gegen seinen Schuldner im Zwangswege vorgehen will, muss er zunächst im Verfahren nach der ZPO einen Vollstreckungstitel erwirken, etwa einen Vollstreckungsbescheid im Mahnverfahren oder ein zumindest vorläufig vollstreckbares Urteil im Klageverfahren (siehe darüber Rn. 92 und 165). Sodann muss eine vollstreckbare Ausfertigung dieses Schuldtitels dem Schuldner durch den Gerichtsvollzieher zugestellt werden. Ist dies geschehen, so muss der Gläubiger, wenn er eine zugunsten seines Schuldners bestehende Forderung pfänden will, unter Vorlage des zugestellten Schuldtitels bei Gericht einen Antrag auf Erlass eines Pfändungs- und Überweisungsbeschlusses einreichen, der vom Gericht zu verfügen und zu seiner Wirksamkeit dem Drittschuldner zuzustellen ist. Eine unmittelbare Einwirkungsmöglichkeit auf Beschleunigung des Verfahrens hat der Gläubiger dabei nicht.[25]

Es kann daher oft vorkommen, dass der Schuldner noch vor dem Zeitpunkt, in dem die Forderungspfändung des Gläubigers wirksam wird — Tag der Zustellung des Pfändungsbeschlusses an den Drittschuldner —, über seine Forderung verfügt, zum Beispiel sie abtritt, oder dass diese zuvor von anderer Seite gepfändet wird, sodass der Gläubiger leer ausgeht. Um dies zu verhüten, um also eine beschleunigte Sicherstellung des Gläubigers herbeizuführen, gibt es eine wichtige Möglichkeit, nämlich die Vorpfändung[26] nach § 845 ZPO.

---

[25] S. dazu im Einzelnen die Ausführungen Rn. 191, 293 ff.

[26] S. zur Vorpfändung u. a. Mümmler, JurBüro 1975 Sp. 1413; Noack, Rpfleger 1967, 136 und DGVZ 1974, 161; Schneider, JurBüro 1969 Sp. 1027; Schütz, NJW 1965, 1009; Stöber, Rn. 795.; Weimar, MDR 1968, 297.

Nach dieser Vorschrift kann der Gläubiger schon vor der Pfändung aufgrund eines vollstreckbaren Schuldtitels durch den Gerichtsvollzieher dem Drittschuldner und dem Schuldner die Benachrichtigung, dass die Pfändung bevorstehe, zustellen lassen mit der Aufforderung an den Drittschuldner, nicht an den Schuldner zu zahlen, und mit der Aufforderung an den Schuldner, sich jeder Verfügung über die Forderung, insbesondere ihrer Einziehung, zu enthalten.

Der Gerichtsvollzieher — jeder Gerichtsvollzieher verfügt inzwischen über die notwendige Software — hat die Benachrichtigung mit den Aufforderungen selbst anzufertigen, wenn er vom Gläubiger hierzu ausdrücklich beauftragt worden ist (§ 845 Abs. 1 S. 2 ZPO). Für die Durchführung des Auftrags nach § 845 Abs. 1. S. 2 ZPO wird vom Gerichtsvollzieher eine Gebühr von 12,50 EUR erhoben.

> **!** **ACHTUNG**
>
> Der vorherigen Erteilung einer vollstreckbaren Ausfertigung und der Zustellung des Schuldtitels bedarf es nicht. Der Gläubiger kann also unverzüglich nach Verkündung eines Urteils die Vorpfändung vornehmen. Voraussetzung ist also lediglich die Existenz eines Vollstreckungstitels.

314   Die Benachrichtigung an den Drittschuldner hat die Wirkung eines Arrests (§ 930 ZPO; Rn. 208), sofern die Pfändung der Forderung innerhalb eines Monats bewirkt wird. Die Frist beginnt gemäß § 221 ZPO mit dem Tage an zu laufen, an dem die Benachrichtigung zugestellt ist.

5.6.2   Voraussetzungen der Vorpfändung

315   Eine Vorpfändung kann nur erfolgen, wenn gegen den Schuldner ein Urteil auf Zahlung eines Geldbetrags ergangen ist oder über einen solchen Anspruch ein sonstiger vorläufig vollstreckbarer Schuldtitel (Vollstreckungsbescheid, vollstreckbarer Vergleich, vollstreckbare notarielle Urkunde usw.)[27] bereits vorliegt. Einer vollstreckbaren Ausfertigung des Schuldtitels oder einer Zustellung des Titels an den Schuldner bedarf es bei Vornahme der Vorpfändung dagegen nicht. Gerade darin liegt der große Vorteil: Die Vorpfändung erlaubt dem Gläubiger, sofort nach Entstehung des vollstreckbaren Schuldtitels[28] auf die Außenstände des Schuldners

---

[27] Aus einem selbstständigen Kostenfestsetzungsbeschluss und aus einer vollstreckbaren notariellen Urkunde darf die Zwangsvollstreckung nur beginnen, wenn der Schuldtitel mindestens zwei Wochen vorher zugestellt ist (§ 798 ZPO).

[28] Der Titel braucht nicht einmal auf den Rechtsnachfolger des Gläubigers oder des Schuldners umgeschrieben zu sein (BGH, JR 1956, 186).

selbst die Hand zu legen. Die Vorpfändung stellt eine privatrechtliche Maßnahme mit öffentlich-rechtlichen Wirkungen dar.

5.6.3 Durchführung der Vorpfändung

316 Sofort nach Erwirkung des Vollstreckungstitels teilt der Gläubiger dem Schuldner und dem Drittschuldner mit, dass die Pfändung der dem Schuldner zustehenden, im Einzelnen genau zu bezeichnenden[29] Forderung bevorstehe und fordert den Drittschuldner auf, nicht mehr an den Schuldner (Gläubiger seiner Schuld) zu zahlen. Der Schuldner wird aufgefordert, sich jeder Verfügung über seine Forderung, insbesondere ihrer Einziehung, zu enthalten. Soweit für die zu pfändende Forderung, etwa Arbeitseinkommen des Schuldners, ein bestimmter Pfändungsschutz besteht (siehe Rn. 618), muss der Gläubiger diesen Schutz bereits bei der Vorpfändung berücksichtigen.[30] Es darf also in der Pfändungsankündigung nur der Teil des Arbeitseinkommens des Schuldners als vorgepfändet bezeichnet werden, der bei der endgültigen gerichtlichen Pfändung auch wirklich gepfändet werden kann (wegen des andernfalls bestehenden Erinnerungsrechts des Schuldners siehe Rn. 324).

317 **MUSTER: Vorpfändung (Schreiben an den Schuldner)**

Herrn
Otto Müller
… genaue Anschrift …
Aufgrund des Versäumnisurteils des Amtsgerichts München vom … — Geschäftszeichen C … — steht mir gegen Sie aus Kauf eine Forderung von 3.000,00 EUR nebst … % Zinsen hieraus seit … zu.
Wegen dieser Forderung sowie wegen der Kosten im Betrag von etwa 200,00 EUR steht die gerichtliche Pfändung derjenigen Ansprüche bevor, die Sie aus Werkvertrag (Ausführung von Schreinerarbeiten) gegen Herrn Xaver Huber … genaue Anschrift … haben.
Ich benachrichtige Sie hiervon gemäß § 845 ZPO und fordere Sie auf, sich jeder Verfügung über die Forderung, insbesondere ihrer Einziehung, zu enthalten. Diese Benachrichtigung hat nach der genannten Vorschrift die Wirkung eines Arrests.
Datum und Unterschrift des Gläubigers

---

[29] RGZ 64, 216; RGZ 75, 317; OLG Düsseldorf, MDR 1974, 409.
[30] RGZ 64, 216.

MUSTER: Vorpfändung (Schreiben an den Drittschuldner)

Herrn

Xaver Huber

... genaue Anschrift ...

Aufgrund des Versäumnisurteils des Amtsgerichts München vom ... — Geschäftszeichen C ... — steht mir gegen Otto Müller in ... genaue Anschrift ... aus Kauf eine Forderung von 3.000,00 EUR samt ... % Zinsen hieraus seit ... zu.

Wegen dieser Forderung sowie wegen der Kosten im Betrag von etwa 200,00 EUR steht die gerichtliche Pfändung derjenigen Ansprüche bevor, die Herrn Müller aus Werkvertrag (Ausführung von Schreinerarbeiten) gegen Sie zustehen.

Ich benachrichtige Sie hiervon gemäß § 845 ZPO und fordere Sie auf, nicht mehr an Herrn Müller zu zahlen. Diese Benachrichtigung hat nach der genannten Vorschrift die Wirkung eines Arrests.

Datum und Unterschrift des Gläubigers

MUSTER: Vorpfändung (zusammengefasstes Schreiben)

An

1. Herrn Xaver Huber ... genaue Anschrift ...

2. Herrn Otto Müller ... genaue Anschrift ...

Aufgrund des Versäumnisurteils des Amtsgerichts München vom ... — Geschäftszeichen C ... — steht mir gegen Herrn Otto Müller aus Kauf eine Forderung von 3.000,00 EUR nebst ... % Zinsen hieraus seit ... zu.

Wegen dieser Forderung sowie wegen der Kosten im Betrag von etwa 200,00 EUR steht die gerichtliche Pfändung derjenigen Ansprüche bevor, die Herrn Müller aus Werkvertrag (Ausführung von Schreinerarbeiten) gegen Herrn Xaver Huber zustehen.

Ich benachrichtige den Drittschuldner und den Schuldner davon, dass die Pfändung der genannten Forderung des Schuldners an den Drittschuldner bevorsteht.

Ich fordere den Drittschuldner auf, nicht mehr an den Schuldner zu zahlen. Letzteren fordere ich auf, sich jeder Verfügung über die Forderung, insbesondere ihrer Einziehung, zu enthalten.

Diese Benachrichtigung hat die Wirkung eines Arrests (siehe 845 ZPO).

Datum und Unterschrift des Gläubigers

---

318   Soll die Vorpfändung das Arbeitseinkommen des Schuldners erfassen, so ist etwa wie folgt zu formulieren:

MUSTER: Vorpfändung Arbeitseinkommen (zusammengefasst)

An

1. Firma Xaver Huber Gartenbau … genaue Anschrift …
2. Herrn Otto Müller … genaue Anschrift …

Aufgrund des Versäumnisurteils des Amtsgerichts München vom … — Geschäftszeichen C … — steht mir gegen Herrn Otto Müller aus Kauf eine Forderung von 3.000,00 EUR nebst … % Zinsen hieraus seit … zu.

Wegen dieser Forderung sowie wegen der Kosten von etwa … EUR steht die Pfändung auf Arbeitseinkommen des Schuldners jeder Art gegen seinen Arbeitgeber, nämlich die Firma Xaver Huber Gartenbau bevor.

Grundlage für die Pfändung dieses Arbeitseinkommens ist das Nettoeinkommen des ledigen, nicht mit Unterhaltspflichten belasteten Schuldners. Der pfändbare Betrag bestimmt sich nach § 850c ZPO und der ihm als Anlage beigefügten Lohnpfändungstabelle, auf die ausdrücklich Bezug genommen wird. Ich benachrichtige den Drittschuldner und den Schuldner davon, dass die Pfändung der genannten Forderung des Schuldners an den Drittschuldner bevorsteht.

Ich fordere den Drittschuldner auf, nicht mehr an den Schuldner zu zahlen. Letzteren fordere ich auf, sich jeder Verfügung über die Forderung, insbesondere ihrer Einziehung, zu enthalten.

Diese Benachrichtigung hat die Wirkung eines Arrests (siehe 845 ZPO).

Datum und Unterschrift des Gläubigers

---

319   Es ist mehr oder weniger Geschmackssache, ob der Gläubiger dem Schuldner und Drittschuldner je ein besonderes, nach ihrer Rechtsstellung abgefasstes Schreiben zustellen lassen oder ob beide ein gleichlautendes zusammengefasstes Schreiben erhalten sollen. Die vorsichtliche, vom Gläubiger zu vollziehende Benachrichtigung muss **dem Gerichtsvollzieher zum Zweck der sofortigen Zustellung** an den Drittschuldner und den Schuldner **übergeben** werden. Zuständig ist jeder der knapp 4.800 deutschen Gerichtsvollzieher/innen.

●   **TIPP**

§ 22 Satz 2 GVO: „Eilige Zustellungen durch die Post von Vorpfändungsbenachrichtigungen nach § 178 GVGA darf jeder Gerichtsvollzieher ausführen."

Wird für Drittschuldner und Schuldner je eine besondere Benachrichtigung gefertigt (siehe Muster: Vorpfändung (Schreiben an den Schuldner) und Muster: Vorpfändung (Schreiben an den Drittschuldner), so muss von jeder Benachrichtigung eine Mehrfertigung dem Gerichtsvollzieher mitübergeben werden. Wird die Benachrichtigung von Drittschuldner und Schuldner in einem Schreiben zusammengefasst (siehe Muster: Vorpfändung (zusammengefasstes Schreiben), so müssen von diesem zwei Mehrfertigungen hergestellt und dem Gerichtsvollzieher mitübergeben werden. Die Mehrfertigungen verwendet der Gerichtsvollzieher zur Zustellung an Drittschuldner und Schuldner, während er die Hauptfertigung(en) samt den Zustellungsnachweisen dem Gläubiger zurückgibt.

Man kann auch eines der üblichen Formulare, die es im Schreibwarenhandel gibt, benutzen.

320

MUSTER: Zustellungsauftrag Vorpfändung
An den Herrn Gerichtsvollzieher beim Amtsgericht München Betr.: Eilige Zustellung zwecks Vorpfändung In meiner Forderungssache gegen Otto Müller, … genaue Anschrift …, bitte ich, die in dreifacher Ausfertigung angeschlossene Pfändungsankündigung dem genannten Schuldner und dem Drittschuldner Xaver Huber, … genaue Anschrift …, umgehend zuzustellen und die Zustellungsnachweise baldmöglichst an mich zu übersenden. **Datum und Unterschrift des Gläubigers**

Das Anschreiben ist auf das Muster: Vorpfändung (zusammengefasstes Schreiben) abgestellt. Wird von getrennten Schreiben an Schuldner und Drittschuldner Gebrauch gemacht, so ist an Stelle der Worte „in dreifacher Fertigung" zu sagen „je in doppelter Fertigung für Drittschuldner und Schuldner".

!	**ACHTUNG**
	Der Gläubiger darf die Benachrichtigung an den Drittschuldner und den Schuldner nicht etwa selbst durch die Post übersenden; eine solche Übermittlung wäre, auch wenn sie als Einschreibebrief erfolgt, wirkungslos. Es muss vielmehr die vorstehend behandelte formelle Zustellung erfolgen. Die Zustellung der Vorpfändung an den Schuldner darf auf keinen Fall unterbleiben.

5.6.4 Wirkungen der Vorpfändung

321

Die Zustellung der Benachrichtigung an den Drittschuldner (Rn. 316) hat auf die **Dauer von einem Monat**, beginnend mit dem Tag, an dem die Zustellung erfolgt (Fristberechnung nach § 222 ZPO, § 187 Abs. 1 BGB), die gleiche Wirkung wie ein gerichtlicher Arrest (siehe Rn. 208). Es ist also die dem Schuldner gegen den Drittschuldner zustehende Forderung bis zur endgültigen Pfändung für den Gläubiger beschlagnahmt. Überwiesen wird die Forderung dem Gläubiger zur Einziehung aber erst durch den unverzüglich zu erwirkenden gerichtlichen Pfändungs- und Überweisungsbeschluss. Bis zur Zustellung dieses Beschlusses an den Drittschuldner ist dieser nicht verpflichtet, an den Gläubiger zu zahlen. Gleichwohl ist für diesen aber die Forderung sichergestellt, weil ihm gegenüber eine etwaige Zahlung des Drittschuldners an den Schuldner nach Eingang der Pfändungsbenachrichtigung beim Drittschuldner unwirksam ist.

Innerhalb der genannten Monatsfrist muss der Gläubiger die Erteilung einer vollstreckbaren Ausfertigung des Schuldtitels, deren Zustellung an den Schuldner, den Erlass eines Pfändungs- und Überweisungsbeschlusses durch das Amtsgericht und dessen Zustellung an den Drittschuldner durch den Gerichtsvollzieher herbeiführen.

Zweckmäßigerweise sollte der Gläubiger seinen Antrag auf Pfändungs- und Überweisungsbeschluss mit dem Vermerk: Eilt! Vorpfändung läuft seit…" versehen, um das Vollstreckungsgericht auf die Eilbedürftigkeit hinzuweisen. Es empfiehlt sich außerdem, dem Antrag auf Pfändungs- und Überweisungsbeschluss eine Ablichtung der Vorpfändungsurkunde beizufügen.

Diese Handlungen werden einen erheblichen Teil der erwähnten Monatsfrist in Anspruch nehmen. Die ganze Vorpfändung muss also der Gläubiger (und der Gerichtsvollzieher) als Eilsache behandeln (§ 6 GVGA). Der Gerichtsvollzieher muss die Zustellung an den Drittschuldner besonders beschleunigen und den **Zustellungszeitpunkt nach Tag, Stunde und Minute beurkunden** oder veranlassen, dass dies durch den Postbediensteten erfolgt (§ 178 Nr. 2 GVGA).

> **! ACHTUNG**
>
> Der Gerichtsvollzieher prüft nicht, ob dem Gläubiger eine vollstreckbare Ausfertigung erteilt wurde und ob der Schuldtitel bereits zugestellt ist.

Erkennt der Gläubiger, dass die Monatsfrist nicht ausreichen wird, um alle vorgenannten Handlungen durchzuführen, deren letzte die fristgemäße Zustellung des eigentlichen Pfändungsbeschlusses an den Drittschuldner ist, so kann er sich damit helfen, dass er rechtzeitig vor Ablauf der Monatsfrist eine **erneute** — gleichlautende — **Vorpfändung**sbenachrichtigung an Schuldner und Drittschuldner zustellen lässt, die dann eine neue Monatsfrist in Gang setzt und ein neues — auflösend bedingtes — Pfandrecht für den Gläubiger begründet. Ein Rangverlust kann dadurch eintreten, dass inzwischen ein anderer Gläubiger pfändet,[31] denn die Vorpfändung verliert nach einem Monat ihre Wirkung.

Erfolgt wirksame Pfändung der Forderung innerhalb der Monatsfrist, so kommt die an die Vorpfändung geknüpfte auflösende Bedingung in Wegfall, und es erlangt der Gläubiger ein volles Pfändungsrecht. Dies hat, wie bereits hervorgehoben, die Wirkung, dass das Pfandrecht den Rang der Vorpfändungszeit hat und Verfügungen des Schuldners nach Vorpfändung und vor endgültiger Pfändung dem Gläubiger gegenüber unwirksam sind.[32]

Wird die hier behandelte Monatsfrist nicht eingehalten, so verliert die Vorpfändung jede Wirkung.[33] Wird gegen den Schuldner innerhalb der Monatsfrist ab Zustellung der Vorpfändung das **Insolvenzverfahren** eröffnet, verliert die Vorpfändung ebenfalls ihre Wirkung, weil in diesen Fällen die Pfändung nicht mehr nachgeholt werden kann. Bei nachfolgender Pfändung innerhalb der Monatsfrist des § 88 InsO verliert auch die Vorpfändung ihre Wirkung.

322 Die **Kosten der Vorpfändung** (12,50 EUR) fallen, wenn diese durch fristgemäße Pfändung wirksam bleibt, als Kosten der Zwangsvollstreckung, soweit sie notwendig waren, dem Schuldner zur Last, andernfalls nicht (vgl. Rn. 220).[34] Betreibt der Gläubiger nicht binnen der Monatsfrist des § 845 Abs. 2 ZPO die Pfändung, so war die Vorpfändung sinnlos und löst keine Kostenerstattungspflicht aus.[35]

323 Eine Aufforderung an den Drittschuldner zur Erklärung nach § 840 ZPO (Rn. 298) kann in eine Vorpfändung nicht wirksam aufgenommen werden. Eine entsprechende **Bitte** ist jedoch in den üblichen Formblättern enthalten.

---

[31] S. Schneider, JurBüro 1969 Sp. 1027.

[32] Erhöht sich zwischen Vorpfändung und wirksam werdender Pfändung die gepfändete Forderung, etwa ein Bank- oder Sparkassenguthaben, so erstreckt sich die Vollpfändung auf den erhöhten Betrag (Schütz, NJW 1965, 1009).

[33] OLG Hamm, JurBüro 1971 Sp. 175 = Rpfleger 1971, 113. Wird in eine Forderung aus Arbeitseinkommen eine Vorpfändung vorgenommen, die Pfändung aber nicht innerhalb der Monatsfrist bewirkt, so ist das Arbeitseinkommen, Fälligkeit vorausgesetzt, an den Arbeitnehmer auszuzahlen.

[34] Vgl. OLG Frankfurt, MDR 1994, 843; KG, JurBüro 1987, 715; OLG München, JurBüro 1973 Sp. 872 = DGVZ 1973, 188 = MDR 1973, 943 = NJW 1973, 2070 = Rpfleger 1973, 374. Siehe auch Mümmler, JurBüro 1975 Sp. 1418 und Stöber, Rn. 812.

[35] LAG Köln, MDR 1993, 915.

5.6.5 Rechtsbehelfe gegen eine Vorpfändung

324 Gegen eine Vorpfändung sind dieselben Rechtsbehelfe gegeben wie gegen eine gerichtliche Pfändung. **Schuldner, Drittschuldner und Dritte** können also bei Gericht Erinnerung (§ 766 ZPO Rn. 200 ff.) einlegen, wenn sie sich gegen Art und Weise der Vorpfändung zur Wehr setzen wollen. Er kann mit der Erinnerung etwa behaupten, der Gläubiger habe ihm versprochen, mit einer Pfändung noch zuzuwarten oder sein Arbeitseinkommen nicht zu pfänden. Der Schuldner kann einwenden, dass nur ein Teil seines Arbeitseinkommens gepfändet werden kann, weil es im Übrigen Pfändungsschutz genießt (vgl. auch Rn. 316). Nach wirksam erfolgter Forderungspfändung können mit der Erinnerung gegen eine Vorpfändung nur noch Mängel geltend gemacht werden, die der Pfändungsbeschluss nicht hat, um die rangsichernde Vorpfändung zu beseitigen. Dies gilt auch, wenn die Forderungspfändung der Erinnerung gegen die Vorpfändung zeitlich nachfolgt.

Bei Zurückweisung der Erinnerung ist sofortige Beschwerde an das Landgericht zulässig, die Beschwerdefrist beträgt zwei Wochen ab Zustellung des Zurückweisungsbeschlusses (§ 793 ZPO).

325 Weigert sich der Gerichtsvollzieher, die Zustellung der Vorpfändung für den **Gläubiger** vorzunehmen, so kann dieser ebenfalls form- und fristlose Erinnerung einlegen (§ 766 Abs. 2 ZPO).

Ist der **Drittschuldner** der Ansicht, dass er dem Schuldner des Gläubigers nichts mehr schuldet, so braucht er sich gegen die Vorpfändung nicht besonders zur Wehr setzen. Die Pfändung ist in diesem Falle von selbst wirkungslos. Immerhin wird der Drittschuldner in diesem Falle den Gläubiger entsprechend verständigen. Vertritt dieser die Ansicht, dass sein Schuldner gleichwohl Ansprüche an den Drittschuldner hat, so muss er nach erfolgter — gerichtlicher — Pfändung den Drittschuldner auf Zahlung verklagen.

326 Ein **Dritter** kann Widerspruchsklage (§ 771 ZPO) erheben, wenn ihm eine Gläubigerschaft an der gepfändeten Forderung zusteht.

5.7 Pfändung von Bank- und Sparkassenkonten

5.7.1 Pfändung eines Sparguthabens

327 Bei Prüfung der Frage, inwieweit ein Sparguthaben bei einer Bank oder Sparkasse pfändbar ist, ergibt sich sofort eine in der Natur der Sache liegende Beschränkung dahin, dass praktisch nur die Pfändung des im Zeitpunkt ihres Wirksamwerdens vorhandenen Sparguthabens samt Zinsen in Frage kommt. Denn auf ein gepfändetes Sparguthaben wird der Schuldner nichts mehr einzahlen oder überweisen lassen. Für die Pfändung, die eine Forderungspfändung darstellt, ist die Angabe der Kontonummer des Guthabens zweckdienlich, aber nicht erforderlich;[36] der Anspruch kann auch ohne sie hinreichend bezeichnet werden. Die das Sparkonto etwa führende Filiale der Bank oder Sparkasse braucht der Gläubiger im Pfändungsantrag ebenfalls nicht unbedingt anzugeben. Der Pfändungsbeschluss kann sowohl der **Hauptstelle wie der Filiale** oder einer sonstigen Niederlassung wirksam zugestellt werden. Ein vom Schuldner mit der Bank oder Sparkasse vereinbartes **Kennwort** hindert die Pfändung nicht, der Gläubiger braucht dieses Kennwort gar nicht zu wissen. Er kann nach erfolgter Pfändung und Überweisung des Guthabens ohne Angabe des Kennworts über das Guthaben verfügen.

Die **Auszahlung** des gepfändeten und zur Einziehung überwiesenen Sparguthabens kann — u. U. nach Ablauf der etwa vereinbarten Kündigungsfrist, der pfändende Gläubiger kann kündigen — **nur gegen Vorlage des Sparbuchs** erfolgen. Dieses Sparbuch wird der Gläubiger zunächst nicht im Besitz haben. Zu seiner Erlangung kann er **zwei Wege** beschreiten:

Der im Auftrag des Gläubigers in das bewegliche Vermögen des Schuldners pfändende Gerichtsvollzieher kann zum einen ein Sparbuch, das er im Besitz des Schuldners vorfindet, diesem wegnehmen und im Wege der so genannten Hilfspfändung (§ 836 Abs. 3 ZPO) zur Abwendung der Vereitelung der Forderungspfändung vorläufig in Besitz nehmen. Hiervon hat er den Gläubiger zu verständigen. Der Gerichtsvollzieher hat das Sparbuch an den Schuldner zurückzugeben, wenn der Gläubiger nicht innerhalb einer Frist von einem Monat einen Pfändungs- und Überweisungsbeschluss über das Sparguthaben vorlegt (§ 156 GVGA), dem das vom Gerichtsvollzieher sichergestellte Sparbuch zugrunde liegt.

---

[36] BGH, NJW 1982, 2193, 2195.

> **TIPP**
>
> Der Gläubiger kann dem Gerichtsvollzieher durchaus einen Hinweis geben, wenn er vermutet, der Schuldner habe ein Sparbuch im Besitz.

---

328   Zum anderen kann der Gläubiger zunächst das Sparguthaben durch das Gericht pfänden und sich zum Einzug überweisen lassen. Dann erlangt er gleichzeitig einen Anspruch gegen den Schuldner auf Herausgabe des Sparbuchs. Gibt der Schuldner das Sparbuch gleichwohl nicht freiwillig heraus, so kann der Gläubiger den Gerichtsvollzieher mit der zwangsweisen Wegnahme beauftragen. Die Grundlage für diese Herausgabevollstreckung bildet der gerichtliche Überweisungsbeschluss zusammen mit dem Schuldtitel, aufgrund dessen er ergangen ist. Im Überweisungsbeschluss und damit auch im Antrag des Gläubigers ist das herauszugebende **Sparbuch** (u. U. auch die besondere Ausweiskarte) **genau** und bestimmt **anzugeben**. Fehlt eine solche Bezeichnung im Beschluss, so bedarf es eines entsprechenden **Ergänzungsbeschlusses**. Der Überweisungs- bzw. Ergänzungsbeschluss ist dem Schuldner spätestens bei der Vollstreckung zuzustellen. Findet der Gerichtsvollzieher das Sparbuch bei der Vollstreckung beim Schuldner nicht vor, so kann der Gläubiger beim Gerichtsvollzieher (§ 899 Abs. 1 ZPO) den Antrag auf Anberaumung eines Termins zur Leistung einer eidesstattlichen Versicherung durch den Schuldner stellen (§ 883 Abs. 2 ZPO). In diesem Termin muss der Schuldner an Eides statt versichern, „dass er die Sache — hier das Sparbuch — nicht besitze und auch nicht wisse, wo die Sache sich befinde".

> **TIPP**
>
> Dieser Antrag kann auch mit dem Antrag an den Gerichtsvollzieher, das Sparbuch beim Schuldner abzuholen, kombiniert werden.

Befindet sich das Sparbuch im Besitz eines Dritten, so kann der Gläubiger nach erfolgter Pfändung und Überweisung das Sparbuch von dem Dritten herausverlangen. Gibt der Dritte das Sparbuch nicht freiwillig heraus, so kann der Gläubiger Klage auf Herausgabe gegen ihn erheben.

329   Wird das Sparbuch über das gepfändete Sparguthaben überhaupt nicht gefunden, so berührt das die Wirksamkeit der Pfändung nicht. Die Sparkasse muss in diesem Fall das Sparbuch für ungültig erklären und kann dann an den Gläubiger auszahlen (**Aufgebotsverfahren**, das allerdings einige Monate dauern kann).

330   Die Wirksamkeit der Pfändung eines Sparguthabens tritt in jedem Falle bereits mit Zustellung des Pfändungsbeschlusses an die Bank oder Sparkasse als Drittschuldner ein, nicht etwa erst dann, wenn der Gläubiger den Besitz am Sparbuch erlangt hat. Das Sparbuch dient dem Gläubiger nur zur Verwirklichung seines Pfandrechts. Es ist nur ein Ausweispapier, kein selbstständiges Wertpapier.

331 Übersteigt die Spareinlage die Gläubigerforderung, so ist im Überweisungsbeschluss die Pflicht des Gläubigers zur Zurückgabe des Sparbuchs nach seiner Befriedigung auszusprechen. Gibt der Gläubiger das Sparbuch nicht freiwillig an den Schuldner zurück, so kann dieser seine Herausgabe erzwingen. Der Überweisungsbeschluss bildet dabei den Vollstreckungstitel (§ 794 Nr. 3 ZPO).

332 Für die Pfändung eines mit Sperrvermerk (§ 1809 BGB) versehenen Sparguthabens eines Mündels bestehen keine Besonderheiten. Insbesondere ist eine Genehmigung des Vormundschaftsgerichts zu einer solchen Pfändung nicht erforderlich.

Ist für **Ehegatten oder Lebensgefährten** ein gemeinsames Sparguthaben vorhanden, so ist in der Regel zu unterstellen, dass sie Gesamtgläubiger (§ 428 BGB) sind, sodass jeder von ihnen die Verfügungsmacht über das Sparguthaben hat (**sog. Oder-Konto**). Jeder Gläubiger von Mann und Frau kann in ein solches Guthaben vollstrecken.[37] Da die Eheleute bzw. Lebensgefährten im Verhältnis zueinander im Zweifel zu gleichen Teilen berechtigt sind, muss der Pfändungsgläubiger, der das Sparguthaben pfändet, einen entsprechenden Teil, im Regelfall die Hälfte der Spareinlage, an den anderen Teil herausgeben.[38]

Ebenso kann der Pfändungsgläubiger vom anderen Teil, falls dieser das Sparguthaben nach der Pfändung abhebt, die Hälfte erstattet verlangen. Bei Weigerung kann der Gläubiger den seinem Schuldner zustehenden Ausgleichsanspruch pfänden und sich zur Einziehung überweisen lassen.

333 Der pfändende Gläubiger kann im Allgemeinen davon ausgehen, dass die im Sparbuch benannte Person der tatsächliche Gläubiger des Sparguthabens ist. Selbst wenn ein Elternteil den Wunsch hat, das Sparguthaben einem Kinde zukommen zu lassen, ist er noch als der Berechtigte anzusehen, wenn das Sparbuch auf seinen Namen lautet. Aber auch dann, wenn als Berechtigter ein Kind oder Enkelkind angegeben ist, Einzahler aber seine Eltern bzw. Großeltern waren, werden diese vielfach noch als die eigentlichen Berechtigten anzusehen sein, wenn sie noch Verfügungsberechtigte bleiben wollten. Insbesondere ist dies dann anzunehmen,

---

[37] Vgl. dazu Stöber, a. a. O., Rn. 339. Ehegatten sind jedoch als Berechtigte in Bruchteilgemeinschaft anzusehen, wenn sie für den gemeinsamen Haushalt Geld nur aus dem Einkommen eines Ehegatten auf ein für diesen angelegtes Sparkonto einzahlen, während das Einkommen des anderen Ehegatten restlos im Haushalt verbraucht wird (BGH, FamRZ 1966, 442).

[38] Zur Ausgleichspflicht unter Ehegatten siehe BGH, NJW 2000, 2347, 2348. Nach OLG Stuttgart, OLGR 2002, 78, 79 besteht für den Pfändungsgläubiger keine Ausgleichspflicht, sodass sich der nichtschuldnerische Kontoinhaber wegen des hälftigen Anteils an den Schuldner wenden muss. So jetzt auch AG Bonn, JurBüro 2006, 46; siehe Rn. 344a Nr. 10.

wenn die Eltern bzw. Großeltern das Sparbuch in ihrer Verfügungsgewalt behalten haben[39] (**sog. verdeckte Inhaberschaft**).

334

MUSTER: Pfändung Sparkonto

Ich beantrage, wegen meiner vorgenannten Forderungen das gesamte Guthaben meines Schuldners bei der X-Bank in Y auf dem Sparkonto Nr. … zu pfänden und mir zur Einziehung zu überweisen, einschließlich des Rechts des Schuldners auf Kündigung. Dem Schuldner ist aufzugeben, das Sparbuch über das Konto an mich herauszugeben.

Im Übrigen hat der Pfändungsantrag die bei jeder Forderungspfändung vorgeschriebenen Angaben zu enthalten (siehe Muster: Pfändungs- und Überweisungsbeschluss, Rn. 294).

Ist der Schuldner, dessen Guthaben gepfändet und an den Gläubiger zur Einziehung überwiesen ist, eine natürliche Person (§ 1 BGB), so tritt allerdings eine **befristete Leistungssperre** ein: Die Bank darf erst zwei Wochen nach Zustellung des Überweisungsbeschlusses aus dem Guthaben an den Gläubiger leisten (§ 835 Abs. 3 Satz 2 ZPO). Damit soll dem Schuldner Gelegenheit zur Stellung eines Antrags nach § 850k ZPO gegeben werden (siehe dazu Rn. 652).[40]

337

Die **Arbeitnehmer-Sparzulage**, die nach § 13 des 5. VermBildG für vermögenswirksame Leistungen, die ab 01.01.1994 angelegt werden, gewährt wird, ist unpfändbar (§ 851 Abs. 1 ZPO), da sie nicht übertragbar ist (§ 113 Abs. 3 Satz 2 des 5. VermbG i. d. F. vom 21.07.1994, BGBl. I, 1630, 1666).[41]

Wegen des Pfändungsschutzes bei vermögenswirksamen Leistungen siehe die Ausführungen unter Rn. 315.

---

[39] Zu derartigen Fällen siehe OLG Koblenz, NJW 1989, 2545; OLG Zweibrücken, NJW 1989, 2546; BGH, FamRZ 1959, 154 = NJW 1959, 662; BGH, FamRZ 1970, 375 = MDR 1970, 756 = NJW 1970, 1181, BGH; FamRZ 1972, 559; Haegele, JurBüro 1968 Sp. 950.

[40] Zu den Besonderheiten bei Postsparguthaben siehe Rn. 461.

[41] Zöller/Stöber, § 851 ZPO Rn. 2.

5.7.2   Pfändung eines Kontokorrent-(Giro-)Kontos

LITERATUR

Behr, Zur Pfändung von Lohn- und Gehaltskonten, JurBüro 1995, 119 | **Baßl-sperger**, Das Girokonto in der Zwangsvollstreckung, RPfleger 1985, 177 | **Ehlenz**, Die Pfändung eines Giroguthabens bei Führung mehrerer Girokonten, JurBüro 1982, 1767 | **Ploch**, Pfändung der Kreditlinie, DB 1986, 1961.

---

338   Die Kontenpfändung — sie ist nach der Lohn- und Sozialgeldleistungspfändung die dritthäufigste Forderungspfändung — stellt einen schwerwiegenden Eingriff in die Lebenshaltung des Schuldners dar.

Neben der Meldung an die Schufa[42] zur Speicherung als Negativinformation droht dem Schuldner mit der Girokontenpfändung auch die Kündigung der Geschäfts-beziehung durch die Bank oder Sparkasse und der Verlust seiner Kreditwürdigkeit.

Die Pfändung der Konten, meist unterstützt durch die privatschriftliche Vorpfän-dung nach § 845 ZPO, die den Geldverkehr des Schuldners lahm legt, kann auch schwerwiegende mittelbare Folgen haben, etwa die Kündigung der Wohnung, weil die bislang per Dauerauftrag gezahlte Miete nicht mehr überwiesen wird. Dies alles stärkt meist die Bereitschaft des Schuldners, mit dem Gläubiger in Verbindung zu treten und über die Bezahlung der Schulden zu verhandeln.

Zur Pfändung von Girokonten des Schuldners ist die Angabe der Kontonummer nicht erforderlich. Solche Angaben können vom Gläubiger nicht verlangt werden, da er in der Regel die Verhältnisse des Schuldners nur oberflächlich kennt.[43]

Will der Gläubiger die Bankverbindung eines Schuldners erfahren, kann ihm dies eventuell durch eine kleine Einzahlung bei der Bank, die das Konto des Schuldners führt, gelingen. Für Einzahlungen geben die Banken die Kontonummer in der Regel bekannt; einige füllen allerdings den Einzahlungsschein selbst aus und decken da-bei die Kontonummer des Schuldners ab.

Manche Gläubiger in kleineren Orten lassen allen ortsansässigen Banken und Spar-kassen, bei denen sie Konten des Schuldners vermuten, Pfändungs- und Überwei-sungsbeschlüsse zustellen; einige davon gehen „ins Leere", bei anderen werden sie „fündig". Dieses Verfahren ist nicht allzu kostspielig, da jeder Pfändungs- und

---

[42] Zur Bedeutung und Funktion der Schufa siehe Bach, DGVZ 1992, 49 ff.
[43] BGH, NJW 1982, 2193, 2195 und NJW 1988, 2543.

Überweisungsbeschluss einheitlich 15,00 EUR zuzüglich Zustellgebühren kostet und die Pfändungen bei mehreren Banken in einem Beschluss zusammengefasst werden können. Ab einer bestimmten Anzahl von Banken, z. B. bei 20, nimmt die Rechtsprechung unzulässige „Ausforschungspfändung" an.

● TIPP

Inzwischen hat der BGH entschieden, dass eine gleichzeitige „Pfändung auf Verdacht" bei drei Geldinstituten am Wohnort des Schuldners nicht rechtsmissbräuchlich ist, wenn es sich um einen privaten Schuldner handelt. Bei gewerblichen Schuldnern darf diese Obergrenze sogar überschritten werden.[44] Eine genaue Zahl hat der BGH jedoch nicht vorgegeben.

Die gleichzeitige Pfändung bei 264 Kreditinstituten (in Frankfurt am Main), ist als offensichtliche flächendeckende „Verdachtspfändung" unzulässig.[45] Billiger kann die Bankverbindung durch Versuche, kleinere Geldbeträge auf ein angebliches Konto des Schuldners bei verschiedenen Kreditinstituten in der Nähe der Wohnung des Schuldners zu überweisen oder einzuzahlen, festgestellt werden: Kommt der Betrag nicht zurück oder wird er angenommen, dann besteht ein Konto.

338a   Der Gläubiger kann den Antrag auf Pfändung eines Kontokorrentkontos seines Schuldners bei einer Bank oder Sparkasse (vgl. § 355 HGB) auf den im Zeitpunkt der Zustellung des Pfändungsbeschlusses an den Drittschuldner festzustellenden Saldo des Kontokorrentverhältnisses beschränken. Das ist insbesondere dann möglich, wenn das Guthaben des Schuldners auf diesem Konto so hoch ist, dass der Pfändungsgläubiger voraussichtlich zu seiner vollen Forderung gelangen wird. Bei einer derartigen Pfändung erfolgt Saldoziehung durch Verrechnung der Haben- und Sollposten auf diesen Zeitpunkt. Gepfändet ist nur der Saldo, nicht der einzelne dem Kontokorrent unterstellte Anspruch. Alle Beträge, die dem Konto nach der Pfändung gutgeschrieben oder belastet werden, scheiden bei der Saldoziehung aus. Der Pfändungsgläubiger muss sich jedoch auf den Saldo zur Zeit der Pfändung alle nach ihr erfolgenden Schuldposten in Rechnung stellen lassen, die aufgrund eines schon vor der Pfändung entstandenen Rechts oder einer schon vor diesem Zeitpunkt bestehenden Verpflichtung der Bank oder Sparkasse als Drittschuldner erwachsen (§ 357 Satz 2 HGB). Dazu rechnen insbesondere Kontoführungs- und Abschlussspesen, Stornoposten sowie Rückbelastungen von unter Vorbehalt des Eingangs gebuchten, aber nicht eingelösten Schecks und Wechseln.

---

[44] BGH, MDR 2004, 834.

[45] OLG München, 14. Zivilsenat in Augsburg, WM 1990, 1591.

Der gepfändete Saldo ist erst mit dem Abschluss der normalen Rechnungsperiode nach erfolgter Pfändung und Überweisung an den pfändenden Gläubiger auszuzahlen, falls nicht der Schuldner selbst sofortige Zahlung verlangen kann, wie dies auf ein Bankkontokorrent-Konto vielfach zutrifft. Entscheidend ist, ob nach Übung der in Frage stehenden Bank die Kontenabstimmung vierteljährlich oder halbjährlich oder jährlich dadurch erfolgt, dass die Bank sich die ermittelten Salden vom Kontoinhaber (wenn auch nur durch dessen Stillschweigen) bestätigen lässt. Täglichen Kontenauszügen kommt in diesem Zusammenhang keine Bedeutung zu; sie sollen nur eine tägliche Übersicht buchungstechnischen Charakters über den Stand der beiderseitigen Ansprüche sein, die die Zinsberechnung erleichtern und Auszahlungen verhindern soll, die nicht durch ein Guthaben gedeckt sind.[46]

Ist zur Zeit der Pfändung nur des gegenwärtigen Kontos ein Guthaben des Schuldners nicht vorhanden, so geht die Pfändung ins Leere.

Bewegungen auf dem Konto, die erst nach dem für die Pfändung maßgebenden Zeitpunkt, also nach Feststellung des gegenwärtigen Saldos, erfolgen, werden nicht zugunsten des pfändenden Gläubigers erfasst. Der Schuldner kann vielmehr über ein neu entstandenes Guthaben zu Lasten seines Kontos verfügen. Zu Lasten des Schuldners gehende Verbindlichkeiten, die nach der Pfändung nur des gegenwärtigen Saldos durch neue Geschäfte entstehen, sind dem pfändenden Gläubiger gegenüber unwirksam, können also dessen Anspruch nicht mehr schmälern. Wirksam sind sie dagegen, soweit sie sich auf neue Guthaben des Kontos beziehen.

339 Der Gläubiger wird mithin mit **einer Pfändung nur des gegenwärtigen Kontokorrentkontos** vielfach nicht zu seinem Ziele kommen. Er wird also gleichzeitig Antrag auf Pfändung auch des künftigen Guthabens auf dem Kontokorrentkonto stellen. Die Voraussetzungen dafür sind gegeben, denn zur Zeit der Pfändung besteht bereits eine Rechtsbeziehung zwischen Bank oder Sparkasse und Schuldner, aus der heraus künftige Ansprüche nach Art und Person des Drittschuldners bestimmt werden können.[47]

Die Pfändung auch des künftigen Kontokorrentguthabens muss der Gläubiger ausdrücklich beantragen und das Vollstreckungsgericht ausdrücklich anordnen. Über die zeitliche Dauer einer solchen Pfändung gehen die Ansichten allerdings auseinander. Teilweise wird die Ansicht vertreten, dass eine solche Pfändung **nur** das Gutha-

---

[46] Vgl. Stöber, Rn. 156.

[47] RGZ 140, 219, 222; OLG Oldenburg, MDR 1952, 549; Klee, BB 1961, 689; Scheerer, NJW 1952, 1389.

ben erfassen kann, das sich aus dem nächsten periodischen Saldoabschluss ergibt.[48] Inzwischen hat sich aber die Ansicht durchgesetzt, dass künftige Ansprüche aus Kontokorrent ohne zeitliche Begrenzung gepfändet werden können, sodass die **Pfändung alle Saldoforderungen** erfasst, die sich bis zur vollen Befriedigung des Gläubigers aus den Rechnungsabschlüssen ergeben.[49] Die Pfändung erstreckt sich aber auch hier jeweils nur auf den Saldo im Zeitpunkt eines Rechnungsabschlusses. Bis zum jeweiligen Abschluss ist der Schuldner in der Verfügung über sein Konto nicht beschränkt. In dieser Zwischenzeit kann er Geld auf sein Konto einzahlen oder überweisen lassen oder sonst über sein Konto verfügen, ohne dadurch gegen das im Pfändungsbeschluss enthaltene Verfügungsverbot zu verstoßen. Der Schuldner hat es damit in der Hand, über das für die Zukunft gepfändete Kontokorrentkonto keine Gelder mehr laufen zu lassen, aus denen sich für ihn im nächsten Abrechnungszeitpunkt ein von der Pfändung erfasstes Guthaben ergeben könnte. Praktisch kommt also der hier behandelten Pfändung der künftigen Ansprüche aus einem Kontokorrentkonto für sich allein keine allzu große Bedeutung zu. Der Schuldner kann das Konto auch jederzeit durch Kündigung nach den Geschäftsbedingungen auflösen.[50]

340 Allerdings besteht für den Gläubiger die Möglichkeit, die Ansprüche des Schuldners aus dem mit der Bank oder Sparkasse geschlossenen, dem Kontokorrentverkehr zugrunde liegenden Rechtsverhältnis ausdrücklich und zusätzlich zu pfänden.[51] Im Kontokorrent- (Giro-) Verkehr mit einer Bank oder Sparkasse sind dies die Ansprüche des Schuldners an die Bank auf Gutschrift aller Eingänge und fortlaufende Auszahlung der Guthaben sowie auf Durchführung von Überweisungen an Dritte. Werden diese Ansprüche mitgepfändet, so erlangt der Gläubiger auch den **Zugriff auf die Tagesguthaben zwischen den Rechnungsperioden**, über die der Schuldner andernfalls auch dann verfügen kann, wenn neben dem gegenwärtigen der künftige Anspruch auf das Kontokorrentguthaben gepfändet worden ist.[52] Die Bank ist damit gehindert, Verfügungen des Schuldners über eingehende Beträge zwischen den Rechnungsperioden zu erfüllen. Sie kann dann dem Schuldner auch keinen (weiteren Überziehungs-)Kredit gewähren, um diesen mit gegenwärtigen Guthaben oder künftigen Eingängen zu verrechnen.[53]

---

[48] So RGZ 140, 222; OLG Oldenburg, MDR 1952, 549 und OLG München, JurBüro 1976, 968.

[49] BGHZ 84, 326.

[50] Vgl. Stöber, Rn. 165.

[51] Teilweise wird auch die Ansicht vertreten, dass es einer besonderen Pfändung der Ansprüche aus dem Rechtsverhältnis nicht bedarf (vgl. Forgach, DB 1974, 809). Doch sollte der Gläubiger den sicheren Weg gehen und diese Ansprüche mitpfänden.

[52] BGHZ 84, 371 = NJW 1982, 2193.

[53] S. Stöber, Rn. 166, insbesondere unter Bezugnahme auf Forgach a. a. O.

341   Hinzuweisen ist aber auf Nr. 14 der AGB der Banken, die lautet:

VEREINBARUNG eines Pfandrechts zugunsten der Bank

(1) Einigung über das Pfandrecht

Der Kunde und die Bank sind sich darüber einig, dass die Bank ein Pfand-recht an den Wertpapieren und Sachen erwirbt, an denen eine inländische Geschäftsstelle im bankmäßigen Geschäftsverkehr Besitz erlangt hat oder noch erlangen wird. Die Bank erwirbt ein Pfandrecht auch an den Ansprüchen, die dem Kunden gegen die Bank aus der bankmäßigen Geschäftsverbindung zustehen oder künftig zustehen werden (zum Beispiel Kontoguthaben).

(2) Gesicherte Ansprüche

Das Pfandrecht dient der Sicherung aller bestehenden, künftigen und beding-ten Ansprüche, die der Bank mit ihren sämtlichen in- und ausländischen Geschäftsstellen aus der bankmäßigen Geschäftsverbindung gegen den Kunden zustehen. Hat der Kunde gegenüber der Bank eine Haftung für Verbindlich-keiten eines anderen Kunden der Bank übernommen (zum Beispiel als Bürge), so sichert das Pfandrecht die aus der Haftungsübernahme folgende Schuld jedoch erst ab ihrer Fälligkeit.

(3) Ausnahmen vom Pfandrecht

Gelangen Gelder oder andere Werte mit der Maßgabe in die Verfügungsgewalt der Bank, dass sie nur für einen bestimmten Zweck verwendet werden dür-fen (zum Beispiel Bareinzahlung zur Einlösung eines Wechsels), erstreckt sich das Pfandrecht der Bank nicht auf diese Werte. Dasselbe gilt für die von der Bank selbst ausgegebenen Aktien (eigene Aktien) und für die Wertpapiere, die die Bank im Ausland für den Kunden verwahrt. Außerdem erstreckt sich das Pfandrecht nicht auf die von der Bank selbst ausgegebenen eigenen Ge-nussrechte/Genussscheine und nicht auf die verbrieften und nicht verbrieften nachrangigen Verbindlichkeiten der Bank.

(4) Zins- und Gewinnanteilscheine

Unterliegen dem Pfandrecht der Bank Wertpapiere, ist der Kunde nicht berech-tigt, die Herausgabe der zu diesen Papieren gehörenden Zins- und Gewinnan-teilscheine zu verlangen.

Ein wirksam vereinbartes Pfandrecht der Bank geht ebenso wie das Pfandrecht gemäß Nr. 21 AGB Sparkassen nach dem Prioritätsgrundsatz (§ 804 Abs. 3 ZPO) des Zwangsvollstreckungsrechts dem Pfändungspfandrecht des Gläubigers vor.[54]

---

[54] So BGHZ 93, 71 ff.

342 Die bloße Duldung einer Kontoüberziehung seitens der Bank gegenüber dem Kunden begründet keinen pfändbaren Anspruch auf Kredit.[55] Die Pfändung des Anspruchs des Schuldners auf Auszahlung eines eingeräumten Kredits wurde von der Rechtsprechung teils zugelassen, teils als unzulässig abgelehnt.

Die Ansprüche des Bankkunden gegen das Kreditinstitut aus einem vereinbarten Dispositionskredit („offene Kreditlinie") sind, soweit der Kunde den Kredit in Anspruch nimmt, nach der Rechtsprechung des BGH grundsätzlich pfändbar.[56]

Nr. 19 Abs. 3 AGB-Banken (Stand: 01.05.2012) lautet:

KÜNDIGUNG aus wichtigem Grund ohne Einhaltung der Kündigungsfrist

Eine fristlose Kündigung der gesamten Geschäftsverbindung oder einzelner Geschäftsbeziehungen ist zulässig, wenn ein wichtiger Grund vorliegt, der der Bank deren Fortsetzung auch unter Berücksichtigung der berechtigten Belange des Kunden unzumutbar werden lässt. Ein wichtiger Grund liegt insbesondere vor,

- wenn der Kunde unrichtige Angaben über seine Vermögensverhältnisse gemacht hat, die für die Entscheidung der Bank über eine Kreditgewährung oder über andere mit Risiken für die Bank verbundene Geschäfte (zum Beispiel Aushändigung einer Zahlungskarte) von erheblicher Bedeutung waren, oder
- wenn eine wesentliche Verschlechterung der Vermögensverhältnisse des Kunden oder der Werthaltigkeit einer Sicherheit eintritt oder einzutreten droht und dadurch die Rückzahlung des Darlehens oder die Erfüllung einer sonstigen Verbindlichkeit gegenüber der Bank — auch unter Verwertung einer hierfür bestehenden Sicherheit — gefährdet ist oder
- wenn der Kunde seiner Verpflichtung zur Bestellung oder Verstärkung von Sicherheiten nach Nr. 13 Abs. 2 dieser Geschäftsbedingungen oder aufgrund einer sonstigen Vereinbarung nicht innerhalb der von der Bank gesetzten angemessenen Frist nachkommt. Besteht der wichtige Grund in der Verletzung einer vertraglichen Pflicht, ist die Kündigung erst nach erfolglosem Ablauf einer zur Abhilfe bestimmten angemessenen Frist oder nach erfolgloser Abmahnung zulässig, es sei denn, dies ist wegen der Besonderheiten des Einzelfalles (§ 323 Absätze 2 und 3 BGB) entbehrlich.[57]

Dann ist nämlich infolge des Widerrufs der Darlehensvertrag und damit auch der Darlehensauszahlungsanspruch des Schuldners beseitigt und die Pfändung geht

---

[55] So BGH, Urt. v. 24.01.1985 – IX ZR 65/84; BGHZ 93, 315 ff. = ZIP 1985, 339 ff.

[56] So BGH, Urt. v. 29.03.2001 – IX ZR 34/00, BGHZ 147, 193 ff. = ZIP 2001, 825 ff. = DB 2001, 1085 ff.

[57] Entsprechendes gilt nach Nr. 26 AGB Sparkassen.

ins Leere. Widerruft die Bank das Darlehensversprechen nicht — was ein Anzeichen dafür sein kann, dass sie anderweitige Sicherheiten vom Schuldner besitzt! — so kann der Gläubiger von der Bank die Auszahlung des noch nicht voll ausgeschöpften Kredits verlangen.

343   Ab dem 1. März 2013 sind die Formulare aus der ZVFV zu verwenden, die bei den Arbeitshilfen online zu finden sind.

343a   Eine Pfändung von **Fremdkonten** (= Tarnkonten; Gelder des Schuldners auf dem Konto eines Dritten) scheidet aus, denn das Konto eines Dritten gehört nicht zum Vermögen des Schuldners, auch wenn dieser eine Kontenvollmacht besitzt. Es besteht jedoch die Möglichkeit, den Anspruch des Schuldners gegen den Dritten als Kontoinhaber („**Kontenverleiher**") zu pfänden. Ist dem Dritten — häufig ist es die Lebensgefährtin oder Ehefrau — das Geld des Schuldners überlassen, um es dem Zugriff des Gläubigers zu entziehen, so ist der Dritte als Treuhänder anzusehen, gegen den der Schuldner einen der Pfändung unterliegenden Rückzahlungsanspruch hat.[58]

Dieser Anspruch ist pfändbar.

5.7.3   Sonstige Fragen zur Pfändung eines Bank- oder Sparkassenguthabens

344   Zur Frage, in welchem Umfang Arbeitseinkommen des Schuldners, das auf ein Bank- oder Sparkassenkonto überwiesen worden ist, pfändbar ist, siehe die Ausführungen Rn. 652. Gelangen Sozialgeldleistungen auf das Konto des Schuldners, so ist der siebentägige Pfändungsschutz zu beachten (siehe Rn. 578).

Auch Ansprüche aus **Anderkonten und Treuhandkonten** sind pfändbar (§ 851 Abs. 2 ZPO). Dabei muss das Anderkonto im Pfändungsbeschluss ausdrücklich als solches aufgeführt sein. Der Vollstreckungstitel muss sich dabei gegen den Kontoinhaber (Treuhänder) als Vollstreckungsschuldner richten. Allerdings muss der Pfändungsgläubiger damit rechnen, dass der Treugeber im Wege der Drittwiderspruchsklage nach § 771 ZPO gegen ihn vorgeht und beantragt, die Pfändung für unzulässig zu erklären.[59] Zu Einzelfragen siehe Stöber Rn. 400–407.

---

[58] BGHZ 124, 298, 300; LG Stuttgart, Rpfleger 1997, 175; AG Stuttgart, JurBüro 2005, 49; Stöber, Rn. 166k.

[59] Siehe Rn. 260 und BGH, NJW 1959, 1123.

Zur Pfändung von **Postgiro- und Postsparguthaben** siehe Rn. 455.

Die Bank als Drittschuldnerin darf dem Kontoinhaber (Schuldner) nicht die Kosten für den durch eine Pfändung verursachten Arbeitsaufwand in Rechnung stellen, da sie Vergütungen nur für Leistungen verlangen kann, die sie für den Bankkunden oder zumindest in seinem Interesse erbringt.[60]

5.8 Pfändungen im Erbrecht

5.8.1 Der Erblasser als Gläubiger oder als Schuldner

344a

LITERATUR

Behr, Pfändung und Verwertung des Miterbenanteils, JurBüro 1995, 233 ff. | **Löscher**, Grundbuchberichtigung bei Erbteilspfändung, JurBüro 1962, 391 ff. | **Ripfel**, Das Pfändungspfandrecht am Erbanteil, NJW 1958, 692 ff. | **Roth**, Die Pfändung des Miterbanteils und spätere Ausschlagung, NJW-Spezial 2010, 487 | **Stöber**, Forderungspfändung, Rn. 1664 ff.

RECHTSPRECHUNG

FG Baden-Württemberg, Urt. v. 29.07.2009 — 7 K 215/06, n. v. | LG Kassel, Urt. v. 13.06.1997 — 10 S 53/97, MDR 1997, 1032 ff. mit Anm. Avenarius.

Rechtslage beim Tode des Gläubigers

345

Gehört zum Nachlass eines Erblassers eine Forderung, über die dieser einen Vollstreckungstitel bereits erwirkt hat, so können seine Erben gegen den Schuldner nur vorgehen, wenn die auf den Namen des Erblassers lautende Vollstreckungsklausel auf sie selbst umgeschrieben worden ist. Die Umschreibung hat, wenn mehrere Erben vorhanden sind, auf alle Erben in Erbengemeinschaft zu erfolgen. Der Stelle, die für eine Umschreibung der Vollstreckungsklausel zuständig ist, muss zur Umschreibung die Erbfolge nachgewiesen werden. Das geschieht durch Vorlage eines Erbscheins bzw. von vom Nachlassgericht beglaubigten Abschriften des öffentlichen Testaments oder Erbvertrags und der Niederschrift über die Er-

---

[60] BGH, Urt. v. 18.05.1999 – XI ZR 219/98 BGHZ 141, 380 ff.

öffnung. Den Antrag auf Umschreibung der Klausel — auf alle Erben — kann jeder Miterbe für sich allein stellen. Nach erfolgter Umschreibung muss die auf die Erben lautende Vollstreckungsklausel dem Schuldner zugestellt werden. Zuzustellen sind ihm auch Abschriften der Urkunden, aufgrund derer die Klausel umgeschrieben worden ist (§§ 727, 750 ZPO).

Hat der Erblasser die Pfändung bereits eingeleitet, so ist bei deren Fortsetzung nach seinem Tode die gleiche Umschreibung der Vollstreckungsklausel und dieselbe Zustellung, wie vorstehend dargelegt, erforderlich.

Bei Vorhandensein eines Alleinerben ist die Rechtslage die gleiche.

Hat der Erblasser wegen seiner Forderung keinen vollstreckbaren Titel erwirkt, so kann nach seinem Tode jeder Miterbe die zum Nachlass gehörende Forderung gerichtlich geltend machen, sobald sie fällig ist. Die Geltendmachung kann aber nur dahin erfolgen, dass Zahlung an alle Erben zu erfolgen hat (§§ 2039, 2040 BGB). Dies gilt insbesondere auch für die gerichtliche Überweisung eines wegen der zum Nachlass gehörenden Forderung gepfändeten Anspruchs.[61]

Rechtslage beim Tode des Schuldners

346 Hatte der Gläubiger — nunmehriger Nachlassgläubiger — eine Pfändungsmaßnahme gegen den Erblasser bereits eingeleitet, so kann er diese weiter betreiben, ohne dass eine Umschreibung des Vollstreckungstitels gegen den oder die Erben erforderlich ist.[62] Die Pfändung kann in einem solchen Fall nach dem Tode des Schuldners auch in andere Nachlassgegenstände, die der Gläubiger zu Lebzeiten des Erblassers nicht hatte pfänden lassen, ohne Klauselumschreibung betrieben werden (§ 779 ZPO).[63] Für die Zulässigkeit der Fortsetzung einer bereits zu Lebzeiten des Erblassers eingeleiteten Pfändung kommt es auch nicht darauf an, ob die Erbschaft von den Erben bereits angenommen ist oder nicht. Voraussetzung dafür ist, dass die Pfändung nur in Gegenstände des Nachlasses betrieben wird, nicht auch in das eigene Vermögen der Erben.

Hat der Gläubiger gegen den Erblasser selbst keine Pfändungsmaßnahmen eingeleitet, so ist vor Annahme der Erbschaft durch seine Erben die gerichtliche Geltendmachung einer Gläubigerforderung gegen die Erben während der für die Erb-

---

[61] S. dazu insbesondere Noack, JR 1969, 8.
[62] KG, NJW 1957, 1154 = Rpfleger 1957, 256.
[63] LG Verden, MDR 1969, 932.

schaftsannahme bestehenden Schwebezeit unzulässig (§ 1958 BGB). Es kann über diese Zeit weder ein gegen den Erblasser erwirkter Vollstreckungstitel auf die — in diesem Zeitpunkt noch unbekannten — Erben umgeschrieben noch gegen diese unmittelbar ein Vollstreckungstitel erwirkt werden. Die Schwebezeit wird beendigt durch ausdrückliche **Annahme der Erbschaft** seitens der Erben **oder** durch **unausgenutzten Ablauf der Ausschlagungsfrist** (§ 1944 BGB). Bis zur Erbschaftsannahme hat aber das Gericht auf Antrag des Gläubigers einen Nachlasspfleger zu bestellen (§ 1961 BGB). Ihm gegenüber kann der Gläubiger seine Forderung als Nachlassverbindlichkeit geltend machen. Er kann dem Nachlasspfleger gegenüber entweder einen Vollstreckungstitel oder zu einem bereits gegen den Erblasser bestehenden Titel die Umschreibung der Vollstreckungsklausel erwirken. Alsdann ist die Pfändung in den Nachlass zulässig (§ 1960 Abs. 3 BGB).

Hat die Pfändung aus einem gegen den Erblasser erwirkten Titel im Zeitpunkt seines Todes noch nicht begonnen, ist aber die Erbschaft bereits durch die Erben angenommen, so hat der Gläubiger die Vollstreckungsklausel in gleicher Weise gegen die Erben umschreiben zu lassen wie in dem Fall, dass der Erblasser Gläubiger einer Forderung war (siehe Rn. 345). Wird die Erbfolge nicht durch den Erbschein dargelegt, so hat der Gläubiger die Erbschaftsannahme nachzuweisen (vgl. § 1958 BGB). Er ist berechtigt, an Stelle der Erben zum Zwecke der Zwangsvollstreckung vom Nachlassgericht einen **Erbschein** zu verlangen (§ 792 ZPO, §§ 352 ff. FamFG).

Hat der Gläubiger gegen den Erblasser keinen Vollstreckungstitel erlangt, so muss er einen solchen gegen die Erben erwirken, um in den Nachlass — und in das eigene Vermögen der Erben — pfänden zu können (§ 747 ZPO), nachdem die Erbschaft angenommen ist.

Der Vollstreckungstitel gegen alle Erben muss, um den Nachlass vollstrecken zu können, bis zu dessen Auseinandersetzung erwirkt sein (§ 747 ZPO, § 2059 Abs. 2 BGB).

Besitzt der Gläubiger gegen alle Erben einen Vollstreckungstitel, so kann er gegen den Nachlass und gegen die Erben vorgehen.[64]

Besitzt der Gläubiger nur gegen einen oder gegen einzelne Erben einen Vollstreckungstitel, so kann er nur gegen diese Schuldner vorgehen.[65]

---

[64] Wegen Einzelheiten siehe Rn. 349.

[65] Wegen Einzelheiten siehe Rn. 350.

Bei einer Pfändung aus einer Nachlassverbindlichkeit in das eigene Vermögen der Erben muss der Gläubiger damit rechnen, dass letztere die Beschränkung der Haftung auf den Nachlass geltend machen (§§ 1975 ff. BGB). Dieses Recht haben die Erben aber nur dann, wenn die Haftungsbeschränkung in dem gegen sie erwirkten Vollstreckungstitel vorbehalten ist (§ 780 ZPO).[66] Der Vorbehalt wird nur auf Einrede des Erben in das Urteil aufgenommen[67]. Er entfällt, wenn der bereits gegen den Erblasser erwirkte Titel auf die Erben umgeschrieben worden ist. Macht ein Erbe bei der Zwangsvollstreckung in sein eigenes Vermögen den Vorbehalt der beschränkten Erbenhaftung geltend, so muss er den Antrag stellen, die Zwangsvollstreckung in sein eigenes Vermögen aufzuheben bzw. für unzulässig zu erklären (§§ 784, 785 ZPO).

Rechtslage bei Bestehen von Vor- und Nacherbfolge

347 Zu einer Vorerbschaft gehörende Nachlassgegenstände können aufgrund eines gegen den Vorerben gerichteten Titels bis zum Eintritt der Nacherbfolge wegen einer Nachlassverbindlichkeit ohne Rücksicht auf die spätere Nacherbfolge gepfändet werden. § 2115 S. 1 BGB, der bestimmte Einschränkungen des Pfändungsrechts bei Vor- und Nacherbschaft enthält, findet in einem solchen Fall keine Anwendung, denn Nachlassverbindlichkeiten belasten auch den Nacherben (§ 2115 S. 2 BGB). Wegen der Rechtslage im Falle einer Pfändung gegen den Vorerben wegen einer erst in seiner Person entstandenen Verbindlichkeit siehe die Ausführungen Rn. 355 ff.

Dort ist auch die Zwangsvollstreckung gegen einen Nacherben behandelt.

Rechtslage bei Bestehen von Testamentsvollstreckung, Nachlassverwaltung oder Nachlasspflegschaft

348 Hat der Erblasser einen (nicht gemäß §§ 2208 ff. BGB beschränkten) Testamentsvollstrecker ernannt oder besteht Nachlassverwaltung (§§ 1975ff. BGB) oder Nachlasspflegschaft (§§ 1960ff. BGB), so ist der Vollstreckungstitel gegen den Testamentsvollstrecker bzw. Nachlassverwalter bzw. Nachlasspfleger zu erwirken. Auch die notwendigen Zustellungen haben an diese Person zu erfolgen. Der Nachlasspfleger vertritt den Erben auch bei einer Zwangsvollstreckung gegen diesen.[68]

---

[66] BGH, NJW 1954, 635.

[67] BGH, NJW 1983, 2378, 2379.

[68] Münchner Kommentar zum BGB, Leipold, Rn. 56 zu § 1960 BGB.

5.8.2 Pfändung gegen Erben in Erbengemeinschaft

Pfändung gegen alle Miterben

349 Hat ein Nachlassgläubiger gegen alle Miterben einen Vollstreckungstitel, etwa weil er einen solchen Titel bereits gegen den Erblasser erwirkt hat und der Titel auf dessen Erben umgeschrieben worden ist (siehe Rn. 346), so kann er alle Miterbenanteile auf die in Rn. 350 behandelte Art pfänden. Er kann aber auch in die einzelnen Nachlassgegenstände und in das eigene Vermögen der Erben vollstrecken, letzteres allerdings nur dann, wenn die Erben eine beschränkte Erbenhaftung im Sinne der bei Rn. 346 gemachten Ausführungen nicht geltend machen können.

Die Zwangsvollstreckung in den ungeteilten Nachlass steht auch anderen als Nachlassgläubigern offen, denen die Erben aus demselben Rechtsgrund als Gesamtschuldner haften,[69] falls der Gläubiger gegen alle Erben einen Titel erwirkt hat.

Pfändung gegen einzelne Miterben

350 Besitzt der Gläubiger nur gegen einen oder gegen einzelne Miterben einen Vollstreckungstitel — also nicht gegen alle Miterben (vgl. Rn. 349) —, weil er nur insoweit einen Geldanspruch hat, so kann er nicht in den Nachlass als solchen vollstrecken oder den Anteil des Miterben an den einzelnen Nachlassgegenständen pfänden. Vielmehr kann er nur den Erbteil dieses oder dieser Miterben insgesamt pfänden (§ 859 Abs. 2 ZPO). Zu diesem Erbanteil gehört auch das Auseinandersetzungsguthaben, das nicht selbstständig pfändbar ist. Eine derartige Pfändung richtet sich nach den Vorschriften über die Pfändung einer Forderung (§ 857 Abs. 1 ZPO). Erforderlich ist also die gerichtliche Pfändung mit Überweisung zur Einziehung nicht an Zahlungs statt (weil der Anteil keinen Nennwert hat). Zur Wirksamkeit der Pfändung bedarf es der Zustellung des Pfändungsbeschlusses an sämtliche Miterben in ihrer Eigenschaft als Drittschuldner (§ 829 Abs. 2, 3 ZPO).[70] Erst mit der Zustellung an den letzten Miterben wird die Pfändung wirksam. Die Erben müssen also im Pfändungsantrag und im Pfändungsbeschluss sämtlich genau nach Vor- und Zunamen, Beruf und Wohnort angegeben werden. Die Pfändung eines Erbteils ist bis zur Auseinandersetzung des Nachlasses zulässig. Nach diesem Zeitpunkt können noch die

---

[69] BGH, MDR 1970, 313 = NJW 1970, 473 = Rpfleger 1970, 87.

[70] RGZ 74, 54; RGZ 75, 180; RGZ 86, 295.

den betreffenden Miterben gegen andere Miterben aus der Auseinandersetzung etwa zustehenden Ansprüche gepfändet werden.

Im Falle einer Erbteilspfändung sind den Miterben einseitige, den Pfändungsgläubiger benachteiligende Verfügungen über den Erbteil und die zum Nachlass gehörenden Gegenstände verwehrt (§ 1258 BGB). Die Befugnisse zur Ausübung der dem Miterben an der Erbengemeinschaft zustehenden Rechte stehen neben den übrigen Miterben dem Pfändungsgläubiger zu, insbesondere die der Verwaltung und Verfügung (§§ 2038 ff. BGB) und der Mitwirkung bei der Auseinandersetzung des Nachlasses (§§ 2042 ff. BGB) samt Anspruch auf den sich hierbei ergebenden Überschuss (§ 2047 Abs. 1 BGB). Miterbe wird der Gläubiger kraft seines Pfandrechts nicht.[71] Er haftet auch nicht für die Nachlassverbindlichkeiten.[72]

Ist die Ausschlagungsfrist im Zeitpunkt des Eintritts der Wirksamkeit der Pfändung (Zustellung des gerichtlichen Beschlusses an alle Miterben als Drittschuldner) noch nicht abgelaufen, so kann der Miterbe trotz erfolgter Erbteilspfändung die Erbschaft noch ausschlagen. Tut er dies, so wird die Pfändung unwirksam; der Pfändungsgläubiger kann nicht etwa die Ausschlagung wegen Benachteiligung anfechten. Der an Stelle des Ausschlagenden eintretende Erbe ist nicht Rechtsnachfolger des ersteren.

Zum Zwecke der Verwertung des gepfändeten Erbteils kann der Pfändungsgläubiger wie folgt vorgehen:

Er kann bei Gericht den Antrag stellen, die Art der Verwertung des gepfändeten Erbteils anzuordnen. In Frage kommt dabei freihändiger Verkauf oder Versteigerung des Erbteils durch einen Gerichtsvollzieher (§§ 844, 857 Abs. 5 ZPO). Durch den Zuschlag des Gerichtsvollziehers an den Meistbietenden geht der Erbteil auf diesen über, ohne dass es noch einer besonderen Übertragungshandlung nach § 2033 Abs. 1 BGB in notarieller Urkunde bedarf.[73]

Der Pfändungsgläubiger kann aber auch die Auseinandersetzung des Nachlasses durch die Erben verlangen (§§ 2042 ff. BGB). Bei der Auseinandersetzung fallen die auf den gepfändeten Erbteil zugeteilten Nachlasswerte in das Pfandrecht des Gläubigers.[74] Für ihre Verwertung gelten §§ 847, 848 ZPO entsprechend. Für die Auseinandersetzung kommt in erster Linie Abschluss eines Vertrags unter Mitwirkung

---

[71] RGZ 90, 235.

[72] RGZ 60, 131.

[73] OLG Frankfurt, JR 1954, 183 mit Anm. v. Riedel.

[74] RGZ 60, 133.

aller Erben und des Pfändungsgläubigers in Frage. Letzterer kann auch den Antrag auf Vermittlung der Nachlassauseinandersetzung durch das Nachlassgericht stellen (§§ 363 ff. FamFG). Letzten Endes bleibt die Auseinandersetzungsklage vor dem Prozessgericht meist eine schwierige Sache, da ein bestimmter Auseinandersetzungsvorschlag zu machen ist.

Der Gläubiger, der einen Erbteil gepfändet hat, kann von einem Testamentsvollstrecker Auskunft und Rechnungslegung verlangen (§§ 2018, 2197 BGB). Die selbstständige Pfändung des Anspruchs auf Rechnungslegung ist nicht möglich.

Hat der Erblasser die Auseinandersetzung des Nachlasses auf bestimmte Zeit ausgeschlossen oder haben die Erben eine entsprechende Vereinbarung getroffen, so bindet der Ausschluss den Pfändungsgläubiger nicht. Dieser kann also gleichwohl sofortige Auseinandersetzung verlangen, vorausgesetzt, dass sein Vollstreckungstitel nicht nur ein vorläufig vollstreckbarer ist (vgl. § 2042 BGB, § 751 ZPO).

Verfügt ein Miterbe, dessen Erbteil gepfändet ist, trotz des im Pfändungsbeschluss ausgesprochenen Verbots über den Erbteil durch Übertragung, Verpfändung oder Nießbrauchbestellung, so kann der Dritte nicht gutgläubig erwerben. Das Pfändungsrecht bleibt vielmehr in vollem Umfang bestehen. Verfügungen vorstehender Art über den gepfändeten Erbteil sind aber nur gegenüber dem Pfändungsgläubiger unwirksam; mit seiner Zustimmung werden sie auch ihm gegenüber wirksam. Wegen der Pfändung in das eigene Vermögen eines Erben siehe Rn. 346.

351

MUSTER: Pfändung Erbanteil

Mir steht gegen XY, Maler in Z, aus Kauf von Farben am ... der Betrag von 300,00 EUR nebst ... % Zinsen ab ... und ... EUR Kosten für den beigefügten Vollstreckungsbescheid des Amtsgerichts Z vom ..., der mit Zustellungsnachweis versehen ist, zu. Die Kosten der bisherigen Zwangsvollstreckung betragen nach den beigefügten Belegen ... EUR.

Ich beantrage, wegen der vorstehend bezeichneten Forderung und der Kosten dieses Pfändungsverfahrens den Erbanteil des Schuldners am Nachlass seines am ... verstorbenen Vaters ... einschließlich des Auseinandersetzungsanspruchs und des Anspruchs auf Auskunftserteilung und Rechnungslegung sowie auf Grundbuchberichtigung zu pfänden und mir zur Einziehung zu überweisen.

Die weiteren Erben des genannten Nachlasses sind ... (es folgt genaue Anführung der übrigen Miterben mit Anschriften). Um Vermittlung der Zustellung des Pfändungsbeschlusses an die Drittschuldner wird gebeten.

Datum und Unterschrift des Gläubigers

Rechtslage bei Grundbesitz und Grundstücksrechten

352 Gehören zum Nachlass des Erblassers Grundstücke oder Rechte an Grundstücken und sind diese bereits auf die Erben in Erbengemeinschaft umgeschrieben, so kann der Gläubiger, der einen oder mehrere Erbteile gepfändet hat, im Falle der gerichtlichen Überweisung zur Einziehung die erfolgte Pfändung (nicht auch die Überweisung) an den betreffenden Grundstücken bei den entsprechenden Erbteilen der Miterben als Belastung — Verfügungsbeschränkung — eintragen lassen. Ein formloser Antrag des Pfändungsgläubigers gegenüber dem Grundbuchamt reicht aus. Die Mitwirkung der Miterben ist nicht erforderlich.[75] Ausfertigung des Pfändungs- und Überweisungsbeschlusses mit Nachweisen über dessen Zustellung an die Miterben als Drittschuldner ist vorzulegen. Zur Wirksamkeit der Erbteilspfändung selbst ist die vorstehend behandelte Grundbuchberichtigung nicht erforderlich. Sie schützt aber den Pfändungsgläubiger dagegen, dass sich ein Dritter bei Verfügungen aller Erben über den Grundbesitz auf den öffentlichen Glauben des Grundbuchs (§ 892 BGB) berufen kann. Eine Grundbuchsperre hat die Eintragung der Pfändung nicht zur Folge. Mehrere einen Erbteil pfändende Gläubiger haben den sich nach der Zustellung des gerichtlichen Beschlusses an den oder die Miterben als Drittschuldner ergebenden Rang. Dieses Rangverhältnis kann im Grundbuch eingetragen werden, wenn durch Vorlage der mehreren Pfändungsbeschlüsse mit den Zustellungsurkunden der Nachweis über den Rang in grundbuchlicher Form geführt wird.

Sind die zum Nachlass gehörenden Grundstücke oder Rechte an Grundstücken noch nicht — im Wege der Grundbuchberichtigung — auf die Erben umgeschrieben, also noch auf den Erblasser eingetragen, so ist die Eintragung der Erbteilspfändung im Grundbuch nur möglich, wenn gleichzeitig die Umschreibung auf die Erben erfolgt (§ 39 Abs. 1 GBO). Zur Stellung eines solchen Antrags ist jeder Miterbe für sich allein berechtigt. Er muss dabei die in Rn. 345 ersichtlichen Erbnachweise erbringen. Auch der Pfändungsgläubiger ist antragsberechtigt. Die Erteilung des erforderlichen Erbnachweises kann er selbst beantragen (§ 792 ZPO, § 345 FamFG).

Gehören zum Nachlass Grundstücke und andere Vermögenswerte, so kann der Gläubiger, der einen Erbteil (oder mehrere Erbteile) gepfändet und zur Einziehung überwiesen erhalten hat, die Zwangsversteigerung zum Zwecke der Aufhebung der Erbengemeinschaft (§§ 180 ff. ZVG) nur beantragen, wenn er die Auseinandersetzung des gesamten Nachlasses betreibt. Denn zur Durchsetzung einer Teilauseinandersetzung ist der Pfändungsgläubiger nicht befugt. Der Miterbe, dessen Erbteil gepfändet ist, kann die Teilungsversteigerung nur gemeinschaftlich mit dem Pfändungsgläubiger betreiben. Vollstreckungsschutzgewährung nach § 180 Abs. 2 ZVG kann der Miterbe, dessen Erbteil gepfändet ist, beantragen.

---

[75] RGZ 90, 237; siehe auch Ripfel, NJW 1958, 693.

Besteht der Nachlass dagegen nur (noch) aus Grundstücken, so hat der Pfändungs-gläubiger, wenn ihm das Gericht den Erbteil zur Einziehung überwiesen hat, für sich allein das Recht, Antrag auf Zwangsversteigerung der Grundstücke zur Aufhebung der Erbengemeinschaft zu stellen. Er muss dazu das Miterbenrecht seines Schuldners nachweisen. Der vorherigen Grundbuchberichtigung auf die Erben bedarf es nicht.[76]

Trotz der Eintragung der Pfändung im Grundbuch kann eine etwaige Übertragung des gepfändeten Erbteils auf einen Miterben oder einen Dritten (§§ 2033 ff. BGB; Rn. 350) im Grundbuch eingetragen werden, sofern der Pfändungsvermerk nicht gelöscht wird.

Rechtslage bei Bestehen von Testamentsvollstreckung, Nachlassver-waltung oder Nachlasspflegschaft

353   In diesen Fällen gilt wegen der Zustellung des Pfändungs- und Überweisungsbe-schlusses sinngemäß das Gleiche wie in Rn. 348 ausgeführt.

Rechtslage bei Bestehen von Vor- und Nacherbschaft

354   Ist der Schuldner Mit-Vorerbe, so ist die Pfändung seines Erbteils durch einen Gläubiger gleichwohl zulässig. Die Pfändung ist jedoch im Falle des Eintritts der Nacherbfolge gegenüber dem Nacherben insoweit unwirksam, als sie dessen Nach-erbenrecht vereiteln oder beeinträchtigen würde (§ 2115 S. 1 BGB). Es darf in einem solchen Fall weder eine Veräußerung des gepfändeten Erbteils nach §§ 844, 857 Abs. 5 ZPO noch dessen Überweisung zur Einziehung durch das Gericht angeordnet werden (§ 773 ZPO). Der Nacherbe muss seine vorstehend behandelten Rechte u. U. durch Erhebung von Widerspruchsklage nach § 771 ZPO (Rn. 260) geltend machen.

Die bis zum Eintritt der Nacherbfolge dem Vorerben zufallenden Nutzungen der Erbschaft kann ein Gläubiger des Vorerben in jedem Fall pfänden, ohne dass die Einschränkungen, die im Rahmen der §§ 2113, 2114 BGB gelten, zur Anwendung kommen. Sie bestehen auch dann nicht, wenn es sich bei der Schuld des Nach-erben um eine Nachlassverbindlichkeit handelt (vgl. Rn. 347).

---

[76] Konkurriert ein Vertragspfandrecht an einem Erbteil mit einem später entstandenen Pfändungspfandrecht, so steht, wenn ein Nachlassgrundstück zur Aufhebung der Ge-meinschaft versteigert wird, der auf den Schuldner entfallende Erlösanteil dem Vertrags-pfandgläubiger zu (BGH, BB 1969, 1331 = DNotZ 1969, 673 = MDR 1969, 750 = NJW 1969, 1347 m. krit. Anm. von Wellmann, NJW 1969, 1903).

355   Das dem Nacherben bis zum Eintritt der Nacherbfolge zustehende gegenwärtige
und unentziehbare Anwartschaftsrecht kann durch einen Gläubiger des Nacherben
vom Erbfall an gepfändet werden. Auch seine Überweisung zur Einziehung ist möglich. Die Pfändung des Anwartschaftsrechts erfolgt als Erbteilspfändung (Rn. 350).
Sie bedarf zu ihrer Wirksamkeit der Zustellung an die Mit-Nacherben als Drittschuldner (§ 859 ZPO). Sind die Mitnacherben noch unbekannt — dann wird allerdings meist
auch der Nacherbe, dessen Anwartschaftsrecht gepfändet werden soll, noch unbekannt sein —, so erhebt sich die Frage, ob zur Zustellung Bestellung eines Pflegers
nach § 1913 BGB erforderlich wird, falls nicht Nacherben-Testamentsvollstreckung
nach § 2222 BGB besteht. Die Frage nach der Pflegerbestellung wird wohl zu verneinen sein; es wird in diesem Fall Zustellung der Pfändung an die Vorerben genügen.
Diese Zustellung ist auch bei Bekanntsein der weiteren Mit-Nacherben ratsam.[77]

Die Pfändung kann in das Grundbuch eingetragen werden (§ 51 GBO und Rn. 352).
Vor Eintritt der Nacherbfolge kann der Pfändungsgläubiger Befriedigung nur durch
Veräußerung des gepfändeten Anwartschaftsrechts erlangen (§§ 844, 857 Abs. 5
ZPO; Rn. 350). Bei Versteigerung durch den Gerichtsvollzieher (§§ 816 ff. ZPO) geht
das Anwartschaftsrecht auf den Nacherbteil mit dem Zuschlag auf den Meistbie-
tenden über, ohne dass es eines besonderen Übertragungsaktes bedarf. Der Er-
werber des Nacherbenrechts wird mit dem Eintritt des Nacherbfalls unmittelbar
Rechtsnachfolger des Nacherben.[78]

Nach Eintritt der Nacherbfolge bei Vorhandensein mehrerer Nacherben sind die
Rechte des Pfandgläubigers an einem Erbteil die gleichen wie bei einem nicht mit
Nacherbschaft belasteten gepfändeten Miterbenanteil (Rn. 350).

5.8.3   Pfändung gegen Alleinerben

Schuldner ist alleiniger Vollerbe

356   Die Alleinerbschaft geht im Vermögen des Alleinerben auf. Bei Vorliegen eines Titels gegen den alleinigen Vollerben kann der Gläubiger also unmittelbar dessen
gesamtes pfändbares Vermögen vollstrecken. Eine pfändbare „Erbschaft" ist nicht
vorhanden.

---

[77] KGJ 42, 228, 241 hält diese Zustellung nicht für erforderlich. Nach Stöber, Forderungspfändung, Rn. 1658, genügt bei Unbekanntsein der Mitnacherben Zustellung an den Vorerben
als Drittschuldner.

[78] RGZ 101, 190.

Der Alleinerbe hat aber — wie der Miterbe — das Recht, durch Herbeiführung der beschränkten Erbenhaftung sein eigenes Vermögen aus der Haftung für eine Nachlassverbindlichkeit freizubekommen (vgl. die Ausführungen Rn. 346).

Schuldner ist alleiniger Vorerbe

357   Für diesen Fall gilt das in Rn. 349 Ausgeführte ebenfalls. Das Recht des oder der Nacherben darf aber durch eine gegen den alleinigen Vorerben gerichtete Pfändung weder vereitelt noch beeinträchtigt werden, falls nicht wegen einer Nachlassverbindlichkeit vollstreckt wird (siehe Rn. 347 und 355).

Schuldner ist alleiniger Nacherbe

358   Pfändbar ist bis zum Eintritt der Nacherbfolge das in Rn. 355 behandelte Anwartschaftsrecht des Nacherben durch gerichtlichen Pfändungs- und Überweisungsbeschluss. Zustellung des Beschlusses an einen weiteren Nacherben scheidet aus, da ein solcher nicht vorhanden ist. Streitig ist, ob die Vorerben in diesem Fall als Drittschuldner anzusehen sind oder nicht. Eine Entscheidung dieser Frage kann dadurch vermieden werden, dass eine Zustellung an die Vorerben auf alle Fälle veranlasst wird.

Wegen der Eintragung der Pfändung gegen den alleinigen Nacherben im Grundbuch gilt das Gleiche wie unter Rn. 352 ausgeführt ist (vgl. dazu auch § 51 GBO).

Mit Eintritt des Nacherbfalls wandelt sich das Pfandrecht an der Anwartschaft des alleinigen Nacherben von selbst in das Pfandrecht an den einzelnen Nachlassgegenständen um, bei Grundstücken erwirbt der Gläubiger für seine Ansprüche eine Sicherungshypothek an diesen (§ 1287 BGB, § 848 Abs. 2 ZPO).

Der Pfändungsgläubiger hat die Möglichkeit, sich bereits vor dem Eintritt der Nacherbfolge dadurch aus dem gepfändeten Anwartschaftsrecht Befriedigung zu verschaffen, dass er beim Vollstreckungsgericht den Antrag auf Anordnung des freihändigen Verkaufs oder der Zwangsversteigerung dieses Rechts stellt (§§ 857 Abs. 5, 844 ZPO). Mit dem Zuschlag geht das Anwartschaftsrecht auf den Meistbietenden über, ohne dass es einer besonderen Übertragungshandlung bedarf (vgl. Rn. 355).

5.8.4   Pfändung gegen Vermächtnisnehmer

Art der Pfändung eines Vermächtnisses

359   Die Pfändung eines Vermächtnisanspruchs kann erst nach dem Tode des Erblassers erfolgen[79]. Drittschuldner sind dabei die mit dem Vermächtnis Belasteten. Es werden dies in der Regel Erben sein, es können aber auch Vermächtnisnehmer in Frage kommen (vgl. das in § 2147 BGB geregelte Untervermächtnis). Zu pfänden ist der Anspruch auf Zahlung eines Geldbetrags oder auf Leistung des vermachten Gegenstandes (§§ 829, 846 ff. ZPO). Es wird sich meist empfehlen, den Herausgabeanspruch des Bedachten gegen die Belasteten mitpfänden zu lassen. Das Gericht ordnet in diesem Fall die Herausgabe des Gegenstandes an den vom Gläubiger zu beauftragenden Gerichtsvollzieher, dessen Name im Pfändungsbeschluss nicht genannt zu werden braucht, an.

Trotz der Pfändung kann der Bedachte das Vermächtnis ausschlagen (§§ 2176, 2180 BGB).

MUSTER: Pfändung Vermächtnis

Mir steht gegen XY, Maler in Z, aus Kauf von Farben am ... der Betrag von 300,00 EUR nebst ... % Zinsen ab ... und ... EUR Kosten für den beigefügten Vollstreckungsbescheid des Amtsgerichts Z vom ..., der mit Zustellungsnachweis versehen ist, zu. Die Kosten der bisherigen Zwangsvollstreckung betragen nach den beigefügten Belegen ... EUR.

Ich beantrage, den angeblichen Anspruch des Schuldners an die Erben des am ... verstorbenen ... nämlich an ... auf Zahlung des Pflichtteils aus diesem Nachlass zu pfänden und mir zur Einziehung zu überweisen. Der Pflichtteil ist vertraglich anerkannt. Vertrag vom ...

Die weiteren Erben des genannten Nachlasses sind ... (es folgt genaue Anführung der übrigen Miterben mit Anschriften). Um Vermittlung der Zustellung des Pfändungsbeschlusses an die Drittschuldner wird gebeten.

Datum und Unterschrift des Gläubigers

---

[79] RGZ 67, 425. Bei einem unter einer aufschiebenden Bedingung oder unter Bestimmung eines Anfangstermins angeordneten Vermächtnis ist Pfändung des Anwartschaftsrechts bereits vom Erbfall an zulässig (BGH, MDR 1963, 824).

Bestehen von Testamentsvollstreckung, Nachlassverwaltung oder Nachlasspflegschaft

Zustellung des Pfändungsbeschlusses an einen solchen Verwalter ist nicht zwingend vorgeschrieben, aber zumindest empfehlenswert.[80]

Verwertung des Vermächtnisgegenstands

360 Auf die Verwertung des Vermächtnisgegenstands sind die darüber allgemein bestehenden Vorschriften anzuwenden, also grundsätzlich Versteigerung beweglicher Sachen durch den Gerichtsvollzieher (§§ 814 ff. ZPO).

5.8.5 Pfändung gegen Pflichtteilsberechtigten

Zulässigkeit der Pfändung eines Pflichtteils[81]

361 Ein Pflichtteilsanspruch kann nur gepfändet werden, wenn er durch Vertrag anerkannt oder wenn er rechtshängig geworden ist (§ 852 ZPO). Dadurch soll verhindert werden, dass ein Pflichtteilsanspruch ohne entsprechenden Willen des Berechtigten geltend gemacht wird. Als Anerkenntnis genügt jede Vereinbarung, die erkennen lässt, dass der Berechtigte den Pflichtteil geltend machen will. Ausreichend ist auch, dass der Anerkennungswille gegenüber dem Berechtigten vom Pflichtteilsschuldner in schlüssiger Weise zum Ausdruck kommt.[82] Die Anerkennung kann sich auch aus der Abtretung des Anspruchs ergeben. Rechtshängig ist ein Pflichtteil, wenn wegen seiner Geltendmachung ein prozessuales Verfahren anhängig ist, etwa Klageerhebung (§ 263, siehe auch § 253 ZPO).

---

[80] Stöber, Rn. 549.

[81] S. dazu jetzt Kuchinke, NJW 1994, 1769 und BGH, NJW 1993, 2876.

[82] S. auch BGH, MDR 1973, 401 = NJW 1973, 620. Fraglich ist die Zulässigkeit der Pfändung eines Pflichtteilsanspruchs für den künftig möglichen Fall der Anerkennung oder der Rechtshängigkeit des Anspruchs. Die Frage verneint KG, JW 1935, 3486 = Rpfleger 1936, 121; die Frage bejaht OLG Naumburg, OLGZ 40, 154. Das Erstere ist zutreffend. Das schließt aber nicht aus, dass eine Pflichtteilspfändung, die vor dem Anerkenntnis oder vor der Rechtshängigkeit – und damit unzulässigerweise – erfolgt, gültig wird, wenn vor rechtskräftiger Erledigung der vom Pflichtteilsberechtigten eingelegten Erinnerung der Anspruch anerkannt oder rechtshängig gemacht wird (OLG Karlsruhe, HRR 1930 Nr. 1164).

Zum Pflichtteil gehört auch ein etwaiger Ergänzungsanspruch nach §§ 2325 bis 2327 BGB und der etwaige Anspruch des Pflichtteilsberechtigten gegen den Beschenkten nach § 2329 BGB.

Für ein Vermächtnis, das einem Pflichtteilsberechtigten zugewendet ist, gilt das in Rn. 359 Ausgeführte (vgl. § 2307 BGB).[83]

Art der Pflichtteilspfändung

362   Es handelt sich um eine Forderungspfändung. Das Gericht hat also auf Antrag einen Pfändungs- und Überweisungsbeschluss zu erlassen (§ 829 ZPO). Im Antrag reicht die schlüssige Behauptung des Gläubigers aus, der Pflichtteilsanspruch sei anerkannt oder rechtshängig. Dies muss aus dem Pfändungsbeschluss hervorgehen. Bestreitet der Pflichtteilsberechtigte das Vorliegen dieser Voraussetzung, so ist der Gläubiger beweispflichtig.[84] Drittschuldner sind die mit dem Pflichtteil belasteten Erben (vgl. §§ 2318 ff. BGB). Untersteht der Nachlass der Verwaltung eines Testamentsvollstreckers, so ist zur Vollstreckung aus dem Pflichtteil in den Nachlass ein Titel gegen den Erben auf Leistung und gegen den Testamentsvollstrecker auf Duldung der Zwangsvollstreckung erforderlich (§ 2213 BGB; § 748 Abs. 3 ZPO).

5.8.6   Sonstige Pfändungsfragen im Erbrecht

Pfändung erbrechtlicher Ansprüche eines nichtehelichen Kindes

363   Für die Pfändung der erbrechtlichen Ansprüche eines nichtehelichen Kindes gilt nichts anderes als für die Pfändung der entsprechenden Ansprüche eines ehelichen Kindes (§ 1924 BGB).[85]

Enterbung in guter Absicht

364   Ist ein Erbe durch Anordnung von Nacherbschaft in guter Absicht enterbt (§ 2338 BGB), so sind die Nutzungen der Erbschaft dem Zugriff der Gläubiger des Vorerben insoweit entzogen, als sie zum standesgemäßen Unterhalt des Letzteren und zur

---

[83] Bay OblGZ 8, 26.

[84] RGZ 54, 308.

[85] Die Gleichstellung gilt für alle ab 01.04.1998 eingetretenen Erbfälle. Bis 31.03.1998 stand dem nichtehelichen Kind lediglich ein Erbersatzanspruch nach § 1934a BGB zu.

Erfüllung seiner gesetzlichen Unterhaltspflichten erforderlich sind (§ 863 Abs. 1 Satz 1 ZPO).

Ist die Enterbung in guter Absicht in Form der Anordnung von Testamentsvollstreckung auf Lebenszeit des Abkömmlings erfolgt, so hat dieser nur Anspruch auf den jährlichen Reinertrag, dessen Pfändung in gleicher Weise beschränkt ist (§ 863 Abs. 1 Satz 2 ZPO).

Die vorstehend ersichtlichen Beschränkungen gelten aber nicht für Nachlassgläubiger (§ 1967 BGB) und für die Gläubiger, deren Rechte auch dem eingesetzten Nacherben nach § 326 Abs. 2 ZPO oder dem ernannten Testamentsvollstrecker gegenüber nach § 2213 BGB wirksam sind. Sind Nacherbschaft und Testamentsvollstreckung angeordnet, so müssen beide Voraussetzungen gegeben sein. Die hier behandelten Pfändungseinschränkungen wirken also im Ergebnis nur gegenüber persönlichen Gläubigern des Schuldners.

Die Einwendungen gegen die Pfändung sind im Wege der Erinnerung geltend zu machen (§ 766 ZPO). Eine solche kann neben den Erben jeder einlegen, zu dessen Gunsten die Anordnungen getroffen sind.[86]

Schlusserbe beim „Berliner Testament"

365 Der Erbe des überlebenden Ehegatten beim „Berliner Testament" (sog. Schlusserbe; § 2269 BGB) hat vor dem Tode dieses Ehegatten kein übertragbares Anwartschaftsrecht,[87] sondern nur ein künftiges Erbrecht. Dieses künftige Erbrecht ist aber nicht pfändbar (vgl. Rn. 366).

Unpfändbarkeit eines künftigen Erbrechts oder dgl.

366 Die bloße Aussicht, Erbe einer noch lebenden Person zu werden, mag später gesetzliche oder testamentarische Erbfolge eintreten, ist nicht pfändbar. Dabei kommt es nicht darauf an, ob es sich um eine Vollerbschaft, eine Vorerbschaft oder eine Nacherbschaft handelt.

Das Gleiche gilt für ein künftiges Vermächtnis oder einen künftigen Pflichtteilsanspruch.

---

[86] S. zu obigen Ausführungen auch Stöber, Rn. 1652 ff.

[87] BGHZ 37, 319 = BB 1962, 9758 = DNotZ 1963, 553 = FamRZ 1962, 468 = MDR 1962, 894 = NJW 1962, 1910.

5.9 Pfändung gesellschaftsrechtlicher Ansprüche

367 In das Vermögen einer Gesellschaft als Ganzes, also als rechtlicher Gesamtheit, ist eine Zwangsvollstreckung nicht möglich. Pfändbar sind vielmehr bei Vorliegen eines Vollstreckungstitels gegen eine Gesellschaft nur die einzelnen Vermögenswerte, aus denen sich das Gesellschaftsvermögen zusammensetzt, soweit sie nicht unpfändbar sind. Dabei sind die Formen einzuhalten, die allgemein für die Pfändung von Vermögenswerten bestehen.

Von vorstehendem Vorgehen gegen die Gesellschaft ist die Pfändung von Ansprüchen zu unterscheiden, die dem einzelnen Gesellschafter aus dem Gesellschaftsverhältnis zustehen. Dafür gilt Folgendes:

5.9.1 Pfändung bei Personenhandelsgesellschaften

368 Bei der Personengesellschaft[88] — offenen Handelsgesellschaft, Kommanditgesellschaft, Gesellschaft mit beschränkter Haftung & Co. Kommanditgesellschaft — ist der Anteil des einzelnen Gesellschafters am Gesellschaftsvermögen pfändbar, wenn **ein Vollstreckungstitel gegen die Gesellschaft** vorliegt. Diese Pfändung erstreckt sich auf dasjenige, was dem Gesellschafter (Schuldner) bei der Gewinnverteilung und Auseinandersetzung zusteht. Sicherheitshalber sollten im Pfändungsantrag diese beiden Arten von Ansprüchen an die Gesellschaft besonders erwähnt werden. Drittschuldner im Falle der Pfändung sind die übrigen Gesellschafter. Sie können durch Einsichtnahme in das Handelsregister leicht festgestellt werden. Für ausreichend wird es gehalten, wenn der Pfändungs- und Überweisungsbeschluss an die Gesellschaft selbst für die Gesellschafter zugestellt wird.

Die Pfändung des Gesellschaftsanteils erfasst auch das Kündigungsrecht des Gesellschafters, gegen den sich die Pfändung richtet. Hat der Privatgläubiger eines Gesellschafters, nachdem innerhalb der letzten sechs Monate eine Zwangsvollstreckung in dessen bewegliches Vermögen von ihm oder einem anderen Gläubiger ohne Erfolg versucht worden ist, aufgrund eines nicht nur vorläufig vollstreckbaren Titels (siehe darüber Rn. 165) die Pfändung und Überweisung des Anspruchs

---

[88] Clasen, NJW 1965, 2141 und Stöber, Rn. 1552 ff. Zu Vollstreckungstitel und Vollstreckungsklausel gegen Personengesellschaften siehe Eickmann, Rpfleger 1970, 113. Über aktuelle Fragen der Zwangsvollstreckung gegen die offene Handelsgesellschaft (Gesellschaft im Prozess und in der Zwangsvollstreckung, Fassung des Titels, der nicht nur gegen die Gesellschaft, sondern auch gegen die Gesellschafter gerichtet ist, kein Schutz der Gesellschaft nach § 811 Nr. 5 ZPO) siehe Noack, DB 1970, 1817.

auf dasjenige, was dem Gesellschafter bei der Auseinandersetzung zukommt, herbeigeführt, so kann die Gesellschaft ohne Rücksicht darauf, ob sie für bestimmte oder für unbestimmte Zeit eingegangen worden ist, kündigen (§ 135 HGB). Die Kündigung muss gegenüber allen Gesellschaftern, also auch dem Schuldner gegenüber, erklärt werden. Einem Gesellschaftsgläubiger, der den Schuldner als Gesellschafter für eine Verbindlichkeit der Gesellschaft persönlich in Anspruch nimmt, steht das Kündigungsrecht nicht zu. Privatgläubiger ist also, wer unabhängig von dem Gesellschaftsverhältnis einen Anspruch gegen den Schuldner hat.

369   Von der Pfändung nicht erfasst werden das Geschäftsführungs- und Vertretungsrecht (§§ 114, 116, 125, 126 HGB), das Widerspruchsrecht (§ 115 HGB), das Antragsrecht auf Entziehung der Befugnis zur Geschäftsführung (§ 117 HGB), das Recht auf Unterrichtung, Einsicht in die Handelsbücher und Papiere und das Recht auf Anfertigung einer Bilanz (§ 118 HGB) sowie das Stimmrecht (§ 119 HGB).

370   Gegen persönlich haftende Gesellschafter einer OHG darf nur vollstreckt werden, wenn diese im Vollstreckungstitel eindeutig als Schuldner aufgeführt sind.

371   Bei einer Kommanditgesellschaft besteht eine Pfändungsmöglichkeit vorstehenden Umfangs sowohl gegenüber einem persönlich haftenden Gesellschafter wie gegenüber einem Kommanditisten.

Da auch die GmbH & Co. KG eine echte KG ist, ergeben sich bei ihr — vom Umfang der Haftung der meist allein als persönlich haftenden Gesellschafterin vorhandenen GmbH abgesehen — keine pfändungsrechtlichen Besonderheiten (wegen Pfändung bei der GmbH selbst siehe die Ausführungen Rn. 378).

372   **MUSTER: Pfändung Gesellschaftsanteil**

Wegen meiner vorstehend zusammengestellten Ansprüche beantrage ich, den Anteil des Schuldners als Gesellschafter der offenen Handelsgesellschaft unter der Firma ... mit dem Sitz in ... zu pfänden und mir zur Einziehung zu überweisen. Mitgesellschafter dieser Firma sind: ...

Insbesondere beantrage ich zu pfänden und zu überweisen die dem Schuldner zustehenden Ansprüche auf laufende Gewinnanteile, Leistungen aus Geschäftsführung und das künftige Auseinandersetzungsguthaben.

373   Die Pfändung des Anteils des Schuldners am Gesellschaftsvermögen ist auch zulässig, wenn der Anteil nicht ohne Zustimmung der übrigen Gesellschafter übertragen werden darf.

Der Anspruch auf den nach dem Gesellschaftsvertrag bestehenden jetzigen und künftigen Gewinn kann auch gesondert gepfändet werden, ebenso das künftige Auseinandersetzungsguthaben.

5.9.2 Pfändung bei Gesellschaften nach bürgerlichem Recht (GbR)

374   Ist der Schuldner Gesellschafter einer Gesellschaft bürgerlichen Rechts (GbR; §§ 705 ff. BGB), gelten sinngemäß die Ausführungen für die Personenhandelsgesellschaften (Rn. 368 ff.). Die GbR kann im Rechtsverkehr unter einem anderen Namen auftreten als in der Auflistung der Namen ihrer Gesellschafter. So ist es z. B. möglich, dass eine GbR unter der Bezeichnung in das Grundbuch eingetragen wird, die ihre Gesellschafter im Gesellschaftsvertrag für sie vorgesehen haben.[89] Im Gegensatz zur OHG und KG, die in das Handelsregister (HRA) einzutragen sind, werden Register für Gesellschaften bürgerlichen Rechts nicht geführt. Der Vollstreckungstitel, aufgrund dessen die Zwangsvollstreckung in das Vermögen einer Gesellschaft bürgerlichen Rechts erfolgen soll, muss nach der Rechtsprechung des BGH an ihren Geschäftsführer oder, wenn ein solcher nicht bestellt ist, an einen ihrer Gesellschafter zugestellt werden.[90]

Bei der Vollstreckung in das Gesellschaftsvermögen ist zu beachten, dass der BGH im Jahre 2001 die GbR als Außengesellschaft für aktiv und passiv rechts- und parteifähig erklärt hat. Die GbR kann daher unter ihrer Geschäftsbezeichnung verklagt werden. Es kann gegen sie vollstreckt werden, ohne dass sämtliche Gesellschafter im Mahnbescheidsantrag oder in der Klage aufgezählt werden müssen.[91]

Möchte der Gläubiger allerdings nicht nur in das Gesellschaftsvermögen vollstrecken, sondern auch in das Privatvermögen der Gesellschafter, muss er die Gesellschaft sowie die Gesellschafter als Gesamtschuldner verklagen. Der Rechtsstreit gegen die Gesellschaft ist vom Rechtsstreit gegen die Gesellschafter separat zu betrachten.

Die Regelung des § 736 ZPO ist künftig ergänzend so zu lesen, dass ein gegen alle Gesellschafter oder gegen die Gesellschaft gerichteter Titel für die Vollstreckung in das Gesellschaftsvermögen ausreicht.

---

[89] So BGH. Beschl. v. 04.12.2008 – V ZB 74/08, BGHZ 179, 102 ff. = ZIP 2009, 66 ff.

[90] So BGH, Beschl. v. 06.04.2006 – V ZB 158/05, ZVI 2006, 239 f. = ZIP 2006, 1318 ff. = NJW 2006, 2191 f.

[91] Vgl. BGH, Urt. v. 29.01.2001 – II ZR 331/00, BGHZ 146, 341 ff. = ZIP 2001, 330 ff. = DB 2001, 423 ff.

375 Die Mitgesellschafter haben das Recht, durch Befriedigung der Ansprüche des pfändenden Gläubigers die Auflösung der Gesellschaft abzuwenden (§ 268 BGB).

Der Gläubiger kann den Anspruch seines Schuldners auf das, was ihm bei der späteren Auseinandersetzung zukommt und den Gewinnanspruch auch selbstständig pfänden (§ 717 BGB). Das Muster: Pfändung Gesellschaftsanteil (Rn. 372) kann hier mit der erforderlichen Abwandlung verwendet werden.

5.9.3 Pfändung bei Aktiengesellschaften

376 In Aktien des Schuldners ist Zwangsvollstreckung wie in sonstige bewegliche körperliche Sachen durch den Gerichtsvollzieher möglich. Verwertung erfolgt durch Verkauf aus freier Hand zum Tageskurs oder durch Versteigerung (§ 821 ZPO).

Das Bezugsrecht auf neue Aktien nach §§ 186, 187 AktG ist ebenfalls pfändbar (§§ 857, 847 ZPO).

5.9.4 Pfändung bei Kommanditgesellschaften auf Aktien

377 Bei der Kommanditgesellschaft auf Aktien (§§ 278 ff. AktG) kann der Gläubiger eines Kommandit-Aktionärs dessen Aktien wie bei einer sonstigen Aktiengesellschaft pfänden und sich zur Einziehung überweisen lassen. Der Gläubiger eines persönlich haftenden Gesellschafters einer solchen Gesellschaft kann dessen Anteil am Gesellschaftsvermögen in gleicher Weise wie gegenüber dem Kommanditisten einer KG (siehe Rn. 371) pfänden, wodurch das Auseinandersetzungsguthaben des Schuldners in Beschlag genommen wird.

5.9.5 Pfändung bei Gesellschaften mit beschränkter Haftung

378 Bei einer GmbH sind die Geschäftsanteile der einzelnen Gesellschafter pfändbar (§§ 14, 15 GmbH; § 857 ZPO).[92] Dies gilt auch dann, wenn die Abtretung eines Geschäftsanteils von der Genehmigung der Gesellschaft abhängig ist (§ 15 Abs. 5 GmbHG). Drittschuldner ist die GmbH als solche. Übersteigt der Wert des Geschäftsanteils die Forderung des Gläubigers, so ist eine Teilpfändung selbst dann möglich, wenn die Teilung eines Geschäftsanteils nach dem Gesellschaftsvertrag

---

[92] S. Behr, JurBüro 1995, 286.

ausgeschlossen oder von der Genehmigung der Gesellschaft abhängig ist (§ 17 GmbHG). Im Vertrag einer GmbH kann festgelegt sein, dass ein Geschäftsanteil im Falle seiner Pfändung von der Gesellschaft einzuziehen ist (§ 34 GmbHG). Dann wird von dessen bereits erfolgter Pfändung das bei der Einziehung[93] zu zahlende Entgelt erfasst, das grundsätzlich vollwertig sein muss.

Dem Gläubiger kann der gepfändete Geschäftsanteil nicht zur Einziehung überwiesen werden. Er ist vielmehr auf den Anspruch auf das künftige Auseinandersetzungsguthaben und den Gewinnanteil — der auch selbstständig gepfändet werden kann — beschränkt. Für den Geschäftsanteil kommt jedoch eine anderweitige Verwertung im Sinne des § 844 ZPO in Frage. Meist wird der Gläubiger die Anordnung der **Versteigerung des gepfändeten Geschäftsanteils** gegenüber dem Vollstreckungsgericht beantragen (siehe auch § 814 ZPO). Der Anteilserwerber erlangt damit die Stellung eines Gesellschafters.

Bei freihändiger Veräußerung des Anteils muss der Vertrag notariell beurkundet werden (§ 15 Abs. 5 GmbHG).[94]

379   Ab 1. März 2013 sind zwingend die Vordrucke aus der ZVFV zu verwenden (siehe Arbeitshilfen online).

5.9.6 Pfändung bei stiller Gesellschaft

380   Bei der stillen Gesellschaft können Gläubiger des Geschäftsinhabers ohne Rücksicht auf den stillen Gesellschafter wie sonst vollstrecken. Gläubiger des stillen Gesellschafters können nur seinen Gewinnanteil und den Anspruch auf das Auseinandersetzungsguthaben pfänden (vgl. auch § 717 BGB). Drittschuldner ist der Inhaber des Handelsgeschäfts.

381   Das Kündigungsrecht des Gläubigers im Falle der Pfändung und Überweisung des Auseinandersetzungsguthabens des stillen Gesellschafters ist das gleiche wie bei der offenen Handelsgesellschaft. Nach Auflösung der Gesellschaft hat der Geschäftsinhaber das Guthaben des Schuldners in Geld zu berichtigen (§ 235 HGB).

Eine unmittelbare Inanspruchnahme des stillen Gesellschafters durch Gläubiger des Geschäftsinhabers ist ausgeschlossen.

---

[93] Zur Verwertung des gepfändeten GmbH-Anteils siehe Petermann, Rpfleger 1973, 387.
[94] RGZ 164, 162; Buchwald, GmbHR 1960, 8.

382   Besondere Arten von stillen Gesellschaften sind die Innengesellschaft und die Unterbeteiligung. Bei ihnen tritt nach außen nur eine Person auf, die aber die Geschäfte im Innenverhältnis auch für die übrigen Gesellschafter führt.

Pfändbar sind bei diesen Gesellschaftsformen die Ansprüche des Schuldners auf den Gewinnanteil und auf das Auseinandersetzungsguthaben.

Das Bestehen einer solchen Gesellschaft wird der Gläubiger oft nur schwer feststellen können.

5.10 Pfändung von Grundpfandrechten und anderen grundbuchlichen Rechten[95]

5.10.1 Allgemeines zur Pfändung von Grundpfandrechten[96]

383   Die Pfändung von Hypotheken (Brief-, Buch-, Sicherungs- und Höchstbetragshypotheken; §§ 1113–1190 BGB), von Grundschulden (Brief- und Buchgrundschulden; §§ 1191–1198 BGB) und von Rentenschulden (Brief- und Buchrechten; §§ 1199–1203 BGB) richtet sich zwar wenigstens grundsätzlich nach den für die Pfändung sonstiger Forderungen bestehenden Vorschriften (siehe Rn. 284ff.), doch sind wesentliche Zusatzbestimmungen zu beachten, deren Einhaltung in der Praxis erhebliche Schwierigkeiten bereiten kann. Es führt also nicht jede Pfändung eines Grundpfandrechts zu einem Erfolg für den Gläubiger.

5.10.2 Pfändung einer Hypothek

384   Bei der Pfändung jeder Art von Hypotheken ist als gemeinsam Folgendes zu beachten: Das Primäre bei einer Hypothek ist die durch sie gesicherte Forderung. Die Hypothek ist rechtlich nicht etwa ein selbstständiges Vermögensrecht des Gläubigers, das an Stelle seiner Forderung getreten ist, vielmehr hat die Hypothek nur den Zweck, die Forderung des Gläubigers zu sichern. Die Forderung ist und bleibt

---

[95] S. dazu Reiter, NJW 1972, 22 und Weber, BB 1969, 425; Stöber, Pfändung hypothekarischer Rechte und Ansprüche, Rechtspflegerjahrbuch 1962, 303.

[96] S. dazu Haegele, JurBüro 1954 Sp. 255 und 1955 Sp. 81; Hahn, JurBüro 1958 Sp. 161 und Stöber, Rn. 1795 ff.

rechtlich die Hauptsache (vgl. auch § 1153 BGB). Die **Hypothek** ist **nur ein Neben-recht der Forderung**, wie es etwa auch eine Bürgschaft ist. Wirtschaftlich allerdings kommt vielfach der Sicherheit, also der Hypothek, die größere Bedeutung zu. Forderung und Hypothek können nur zusammen gepfändet werden.

Die zu pfändende Hypothek ist im Pfändungsantrag möglichst genau zu bezeichnen, also nach Grundbuchstelle, Gläubiger, Grundstückseigentümer, Höhe, Art der durch die Hypothek gesicherten Forderung (etwa Darlehen, Kaufpreis), Verzinsung und sonstigen Nebenleistungen, Angabe, ob Brief- oder Buchhypothek. Bei Zinsen (und anderen Nebenleistungen) ist anzugeben, von welchem Zeitpunkt ab sie mitgepfändet werden sollen. Siehe dazu die Muster Rn. 407–409.

385   Auch dann, wenn die zu pfändende Hypotheken-Forderung höher ist als der Gesamtanspruch des pfändenden Gläubigers, kann dieser die Forderung in voller Höhe pfänden lassen. Die Überweisung kann in einem solchen Fall natürlich nur in Höhe des Vollstreckungsanspruchs des Pfändungsgläubigers erfolgen. Der Gläubiger kann sich auch auf eine Teilpfändung beschränken. Bei tatsächlich gewollter Teilpfändung muss der Teilbetrag, der gepfändet werden soll, im Pfändungsantrag ziffernmäßig angegeben werden. Ein gepfändeter Teil der Hypotheken-Hauptsumme hat nur den Vorrang vor dem nicht gepfändeten Rest, wenn ein entsprechender Antrag gestellt ist und das Gericht den Vorrang im Pfändungsbeschluss anerkannt hat.

386   Wird eine Hypothek in das Grundbuch eingetragen, so ist die Regel, dass der Gläubiger über sie vom Grundbuchamt einen Hypothekenbrief erhält (§ 1116 Abs. 1 BGB). Der besondere Vorteil einer Briefhypothek ist, dass eine Abtretung oder Verpfändung einer solchen Hypothek nicht in das Grundbuch eingetragen zu werden braucht, vielmehr zu deren Wirksamkeit Ausstellung einer entsprechenden schriftlichen Erklärung und Briefübergabe genügen (§§ 1154, 1155 BGB).

Demzufolge bedarf es zur **Pfändung einer Briefhypothek** neben dem Pfändungs- (und Überweisungs-)Beschluss der Übergabe des darüber bestehenden Briefs vom Pfändungsschuldner an den Pfändungsgläubiger (§ 830 Abs. 1 Satz 1 ZPO) oder der **zwangsweisen Wegnahme des Briefes** beim Pfändungsschuldner durch den Gerichtsvollzieher. Eintragung der Pfändung einer Briefhypothek im Grundbuch kann die Übergabe des Hypothekenbriefs keineswegs ersetzen. Der Pfändungsschuldner ist zur Übergabe des Hypothekenbriefs an den Pfändungsgläubiger auch dann verpflichtet, wenn diese Verpflichtung im gerichtlichen Pfändungsbeschluss nicht ausdrücklich ausgesprochen ist. Der Übergabe des Briefes steht es gleich, wenn der Hypothekengläubiger (Pfändungsschuldner) den Brief bei der amtlichen Hinterlegungsstelle hinterlegt, auf seine Rücknahme verzichtet und der Pfändungsgläubiger die Annahme erklärt.

Dem Gerichtsvollzieher steht das Recht zur Empfangnahme des Briefes aufgrund des Pfändungs- und Überweisungsbeschlusses ohne Weiteres zu, ohne dass darüber im Beschluss eine Anordnung enthalten sein müsste. Bei der zwangsweisen, also gegen den Willen des Pfändungsschuldners erfolgenden Wegnahme des Briefes muss aber der Pfändungsbeschluss dem Pfändungsschuldner bereits zugestellt sein oder gleichzeitig zugestellt werden (§ 750 ZPO). Bereits mit der Briefwegnahme durch den Gerichtsvollzieher, die der freiwilligen Briefübergabe durch den Pfändungsschuldner an den Pfändungsgläubiger gleichsteht, wird die Pfändung voll wirksam, also nicht etwa erst mit Übergabe des Briefes durch den Gerichtsvollzieher an den Pfändungsgläubiger.

387   Die Pfändung einer Briefhypothek kann der Pfändungsgläubiger unter Vorlage des Hypothekenbriefs und des Pfändungs- und Überweisungsbeschlusses durch formlosen Antrag in das Grundbuch eintragen lassen. Die Eintragung ist bei einer Briefhypothek zur Wirksamkeit der Pfändung aber nicht erforderlich. Sie stellt jedoch das durch die Pfändung unrichtig gewordene Grundbuch wieder richtig. Mitwirkung des Schuldners (Gläubigers der Hypothek) ist bei dieser Grundbuchberichtigung nicht erforderlich.

388   Bei einer **Buchhypothek**, über die kein Hypothekenbrief erteilt ist, bedarf es neben dem Pfändungs- (und Überweisungs-) Beschluss der **Eintragung der Pfändung im Grundbuch** (§ 830 Abs. 1 S. 3 ZPO). Buchhypotheken (§ 1116 Abs. 2 BGB) sind auch Sicherungshypotheken (§§ 1184, 1185 Abs. 1, 1187 BGB) und Höchstbetragshypotheken (§§ 1190 Abs. 3, 1185 Abs. 1 BGB); für sie gelten einige Besonderheiten, auf die wegen der Seltenheit dieser Hypothekenart hier aber nicht eingegangen wird, ferner Zwangshypotheken (§ 866 ZPO) und Arresthypotheken (§ 932 ZPO; siehe auch Rn. 516).

Die Eintragung der Pfändung einer Buchhypothek, die zur Voraussetzung hat, dass das Vollstreckungsgericht (Rechtspfleger) dem Gläubiger diese auf dessen meist im Pfändungsantrag mitgestellten Antrag zur Einziehung (Rn. 284) überwiesen hat, hat der Gläubiger unter Vorlage einer Ausfertigung des Pfändungs- und Überweisungsbeschlusses unmittelbar beim Grundbuchamt zu beantragen (§ 13 GBO). Einer besonderen Form (etwa Beglaubigung der Unterschrift des Gläubigers) oder der Vorlage des Vollstreckungstitels oder eines Nachweises über die erfolgte Zustellung des Pfändungsbeschlusses an den Drittschuldner und Schuldner bedarf es dabei nicht. Die Pfändung einer auf mehreren Grundstücken eingetragenen Buchhypothek (Gesamthypothek) wird erst mit ihrer Eintragung an allen belasteten Grundstücken wirksam. Ist der Schuldner nicht als Berechtigter im Grundbuch eingetragen (§ 39 GBO), so kann der Gläubiger aufgrund seines vollstreckbaren Titels Grundbuchberichtigung herbeiführen (§ 14 GBO, § 894 BGB, § 792 ZPO).

389 Die Überweisung einer wirksam gepfändeten Brief- oder Buchhypothek zur Einziehung berechtigt den Pfändungsgläubiger, die Hypothekenforderung nach Fälligkeit, wie diese zwischen dem Pfändungsschuldner (Hypothekengläubiger) und seinem Schuldner (meist Grundstückseigentümer) vereinbart ist, also zutreffendenfalls nach entsprechender Kündigung, einzuziehen und ohne Mitwirkung seines Schuldners dafür zu bescheinigen. Das Vollstreckungsgericht kann auf Antrag des Pfändungsgläubigers eine andere Verwertung der gepfändeten Hypothek anordnen, etwa einen freihändigen Verkauf oder eine Versteigerung durch den Gerichtsvollzieher (§ 844 ZPO).[97]

390 Will der Pfändungsgläubiger aufgrund der für ihn gepfändeten und ihm zur Einziehung überwiesenen Hypothekenforderung gegen deren Schuldner (seinen Drittschuldner) nach Fälligkeit der Hypothekenforderung vorgehen, so bedarf er dazu, wie jeder Gläubiger, eines Vollstreckungstitels gegen ihn. Aufgrund des Pfändungs- und Überweisungsbeschlusses ist der Pfändungsgläubiger berechtigt, sich einen vollstreckbaren Titel (durch Klageerhebung oder durch Umschreibung der Vollstreckungsklausel aus der bei Rn. 188 behandelten, vor einem Notar erfolgten Unterwerfung nach § 794 Abs. 1 Nr. 5 ZPO) zu verschaffen. Bei jeder Art von Vorgehen des Pfändungsgläubigers gegen den Pfändungsschuldner ist aber § 841 ZPO zu beachten, wonach ersterer dem letzteren den Streit verkünden muss (§§ 72ff. ZPO). Wird die Streitverkündung unterlassen, muss der Pfändungsgläubiger u. U. Schadenersatz leisten (§ 249 BGB).

Nach erfolgter Befriedigung kommt nicht die Ausstellung einer Löschungsbewilligung durch den Pfändungsgläubiger in Betracht, sondern nur die Erteilung einer Quittung des Inhalts, dass er vom Hypothekenschuldner, in der Regel also vom Grundstückseigentümer, um seine Ansprüche an Hauptforderung und Zinsen (und sonstigen Nebenleistungen) befriedigt worden ist. Die Unterschrift des Pfändungsgläubigers muss notariell beglaubigt sein (§ 29 GBO).

391 Ist eine Hypothek gepfändet worden, die später in der Zwangsversteigerung des belasteten Grundstücks nach den Versteigerungsbestimmungen mit dem Zuschlag erlischt (§ 91 Abs. 1 ZVG), so setzt sich das Pfandrecht an dem mit dem Erlöschen der Hypothek entstandenen Anspruch des Hypothekengläubigers auf Befriedigung aus dem Versteigerungserlös fort, sofern dieser nach der Rangordnung des § 10 ZVG (vgl. Rn. 501) dazu ausreicht.[98]

---

[97] S. dazu Stöber, Rn. 1837 ff.

[98] Wegen Einzelheiten siehe Stöber, Rn. 1870.

5.10.3 Pfändung einer Grundschuld

392   Der wesentlichste Unterschied zwischen einer Hypothek in ihren verschiedenen Formen und einer Grundschuld (die als Brief- und Buchgrundschuld vorkommt) ist folgender: Während bei Errichtung einer Hypothek die durch diese zu sichernde Forderung des Gläubigers unbedingt angegeben und im Grundbuch eingetragen werden muss, bleibt bei Eintragung einer Grundschuld die zu sichernde Forderung ungenannt, sie darf überhaupt nicht genannt werden und tritt im Grundbuch nicht in Erscheinung. Es ist im Grundbuch also nie etwa zu lesen: „Grundschuld für eine Darlehensforderung." In der Regel dient allerdings auch eine Grundschuld zur Sicherung einer persönlichen Forderung, meist sogar eines ganzen Kreises von Forderungen, nur kommt dies nach außen hin nicht zum Ausdruck. Die abstrakte Grundschuld ist unabhängig vom Schicksal der persönlichen Forderung, die sie nahezu in allen Fällen sichern soll. In der Befugnis des Gläubigers, mangels anderweitiger Zahlung des fälligen Grundschuldbetrags das belastete Grundstück zur Zwangsversteigerung zu bringen, gibt es zwischen Hypothek und Grundschuld keinen Unterschied. Besteht neben der Grundschuld keine ausdrücklich durch Rechtsgeschäft übernommene persönliche Haftung des Grundstückseigentümers — ein praktisch seltener Fall —, so kann der Grundschuldgläubiger wegen der Ansprüche aus der Grundschuld in dessen außer dem belasteten Grundstück vorhandenes Vermögen nicht vollstrecken. Siehe aber für die für eine Grundschuld (und eine Hypothek) mithaftenden Vermögenswerte §§ 1120–1130 BGB.

393   Gepfändet werden können bei Bestehen einer Fremdgrundschuld, sofern sie, was die Regel ist, zur Sicherung irgendeiner Forderung dient (wegen der Rechtslage bei einer Eigentümergrundschuld siehe die Ausführungen Rn. 396):

1. die Grundschuld ohne die Forderung (meist ohne praktischen Wert) oder
2. die Forderung allein (wobei die Grundschuld nicht gepfändet wäre) oder
3. Grundschuld und Forderung zusammen (was stets ratsam ist).

394   Die Pfändung einer Brief- oder Buchgrundschuld als solche vollzieht sich nach den gleichen Vorschriften wie die Pfändung einer Hypothekenforderung (siehe Rn. 384). Drittschuldner ist hier nur der Grundstückseigentümer, denn nach den vorstehend gemachten Ausführungen ist die persönliche Forderung kein Bestandteil der Grundschuld. Bei Teilpfändung einer Briefgrundschuld wegen einer verzinslichen Forderung kann der Beanstandung des Grundbuchamts, die Höhe des Anspruchs des vollstreckenden Gläubigers sei noch unbestimmt, dadurch Rechnung getragen werden, dass der Antrag an das Grundbuchamt auf bereits entstandene Zinsen beschränkt wird. Der Teilpfändung einer Grundschuld steht nicht entgegen, dass der Pfändungsbeschluss keine Angaben über das Rangverhältnis des zu pfändenden

Grundschuldteils zum Restbetrag enthält. Bestimmt der Pfändungsbeschluss den Zeitpunkt der Mitpfändung der Grundschuldzinsen nicht, so werden von der Pfändung nur Zinsen erfasst, die nach Wirksamkeit der Pfändung zu entrichten sind.[99]

395 Bei einer Grundschuld entsteht bei Nichtentstehung oder Erlöschen der durch die Grundschuld gesicherten Forderung in aller Regel (es gibt also Ausnahmen) keine Eigentümergrundschuld, wie dies bei einer Hypothek der Fall ist (siehe Rn. 396). Wohl aber entsteht hier aus dem der Grundschuldbestellung zugrunde liegenden Rechtsverhältnis oder aus auf § 812 BGB beruhenden Bereicherungsansprüchen ein Anspruch des Sicherungsgebers (meist des Grundstückseigentümers) gegen den Grundschuldgläubiger auf Rückübertragung der Grundschuld, zu dessen Verwirklichung er wahlweise entweder Übertragung der Grundschuld auf sich, Verzicht auf die Grundschuld (§§ 1168, 1192 BGB) oder Aufhebung der Grundschuld (§§ 875, 1183, 1192 BGB) verlangen kann.[100]

Die Pfändung eines derartigen Rückgewährungsanspruchs als eines selbstständigen Vermögensrechts des Sicherungsgebers ist möglich. Sie richtet sich nach dem allgemein für eine Forderungspfändung maßgeblichen § 829 ZPO (§ 857 Abs. 1 ZPO). Die Pfändung bedarf also zur Wirksamkeit der Zustellung des Pfändungsbeschlusses an den Grundschuldgläubiger als Drittschuldner. Mit ihr wird in aller Regel auf entsprechenden Antrag die Überweisung zur Einziehung (nicht an Zahlungs statt) mitverbunden. Ratsam ist, jeweils alle drei Ansprüche zusammen zu pfänden. Der Grundschuldgläubiger wird durch eine derartige Pfändung in seinen vertraglichen und gesetzlichen Rechten nicht betroffen. Er kann insbesondere Befriedigung aus der Grundschuld suchen.

---

[99] OLG Oldenburg, Rpfleger 1970, 100.

[100] Zur Bestimmtheit der Bezeichnung des Pfändungsgegenstandes bei der Pfändung von Ansprüchen eines Schuldners auf Rückübertragung einer Grundschuld siehe BGH, NJW 1975, 980.

5.10.4 Pfändung einer Eigentümergrundschuld und Eigentümerhypothek[101]

396 Aus einer Hypothek für einen Fremdgläubiger entsteht insbesondere in folgenden Fällen eine Grundschuld für den Eigentümer selbst:

1. wenn die Forderung, für welche die Hypothek bestellt ist, nicht zur Entstehung gelangt, zugunsten des Eigentümers des belasteten Grundstücks zur Zeit der Eintragung der Hypothek (§§ 1163 Abs. 1 S. 1, 1177 Abs. 1 BGB);
2. wenn die Forderung des Gläubigers erloschen ist, etwa infolge ihrer Tilgung, zugunsten des Eigentümers zur Zeit des Erlöschens (§§ 1163 Abs. 1 S. 2, 1177 Abs. 1 BGB);
3. wenn der über die Hypothek erteilte Brief (siehe Rn. 386) dem Gläubiger nicht übergeben ist, zugunsten des Eigentümers im Zeitpunkt der Hypothekeneintragung (§ 1163 Abs. 2 BGB);
4. wenn sich das Eigentum am Grundstück mit dem Gläubigerrecht an der Hypothek vereinigt, zugunsten des Eigentümers in diesem Zeitpunkt (Beispiele: Hypothek wird an Eigentümer abgetreten oder Gläubiger erwirbt das belastete Grundstück);
5. wenn der Gläubiger auf seine Hypothek verzichtet, zugunsten des Eigentümers im Zeitpunkt des Wirksamwerdens des Verzichts (§ 1168 BGB);
6. wenn bei einer Zwangshypothek oder Arresthypothek durch eine vollstreckbare Entscheidung die der Eintragung der Hypothek zugrunde liegende Entscheidung aufgehoben oder die Zwangsvollstreckung für unzulässig erklärt wird oder deren Einstellung angeordnet ist, zugunsten des Eigentümers im Zeitpunkt des Eintritts der für die Entstehung der Eigentümergrundschuld erforderlichen Voraussetzungen (§§ 868 Abs. 1, 2, 932 Abs. 2 ZPO; vgl. Rn. 520).

Darüber, dass bei einer Grundschuld vielfach nur ein Rückgewährungsanspruch besteht, siehe Rn. 395.

Der Zweck der Entstehung einer Eigentümergrundschuld ist insbesondere der, dem begünstigten Grundstückseigentümer die Rangstelle zu erhalten. Er kann über eine Eigentümergrundschuld namentlich durch ihre Abtretung verfügen und sich so neues Geld beschaffen.

---

[101] Vgl. zur Pfändung einer Eigentümergrundschuld Mümmler, JurBüro 1969 Sp. 789 und Stöber, Rn. 1876 ff.

397   Eine Eigentümergrundschuld verbleibt dem Grundstückseigentümer, in dessen Person sie entstanden ist, auch dann, wenn er das belastete Grundstück später veräußert. Es liegt dann aber künftig eine Fremdgrundschuld vor.

Eigentümergrundschulden sind vielfach schwer erkennbar, da sie meist nicht auf den Grundstückseigentümer im Grundbuch umgeschrieben werden.

398   Statt einer Eigentümergrundschuld entsteht zuweilen eine Eigentümerhypothek, nämlich dann, wenn dem Eigentümer nach Vereinigung von Hypothek und Eigentum in einer Person auch die Forderung zusteht (§ 1177 Abs. 2 BGB). Hauptfälle der Entstehung einer Eigentümerhypothek sind: Befriedigung des Gläubigers durch den nicht als persönlicher Schuldner haftenden Grundstückseigentümer (§ 1143 Abs. 1 BGB) und Vereinigung von Eigentum und Gläubigerrecht in einer Person, wenn der Grundstückseigentümer nicht persönlicher Schuldner ist (siehe die bei der Eigentümergrundschuld in Rn. 396 Ziffer 4 gebrachten Beispiele).

399   Vielfach wird bei Bestellung einer Hypothek oder einer Grundschuld vom Grundstückseigentümer (auf Wunsch eines Gläubigers) die Verpflichtung übernommen, das bestellte Recht löschen zu lassen, wenn es sich mit dem Eigentum in einer Person vereinigt, also namentlich, wenn es getilgt ist. Dadurch wird zwar die Entstehung einer Eigentümergrundschuld der bisher behandelten Art nicht verhindert, der Berechtigte aus der Löschungsverpflichtung, bei dem es sich oft um einen im Range nachgehenden Hypotheken- oder Grundschuldgläubiger handelt, kann aber bei Eintritt der Vereinigung die Löschung der entstandenen Eigentümergrundschuld verlangen. Das hat zur Folge, dass er mit seinem Recht in eine bessere Rangstelle vorrückt. Eine derartige Löschungsverpflichtung wird in aller Regel im Grundbuch durch Eintragung einer Vormerkung nach §§ 1179, 1163 Abs. 1 S. 1 BGB gesichert. Eine Pfändung der Grundschuld und Vormerkung wird durch eine solche Verpflichtung zwar nicht unmöglich, der Pfändungsgläubiger muss aber damit rechnen, dass der Berechtigte aus der Verpflichtung die Löschung verlangt, wodurch die Pfändung gegenstandslos wird (vgl. auch §§ 883 Abs. 2, 888 BGB).

400   Die wirksame Pfändung einer Eigentümergrundschuld (Eigentümerhypothek) erfordert neben dem gerichtlichen Pfändungs- und Überweisungsbeschluss bei einem Briefrecht die Übergabe des Grundpfandrechtsbriefs,[102] bei einem Buchrecht die Eintragung der Pfändung im Grundbuch (§§ 857 Abs. 6, 830 ZPO).

---

[102] Im Falle der Teilpfändung einer Eigentümergrundschuld erwirbt der Pfandgläubiger das Pfandrecht ohne Besitz des Stammbriefs durch Aushändigung des vom Grundbuchamt oder Notar hergestellten Teilbriefs. Die freiwillige Vorlage des Stammbriefs durch den briefbesitzenden Dritten zum Zwecke der Herstellung eines Teilbriefs für den pfändenden Gläubiger ermöglicht die beabsichtigte Teilpfändung (OLG Oldenburg, Rpfleger 1970, 100).

401 Nur dann, wenn die Eigentümergrundschuld als solche bereits im Grundbuch eingetragen ist — offene Eigentümergrundschuld —, macht ihre Pfändung pfändungs- und grundbuchrechtlich im Allgemeinen keine Schwierigkeiten. Ist die in Wirklichkeit entstandene Eigentümergrundschuld nach den unter Rn. 396 gemachten Ausführungen nicht als solche im Grundbuch eingetragen — sog. verschleierte Eigentümergrundschuld — so muss im Pfändungsantrag das Fremdrecht, aus welchem die Eigentümergrundschuld entstanden sein soll, genau angegeben werden. Die Höhe der Eigentümergrundschuld kann vorerst offen gelassen werden, da sie der Pfändungsgläubiger vielfach zunächst nicht genau beziffern kann.

402 Bei einem Buchrecht ist die zur Wirksamkeit der Pfändung einer Eigentümergrundschuld erforderliche Eintragung im Grundbuch nur möglich, wenn dem Grundbuchamt der Nachweis der vollen oder teilweisen Entstehung einer Eigentümergrundschuld aus dem noch auf den Fremdgläubiger gebuchten Recht durch öffentliche oder öffentlich beglaubigte Urkunde (§ 29 GBO) erbracht werden kann. Der Nachweis kann durch Vorlage einer entsprechenden Erklärung des Fremdgläubigers oder durch eine beglaubigte Quittung (nicht durch eine einfache Löschungsbewilligung) und auf einige andere Arten, nicht selten aber gar nicht erbracht werden. In allen anderen Fällen ist Zuziehung eines Sachkenners nicht zu umgehen.

Die wirksame Überweisung einer Eigentümer-Grundschuld zur Einziehung berechtigt den Pfändungsgläubiger, sich durch Einziehung des Grundschuldanspruchs um seine Ansprüche zu befriedigen. Einen Anspruch auf Zinsen kann der Gläubiger aber nur während einer Zwangsverwaltung geltend machen (§ 1197 Abs. 2 BGB).

Der Pfändungsgläubiger kann auch selbst die Grundstückszwangsversteigerung betreiben, benötigt aber dazu einen besonderen dinglichen Vollstreckungstitel.

403 Ist Überweisung der gepfändeten Eigentümergrundschuld an Zahlungs statt erfolgt, so geht sie auf den Pfändungsgläubiger über; sie besteht jetzt als Fremdrecht.

5.10.5 Pfändung einer Rentenschuld

404 Bei einer Rentenschuld, bei der in regelmäßig wiederkehrenden Terminen eine wiederkehrende Geldsumme aus dem Grundstück zu zahlen ist (§ 1199 BGB), ist die Form der Pfändung der noch nicht fälligen Leistungen einschließlich des Anspruchs auf die Ablösungssumme die gleiche wie bei einer Grundschuld (siehe Rn. 392).

5.10.6 Muster für Grundpfandsrechtspfändungen

405 Es ist der Vordruck aus der ZVFV zu verwenden und das zu pfändende Recht in Feld G einzutragen.

406–409 [frei]

5.10.7 Pfändung in andere grundbuchliche Rechte

410 Die anderen grundbuchlichen Rechte — außer Grundpfandrechten — kommen zur Befriedigung des Gläubigers für eine Geldforderung meist nicht in Betracht, mögen sie auch in bestimmtem Umfang pfändbar sein.

411 Insbesondere gilt dies für eine Grunddienstbarkeit (§§ 1018–1029 BGB), für eine beschränkte persönliche Dienstbarkeit (§§ 1090–1093 BGB)[103] und für ein Vorkaufsrecht (§§ 1094–1104 BGB).

Bei einem Erbbaurecht aufgrund der Erbbaurechtsverordnung vom 15.01.1919 und einem Wohnungseigentum aufgrund des Wohnungseigentums-Gesetzes vom 15.03.1951 kommt allenfalls die Eintragung einer Zwangshypothek (Rn. 516), letzten Endes seine Zwangsversteigerung (Rn. 495), in Frage, bei einem Erbbaurecht die Pfändung der Erbbauzinsen (siehe Rn. 477).

Im Einzelfalle können für die Beitreibung einer Geldforderung an grundbuchlichen Ansprüchen in Betracht kommen:

412   1. Ein **Altenteil (Leibgeding)**: Es stellt kein einheitliches Recht dar, ist vielmehr ein Inbegriff von Nutzungen und Leistungen zum Zweck der Versorgung des Berechtigten. Es setzt sich aus Dienstbarkeit (siehe o.) und Reallast (§§ 1105–1112 BGB, siehe unten Ziffer 3 zusammen. Die Pfändung eines Altenteils als Ganzem ist unzulässig. Da das Recht meist höchstpersönlicher Natur ist, können auch die Einzelleistungen aus ihm grundsätzlich nicht gepfändet werden. Siehe auch den in Rn. 612 behandelten Vollstreckungsschutz nach § 850b ZPO.

---

[103] Ein im Grundbuch eingetragenes Wohnungsrecht – beschränkte persönliche Dienstbarkeit nach § 1093 BGB – kann nur gepfändet werden, wenn dem Berechtigten die Überlassung der Ausübung an einen anderen gestattet und die Gestattung durch Eintragung im Grundbuch zum Inhalt des Rechts gemacht worden ist (KG, MDR 1968, 760 = NJW 1968, 1882 = Rpfleger 1968, 329).

413   2. Der **Nießbrauch** (§§ 1030–1089 BGB): Er kann als solcher, obwohl er nicht übertragbar ist (§ 1059 BGB), nach neuerer Rechtsprechung gepfändet werden (§857 Abs. 3 ZPO), und zwar das Stammrecht, nicht der Anspruch auf seine Ausübung.[104] Der Gläubiger kann aber nur den Nießbrauch zu seiner Befriedigung ausüben, nicht ihn etwa zum Zwecke seiner Befriedigung verwerten. Der Gläubiger muss die gesetzlichen Lasten tragen. Das Vollstreckungsgericht kann nähere Anordnungen treffen, insbesondere eine Verwaltung anordnen, durch die sichergestellt wird, dass der Gläubiger die Nutzungen erhält (§ 857 Abs. 4 ZPO). Der Schuldner (Nießbraucher) kann nach der Pfändung des Nießbrauchs dessen Ausübung nicht mehr einem Dritten überlassen, er kann ohne Mitwirkung des Pfändungsgläubigers weder auf den Nießbrauch verzichten noch diesen aufheben.

414   3. Eine **Reallast** (§§ 1105–1112 BGB; vgl. oben Ziffer 1: Die Reallast kann zugunsten des jeweiligen Eigentümers eines anderen Grundstücks bestellt sein (§ 1110 BGB). Dann ist sie wie die Grunddienstbarkeit unpfändbar. Ist die Reallast zugunsten einer bestimmten Person bestellt (§ 1111 BGB), so ist sie grundsätzlich übertragbar und pfändbar, ausgenommen, wenn der Anspruch auf die einzelne Leistung nicht übertragbar ist.

Auf die Pfändung einer Reallast als Ganzes sind die Vorschriften über die Pfändung einer Hypothekenforderung (siehe Rn. 384) entsprechend anzuwenden; Eintragung im Grundbuch ist erforderlich (§ 830 Abs. 1 ZPO).

Die Pfändung künftiger Einzelleistungen aus einer Reallast bedarf dieser Eintragung ebenfalls, nicht dagegen die Pfändung einzelner rückständiger Leistungen (§§ 829, 830, 835, 857 ZPO).

Da auf einen Erbbauzins (§ 9 ErbbauRG[105]) die Vorschriften über eine Reallast entsprechende Anwendung finden, gilt das hiervor Ausgeführte auch für seine Pfändung (siehe dazu auch Rn. 477).

415   4. Ein **Dauerwohn- oder Dauernutzungsrecht** (§§ 31–42 WEG) kann, weil übertragbar, gepfändet werden (§ 857 ZPO). Die Pfändung erfolgt durch gerichtlichen Pfändungs- und Überweisungsbeschluss sowie Eintragung im Grundbuch. Die Eintragung ist zur Entstehung des Pfandrechts notwendig. Der Antrag dazu an das Grundbuchamt ist formlos unter Beifügung der Beschlussausfertigung zu stellen. Die Überweisung an den Gläubiger zur Einziehung kann mit dem Recht der Versteigerung oder Veräußerung gemäß § 857 Abs. 5 ZPO erfolgen. statt der Überweisung kann auf Antrag des Gläubigers vom Gericht die Verwertung auch nach § 844 ZPO angeordnet werden, z. B. durch Übertragung auf den Gläubiger zum Schätzungswert.

---

[104] BGHZ 62, 133 = DNotZ 1974, 433 = JurBüro 1974 Sp. 717 = MDR 1974, 664 = NJW 1974, 796 = Rpfleger 1974, 186; BGH, MDR 2006, 949; OLG Bremen, NJW 1969, 2147 und 1970, 286; KG in MDR 1968, 760 = NJW 1968, 1882 = Rpfleger 1968, 329; OLG Köln, NJW 1962, 1621.

[105] Gesetz über das Erbbaurecht vom 15.01.1919, RGBl. 1919, 72, ber. , zuletzt geändert durch das Gesetz zur weiteren Bereinigung von Bundesrecht vom 08.12.2010, BGBl. I 2010, 1864.

416   5. Eine **Vormerkung** zur Sicherung des Anspruchs auf Einräumung (oder Aufhebung) eines Rechts an einem Grundstück (§ 883 BGB): Das Recht aus einer Vormerkung ist nicht selbstständig übertragbar und nicht pfändbar. Übertragung und Pfändung richten sich vielmehr nach dem durch die Vormerkung gesicherten Anspruch. Die Pfändung des Anspruchs hat die Pfändung der Vormerkung zur Folge. § 401 BGB gilt entsprechend. Die Pfändung ist nicht eintragungsbedürftig, aber eintragungsfähig.

Die wohl am häufigsten vorkommende Vormerkung ist die Vormerkung zur Sicherung des Anspruchs auf Auflassung eines Grundstücks. Hier ist der Anspruch des Schuldners gegen den eingetragenen Eigentümer auf Auflassung bzw. auf Verschaffung des Eigentums einschl. des Rechts aus der bestehenden Auflassungsvormerkung zu pfänden (§ 848 ZPO). Vom Gericht wird ein Sequester bestellt, dessen Aufgabe es ist, die Auflassung entgegenzunehmen, die Eintragung des Schuldners zu beantragen und die Eintragung einer Sicherungshypothek für den Gläubiger zu bewilligen.

6. Ist die Auflassung an den Schuldner bereits erfolgt, so kann der Gläubiger, statt nach § 848 ZPO vorzugehen, den Anspruch auf Eigentumsverschaffung (einschl. des Rechts aus der Vormerkung) pfänden und ohne Sequester die Umschreibung des Eigentums auf den Schuldner und zugleich die Eintragung seiner Sicherungshypothek beim Grundbuchamt beantragen (§ 857 ZPO).

5.11 Pfändung von Lebensversicherungen

5.11.1 Art der Pfändung

417 | LITERATUR

Schrehardt, Pfändungsschutz in der privaten und betrieblichen Altersversorgung, DStR 2013, 472 ff.

Bei den mehr als 100 Millionen Kapitallebensversicherungsverträgen könnte auch einer sein, bei dem der Schuldner Versicherungsnehmer oder unwiderruflich Bezugsberechtigter ist. Die Pfändung des Anspruchs aus einer Lebensversicherung erfolgt in den üblichen Formen der Forderungspfändung durch das Amtsgericht als Vollstreckungsgericht (§ 829 ZPO, §§ 159ff. VVG). Die Pfändung wird — wie auch sonst — wirksam mit der Zustellung des Pfändungsbeschlusses an den Drittschuldner (§ 829 Abs. 3 ZPO; Rn. 295). Drittschuldner ist die Versicherungsgesellschaft. Der Pfändungsbeschluss ist der Hauptniederlassung oder einer Filialdirektion zuzustellen. Die Zustellung an eine Generalagentur oder Bezirksdirektion — mögen diese auch mit dem Prämieninkasso oder mit der Auszahlung von Versicherungsbeträgen befasst sein — reicht für das Wirksamwerden der Pfändung nicht aus. Eine derartige Zustellung kann aber als zusätzliche Maßnahme insofern praktische Bedeutung erlangen, als dadurch verhindert wird, dass eine etwa schon dort befindliche Auszahlungsanweisung ausgeführt wird. Trotz der Mehrkosten kann es deshalb ratsam sein, insbesondere den Pfändungsbeschluss auch der mit der Auszahlung befassten Stelle zustellen zu lassen, vor allem dann, wenn der Versicherungsfall bereits eingetreten ist.

Der Drittschuldner kann bei der Zustellung des Pfändungsbeschlusses aufgefordert werden, dem pfändenden Gläubiger Auskunft über das Versicherungsverhältnis, insbesondere über das Vorhandensein bezugsberechtigter Dritter, zu erteilen (§ 840 ZPO; siehe Rn. 298, 421 ff.).

5.11.2 **Von der Pfändung erfasste Ansprüche**

418 Durch die Pfändung allein erlangt der Pfändungsgläubiger noch nicht die Befugnis, sich aus dem gepfändeten Anspruch Befriedigung zu verschaffen, insbesondere die Auszahlung dieses Anspruchs nach Fälligkeit (siehe dazu Rn. 420) an sich zu verlangen. Dazu ist vielmehr, wie bei gepfändeten sonstigen Forderungen, noch nötig, dass ihm der gepfändete Anspruch durch Beschluss des Vollstreckungsgerichts überwiesen ist, sei es zur Einziehung oder an Zahlungs statt (siehe Rn. 284). Die vor Eintritt des Versicherungsfalls erfolgende, gleichzeitig auch die vorgenannte Überweisung enthaltende Pfändung einer Lebensversicherung umfasst ohne Weiteres auch die so genannten Gestaltungsrechte, so u. a. das Kündigungsrecht (§§ 165, 176 VVG) sowie die Befugnis zum Widerruf der grundsätzlich widerruflichen Bezugsberechtigung eines Dritten (siehe dazu auch Rn. 420 ff.). Es empfiehlt sich jedoch, bei der immerhin nicht ganz unbestrittenen Rechtslage ausdrücklich Antrag auf Mitpfändung der vorgenannten Gestaltungsrechte zu stellen und dabei die einzelnen Befugnisse der Klarheit wegen mit aufzuführen (siehe Muster: Pfändung Lebensversicherung, Rn. 426).

Der Anspruch auf Zahlung der Dividende ist ebenfalls Bestandteil des Versicherungsanspruchs; er ist aber dann nicht pfändbar, wenn die Dividende vereinbarungsgemäß gegen die Prämie zu verrechnen oder der Versicherungssumme hinzuzuschlagen ist.

Der Pfändungsschuldner ist aufgrund der Überweisung verpflichtet, dem Pfändungsgläubiger die zur Geltendmachung des gepfändeten Anspruchs und der zu ihm gehörenden letzten Prämienrechnung erforderliche **Auskunft zu erteilen** und ihm den Versicherungsschein herauszugeben (§ 836 Abs. 3 ZPO), siehe dazu den Fragenkatalog Rn. 733d. Diese Herausgabe kann vom Gerichtsvollzieher erzwungen werden. Besitzt ein Dritter den Versicherungsschein, so muss notfalls auf Herausgabe gegen ihn geklagt werden. Der Besitz des Versicherungsscheins ist für den Pfändungsgläubiger wichtig, weil dieser Schein über die Versicherung und ihre Bedingungen näheren Aufschluss gibt. Außerdem kann der Besitz des Versicherungsscheins insofern von Bedeutung sein, als die Versicherungsbedingungen regelmäßig bestimmen, dass mit befreiender Wirkung an den Inhaber des Scheines gezahlt werden kann.

Bei Verlust des Versicherungsscheins kann der Gläubiger das Aufgebotsverfahren betreiben.

Wird der Anspruch aus der Lebensversicherung abgetreten, wird die Abtretung erst wirksam, wenn sie der Versicherungsgesellschaft angezeigt wird, § 13 Nr. 3 ALB.[106] Wird also abgetreten, dann gepfändet und anschließend angezeigt, so greift die Pfändung.

5.11.3 Rechtslage, wenn Versicherungsnehmer Prämienzahlung einstellt

419 Bezahlt der Versicherungsnehmer nach erfolgter Pfändung die Prämien nicht mehr, so ist der Pfändungsgläubiger berechtigt, die Versicherung durch Weiterzahlung der Prämien aufrecht zu erhalten (siehe dazu § 39 VVG). Er kann an dieser Aufrechterhaltung insbesondere dann ein Interesse haben, wenn die Versicherung noch keinen Rückkaufswert hat. Die Versicherungsgesellschaft darf die Annahme der von einem Pfändungsgläubiger angebotenen Zahlung der Prämie nicht verweigern, und zwar auch dann nicht, wenn sie die Zahlung nach den Vorschriften des bürgerlichen Rechts (z. B. nach § 267 Abs. 2 BGB infolge Widerspruchs des Versicherungsnehmers) zurückweisen könnte. Die Zahlung der Prämien berechtigt den Pfändungsgläubiger, sein Pfändungspfandrecht am Versicherungsanspruch auch wegen dieser gezahlten Prämien und ihrer Zinsen geltend zu machen (§ 35a Abs. 2 VVG). Diese Aufwendungen des Pfändungsgläubigers sind als Kosten der Zwangsvollstreckung (§ 788 ZPO; Rn. 220) zu behandeln. Werden nach Pfändung die Prämien weder vom Versicherungsnehmer noch vom Pfändungsgläubiger bezahlt, so kann letzterer die Umwandlung der Versicherung in eine prämienfreie verlangen, wenn bereits Prämien für mindestens drei Jahre geleistet sind (§§ 174, 173 VVG).

---

[106] BGHZ 112, 387.

5.11.4 Kündigung der Versicherung und Rückkaufswert

420 Der Pfändungsgläubiger kann die Zahlung der Versicherungssumme nur zu dem Zeitpunkt verlangen, der für den Versicherungsnehmer maßgebend ist. Wünscht der Pfändungsgläubiger alsbaldige Befriedigung aus dem gepfändeten Versicherungsanspruch, so kann er dies auf einfachem Wege dadurch erreichen, dass er den so genannten Rückkaufswert (Prämienreserve, Rückvergütung) durch Kündigung der Versicherung fällig macht (§§ 176, 165 VVG). Voraussetzung dieser Kündigungsbefugnis des Pfändungsgläubigers ist, dass ihm der gepfändete Anspruch auch überwiesen ist (siehe Rn. 418). Wegen der Berechnung der Höhe des Rückkaufswerts siehe § 6 der Allg. Versicherungsbedingungen für Lebensversicherungen.

Der Anspruch auf den — durch Kündigung der Versicherung fällig werdenden — Rückkaufswert der Versicherung braucht übrigens nicht besonders gepfändet zu werden, denn er ist nicht etwas anderes, sondern er ist der gepfändete Versicherungsanspruch selbst in der durch die Kündigung gewandelten Form.

Ist die **titulierte Forderung geringer als der Rückkaufswert**, so kann der Pfändungsgläubiger nur insoweit teilweise kündigen, als zu seiner Befriedigung erforderlich ist (§ 803 Abs. 1 Satz 2 ZPO).

Die **Kündigung der Versicherung** kann jederzeit auf den Schluss des laufenden Versicherungsjahres oder bei Vereinbarung von Ratenzahlungen auch innerhalb des Versicherungsjahres mit Frist von einem Monat zum Schluss eines jeden Ratenzahlungsabschnitts, frühestens auf den Schluss des ersten Versicherungsjahres, ganz oder teilweise erfolgen (§ 4 der Allg. Versicherungsbedingungen für Lebensversicherungen).

Die Kündigung ist schriftlich unmittelbar an die Gesellschaft zu richten; Versicherungsschein und Nachweis der letzten Prämienzahlung sind miteinzureichen (die Beifügung dieser Unterlagen ist aber nur Ordnungsvorschrift, nicht Bedingung für die Wirksamkeit der Kündigung; vgl. § 178 Abs. 1 VVG).

Macht der Gläubiger seine Rechte aus der gepfändeten Versicherung sofort geltend, obwohl in absehbarer Zeit ohnehin Fälligkeit der Versicherung eintreten wird, so kann darin für den Schuldner eine **unbillige Härte** vorliegen. Ihm kann dann u. U. mit der vollstreckungsschutzrechtlichen Generalklausel des **§ 765a ZPO** geholfen werden (siehe Rn. 542).

5.11.5 Rechtslage bei widerruflicher Bezugsberechtigung eines Dritten

421 Eine Lebensversicherung mit widerruflicher Bezugsberechtigung zugunsten eines Dritten (§ 328 BGB) verbleibt bis zum Eintritt des Versicherungsfalls im Vermögen des Versicherungsnehmers, daher so lange keine Pfändungsmöglichkeit für die Gläubiger des Bezugsberechtigten. Nachher steht die Versicherung dem Bezugsberechtigten zu (§ 166 VVG). Der Pfändungsgläubiger hat daher ein berechtigtes Interesse daran, diese Bezugsberechtigung raschestens zu beseitigen; die Pfändung allein hat diese Wirkung nicht. **Die Beseitigung** kann **durch Widerruf der Bezugsberechtigung** herbeigeführt werden, den auch der Pfändungsgläubiger vornehmen kann.

Mit dem vor Eintritt des Versicherungsfalls erklärten Widerruf vernichtet der Pfändungsgläubiger das Bezugsrecht des Dritten (§ 166 VVG und § 13 Allg. Lebensversicherungsbedingungen).

Im Falle des Unterbleibens des Widerrufs erwirbt der Bezugsberechtigte trotz der — durch einen Gläubiger des Versicherungsnehmers erfolgten — Pfändung den Versicherungsanspruch mit dem Eintritt des Versicherungsfalls.[107] Es ist also für den Pfändungsgläubiger unter allen Umständen wichtig, dass er die Bezugsberechtigung rechtzeitig, d. h. **vor dem Eintritt des Versicherungsfalls**, ausdrücklich widerruft. Dies hat durch Erklärung gegenüber der Versicherungsgesellschaft zu geschehen; erst hierdurch wird eine für ihn praktisch wirksame Pfändung herbeigeführt.

Auch der Pfändungsschuldner (Versicherungsnehmer) ist trotz des ihm gegenüber im Pfändungsbeschluss ausgesprochenen Verfügungsverbots nicht gehindert, die Bezugsberechtigung zu widerrufen, weil dadurch das Pfändungspfandrecht verstärkt wird.[108] Er ist aber auch nicht gehindert, jetzt noch einen Bezugsberechtigten zu bestimmen und diese Bestimmung wieder zu ändern; denn das Verfügungsverbot ist nur ein relatives, d. h. ein nur dem Schutz des Pfändungsgläubigers dienendes. Mit dem etwaigen Wegfall des Pfändungspfandrechts erlangen Verfügungen des Pfändungsschuldners volle Wirkung.

---

[107] RG 127, 269.
[108] Berner, Rpfleger 1957, 196.

5.11.6 Rechtslage bei unwiderruflicher Bezugsberechtigung eines Dritten

422 Hat der Versicherungsnehmer die Bezugsberechtigung zugunsten eines namentlich genannten Dritten als unwiderruflich bezeichnet, so entzieht er damit die Versicherung **sofort** mit Festlegung der unwiderruflichen Bezugsberechtigung dem Zugriff seiner Gläubiger.[109] Die Gläubiger des unwiderruflich Bezugsberechtigten haben dagegen vor und nach Eintritt des Versicherungsfalls sofort ein Zugriffsrecht auf die Versicherung[110].

Handelt es sich um eine Lebensversicherung auf den Todes- und den Erlebensfall (gemischte Versicherung), so hat bei unwiderruflicher Bezugsbezeichnung ihre Pfändung für den Fall der Fälligkeit der Leistungen zu Lebzeiten des Versicherungsnehmers immerhin Bedeutung, ebenso für den Fall, dass der Bezugsberechtigte vor dem Versicherungsnehmer durch Tod ersatzlos wegfällt. In diesen Fällen erlischt das auflösend bedingte Bezugsrecht des Dritten, die Versicherungssumme gehört mithin zum Vermögen des Versicherungsnehmers. Gleichwohl steht bis zum Eintritt des Erlebensfalls der Anspruch auf den Rückkaufswert (siehe Rn. 420) dem unwiderruflich Bezugsberechtigten zu.[111]

5.11.7 Rechtslage bei verbundenen Leben

423 Bei verbundenen Leben geht jeder Ehegatte eine Versicherung auf das Leben des anderen mit der Maßgabe ein, dass der Versicherer die Leistung nur einmal, und zwar entweder an den Überlebenden auf den Tod des Erststerbenden oder an beide Ehegatten bei Fälligkeit zu Lebzeiten zu zahlen hat. Der Anspruch auf die Leistungen steht den Eheleuten im Zweifel zu gleichen Teilen zu. Die Rechte und Ansprüche auch nur eines Ehegatten können gesondert gepfändet werden. Nach Pfändung des anteiligen Rechts eines Ehegatten kann der Gläubiger vom anderen Ehegatten verlangen, dass er der Kündigung der Versicherung zustimmt und den damit fällig werdenden Anspruch auf die Prämienreserve nach Kopfteilen mit einzieht.[112]

---

[109] LG Frankfurt, VersR 1957, 211.

[110] BGH, Rpfleger 2003, 515.

[111] BGH, BB 1966, 347 = DB 1966, 577 = FamRZ 1966, 230 = MDR 1966, 483 = NJW 1966, 1071.

[112] Sasse, VersR 1956, 751; siehe auch LG Berlin, VersR 1963, 569.

5.11.8 Eintritts- und Ablösungsrecht Dritter

424 Ist der Versicherungsanspruch gepfändet, so haben gewisse Personen das Recht, an Stelle des Versicherungsnehmers in den Versicherungsvertrag einzutreten, vorausgesetzt, dass dieser hierzu die Zustimmung gibt (§ 177 VVG). Der Eintritt verpflichtet aber den Eintretenden, den Pfändungsgläubiger bis zur Höhe des Rückkaufswerts der Versicherung zu befriedigen (wegen dieser Höhe siehe § 177 Abs. 1 Satz 2 in Verbindung mit § 176 VVG, ferner Rn. 420).[113] Das Eintrittsrecht besteht auch, wenn die Pfändung aufgrund eines Arrestbefehls erfolgt ist. Eintrittsberechtigt ist, wenn ein für die Versicherungssumme bezugsberechtigter Dritter bestimmt ist, nur dieser. Voraussetzung ist aber, dass dieser Dritte mit Namen bezeichnet ist. Allgemeine Bezeichnungen wie „Meine Angehörigen" oder „Meine Hinterbliebenen" usw. genügen nicht. Ist ein bezugsberechtigter Dritter nicht bestimmt oder nicht mit Namen bezeichnet, so steht das — ebenfalls der Zustimmung des Versicherungsnehmers bedürfende — Eintrittsrecht dem Ehegatten und den Kindern des Versicherungsnehmers zu.

Voraussetzung des Eintritts in die Versicherung ist ferner, dass die Zahlung des Rückkaufswerts an den Pfändungsgläubiger bereits erfolgt ist. Ist für diesen der Versicherungsanspruch nur gepfändet, ihm aber noch nicht überwiesen (siehe Rn. 420), so hat nicht Zahlung des Rückkaufswerts an den Pfändungsgläubiger, sondern Hinterlegung zu erfolgen.

Der Eintritt in den Versicherungsvertrag erfolgt durch Anzeige an die Versicherungsgesellschaft. Zulässig ist die Anzeige nur binnen Monatsfrist, nachdem der Eintrittsberechtigte von der Pfändung Kenntnis erlangt hat.

5.11.9 Gegen Pfändung geschützte Lebensversicherungen

425 Über die Fälle der bereits behandelten unwiderruflichen Bezugsberechtigung hinaus sind folgende Pfändungsschutzbestimmungen bei bestimmten Versicherungen zu beachten:

Renten, die aufgrund von Versicherungsverträgen gewährt werden, wenn diese Verträge zur Versorgung des Versicherungsnehmers oder seiner unterhaltsberechtigten Angehörigen eingegangen sind, genießen den gleichen Pfändungsschutz wie Arbeitseinkommen (§ 850 Abs. 3 lit. b ZPO; siehe Rn. 618 ff.).

---

[113] Das Eintrittsrecht besteht aber auch dann, wenn noch kein Rückkaufswert gegeben ist (so wenigstens Heilmann, NJW 1950, 136).

Handwerkerlebensversicherungen bis zum Höchstbetrag von 5.000,00 EUR unterliegen gewissen Pfändungsbeschränkungen nach der Gesetzgebung über die Altersversorgung für das deutsche Handwerk (siehe insbesondere § 22 Abs. 1 der DVO vom 13.07.1939 — RGBl I S. 1255). Diese Vorschriften sind zwar seit 01.01.1962 aufgehoben (§ 14 Nr. 2 Handwerkerversicherungsgesetz vom 08.09.1960 — BGBl. I, 737), die auf ihrer Grundlage eingetretene Unpfändbarkeit besteht aber für die vor dem 01.01.1962 zur Befreiung von der Versicherungspflicht abgeschlossenen Versicherungen nach altem Recht fort.[114]

Ansprüche aus **Lebensversicherungen**, die nur **auf den Todesfall des Versicherungsnehmers** abgeschlossen sind, sind grundsätzlich unpfändbar, wenn die Versicherungssumme 3.579,00 EUR nicht übersteigt (§ 850b Abs. 1 Nr. 4 ZPO).[115] Bei höherem Betrag ist der Gesamtbetrag pfändbar. Bei mehreren solchen Versicherungen kommt es auf deren Gesamtbetrag an. Liegt dieser über 3.579,00 EUR, so sind alle Versicherungen pfändbar.[116]

● TIPP

Lebensversicherungen und private Altersrenten, die in den Bereich des seit 31.03.2007 geltenden Gesetzes zum Pfändungsschutz der Altersvorsorge (BGBl. I, 386) fallen, sind sowohl in der Ansparphase (§ 851 c ZPO, als auch in der Auszahlungsphase (§ 851 d ZPO) in bestimmten Umfang gegen Pfändung geschützt (näher dazu Rn. 612a),

---

Bestimmter Schutz besteht auch für Bezüge aus **Witwen-, Waisen-, Hilfs- und Krankenkassen**, die ausschließlich oder zu einem wesentlichen Teil zu Unterstützungszwecken gewährt werden (Einzelheiten siehe Rn. 612).

Weder durch § 54 SGB I, noch durch §§ 850 ff. ZPO vor Pfändung geschützt und damit wie jede normale Kapitallebensversicherung pfändbar ist die so genannte **befreiende Lebensversicherung.**[117]

---

[114] BGH, BB 1965, 1374 = MDR 1966, 43 = NJW 1966, 155, OLG Düsseldorf, VersichR 1967, 750; AG Worms, Rpfleger 1964, 216 mit Anm. von Berner (siehe auch Berner, Rpfleger 1957, 196). Übersteigt die Versicherung den Betrag von 5.000 EUR, so ist der Mehrbetrag pfändbar. Die 5.000 EUR werden auch nur einmal gewährt, wenn mehrere Versicherungen der geschützten Art vorliegen (LG Berlin, Rpfleger 1973, 223 mit Nachweisen). Siehe auch Stöber, Rn. 1022.

[115] Unter diese Vorschrift fallen nicht Versicherungsansprüche, die entweder nur oder auch auf den Erlebensfall abgestellt sind (AG Köln, VersR 1967, 948).

[116] So OLG Hamm, MDR 1962, 661, LG Essen, VersR 1962, 245. Wegen einiger Streitfragen siehe Berner, Rpfleger 1964, 68. Siehe auch Stöber, Rdnr. 1021.

[117] BFH, NJW 1992, 527 m. w. N.

426 Für Anträge ab dem 1. März 2013 ist der Vordruck aus der ZVFV zu verwenden (Arbeitshilfen online).

426a Auch die vom Arbeitgeber als Form der betrieblichen Altersversorgung auf das Leben des Arbeitnehmers abgeschlossene sogenannte Direktversicherung (142,00 EUR maximal pro Monat sind mit 20 % pauschal besteuerungsfähig) ist wie eine Lebensversicherung für den Gläubiger des Arbeitnehmers pfändbar.[118]

5.12 Die Pfändung von Steuererstattungsansprüchen

5.12.1 Die Lohnsteuererstattung

427

LITERATUR

Bank, Konkurrenz zwischen Abtretung und Pfändung des Lohnsteuererstattungsanspruchs, JurBüro 1980, 1301 ff. | **Busch/Kranenburg**, Pfändung von Steuererstattungsansprüchen in der Insolvenz, NWB 2010, 893 ff. | **David**, Tipps zur Pfändung von Steuererstattungsansprüchen, MDR 1993, 412 ff. | **Fest**, Zivilprozessuale Zwangsvollstreckung in Steuererstattungsansprüche, WM 2012, 1565 ff. | **Harder**, Ausgewählte Fragen zur Pfändung und Abtretung von Steuererstattungs- und Steuervergütungsansprüchen unter Berücksichtigung aktueller Rechtsänderungen, DB 1996, 2409 ff. | **Riedel**, Pfändung von Steuererstattungsansprüchen, Rechtspfleger 1996, 275 ff. | **Schmidt**, Antragsrecht des Gläubigers auf Steuererstattung nach Wegnahme der Steuerkarte, JurBüro 1999, 403 ff. | **Singer**, Durchsetzung der Pfändung eines Steuererstattungsanspruchs, StuB 2004, 1039 f.

Die Jahreslohnsteuer bemisst sich gemäß § 38a Abs. 1 Satz 1 EStG nach dem Arbeitslohn, den der Arbeitnehmer im Kalenderjahr bezieht (Jahresarbeitslohn). Die Jahreslohnsteuer wird nach dem Jahresarbeitslohn gemäß § 38 Abs. 2 EStG so bemessen, dass sie der Einkommensteuer entspricht, die der Arbeitnehmer schuldet, wenn er ausschließlich Einkünfte aus nichtselbstständiger Tätigkeit erzielt. Vom laufenden Arbeitslohn wird die Lohnsteuer jeweils mit dem auf den Lohnzahlungszeitraum entfallenden Teilbetrag der Lohnsteuer erhoben, die sich bei der Umrechnung des laufenden Arbeitslohns auf einen Jahresarbeitslohn ergibt, § 38a Abs. 3 Satz 1 EStG. Die Lohnsteuer wird durch Abzug vom Arbeitslohn erhoben, soweit

---

[118] S. ausführlich Stöber, Rn. 892a.

der Arbeitslohn von einem inländischen Arbeitgeber gezahlt wird, § 38 Abs. 1 EStG. Schuldner der Lohnsteuer ist gemäß § 38 Abs. 2 Satz 1 EStG der Arbeitnehmer. Der Arbeitgeber hat die Lohnsteuer gemäß § 38 Abs. 3 Satz 1 EStG für Rechnung des Arbeitnehmers bei jeder Lohnzahlung vom Arbeitslohn einzubehalten. Die Einzelheiten der Einbehaltung der Lohnsteuer ergeben sich aus § 39b EStG.

Der Arbeitgeber ist gemäß § 42b Abs. 1 Satz 1 EStG berechtigt, seinen unbeschränkt einkommensteuerpflichtigen Arbeitnehmern, die während des abgelaufenen Kalenderjahres (Ausgleichsjahr) ständig in einem zu ihm bestehenden Dienstverhältnis gestanden haben, die für das Ausgleichsjahr einbehaltene Lohnsteuer insoweit zu erstatten, als sie die auf den Jahresarbeitslohn entfallende Jahreslohnsteuer übersteigt (Lohnsteuerjahresausgleich). Er ist zur Durchführung des Lohnsteuerjahresausgleichs gemäß § 42b Abs. 1 Satz 2 EStG verpflichtet, wenn er am 31. Dezember des Ausgleichsjahres mindestens zehn Arbeitnehmer beschäftigt.

428   Der Arbeitgeber haftet gemäß § 42d Abs. 1 Nr. 1 EStG für die Lohnsteuer, die er einzubehalten und abzuführen hat. Weiterhin haftet er gemäß § 42d Abs. 1 Nr. 2 EStG für die Lohnsteuer, die er beim Lohnsteuerjahresausgleich zu Unrecht erstattet hat.

Soweit die Haftung des Arbeitgebers reicht, sind der Arbeitgeber und der Arbeitnehmer gemäß § 42d Abs. 3 Satz 1 EStG Gesamtschuldner.

429   Die Einkommensteuer ist gemäß § 2 Abs. 7 Satz 1 EStG eine Jahressteuer. Die Höhe der Steuer ergibt sich aus dem Einkommen. Dies ist der Gesamtbetrag der Einkünfte, vermindert um die Sonderausgaben und die außergewöhnlichen Belastungen, § 2 Abs. 4 EStG. Das Einkommen, vermindert um die Freibeträge nach § 32 Abs. 6 und um die sonstigen vom Einkommen abzuziehenden Beträge, ist gemäß § 2 Abs. 5 Satz 1 EStG das zu versteuernde Einkommen; dieses bildet die Bemessungsgrundlage für die tarifliche Einkommensteuer.

Ein Erstattungsanspruch zugunsten des Arbeitnehmers ergibt sich dann, wenn dieser Werbungskosten geltend machen kann, die über den Werbungskostenpauschbetrag hinausgehen, oder aber z. B. Sonderausgaben und außergewöhnliche Belastungen zu berücksichtigen sind.

430   Die Einkommensteuer entsteht gemäß § 36 Abs. 1 EStG mit Ablauf des Veranlagungszeitraums. Besteht das Einkommen ganz oder teilweise aus Einkünften aus nichtselbstständiger Tätigkeit, von denen ein Steuerabzug vorgenommen worden ist, so wird gemäß § 46 Abs. 2 EStG eine Veranlagung nur nach Maßgabe dieser Vorschrift durchgeführt, also z. B. wenn der Steuerpflichtige nebeneinander von

mehreren Arbeitgebern Arbeitslohn bezogen hat (§ 46 Abs. 2 Nr. 2 EStG) oder wenn die Veranlagung beantragt wird, insbesondere zur Anrechnung von Lohnsteuer auf die Einkommensteuer (§ 46 Abs. 2 Nr. 8 EStG).

5.12.2 Die Pfändung des Lohnsteuererstattungsanspruchs

431 Ansprüche auf Erstattung von Steuern, Haftungsbeträgen, steuerlichen Neben-leistungen und auf Steuervergütungen können gemäß § 46 Abs. 1 AO abgetreten, verpfändet und gepfändet werden, wobei ein Pfändungs- und Überweisungsbe-schluss oder eine Pfändungs- und Einziehungsverfügung nicht erlassen werden dürfen, bevor der Anspruch entstanden ist, § 46 Abs. 6 Satz 1 EStG.

Bei Pfändung eines Erstattungs- oder Vergütungsanspruchs gilt gemäß § 46 Abs. 7 AO die Finanzbehörde, die über den Anspruch entschieden oder zu entscheiden hat, als Drittschuldner im Sinne der §§ 829, 845 ZPO. Der Arbeitgeber kann Drittschuldner sein, wenn er den Lohnsteuerjahresausgleich (siehe oben Rn. 428) durchführt.[119]

Der Lohnsteuererstattungsanspruch ist ein öffentlich-rechtlicher Erstattungsan-spruch und kein Arbeitseinkommen, sodass die Pfändung nicht den Beschränkun-gen der §§ 850 ff. ZPO unterliegt.[120]

432 Gemäß § 25 Abs. 1 EStG ist das Kalenderjahr Veranlagungszeitraum, sodass der Ein-kommensteuererstattungsanspruch mit Ablauf des Jahres entsteht und nicht frü-her gepfändet werden kann. Ein zuvor erwirkter Pfändungs- und Überweisungs-beschluss oder eine vorher erwirkte Pfändungs- und Einziehungsverfügung sind gemäß § 46 Abs. 6 Satz 2 AO nichtig.

Der Pfändungsgläubiger eines Lohnsteuererstattungsanspruchs ist nicht berechtigt, anstelle des Steuerschuldners dessen Einkommensteuererklärung zu unterschrei-ben und abzugeben sowie für den Schuldner die Veranlagung zu beantragen.[121]

Für den Pfändungsgläubiger tritt damit die missliche Situation ein, dass der Schuld-ner in aller Regel nach einer Pfändung des Lohnsteuererstattungsanspruchs kein Interesse mehr daran hat, eine Steuererklärung anzufertigen und einzureichen.

---

[119] So Thomas/Putzo-Hüßtege, § 850 Rn. 12.

[120] So Thomas/Putzo-Hüßtege, § 850 Rn. 12.

[121] So BFH, Beschl. v. 15.12.2008 – VII B 155/08, BFH/NV 2009, 715 f.; BFH, Urt. v. 29.02.2000 – VII R 109/98, BFHE 191, 311 ff. = BStBl. II 2000, 573 ff.; BFH, Urt. v. 18.08.1998 – VII R 114/97, BFHE 187, 1 ff. = BStBl. II 1999, 84 ff.

434 Der Pfändungsgläubiger hat aber die Möglichkeit, den Hilfsanspruch auf Abgabe der Steuererklärung grundsätzlich durch Haftantrag gegen den Schuldner zu vollstrecken. Die Herausgabe der Lohnsteuerkarte und anderer Besteuerungsunterlagen des Schuldners an den Vollstreckungsgläubiger darf aber erst dann angeordnet werden, wenn der Vollstreckungsgläubiger glaubhaft gemacht hat, dass er den Besitz dieser Urkunden aufgrund einer Beteiligung an dem Verfahren zur Festsetzung der Einkommensteuer des Schuldners, eines eigenen Anspruchs oder einer eigenen Klage gegen den Drittschuldner benötigt.[122]

Dem Haftantrag gegen den Schuldner nach § 888 ZPO zur Durchsetzung des Hilfsanspruchs auf Abgabe der Einkommensteuererklärung fehlt das Rechtsschutzbedürfnis, solange für den Schuldner die allgemeine Frist zur Erklärungsabgabe (§ 149 Abs. 2 AO) oder eine allgemein gewährte Fristverlängerung (§ 109 AO) noch läuft. Hat der Schuldner nach § 836 Abs. 3 Satz 1 ZPO dem Vollstreckungsgläubiger bereits umfassend Auskunft über die Besteuerungsgrundlagen für den vollstreckungsbefangenen Veranlagungszeitraum erteilt, ist entsprechend § 803 Abs. 2 ZPO die Haftanordnung nur verhältnismäßig, wenn glaubhaft gemacht wird, dass unter Berücksichtigung des Aufwands für die Erstellung der Einkommensteuererklärung ein Festsetzungsüberschuss und ein positives Ergebnis im Erhebungsverfahren (§ 218 Abs. 2 AO) zu erwarten ist.[123]

Auch nach dieser Rechtsprechung des BGH ist die Situation für den Pfändungsgläubiger nicht günstig, da der Schuldner in der Regel nicht mit dem Vollzug einer Haft rechnen braucht.

435 Der Antrag auf Erlass eines Pfändungs- und Überweisungsbeschlusses sollte erst nach dem 31. Dezember des abgelaufenen Jahres beantragt werden, um eine mögliche Nichtigkeit zu vermeiden. Kommen mehrere Gläubiger auf den Gedanken, den gleichen Steuererstattungsanspruch pfänden zu lassen, gilt der Vorrang der früheren Pfändung (Rn. 297).

Im Übrigen läuft der Pfändungsgläubiger Gefahr, gegenüber einem Gläubiger, dem der Erstattungsanspruch vom Schuldner bereits während des laufenden Jahres abgetreten worden war, ins Hintertreffen zu geraten. Die Pfändungsanzeige kann vom Abtretungsgläubiger am ersten Werktag des Folgejahres dem Finanzamt zugestellt werden, sodass dieser Zeitpunkt regelmäßig vor der Zustellung des Pfändungs- und Überweisungsbeschlusses liegt.

---

[122] So BGH, Beschl. v. 12.12.2003 – IX a ZB 115/03, BGHZ 157, 195 ff. = DGVZ 2004, 57 ff. = ZIP 2004, 954 ff.

[123] So BGH, a. a. O., Rn. 14.

Es besteht jedoch die Möglichkeit, die **Benachteiligung** zu **vermeiden**:

436 Der Pfändungsgläubiger sollte die Möglichkeit einer Vorpfändung (Pfändungsankündigung) gemäß § 845 ZPO (vgl. Rn. 313 ff.) in Betracht ziehen. Er kann am Morgen des ersten Werktages nach dem Jahreswechsel dem Finanzamt die Vorpfändung durch den Gerichtsvollzieher zustellen lassen. Dann muss er sich allerdings innerhalb von einem Monat den Pfändungs- und Überweisungsbeschluss beschaffen, damit sein durch die Vorpfändung erworbener Rang gewahrt bleibt. Wenn mehrere Pfändungen oder Abtretungen durch Zustellung am 2. Januar gleichzeitig wirksam werden, so sind sie im Verhältnis der einzelnen Forderungen gleichmäßig zu befriedigen.

Wirksamer als der Weg der Vorpfändung ist allerdings die Abtretung des Steuererstattungsanspruchs. Dies setzt freilich voraus, dass der Schuldner daran mitwirkt. Die Abtretungsanzeige kann nur auf einem amtlich vorgeschriebenen Vordruck angezeigt werden, der vom Abtretenden und vom Abtretungsempfänger zu unterschreiben ist, § 46 Abs. 3 AO.

Es ist dann Sache des Abtretungsgläubigers, dafür zu sorgen, dass die Abtretungsanzeige am ersten Werktag des Folgejahres bei Dienstbeginn beim Finanzamt vorgelegt wird.

Die Pfändung des Lohnsteuererstattungsanspruchs gegen den Arbeitgeber unterliegt nicht der Beschränkung des § 46 Abs. 6 AO, sodass sie bereits vor seiner Entstehung während des laufenden Kalenderjahres und für kommende Ausgleichsjahre erfolgen kann.

437 [frei]

438 [frei]

5.12.3 **Besonderheiten bei verheirateten Schuldnern**

439 Gemäß § 26 Abs. 1 Satz 1 EStG können Ehegatten zwischen der Einzelveranlagung (§ 26a EStG) und der Zusammenveranlagung (§ 26b EStG) wählen, wenn beide unbeschränkt einkommensteuerpflichtig im Sinne des § 1 Abs. 1 oder Abs. 2 oder des § 1a EStG sind, sie nicht dauernd getrennt leben und bei ihnen die Voraussetzungen aus den Nummern 1 und 2 zu Beginn des Veranlagungszeitraums vorgelegen haben oder im Laufe des Veranlagungszeitraums eingetreten sind.

Ehegatten werden gemäß § 26 Abs. 2 Satz 1 EStG einzeln veranlagt, wenn einer der Ehegatten die Einzelveranlagung wählt. Ehegatten werden gemäß § 26 Abs. 2 Satz 2 EStG zusammen veranlagt, wenn beide Ehegatten die Zusammenveranlagung wählen.

Auch im Falle der Zusammenveranlagung ist der Gläubiger an der Pfändung des schuldnerischen Erstattungsanspruchs nicht gehindert. Er kann lediglich den anteiligen Anspruch des Schuldners am Gesamterstattungsanspruch pfänden.

Der Drittschuldner (Finanzamt) ist verpflichtet, den zu erstattenden Gesamtbetrag auf die Ehegatten zu verteilen und den auf den Schuldner entfallenden Betrag an den Gläubiger auszukehren.

Die Entscheidung, ob eine getrennte oder eine gemeinsame Veranlagung stattfindet, liegt weiterhin bei den Ehegatten, da der Pfändungsgläubiger nicht berechtigt ist, anstelle des Schuldners und dessen Ehegatten beim Finanzamt einen Antrag auf Durchführung der Zusammenveranlagung zu stellen.[124]

5.12.4 Pfändung von Einkommen- und Umsatzsteuererstattungsansprüchen

440 Das vorstehend (Rn. 427 ff.) geschilderte Lohnsteuerverfahren ist eine besondere Form der Erhebung der Einkommensteuer. Bei Schuldnern, die von ihrem Arbeitgeber Entgelt empfangen, ist das vorstehende Verfahren anwendbar.

Alle übrigen Schuldner, also insbesondere z. B. Freiberufler, sind verpflichtet, gemäß § 37 Abs. 1 Satz 1 EStG am 10.03., 10.06., 10.09. und 10.12. Vorauszahlungen auf die Einkommensteuer zu entrichten, die im laufenden Veranlagungszeitraum voraussichtlich geschuldet wird. Das Finanzamt setzt die Vorauszahlungen gemäß § 37 Abs. 3 Satz 1 EStG durch Vorauszahlungsbescheid fest. Ein Erstattungsanspruch ergibt sich, wenn die Summe der Vorauszahlungen höher ist als die tatsächlich festzusetzende Einkommensteuer.

Wenn sich nach der Abrechnung ein Überschuss zugunsten des Steuerpflichtigen ergibt, wird dieser gemäß § 36 Abs. 4 Satz 2 EStG nach Bekanntgabe des Steuerbescheides ausgezahlt. Es ist darauf zu achten, dass bei der Beantragung eines Pfändungs- und Überweisungsbeschlusses die Steuerart angegeben wird, hinsichtlich

---

[124] So BFH, Urt. v. 29.02.2000 – VII R 109/98, BFHE 191, 311 ff. = BStBl. II 2000, 537 ff.

derer eine Steuererstattung gepfändet werden soll. Es muss also richtig heißen: „der angebliche Einkommensteuererstattungsanspruch für den Veranlagungszeitraum 2012" und nicht „der angebliche Erstattungsanspruch für das Jahr 2012".

Ein Pfändungs- und Überweisungsbeschluss, in dem zur Kennzeichnung der angeblich gegenüber dem Finanzamt bestehenden Forderung des Vollstreckungsschuldners außer dessen Steuernummer nur „Erstattungsanspruch" angegeben ist, genügt nicht den Anforderungen an die hinreichende Bezeichnung des Anspruchs.[125]

> **! ACHTUNG**
>
> **Ein Pfändungs- und Überweisungsbeschluss, in dem neben der Steuernummer des Schuldners nur angegeben ist, es werde der „angebliche Erstattungsanspruch für das Jahr 2013" gepfändet, genügt nicht den Anforderungen an die hinreichende Bestimmtheit der Bezeichnung des Anspruchs. Es muss vielmehr auch die Steuerart angegeben werden.[126]**

Umsatzsteuererstattungsansprüche sind nur von Bedeutung, wenn der Schuldner Unternehmer ist. Der Umsatzsteuer unterliegen gemäß § 1 Abs. 1 Nr. 1 UStG insbesondere die Lieferungen und sonstigen Leistungen, die ein Unternehmer im Inland gegen Entgelt im Rahmen seines Unternehmens ausführt. Gegen die geschuldete Umsatzsteuer kann der Unternehmer die Vorsteuer rechnen. Er kann gemäß § 15 Abs. 1 Satz 1 Nr. 1 UStG insbesondere die Vorsteuerbeträge abziehen, die ihm von anderen Unternehmern für Lieferungen und sonstige Leistungen für sein Unternehmen gestellt worden sind.

Bei der Umsatzsteuer handelt es sich um eine „Selbstberechnungssteuer", da in § 18 UStG geregelt ist, dass der Unternehmer sowohl im Rahmen des Voranmeldungsverfahrens als auch im Rahmen der Jahreserklärung die zu zahlenden Beträge selbst ermitteln muss.

Die Entstehung der Steuer richtet sich im Wesentlichen nach § 13 Abs. 1 UStG. Ein Erstattungsanspruch kann gleichwohl erst nach Ablauf des Veranlagungszeitraums entstehen.

Im Falle der Umsatzsteuererstattung ist wie bei der Einkommensteuererstattung zu verfahren: Es muss der genau bezeichnete Umsatzsteuererstattungsanspruch gepfändet werden.

---

[125] So BFH, Urt. v. 01.06.1989 – V R 1/84, BFHE 157, 32 ff. = BStBl. II 1990, 35 ff. = NJW 1990, 2645 ff.
[126] BFH, NJW 1990, 2645.

441   Es ist das Formular aus der ZVFV zu verwenden.

Weiß der Gläubiger nicht, ob der Schuldner die Lohnsteuererstattung über den Arbeitgeber oder das Finanzamt durchführen lässt, so empfiehlt sich die Kombination von a) und b). Die Gebühr von 15,00 EUR für den Pfändungs- und Überweisungsbeschluss bleibt gleich, wenn **ein Antrag** gestellt wird; es fällt lediglich eine zusätzliche Zustellungsgebühr an.

5.13   Pfändung von Miet- und Pachtzinsen

5.13.1   Pfändbarkeit von Miet- und Pachtzinsen[127]

442   Miet- und Pachtzinsen können als Geldforderungen **grundsätzlich frei gepfändet** werden[128]. Ein Pfändungsschutz besteht nur insoweit, als diese Forderungen zur Bestreitung der Grundstückslasten benötigt werden (siehe bei Rn. 579, 610). Im Übrigen wickelt sich die Pfändung von Miet- und Pachtzinsen in gleicher Weise wie die Pfändung einer sonstigen Forderung ab.

443   Die Pfändung nur rückständiger Miet- oder Pachtzinsen wird selten zum Erfolg führen. Meist wird ein rückständiger Miet- oder Pachtzins gar nicht vorhanden sein oder er wird von einem Mieter oder Pächter geschuldet, von dem nichts zu bekommen ist. Mag auch unterstellt werden können, dass sich bei dieser Lage der Antrag auf Pfändung von Miet- oder Pachtzinsen stets auf künftige Miet- oder Pachtzinsforderungen richtet, so ist es gleichwohl empfehlenswert, im Pfändungsantrag ausdrücklich hervorzuheben, dass sich die Pfändung auf rückständige und auf künftige Miet- oder Pachtzinsen erstreckt. Die Pfändung künftiger Miet- oder Pachtzinsforderungen kann, entsprechend der Höhe der Gläubigerforderung, auf eine bestimmte Zeit beschränkt werden, etwa bei 3.000,00 EUR Forderung auf fünf Mietzinsansprüche von monatlich 600,00 EUR. Notwendig ist dies aber nicht, weil auf der einen Seite die Pfändung nach Befriedigung des Gläubigers ohnehin wirkungslos wird und auf der anderen Seite Umstände in der Richtung eintreten können, die die Rechnung des Gläubigers, er werde jeweils die volle Miete oder Pacht erhalten (im Beispiel monatlich unverändert 600,00 EUR) illusorisch machen, etwa nachträgliche Zahlungsunfähigkeit des Schuldners, Aufrechnung mit Gegenforderungen, Minderung der Miete oder Pacht.

---

[127] Zur Pfändung von Miet- und Pachtzinsen ausführlich bei Stöber, Rn. 219 ff.

[128] Auch drohende Sozialhilfebedürftigkeit hindert die Pfändung nicht und begründet keine sittenwidrige Härte im Sinne von § 765 a ZPO (BGH, MDR 2005, 650 = NJW 2005, 681).

444   Es ist das Formular aus der ZVFV zu verwenden.

5.13.2 Zulässigkeit einer Vorauspfändung wegen Miet- oder Pachtzinsforderung

445   Die Frage, ob wegen einer erst künftig fällig werdenden Miet- oder Pachtzinsforderung das Arbeitseinkommen eines Schuldners in der Form einer sog. Vorauspfändung gepfändet werden kann, wird überwiegend bejaht. Die Zulassung einer solchen Pfändung wird damit begründet, dass sie allen Beteiligten eine unrationelle Häufung von Pfändungshandlungen erspart. Die Pfändung in dieser Form wird aber nur zugelassen, wenn sie gleichzeitig aufgrund bereits fälliger Miet- oder Pachtzinsansprüche erfolgt. Auch wird sie für künftige Ansprüche dahin eingeschränkt, dass sie erst mit dem auf den Fälligkeitstag der künftigen Miet- und Pachtzinsansprüche folgenden Monat wirksam wird. Damit schafft eine solche Pfändung keinen einheitlichen Rang. Die Verfügungsbefugnis des Schuldners wird bis zum Wirksamwerden der Pfändung durch den Eintritt der Fälligkeit der künftigen Miet- oder Pachtzinsansprüche nicht berührt. Eine in der Zwischenzeit erfolgte Pfändung durch einen anderen Gläubiger, die wegen eines bereits fälligen Anspruchs erfolgt ist, hat Rang vor der zwar zeitlich früher ausgebrachten, aber erst am später liegenden Tage der Fälligkeit wirksam werdenden Vorauspfändung.[129]

5.13.3 Pfändung gegen mehrere Mieter oder Pächter

446   Sollen mehrere Mieten oder Pachten gepfändet werden, etwa weil in einem Haus mehrere Mieter wohnen oder weil der Eigentümer seine Grundstücke an mehrere Pächter verpachtet hat, sind verschiedene Pfändungsbeschlüsse erforderlich, da die Drittschuldner verschiedene Personen sind. Die Pfändung wird aber in einen Pfändungsbeschluss aufgenommen werden können. Eine Verteilung des Anspruchs des Gläubigers auf die verschiedenen Miet- und Pachtzinsen kommt hierbei nicht in Frage.

---

[129] S. u. a. OLG München, Rpfleger 1972, 321; LG Essen, Rpfleger 1967, 419 und LG Saarbrücken, Rpfleger 1973, 373; Baer, NJW 1962, 574; Berner, Rpfleger 1962, 238.

5.13.4 Einwirkungen einer Grundstücksbeschlagnahme

447 Solange eine Miet- oder Pachtzinsforderung nicht im Wege der Zwangsvollstreckung in den dem Schuldner gehörenden Grundbesitz für einen Gläubiger beschlagnahmt ist, kann sie von jeder Art von Gläubigern im Wege der Forderungspfändung gepfändet werden. Es ist insoweit ohne Bedeutung, dass Miet- oder Pachtzinsen für eine am Grundstück eingetragene Hypothek oder Grundschuld mithaften (§ 1123 BGB). Wird das vermietete oder verpachtete Grundstück im Wege der Zwangsversteigerung beschlagnahmt, so hat auch diese Tatsache auf die Pfändbarkeit des Miet- oder Pachtzinses durch einen nicht hypothekarisch gesicherten Gläubiger keinen Einfluss, denn eine solche Beschlagnahme erfasst die Miet- oder Pachtzinsen nicht (§ 21 Abs. 2 ZVG). Vom Zuschlag an gebühren allerdings die Miet- oder Pachtzinsen dem Ersteher. Der Schuldner ist dann nicht mehr Gläubiger, sodass eine gegen ihn erfolgte Pfändung von Miet- oder Pachtzinsen gegenstandslos wird.

Wird der Grundbesitz des Schuldners dagegen durch Anordnung der Zwangsverwaltung beschlagnahmt, so erfasst die Beschlagnahme auch die Miet- und Pachtzinsen (§§ 146, 148 Abs. 1 ZVG) mit der Folge, dass nach der Beschlagnahme (die mit der Zustellung des Anordnungsbeschlusses an den Grundstückseigentümer oder mit dem Eingang des Ersuchens des Vollstreckungsgerichts um Eintragung des Zwangsverwaltungsvermerks im Grundbuch beim Grundbuchamt oder mit der Erlangung des Besitzes durch den vom Gericht zu bestellenden Zwangsverwalter wirksam wird) nur noch die länger als ein Jahr seit der Beschlagnahme fälligen Rückstände gepfändet werden können (§ 1123 Abs. 2 BGB; § 865 Abs. 1 ZPO). Eine gleichwohl darüber hinaus erfolgte Pfändung ist nichtig. Sie ist auch nicht etwa bedingt für den Fall der Wideraufhebung der Beschlagnahme zulässig.

448 Eine vor der durch Anordnung der Zwangsverwaltung erfolgten Vollstreckung in den Grundbesitz des Schuldners vorgenommene Pfändung von Miet- oder Pachtzinsforderungen hat Wirkung nur für die Zeit bis zur Beschlagnahme. Die Wirkung erstreckt sich, gleichviel, ob der Miet- oder Pachtzins im Voraus oder nachträglich fällig wird, nur noch auf den Miet- oder Pachtzins, der für den zur Zeit der Beschlagnahme laufenden Monat zu zahlen ist. Bei Beschlagnahme erst nach dem 15. des Monats erstreckt sich die Pfändung auch noch auf den Miet- oder Pachtzins für den folgenden Kalendermonat (§ 1124 Abs. 2 BGB). Auch ein die Zwangsverwaltung betreibender Gläubiger kann der vorstehend behandelten Wirkung der Pfändung nicht widersprechen. Miet- oder Pachtzinsen für eine spätere als die vorgenannte Zeit nach der Beschlagnahme werden von der Forderungspfändung frei; sie stehen dem Zwangsverwalter zur Erfüllung seiner Aufgaben zu (vgl. §§ 155 ff. ZVG). Die Pfändung von Miete oder Pacht wird in den vorstehend behandelten Fällen nicht völlig gegenstandslos; sie ruht vielmehr nur und erlangt nach Wegfall der Zwangsverwaltung volle Wirksamkeit.

449   Eine Beschlagnahme mit diesen Wirkungen liegt auch in der Pfändung von Miet- oder Pachtzinsen, die durch einen Hypotheken- oder Grundschuldgläubiger erfolgt, wenn er sie aufgrund eines zufolge dieses Rechts erwirkten Titels (sog. dinglichen Titels) betreibt.

5.13.5 Pfändung von Miete oder Pacht bei bestehendem Nießbrauch

450   Ist der Grundbesitz, aus dem die Miet- oder Pachtzinsen zu erbringen sind, mit Nießbrauch belastet, so gehören die Zinsen nicht mehr dem Grundstückseigentümer, sondern dem Nießbraucher. Ein Gläubiger des Grundstückseigentümers kann sie mithin nicht pfänden, wohl aber ein Gläubiger des Nießbrauchers. Dem Nießbraucher steht bei Pfändung durch einen Gläubiger des Grundstückseigentümers ein Widerspruchsrecht zu (§ 771 ZPO). Dies gilt auch dann, wenn nach Eintragung des Nießbrauchs im Grundbuch eine Hypothek oder Grundschuld im Nachrang eingetragen worden ist.

5.13.6 Pfändung von Miet- oder Pachtzinsen wegen öffentlicher Lasten

451   Wird ein Grundstück zur Zwangsverwaltung oder Zwangsversteigerung gebracht, so steht den öffentlichen Grundstückslasten ein Recht auf vorrangige Befriedigung in der dritten Rangklasse des ZVG (§ 10 Abs. 1 ZVG) zu. Dieser Rangklasse gehen nur die folgenden Ansprüche vor: der Anspruch eines die Zwangsverwaltung betreibenden Gläubigers auf Ersatz seiner Aufgaben zur Erhaltung und nötigen Verbesserung des Grundstücks, wenn die Zwangsverwaltung bis zum Zuschlag fortdauert und die Ausgaben nicht aus den Nutzungen des Grundstücks erstattet werden können; ferner bei einem land- oder forstwirtschaftlichen Grundstück die Ansprüche der zur Bewirtschaftung des Grundstücks oder der zum Betrieb eines mit dem Grundstück verbundenen land- oder forstwirtschaftlichen Nebengewerbes angenommenen, in einem Dienst- oder Arbeitsverhältnis stehenden Personen, insbesondere des Gesindes, der Wirtschafts- und Forstbeamten auf Lohn, Kostgeld und andere Bezüge wegen der laufenden und der aus dem letzten Jahr rückständigen Beträge.

452   In dem für diese Bevorzugung der öffentlichen Abgaben mit maßgeblichem Gesetz über die Pfändung von Miet- und Pachtzinsforderungen wegen Ansprüchen aus öffentlichen Lasten vom 09.03.1934 (RGBl I, 181) heißt es wörtlich:

„Die öffentlichen Lasten eines Grundstücks, die in wiederkehrenden Leistungen bestehen, erstrecken sich auf die Miet- und Pachtzinsforderungen. Werden solche Forderungen wegen des zuletzt fällig gewordenen Teilbetrags der öffentlichen Last gepfändet, so wird die Pfändung durch eine später von einem Hypotheken- oder Grundschuldgläubiger bewirkte Pfändung nicht berührt. Werden die wiederkehrenden Leistungen in monatlichen Beträgen fällig, so gilt dieses Vorrecht auch für den vorletzten Teilbetrag. Ist vor der Pfändung der Miet- oder Pachtzins eingezogen oder in anderer Weise über ihn verfügt, so bleibt die Verfügung gegenüber dem aus der öffentlichen Last Berechtigten, soweit seine Pfändung das soeben behandelte Vorrecht genießt, nur für den zur Zeit der Pfändung laufenden Kalendermonat und, wenn die Pfändung nach dem fünfzehnten Tage des Monats bewirkt ist, auch für den folgenden Monat wirksam."

Unter öffentliche Grundstückslasten fallen insbesondere der Brand- und Sturmschadensbeitrag, soweit es sich um eine Versicherung bei einer öffentlichen Anstalt handelt, der Erschließungsbeitrag, die Grundsteuer und die Schornsteinfegergebühr.

Aus dem Pfändungsantrag muss sich ergeben, dass es sich um eine öffentliche Grundstückslast handelt und wann diese fällig ist.

453 Da, wie ausgeführt, die öffentliche Last Vorrang vor einer Hypothek oder Grundschuld hat, wird eine Pfändung von Miet- und Pachtzinsen, die zuvor ein Hypotheken- oder Grundschuldgläubiger vorgenommen hat, mit dem Zeitpunkt der Pfändung wegen einer öffentlichen Grundstückslast unwirksam, soweit es sich um bevorzugte Raten der öffentlichen Last handelt. Wird das Grundstück, aus dem Miet- oder Pachtzinsen zu zahlen sind, durch Zwangsverwaltung beschlagnahmt, so endigen damit auch die Wirkungen der für eine öffentliche Last erfolgten Pfändung.

5.13.7 Pfändung einer Miet- oder Pachtzinsforderung gegen künftigen Mieter oder Pächter

454 Ist dem — künftigen — Mieter oder Pächter die Pfändung einer Sache noch nicht überlassen, so kann Miete oder Pacht nur gepfändet werden, wenn zwischen ihm und dem Grundstückseigentümer (Schuldner) bereits ein Vertragsverhältnis besteht.

Aus einem noch nicht in diesem Sinne vermieteten oder verpachteten Grundstück künftig erst entstehende Miet- oder Pachtzinsforderungen können nicht gepfändet werden.

455–457 [frei]

5.14 Pfändung von Postbankgiro- und Postsparguthaben

5.14.1 Postbankgiroguthaben

458 Die Postbank firmiert seit ihrer Privatisierung als Deutsche Postbank AG und ist unter HRB 6793 beim Amtsgericht — Handelsregister — Bonn eingetragen und wird durch ihren Vorstand vertreten. Es reicht aus, dass ein Pfändungs- und Überweisungsbeschluss der Deutschen Postbank AG zugestellt wird. Der Gläubiger braucht somit nicht zu wissen, bei welcher Niederlassung, Zweigstelle oder Filiale der Schuldner sein Konto unterhält.

459 Es ist das Formular aus der ZVFV zu verwenden.

460 Wegen Pfändung von auf ein Postbankgirokonto überwiesenen unpfändbaren Bezügen vgl. Rn. 577, 652.

Die befristete Leistungssperre (Rn. 334) gilt auch hier.

5.14.2 Postsparguthaben

461 Nach dem Außerkrafttreten des Postgesetzes am 31.12.1997[130] gelten Sonderregelungen für Postsparguthaben nicht mehr, sodass diese wie alle anderen Sparguthaben pfändbar sind.

Siehe dazu Rn. 327–333 und das Muster: Pfändung Sparkonto (Rn. 334).

Die befristete Leistungssperre (Rn. 334) gilt auch hier.

462–467 [frei]

---

[130] S. Art. 6 Postneuordnungsgesetz v. 14.09.1994, BGBl. I 1994, 2325, 2371.

5.15 Pfändbarkeit sonstiger Forderungen

468 Es gibt noch eine Reihe sonstiger pfändbarer Vermögenswerte. Die Art ihrer Pfändung richtet sich grundsätzlich nach den Vorschriften, die allgemein für die Pfändung einer Forderung gelten (Rn. 284 ff.). Da die Pfändung der nachgenannten Vermögenswerte seltener vorkommt als diejenige der bisher behandelten, sollen dazu hier nur kurze Hinweise und Muster, aber keine voll ausgearbeiteten Pfändungsanträge gegeben werden. Die Darstellung erfolgt in Abc-Form.

5.15.1 Automateninhalt[131]

469 Üblicherweise handelt es sich hier nicht um die Pfändung eines Automaten selbst, sondern um die Pfändung des Anteils desjenigen an seinem Inhalt, in dessen Lokal der Automat aufgestellt ist.

470 Es ist das Formular aus der ZVFV zu verwenden.

5.15.2 Baugeld

471 Besonderheiten gelten bei sog. „Baugeld". Das ursprüngliche Baugeldgesetz vom 01.06.1909[132] wird nunmehr als Gesetz über die Sicherung von Bauforderungen[133] bezeichnet.

Der Empfänger von Baugeld ist gemäß § 1 Abs. 1 Bauforderungssicherungsgesetz verpflichtet, das Baugeld zur Befriedigung solcher Personen, die an der Herstellung oder dem Umbau des Baues aufgrund eines Werk-, Dienst- oder Kaufvertrages beteiligt sind, zu verwenden. Da das „Baugeld" einer begrenzten Zweckbestimmung unterliegt, ist der Anspruch nur im Rahmen dieser Zweckbestimmung übertragbar.[134] Der Anspruch ist daher für nicht am Bau Beteiligte nicht pfändbar.[135]

---

[131] Zu Automatenaufstellungsvertrag und Vollstreckungsrecht (Problemstellung, Zubehöreigenschaft von Automaten, Pfändung des Automaten, Rechtspfändung, Pfändung des Inhalts der Automatenkasse) siehe Schmidt, MDR 1972, 374 und Stöber, Rn. 1509 – 1511.

[132] S. RGBl. I 1909, 449.

[133] S. Bauforderungssicherungsgesetz, zuletzt geändert durch Art. 1 des Gesetzes v. 29.07.2009, BGBl. I 2009, 2436.

[134] So Baumbach/Lauterbach/Albers/Hartmann, Zivilprozessordnung, Grundzüge § 704, Rn. 66.

[135] So Baumbach/Lauterbach/Albers/Hartmann, § 851 ZPO, Rn. 5.

Begleicht allerdings der Schuldner die Forderung eines Baugläubigers aus anderen Mitteln als aus Baugeld, so ist Letzteres insoweit für jeden Gläubiger pfändbar.[136]

472   Es ist das Formular aus der ZVFV zu verwenden.

Diese Herausgabepflicht beruht auf § 836 Abs. 3 ZPO, wonach der Schuldner verpflichtet ist, dem Gläubiger die über die Forderung vorhandenen Urkunden herauszugeben.

5.15.3 Bausparvertrag

473   Pfändbar ist der Anspruch auf Auszahlung der zur vollen Bausparsumme angesammelten Sparbeträge des Schuldners. Der darüber hinaus als Baugeld gewährte Darlehensbetrag ist dagegen zweckgebunden (siehe hiervor Baugeld). Der pfändende Gläubiger muss den vom Bausparer-Schuldner mit der Bausparkasse geschlossenen Vertrag einhalten.[137]

474   Es ist das Formular aus der ZVFV zu verwenden.

Wegen der Herausgabepflicht bezüglich des Bausparvertrages siehe vorstehend Rn. 472.

5.15.4 Beihilfe

474a   Ansprüche eines Beamten auf Gewährung von Beihilfe im Krankheits-, Geburts- und Todesfällen sind nicht pfändbar, nicht abtretbar und auch nicht verpfändbar (§ 51 Abs. 3 Beamtenversorgungsgesetz).Richtet sich der Beihilfeanspruch nicht gegen den Dienstherrn, z. B. das Bundesland, sondern gegen eine betriebliche Sozialeinrichtung, wie sie z. B. bei der Deutschen Bahn AG besteht, so ist eine Pfändung des Beihilfeanspruchs dagegen zulässig, wenn der Gläubiger wegen eines Anspruchs vollstreckt, für den dem Schuldner der Beihilfeanspruch zusteht, z. B. für eine Zahnbehandlung.[138]

---

[136] S. dazu Bauer, Die Zwangsvollstreckung in Baugelder, JurBüro 1963, 65; LG Aachen, Rpfleger 1962, 450. Der Anspruch des Mieters gegen seinen Vermieter auf Rückzahlung eines nicht abgewohnten Baukostenzuschusses oder dgl. ist pfändbar (Stöber, Rn. 79 ff.).

[137] Über die Pfändung von Bausparverträgen allgemein siehe Stöber, Rn. 87 ff.

[138] LG Münster, Rpfleger 1994, 473.

5.15.5 **Darlehen**

475   Der dem Darlehensgläubiger zustehende Anspruch auf Rückzahlung des Darlehens durch den Schuldner kann von einem Gläubiger des Ersteren gepfändet werden. Die Kündigungsfrist muss eingehalten werden. Ist eine solche nicht vertraglich festgelegt, so beträgt sie gesetzlich drei Monate (§ 488 Abs. 3 Satz 2 BGB).

Sind Zinsen nicht geschuldet, ist eine Kündigung nicht notwendig (§ 488 Abs. 3 Satz 3 BGB).

Es ist das Formular aus der ZVFV zu verwenden.

Wegen der Herausgabe des Schuldscheins siehe Rn. 472.

5.15.6 **Dienstvertrag**

476   Hat ein Rechtsanwalt oder sonstiger Beauftragter für seinen Mandanten Geld bei dessen Schuldner eingezogen, aber noch nicht an seinen Mandanten ausgefolgt, so kann ein Gläubiger des Letzteren den Herausgabeanspruch pfänden. Es liegt ein Dienstvertrag vor (§ 611 BGB). Auf ihn findet § 667 BGB, der vom Auftrag handelt, entsprechende Anwendung.

5.15.7 **Erbbauzins**

477   Bereits fälliger Erbbauzins kann gepfändet werden, nicht dagegen noch nicht fälliger (vgl. Rn. 411).

478   Es ist das Formular aus der ZVFV zu verwenden.

Wegen der Zwangsvollstreckung in ein Erbbaurecht selbst siehe die Ausführungen Rn. 494.

5.15.8 **Genossenschaft**

479   Der Anteil eines Genossen am Geschäftsguthaben, das ihm bei seinem Ausscheiden zusteht, und auf den laufenden Gewinn kann gepfändet werden, nicht auch der Geschäftsanteil als solcher (§§ 19, 73 GenG).

Es ist das Formular aus der ZVFV zu verwenden.

Wegen eines Pfändungsschutzes im Genossenschaftsrecht siehe die Ausführungen Rn. 603.

5.15.9 Gütergemeinschaft

480 Während des Bestehens der Gütergemeinschaft (vgl. Rn. 525) ist der Anteil eines Ehegatten am Gesamtgut (§ 1416 BGB) und an den einzelnen dazugehörenden Gegenständen unpfändbar (§ 860 Abs. 1 ZPO). Das Gleiche gilt bei der fortgesetzten Gütergemeinschaft (vgl. Rn. 117) von den Anteilen des überlebenden Ehegatten und der Abkömmlinge.

Nach der Beendigung der Gütergemeinschaft ist der Anteil am Gesamtgut zugunsten der Gläubiger des Anteilsberechtigten pfändbar (§ 860 Abs. 2 ZPO).

Drittschuldner ist der andere Ehegatte; bei fortgesetzter Gütergemeinschaft sind es zusätzlich die Abkömmlinge (§ 1483 Abs. 1 BGB).

5.15.10 Insolvenzgeld

481 Der Anspruch auf Insolvenzgeld aufgrund §§ 324, 183ff. SGB III wird, soweit die Ansprüche auf Arbeitseinkommen vor Stellung des Antrags auf Insolvenzgeld gepfändet worden sind, von dieser Pfändung miterfasst (§ 188 Abs. 2 SGB III).

Ist Antrag auf Insolvenzgeld gestellt, so kann dieser Anspruch wie der Anspruch auf Arbeitseinkommen gepfändet werden (siehe dazu § 189 SGB III). Drittschuldner ist in diesem Fall das Arbeitsamt. Den Antrag auf Insolvenzgeld kann auch der Gläubiger stellen. Für das selbstständig gepfändete Insolvenzgeld gelten die gleichen Schutzbestimmungen wie für Arbeitseinkommen (vgl. Rn. 623 ff.).[139]

Es ist das Formular aus der ZVFV zu verwenden.

---

[139] S. auch Stöber, Rn. 1450, 1451.

5.15.11 Investmentanteil

482   Pfändung von Inhaber- und Namensanteilschein erfolgt nicht durch das Gericht, sondern durch den Gerichtsvollzieher (§ 808 ZPO), dem ein entsprechender Pfändungsauftrag zu erteilen ist (siehe Muster: Sachpfändungsauftrag, Rn. 234).[140]

Auch ein Immobilienzertifikat ist durch den Gerichtsvollzieher zu pfänden und nach §§ 821, 822 ZPO zu verwerten.[141]

5.15.12 Kaufpreis

483   Die Pfändung eines Kaufpreises weist als Forderungspfändung keine Besonderheiten auf.[142]

484   Es ist das Formular aus der ZVFV zu verwenden.

5.15.13 Leibrente

485   Eine Leibrente als eine auf die Lebensdauer des Berechtigten zu zahlende Rente ist grundsätzlich frei pfändbar. Sie kann in Geld oder in Naturalien (siehe § 847 ZPO) bestehen. Ähnelt allerdings die Leibrente einem Altenteil, so ist sie nur beschränkt pfändbar (siehe Rn. 412, 612).[143]

Es ist das Formular aus der ZVFV zu verwenden.

5.15.14 Scheck

486   Findet der Gerichtsvollzieher beim Schuldner einen zu dessen Gunsten lautenden Scheck eines Dritten vor, so kann er diesen durch einfache Wegnahme pfänden, ohne dass es eines besonderen Pfändungsbeschlusses wegen der durch den Scheck begründeten Forderung bedarf. Der Gerichtsvollzieher behält den Scheck in Besitz, bis ihm ein Verwertungsbeschluss des Gerichts vorgelegt wird (**Isolierte Überweisung zur Einziehung** nach §§ 835 ff. ZPO; vgl. Rn. 285).

---

[140] Wegen Einzelheiten siehe Berner, Rpfleger 1960, 33 und Stöber, Rn. 2102.

[141] LG Berlin, Rpfleger 1970 S. 371.

[142] Zur Pfändung des hinterlegten Kaufpreises siehe Schneider, JurBüro 1964 Sp. 779.

[143] Eine Leibrente wird durch § 850b ZPO nicht geschützt (LG Hannover, WM 1966, 212).

487   Es ist das Formular aus der ZVFV zu verwenden.

5.15.15 Schmerzensgeld

488   Solches war nur pfändbar, wenn es durch Vertrag anerkannt oder rechtshängig geworden war (§ 847 Abs. 1 BGB). Nach Aufhebung des § 847 Abs. 1 Satz 2 BGB mit Wirkung ab 01.07.1990 ist der Anspruch grundsätzlich frei pfändbar.

Ein in Rentenform zu zahlendes Schmerzensgeld fällt nicht unter den Pfändungsschutz nach § 850b ZPO.

5.15.16 Sozialplan- und Kündigungsabfindungen

489   Die Sozialplanabfindung nach § 112 Betriebsverfassungsgesetz und die Kündigungsabfindungen nach den §§ 9, 10 Kündigungsschutzgesetz sind Arbeitseinkommen i. S. von § 850 ZPO. Da sie nicht zum laufenden Arbeitsentgelt zählen, kommt ein Pfändungsschutz nach § 850c ZPO also nicht in Betracht, sondern allenfalls nach § 850i ZPO.[144]

5.15.17 Strafgefangenenanspruch und ähnliche Ansprüche[145]

490   Das **Eigengeld** des Gefangenen — dabei handelt es sich zur Haft mitgebrachtes und während des Vollzugs von Dritten eingezahltes Geld, zum Beispiel auch **Arbeitsentgelt** — steht dem Zugriff des Gläubigers offen. Soweit das Eigengeld aus Arbeitsentgelt für eine zugewiesene Beschäftigung gebildet worden ist, finden die Pfändungsfreigrenzen des § 850 c ZPO keine Anwendung. [146]

Die Pfändung ist jedoch insoweit beschränkt, wenn das Eigengeld als **Überbrückungsgeld** den notwendigen Lebensunterhalt des Gefangenen und seiner Unterhaltsberechtigter für die ersten vier Wochen nach der Entlassung sichern soll und nicht gepfändet werden kann (§ 51 Abs. 4 Satz 2 Strafvollzugsgesetz). Drittschuldner ist die nach Landesrecht zuständige Stelle.

---

[144] BAG, Urt. v. 13.11.1991 – 4 AZR 20/91, MDR 1992, 590.

[145] Ausführlich dazu Stöber, Rn. 132 ff.

[146] BGH, MDR 2005, 48; OLG Karlsruhe, Rpfleger 1994, 370; Schleswig-Holst. OLG, Rpfleger 1995, 29; LG Hannover, Rpfleger 1995, 264; LG Münster, JurBüro 1996, 107.

> **!** **ACHTUNG**
>
> Das so genannte **Überbrückungsgeld** ist kraft Gesetzes von der Pfändung aus-
> geschlossen (§ 51 Abs. 4 Satz 1 Strafvollzugsgesetz).

Werden bei der Kasse der Haftanstalt **zweckgebundene Gelder von Dritten** eingezahlt — zum Beispiel für die Selbstverpflegung des Gefangenen — so sind diese
unpfändbar.[147]

Der Anspruch auf Auszahlung eines **Vorschusses auf die Haftentschädigung** ist
nicht pfändbar.[148]

Das so genannte **Hausgeld** — ein Teil seines Arbeitseinkommens als Gefangener
(§ 47 Strafvollzugsgesetz) — ist zweckgebunden für die Befriedigung seiner persönlichen Bedürfnisse (Einkauf von Nahrungs- und Genussmitteln, Bücher und
Zeitschriften, Fahrtkosten bei gewährtem Ausgang) und damit unpfändbar.[149]

Es ist das Formular aus der ZVFV zu verwenden.

5.15.18 Wechsel

491 Forderungen aus Wechseln soll der Gerichtsvollzieher nur pfänden, wenn ihn der
Gläubiger ausdrücklich damit beauftragt hat oder wenn andere Pfandstücke entweder nicht vorhanden sind oder zur Gläubigerbefriedigung nicht ausreichen. Der
Gerichtsvollzieher fordert den Wechsel vom Vollstreckungsschuldner und nimmt
ihn für den Vollstreckungsgläubiger in Besitz, ohne dass hierzu ein **Pfändungsbeschluss** erforderlich ist (§ 831 ZPO). Zur Verwertung eines gepfändeten Wechsels
bedarf es eines besonderen Gerichtsbeschlusses, dessen Erlass der Vollstreckungsgläubiger herbeizuführen hat (§ 828 Abs. 2 ZPO). Dazu genügt meist Bezugnahme
auf die Pfändungsakten des Gerichtsvollziehers. In Frage kommen kann **Überweisung der Wechselforderung an den Vollstreckungsgläubiger** oder Anordnung
einer anderen Art der Verwertung. Eine Versteigerung des Wechsels (§ 814 ZPO)
kommt nicht in Betracht.[150]

---

[147] Ebenso Berner in der Anm. zu einer gegenteiligen Entscheidung des LG Berlin, Rpfleger
1966, 311. Nach LG Berlin, Rpfleger 1970, 29 sind die auf ein Konto bei der Privatkasse einer Strafanstalt eingezahlten Gelder auch dann pfändbar, wenn es sich um eine für den
Schuldner überwiesene Rente nach dem Bundesversorgungsgesetz handelt.

[148] OLG Hamm, NJW 1975, 2075.

[149] LG Münster, Rpfleger 1992, 129.

[150] Wegen Einzelheiten siehe Stöber, Rn. 2080 ff.

5.15.19 **Zugewinnausgleich**

492   Der nach Beendigung des gesetzlichen Güterstands der Zugewinngemeinschaft (siehe Rn. 523), z. B. nach Ehescheidung, eventuell entstehende Zugewinnausgleichsanspruch eines Ehegatten kann nur gepfändet werden, wenn er entweder durch Vertrag anerkannt oder rechtshängig geworden ist (§ 852 Abs. 2 ZPO). Rechtshängig bedeutet, dass der Anspruch durch den anspruchsberechtigten Ehegatten bei Gericht eingeklagt wurde.

6 Grundriss der Zwangsvollstreckung in unbewegliches Vermögen

6.1 Allgemeine Fragen zur Grundstückszwangsvollstreckung

493

LITERATUR

Böttcher, ZVG: Gesetz über die Zwangsversteigerung und die Zwangsverwaltung — Kommentar, 5. Aufl., München, 2010 | **Brüggemann/Haut**, Arbeitshilfen Zwangsverwaltung: Formularhandbuch für die Zwangsverwalterpraxis, Münster, 2008 | **Depré/Mayer**, Die Praxis der Zwangsverwaltung, 6. Aufl., Bonn, 2011 | **Förster/Klipfel**, Der Zwangsverwalter als Immobilienverkäufer ?!, IGZInfo 2012, 166 ff. | **Haarmeyer/Hintzen**, Handbuch zur Zwangsverwaltung, 3. Aufl., München, 2011 | **Haarmeyer/Wutzke/Förster/Hintzen**, Zwangsverwaltung, 5. Aufl., München, 2011 | **Hasselblatt**, Praxishinweise zur Zwangsverwaltung — nicht nur für Gläubiger, NJW 2012, 3222 ff. | **Löhnig**, Gesetz über die Zwangsversteigerung und die Zwangsverwaltung — Kommentar, Stuttgart, 2010 | **Schmidberger/Traub**, Das Ende der Zwangsverwaltung, ZfIR 2012, 805 ff. | **Schmittmann**, Umsatzsteuerliche Probleme bei Immobilienverkäufen in der Insolvenz, ZInsO 2006, 1299 ff. | **Schmittmann/Brandau/Stroh**, Rechnungsanforderungen in der Zwangsverwaltung, IGZInfo 2012, 120 ff. | **Schmittmann/Brandau/Stroh**, Umsatzsteuerliche Haftungsrisiken des Zwangsverwalters, IGZInfo 2012, 3 ff. | **Schmittmann/Gorris**, Steuerliche Fragen im Zusammenhang mit der Zwangsverwaltung, IGZInfo 2005, 69 ff. | **Stöber**, Zwangsversteigerungsgesetz, 20. Aufl., München, 2012 | **Wedekind/Wedekind**, Zwangsverwaltung — Ein systematischer Leitfaden für die Praxis, Köln, 2011.

Die Zwangsvollstreckung in Immobilien ist nicht nur wegen der oftmals langen Dauer des Zwangsvollstreckungsverfahrens, sondern auch wegen der damit einhergehenden schwierigen Rechtsprobleme bei Gläubigern unbeliebt. Die einschlägigen Regelungen finden sich im Gesetz über die Zwangsversteigerung und die Zwangsverwaltung vom 24.03.1897[1], das nach Allgemeinen Vorschriften (§ 1 bis § 14

---

[1] So RGBl. 1897, 97.

ZVG) die Zwangsversteigerung (§ 15 bis § 145a ZVG) und die Zwangsverwaltung (§ 146 bis § 151 ZVG) regelt. Im Zwangsversteigerungs- und Zwangsverwaltungsverfahren ist der Gläubiger — wie überall in der Zwangsvollstreckung — vorschusspflichtig, wobei allerdings gerade im Zwangsversteigerungsverfahren hohe Kosten für die Einholung eines Sachverständigengutachtens zur Grundstücksbewertung anfallen. Andererseits führt die Eintragung einer Sicherungshypothek auf die Immobilie des Schuldners sowie ein Antrag auf Zwangsversteigerung oder Zwangsverwaltung zur Schaffung einer enormen Drucksituation, die Schuldner vielfach veranlasst, ihrerseits Zahlungsangebote zu machen, um eine Einstellung der Zwangsvollstreckung oder gar ihre Aufhebung zu erreichen.

494   Auf Erbbaurechte und Eigentumswohnungen finden die Vorschriften der Grundstückszwangsvollstreckung entsprechende Anwendung. Für die Zwangsversteigerung von Schiffen und Schiffsbauwerken gelten § 162 bis § 171 ZVG und für die Zwangsversteigerung von Luftfahrzeugen gelten § 171a bis § 171n ZVG.

6.2   Grundstückszwangsversteigerung

6.2.1   Anordnung der Versteigerung

495   Die Zwangsversteigerung eines Grundstücks setzt wie jede sonstige Vollstreckungsmaßnahme voraus, dass die allgemeinen Vollstreckungserfordernisse der ZPO — vollstreckbarer Titel, Vollstreckungsklausel und vorher erfolgte Zustellung des Vollstreckungstitels (siehe Rn. 187–193) — erfüllt sind und dass der Gläubiger einen Versteigerungsantrag an dasjenige Amtsgericht, in dessen Bezirk der Grundbesitz des Schuldners belegen ist, stellt. Der — formlose — Antrag soll das Grundstück, den Eigentümer, den Anspruch und den vollstreckbaren Titel bezeichnen (§ 16 ZVG).

496   **MUSTER: Antrag auf Zwangsversteigerung**

Dem Unterzeichneten steht aufgrund des vollstreckbaren Urteils des Amtsgerichts ... vom ... — Aktenzeichen ... — und des auf dieses Urteil gesetzten Kostenfestsetzungsbeschlusses vom ... gegen den ... in ... eine Forderung mit ... EUR Hauptsumme, ... % Zinsen hieraus seit ... und ... EUR bisherigen Vollstreckungskosten zu. Der Schuldner ist Eigentümer des im Grundbuch von ... Band ... Blatt ... eingetragenen Grundstücks ... Unter Vorlage einer mit Zustellungsvermerk versehenen vollstreckbaren Ausfertigung des genannten Urteils und

einer beglaubigten Grundbuchabschrift[2] beantragt der Unterzeichnete, wegen seiner angegebenen Forderung die Zwangsversteigerung des vorgenannten Grundstücks anzuordnen.
Datum und Unterschrift des Gläubigers

497 Will der Gläubiger die Zwangsversteigerung aus seinem Titel wegen eines hypothekarischen Anspruchs auch aus diesem Recht in der Rangklasse des Rechts (siehe Rn. 501) betreiben, so muss der Titel auch auf Duldung der Zwangsversteigerung in das Grundstück aus dem betreffenden Recht gerichtet sein.

498 Ein Gläubiger kann auch dem Zwangsversteigerungsverfahren, das auf Antrag eines anderen Gläubigers bereits angeordnet worden ist, beitreten. Die Voraussetzungen sind die gleichen wie in dem Falle, dass dieser Gläubiger selbst den Antrag auf Anordnung der Zwangsversteigerung stellt. Bei Zulassung des Beitritts durch das Gericht hat der beitretende Gläubiger die gleichen Rechte, wie wenn die Versteigerung auf seinen Antrag angeordnet wäre (§ 27 ZVG).

MUSTER: Beitritt zum Zwangsversteigerungsverfahren

Dem Unterzeichneten steht aufgrund des vollstreckbaren Urteils des Amtsgerichts ... vom ... — Aktenzeichen ... — und des auf dieses Urteil gesetzten Kostenfestsetzungsbeschlusses vom ... gegen den ... in ... eine Forderung mit ... EUR Hauptsumme, ... % Zinsen hieraus seit ... und ... EUR bisherigen Vollstreckungskosten zu. Der Schuldner ist Eigentümer des im Grundbuch von ... Band ... Blatt ... eingetragenen Grundstücks ... Unter Vorlage einer mit Zustellungsvermerk versehenen Ausfertigung des genannten Urteils und einer beglaubigten Grundbuchabschrift beantragt der Unterzeichnete, seinen Beitritt zu dem auf Antrag des ... beim dortigen Gericht über das genannte Grundstück bereits anhängigen Zwangsversteigerungsverfahren — Aktenzeichen ... — zuzulassen.
Datum und Unterschrift des Gläubigers

---

499 Die Zwangsversteigerung darf nur angeordnet werden, wenn der Vollstreckungsschuldner als Eigentümer des Grundstücks im Grundbuch eingetragen oder Erbe des eingetragenen Eigentümers ist (§ 17 ZVG). Die Anordnung erfolgt durch Beschluss des Vollstreckungsgerichts beim Amtsgericht.[3] Der Beschluss wird den Beteiligten, die sich aus § 9 ZVG ergeben, zugestellt; auch erfolgt die Eintragung eines

---

[2] Ist das Amtsgericht zugleich Grundbuchamt, so bedarf es nur der Bezugnahme auf das Grundbuch, nicht der Vorlage einer Grundbuchabschrift (vgl. § 17 Abs. 2 ZVG).

[3] Spätestens bei Bestimmung des Versteigerungstermins (siehe Rn. 500) ist ein Vorschuss in Höhe der doppelten Verfahrensgebühr zu erheben (§ 15 GKG).

Zwangsversteigerungsvermerks im Grundbuch (§ 19 ZVG). Der Beschluss bewirkt die Beschlagnahme des Grundstücks (§ 20 ZVG). Diese Beschlagnahme hat die Wirkung eines zugunsten des Gläubigers ergangenen Veräußerungsverbots[4] und verschafft ihm ein Recht auf bevorzugte Befriedigung aus dem Versteigerungserlös nach näherer Maßgabe des § 10 Nr. 5 ZVG (siehe Rn. 501). Die Beschlagnahme erstreckt sich nur auf die wirtschaftliche Substanz, nicht auch auf die Nutzungen des Grundstücks. Sie erstreckt sich also auf das Grundstück mit Bestandteilen und Zubehör, sowie sonstige Gegenstände, auf die sich eine Hypothek erstreckt (siehe §§ 1120 ff. BGB). Will der Gläubiger auch die Nutzungen des Grundstücks erfassen, so muss er gleichzeitig Antrag auf Anordnung der Grundstückszwangsverwaltung stellen (siehe Rn. 510).

Erzeugnisse, Miet- und Pachtzinsen lässt die Beschlagnahme dagegen frei; der Schuldner ist auch nicht gehindert, das Grundstück in den Grenzen einer ordnungsmäßigen Wirtschaft zu verwalten und zu benutzen (§§ 21, 24 ZVG).[5]

6.2.2 Versteigerungstermin – Geringstes Gebot – Versteigerungsbedingungen

500   Der Versteigerungstermin wird vom Gericht von Amts wegen bestimmt und dabei der **Verkehrswert** (§ 38 ZVG) festgesetzt. (§§ 35 ff. ZVG). Er wird den Beteiligten und öffentlich bekannt gemacht (§§ 39 ff. ZVG). Wegen des für den Grundstückseigentümer bestehenden Vollstreckungsschutzes siehe Rn. 559. Der Verkehrswert ist mit sofortiger Beschwerde anfechtbar (§ 74a Abs. 5 ZVG).

Im Zwangsversteigerungstermin — die „Bietstunde" beträgt mindestens 30 Minuten (§ 73 Abs. 1 Satz 1 ZVG) — wird nur ein solches Gebot zugelassen, durch das die Verfahrenskosten und die dem Anspruch des betreibenden (oder eines besser berechtigten beigetretenen) Gläubigers vorgehenden Rechte gemäß nachfolgender Rangordnung gedeckt werden (sog. geringstes Gebot; § 44 ZVG). Die Berücksichtigung von Rechten an dem Grundstück, die dem betreibenden Gläubiger im Range vorgehen, erfolgt in der Regel dadurch, dass diese Rechte in der Zwangsverstei-

---

[4] Das Grundbuch wird durch die Eintragung des Versteigerungsvermerks nicht gesperrt, das Grundstück kann auch jetzt noch übertragen und belastet werden, der Gang des Zwangsversteigerungsverfahrens wird aber dadurch nicht aufgehalten. Der neu eingetretene Berechtigte geht dem betreibenden Gläubiger im Range nach.

[5] Bei der Vollstreckung in Gebäude, Anlagen und Einrichtungen, die trotz fester Verbindung mit dem Grundstück der Mobilarvollstreckung unterliegen, ist § 811 ZPO (Rn. 568 ff.) zu beachten (AG und LG Braunschweig, DGVZ 1972, 14 und 169); S. zur Grundstückszwangsverwaltung im Einzelnen Drischler, Rechtspfleger-Jahrbuch 1969, 369 und 1970, 365.

gerung bestehen bleiben und als Belastungen des Grundstücks vom Erwerber mit zu übernehmen sind. Andere Belastungen des Grundstücks erlöschen in der Regel durch den Zuschlag in der Zwangsversteigerung, soweit mit dem Ersteher nichts anderes vereinbart wird, auch dann, wenn keine Befriedigung erfolgt.

501 Ein Recht auf Befriedigung aus dem Grundstück haben nach folgender Rangordnung, bei gleichem Rang nach dem Verhältnis ihrer Beträge (§ 10 ZVG):

1. der Anspruch eines die Zwangsverwaltung betreibenden Gläubigers auf Ersatz seiner Ausgaben zur Erhaltung oder nötigen Verbesserung des Grundstücks, im Fall der Zwangsversteigerung aber nur, wenn die Zwangsverwaltung bis zum Zuschlag fortdauert und die Ausgaben nicht aus den Nutzungen des Grundstücks erstattet werden können;
   1a. im Fall einer Zwangsversteigerung, bei der das Insolvenzverfahren über das Vermögen des Schuldners eröffnet ist, die zur Insolvenzmasse gehörenden Ansprüche auf Ersatz der Kosten der Feststellung der beweglichen Gegenstände, auf die sich die Versteigerung erstreckt; diese Kosten sind nur zu erheben, wenn ein Insolvenzverwalter bestellt ist, und pauschal mit vier von Hundert des Wertes anzusetzen, der nach § 74a Abs. 5 Satz 2 ZVG festgesetzt worden ist;
2. bei Vollstreckung in ein Wohnungseigentum die daraus fälligen Ansprüche auf Zahlung der Beiträge zu den Lasten und Kosten des gemeinschaftlichen Eigentums oder des Sondereigentums, die nach § 16 Abs. 2, § 28 Abs. 2 und 5 WEG geschuldet werden, einschließlich der Vorschüsse und Rückstellungen sowie der Rückgriffsansprüche einzelner Wohnungseigentümer. Das Vorrecht erfasst die laufenden und die rückständigen Beiträge aus dem Jahr der Beschlagnahme und den letzten zwei Jahren. Das Vorrecht einschließlich aller Nebenleistungen ist begrenzt auf Beträge in Höhe von nicht mehr als fünf vom Hundert des nach § 74a Abs. 5 ZVG festgesetzten Wertes. Die Anmeldung erfolgt durch die Gemeinschaft der Wohnungseigentümer. Rückgriffsansprüche einzelner Wohnungseigentümer werden von diesen angemeldet;
3. bei einem land- oder forstwirtschaftlichen Grundstück die Ansprüche der zur Bewirtschaftung des Grundstücks oder zum Betrieb eines mit dem Grundstück verbundenen land- oder forstwirtschaftlichen Nebengewerbes angenommenen, in einem Dienst- oder Arbeitsverhältnis stehenden Personen, insbesondere des Gesindes, der Wirtschafts- und Forstbeamten auf Lohn, Kostgeld und andere Bezüge wegen der laufenden und der aus dem letzten Jahre rückständigen Beträge;
4. die Ansprüche auf Entrichtung der öffentlichen Lasten des Grundstücks wegen der aus den letzten vier Jahren rückständigen Beträge; wiederkehrende Leistungen, insbesondere Grundsteuern, Zinsen, Zuschläge oder Rentenleistungen, sowie Beträge, die zur allmählichen Tilgung einer Schuld als Zuschlag zu den Zin-

sen zu entrichten sind, genießen dieses Vorrecht nur für die laufenden Beträge und für die Rückstände aus den letzten zwei Jahren. Untereinander stehen öffentliche Grundstückslasten, gleichviel ob sie auf Bundes- oder Landesrecht beruhen im Range gleich. Die Vorschriften des § 112 Abs. 1 und der §§ 113 und § 116 des Gesetzes über den Lastenausgleich vom 14.08.1952[6] bleiben unberührt;

5. die Ansprüche aus Rechten an dem Grundstück (Grundpfandrechten usw., soweit sie nicht infolge der Beschlagnahme dem Gläubiger gegenüber unwirksam geworden sind) einschließlich der Ansprüche auf Beträge, die zur allmählichen Tilgung einer Schuld als Zuschlag zu den Zinsen zu entrichten sind; Ansprüche auf wiederkehrende Leistungen, insbesondere Zinsen, Zuschläge, Verwaltungskosten oder Rentenleistungen genießen das Vorrecht dieser Klasse nur wegen der laufenden und der aus den letzten zwei Jahren rückständigen Beträge;

6. der Anspruch des Gläubigers, soweit er nicht in einer der vorhergehenden Klassen zu befriedigen ist;

7. die Ansprüche der vierten Klasse, soweit sie infolge der Beschlagnahme dem Gläubiger gegenüber unwirksam sind;

8. die Ansprüche der dritten Klasse wegen der älteren Rückstände;

9. die Ansprüche der vierten Klasse wegen der älteren Rückstände.

502   Sind Ansprüche aus verschiedenen Rechten nach § 10 Nr. 4, 6 oder 8 ZVG in derselben Klasse zu befriedigen, so ist für sie gemäß § 11 Abs. 1 ZVG das Rangverhältnis maßgebend, welches unter den Rechten besteht. Laufende Beträge wiederkehrender Leistungen sind gemäß § 13 Abs. 1 Satz 1 ZVG der letzte vor der Beschlagnahme fällig gewordene Betrag sowie die später fällig werdenden Beträge. Die älteren Beträge sind gemäß § 13 Abs. 1 Satz 2 ZVG Rückstände.

503   Besondere Bestimmungen bestehen über ein so genanntes Mindestgebot (7/10 bzw. 1/2 des Grundstückswerts) — siehe §§ 74a, b, 85a ZVG (Rn. 561–564).

504   Gebote auf landwirtschaftliche Grundstücke bedürfen seit 01.01.1962 keiner besonderen behördlichen Genehmigung.

6.2.3   Termin und Zuschlag

505   Im Termin werden gemäß § 66 Abs. 1 ZVG nach dem Aufruf der Sache die das Grundstück betreffenden Nachweisungen, die das Verfahren betreibenden Gläubiger, deren Ansprüche, die Zeit der Beschlagnahme, der vom Gericht festgesetzte Wert

---

[6] BGBl. I, 446, jetzt 01.10.1968, BGBl. I, 1909.

des Grundstücks und die erfolgten Anmeldungen bekannt gemacht. Alsdann werden das geringste Gebot und die Zwangsversteigerungsbedingungen nach Anhörung der anwesenden Beteiligten festgestellt und die Feststellungen verlesen.

Ein Beteiligter, dessen Recht durch Nichterfüllung des Gebotes beeinträchtigt werden würde, kann gemäß § 67 Abs. 1 Satz 1 ZVG Sicherheitsleistung verlangen, jedoch nur sofort nach Abgabe des Gebotes. Das Verlangen gilt auch für die weiteren Gebote desselben Bieters, § 67 Abs. 1 Satz 2 ZVG.

Eine Sicherheitsleistung erfolgt nicht, wenn dem Bieter eine durch das Gebot ganz oder teilweise gedeckte Hypothek, Grundschuld oder Rentenschuld zusteht (§ 67 Abs. 2 ZVG) oder das Gebot durch den Bund, die Deutsche Bundesbank, die Deutsche Genossenschaftsbank, die Deutsche Girozentrale oder eines Landes erfolgt (§ 67 Abs. 3 ZVG).

Die Sicherheit, die sich gemäß § 68 Abs. 1 Satz 1 ZVG auf ein Zehntel des Verkehrswertes beläuft, kann nicht durch Barzahlung erbracht werden, § 69 Abs. 1 ZVG. Zur Sicherheitsleistung sind Bundesbankschecks und Verrechnungsschecks geeignet, die frühestens am 3. Werktag vor dem Versteigerungstermin ausgestellt worden sind, § 69 Abs. 2 Satz 1 ZVG. Ebenfalls kann die Sicherheitsleistung durch eine Bankbürgschaft (§ 69 Abs. 3 Satz 1 ZVG) oder durch eine Zahlung auf ein Konto der Gerichtskasse bewirkt werden (§ 69 Abs. 4 ZVG).

Der Zuschlag wird gemäß § 81 Abs. 1 ZVG dem Meistbietenden erteilt.

Im Zuschlagsbeschluss sind das Grundstück, der Ersteher, das Gebot und die Versteigerungsbedingungen zu bezeichnen, § 82 ZVG.

Der Zuschlag kann nur unter den Voraussetzungen von § 83 Nr. 1 bis Nr. 8 ZVG versagt werden. Darüber hinaus kann gemäß § 85a ZVG der Zuschlag bei zu geringem Meistgebot versagt werden.

Die Entscheidung über den Zuschlag unterliegt gemäß §§ 96 ff. ZVG und § 793 ZPO der sofortigen Beschwerde. Ist der Zuschlag rechtskräftig geworden, so kommt es nicht mehr darauf an, ob die Voraussetzungen für seine Erteilung vorgelegen haben.

506 In die bestehenden Miet- und Pachtverhältnisse tritt der Ersteher ein, kann sie jedoch ohne Rücksicht auf abweichende Vereinbarungen der bisherigen Vertragsteile unter Einhaltung der gesetzlichen Fristen der §§ 566 ff. BGB zum ersten zulässigen Termin kündigen (§§ 57, 57a ZVG). Das Kündigungsrecht kann aber bei Bestehen eines Baukostenzuschusses des Mieters nach näherer Maßgabe der §§ 57c, d

ZVG nicht ausgeübt werden. Vorausverfügungen des bisherigen Eigentümers über den Miet- und Pachtzins sind dem Ersteher gegenüber nur wirksam, wenn sie sich auf den zur Zeit der Beschlagnahme laufenden Kalendermonat und, wenn die Beschlagnahme nach dem 15. eines Kalendermonats erfolgt ist, auch auf den folgenden Kalendermonat beziehen (§ 57b ZVG).

6.2.4 Verteilung des Erlöses

507 Die Verteilung des Erlöses erfolgt in einem besonderen Verteilungstermin aufgrund eines vom Gericht unter Berücksichtigung der gesetzlichen Rangordnung (Rn. 501) aufgestellten Teilungsplans (§§ 105 ff. ZVG). Im Verteilungstermin muss der Ersteher das **Bargebot** nebst 4 % Zinsen vom Zuschlag an bezahlen. Er kann das Bargebot nach § 49 Abs. 3 ZVG entweder durch Überweisung oder Einzahlung auf ein Konto der Gerichtskasse entrichten (§ 107 Abs. 2 ZVG). Damit für das Versteigerungsgericht sichergestellt ist, dass der Betrag auch zur Verfügung steht, muss eine Zahlungsanzeige der Gerichtskasse im Versteigerungstermin vorliegen.

> **! ACHTUNG**
>
> **Die Möglichkeit der Barzahlung wurde zur Vermeidung von Sicherheitsrisiken ausgeschlossen.**

Jeder Beteiligte (§ 9 ZVG), also insbesondere Gläubiger und Schuldner, kann von dem Bieter Sicherheitsleistung verlangen (§ 67 ZVG). Die Sicherheit ist für ein Zehntel des in der Terminbestimmung genannten Verkehrswerts zu leisten.

Als Sicherheit sind unter bestimmten Bedingungen Verrechnungsschecks zugelassen (§ 69 Abs. 1 ZVG).

Streitigkeiten der Beteiligten über die Erlösverteilung halten die Verteilung nicht auf. Wird der Widerspruch eines Beteiligten gegen den Teilungsplan nicht im Verteilungstermin erledigt, so muss der Streit durch besondere Klage außerhalb der Verteilung ausgetragen werden. Der Verteilungsplan hat nur festzustellen, wie der streitige Betrag zu verteilen ist, wenn der Widerspruch für begründet erklärt wird. Der Betrag wird hinterlegt.

Nach Rechtskraft des Zuschlags und Ausführung des Teilungsplans ersucht das Vollstreckungsgericht von Amts wegen das Grundbuchamt um Eintragung des Erstehers als Eigentümer und um Löschung der erloschenen Rechte im Grundbuch (§ 130 ZVG).

6.2.5 Sonderfälle

508 Sondervorschriften gelten namentlich für die Zwangsversteigerung eines Grundstücks zur Aufhebung einer Gemeinschaft, insbesondere des Bruchteilseigentums an einem Grundstück, oder einer Erbengemeinschaft. Hier ist ein vollstreckbarer Schuldtitel nicht erforderlich. Die Rechtsstellung des Gläubigers nimmt der die Versteigerung betreibende Gemeinschafter als Antragsteller, die Stelle des Schuldners nehmen die anderen Gemeinschafter ein. Wegen Einzelheiten siehe §§ 180 ff. ZVG.

509 Der Insolvenzverwalter ist gemäß § 165 InsO berechtigt, die Zwangsversteigerung oder Zwangsverwaltung eines Grundstücks der Insolvenzmasse zu betreiben, auch wenn an dem Gegenstand ein Absonderungsrecht besteht. In diesem Falle gelten die Sondervorschriften der §§ 172 ff. ZVG. Der Antrag auf Durchführung der Zwangsversteigerung wird von Insolvenzverwaltern häufig taktisch eingesetzt, um die Grundpfandgläubiger zur Aufnahme von Verhandlungen zu veranlassen und eine Druckposition aufzubauen.

6.3 Grundstückszwangsverwaltung

6.3.1 Zweck der Zwangsverwaltung

510 Die Zwangsverwaltung[7] will den Gläubiger nicht aus der Substanz — wie bei der Zwangsversteigerung (die vielfach neben der Zwangsverwaltung betrieben wird) —, sondern aus den laufenden Erträgnissen des Grundstücks befriedigen. Dieses Ziel wird aber oft nicht erreicht.

6.3.2 Antrag auf Zwangsverwaltung und Anordnung der Verwaltung

511 Die Anordnung von Zwangsverwaltung findet nur auf — formlosen — Antrag des Gläubigers statt, der dazu die gleichen Unterlagen vorlegen muss wie bei der Zwangsversteigerung (Rn. 495).

---

[7] S. über diese u. a. Drischler, Rechtspflegerjahrbuch 1969, 369 und 1970, 365; Stöber, Zwangsvollstreckung in das unbewegliche Vermögen, Rn. 576 ff.

512

> **MUSTER: Antrag auf Zwangsverwaltung**
>
> In meiner Zwangsvollstreckungssache gegen ... in ... beantrage ich, wegen der mir gegen diesen Schuldner zustehenden Forderung von ... EUR Hauptsumme, ... % Zinsen hieraus seit ... und ... EUR bisherigen Vollstreckungskosten die Zwangsverwaltung des im Grundbuch von ... Band ... Blatt ... auf den Namen des Schuldners eingetragenen Grundstücks ... anzuordnen.
> Das mit Zustellungsnachweis versehene vollstreckbare Urteil des Amtsgerichts ... von ... ist angeschlossen, ferner eine beglaubigte Abschrift des Grundbuchs über das genannte Grundstück.
> Datum und Unterschrift des Gläubigers

Will der Gläubiger einem von anderer Seite bereits eingeleiteten Zwangsverwaltungsverfahren beitreten, so kann er Antrag auf Zulassung seines Beitritts zum Verfahren stellen. Dazu kann das Muster: Beitritt zum Zwangsversteigerungsverfahren (Rn. 498) verwendet werden unter Änderung von Zwangsversteigerung in Zwangsverwaltung.

513   Die durch Beschluss erfolgende, im Grundbuch einzutragende Anordnung der Zwangsverwaltung bewirkt eine Beschlagnahme des Grundstücks. Diese erfasst alle land- und forstwirtschaftlichen Erzeugnisse sowie die Miet- und Pachtzinsen des Grundstücks. Der Schuldner darf das Grundstück nicht mehr benützen und verwalten, doch sind ihm die für seinen Hausstand unentbehrlichen Räume zu belassen (§§ 148, 149 ZVG). Das Gericht bestellt einen Zwangsverwalter.

In Ausnahmefällen kann ein sog. „Institutsverwalter" gemäß § 150a ZVG bestellt werden, der Arbeitnehmer des betreibenden Gläubigers ist.

Im Übrigen kann bei landwirtschaftlichen, forstwirtschaftlichen oder gärtnerischen Grundstücken der Schuldner zum Zwangsverwalter bestellt werden (§ 150b ZVG).

6.3.3 Gang der Zwangsverwaltung

514   Der Zwangsverwalter ist berechtigt und verpflichtet, alle Handlungen vorzunehmen, die erforderlich sind, um das Grundstück in seinem wirtschaftlichen Bestand zu erhalten und ordnungsmäßig zu benutzen. Jährlich sowie nach Beendigung der Zwangsverwaltung hat der Zwangsverwalter Rechnung zu legen.

Aus den Nutzungen des Grundstücks kann der Zwangsverwalter ohne besonderes Verfahren die laufenden Ausgaben der Verwaltung und Bewirtschaftung des Grundstücks sowie laufende Beträge der öffentlichen Grundstückslasten bestreiten. Bei weiteren Zahlungen muss ein Teilungsplan aufgestellt werden, und zwar für die ganze Dauer des Verfahrens. Nach Feststellung des Teilungsplans im Verteilungstermin ordnet das Gericht die planmäßige Auszahlung an die Beteiligten an. Rückstände können überhaupt nicht und an Kapitalschulden können nur die des betreibenden Gläubigers berücksichtigt werden, und zwar diese an letzter Rangstelle. In den Teilungsplan werden daher nur die Kosten der Anordnung des Verfahrens oder des Beitritts eines weiteren Gläubigers an erster Rangstelle, die Ausgaben aus Ersatzansprüchen des Gläubigers für seine Aufwendungen (§ 10 Nr. 1 ZVG) an zweiter Stelle und dann in der Rangklasse des § 10 ZVG (siehe Rn. 501) die laufenden Beträge wiederkehrender Leistungen aus Landarbeiterlohn, öffentlichen sowie privatrechtlichen Grundstückslasten an dritter Stelle eingestellt. An letzter Stelle kommt der betreibende Gläubiger mit seinem gesamten Anspruch, soweit er nicht schon in eine bessere Rangklasse (wegen laufend wiederkehrender Leistungen) gehört. Er wird also, wenn die Nutzungen des Grundstücks nicht ganz erheblich sind, auf seinen Kapitalanspruch selten eine Zahlung aus der Zwangsverwaltung erhalten, ein Grund mit dafür, dass neben der Zwangsverwaltung vielfach gleich die Zwangsversteigerung betrieben wird.

6.3.4 Aufhebung der Zwangsverwaltung

515 Das Verfahren ist aufzuheben, wenn der Gläubiger befriedigt ist oder seinen Antrag zurücknimmt. Das Gericht kann die Aufhebung auch anordnen, wenn die Fortsetzung des Verfahrens besondere Aufwendungen erfordert und der Gläubiger den nötigen Geldbetrag nicht vorschießt (§ 161 ZVG).

6.4 Zwangshypothek

6.4.1 Voraussetzungen der Eintragung einer Zwangshypothek

516 Die Eintragung einer Zwangshypothek (§§ 866 bis 868 ZPO) hat zur Voraussetzung, dass an das Grundbuchamt ein entsprechender formloser Antrag gerichtet wird,

der Schuldner als Eigentümer des Grundstücks im Grundbuch eingetragen ist[8] und der dem Schuldner bereits zugestellte vollstreckbare Titel auf eine Geldsumme von über 750,00 EUR Hauptforderung lautet.[9] Soll die Zwangshypothek auf mehreren Grundstücken eingetragen werden, dann muss vom Gläubiger die Forderung auf die einzelnen Grundstücke verteilt werden, die Eintragung einer Gesamthypothek auf allen Grundstücken ist also nicht zulässig.[10]

517

MUSTER: Eintragung einer Zwangshypothek

Aufgrund der anliegenden Ausfertigung des Vollstreckungsbescheids des Amtsgerichts ... vom ..., dem Schuldner zugestellt am ..., beantrage ich wegen meiner Forderung von ... EUR Hauptsumme, ... EUR festgesetzten Kosten, sowie ... % Zinsen aus ... seit ... die Eintragung einer Zwangs-Sicherungshypothek auf den im Grundbuch von ... Band ... Blatt ... auf den Namen des Schuldners eingetragenen Grundstücken Flur-Nummer ... und Flur-Nummer ...
Ich verteile die Forderung dahin, dass die Zwangshypothek eingetragen werden soll auf Flur- Nummer ... bezüglich ... EUR Teilbetrag samt Zinsen hieraus und bezüglich der gesamten Kosten mit ... EUR und auf Flur-Nummer ... bezüglich ... EUR Teilbetrag samt Zinsen hieraus.
Datum und Unterschrift des Gläubigers

518   Die Eintragung einer Zwangshypothek auf land- oder forstwirtschaftlichen Grundstücken bedarf keiner besonderen behördlichen Genehmigung nach dem derzeit geltenden landwirtschaftlichen Grundstücksverkehrsrecht.[11]

---

[8] Ist dies nicht der Fall, so kann der Gläubiger nach § 14 GBO die Berichtigung des Grundbuchs durch Eintragung des Eigentümers formlos beantragen. Die erforderlichen Unterlagen, z. B. Erbschein, Testament mit Eröffnungsprotokoll, muss er sich beschaffen (vgl. § 792 ZPO, § 22 Abs. 2 GBO). Eine Einzelfirma als solche kann nicht im Grundbuch eingetragen werden. Jedoch kann eine Zwangshypothek auf Grundbesitz des Firmeninhabers auch dann eingetragen werden, wenn der Titel auf die Einzelfirma lautet, deren Inhaber nachweisbar der Grundstückseigentümer ist (siehe zu dieser Frage Noack, MDR 1967, 640).

[9] Aufgrund mehrerer dem gleichen Gläubiger zustehenden Schuldtitel kann eine einheitliche Zwangshypothek eingetragen werden (§ 866 Abs. 3 ZPO). Beträgt die Gesamtforderung weniger als 750 EUR, so kann der Gläubiger gleichwohl Grundstücks-Zwangsversteigerung oder -Zwangsverwaltung betreiben.

[10] S. dazu insbesondere BGH, NJW 1958, 1090 = Rpfleger 1958, 216.

[11] Gegen die Eintragung einer Zwangshypothek ist die unbefristete Beschwerde nach § 71 Grundbuchordnung, nicht die sofortige Beschwerde nach § 793 ZPO gegeben (OLG Köln, OLGZ 1967, 499). Gegen die Ablehnung der Eintragung einer Zwangshypothek durch das Grundbuchamt ist ebenfalls unbefristete Beschwerde nach § 71 GBO möglich.

6.4.2 Rechte aus der Zwangshypothek

519 Mit der Eintragung einer Zwangshypothek hat der Gläubiger zwar eine — wenn auch nicht immer besonders gute — Sicherheit erlangt, aber noch kein Geld. Immerhin ist eine solche Hypothek für den Schuldner meist eine unangenehme Sache. Er wird versuchen, sie durch Zahlung des Anspruchs baldmöglichst zu beseitigen. Insbesondere dann, wenn er beabsichtigt, den belasteten Grundbesitz in naher Zukunft zu veräußern, wird ihm viel daran liegen, die Hypothek baldmöglichst wieder zur Löschung zu bringen, denn der Käufer wird eine solche Zwangshypothek in der Regel nicht übernehmen wollen. Nachdem der Gläubiger zunächst eine Sicherheit erlangt hat, wird er u. U. bereit sein, dem Schuldner die Forderung noch einige Zeit zu stunden. Darin liegt dann für diesen ebenfalls ein gewisser Vorteil, den er sich allerdings auch dadurch verschaffen kann, dass er dem Gläubiger rechtsgeschäftlich eine Hypothek bestellt, möglicherweise, ohne dass er es zuvor wegen der Forderung zu einem Prozess kommen lässt.

Kommt der Gläubiger durch die Zwangshypothek nicht zu seinem Geld, so wird er zu überlegen haben, ob er die Zwangsversteigerung und — oder — die Zwangsverwaltung des belasteten Grundbesitzes betreiben soll.[12] Er wird sich dazu allerdings nur dann entschließen, wenn er hoffen kann, im Falle der Zwangsversteigerung aufgrund des Ranges seiner Zwangshypothek durch das Meistgebot noch gedeckt zu werden. Bei Zwangsverwaltung für sich allein wird der Gläubiger nicht aus der Substanz, sondern höchstens aus den laufenden Erträgnissen des Grundstücks befriedigt. Dieses Ziel wird aber nur selten erreicht (siehe Rn. 514).

> **! ACHTUNG**
>
> Seit 01.01.1999 braucht der Gläubiger den Schuldner nicht mehr auf Duldung der Zwangsvollstreckung zu verklagen; es genügt zur Zwangsvollstreckung in das Grundstück der Vollstreckungstitel, auf dem die Eintragung der Zwangshypothek vom Grundbuchamt vermerkt ist (§ 867 Abs. 3 ZPO).

520 Die Zwangshypothek verwandelt sich in eine dem Grundstückseigentümer selbst zustehende Grundschuld, wenn der vollstreckbare Titel vom Gericht aufgehoben, wenn die Zwangsvollstreckung vom Gericht für unzulässig erklärt oder eingestellt wird oder wenn der Grundstückseigentümer den Gläubiger voll befriedigt (vgl. Rn. 396).

---

[12] Die Entscheidung wird ihm oft durch Banken abgenommen, die an Stelle der Zwangsversteigerung im Einvernehmen mit dem Schuldner den Verkauf über den Immobilienteil einer Zeitung in Angriff nehmen, was einen höheren Verkaufserlös verspricht. Hierzu benötigen sie aber die Entfernung der Zwangshypothek. Fazit: Sie kaufen dem Hypothekengläubiger die Löschungsbewilligung nach § 19 GBO ab („Lästigkeitsprämie").

6.5 Zusammentreffen von Immobiliarvollstreckung und Insolvenzverfahren

520a Ist die **Zwangshypothek** durch Eintragung erworben worden, bevor die Monats-frist des § 88 InsO (sog. Rückschlagsperre) greifen konnte oder das Insolvenzver-fahren eröffnet wurde, ist gemäß § 49 InsO der Gläubiger zur **abgesonderten Befriedigung** aus dem Grundstück berechtigt und ist durch die Eröffnung des In-solvenzverfahrens auch nicht gehindert, Befriedigung durch Zwangsversteigerung oder Zwangsverwaltung des beschlagnahmten Grundstücks zu beantragen.

Die Eröffnung des Insolvenzverfahrens führt nicht zur Unterbrechung eines lau-fenden Zwangsversteigerungsverfahrens gemäß § 240 ZPO (§§ 22, 15, 19 ZVG, §§ 27, 80 InsO). Nach Insolvenzeröffnung muss er allerdings, um die Zwangsvollstreckung in das Grundstück betreiben zu können, den Vollstreckungstitel analog § 727 ZPO gegen den Insolvenzverwalter umschreiben und ihm diesen zustellen lassen (§ 750 Abs. 2 ZPO).

Für Gläubiger, die im letzten Monat vor dem Antrag auf Insolvenzeröffnung oder nach diesem Antrag die Zwangshypothek erlangt haben und damit unter die „Rückschlagsperre" des § 88 InsO fallen, wird die eingetragene Zwangshypothek unwirksam.

520b Wenn **Zwangsversteigerungsmaßnahmen** mit der Insolvenz des Schuldners zusammentreffen, können die Gläubiger das Zwangsversteigerungsverfahren nur fortsetzen, wenn der Anordnungsbeschluss der Zwangsversteigerung dem Schuldner bereits **vor Insolvenzeröffnung** zugestellt oder das Ersuchen um Ein-tragung des Zwangsversteigerungsvermerks dem Grundbuchamt zugegangen ist (§§ 15, 22, 146 ZVG). Die Gläubiger haben dann gemäß §§ 80 Abs. 2 Satz 2, 49 InsO ein Recht auf **abgesonderte Befriedigung** ohne Titelumschreibung gegen den Insol-venzverwalter. **Nach Eröffnung des Insolvenzverfahrens** benötigt der dingliche Grundpfandgläubiger, wie oben dargelegt, einen gegen den Insolvenzverwalter umgeschriebenen Vollstreckungstitel mit Zustellungsnachweis.

Gemäß § 30d Abs. 4 ZVG hat der Insolvenzverwalter im Insolvenzverfahren über das Vermögen des Grundstückseigentümers die Möglichkeit, die einstweilige Ein-stellung des Zwangsversteigerungsverfahrens zu beantragen. Dies ist z. B. dann begründet, wenn die erste Gläubigerversammlung (Berichtstermin) noch nicht stattgefunden hat (§ 30d Abs. 1 Satz 1 Nr. 1 ZVG) oder das Grundstück nach der ers-ten Gläubigerversammlung für die Fortführung des Unternehmens benötigt wird (§ 30d Abs. 1 Satz 1 Nr. 2 ZVG).

Der vorläufige Insolvenzverwalter kann bereits vor Eröffnung des Insolvenzverfahrens gemäß § 30d Abs. 4 Satz 1 ZVG die einstweilige Einstellung beantragen, wenn er glaubhaft macht, dass die einstweilige Einstellung zur Verhütung nachteiliger Veränderung in der Vermögenslage des Schuldners erforderlich ist. Gemäß § 30e Abs. 1 ZVG wird die einstweilige Einstellung mit Auflagen, insbesondere Zahlungspflichten, angeordnet.

520c   Für die **Zwangsverwaltung** gelten die gleichen Grundsätze wie für die Zwangsversteigerung: Auch hier gibt es die Möglichkeit des Insolvenzverwalters, die einstweilige Einstellung nach § 153b ZVG zu beantragen, z. B. wenn durch die Vermietung des Grundstücks an einen Dritten die Gefahr einer vorzeitigen Betriebsstilllegung droht.

7 Zwangsvollstreckung bei verheirateten Schuldnern

7.1 Bedeutung des Güterrechts für die Zwangsvollstreckung

521 Ein großer Teil von Schuldnern ist verheiratet. Muss wegen eines Geldanspruchs eine Zwangsvollstreckung in das Vermögen eines solchen Schuldners betrieben werden, so erlangt das in einer Ehe bestehende Güterrecht Bedeutung, vor allem deshalb, weil sich die Frage, welche Teile des beim Schuldner befindlichen Vermögens ihm selbst und welche seinem Ehegatten gehören, vor allem nach dem in seiner Ehe bestehenden Güterrecht beantwortet. Entgegen einer landläufig immer wieder anzutreffenden Auffassung haften Ehegatten grundsätzlich nicht für Verpflichtungen des anderen. Daher hat z. B. auch jeder Ehegatte ein eigenes Insolvenzverfahren zu durchlaufen, wenn er Restschuldbefreiung anstrebt. Im Falle gerichtlicher Entscheidungen, die sich gegen beide Ehegatten richten, muss grundsätzlich jedem Ehegatten eine Ausfertigung zugestellt werden, es sei denn, einer der Ehegatten wäre zum Prozessbevollmächtigten des anderen bestellt.[1]

7.2 Güterrechtsarten

522 Zu unterscheiden ist im Güterrecht zwischen dem kraft Gesetzes eintretenden Güterstand der Zugewinngemeinschaft, der grundsätzlich nur durch notariellen Ehevertrag begründbaren Gütertrennung und der stets auf Ehevertrag beruhenden Gütergemeinschaft.

Der gesetzliche Güterstand der Zugewinngemeinschaft gilt auch für Ehegatten, die am 03.10.1990 im gesetzlichen Güterstand der Eigentums- und Vermögensgemeinschaft des Familiengesetzbuchs der ehemaligen DDR (§§ 13 — 16 FGB) gelebt haben (Art. 234 § 4 Abs. 1 EGBGB). Dies gilt nicht, wenn ein Ehegatte bis 02.10.1992

---

[1] So BFH, Beschl. v. 22.10.1975 – I B 38/75, BStBl. II 1976, 136 ff.; BFH, Urt. v. 16.12.1971 – I R 212/71, BStBl. II 1972, 425; BFH, Beschl. v. 15.03.1973 – VIII B 31/72, BStBl. II 1973, 596 ff.

dem Kreisgericht gegenüber notariell beurkundet erklärt, dass für die Ehe der bisherige gesetzliche Güterstand fort gelten soll (Art. 234, § 4 Abs. 2 EGBGB). Wenn die Ehegatten allerdings zuvor einen Ehevertrag geschlossen haben oder ihre Ehe geschieden wurde, besteht diese Möglichkeit nicht.[2]

7.3 Die Güterstände im Einzelnen

7.3.1 Zugewinngemeinschaft

523 Gesetzlicher Güterstand ist die Zugewinngemeinschaft (§§ 1363 ff. BGB). Bei ihr sind Vermögen des Mannes und der Frau güterrechtlich voneinander getrennt, also gesetzlich nicht irgendwie gemeinschaftlich. Jeder Ehegatte verwaltet sein Vermögen grundsätzlich selbstständig (§ 1364 BGB; Ausnahmen für bestimmte rechtsgeschäftliche Verfügungen siehe §§ 1365, 1369 BGB).

Der gesetzliche Güterstand der Zugewinngemeinschaft gilt immer dann, wenn die Eheleute einen abweichenden Güterstand durch notariellen Ehevertrag nicht vereinbaren.

Im Allgemeinen ist daher das Bestehen von Zugewinngemeinschaften zu unterstellen.

Ehegatten können auch bei Zugewinngemeinschaft gemeinschaftliches Vermögen haben, so etwa, wenn sie ein Grundstück je zur ungeteilten Hälfte erwerben. Dabei handelt es sich aber um keine Folge des Güterstands, sondern um einen rechtsgeschäftlichen Erwerb. Auch eine Innengesellschaft kann unter Ehegatten u. U. bestehen.

7.3.2 Gütertrennung

524 Gütertrennung kann jederzeit durch notariell beurkundeten Ehevertrag begründet werden. Sie tritt ferner ein, wenn die Eheleute den zunächst in ihrer Ehe bestehenden gesetzlichen Güterstand der Zugewinngemeinschaft (siehe Rn. 523) durch

---

[2] Näher zur Zwangsvollstreckung gegen Ehegatten nach der deutschen Einigung; Arnold, DGVZ 1992, 20, 24.

Ehevertrag aufheben, soweit sie dabei nichts Gegenteiliges bestimmen. Schließlich tritt bei Fehlen abweichender Bestimmungen Gütertrennung auch dann ein, wenn der beim gesetzlichen Güterstand der Zugewinngemeinschaft vorgesehene Ausgleich des Zugewinns (§§ 1371 ff. BGB) ehevertraglich ausgeschlossen, die zunächst bestehende Gütergemeinschaft (siehe Rn. 525) durch Ehevertrag ersatzlos aufgehoben oder der Versorgungsausgleich ausgeschlossen wird. Im Allgemeinen kann das Bestehen von Gütertrennung nur durch Abschrift des Ehevertrags nachgewiesen werden. Die Fälle, dass die Gütertrennung im Güterrechtsregister beim Amtsgericht eingetragen ist, sind verhältnismäßig selten. Bei Gütertrennung verwaltet jeder Ehegatte sein Vermögen völlig allein.

Wegen gemeinschaftlichen Eigentums von Eheleuten kraft rechtsgeschäftlichen Erwerbs siehe die Ausführungen Rn. 523.

7.3.3 Gütergemeinschaft mit etwaiger Fortsetzung

525 Gütergemeinschaft (§§ 1415 ff. BGB) kann nur durch notariell beurkundeten Ehevertrag vereinbart werden.

Soweit Gütergemeinschaft bereits vor dem 01.07.1958 bestanden hat, verwaltet der Mann das Gesamtgut allein. Wird der Ehevertrag auf Gütergemeinschaft erst seit 01.07.1958 geschlossen, so sollen die Eheleute in ihm bestimmen, ob das Gesamtgut vom Mann oder von der Frau oder ob es von den beiden Eheleuten gemeinschaftlich verwaltet wird. Enthält der Ehevertrag keine derartige Bestimmung, so verwalten die Eheleute bei einer erst seit 01.07.1958 vereinbarten Gütergemeinschaft das Gemeingut gemeinschaftlich. Dieses Verwaltungsrecht ist insbesondere auch für die Zwangsvollstreckung von Bedeutung.

Bei Gütergemeinschaft kann es als Vermögensmassen Gesamtgut der Eheleute, Vorbehaltsgut jedes Ehegatten und Sondergut jedes Ehegatten geben. Das bei Abschluss des Ehevertrages vorhandene Vermögen von Mann und Frau wird kraft Gesetzes Gesamtgut. Das Gleiche gilt für das Vermögen, das der Mann oder die Frau während der Gütergemeinschaft erwirbt. Vorbehaltsgut sind diejenigen Gegenstände, die durch Ehevertrag als Vorbehaltsgut eines Ehegatten erklärt werden oder die ein Ehegatte von Todes wegen erwirbt oder die ihm von einem Dritten unentgeltlich zugewendet werden, wenn der Erblasser durch letztwillige Verfügung, der Dritte bei der Zuwendung bestimmt hat, dass der Erwerb Vorbehaltsgut sein soll. Einige weitere Fälle von Vorbehaltsgut interessieren hier nicht näher. Sondergut eines Ehegatten sind diejenigen Gegenstände, die nicht durch Rechtsgeschäft übertragen werden können. Dazu gehört z. B. grundsätzlich der Anteil eines Ehegatten an einer offenen Handelsgesellschaft, nicht aber das Abfindungs- oder Auseinandersetzungsguthaben bei einer solchen Gesellschaft. Im Allgemeinen kann man feststellen, dass bei Gütergemeinschaft das meiste Vermögen Gesamtgut ist. Für diese Eigenschaft besteht eine gesetzliche Vermutung.

526   Leben die Eheleute in Gütergemeinschaft und stirbt einer von ihnen, so kann die Gütergemeinschaft zwischen dem überlebenden Ehegatten und den gemeinschaftlichen Abkömmlingen bis zum Tode oder bis zur etwaigen Wiederverheiratung des überlebenden Ehegatten fortgesetzt werden (§§ 1483 ff. BGB). Ist der Ehevertrag vor dem 01.07.1958 geschlossen worden, so tritt diese Fortsetzung kraft Gesetzes ein, wenn sie nicht im Ehevertrag ausgeschlossen oder vom überlebenden Ehegatten fristgemäß abgelehnt wird. Ist der Ehevertrag dagegen seit 01.07.1958 geschlossen, so tritt fortgesetzte Gütergemeinschaft nur ein, wenn dies im Ehevertrag ausdrücklich vereinbart ist.

Bei fortgesetzter Gütergemeinschaft kann es folgende Vermögensmassen geben: das Gesamtgut, das Vorbehalts- und das Sondergut des überlebenden Ehegatten sowie das Vermögen der Abkömmlinge. Das Gesamtgut der fortgesetzten Gütergemeinschaft besteht aus dem ehelichen Gesamtgut und aus dem Vermögen, das der überlebende Ehegatte aus dem Vorbehalts- oder Sondergut des verstorbenen Ehegatten oder das er nach Eintritt der fortgesetzten Gütergemeinschaft erwirbt. Für das Vorbehalts- und Sondergut des überlebenden Ehegatten gilt das bereits unter Rn. 525 bei der ehelichen Gütergemeinschaft Ausgeführte. Das Vermögen, das ein gemeinschaftlicher Abkömmling zur Zeit des Eintritts der fortgesetzten Gütergemeinschaft hat oder später erwirbt, gehört nicht zum Gesamtgut.

Der überlebende Ehegatte hat bei fortgesetzter Gütergemeinschaft in Bezug auf die Verwaltung die Rechtsstellung des Ehegatten, der während der ehelichen Gütergemeinschaft das Gesamtgut allein verwaltet. Die Abkömmlinge haben die rechtliche Stellung des anderen Ehegatten.

527   Das Bestehen von ehelicher Gütergemeinschaft wird in aller Regel durch Vorlage einer Abschrift des notariellen Ehevertrags nachgewiesen werden. Bestehen von fortgesetzter Gütergemeinschaft ist durch ein Zeugnis des Nachlassgerichts nachzuweisen (§ 1507 BGB).

7.3.4 Der Güterstand der Eigentums- und Vermögensgemeinschaft

528 Zur Fortgeltung dieses ehemals gesetzlichen Güterstands der DDR siehe Rn. 522. Bei diesem Güterstand gehören den Ehegatten **gemeinsam** die von beiden oder von einem der Ehegatten während der Ehe — auch bei Getrenntleben — durch Arbeit oder aus Arbeitseinkünften erworbenen Sachen, Vermögensrechte und Ersparnisse (§ 13 Abs. 1 FGB).

Jedem Ehegatten **allein** gehören die vor der Eheschließung erworbenen, die ihm während der Ehe als Geschenk oder als Auszeichnung zugewendeten und die durch Erbschaft zugefallenen Sachen und Vermögensrechte, sowie die nur von ihm zur Befriedigung persönlichen Bedürfnisse — also z. B. Sportgeräte oder Schmuck — oder zur Berufsausübung genutzten Sachen — z. B. Computer — von nicht unverhältnismäßig großem Wert (§ 13 Abs. 2 FGB).

Über Häuser, Grundstücke und Gegenstände des ehelichen Hausrats können die Eheleute nur gemeinsam verfügen (§ 15 Abs. 2 FGB). Über andere Sachen und Vermögensrechte des gemeinschaftlichen Eigentums und Vermögens kann jeder Ehegatte Außenstehenden gegenüber allein verfügen (§ 15 Abs. 1 FGB). Diese Verfügungsbefugnis entspricht der Verwaltung des Gesamtguts durch den Ehegatten bei Gütergemeinschaft (siehe Rn. 525, 526).

7.4 Erforderlicher Vollstreckungstitel

7.4.1 Bei Zugewinngemeinschaft und Gütertrennung

529 Soll in das Vermögen des einen Ehegatten vollstreckt werden, so bedarf es bei Zugewinngemeinschaft und vollkommener Gütertrennung eines Vollstreckungstitels nur gegen diesen Ehegatten. Bei Zwangsvollstreckung in das bewegliche Vermögen bestehen zugunsten des Gläubigers noch weitere Erleichterungen (siehe Rn. 534).

7.4.2 Bei ehelicher und fortgesetzter Gütergemeinschaft

530 Verwaltet bei ehelicher Gütergemeinschaft einer der Eheleute das Gesamtgut allein, so ist zur Zwangsvollstreckung in das Gesamtgut ein Urteil gegen diesen Ehegatten erforderlich und genügend. Verwalten dagegen die Eheleute das Gesamtgut gemeinschaftlich, so ist die Zwangsvollstreckung in dieses Vermögen nur zulässig, wenn beide Ehegatten zur Leistung (nicht bloß zur Duldung) verurteilt sind (§ 740 ZPO). Eine einheitliche Verurteilung ist dabei nicht vorgeschrieben, es genügen also auch getrennte Vollstreckungstitel gegen Mann und Frau. Der das Gesamtgut nicht verwaltende Ehegatte darf der Vollstreckung nicht unter Hinweis auf seinen Mitbesitz widersprechen. Eine Ausnahme von vorstehender Regelung besteht, wenn einer der Ehegatten selbstständig ein Erwerbsgeschäft betreibt. Verwaltet er in diesem Falle das Gesamtgut nicht oder nicht allein, so kann gleichwohl aufgrund eines gegen ihn ergangenen Titels in das Gesamtgut vollstreckt werden. Dies gilt allerdings nicht, wenn zur Zeit der Rechtshängigkeit (insbesondere Klageerhebung) der Einspruch des anderen Ehegatten gegen den Betrieb des Erwerbsgeschäfts oder der Widerruf seiner Einwilligung zu dem Betrieb im Güterrechtsregister des Amtsgerichts eingetragen war (§ 741 ZPO).

Ist Gütergemeinschaft erst eingetreten, nachdem ein von einem Ehegatten oder gegen einen Ehegatten geführter Rechtsstreit rechtshängig geworden ist, und verwaltet dieser Ehegatte das Gesamtgut nicht oder nicht allein, so bestehen einige Erleichterungen (siehe im Einzelnen § 742 ZPO). Nach Beendigung der ehelichen Gütergemeinschaft ist vor der Auseinandersetzung die Zwangsvollstreckung in das Gesamtgut nur zulässig, wenn beide Eheleute zu der Leistung oder der eine Ehegatte zu der Leistung und der andere Ehegatte zur Duldung der Zwangsvollstreckung verurteilt sind (§ 743 ZPO).

531 Zur Vollstreckung in Vorbehaltsgut und Sondergut eines Ehegatten ist ein Titel gegen diesen Ehegatten erforderlich.

532 Zur Zwangsvollstreckung in das Gesamtgut der fortgesetzten Gütergemeinschaft ist ein gegen den überlebenden Ehegatten ergangener Titel erforderlich und genügend (§ 745 Abs. 1 ZPO).

7.4.3 Beim Güterstand der Eigentums- und Vermögensgemeinschaft

533 Zur **Zwangsvollstreckung** in die im **Alleineigentum** eines Ehegatten stehenden Gegenstände ist ein gegen ihn als Schuldner gerichteter Vollstreckungstitel erforderlich.

Bei der Sachpfändung gelten die Pfändungserleichterungen des § 739 ZPO (siehe Rn. 534).

Die Zwangsvollstreckung **in** die den Ehegatten **gemeinsam gehörenden Vermögenswerte** erfolgt in entsprechender Anwendung der für die Vollstreckung in Gesamtgut geltenden Vorschriften der §§ 740–744 ZPO (§ 744a ZPO).

Danach ist nach § 740 Abs. 1 ZPO ein Urteil gegen einen Ehegatten erforderlich und ausreichend, wenn in gemeinschaftliches Eigentum und Vermögen vollstreckt werden soll, soweit Verfügungsbefugnis eines Ehegatten gegenüber Außenstehenden besteht (siehe Rn. 528). Zur Zwangsvollstreckung in Häuser, Grundstücke und Gegenstände des ehelichen Hausrats, über die die Ehegatten nur gemeinsam verfügen können (siehe Rn. 528), ist nach § 740 Abs. 2 ZPO ein Vollstreckungstitel gegen beide Ehegatten erforderlich.

Nach § 741 ZPO genügt ein Vollstreckungstitel gegen den Ehegatten, der selbstständig ein Erwerbsgeschäft betreibt, um in das gemeinschaftliche Vermögen der Ehegatten zu vollstrecken.

Wird vor dem 02.10.1992 eine Erklärung über die Fortgeltung der Eigentums- und Vermögensgemeinschaft abgegeben (siehe Rn. 522), so kann bei Rechtshängigkeit eines von oder gegen einen der Ehegatten geführten Rechtsstreits oder bei Vorliegen eines rechtskräftigen Vollstreckungstitels gegen den anderen Ehegatten eine vollstreckbare Ausfertigung des Vollstreckungstitels — ohne neue Klage — beantragt werden (§ 742 ZPO).

7.5 Besonderheiten bei Zwangsvollstreckung in das bewegliche Vermögen

7.5.1 Grundsätzliche Fragen

534 Zur Erleichterung der Zwangsvollstreckung in bewegliches Vermögen von Schuldnern, die im gesetzlichen Güterstand der Zugewinngemeinschaft oder in Gütertrennung oder im Güterstand der Eigentums- und Vermögensgemeinschaft nach dem FGB der ehemaligen DDR leben,[3] wird **zugunsten der Gläubiger beider Ehegatten vermutet, dass die im Besitz eines Ehegatten oder im Besitz beider Ehegatten befindlichen beweglichen Gegenstände dem Ehegatten, der der Schuldner ist, gehören** (§ 1362 Abs. 1 BGB).

> **!** **ACHTUNG**
>
> Die gesetzliche Vermutung gilt nicht für nichteheliche Lebensgemeinschaften.[4]

Allerdings wird die Eigentumsvermutung zugunsten eines früheren Besitzers (§ 1006 Abs. 2 BGB) — hier der Ehefrau, die die Sachen mit in die Ehe gebracht hat — nicht durch die in § 1362 Abs. 1 BGB enthaltene Vermutung verdrängt.[5]

Inhaberpapiere und Orderpapiere, die mit Blankoindossament versehen sind, sind den beweglichen Sachen gleichgestellt. Auch Geld gehört zu den beweglichen Sachen. Diese Vermutung gilt allerdings nicht, wenn die Ehegatten getrennt leben und sich die Sachen im Besitz des Ehegatten befinden, der nicht der Schuldner ist. In diesem Falle wird angenommen, dass jeder Ehegatte nur seine Sachen im Besitze hat.

535 Für die ausschließlich zum persönlichen Gebrauch eines Ehegatten bestimmten Sachen wird im Verhältnis der Ehegatten zueinander und zu den Gläubigern vermutet, dass sie dem Ehegatten gehören, für dessen Gebrauch sie bestimmt sind (§ 1362 Abs. 2 BGB).

536 Die vorstehenden Vorschriften werden für das Vollstreckungsrecht in Bezug auf die Beurteilung der Besitzverhältnisse an den zu pfändenden beweglichen Sachen durch § 739 ZPO ergänzt. Nach dieser Vorschrift gilt zugunsten der Gläubiger eines **Ehemannes** und der Gläubiger einer **Ehefrau** für die Durchführung der Zwangsvoll-

---

[3] Zöller/Stöber, § 744a ZPO, Rn. 9.

[4] BGH, DGVZ 2007, 29.

[5] BGH, NJW 1992, 1162.

streckung nur der schuldnerische Ehegatte als Gewahrsamsinhaber und Besitzer der fraglichen Sachen (siehe über diese Begriffe Rn. 239, 573). Auf eheähnliche Partnerschaften, also bei so genannten **Lebensgefährten**, ist § 739 ZPO zwar seinem Wortlaut nach nicht anwendbar,[6] eine analoge Anwendung wird jedoch von einer wachsenden Meinung,[7] insbesondere im Hinblick darauf, dass die Vorschrift nun auch für **Lebenspartnerschaften** gilt (siehe Rn. 541a), gefordert.

537 Während § 1362 BGB eine Eigentumsvermutung aufstellt, die widerlegbar ist, enthält § 739 ZPO unter den Voraussetzungen des § 1362 BGB die zwingende, also nicht widerlegbare gesetzliche Annahme, dass nur der Schuldner Gewahrsamsinhaber und Besitzer ist. Damit ist dem anderen Ehegatten die Möglichkeit genommen, der Zwangsvollstreckung mit der bloßen Begründung zu widersprechen, sein Recht auf Mitbesitz sei verletzt worden.[8]

537a Der ursprüngliche Vorschlag der Zwangsvollstreckungs-Reformkommission, die Gewahrsams- und Eigentumsvermutung des § 739 ZPO, die bisher nur für Ehegatten gilt, auf nichteheliche Lebensgemeinschaften auszudehnen, wurde aus dem Gesetzentwurf der 2. Zwangsvollstreckungsnovelle entfernt. Die Fragen der nichtehelichen Lebensgemeinschaft — es gibt inzwischen 1,5 und 2 Millionen in Deutschland — sollen nach dem politischen Willen insgesamt gesetzlich geregelt werden. Nach Auffassung von Rosenberg/Gaul/Schilken ist § 739 ZPO in der geltenden Fassung verfassungswidrig, weil er gegen Art. 3 Abs. 1 und Art. 6 Abs. 1 GG verstößt.[9]

538 Ist allerdings ein Ehegatte Gewerbetreibender mit eigenem Geschäftslokal, so findet der vorbehandelte § 739 ZPO keine Anwendung. Der betreffende Ehegatte lebt in einem derartigen Falle vom anderen Ehegatten geschäftlich getrennt. Hier ist der tatsächliche Gewahrsam festzustellen. Dies gilt wiederum dann nicht, wenn sich nicht feststellen lässt, welcher Ehegatte der eigentliche Herr im Betrieb ist. Wegen Einzelheiten zu diesen Fragen siehe die Ausführungen Rn. 573.

Bei der ehelichen Gütergemeinschaft ist die Rechtslage eine andere. Wird dem Gerichtsvollzieher der Nachweis erbracht, dass dieser Güterstand in der Ehe des Schuldners besteht (durch Vorlage einer Ehevertragsabschrift), so wird vermutet (§ 1416 Abs. 1 BGB), dass der Gegenstand zum Gesamtgut gehört. Diese Vermutung

---

[6] Vgl. Zöller/Stöber, § 739 ZPO, Rn. 13.

[7] Thomas/Putzo, § 739, Rn. 7.

[8] Der Schuldner kann eine Erinnerung nach § 766 ZPO nicht auf die Begründung stützen, nach § 739 ZPO geltender Gewahrsam bestehe tatsächlich nicht, vgl. Zöller/Stöber, § 739 ZPO Rn. 9.

[9] So Rosenberg/Gaul/Schilken, Zwangsvollstreckungsrecht, 11. Aufl., § 20 II 1, 332.

hat den Vorrang vor den vorstehend behandelten Vermutungen des § 1362 BGB. Dies gilt auch dann, wenn die Eheleute getrennt leben oder wenn es sich um zum persönlichen Gebrauch dienende Gegenstände handelt. Die Zwangsvollstreckung richtet sich hier nach den unter Rn. 530 gemachten Ausführungen. Das Bestehen von Vorbehaltsgut muss hier dem Gerichtsvollzieher besonders nachgewiesen werden. Sondergut an beweglichen Sachen kommt ohnedies nicht in Frage.

7.5.2 Einzelfragen

539 Bei der Zwangsvollstreckung in bewegliche Sachen eines Schuldners, der im gesetzlichen Güterstand der Zugewinngemeinschaft oder in Gütertrennung lebt, ist es für den Gerichtsvollzieher aufgrund des bei Rn. 534 Ausgeführten gleichgültig, gegen welchen Ehegatten der Vollstreckungstitel lautet. Die gleiche Sache kann sowohl für Gläubiger des Mannes wie der Frau — gleichzeitig — gepfändet werden. Einwendungen aus Besitz und Gewahrsam des anderen Ehegatten sind unbeachtlich. Ein Duldungstitel gegen den anderen Ehegatten ist nicht erforderlich. Dadurch ist dem Gläubiger der Zugriff wesentlich erleichtert, da immer vermutet wird, dass der Schuldner der Eigentümer ist und immer fingiert wird, dass er den alleinigen Gewahrsam hat. Die Pfändung durch den Gerichtsvollzieher ist stets — mindestens zunächst — durchaus rechtmäßig.

540 Soweit es sich um einen dem persönlichen Gebrauch eines Ehegatten dienenden Gegenstand handelt, z. B. um Kleider, Wäsche, Arbeitsgeräte,[10] nicht aber um Geld, darf dieser Gegenstand mit einem Titel, der nur gegen den anderen Ehegatten gerichtet ist, nicht gepfändet werden. Der Gerichtsvollzieher kann also mit einem Titel gegen den Mann einen Mantel der Frau selbst dann nicht pfänden, wenn dieser sich im Kleiderschrank des Mannes befindet.

541 Der pfändende Gläubiger muss natürlich damit rechnen, dass die Vermutung des § 1362 Abs. 1 BGB im Einzelfalle widerlegt wird. Der Ehegatte, der nicht Schuldner ist, kann mit der Drittwiderspruchsklage (§ 771 ZPO, siehe Rn. 260) nachweisen, dass der gepfändete Gegenstand sein ausschließliches Eigentum ist. Dann muss der Gläubiger freigeben. Der widersprechende Ehegatte hat aber die Beweislast für sein Eigentum (siehe auch Rn. 257).

Der Ehegatte, der nicht Schuldner ist, kann Erinnerung einlegen (§ 766 ZPO; Rn. 238), wenn der Gerichtsvollzieher entgegen den Ausführungen bei Rn. 534 bei Getrenntleben der Ehegatten gepfändet hat.

---

[10] Ein Auto gehört dazu in der Regel nicht (LG Essen, NJW 1962, 883); vgl. auch BGH, DGVZ 2007, 20.

7.6 Die Zwangsvollstreckung bei Lebenspartnerschaften

541a Durch das am 01.08.2001 in Kraft getretene Lebenspartnerschaftsgesetz werden registrierte Lebenspartnerschaften von zwei Personen gleichen Geschlechts der Ehe stark angeglichen.

Daraus folgt für die Zwangsvollstreckung:

- Da die Lebenspartner als Familienangehörige gelten (§ 11 LPartG), können ihnen Schriftstücke für den anderen abwesenden Lebenspartner wirksam im Wege der **Ersatzzustellung** zugestellt werden (§ 178 Abs. 1 Nr. 1 ZPO);
- Lebenspartner werden Ehegatten als **Unterhaltsberechtigte** (§§ 12, 16 LPartG) gleichgestellt (§ 850c ZPO).
  Folge davon kann eine höhere Pfändungsfreigrenze für den schuldnerischen Lebenspartner sein; allerdings nur, wenn dem anderen Lebenspartner tatsächlich Unterhalt geleistet wird.
- Zugunsten eines Gläubigers eines Lebenspartners wird vermutet, dass die im Besitz eines oder beider Lebenspartner befindlichen Sachen dem schuldnerischen Lebenspartner gehören (§ 8 Abs. 1 LPartG) und in seinem Alleingewahrsam stehen, was dem Gerichtsvollzieher die Pfändung erleichtert (§ 739 Abs. 2 ZPO). Der andere Lebenspartner kann allerdings den Beweis führen, dass ihm ein Gegenstand allein gehört und gegebenenfalls gegen den Gläubiger auf Unzulässigkeit der Zwangsvollstreckung in diesen Gegenstand klagen (§ 771 ZPO).

8 Vollstreckungsschutz

8.1 Allgemeine Fragen zum Vollstreckungsschutz

8.1.1 Vollstreckungsschutzrechtliche Generalklausel

542 Das Vollstreckungsgericht (Amtsgericht) kann **auf Antrag des Schuldners**[1], jegliche Maßnahme der Zwangsvollstreckung ganz oder teilweise aufheben, im Voraus untersagen oder einstweilen einstellen, wenn sie **unter voller Würdigung des Schutzbedürfnisses des Gläubigers** wegen ganz besonderer Umstände eine Härte bedeutet, die mit den guten Sitten nicht vereinbar ist (§ 765a ZPO). Diese Generalklausel ist als Ausnahmevorschrift eng auszulegen, wird aber in der Praxis gleichwohl meist recht weitgehend angewandt, obwohl dies nicht richtig ist. Die Generalklausel kann in Wirklichkeit nur durchgreifen, wenn die Anwendung des Gesetzes zu einem für den Schuldner **ganz untragbaren Ergebnis** führen würde. Dabei kommt es auf die Umstände des konkreten Falles an. Ohne Bedeutung ist, ob die Entscheidung des Gerichts, die vollstreckt werden soll, falsch war oder für falsch gehalten wird. Eine sittenwidrige Härte kann z. B. bei Krankheit vorliegen. Auch ein besonders krasses Missverhältnis zwischen Grundstückswert und Meistgebot in der Zwangsversteigerung kann eine sittenwidrige Härte darstellen.[2] Ebenso die Erteilung des Zuschlags auf ein Meistgebot, das unter der Hälfte des Grundstückswerts liegt, wenn konkrete Umstände in einem neuen Versteigerungstermin mit Wahrscheinlichkeit ein höheres Gebot erwarten lassen.[3] Die gegen den Schuldner ohne Rücksicht auf eine bestehende **Selbstmordgefahr** durchgeführte Zwangsvollstreckung verstößt gegen das Grundrecht auf Leben und körperliche Unversehrtheit; sie ist deshalb zumindest zeitweilig einzustellen.[4]

---

[1] Ohne Antrag gibt es kein Verfahren nach § 765a ZPO, vgl. LG Limburg, Rpfleger 1977, 219. Das Antragserfordernis ist verfassungsrechtlich nicht zu beanstanden. Der Schuldner muss entscheiden, ob er von der Schutzvorschrift Gebrauch machen will (BVerfG, Rpfleger 1983, 80).

[2] So BVerfG, NJW 1978, 368.

[3] OLG Hamm, Rpfleger 1976, 146.

[4] BVerfG, DGVZ 1994, 71 und OLG Köln, JurBüro 1994, 367; zur Selbsttötung bei Zwangsversteigerung siehe BGH, MDR 2006, 775, bei Zwangsräumung siehe BGH, MDR 2005, 891 und 2006, 535.

543   Dem Gericht ist für den einzelnen Fall der Zwangsvollstreckung überlassen, welche Maßnahmen es im Rahmen der Vorschrift nach pflichtgemäßem Ermessen zum Schutze des Schuldners treffen will. Fest umrissene Tatbestände enthält die Generalklausel nicht. Zu einer völligen Aufhebung der Vollstreckungsmaßnahme wird nur selten geschritten werden können. Die Gewährung von Schutz kann von Auflagen (Ratenzahlung, Leistung anderer Sicherheit und dgl.) abhängig gemacht werden. Das Gericht hat die für den Gläubiger am wenigsten schädliche Maßnahme zu treffen, wenn dem Schuldner auch damit im Rahmen der Klausel die erforderliche Hilfe gewährt werden kann.

Der Gerichtsvollzieher kann eine Maßnahme der Erwirkung der Herausgabe von Sachen bis zur Entscheidung des Vollstreckungsgerichts, jedoch nicht länger als eine Woche, aufschieben, wenn ihm das Vorliegen der obigen Voraussetzungen glaubhaft gemacht wird und dem Schuldner die rechtzeitige Anrufung des Vollstreckungsgerichts nicht möglich war. Bei der Vollstreckung wegen einer Geldforderung hat der Gerichtsvollzieher die vorbehandelte Möglichkeit nicht.[5]

Das Vollstreckungsgericht kann seinen Beschluss auf Antrag aufheben oder ändern, wenn dies mit Rücksicht auf eine Änderung der Sachlage geboten ist.

Die Kosten des Vollstreckungsschutzverfahrens kann das Gericht ganz oder teilweise dem Gläubiger auferlegen, wenn dies aus besonderen in den Verhältnissen des Gläubigers liegenden Gründen der Billigkeit entspricht (§ 788 Abs. 4 ZPO).

544   **MUSTER: Vollstreckungsschutz**

In der Zwangsvollstreckungssache des ... gegen mich hat der Gerichtsvollzieher in ... aufgrund des vollstreckbaren Vergleichs, geschlossen vor dem dortigen Amtsgericht am ... unter dem Aktenzeichen C ..., in meiner Wohnung 300,00 EUR Bargeld gepfändet und an sich genommen.

Ich stelle den Antrag, diese Pfändung aufgrund des § 765a ZPO aufzuheben, da sie für mich eine Härte bedeuten würde, die mit den guten Sitten nicht vereinbar wäre. Es handelt sich um einen sehr eiligen Antrag.

Den gepfändeten Betrag benötige ich dringend zur Anschaffung von Arzneimitteln zur Bekämpfung meiner Zuckerkrankheit. Die Krankenkasse hat die Übernahme dieser Kosten nach ihrem angeschlossenen Schreiben vom ... abge-

---

[5] Es ist nicht Sache des Gerichtsvollziehers, die notwendige Versorgung der Kinder eines Schuldners sicherzustellen, wenn dieser zur Erzwingung der eidesstattlichen Versicherung über sein Vermögen verhaftet werden soll (siehe darüber Rn. 703 ff.). Ist allerdings die notwendige Versorgung nicht gewährleistet, so muss die Verhaftung aufgrund des § 765a ZPO unterbleiben (AG Ludwigshafen, DGVZ 1972, 31).

lehnt. Die sofortige Beschaffung dieser Arznei ist nach dem anliegenden Zeugnis meines Hausarztes Dr. ... . vom ... dringlich. Ich kann damit nicht warten, bis ich in drei Wochen wieder Zahltag habe. Aus dem nächsten Arbeitseinkommen werde ich den Gläubiger wenigstens zu einem Teilbetrag befriedigen können. Datum und Unterschrift des Schuldners

Es könnte auch ein Verstoß gegen § 811 Abs. 1 Nr. 8 ZPO vorliegen.

8.1.2 Schutz nur bei Vollstreckung aus Geldforderung

545   Der Vollstreckungsschutz, der sich bei der Pfändung von körperlichen Sachen aus den Ausführungen Rn. 568 ff. ergibt, besteht nur bei der Zwangsvollstreckung wegen einer Geldforderung (für die vollstreckungsrechtliche Generalklausel nach Rn. 542 gilt dies ausnahmsweise nicht).

Bei der Vollstreckung eines Anspruchs auf Herausgabe einer körperlichen Sache gilt der vorgenannte Schutz dagegen nicht. Der Schuldner z. B., der zur Zurückgabe gekaufter, aber infolge nicht völliger Zahlung des Kaufpreises noch unter Eigentumsvorbehalt des Verkäufers stehender Sachen im Sinne des § 811 ZPO (siehe darüber Rn. 568) verurteilt ist, kann sich also auf den in dieser Vorschrift enthaltenen Vollstreckungsschutz nicht berufen (vgl. Rn. 575).[6]

8.1.3 Unpfändbarkeit von Amts wegen zu beachten

546   Die Unpfändbarkeit beweglicher körperlicher Sachen hat der Gerichtsvollzieher von Amts wegen zu beachten. Er hat eine entsprechende Pfändung trotz Auftrags des Gläubigers abzulehnen (siehe dazu auch Rn. 200, 239). Hat er allerdings gepfändet, so darf er nicht eigenmächtig freigeben, muss jedoch den Schuldner über seine Rechtsbehelfe belehren und den Gläubiger zur Freigabe auffordern.

Bei der Pfändung von Arbeitseinkommen (Rn. 618 ff.) hat das Vollstreckungsgericht von Amts wegen die dabei bestehenden Pfändungsbeschränkungen zu beachten.

Die Zwangsvollstreckung in unpfändbare Vermögenswerte ist nicht ohne Weiteres nichtig. Schuldner, Drittschuldner und nachrangiger Pfändungspfandgläubiger

---

[6] Das gesetzliche Pfandrecht des Vermieters, Verpächters und Gastwirts erstreckt sich dagegen nicht auf unpfändbare Gegenstände (siehe dazu § 559 Satz 3, § 581 Abs. 2, § 704 Satz 2 BGB).

können sich aber auf die Fehlerhaftigkeit einer solchen Pfändung berufen. Rechtsbehelf ist die Erinnerung, eventuell die sofortige Beschwerde und die weitere Beschwerde (siehe darüber die Ausführungen Rn. 200 ff.).

Die Vorschriften über die Unpfändbarkeit stehen nicht zur Disposition des Schuldners, sodass dieser weder vor noch bei noch nach der Pfändung auf die Pfändungsschutzvorschriften verzichten kann.[7] Diese Auffassung ist im Wesentlichen öffentlichen und sozialpolitischen Zwecken geschuldet, greift aber m. E. zu kurz, da es dem Schuldner ohne Weiteres möglich ist, einen Gegenstand, der unpfändbar ist, zu verkaufen und den Erlös nach Belieben zu verwenden.

8.2 Allgemeine Schutzvorschriften bei einzelnen Vollstreckungsarten

8.2.1 Mindestgebot

547 Bei der Versteigerung körperlicher Sachen darf — als Schutz gegen Verschleuderung — der Zuschlag nur für ein Gebot erteilt werden, das mindestens die Hälfte des gewöhnlichen Verkaufswerts der Sache erreicht (§ 817a ZPO).[8] Der gewöhnliche Verkaufswert und das Mindestgebot sollen beim Ausbieten bekannt gegeben werden. Der Gerichtsvollzieher kann mithin Gegenstände im doppelten Wert der Forderung des Gläubigers pfänden, ohne gegen das Verbot der Überpfändung (siehe Rn. 549) zu verstoßen.

Wird der Zuschlag nicht erteilt, weil ein das Mindestgebot erreichendes Gebot nicht abgegeben ist, bleibt das Pfandrecht des Gläubigers bestehen. Dieser kann jederzeit die Anberaumung eines neuen Versteigerungstermins oder die Anordnung anderweitiger Verwertung der gepfändeten Sache (§ 825 ZPO; dazu Rn. 552) beantragen. Aber auch bei der anderweitigen Verwertung sind die Vorschriften über das Mindestgebot zu beachten.

---

[7] Vgl. Thomas/Putzo/Hüßtege, § 811 Rn. 5; Brox/Walker, Zwangsvollstreckungsrecht, 8. Aufl., 2008, 303.

[8] S. zum Mindestgebot auch Noack, DGVZ 1967, 34.

548 Gold- und Silbersachen dürfen nicht unter ihrem Gold- oder Silberwert zugeschlagen werden (§ 817a ZPO). Wird ein den Zuschlag gestattendes Gebot nicht abgegeben, so kann der Gerichtsvollzieher den Verkauf aus freier Hand zu dem Preis bewirken, der den Gold- oder Silberwert erreicht, jedoch nicht unter der Hälfte des gewöhnlichen Verkaufswerts.

8.2.2 Verbot der Überpfändung

549 Die Pfändung in bewegliche Sachen und Forderungen darf nicht weiter ausgedehnt werden, als zur Befriedigung des Gläubigers und zur Deckung der Kosten der Zwangsvollstreckung erforderlich ist (§ 803 Abs. 1 ZPO).[9] Eine trotzdem weitergehende Pfändung ist aber wirksam. Der **einzige pfändbare Gegenstand** darf aber gepfändet werden, auch wenn sein Wert den Gläubigeranspruch übersteigt.[10]

8.2.3 Verbot der überflüssigen Pfändung

550 Die Pfändung in bewegliches Vermögen und in Forderungen hat zu unterbleiben, wenn sich aus der Verwertung der zu pfändenden Gegenstände ein Überschuss über die Kosten der Zwangsvollstreckung nicht erwarten lässt (§ 803 Abs. 2 ZPO).[11] Dies trifft auch dann zu, wenn die Sachen keinen Verkaufswert haben. Nicht ausreichend ist dagegen, dass nur ein geringer Erlös zu erwarten ist. Unzulässig ist die isolierte Pfändung eines **Kfz-Kennzeichens** wegen dessen geringen Werts. Die Pfändung des Kennzeichens eines vom Schuldner geleasten Pkw diene lediglich als Druckmittel, was dem Sinn der Zwangsvollstreckung, sich aus dem Erlös der gepfändeten Sache zu befriedigen, nicht entspreche.

8.2.4 Zulassung eines Verwertungsaufschubs

551 Zum Verwertungsaufschub bei Einräumung von Ratenzahlungen durch den **Gerichtsvollzieher** gemäß § 813a ZPO siehe Rn. 246. Die Verwertung gepfändeter körperlicher Sachen kann das **Vollstreckungsgericht** auf Antrag des Schuldners unter Anordnung entsprechender Zahlungsfristen zeitweilig aussetzen, wenn dies nach

---

[9] S. zur Überpfändung auch Noack, JR 1967, 81.

[10] Zur Pfändung eines PKW, dessen Wert die Vollstreckungsforderung nebst Kosten weit übersteigt, siehe AG Neubrandenburg, DGVZ 2005, 14.

[11] LG Stuttgart, DGVZ 1991, 58.

der Persönlichkeit und den wirtschaftlichen Verhältnissen des Schuldners sowie nach Art der Schuld angemessen erscheint und nicht überwiegende Belange des Gläubigers entgegenstehen (§ 813b ZPO).[12] Der Schuldner muss den Antrag unverzüglich, also ohne schuldhaftes Zögern, stellen (siehe Muster: Verwertungsaufschub, Rn. 246). Wird der Antrag nicht binnen einer Frist von zwei Wochen nach der Pfändung gestellt, so ist er vom Vollstreckungsgericht ohne sachliche Prüfung zurückzuweisen, wenn das Gericht der Überzeugung ist, dass der Schuldner den Antrag in der Absicht der Verschleppung oder aus grober Nachlässigkeit nicht früher gestellt hat.[13] Das Gericht wird zunächst — nach vorläufiger Einstellung der Zwangsvollstreckung — den Gläubiger und auch den Gerichtsvollzieher um Äußerung ersuchen. Anordnungen vorstehender Art können mehrmals ergehen. Die Verwertung darf aber nicht länger als ein Jahr nach der Pfändung hinausgeschoben werden.[14] Das Gericht kann seine Anordnung auf Antrag je derzeit aufheben oder ändern, soweit dies nach Lage der Verhältnisse, insbesondere wegen nicht ordnungsmäßiger Erfüllung der Zahlungsauflagen durch den Schuldner, geboten ist. Das Gericht kann auch von vornherein festlegen, dass die Aussetzung der Verwertung von selbst hinfällig wird, wenn der Schuldner den festgelegten Ratenzahlungsverpflichtungen nicht jeweils binnen einer bestimmten Frist nachkommt. Über den Antrag auf Hinausschiebung der Verwertung entscheidet beim Amtsgericht der Rechtspfleger. Er soll vorher in der Regel den Gläubiger hören. Gegen den Beschluss des Rechtspflegers ist sofortige Beschwerde (Rn. 202) zulässig.

In Wechselsachen findet eine Aussetzung der Verwertung gepfändeter Sachen nicht statt.

Die Kosten des Verfahrens kann das Gericht ganz oder teilweise dem Gläubiger auferlegen, wenn dies aus besonderen im Verhalten des Gläubigers liegenden Gründen der Billigkeit entspricht (§ 788 Abs. 4 ZPO).

---

[12] LG Stuttgart, DGVZ 1991, 58. Siehe zur Verwertungshinausschiebung insbesondere Noack, JR 1967, 369. Der Schuldner muss seinen Antrag glaubhaft begründen, Pauschalbegründung genügt nicht (Schneider, JurBüro 1970 Sp. 366).

[13] Herzig, JurBüro 1967 Sp. 633, tritt grundsätzlich für Zurückweisung eines verspäteten Schuldnerantrags ein.

[14] Die Frage, ob das Vollstreckungsgericht bei ausdrücklichem oder stillschweigendem Einverständnis des Gläubigers Ratenzahlungen bewilligen darf, die insgesamt über die Jahresfrist hinausgehen, wird teils verneint, teils bejaht; siehe dazu die Nachweise von Seither, Rpfleger 1968, 381.

8.2.5 Anordnung anderweitiger Verwertung

552 Auf Antrag des Gläubigers oder des Schuldners kann der Gerichtsvollzieher die gepfändete Sache anderweitig als durch Zwangsversteigerung oder an einem anderen Ort verwerten (§ 825 ZPO),[15] nämlich durch

- freihändigen Verkauf, z. B. wenn durch die öffentliche Versteigerung kein angemessener Erlös zu erwarten ist,[16]
- Veräußerung an den Gläubiger[17] oder eine bestimmte dritte Person,
- Versteigerung unter Stundung der Zahlung des Versteigerungserlöses entgegen § 917 Abs. 2 ZPO,
- Versteigerung an einem Ort, wo ein höherer Erlös zu erwarten ist, z. B. für Kunstgegenstände.

Über die beabsichtigte Verwertung hat der Gerichtsvollzieher den Antragsgegner zu unterrichten (§ 825 Abs. 1 Satz 2 ZPO). Soll die Versteigerung durch eine andere Person als den Gerichtsvollzieher erfolgen, so trifft diese Anordnung das Vollstreckungsgericht (§ 825 Abs. 2 ZPO).

Über den Antrag auf Anordnung einer Versteigerung durch eine andere Person entscheidet der Rechtspfleger des Amtsgerichts. Gegen seine Entscheidung ist sofortige Beschwerde im Sinne von Rn. 202 zulässig.

Zur Vollziehung der Anordnung braucht die Rechtskraft des Beschlusses nicht abgewartet zu werden. Ein etwa eingelegtes Rechtsmittel wird mit der Durchführung der anderweitigen Verwertung gegenstandslos.[18]

---

[15] S. zu dieser Vorschrift, insbesondere auch zu ihrer Verwendung beim Abzahlungskauf, Hadamus, RPfleger 1980, 420.

[16] Auch im Falle der Anordnung des freihändigen Verkaufs einer gepfändeten Sache bedarf es zum Eigentumserwerb durch den Erwerber der Verschaffung des unmittelbaren Besitzes. Ein Übergabeersatz in den Formen der §§ 930, 931 BGB – Vereinbarung eines Besitzkonstituts oder Abtretung des Herausgabeanspruchs – ist dabei ausgeschlossen (OLG München, MDR 1971, 1018).
Eine anderweitige Verwertung kommt z. B. nicht in Frage vor einem Versteigerungsversuch, wenn mehrere Bietungsinteressenten vorhanden sind (LG Berlin, Rpfleger 1973, 34).

[17] Dem Abzahlungskäufer, der sich das Eigentum an dem von ihm wegen der Kaufpreisforderung gepfändeten Gegenstand vorbehalten hat, kann grundsätzlich die Pfandsache nach § 825 ZPO überwiesen werden (OLG München, MDR 1969, 60 und LG Oldenburg DGVZ 1968, 57). Siehe aber auch Rn. 239.

[18] OLG Celle, MDR 1961, 858 = NJW 1961, 1730; Noack, MDR 1969, 180.

8.2.6 Austauschpfändung

553 Soweit die Unpfändbarkeit einer beweglichen Sache auf § 811 Nr. 1, 5, 6 ZPO (siehe Rn. 568 ff., 585) beruht, kann die Pfändung vom Vollstreckungsgericht gleichwohl zugelassen werden, wenn der Gläubiger dem Schuldner vor der Wegnahme der Sache ein Ersatzstück, das dem geschützten Verwendungszweck genügt, oder den zur Beschaffung eines solchen Ersatzstückes erforderlichen Geldbetrag überlässt, der dann unpfändbar ist (§§ 811a, 811b ZPO).

Ist dem Gläubiger die rechtzeitige Ersatzbeschaffung nicht möglich oder nicht zuzumuten, so kann die Pfändung mit der Maßgabe zugelassen werden, dass dem Schuldner der zur Ersatzbeschaffung erforderliche Geldbetrag aus dem Vollstreckungserlös überlassen wird. Über die Zulässigkeit der Austauschpfändung entscheidet das Vollstreckungsgericht (nicht der Gerichtsvollzieher) auf Antrag des Gläubigers. Es soll die Austauschpfändung nur zulassen, wenn sie nach Lage der Verhältnisse angemessen ist, insbesondere wenn zu erwarten ist, dass der Vollstreckungserlös den Wert des Ersatzgegenstands erheblich übersteigen würde. Das Gericht setzt den Wert eines vom Gläubiger angebotenen Ersatzstücks oder den zur Ersatzbeschaffung erforderlichen Betrag fest.

554 Eine **vorläufige Austauschpfändung** ohne vorhergehende Entscheidung des Gerichts ist zulässig, wenn eine Zulassung durch das Gericht zu erwarten ist. Der Gerichtsvollzieher soll die Austauschpfändung nur vornehmen, wenn zu erwarten ist, dass der Vollstreckungserlös den Wert des Ersatzstückes erheblich übersteigen wird.[19] Die Pfändung ist aufzuheben, wenn der Gläubiger nicht binnen einer Frist von zwei Wochen nach Benachrichtigung von der Pfändung einen Antrag auf Anordnung der Austauschpfändung beim Vollstreckungsgericht stellt (§ 811b Abs. 2 ZPO).

555 Eine Zulassung der Austauschpfändung dürfte nur dann in Betracht kommen, wenn die in Frage stehende Sache noch im Zeitpunkt der gerichtlichen Entscheidung unpfändbar ist. Fällt die Unpfändbarkeit während des Verfahrens weg, weil der Schuldner einen gleichen Gegenstand dazu erworben hat oder weil er seinen Geschäftsbetrieb aufgibt, so ist eine Zulassung der Austauschpfändung nicht mehr erforderlich. Das wird auch dann zu gelten haben, wenn der Schuldner während des Verfahrens einen vom Gläubiger angebotenen Ersatzgegenstand freiwillig annimmt, der dem geschützten Verwendungszweck ausreichend dient.

---

[19] Bei einem Fernsehgerät im Schätzwert von 500 EUR ist die vorläufige Austauschpfändung zulässig, LG Berlin, DGVZ 1991, 91.

Die Zulassung der Austauschpfändung durch das Gericht setzt einen entsprechenden Antrag des Gläubigers voraus. Der Schuldner selbst ist nicht antragsberechtigt, und zwar auch dann nicht, wenn ihm daran gelegen ist, eine fruchtlose Pfändung und im Zusammenhang damit eine eidesstattliche Versicherung nach Rn. 703 ff. zu verhindern.

556 Der Antrag des Gläubigers muss die Angaben enthalten, die als Voraussetzung für die Zulassung der Austauschpfändung erforderlich sind. Der Gläubiger muss insbesondere die Sache genau bezeichnen, in welche die Austauschpfändung zugelassen werden soll. Eine Austauschpfändung wird im Allgemeinen nur einem solchen Gläubiger möglich sein, dem die Verhältnisse seines Schuldners näher bekannt sind. Der Gläubiger muss in seinem Antrag auch angeben, in welcher Form die Austauschpfändung vor sich gehen soll, d. h. ob durch die Gewährung einer Ersatzsache, durch die Gewährung eines entsprechenden Geldbetrags oder in der Weise, dass dem Schuldner aus dem Versteigerungserlös vorweg ein Geldbetrag überlassen wird, der zur Beschaffung einer Ersatzsache ausreicht. In letzterem Falle muss der Gläubiger die Umstände klarlegen, aus denen sich ergibt, dass ihm selbst die Ersatzgewährung unmöglich oder nicht zuzumuten ist. Als Gründe kommen hier die Vermögenslage des Gläubigers, aber auch der Entstehungsgrund der Forderung in Betracht. Auch in solchen Fällen, in denen es sich um eine nur schwer zu veräußernde Sache handelt, wird man dem Gläubiger die vorläufige Ersatzgewährung nicht zumuten können.

557 Das Vollstreckungsgericht hat den Schuldner vor Zulassung der Austauschpfändung zu hören. Dies kann allerdings dahin führen, dass der Schuldner die in Frage stehende unpfändbare Sache beiseite zu bringen versucht oder schnell noch veräußert. Für den Gläubiger empfiehlt es sich daher, in erster Linie den Weg der oben dargelegten vorläufigen Austauschpfändung einzuschlagen, also zunächst den Gerichtsvollzieher zu beauftragen, die unpfändbare Sache des Schuldners zu pfänden und dann erst die Zulassung der Austauschpfändung zu beantragen. Dann ist die Anhörung des Schuldners durch das Vollstreckungsgericht für den Gläubiger ohne besondere Gefahr.

Über den Antrag auf Anordnung von Austauschpfändung entscheidet der Rechtspfleger beim Amtsgericht. Gegen seine Entscheidung ist befristete Erinnerung im Sinne von Rn. 202 gegeben (§§ 11, 20 Nr. 17 RPflG).

558 Die Austauschpfändung und ihre Zulässigkeit sind stets im Einzelfall zu prüfen. Dabei sind die gesamten Umstände zu beachten. Die Austauschpfändung eines nach § 811 Abs. 1 Nr. 5 ZPO unpfändbaren Kraftfahrzeuges ist nur zulässig, wenn das Ersatzstück eine annähernd gleiche Haltbarkeit und Lebensdauer wie das gepfändete

Fahrzeug aufweist, was dann nicht der Fall ist, wenn das gepfändete Kraftfahrzeug 9 Jahre alt ist und eine Laufleistung von 50.000 Kilometern aufweist, während das Ersatzstück 19 Jahre alt ist und eine Laufleistung von 200.000 Kilometern hat.[20]

Ein LCD-Farbfernseher kann allerdings gegen einen beliebigen funktionstüchtigen Farbfernseher ausgetauscht werden.[21]

8.2.7 Einstweilige Einstellung einer Grundstückszwangsversteigerung

559 Eine vom Gericht angeordnete Grundstücks-Zwangsversteigerung ist auf Antrag des Schuldners vom Vollstreckungsgericht einstweilen auf die Dauer von höchstens sechs Monaten einzustellen, wenn Aussicht besteht, dass durch die Einstellung die Versteigerung vermieden wird, und wenn die Einstellung nach den persönlichen und wirtschaftlichen Verhältnissen des Schuldners sowie nach der Art der Schuld der Billigkeit entspricht (§ 30a ZVG).[22]

Die einstweilige Einstellung ist binnen einer Notfrist von zwei Wochen zu beantragen. Diese Frist beginnt mit der Zustellung der Verfügung, in welcher der Schuldner auf das Recht zur Stellung des Einstellungsantrags, den Fristbeginn und die Rechtsfolgen eines fruchtlosen Fristablaufs hingewiesen wird. Die einstweilige Einstellung ist durch Beschluss anzuordnen, vor dessen Erlass der betreibende Gläubiger und der Schuldner zu hören sind. Die einstweilige Einstellung kann auch mit der Maßgabe angeordnet werden, dass sie außer Kraft tritt, wenn der Schuldner während der Einstellung fällig werdende wiederkehrende Leistungen nicht binnen zwei Wochen nach Fälligkeit bewirkt. In bestimmten Fällen muss eine solche Anordnung getroffen werden. Der Einstellungsantrag des Schuldners ist abzulehnen, wenn die einstweilige Einstellung dem betreibenden Gläubiger unter Berücksichtigung seiner wirtschaftlichen Verhältnisse nicht zuzumuten ist, insbesondere ihm einen unverhältnismäßigen Nachteil bringen würde.

Gegen den Beschluss ist sofortige Beschwerde zulässig. Beschwerdefrist zwei Wochen ab Zustellung des Beschlusses (siehe Rn. 202).

---

[20] So BGH, Beschl. v. 16.06.2011 – VII ZB 114/09, NJW-RR 2011, 1366 f. = DGVZ 2011, 184 f.

[21] So LG Wuppertal, Beschl. v. 17.09.2008 – 6 T 599/08, DGVZ 2009, 41 f.

[22] Dies ist der Rechtszustand ab 01.07.1979. Bis dahin konnte die Einstellung nicht mit persönlichem Missgeschick des Schuldners (z. B. Krankheit) begründet werden. Es musste sich vielmehr um Vorgänge handeln, die unmittelbar die Wirtschaftskraft des Schuldners betroffen hatten.

Einmalige erneute Einstellung ist zulässig (§ 30d ZVG).

560 Im Falle einer einstweiligen Einstellung der Zwangsversteigerung darf das Verfahren nur auf Antrag des Gläubigers fortgesetzt werden. Wird der Antrag nicht binnen sechs Monaten seit dem Zeitpunkt gestellt, bis zu dem die Einstellung angeordnet ist, so ist das Verfahren aufzuheben (§ 31 ZVG).

Der Ersteher eines Grundstücks im Wege der Zwangsversteigerung gilt auch insoweit als aus dem Grundstück befriedigt, als sein Anspruch durch das abgegebene Meistgebot nicht gedeckt ist, aber bei einem Gebot zum Betrag der 7/10-Grenze gedeckt sein würde (§ 114a ZVG).[23] Hierbei sind dem Anspruch des Erstehers vorgehende oder gleichstehende Rechte, die erlöschen, nicht zu berücksichtigen.

8.2.8 Mindestgebot bei der Grundstückszwangsversteigerung

561 Bleibt das im Zwangsversteigerungstermin abgegebene **Meistgebot** — der Ersteher kann es nach § 49 Abs. 3 ZVG entweder durch **Überweisung oder Einzahlung** auf ein Konto der **Gerichtskasse** entrichten — einschließlich des Kapitalwerts der bestehen bleibenden Rechte unter sieben Zehnteln des Grundstückswerts, so kann ein aufgrund einer Eintragung im Grundbuch (z. B. einer Hypothek) Berechtigter, dessen Anspruch ganz oder teilweise durch das Meistgebot nicht gedeckt ist, aber bei einem Gebot in der genannten Höhe voraussichtlich gedeckt sein würde, die **Versagung des Zuschlags beantragen**; der Antrag muss bis zum Schluss der Verhandlung über den Zuschlag gestellt werden. Der Antrag ist abzulehnen, wenn der betreibende Gläubiger widerspricht und glaubhaft macht, dass ihm durch die Versagung des Zuschlags ein unverhältnismäßiger Nachteil erwachsen würde. Der maßgebende Grundstückswert — entsprechend dem **Verkehrswert** — wird vom Vollstreckungsgericht, notfalls unter Zuziehung von Sachverständigen, **bereits bei Terminsbestimmung** (§§ 36 ff. ZVG) festgesetzt. Die Festsetzung ist mit sofortiger Beschwerde anfechtbar (§§ 95 ff. ZVG).[24] Eine weitere Beschwerde ist nicht statthaft.

---

[23] S. zu dieser Vorschrift auch Schiffhauer, Rpfleger 1970, 316 und zu den Änderungen des 2. Justizmodernisierungsgesetzes Hintzen/Alff, RPfleger 2007, 233 f.

[24] S. dazu Drischler, Rpfleger 1954, 495, 549; Stöber, Rpfleger 1969, 221; OLG München, Rpfleger 1969, 250 und LG München, Rpfleger 1969, 251. In den 7/10-Wert des Grundstücks fallende Zwischenkredite sind bei der Anrechnung auch dann zu berücksichtigen, wenn sie bei der Versteigerung ausgefallen sind (BGH, Rpfleger 1968, 219).

562 Wird das Meistgebot von einem Hypotheken- oder Grundschuldgläubiger abgegeben, so ist eine Versagung des Zuschlags im hier behandelten Sinne dann nicht möglich, wenn das Meistgebot unter Zurechnung des Kapitalwerts der nach den Versteigerungsbedingungen bestehen bleibenden Rechte (insbesondere aus vorgehenden Grundpfandrechten) zusammen mit dem Betrag, mit dem der Meistbietende bei der Verteilung des Erlöses ausfallen würde, sieben Zehntel des Grundstückswerts erreicht und dieser Betrag im Range unmittelbar hinter dem letzten Betrag steht, der durch das Gebot noch gedeckt ist.

563 Die Regelung ist nicht gerade einfach. Daher ein Beispiel: Verkehrswert des zur Zwangsversteigerung stehenden Grundstücks 14.000,00 EUR. Der Gläubiger B, dem eine bestehen bleibende Grundschuld des A mit 3.000,00 EUR vorgeht, gibt wegen seiner Hypothekenforderung von 7.000,00 EUR ein Meistgebot mit 5.000,00 EUR ab. Er fällt also rechnerisch mit 2.000,00 EUR (7.000,00 EUR ab Gebot von 5.000,00 EUR) bei seiner Hypothek aus. Dann ist zu rechnen: Meistgebot 5.000,00 EUR zuzüglich 3.000,00 EUR bestehen bleibende Grundschuld = 8.000,00 EUR zuzüglich Ausfallbetrag des meistbietenden Hypothekengläubigers B mit 2.000,00 EUR, also 10.000,00 EUR. Diese 10.000,00 EUR übersteigen 7/10 des Verkehrswerts von 14.000,00 EUR mit 9.800,00 EUR. Der ausfallende Betrag steht auch unmittelbar hinter dem letzten Betrag, der durch das Gebot noch gedeckt ist. Der Zuschlag darf also nicht versagt werden.

564 Seit 01.07.1979 gilt bei der Zwangsversteigerung von Grundstücken eine zusätzliche Schutzvorschrift zugunsten des Eigentümers, die vor Verschleuderung von Grundbesitz schützen soll:

Bei der Versteigerung ist der Zuschlag von Amts wegen zu versagen, wenn das abgegebene Meistgebot einschließlich des Kapitalwerts der nach den Versteigerungsbedingungen bestehen bleibenden Rechte die **Hälfte des Grundstückswerts** nicht erreicht (§ 85a ZVG). In einem neuen Versteigerungstermin kann der Zuschlag aus diesem Grund allerdings nicht mehr versagt werden.

565 Ist das Meistgebot von einem zur Befriedigung aus dem Grundstück Berechtigten abgegeben worden (siehe Rn. 562), so ist der Zuschlag nicht zu versagen, wenn das Gebot unter Zurechnung des Kapitalwerts der nach den Versteigerungsbedingungen bestehen bleibenden Rechte mit dem Betrag, mit dem der Meistbietende bei der Verteilung des Erlöses ausfallen würde, die Hälfte des Grundstückswerts erreicht (§ 85a Abs. 3 ZVG) — zur Berechnung vgl. Beispiel Rn. 563 mit entsprechenden Zahlen.

566 Wird der Zuschlag entgegen § 85a ZVG erteilt, so kann jeder Beteiligte eine auf diesen Verstoß gestützte Beschwerde binnen zwei Wochen ab Verkündung des Zuschlagsbeschlusses einreichen (§§ 95, 97, 100 ZVG).[25]

8.2.9 Insolvenzverfahren und Vollstreckungsschutz

567 Im letzten Monat **vor** dem Antrag auf **Eröffnung des Insolvenzverfahrens** oder zeitlich nach diesem Antrag **durch Zwangsvollstreckung** eines Insolvenzgläubigers erlangte Sicherungen an dem zur Insolvenzmasse des Schuldners gehörenden Vermögen des Schuldners werden mit Eröffnung des Insolvenzverfahrens **unwirksam** (§ 88 InsO: „Rückschlagsperre").

Während der Dauer **eines Insolvenzverfahrens** sind Zwangsvollstreckungen für einzelne Insolvenzgläubiger (§ 38 InsO) weder in die Insolvenzmasse (§ 35 InsO), noch in sonstiges Vermögen des Schuldners zulässig (§ 89 Abs. 1 InsO). Dies gilt nicht für Unterhaltsansprüche, soweit sie sich auf den Einkommensteil des Schuldners erstrecken, der nur dem Zugriff bevorrechtigter Gläubiger (siehe dazu Rn. 641) unterliegt.

8.3 ABC der unpfändbaren körperlichen Sachen[26]

8.3.1 Arbeitsgeräte

568 Unpfändbar sind die zur Fortführung der Erwerbstätigkeit erforderlichen Gegenstände — ohne Rücksicht auf ihren Wert — bei Personen, die aus ihrer körperlichen oder geistigen Arbeit oder aus sonstigen persönlichen Leistungen ihren Erwerb ziehen (Kopf- und Handarbeiter), mag es sich um haupt- oder nebenberuflichen Erwerb handeln (§ 811 Abs. 1 Nr. 5 ZPO). Der Begriff „erforderlich" stellt ein Weniger gegenüber dem Begriff „unentbehrlich" dar. Voraussetzung ist, dass die **persönliche Leistung des Schuldners** gegenüber der Ausnutzung sachlicher Betriebsmittel und

---

[25] Näheres zum Versteigerungsverfahren siehe Rn. 500.

[26] S. zur Problematik der unpfändbaren Sachen zusammenfassend Zöller/Stöber, § 811 ZPO Rn. 28.

gegenüber der Leistung von Hilfspersonal wirtschaftlich ins Gewicht fällt. **Pfändbar** sind daher die Sonnenbänke eines mit Münzen betriebenen Sonnenstudios.[27]

Unpfändbar sind sowohl vom Schuldner und von seinen Gehilfen bediente Maschinen oder benützte Geräte, sofern sie zur Unterstützung, Ergänzung oder Verbesserung der menschlichen Arbeitsleistung allgemein gebräuchlich sind, als auch die zur Verarbeitung bestimmten Rohstoffvorräte, soweit sie zur Fortführung des Gewerbebetriebs des Schuldners erforderlich sind.

! ACHTUNG

Unpfändbar sind etwa der Computer eines Schuldners, der ein elektrotechnisches Planungsbüro betreibt[28], der Computer eines Versicherungskaufmanns[29] oder eines Bauzeichners und Bauplaners[30]. Der Gegenstand, an dem Arbeit geleistet wird, und Kaufpreisforderungen genießen den hier behandelten Schutz nicht.

Die Erwerbstätigkeit muss ausgeübt werden. Unmittelbares Bevorstehen ihrer Aufnahme genügt allerdings. Eine nur vorübergehende Nichtausübung oder Stilllegung des Betriebs berührt den Vollstreckungsschutz nicht.

569   In erster Linie steht der vorersichtliche Pfändungsschutz dem selbstständig Erwerbstätigen zu, sofern die eigene persönliche Arbeitsleistung und Tätigkeit gegenüber dem Einsatz und der Ausnützung der vorhandenen Hilfsmittel überwiegt, d. h. seinem Geschäft den Stempel aufdrückt. Beispiele dafür: Fuhr- und Taxiunternehmer, die selbst fahren, Gastwirte, die selbst bedienen. Zusätzliche Tätigkeit von Hilfskräften stellt den Schutz nicht in Frage, wenn sie hinter dem persönlichen Einsatz des Schuldners zurücksteht und die persönliche Tätigkeit des Letzteren im Wesentlichen nur unterstützt.[31]

Die **Warenvorräte** eines Kaufmanns sind dagegen pfändbar.[32] Nach § 119 Nr. 2 GVGA gilt dies auch für unter Eigentumsvorbehalt gelieferte, wenn der Gläubiger die Pfändung ausdrücklich verlangt, s. AG Plön Rn. 28.

---

[27] LG Oldenburg, DGVZ 1993, 12.

[28] LG Heilbronn, DGVZ 1994, 55.

[29] AG Bersenbrück, DGVZ 1990, 78.

[30] LG Hildesheim, DGVZ 1990, 30.

[31] OLG Düsseldorf, MDR 1957, 428; OLG Hamm, JMBl NRW 1961, 8; KG, Rpfleger 1958, 225.

[32] LG Cottbus, JurBüro 2002, 547; AG Plön, JurBüro 2002, 607 und weitere Beispiele bei Zöller/Stöber, § 811 ZP Rn. 27.

Der Frage, ob der Schuldner im Handelsregister eingetragen ist, kommt für die Schutzgewährung keine Bedeutung zu. Mag auch ein Kaufmann — zu Unrecht — im Handelsregister eingetragen sein, so steht ihm doch der hier behandelte Schutz zu.[33]

Gegenstände, die der Schuldner zur Fortsetzung seiner Erwerbstätigkeit benötigt, z. B. ein Telefaxgerät und eine Schreibmaschine, werden nicht deshalb pfändbar, weil er im Zeitpunkt der Vollstreckung ohne Aufträge ist und deshalb seine Tätigkeit nicht ausübt.[34]

Ein Schausteller, der mit einem Karussell und einem Autoscooter arbeitet, gehört nicht zum geschützten Personenkreis.[35]

570 Den hier behandelten Schutz genießen nicht: juristische Personen, also AG und GmbH einschließlich Einmann-GmbH (sog. Formkaufleute), ferner nicht OHG, KG und Komplementär bei KG.[36]

Ist der Betrieb ein solcher, der auf Kapitaleinsatz und nicht auf der persönlichen Leistung einzelner Personen beruht, so steht ihm der hier behandelte Vollstreckungsschutz selbst dann nicht zu, wenn sich der Schuldner nach den gemachten Ausführungen an sich auf ihn berufen könnte,[37] etwa bei Büromöbeln und Büromaschinen.

571 Der hier behandelte Pfändungsschutz steht dagegen ferner zu:

Arbeitnehmern ohne Ausnahme, Angehörigen freier Berufe, Architekten, Schriftstellern — für Ärzte und Rechtsanwälte siehe § 811 Abs. 1 Nr. 7 ZPO —, Handwerkern, falls sie handwerklich mitarbeiten, Künstlern (Musikern, Schauspielern). Unpfändbar ist z. B. der Computer eines Rechtsanwalts; hat er jedoch zwei, kann einer davon gepfändet werden.[38]

572 Maßgebend ist, zusammenfassend gesagt, dass der dem geschützten Personenkreis angehörende Schuldner den Pfändungsschutz dieser Vorschrift genießt, wenn seine persönliche Tätigkeit sowohl gegenüber der Zahl seiner Gehilfen und

---

[33] LG Oldenburg, NJW 1964, 505.
[34] LG Wiesbaden, DGVZ 1997, 59 bei einem selbstständigen Maschinenbauingenieur.
[35] AG Hannover, DGVZ 1975, 75.
[36] S. dazu Zöller/Stöber, § 811 ZPO Rn. 26.
[37] LG Duisburg, JR 1951, 665.
[38] LG Frankfurt/M., DGVZ 1994, 28.

ihren Arbeitsleistungen wie hinsichtlich der Ausnützung tatsächlicher Betriebsmittel das wirtschaftlich Entscheidende ist.[39]

573   Ist der Schuldner verheiratet und lebt er im gesetzlichen Güterstand der Zugewinngemeinschaft (§§ 1363 ff. BGB; siehe Rn. 523) oder in Gütertrennung (§ 1414 BGB; siehe Rn. 524), so kommt der hier behandelte Schutz auch seinem Ehegatten zugute.[40] Der Ehegatte des Schuldners, der einen nach § 811 Abs. 1 Nr. 5 ZPO geschützten Beruf ausübt und die gepfändete Sache als Hilfsmittel für diese Berufsausübung benötigt, kann sich durch das Bestehen seines Alleingewahrsams an den zu seinem persönlichen Gebrauch bestimmten Gegenständen (z. B. Arbeitsgeräte) die geschützten Sachen erhalten. Betreibt der Ehegatte des Schuldners selbstständig und erkennbar auf eigene Rechnung ein Erwerbsgeschäft, so steht ihm an den im Geschäftslokal befindlichen Arbeitsgeräten ebenfalls Alleingewahrsam zu, weil ein Getrenntleben der Ehegatten im Sinne des § 1362 Abs. 1 Satz 2 BGB auch dann vorliegt, wenn diese in wirtschaftlicher Beziehung getrennt arbeiten. Das hat allerdings zur Voraussetzung, dass die geschäftlichen und persönlichen Gewahrsamsbereiche der Ehegatten klar gegeneinander abgegrenzt sind.[41] Daraus folgt, dass in einem derartigen Fall nur aufgrund eines gegen den das Geschäft betreibenden Ehegatten gerichteten Titels im Geschäftslokal eine Pfändung vorgenommen werden kann, gegenüber der sich der Ehegatte auf den hier behandelten Schutz zu berufen vermag. In Zweifelsfällen wird der Gerichtsvollzieher allerdings im Geschäftslokal pfänden, mag der Titel auf Mann oder Frau lauten (§ 739 ZPO; siehe Rn. 539).[42] Es ist dann Sache der Eheleute, Erinnerung einzulegen und nachzuweisen, dass der andere Ehegatte tatsächlich der Geschäftsinhaber ist.

574   Unpfändbarkeit von Arbeitsgeräten wird beispielsweise gegeben sein bei: geringem Biervorrat in einer kleinen Gastwirtschaft, Fahrrad oder Motorrad zur Erreichung von Arbeitsstelle oder Kundschaft, Instrumenten von Musikern, Artisten usw. (soweit der eigenen Person, nicht dem Gehilfen, dienend), Klavier eines Musikers (u. U. auch in Gastwirtschaft oder Kabarett), Kraftwagen,[43] elektrische Nähmaschine bei Schneider, Schnellwaage bei Kleingewerbetreibenden, Schreib-

---

[39] LG Berlin, DGVZ 1965, 28. Über allgemeine Grundsätze des Schutzes nach § 811 ZPO siehe Noack, DGVZ 1969, 113.

[40] OLG Hamm, DGVZ 1984, 138.

[41] S. Noack, MDR 1966, 809.

[42] LG Essen, NJW 1962, 2307.

[43] Voraussetzung ist, dass der Schuldner das Auto z. B. als Arzt, Vertreter, Reisender oder Handwerker beruflich benötigt, um Patienten und Kunden zu besuchen (vgl. LG Braunschweig, MDR 1970, 338) oder weil er es wegen körperlicher Gebrechen braucht (vgl. LG Lübeck, DGVZ 1979, 25). Zur Frage der Pfändbarkeit eines Wohnwagenanhängers bei einem Handelsvertreter siehe KG, DGVZ 1967, 181. Zusammenfassend: Bloedhorn, DGVZ 1976, 104.

maschinen bei Agenten, Kaufleuten, Schriftstellern, Steuerberatern, Hebebühne eines Kfz-Handwerkers, Wechselgeld als Hilfsmittel beim Warenumsatz eines Ladengeschäftes, das der Inhaber selbst betreibt, Kamera, Weitwinkelobjektiv und Teleobjektiv bei gelernten Reisefotografen, Diktiergerät bei Rechtsanwälten, aber je nur soweit für ihre Person bestimmt. Pfändungsschutz ist dagegen z. B. abgelehnt worden für Bücher einer Mietbücherei, Registrierkasse in einem Blumen-Einzelgeschäft, Mähdrescher bei Lohndreschunternehmer. Entscheidend ist jeweils die Lage des Einzelfalls. U. U. kommt eine Austauschpfändung nach den Rn. 553 gemachten Ausführungen in Frage.

575 Auf den hier behandelten Pfändungsschutz kann sich der Schuldner grundsätzlich auch bei einer noch unter Eigentumsvorbehalt (siehe Rn. 545) stehenden Sache berufen, wenn deren Verkäufer (Gläubiger), statt mit der Eigentumsklage gegen den Schuldner vorzugehen, aus einem Zahlungstitel wegen seiner Geldforderung gegen ihn pfänden will. Das Gleiche gilt im Fall einer Sicherungsübereignung.[44]

576 Den vorstehend behandelten Schutz genießen auch Witwen und minderjährige Erben der vorgenannten Personen, wenn sie das Erwerbsgeschäft für ihre Rechnung durch einen Stellvertreter ausüben (§ 811 Abs. 1 Nr. 6 ZPO). Üben sie die Tätigkeit selbst aus, so steht ihnen der Schutz bereits unmittelbar zu.

8.3.2 Bargeld und Kontoguthaben

577 Bei Personen, die wiederkehrende Einkünfte aus Arbeit oder dergleichen beziehen (Gehalts-, Lohn- und Rentenempfängern), ist ein Geldbetrag unpfändbar, der dem der Pfändung nicht unterworfenen Teil der Einkünfte für die Zeit von der Pfändung bis zum nächsten Zahlungstermin entspricht (§ 811 Abs. 1 Nr. 8 ZPO). Der Gerichtsvollzieher, der zur **Bargeldpfändung** zuständig ist (siehe Rn. 233), muss dabei feststellen, in welcher Höhe das vom Schuldner zuletzt eingenommene Arbeitseinkommen nach § 850c oder § 850d ZPO (Rn. 623 und 640) unpfändbar gewesen wäre, wenn es noch vor seiner Auszahlung an den Schuldner gepfändet worden wäre. Hierauf muss er ausrechnen, welcher Teil von dem mithin unpfändbaren Betrag nach Tagen umgerechnet auf den Zeitraum von der Pfändung bis zum nächsten Zahlungstermin entfällt. Dabei kommt es nicht darauf an, ob das beim Schuld-

---

[44] Für den Fall des Eigentumsvorbehalts siehe in diesem Sinne OLG Celle, DGVZ 1972, 152 = MDR 1973, 58 = Rpfleger 1972, 324; OLG Schleswig, DGVZ 1978, 9; kein Schutz nach § 811 ZPO besteht jedoch, wenn der Gläubiger die Herausgabevollstreckung betreibt. Für Sicherungsübereignung den Pfändungsschutz bejahend OLG Köln, Rpfleger 1969, 436, verneinend LG München, DGVZ 1972, 61.

ner vorgefundene bare Geld tatsächlich noch aus dem letzten Arbeitseinkommen stammt. Hinsichtlich des Pfändungsschutzes von **auf ein Konto** des Schuldners **überwiesenem Arbeitseinkommen** siehe bei Rn. 652.

578 Für **Sozialgeldleistungen** (Ausbildungsförderung, Arbeitsförderung, gesetzliche Kranken-, Unfall- und Rentenversicherung, Kindergeld, Wohngeld, Leistungen der Jugendhilfe, Leistungen für die Eingliederung Behinderter etc.) gilt nach § 55 SGB I folgende Sonderregelung:

> **! ACHTUNG**
>
> Wird eine Geldleistung auf das Konto des Berechtigten (Schuldners) bei einem Geldinstitut (Bank, Sparkasse, Postscheckamt) überwiesen, so ist die Forderung, die durch die Gutschrift (auf einem Giro- oder Sparkonto) gegen das Geldinstitut entsteht, für die Dauer von sieben Tagen ab Gutschrift der Überweisung unpfändbar.

Bei der Berechnung der Frist wird der Tag der Gutschrift nicht mitgerechnet (§ 187 Abs. 1 BGB). Fristende ist der Ablauf des letzten Tages (§ 188 Abs. 1 BGB).

Eine Pfändung des Guthabens gilt als mit der Maßgabe ausgesprochen, dass sie das Guthaben in Höhe der oben genannten Forderung während der sieben Tage nicht erfasst, d. h., dass das Guthaben in dieser Höhe in der Siebentagefrist an den Gläubiger nicht ausbezahlt werden kann. Eine Auszahlung innerhalb der Siebentagefrist durch das Geldinstitut an den Gläubiger ist dem Schuldner gegenüber unwirksam (§ 55 Abs. 3 SGB I). Der Schuldner kann somit vom Geldinstitut nochmalige Zahlung fordern.

Die Frage, inwieweit bei einem Pfändungs- und Überweisungsbeschluss die Voraussetzungen des § 55 Abs. 2 SGB I (Nachweis des Schuldners, dass das Guthaben von der Pfändung nicht erfasst ist) vorliegen, ist nicht im Vollstreckungsverfahren, sondern in einem Rechtsstreit zwischen dem Schuldner und seinem Geldinstitut zu klären.[45]

Verfügungen des Schuldners innerhalb der Siebentagefrist dürfen bei Vorliegen einer Pfändung vom Geldinstitut nur ausgeführt werden, wenn der Schuldner z. B. durch Vorlage des Rentenbescheids nachweist, dass das Guthaben durch Einzahlung einer Sozialleistung entstanden, also von der Pfändung nicht erfasst ist.

---

[45] LG Heilbronn, JurBüro 1994, 610.

Hat der Schuldner nach Ablauf der Siebentagefrist die Sozialleistungen von seinem Konto noch nicht abgehoben, dann bleibt das Guthaben insoweit weiterhin unpfändbar, als der Anspruch auf die Sozialleistung nach § 53 Abs. 3 SGB I i. V. m. §§ 850c ff. ZPO unpfändbar wäre (siehe unter Rn. 577, 623).

Das gilt allerdings nur für den Betrag, der auf die Zeit von der Pfändung bis zum nächsten Zahlungstermin entfällt (§ 55 Abs. 4 SGB I). Dieser Schutz nach Ablauf der Siebentagefrist tritt jedoch nicht automatisch ein, sondern er muss für den Fall der Pfändung vom Schuldner beantragt (§ 850 k ZPO) oder mit dem Rechtsbehelf der Erinnerung geltend gemacht werden.[46]

579   Unpfändbar sind **Barmittel, die aus Miet- oder Pachtzinszahlungen herrühren** insoweit, als der Schuldner die Beträge zur laufenden Unterhaltung des Grundstücks, zur Vornahme notwendiger Instandsetzungsarbeiten sowie zur Befriedigung von Ansprüchen braucht, die bei einer Zwangsvollstreckung in das Grundstück dem Anspruch des Gläubigers gemäß § 10 ZVG (siehe hierüber Rn. 501) vorgehen würden (§ 851b ZPO).

Ob § 851b ZPO auch Pfändungsschutz für Untermietzinsen gewährt, ist umstritten.[47]

8.3.3 Dienstkleidung und Dienstausrüstung

580   Mit Dienst ist der öffentliche Dienst gemeint.[48] Unpfändbar sind demnach z. B. Polizeiuniformen, Richterroben etc. Auch die zur Ausübung des Berufs erforderlichen Gegenstände einschließlich angemessener Kleidung sind unpfändbar bei: Geistlichen, Rechtsanwälten, Notaren und Ärzten und Hebammen. Ob der PKW eines Berufsträgers pfändbar ist, hängt von den Umständen des Einzelfalles ab. Auch ein Stadtarzt, der Hausbesuche machen muss, kann sich auf die Unpfändbarkeit des PKWs berufen.[49] Ein Hautarzt mit Praxis und Wohnung im Innenstadtbereich einer Großstadt kann sich demgegenüber nicht auf Pfändungsschutz gemäß § 811 Abs. 1 Nr. 7 ZPO berufen.[50]

---

[46] So BGH, MDR 2007, 608 und Stöber, Rn. 1439i.

[47] Bejahend, soweit der Untermietzins auf den entsprechenden Teil der Hauptmiete entfällt, OLG München, MDR 1957, 10; verneinend Stöber, Rn. 247 m. w. N.

[48] S. Thomas/Putzo-Hüßtege, § 811 Rn. 31.

[49] So Pardey, DGVZ 1987, 180; Thomas/Putzo/Hüßtege, § 811 Rn. 31.

[50] So FG Bremen, Beschl. v. 12.11.1993 – 2 93 324 V 2, EFG 1994, 334 f.

8.3.4 Einrichtungsgegenstände in möblierten Zimmern

581 In möbliert vermieteten Zimmern sind die Einrichtungsgegenstände unpfändbar, wenn der Vermieter dem Mieter persönlich die Reinigung und Aufwartung besorgt und seinen Verdienst nicht überwiegend aus der Kapitalnutzung der Möbel zieht (§ 811 Abs. 1 Nr. 5 ZPO).

8.3.5 Eisenbahnbetriebsmittel

582 Die Fahrbetriebsmittel der Eisenbahn, welche Personen oder Güter im öffentlichen Verkehr befördern, sind von der ersten Einstellung in den Betrieb bis zur endgültigen Ausscheidung aus den Beständen der Pfändung nicht unterworfen (Ausnahme: Konkursfall; Gesetze vom 03.05.1886 und 07.04.1934 — RGBl 1886, 86, 131 und 1934 II, 911).

8.3.6 Fernsehgeräte

583 Farbfernsehgeräte werden inzwischen in der Regel als unpfändbar angesehen, weil sie heute bescheidener Lebensführung dienen.

Bei hohem Wert des Geräts kann die Unpfändbarkeit durch die Möglichkeit der Austauschpfändung (Rn. 553 ff.) eingeschränkt sein. Die Pfändung eines Farbfernsehgerätes ist selbst dann nicht möglich, wenn dem Schuldner ein internetfähiger Computer zur Verfügung steht.[51] Derzeit werden Videorecorder, CD- und Kassettenabspielgeräte noch als pfändbar angesehen.[52] In diesen Fällen wird allerdings in der Regel eine Pfändung unterbleiben, weil derartige Gegenstände erfahrungsgemäß nicht zu einem nennenswerten Erlös führen.

8.3.7 Gartenhäuser, Wohnlauben und Wohnwagen

584 Diese sind ohne Rücksicht auf ihre Größe und die Art ihrer Verbindung mit dem Boden unpfändbar, wenn der Schuldner oder seine Familie ihrer zur ständigen Unterkunft bedarf (§ 811 Abs. 1 Nr. 1 ZPO).[53]

---

[51] Vgl. Thomas/Putzo/Hüßtege, § 811 Rn. 8.

[52] So Thomas/Putzo/Hüßtege, § 811 Rn. 9.

[53] Zum Begriff des Gartenhauses siehe OLG Celle, NdsRpfl 1952, 86 und OLG Hamburg, DGVZ 1951, 166.

8.3.8 Haushaltsgegenstände

585 Unpfändbar sind die dem tatsächlich bestehenden Haushalt dienenden Sachen, insbesondere Haus- und Küchengeräte, soweit der Schuldner ihrer zu einer angemessenen bescheidenen Lebenshaltung und Haushaltsführung bedarf (§ 811 Abs. 1 Nr. 1 ZPO). Dies ist dann der Fall, wenn er andere entsprechende Gegenstände zur Haushaltsführung tatsächlich nicht zur Verfügung hat, auch wenn diese nicht in seinem Eigentum stehen.[54] Unentbehrlich im strengen Sinne brauchen die geschützten Gegenstände nicht zu sein.[55] Im Einzelfall kann eine **Austauschpfändung** nach den unter Rn. 553 gemachten Ausführungen in Frage kommen. Wegen der Rechtslage, die dann besteht, wenn der Gläubiger den Gegenstand pfänden will, an dem ihm noch ein Eigentumsvorbehalt zusteht oder der ihm vom Schuldner zur Sicherung übereignet worden ist, siehe die Ausführungen unter Rn. 575.

586 Gegenstände, die zum gewöhnlichen Hausrat gehören und im Haushalt (nicht im Gewerbe) des Schuldners gebraucht werden, insbesondere Betten (nicht auch Bettvorlagen), Kinderwagen, Kleiderschrank, Koffer, Küchengerät, Stühle, Tische usw. sollen nicht gepfändet werden, wenn ohne Weiteres ersichtlich ist, dass durch ihre Verwertung nur ein Erlös erzielt werden würde, welcher zu dem Wert außer allem Verhältnis steht (§ 812 ZPO).[56]

8.3.9 Hochseekabel

587 Hochseekabel waren unpfändbar (§ 31 des Kabelpfandgesetzes vom 31.03.1925 — RGBl. I, 37). Das Kabelpfandgesetz ist seit 01.01.1995 außer Kraft, so dass Hochseekabel seitdem pfändbar sind.

8.3.10 Kleidungsstücke

588 Diese sind unpfändbar in gleichem Umfang wie Haushaltsgegenstände (Rn. 585). Ferner sind unpfändbar angemessene Kleidung bei Ärzten (auch Zahn- und Tierärzten), öffentlichen Beamten, Geistlichen anerkannter Religionsgemeinschaften, Hebammen, Rechtsanwälten, Rechtsbeiständen und Patentanwälten, soweit sie

---

[54] Vgl. OLG Celle, JurBüro 1969 Sp. 362.

[55] Kühlschränke und Waschmaschinen werden inzwischen allgemein als unpfändbar angesehen.

[56] Zur Anwendung des § 812 ZPO über Unterlassung der Pfändung geringwertigen Hausrates siehe Werne, DGVZ 1968, 155.

zur Ausübung des Berufs erforderlich sind. Bei diesen Personen sind darüber hinaus unpfändbar alle anderen zur Ausübung des Berufs erforderlichen Gegenstände (z. B. Kraftwagen eines Landarztes; § 811 Abs. 1 Nr. 7 ZPO).

8.3.11 Landwirtschaftliche Vermögenswerte

589 Bei Personen, die Landwirtschaft betreiben (Ackerbau, Gärtnerei, Forstwirtschaft, Viehzucht, Fischzucht, Weinbau, Obstbau, unter gewissen Voraussetzungen auch Geflügelzucht, Imkerei, Pilzzucht im Keller), sind unpfändbar das zum Wirtschaftsbetrieb erforderliche Gerät und Vieh nebst dem nötigen Dünger, sowie die landwirtschaftlichen Erzeugnisse, soweit sie zur Sicherung des Unterhalts des Schuldners, seiner Familie und seiner Arbeitnehmer oder zur Fortführung der Wirtschaft bis zur nächsten Ernte gleicher oder ähnlicher Erzeugnisse erforderlich sind (§ 811 Abs. 1 Nr. 4 ZPO).[57] Die Erzeugnisse dagegen, die nur mittelbar für den Betrieb durch Investierung ihres Verkaufserlöses Verwendung finden sollen, werden überwiegend als pfändbar angesehen.

Bei Arbeitnehmern in landwirtschaftlichen Betrieben sind unpfändbar die ihnen als Vergütung gelieferten Naturalien, soweit der Schuldner ihrer zu seinem und seiner Familie Unterhalt bedarf (§ 811 Abs. 1 Nr. 4a ZPO).

Früchte auf dem Halm können gepfändet werden, solange nicht ihre Beschlagnahme im Wege der Zwangsvollstreckung in das unbewegliche Vermögen erfolgt ist. Die Pfändung darf nicht früher als einen Monat vor der gewöhnlichen Zeit der Reife erfolgen (§ 810 ZPO). Dies trifft auf solche Früchte zu, die periodisch geerntet werden wie Getreide, Kartoffeln, Obst, nicht dagegen Holz und Bodenbestandteile. Unpfändbar sind die Früchte im Rahmen des § 811 Nr. 2 — 4 ZPO (siehe darüber Rn. 592 und 594). Die Versteigerung gepfändeter, vom Boden noch nicht getrennter Früchte ist erst nach der tatsächlichen Reife zulässig. Sie kann vor oder nach der Trennung der Früchte erfolgen. Im letzteren Fall hat der Gerichtsvollzieher die Aberntung bewirken zu lassen (§ 824 ZPO).[58]

---

[57] Zum Pfändungsschutz der Landwirte ausführlich Diedrich, Agrarrecht-Zeitschrift 1992, 124 ff.

[58] Ein Gläubiger, der ein Recht auf Befriedigung aus dem Grundstück hat (siehe Rn. 501), kann der Pfändung nach Maßgabe des § 771 ZPO widersprechen, sofern nicht die Pfändung für einen im Falle der Zwangsvollstreckung in das Grundstück vorgehenden Anspruch erfolgt (§ 810 Abs. 2 ZPO). Siehe zur Pfändung von Früchten auf dem Halm auch Noack, Rpfleger 1969, 113. Zur Unpfändbarkeit landwirtschaftlicher Erzeugnisse siehe Walbaum, RdL 1969, 230, ferner OLG Celle, MDR 1962, 139. Zur Pfändbarkeit von Getreide auf dem Halm des Landpächters nach Abtretung seines Aneignungsrechts siehe Richert, JurBüro 1970, 567.

8.3.12 Manuskripte

590 Manuskripte und dergleichen sind unpfändbar (§§ 28, 29, 112–119 des Gesetzes über Urheberrecht und verwandte Schutzrechte vom 09.09.1965 — BGBl. I, 1273 mit Einzelheiten).

8.3.13 Radiogeräte

591 Ein einfaches Radio ist unpfändbar, nicht aber ein Zweitgerät. Bei wertvolleren Geräten kann Austauschpfändung (Rn. 553) in Frage kommen (§§ 811 Abs. 1 Nr. 1, 811a, 811b ZPO).[59]

8.3.14 Vieh und Kleintiere

592 Kleintiere (Hühner, Gänse, Enten) in beschränkter Zahl sowie eine Milchkuh oder nach Wahl des Schuldners statt einer solchen insgesamt zwei Schweine oder Ziegen oder Schafe sind unpfändbar, wenn diese Tiere für die Ernährung des Schuldners, seiner Familie oder Hausangehörigen, die ihm im Haushalt, in der Landwirtschaft oder im Gewerbe helfen, erforderlich sind; ferner die zur Fütterung und zur Streu auf vier Wochen erforderlichen Vorräte oder, soweit solche Vorräte nicht vorhanden sind und ihre Beschaffung für diesen Zeitraum auf anderem Wege nicht gesichert ist, der zu ihrer Beschaffung erforderliche Geldbetrag (§ 811 Nr. 3 ZPO).[60] Zuchtstuten sind dagegen pfändbar.[61]

593 Unpfändbar sind auch nicht zu Erwerbszwecken im häuslichen Bereich gehaltene **Hunde und andere Tiere** (§ 811c Abs. 1 ZPO). Auf Antrag des Gläubigers **kann** das Vollstreckungsgericht eine Pfändung wegen des hohen Werts des Tieres (z. B. Rassehund) zulassen, wenn die Unpfändbarkeit für den Gläubiger eine Härte bedeuten würde, die auch unter Würdigung der Belange des Tierschutzes und der be-

---

[59] Zur Pfändbarkeit eines Farbfernsehers, wenn der Schuldner daneben ein Radio besitzt, siehe LG Wiesbaden, DGVZ 1994, 43 und LG Gera, DGVZ 2001, 9.

[60] Kleintiere sind unter obigen Voraussetzungen auch dann unpfändbar, wenn der Schuldner die Tiere lediglich zum Schlachten hält. Der Umstand, dass der Schuldner die Pflege der Tiere einem Dritten übertragen hat, steht der Unpfändbarkeit nicht entgegen (OLG Celle, DGVZ 1968, 133). Zur Unpfändbarkeit einer Kuh, die zum Wirtschaftsbetrieb des Schuldners gehört, siehe AG Lörrach, DGVZ 1968, 59.

[61] LG Oldenburg DGVZ 1980, 170.

rechtigten Interessen des Schuldners nicht zu rechtfertigen ist (§ 811c Abs. 2 ZPO). Die Pfändung eines Hundes kann im Hinblick auf das hohe Alter des Schuldners eine Härte darstellen, die mit den guten Sitten nicht vereinbar ist.[62]

8.3.15 Verschiedene sonstige unpfändbare Sachen

594 Folgende Sachen sind der Pfändung ebenfalls nicht unterworfen (§ 811 ZPO):

1. Die zum Betrieb einer **Apotheke** unentbehrlichen Geräte, Gefäße und Waren, § 811 Abs. 1 Nr. 9 ZPO.
2. Die für den Schuldner und seine Familie sowie seine Hausangehörigen, welche ihm im Haushalt helfen, auf vier Wochen erforderlichen **Nahrungs-, Feuer- und Beleuchtungsmittel** oder, soweit solche Vorräte auf zwei Wochen nicht vorhanden sind und ihre Beschaffung für diesen Zeitraum nicht auf anderem Wege (durch bevorstehende Zahlungen) gesichert ist, der zur Beschaffung erforderliche Geldbetrag (§ 811 Abs. 1 Nr. 2 ZPO). Bedürfnisse eines bestehenden Gewerbebetriebs scheiden bei der Bemessung aus.
3. Die zur unmittelbaren Verwendung für die **Bestattung** bestimmten Gegenstände, wozu ein **Grabstein** nicht zählt (§ 811 Abs. 1 Nr. 13 ZPO).[63]
4. Die zum Gebrauch des Schuldners und seiner Familie bestimmten **Brillen** (§ 811 Abs. 1 Nr. 12 ZPO).
5. **Bücher,** die zum Gebrauch des Schuldners und seiner Familie in der Kirche oder Schule oder in einer sonstigen (öffentlichen oder privaten) Unterrichtsanstalt (auch Universität, Konservatorium) oder bei der häuslichen Andacht bestimmt sind, und die in Gebrauch genommenen **Haushalts- und Geschäftsbücher** (§ 811 Abs. 1 Nr. 10, 11 ZPO).
6. **Familienpapiere** (§ 811 Abs. 1 Nr. 11 ZPO).
7. **Futtermittel,** siehe unter „Vieh und Kleintiere" (Rn. 592).
8. **Künstliche Gliedmaßen,** soweit sie zum Gebrauch des Schuldners oder seiner Familie bestimmt sind, § 811 Abs. 1 Nr. 12 ZPO (Krücken, Rollstuhl usw.).[64]

---

[62] LG Heilbronn, DGVZ 1980, 111.

[63] Insbesondere darf ihn der Hersteller, der ihn unter Eigentumsvorbehalt geliefert hat, pfänden (BGH, MDR 2006, 534), siehe dazu Zöller/Stöber, § 811 ZPO Rn. 37.

[64] Das LG Köln, MDR 1964, 604 hat in diesem Sinne auch den VW-Kraftwagen eines Kriegsversehrten als unpfändbar angesehen, ohne Rücksicht darauf, dass zwischen dem Wohnort des Schuldners und seinem Arbeitsplatz eine Omnibusverbindung besteht (siehe auch Rn. 574).

9. **Trauringe** (bei Verlobungsringen umstritten), **Orden und Ehrenzeichen** (§ 811 Abs. 1 Nr. 11 ZPO).
10. **Uniformen** und Dienstausrüstungsgegenstände, soweit sie zum Gebrauch des Schuldners bestimmt sind (§ 811 Abs. 1 Nr. 7 ZPO).
11. **Wäsche,** siehe „Kleidungsstücke" (Rn. 588).

8.4 ABC der – teilweise – unpfändbaren Forderungen und ähnlicher Ansprüche

8.4.1 Abgeordnetenbezüge (Diäten)

595   Ein Mitglied des Bundestages erhält gemäß § 11 Abs. 1 Satz 2 Abgeordnetengesetz (AbgG) eine Abgeordnetenentschädigung in Höhe von derzeit 8.252,00 EUR. Darüber hinaus erhält er gemäß § 12 Abs. 1 AbgG zur Abgeltung seiner durch das Mandat veranlassten Aufwendungen eine Aufwandsentschädigung.

Der Anspruch auf die Abgeordnetenentschädigung gemäß § 11 AbgG ist gemäß § 31 Satz 3 AbgG nur zur Hälfte übertragbar und daher auch nur zur Hälfte pfändbar.

Der Anspruch auf Aufwandsentschädigung gemäß § 12 AbgG ist gemäß § 31 Satz 2 AbgG nicht übertragbar und daher auch nicht pfändbar.

8.4.2 Arbeitseinkommen und ähnliche Bezüge

596   Der dafür teilweise bestehende Pfändungsschutz ist wegen seiner großen Bedeutung in einem besonderen Abschnitt (Rn. 618 ff.) dargestellt.

Bei bereits ausgezahltem Arbeitseinkommen siehe Rn. 577.

8.4.3 Baugeldforderungen

597   Sondervorschriften gelten für den Vollstreckungszugriff auf Baugeld (vgl. Rn. 471).[65]

---

[65] Eingehend dazu Bauer, Die Zwangsvollstreckung in Baugelder, JurBüro 1963, 65.

8.4.4 Bergmannsprämien

598 Sie sind unpfändbar (§ 5 Bergm. Prämiengesetz i. d. F. vom 12.05.1969, BGBl. I, 434 i. V. m. § 851 Abs. 1 ZPO).[66] Dagegen ist das Abfindungsgeld nach §§ 24 ff. des Gesetzes zur Anpassung und Gesundung des deutschen Steinkohlenbergbaus und der deutschen Steinkohlenbergbaugebiete vom 15.05.1968, BGBl. I, 365, das von der Bundesanstalt für Arbeit gezahlt wird, normal pfändbar.

Unpfändbar ist grundsätzlich der Anspruch des Bergmanns auf Deputatkohle. Jedoch kommt Zusammenrechnung mit Arbeitseinkommen nach den Ausführungen bei Rn. 630 in Betracht.

8.4.5 Blindenzulagen

599 Diese Zulagen — auch das Blindenpflegegeld — sind unpfändbar (§ 850a Nr. 8 ZPO).[67] Auch Unterhaltsgläubigern ist die Pfändung nicht gestattet, da Blindenzulagen in § 850d ZPO nicht aufgeführt sind.

8.4.6 Erbrechtliche Ansprüche

600 S. dazu die Ausführungen Rn. 345 ff.

8.4.7 Familienrechtliche Ansprüche

601 Das Recht auf Ausgleich des Zugewinns, das bei Bestehen des gesetzlichen Güterstandes der Zugewinngemeinschaft (nicht auch bei den anderen Güterrechten; siehe dazu Rn. 523) einem Ehegatten gegen den anderen bei Auflösung der Ehe durch Scheidung (u. U. auch durch Tod eines Ehegatten) mit Beendigung des Güterstandes erwächst, ist — wie ein Pflichtteilsanspruch (siehe Rn. 361) — der Pfändung nur unterworfen, wenn der Anspruch durch Vertrag anerkannt oder rechtshängig geworden ist (§ 852 Abs. 3 ZPO, §§ 1371 ff. BGB).

Der Anteil eines Ehegatten am ehelichen Gesamtgut bei Gütergemeinschaft sowie der Abkömmlinge bei fortgesetzter Gütergemeinschaft (siehe darüber Rn. 525,

---

[66] AG Essen, Rpfleger 1956, 314.
[67] Vgl. näher Zöller/Stöber, § 850a ZPO Rn. 15.

526) ist unpfändbar. Mit der Beendigung der Gemeinschaft wird der Anspruch allerdings pfändbar. Zuvor ist er auch nicht als künftiges Recht pfändbar (§ 860 ZPO, §§ 1416, 1485 BGB).

Der **Taschengeldanspruch** einer Ehefrau gegen ihren Ehemann (oder auch umgekehrt) ist pfändbar.[68] Ausführlich dazu Rn. 749 ff.

8.4.8 Gemeinschaften

602 Besteht eine Bruchteilsgemeinschaft nur an einem Grundstück, so ist eine Pfändung des Anteils des Schuldners unzulässig. Der Gläubiger kann hier aber unmittelbar die Zwangsversteigerung des Bruchteils seines Schuldners bzw. des ganzen Grundstücks betreiben oder auf dem Bruchteil seines Schuldners eine Zwangshypothek eintragen lassen (§§ 864 Abs. 2, 866 ZPO Rn. 516).[69]

8.4.9 Genossenschaftsanteile

603 Bei Genossenschaften ist zu unterscheiden: Bei der Zwangsvollstreckung gegen eine Genossenschaft als Schuldnerin sind die Ansprüche der Genossenschaft gegen die Genossen auf Einzahlung von Geschäftsanteilen unpfändbar.

Bei der Zwangsvollstreckung gegen den Genossen als Schuldner darf der Gläubiger gemäß § 66 Abs. 1 Satz 1 GenG das Kündigungsrecht des Genossen an dessen Stelle ausüben, wenn innerhalb der letzten sechs Monate eine Zwangsvollstreckung in das Vermögen des Mitglieds fruchtlos verlaufen ist. Der Anteil des Genossen am Genossenschaftsvermögen ist dann von der Pfändung umfasst.

8.4.10 Heimkehrerentschädigung

604 Für Heimkehrer ergeben sich Schutzbestimmungen aus §§ 26, 26a des Heimkehrergesetzes vom 19.06.1950 (BGBl. I, 221) i. d. F. des Ersten Änderungs- und Ergän-

---

[68] Vgl. zu einem lehrreichen Fall der Taschengeldpfändung, in dem ein nachrangiger Gläubiger zum Zuge kam, OLG Hamm, FamRZ 1985, 407; vgl. auch BGH, Urteil vom 12.12.2012 – XII ZR 43/11, NJW 2013, 686 ff.

[69] Zur Zwangsvollstreckung in Bruchteilseigentum siehe insbesondere Furtner, NJW 1969, 871.

zungsgesetzes vom 30.10.1951 (BGBl. I, 875) und des Zweiten Änderungs- und Ergänzungsgesetzes vom 17.08.1953 (BGBl. I, 931).[70]

8.4.11 Kindergeld

605 Der Anspruch auf Kindergeld ist in §§ 62 ff. EStG geregelt. Der Anspruch auf Kindergeld kann gemäß § 76 Satz 1 EStG nur wegen gesetzlicher Unterhaltsansprüche eines Kindes, das bei der Festsetzung des Kindergeldes berücksichtigt wird, gepfändet werden.

Wird Kindergeld auf das Konto des Berechtigten oder auf das Konto des Kindes bei einem Kreditinstitut überwiesen, ist die Forderung, die durch Gutschrift entsteht, für die Dauer von vierzehn Tagen seit Gutschrift der Überweisung gemäß § 76a Abs. 1 Satz 1 EStG unpfändbar. Eine Pfändung des Guthabens gilt als mit der Maßgabe ausgesprochen, das sie das Guthaben in Höhe der Forderung während der vierzehn Tage nicht erfasst, § 76a Abs. 1 Satz 2 EStG.

Pfändungsschutz für Kontoguthaben besteht gemäß § 76a Abs. 5 Satz 1 EStG nicht, wenn der Schuldner ein Pfändungsschutzkonto im Sinne von § 850k Abs. 7 ZPO führt.

8.4.12 Kostenerstattungsansprüche

605a Sowohl im Zivilprozess (§§ 91 ff. ZPO), als auch im Strafprozess (§§ 464 ff. StPO) und im Verfahren der freiwilligen Gerichtsbarkeit (§ 13a FGG) erhält die obsiegende Partei bzw. ein Beteiligter einen Anspruch auf Kostenerstattung gegen die Gegenpartei zugesprochen. Dieser Anspruch entsteht z. B. im Zivilprozess bereits mit der Klageeinreichung.[71]

Er kann ab diesem Zeitpunkt als vermögensrechtlicher Anspruch gepfändet werden. Drittschuldner ist im Zivilprozess die Gegenpartei, im Strafprozess die Staatskasse gegenüber dem freigesprochenen Angeklagten (§§ 467 ff. StPO), im FGG-Verfahren der andere Beteiligte.

Nach Erlass einer entsprechenden Kostenentscheidung durch das Gericht ist der pfändende Gläubiger befugt, einen Kostenfestsetzungsbeschluss gegen den

---

[70] S. Haegele, Justiz 1953, 250; Riedel, NJW 1955, 1705.
[71] BGH, NJW 1975, 329.

Drittschuldner zu beantragen. Der Anspruch auf Erstattung der Prozesskosten kann jedoch nur aufgrund eines Vollstreckungstitels geltend gemacht werden (§ 103 Abs. 1 ZPO). Dieser Titel muss auf den pfändenden Gläubiger umgeschrieben werden (§ 727 ZPO).[72]

Ist ein Kostenfestsetzungsbeschluss zugunsten des Schuldners bereits ergangen, kann der Gläubiger vollstreckbare Ausfertigung nach § 727 ZPO verlangen.[73]

8.4.13 Kriegsgefangenenentschädigung

606   Der Anspruch auf Kriegsgefangenenentschädigung nach § 6 des Kriegsgefangenen-Entschädigungsgesetzes i. d. F. vom 02.09.1971 (BGBl. I, 1545) unterliegt in der Person des unmittelbar Berechtigten nicht der Zwangsvollstreckung.

8.4.14 Landwirtschaftliche Ansprüche

607   Die Pfändung von Forderungen, die einem die Landwirtschaft betreibenden Schuldner (siehe dazu Rn. 589) aus dem Verkauf von landwirtschaftlichen Erzeugnissen zustehen, ist auf seinen Antrag vom Vollstreckungsgericht soweit aufzuheben, als die Einkünfte zum Unterhalt des Schuldners, seiner Familie und seiner Arbeitnehmer oder zur Aufrechterhaltung einer geordneten Wirtschaftsführung unentbehrlich sind. Die Pfändung soll von vornherein unterbleiben, wenn offenkundig ist, dass die vorstehenden Voraussetzungen vorliegen (§ 851a ZPO; wegen Kostentragung siehe § 788 Abs. 3 ZPO).[74]

Rentenansprüche nach der Gesetzgebung über die Altershilfe im Bereich der Landwirtschaft können nur nach Maßgabe des § 54 SGB I (siehe Rn. 613) gepfändet werden.[75]

---

[72] Näher dazu Zöller/Schneider, § 103 ZPO Rn. 3.
[73] OLG Hamburg, JurBüro 1983, 291.
[74] S. zu dieser Vorschrift Noack, DGVZ 1968, 129.
[75] So OLG Schleswig, JurBüro 1965 Sp. 88.

8.4.15 Lastenausgleichsansprüche

608 Der Anspruch auf die Hauptentschädigung (§§ 243 ff. LAG — i. d. F. vom 01.10.1969 — BGBl. I, 1909) kann in der Person des Geschädigten nicht gepfändet werden. Geschützt sind nur der unmittelbar Geschädigte und dessen Erben in dem aus § 229 LAG ersichtlichen Personenkreis, falls der Erbfall vor dem 01.04.1952 eingetreten ist. Ist der Erbfall nach dem 31.03.1952 eingetreten, so sind die Erben des Geschädigten nicht geschützt. Pfändungsschutz besteht auch nicht für Personen, an die der Anspruch auf Hauptentschädigung abgetreten worden ist (§ 244 LAG).

Der in der Form der Unterhaltshilfe oder der Entschädigungsrente bestehende Anspruch auf Kriegsschadenrente (§§ 261 ff. LAG) ist nicht pfändbar. Dies gilt, vorbehaltlich der Erstattungspflicht nach §§ 290, 350a LAG, nicht für Beträge, die für einen in der Vergangenheit liegenden Zeitraum rechtskräftig bewilligt worden sind. Derartige Nachzahlungen, die aber vielfach von den Sozialbehörden in Anspruch genommen werden, auf die sie nach § 292 Abs. 3 LAG übergegangen sind, sind jedoch erst von der rechtskräftigen Bewilligung an pfändbar (§ 262 LAG).

Der Anspruch auf Hausratentschädigung (§§ 293 ff. LAG) kann nicht gepfändet werden. Das Pfändungsverbot gilt nicht nur zugunsten des unmittelbar Geschädigten, es erstreckt sich auch auf seine Erben, auf die sich der Anspruch auf Hausratentschädigung im Rahmen des § 294 LAG vererbt (§ 294 LAG).

Ein Ausgleichsguthaben nach dem Gesetz über einen Währungsausgleich für Sparguthaben Vertriebener vom 27.03.1952 in der Fassung vom 01.12.1965 (BGBl. I, 2059) kann bereits gepfändet werden. Entschädigungsansprüche nach dem Altsparergesetz vom 14.07.1953 (BGBl. I, 495) mit Änderungen können gepfändet werden.

Eingliederungsdarlehen, Aufbau- und Arbeitsplatzdarlehen nach §§ 253 bis 260 LAG, Wohnraumhilfe nach §§ 298–300 LAG und Leistungen aus dem Härtefonds oder aufgrund sonstiger Förderungsmaßnahmen nach §§ 301–303 LAG können vor der Gewährung nicht gepfändet werden.[76]

Ausgezahlte Lastenausgleichsentschädigungen können gepfändet werden.[77]

---

[76] Berner, Rpfleger 1954, 21; Haegele, RLA 1955, 19, 39; Stöber, Rn. 183 ff.
[77] OLG Hamburg, Rpfleger 1957, 83.

8.4.16 Lebensversicherungen

609 Siehe dazu die Ausführungen bei Rn. 417 ff.

8.4.17 Miet- und Pachtzinsen

610 Einkünfte aus Vermietung und Verpachtung sind außerhalb des von § 851b ZPO umfassten Bereichs grundsätzlich uneingeschränkt pfändbar. [78]

Die Pfändung in Miet- und Pachtzinsen ist nach § 851b ZPO auf Antrag des Schuldners vom Vollstreckungsgericht insoweit aufzuheben, als diese Einkünfte für den Schuldner zur laufenden Unterhaltung des Grundstücks, zur Vornahme notwendiger Instandsetzungsarbeiten und zur Befriedigung von Ansprüchen unentbehrlich sind, die bei einer Zwangsvollstreckung in das Grundstück dem Anspruch des Gläubigers nach der hierfür maßgebenden Rangordnung (siehe § 10 ZVG; dazu Rn. 501) vorgehen würden. Die Pfändung soll überhaupt unterbleiben, wenn offenkundig ist, dass die vorstehenden Voraussetzungen für die Aufhebung der Zwangsvollstreckung vorliegen. Unentbehrlichkeit in vorstehendem Sinne ist nicht gegeben, wenn dem Schuldner für die genannten Zwecke andere Mittel zur Verfügung stehen.

Das Gleiche gilt für die Pfändung von Guthaben, die aus Miet- oder Pachtzinsen herrühren und die der Schuldner zu den vorbezeichneten Zwecken braucht (§ 851b ZPO, wegen Kostentragung siehe § 788 Abs. 3 ZPO).

Die Forderung des Hauptmieters gegen seine Untermieter ist grundsätzlich pfändbar.

Bei Vergütungen, die für die Gewährung von Wohngelegenheit (Untermiete) oder eine sonstige Sachbenutzung geleistet werden, ist jedoch — wenn die Vergütung zu einem nicht unwesentlichen Teil als Entgelt für neben der Sachbenutzung gewährte Dienstleistung anzusehen ist — dem Schuldner auf Antrag so viel zu belassen, wie er während eines angemessenen Zeitraums für seinen notwendigen Unterhalt und den seines Ehegatten, seines früheren Ehegatten, seiner unterhaltsberechtigten Verwandten benötigt (§ 850i Abs. 2 ZPO).[79]

---

[78] BGH, MDR 2005, 650.
[79] Zur Pfändbarkeit von Wohngeld vgl. Rn. 613.

8.4.18 Nichteheliche Lebensgemeinschaft

611 Solange die nichteheliche Lebensgemeinschaft besteht, werden erbrachte Leistungen der Partner nicht als ausgleichspflichtig angesehen. Ein pfändbarer Ausgleichsanspruch besteht in dieser Zeit nicht. Bei Auflösung der Lebensgemeinschaft kann ein Ausgleichsanspruch bestehen, der pfändbar ist.[80]

8.4.19 Pflegegeld

611a Es ist zu **unterscheiden**, ob sich die Forderungspfändung gegen den **Pflegebedürftigen** oder gegen die **Pflegeperson** richtet.

1. Ansprüche auf Pflegegeld sind bei der Vollstreckung gegen den Pflegebedürftigen unpfändbar. Für das **gesetzliche Pflegegeld** folgt dies aus § 54 Abs. 3 Nr. 3 SGB I („Geldleistungen, die dafür bestimmt sind, den durch einen Körper- oder Gesundheitsschaden bedingten Mehraufwand auszugleichen"). Grund ist die Zweckbindung für Ausgleich des Mehrbedarfs. Pfändungsverbot auch **bei Beamten** (§ 51 Abs. 3 Beamtenversorgungsgesetz) und **Blinden** (§ 850a Nr. 8 ZPO). **Vertragliches Pflegegeld** von privaten Pflegeversicherern ist nach § 850b Abs. 2 ZPO i. V. m. dem Rechtsgedanken aus § 54 Abs. 3 SGB I (Zweckbindung!) ebenfalls unpfändbar.
2. Bei Vollstreckung gegen Pflegepersonen wird das Pflegegeld gemäß § 850a Nr. 6 ZPO („Erziehungsgelder, Studienhilfe und **ähnliche Bezüge**") als unpfändbar angesehen.[81]

8.4.20 Renten und ähnliche Bezüge bestimmter Art

612 Nur unter gewissen Voraussetzungen sind **Renten** pfändbar, die **wegen einer Verletzung des Körpers oder der Gesundheit** zu entrichten sind, **Unterhaltsrenten**, die auf gesetzlicher Vorschrift beruhen, sowie die wegen Entziehung einer solchen Forderung infolge Tötung des Unterhaltspflichtigen durch Verschulden eines Dritten zu entrichtenden Renten, fortlaufende Einkünfte, die ein Schuldner aus Stiftungen oder sonst aufgrund der Fürsorge und Freigebigkeit eines anderen oder aufgrund eines Altenteils- oder Auszugsvertrags bezieht, schließlich fortlaufende Bezüge aus

---

[80] S. BGH, NJW-RR 1996. 1473; NJW 1992, 906 = MDR 1992, 679; NJW 1991, 830 = MDR 1991, 514.

[81] Fundstellen: Sauer/Meiendresch, NJW 1996, 765; MüKo/Smid, ZPO, Rn. 18 zu § 850a; Stein/Jonas, ZPO, Rn. 32 zu § 850a; LG Hannover, JurBüro 1979, 1393.

Witwen-, Waisen-, Hilfs- und Krankenkassen, die ausschließlich oder zu einem wesentlichen Teil zu Unterstützungszwecken gewährt werden (§ 850b ZPO). Bei Krankenversicherungen kommen aber nur private Versicherungen in Betracht. Hilfskassen sind insbesondere solche Kassen, die im Krankheits- oder Todesfall, bei Arbeitsunfähigkeit oder Arbeitslosigkeit oder bei sonstiger Bedürftigkeit Zusatzhilfe leisten.

Diese „bedingt pfändbaren" Bezüge können nach den für die Pfändung von Arbeitseinkünften bestehenden Vorschriften (Rn. 618) dann gepfändet werden, wenn die **Vollstreckung in das sonstige Vermögen des Schuldners**, wozu auch Forderungen gehören, **nicht zur vollständigen Befriedigung des Gläubigers geführt** hat oder voraussichtlich nicht führen wird und **wenn** nach den Umständen des Falls, insbesondere nach der Art des Anspruchs — Lieferungen zur Bestreitung von Lebensbedürfnissen kommen in erster Linie in Betracht — und der Höhe der Bezüge die **Pfändung der Billigkeit entspricht**[82] Die Pfändung muss durch das Vollstreckungsgericht auf entsprechend begründeten und glaubhaft gemachten Antrag des Gläubigers besonders zugelassen werden. Zu diesem Antrag soll der Schuldner — unter Setzung einer kurzen Frist — gehört werden (was sonst im Vollstreckungsverfahren vor Erlass eines Pfändungsbeschlusses nicht der Fall ist; § 834 ZPO).

Wer sich durch den ergangenen Beschluss benachteiligt fühlt, kann gegen ihn Erinnerung und sofortige Beschwerde (siehe Rn. 202) einlegen. Renten, die aufgrund von Versicherungsverträgen gewährt werden, wenn diese Verträge zur Versorgung des Versicherungsnehmers oder seiner unterhaltsberechtigten Angehörigen bestimmt sind, werden pfändungsschutzrechtlich wie Arbeitseinkommen (siehe Rn. 620) behandelt (§ 850 ZPO). Wegen Renten, die aufgrund von Sozialversicherungsgesetzen gewährt werden, siehe die Ausführungen Rn. 613.

8.4.21 Lebensversicherungen und private Altersrenten

612a   Lebensversicherungen und private Altersrenten, die in den Bereich des seit 31.03.2007 geltenden Gesetzes zum Pfändungsschutz der Altersvorsorge fallen, sind sowohl in der Ansparphase (§851 c ZPO) als auch in der Auszahlungsphase in bestimmtem Umfang gegen Pfändungen geschützt:

Der **Pfändungsschutz in der Ansparphase** setzt voraus, dass der Schuldner das angesparte Kapital für die Existenzsicherung im Alter benötigt und allein zu diesem Zweck verwendet. Er muss es endgültig und unwiderruflich für seine Alters-

---

[82] Vgl. dazu Zöller/Stöber, § 850b ZPO Rn. 12.

vorsorge angelegt haben und der Versicherungsvertrag muss vorsehen, dass der Schuldner die Leistungen daraus erst nach Vollendung seines 60. Lebensjahres oder bei Eintritt der Berufsunfähigkeit beanspruchen kann.[83]

Der Schuldner darf in der Ansparphase

- vom 18. bis zum vollendeten 29. Lebensjahr 2.000 EUR,
- vom 30. bis zum vollendeten 39. Lebensjahr 4.000 EUR,
- vom 40. bis zum vollendeten 49. Lebensjahr 4.500 EUR,
- vom 48. bis zum vollendeten 53. Lebensjahr 6.000 EUR,
- vom 54. bis zum vollendeten 59. Lebensjahr 8.000 EUR und
- vom 60. bis zum vollendeten 65. Lebensjahr 9.000 EUR jährlich,

insgesamt 238.000 EUR unpfändbar ansammeln (§ 851 c Abs. 2 ZPO)

In der **Auszahlungsphase** ist der monatliche, als Rente auszuzahlende Rentenbetrag im Rahmen eines Auszahlungsplans nach § 1 Abs. 1 Satz 1 Nr. 4 des Altersvorsorgeverträge-Zertifizierungsgesetzes aus steuerlich gefördertem Altersvorsorgevermögen wie Arbeitseinkommen pfändbar, d. h. er ist unter den Schutz der Lohnpfändungstabelle gestellt.

Nach § 173 VVG kann der Versicherungsnehmer einer Lebensversicherung jederzeit für den Schluss der laufenden Versicherungsperiode die Umwandlung der Versicherung in eine Versicherung, die den Anforderungen des § 851c Abs. 1 ZPO entspricht, verlangen.[84]

8.4.22 Sozialleistungen

613   Sozialleistungen (siehe zu diesem Begriff die Aufzählung bei Rn. 578) sind nur im Rahmen des § 54 SGB I pfändbar.

Danach gilt Folgendes:

Ansprüche auf **Dienst- oder Sachleistungen** können nicht gepfändet werden (§ 54 Abs. 1 SGB I).

---

[83] S. dazu die Bedingungen in § 851 c Abs. 1 ZPO.

[84] S. dazu ausführlich Stöber, Das Gesetz zum Pfändungsschutz der Altersvorsorge, NJW 2007, 1242 und Helwich, Pfändungsschutz der Alterssicherung Selbstständiger, JurBüro 2007, 286.

Ansprüche auf **einmalige Geldleistungen** können nur gepfändet werden, soweit nach den Umständen des Falls, insbesondere nach den Einkommens- und Vermögensverhältnissen des Leistungsberechtigten, der Art des beizutreibenden Anspruchs sowie der Höhe und der **Zweckbestimmung** der Geldleistung, die Pfändung der Billigkeit entspricht (§ 54 Abs. 2 SGB I). Dies gilt bei Renten- und Kapitalabfindungen, Sterbegeldern, Witwen- und Waisenbeihilfen sowie Beitragserstattungen.

Bei der Pfändung **laufender Sozialgeldleistungen** (Renten, Krankengeld, Arbeitslosengeld usw.) hat das Zweite Gesetz zur Änderung des Sozialgesetzbuchs vom 13.06.1994 einschneidende Änderungen gebracht.[85]

Generell unpfändbar (§ 54 Abs. 3 SGB I) sind nunmehr:

- **Erziehungsgeld** und vergleichbare Leistungen der Länder,
- **Mutterschaftsgeld** nach § 13 Abs. 1 Mutterschutzgesetz, soweit das Mutterschaftsgeld nicht aus einer Teilzeitbeschäftigung während des Erziehungsurlaubs herrührt oder an Stelle von Arbeitslosenhilfe gewährt wird, bis zur Höhe des Erziehungsgeldes nach § 5 Abs. 1 BundeserziehungsgeldG,
- Geldleistungen, die dafür bestimmt sind, den durch einen Körper- oder Gesundheitsschaden bedingten Mehraufwand auszugleichen.

Für normale Gläubiger ist ferner **unpfändbar** das **Kindergeld**. Es ist nur wegen gesetzlicher Unterhaltsansprüche der Kinder pfändbar (§ 54 Abs. 5 SGB I).

Wohngeld ist wegen seiner Zweckbindung für normale Gläubiger unpfändbar (§ 54 Abs. 3 Nr. 2a SGB I) und kann daher nicht mit Arbeitseinkommen zusammen gerechnet werden.

Für Ansprüche des Vermieters oder Darlehensgebers (s. §§ 5, 6 WoGG) ist das **Wohngeld** jedoch in vollem Umfang pfändbar.[86]

Alle sonstigen laufenden Sozialgeldleistungen sind jetzt **wie Arbeitseinkommen pfändbar** (§ 54 Abs. 4 SGB I). Entfallen ist die frühere Billigkeits- und Sozialhilfebedürftigkeitsprüfung. Die vor Jahren eingeführte Anhörungspflicht des Schuldners ist ebenfalls weggefallen. (Zur Zusammenrechnung mit Arbeitseinkommen siehe Rn. 631.)

Wichtig ist — wegen der Wirksamkeit der Pfändung (vgl. Rn. 284) — die Zustellung des Pfändungs- und Überweisungsbeschlusses an den richtigen Drittschuldner. Das ist regelmäßig die Stelle, die die Sozialgeldleistung auszahlt.

---

[85] Ausführlich zur neuen Rechtslage Hornung, Rpfleger 1994, 442.
[86] S. dazu ausführlich Stöber, a. a. O., Rn. 1358.

613a Das **Arbeitslosengeld I** ist nach § 54 Abs. 4 SGB I „wie Arbeitseinkommen" zu pfänden. Drittschuldner ist die für den Wohnsitz des Schuldners zuständige **Agentur für Arbeit.**

Es ist der Vordruck aus der ZVFV zu verwenden.

614 Ausbezahlte Beträge genießen nur noch den Pfändungsschutz für Bargeld (vgl. bei Rn. 577). Werden Sozialleistungen auf ein Konto des Schuldners überwiesen, gelten die Ausführungen unter Rn. 578.

Durch das Gesetz für moderne Dienstleistungen am Arbeitsplatz (Hartz IV) wurden die Arbeitslosen- und die Sozialhilfe zum Arbeitslosengeld II zusammengeführt. An sich gilt für das Arbeitslosengeld II als Sozialgeldleistung ebenfalls § 54 Abs. 4 SGB I, wonach es wie Arbeitseinkommen gepfändet werden kann. Durch die verschärfte Vermögensanrechnung wird aber weder für den normalen Pfändungs- als auch für den Unterhaltsgläubiger kein pfändbarer betrag übrig bleiben, sodass eine etwaige Pfändung ins Leere geht.

8.4.23 Unübertragbare Forderungen

615 Eine Forderung ist in Ermangelung besonderer Vorschriften der Pfändung nur insoweit unterworfen, als sie gesetzlich übertragbar ist. Eine gesetzlich nicht übertragbare Forderung kann insoweit gepfändet werden, als der geschuldete Gegenstand der Pfändung unterworfen ist (§§ 399, 400 BGB, § 851 ZPO). Dazu einige **Beispiele:**

- Unpfändbar sind Ansprüche auf Dienstleistungen (§ 613 BGB). Eine beschränkt persönliche Dienstbarkeit kann nur gepfändet werden, wenn dem Berechtigten gestattet ist, die Ausübung der Dienstbarkeit einem anderen zu überlassen (§ 1092 BGB).
- Unpfändbar ist der Anspruch des Hinterlegers auf Rücknahme der hinterlegten Sache (§ 377 BGB).
- Beruht die Unübertragbarkeit einer Forderung nur auf einer rechtsgeschäftlichen Vereinbarung, so berührt dies die Pfändungsmöglichkeit nicht (vgl. dazu § 399 BGB).
- Eine beschränkt persönliche Dienstbarkeit — sie wird oft in Form eines **Wohnungsrechts** nach § 1093 BGB bestellt — ist nicht übertragbar (§ 1092 Abs. 1 Satz 1 BGB) und deshalb auch nicht pfändbar (§ 851 Abs. 1, § 857 Abs. 3 ZPO).

8.4.24 Urheber- und andere Schutzrechte

616 Die Pfändung in das Recht des Urhebers oder in sein Werk gegen den Urheber selbst ist ohne dessen Einwilligung nicht zulässig. Gegen den Erben des Urhebers ist ohne seine Einwilligung die Zwangsvollstreckung nur zulässig, wenn das Werk erschienen ist (§§ 28, 29, 112 bis 118 des Gesetzes über Urheberrecht und verwandte Schutzrechte vom 09.09.1965 — BGBl. I, 1273 mit weiteren Einzelheiten).

Warenzeichen sind seit 01.05.1992 nach § 857 ZPO pfändbar (§ 8 WarenzeichenG und jetzt § 29 Abs. 1 Nr. 2 MarkenG vom 25.10.1994, BGBl. I, 3082).[87]

Patentrechte, Gebrauchsmuster, Rechte an Geschmacksmustern und Modellen sind ebenfalls pfändbar.

Der Anspruch auf Erteilung des **Patents** und das Recht aus dem Patent sind pfändbar (§ 857 Abs. 1 und 2 ZPO). Das Pfändungspfandrecht an der durch die Anmeldung begründeten Anwartschaft setzt sich nach Erteilung des Patents an diesem fort.[88]

8.4.25 Wehrsold und ähnliche Bezüge

617 Siehe dazu die Ausführungen Rn. 662.

---

[87] Repenn, NJW 1994, 175. Zuständig für die Pfändung ist nicht das Gericht für Kennzeichenstreitsachen, sondern das Amtsgericht – Vollstreckungsgericht –, LG Düsseldorf, Rpfleger 1998, 356.

[88] BGH, NJW 1994, 3099. Zu den Rechten des Pfändungsgläubigers aufgrund der Pfändung des Patents sowie zur Pfändung von Gebrauchs- und Geschmacksmustern und Lizenzen vgl. Stöber, Rn. 1718 ff., 1541, 1649.

9 Pfändungsschutz für Arbeitseinkommen und ähnliche Bezüge

9.1 Pfändungsschutz für Arbeitseinkommen bei nicht bevorrechtigten Gläubigern

9.1.1 Grundsätze des Pfändungsschutzes

618 Es gibt Schuldner, die einer regelmäßigen Erwerbsarbeit nachgehen, sei es als Beamter, Angestellter, Arbeiter oder Auszubildender. Hier hat der Gläubiger die Möglichkeit, sofern ihm der Arbeitgeber bekannt ist, das Arbeitsentgelt unmittelbar an der „Quelle" zu pfänden, bevor es auf das Konto des Schuldners überwiesen oder ihm gar in bar ausgezahlt wird. Pfändungsschutz besteht für den Schuldner kraft Gesetzes, da ein bestimmter Anteil des Arbeitsentgeltes unpfändbar bleibt (sog. „Pfändungsfreibetrag"). Voraussetzung für diesen Pfändungsschutz ist, dass das Arbeitsentgelt in wiederkehrenden Geldbezügen besteht, die für Tage, Wochen oder Monate bezahlt werden.

9.1.2 Begriff des Arbeitseinkommens

619 Das Arbeitseinkommen umfasst im Einzelnen die Dienst- und Versorgungsbezüge der Beamten, Arbeits- und Dienstlöhne, Ruhegelder und ähnliche nach dem einstweiligen oder dauernden Ausscheiden aus dem Dienst- oder Arbeitsverhältnis gewährte fortlaufende Einkünfte, ferner sonstige Vergütungen für Dienstleistungen jeder Art, die die Erwerbstätigkeit des Schuldners vollständig oder zu einem wesentlichen Teil in Anspruch nehmen.[1]

---

[1] So § 850 Abs. 2 ZPO. Der Begriff „Arbeitseinkommen" ist weit auszulegen. Darunter fällt z. B. auch der Unterhaltszuschuss des Referendars (OLG Bamberg, Rpfleger 1974, 30), die Vergütung des Ersatzdienstleistenden, das Unterhaltsgeld des Entwicklungshelfers und fortlaufend gezahlter Werklohn (BAG, Rpfleger 1975, 220), auch Gagen, Gewinnanteile und Honorare.

Es ist ausreichend, im Pfändungsbeschluss — und auch im Pfändungsantrag — lediglich vom Arbeitseinkommen des Schuldners zu sprechen.

Arbeitseinkommen der Familienangehörigen des Schuldners gehört nicht zu dessen Arbeitseinkommen und wird von der Pfändung nicht erfasst (siehe auch Rn. 623). Kindergeld nach dem Kindergeldgesetz unterliegt grundsätzlich nicht der Lohnpfändung (siehe Rn. 613). Zum Arbeitseinkommen von Arbeitern gehört auch Arbeitsentgelt für die Zeit der Arbeitsunfähigkeit bis zur Dauer von sechs Wochen aufgrund des Lohnfortzahlungsgesetzes vom 27.07.1969 (BGBl. I, 946). Es kann daher bei Vollstreckung wegen nicht bevorrechtigter Forderungen im allgemeinen Rahmen gepfändet werden.

620   Dem Arbeitseinkommen gleichgestellt sind in Geld zahlbare Bezüge, die ein Arbeitnehmer zum Ausgleich für Wettbewerbsbeschränkungen für die Zeit nach Beendigung seines Dienstverhältnisses beanspruchen kann, ferner Renten, die aufgrund von Versicherungsverträgen gewährt werden, wenn diese Verträge zur Versorgung des Versicherungsnehmers oder seiner unterhaltsberechtigten Angehörigen eingegangen sind (§ 850 Abs. 3 ZPO). Darunter können auch Tagegelder aus Krankenversicherungen fallen, nicht aber eine an Stelle einer Rente gewährte Kapitalzahlung.

Der **Anspruch auf vermögenswirksame Leistungen** des Arbeitgebers ist nicht übertragbar (§ 2 Abs. 7 Satz 2 des 5. Vermögensbildungsgesetzes) und damit auch nicht pfändbar (§ 851 Abs. 1 ZPO).

Gleiches gilt für die **vermögenswirksam angelegten Teile des Arbeitseinkommens**, z. B. 26,00 EUR monatlich. Sie sind bei der Berechnung des pfändbaren Betrags des Arbeitseinkommens nicht mitzurechnen (§ 850e Nr. 1 ZPO). Hinsichtlich der vermögenswirksamen Anlage selbst vgl. bei Rn. 335, 337. Zur Pfändbarkeit von **Insolvenzgeld** siehe bei Rn. 484.

Nicht zum Arbeitseinkommen zählen bestimmte **Nebeneinnahmen** (siehe Rn. 767). Für sie gilt der Pfändungsschutz nach der Lohnpfändungstabelle nicht.

9.1.3   Ausgangspunkt ist das Nettoeinkommen

621   Auszugehen ist vom Nettobetrag des Arbeitseinkommens, es sind also vom Bruttoeinkommen diejenigen Beträge abzuziehen, die unmittelbar aufgrund steuerrechtlicher und sozialrechtlicher Vorschriften zur Erfüllung gesetzlicher Verpflichtungen des Schuldners abzuführen sind. Darunter fallen Lohnsteuer und Sozialversicherungsbeiträge sowie Kirchensteuer. Beiträge, die der Schuldner nach den Vorschrif-

ten der Sozialversicherungsgesetze zur Weiterversicherung (nicht Höherversicherung!) entrichtet oder an eine Ersatzkasse oder an ein Unternehmen der privaten Krankenversicherung leistet, sind, soweit sie den Rahmen des Üblichen nicht übersteigen, den Sozialversicherungsbeiträgen gleichgestellt. Beitragsrückstände und Beiträge für kommende Monate sind nicht abzugsfähig. Nicht abzugsfähig sind ferner bei Berechnung der Pfändungsgrenze Beträge, die bereits von anderen Gläubigern gepfändet und solche, die an andere Gläubiger abgetreten sind (§§ 400, 1274 Abs. 2 BGB; siehe darüber im Einzelnen die Ausführungen Rn. 673 ff.).

9.1.4   Umfang des Pfandrechts

622   Das Pfandrecht, das durch die Pfändung von Arbeitseinkommen erworben wird, erfasst in erster Linie das im Zeitpunkt seines Wirksamwerdens (Zustellung an den Drittschuldner; siehe Rn. 295) bereits fällige, aber noch nicht an den Schuldner ausgezahlte Arbeitseinkommen. Es erstreckt sich aber auch auf die erst nach der Pfändung fällig werdenden Beträge des Arbeitseinkommens (§§ 832, 751 ZPO), falls diese einem einheitlichen Dienst- oder Arbeitsverhältnis entspringen. **Einheitlichkeit des Verhältnisses** besteht auch bei nur vorübergehender Entlassung (etwa wegen Arbeitsmangels), bei Saisonarbeitern, bei Lösung des Arbeitsverhältnisses, die nur mit der Absicht erfolgt, der Pfändung den Boden zu entziehen (siehe dazu auch Rn. 701)[2]. Hat ein Schuldner sein Arbeitsverhältnis beendigt, um eine Haftstrafe anzutreten, nimmt er das Verhältnis aber nach Strafverbüßung wieder auf, so erstreckt sich eine vorher erfolgte Pfändung des Arbeitseinkommens auch auf den späteren Anspruch.

Kein einheitliches Verhältnis ist dagegen gegeben, wenn die fristlose Entlassung wegen Vertragsbruchs ausgesprochen worden ist oder wenn das Arbeitsverhältnis endgültig enden soll.

Wegen der Behandlung von Sachbezügen siehe die Ausführungen Rn. 654[3].

---

[2] Wegen Einheitlichkeit des Arbeitsverhältnisses siehe insbesondere auch Stöber, Rn. 969.

[3] S. zur Pfändung künftiger Lohnforderungen auch Baur, DB 1968, 251. Allgemein zur Pfändung künftiger Forderungen siehe BGH, NJW 1955, 544 und 1956, 799; Bauer, JurBüro 1973 Sp. 383 mit Formularen; Stöber, Rn. 967. Ist eine künftige Forderung wirksam gepfändet, so ist ihre später erfolgte Abtretung unwirksam.

9.1.5 Normaler Pfändungsschutz für Arbeitseinkommen[4]

623 Der Pfändungsschutz für in Geld zahlbares, aber noch nicht an den Arbeitnehmer ausbezahltes Arbeitseinkommen beläuft sich ab 01.07.2011 auf 1.028,89 EUR bei einem Schuldner, der keiner anderen Person gegenüber zum Unterhalt verpflichtet ist. Gewährt der Schuldner aufgrund einer gesetzlichen Verpflichtung seinem Ehegatten, einem früheren Ehegatten, seinem Lebenspartner, einem früheren Lebenspartner oder einem Verwandten oder nach §§ 1615l, 1615n BGB einem Elternteil Unterhalt, so erhöht sich der pfändungsfreie Betrag auf 2.279,03 EUR.

Voraussetzung ist allerdings, dass der Unterhalt tatsächlich gewährt wird und nicht lediglich eine Unterhaltspflicht besteht.[5]

624 1. **Angehörige des Schuldners mit eigenem Einkommen** bleiben ganz oder teilweise bei der Berechnung des unpfändbaren Teils des Arbeitseinkommens des Schuldners **unberücksichtigt**, wenn dies auf Antrag des Gläubigers vom Vollstreckungsgericht angeordnet wird (§ 850c Abs. 4 ZPO). Der Antrag kann zusammen mit dem Lohnpfändungsantrag oder wenn der Gläubiger vom eigenen Einkommen der Ehefrau des Schuldners oder seiner Kinder erfährt, auch als Ergänzungsantrag gestellt werden (siehe Rn. 744).[6]
2. **Unterhaltsleistungen** an eine **Lebensgefährtin** sind im Rahmen des § 850c ZPO nicht zu berücksichtigen, weil ihr gegenüber keine gesetzliche Unterhaltspflicht besteht.[7]

625 Im Fall einer gegen beide Ehegatten gerichteten Pfändung von Arbeitseinkommen kann grundsätzlich jeder Ehegatte den erhöhten pfändungsfreien Betrag in Anspruch nehmen, wenn beide Ehegatten gemeinschaftlich ehelichen Kindern Unterhalt gewähren.[8]

Einer gesetzlichen Unterhaltspflicht wird eine vertragliche Pflicht gleichzusetzen sein, soweit eine gesetzliche Unterhaltspflicht ohnehin besteht.

---

[4] Zur Pfändung von Arbeitseinkommen bei Arbeitnehmern der ausländischen Streitkräfte siehe das NATO- Truppenstatut vom 19.06.1951 (BGBl II S. 1183). Dazu Bauer, JurBüro 1964 Sp. 247; Schmitz, BB 1966, 1351; Schwenk, NJW 1964, 1000; Stöber, Rn. 38 ff.

[5] So LG Augsburg, JurBüro 1998, 490.

[6] S. LG Münster, JurBüro 1990, 1363; LG Frankfurt am Main, Rpfleger 1988, 73; Stöber, Forderungspfändung, Rn. 1063 ff.

[7] LG Schweinfurt, NJW 1984, 374.

[8] Stöber, Rn. 1050.

1. Von dem über die aus Ziffer 1. und 2. ersichtlichen Grundfreibeträge hinausgehenden Mehrbetrag des Netto-Arbeitseinkommens sind bei einem nicht mit gesetzlichen Unterhaltspflichten der aus Ziffer 2. genannten Art belasteten Schuldner drei Zehntel unpfändbar.

2. Bei einem mit Unterhaltspflichten der aus Ziffer 2. ersichtlichen Art belasteten Schuldner sind von dem Mehrbetrag nach Ziffer 3. über die dort genannten drei Zehntel hinaus für die erste unterhaltsberechtigte Person weitere zwei Zehntel und für jede weitere unterhaltsberechtigte Person ein weiteres Zehntel unpfändbar (siehe aber auch nachstehend Ziffer 1.).

3. Pfändbar ist, abgesehen von den Teilen des Einkommens, die nach 1. bis 4. pfändungsfrei sind, stets **der gesamte restliche Teil**, der 3.154,15 EUR monatlich, 725,89 EUR wöchentlich oder 145,18 EUR täglich übersteigt (§ 850c Abs. 2 S. 2 ZPO).

626 Die Ausrechnung des im Einzelfalle bestehenden Pfändungsschutzes würde für den Arbeitgeber als Drittschuldner eine mühsame und zeitraubende, auch kostspielige Arbeit sein. Jedoch wird ihm diese Arbeit durch die **amtliche Lohnpfändungstabelle**[9] abgenommen, aus der der im Einzelfall pfändbare Betrag des Netto-Arbeitseinkommens (siehe darüber Rn. 621) mit einem Blick abgelesen werden kann. Im Hinblick auf die Lohnpfändungstabelle soll hier davon abgesehen werden, Einzelberechnungen zu bringen. Es genügt, wenn der Gläubiger im Pfändungsantrag und das Vollstreckungsgericht im Pfändungsbeschluss auf die amtliche Lohnpfändungstabelle Bezug nehmen.

Bei der Berechnung des pfändbaren Teils des Arbeitseinkommens ist dieses, wie aus der Lohnpfändungstabelle ersichtlich, bei Auszahlung für Monate auf einen durch 10,00 EUR, bei Auszahlung für Wochen auf einen durch 2,50 EUR oder bei Auszahlung für Tage auf einen durch 50 Cent teilbaren Betrag abzurunden (§ 850c Abs. 3 ZPO).

Im Einzelfall ist Folgendes zu beachten:

627 1. Beläuft sich das Arbeitseinkommen des Schuldners auf mehr als monatlich 3.154,15 EUR, wöchentlich 725,89 EUR oder täglich 145,18 EUR, so kann das Vollstreckungsgericht über die Beträge hinaus, die allgemein pfändbar sind, auf Antrag des Gläubigers nach Anhörung des Schuldners die Pfändbarkeit unter Berücksichtigung der Belange des Gläubigers und des Schuldners nach freiem Ermessen festsetzen. Dem Schuldner ist jedoch mindestens so viel zu belassen, wie sich bei einem Arbeitseinkommen in Höhe der obigen Beträge (monatlich 2.815,00 EUR usw.) aufgrund der Lohnpfändungstabelle ergeben würde (§ 850f Abs. 3 ZPO).[10]

---

[9] S. bei den Arbeitshilfen online.

[10] S. Rn.743a.

2. Wird die Zwangsvollstreckung wegen einer **Forderung aus einer vorsätzlich begangenen unerlaubten Handlung**[11] betrieben, so kann das Vollstreckungsgericht auf Antrag des Gläubigers den pfändbaren Teil des Arbeitseinkommens ohne Rücksicht auf die nach den Ausführungen Rn. 623 bestehenden Beschränkungen bestimmen.[12] Dem Schuldner ist jedoch so viel zu belassen, wie er für seinen notwendigen Unterhalt (über diesen Begriff siehe Rn. 642) und seine laufenden gesetzlichen Unterhaltspflichten (über diese siehe die Ausführungen Rn. 641) bedarf (§ 850f Abs. 2 ZPO).[13] Auf den nach dieser Vorschrift zu bemessenden Freibetrag ist etwaiges Kindergeld anzurechnen.

Zuständig im Rahmen einer solchen Pfändung ist — wie auch sonst — der Rechtspfleger des Amtsgerichts. Gegen die Festsetzung steht dem Schuldner die form- und fristlose Erinnerung nach § 766 ZPO (Rn. 202 ff.) zu.

9.1.6 Sonderschutz für gewisse Nebenbezüge

628 Gewisse Teile des Arbeitseinkommens sind wegen ihrer Eigenart oder wegen ihres sozialen Charakters — über den vorstehend behandelten allgemeinen Pfändungsschutz hinaus — ganz oder teilweise unpfändbar. Im Einzelnen handelt es sich um die in § 850a ZPO aufgeführten Bezüge. Darunter fallen insbesondere die Hälfte der für **Mehrarbeitsstunden** zustehenden Bezüge (Überstundenlohn, und zwar Grundlohn und Zuschlag), ferner die für die Dauer eines Urlaubs über das Arbeitseinkommen hinaus gewährten Bezüge (**Urlaubszuschüsse**),[14] Zuwendungen aus Anlass eines besonderen Betriebsereignisses (etwa eines Firmenjubiläums) und Treugelder (z. B. für langjährige Dienste),[15] soweit sie den Rahmen des Üblichen nicht übersteigen, ferner Aufwandsentschädigungen,[16] Auslösungsgelder und sonstige soziale Zulagen für auswärtige Beschäftigungen (Reisegelder, Fahrtkosten, Trennungsentschädigung),[17] das Entgelt für selbstgestelltes Arbeitsmaterial,

---

[11] S. dazu ausführlich Rn. 742.

[12] Ausführlich dazu Sturm, JurBüro 2003, 116.

[13] Der dem Schuldner zu belassende Freibetrag darf auch bei hohen Unterhaltspflichten den Betrag nicht übersteigen, der ihm gegenüber einem nicht bevorrechtigten Gläubiger nach den Ausführungen Rn. 649 zustehen würde (LG Berlin, Rpfleger 1974, 167).

[14] Das für die Urlaubszeit weitergezahlte normale Arbeitsentgelt ist pfändbar und wird von der Pfändung ohne Weiteres miterfasst, BGH, NJW 1972, 1703.

[15] Zur Pfändbarkeit von Gratifikationen jeder Art siehe Hohn, BB 1966, 1272.

[16] Z. B. Dienstaufwandsentschädigungen, Umzugskosten, Sitzungsgelder. Vgl. auch Stöber, Rn. 990 ff. mit weiteren Nachweisen.

[17] Zur Unpfändbarkeit von Auswärtszulagen im Einzelnen siehe Hohn, BB 1968, 1305 sowie Zöller/Stöber, § 850a ZPO Rn. 8.

Gefahren- sowie Schmutz- und Erschwerniszulagen,[18] soweit diese Bezüge den Rahmen des Üblichen nicht überschreiten, Weihnachtsvergütungen bis zum Betrag der Hälfte des monatlichen Arbeitseinkommens, höchstens aber bis zum Betrag von 500,00 EUR, außerdem Heirats- und Geburtsbeihilfen, sofern die Pfändung in sie wegen anderer als der aus Anlass der Heirat oder Geburt entstandenen Ansprüche betrieben wird,[19] sowie Erziehungsgelder, Studienbeihilfen und ähnliche Bezüge, Sterbe- und Gnadenbezüge, schließlich Blindenzulagen jeder Art und Höhe.

Derartige Neben- und Sonderbezüge dürfen bei Berechnung der allgemeinen Pfändungsgrenzen (siehe Rn. 621) nur insoweit mitberücksichtigt werden, als sie pfändbar sind. Bei Arbeitseinkommen aus Überstunden trifft dies mithin auf die Hälfte dieses Arbeitseinkommens zu. In ihrem pfändbaren Betrag werden die Bezüge ohne Weiteres von der allgemeinen Pfändung des Arbeitseinkommens des Schuldners miterfasst, ohne dass es einer besonderen Hervorhebung der Sonderbezüge bedarf.

So ist zum Beispiel bei einem allgemeinen Arbeitseinkommen netto wöchentlich in Höhe von 200,00 EUR und Überstunden wöchentlich in Höhe von 80,00 EUR, auszugehen von netto wöchentlich 240,00 EUR.

Die an sich etwa anteilig auf die unpfändbaren Sonderbezüge entfallenden Steuern (Bezüge der genannten Art sind aber vielfach steuerfrei) und sozialen Abgaben (siehe Rn. 621) werden von dem übrigen Arbeitseinkommen abgezogen, also nicht von den Sonderbezügen selbst. Das führt dazu, dass wegen der höheren Steuerlast **in dem Monat, in dem Urlaubsgeld ausgezahlt wird, ein geringerer pfändbarer Betrag** vom Arbeitgeber (Drittschuldner) an den die Lohnpfändung betreibenden Gläubiger abgeführt wird.

Es ist Sache des Arbeitgebers, bei der Feststellung dessen, was vom gepfändeten Arbeitseinkommen an den pfändbaren Gläubiger abzuführen und was an den Schuldner auszuzahlen ist, die Unpfändbarkeit der vorgenannten Bezüge zu beachten, soweit solche dem Schuldner überhaupt zustehen. In Zweifelsfällen und bei Meinungsverschiedenheiten können sich die Beteiligten an das Vollstreckungsgericht wenden.

---

[18] Darunter fallen u. a. Zulagen für Druckluft-, Hitze-, Säure-, Schacht-, Stacheldraht-, Staub-, Taucher- und Tunnelarbeiten. Nicht aber werden Zuschläge für Feiertags-, Nacht- und Sonntagsarbeit erfasst. Regen, Schlechtwettergeld siehe LAG Hamm, BB 1975, 128.

[19] Wegen der privilegierten Ansprüche sind Geburts- und Heiratsbeihilfen in vollem Umfang pfändbar.

9.1.7 Bedingt pfändbare Bezüge

629   Siehe darüber die Ausführungen Rn. 612.

9.1.8 Vorliegen mehrerer Arbeitseinkommen

630   Bezieht der Schuldner **mehrere Arbeitseinkommen** von mehreren Arbeitgebern (§ 850e Nr. 2 ZPO), so sind sie auf Antrag des Gläubigers oder des Schuldners bei der Pfändung **zusammenzurechnen**. Der unpfändbare Grundfreibetrag (monatlich 1.028,89 EUR usw.; siehe Rn. 623) ist in erster Linie dem Arbeitseinkommen zu entnehmen, das die wesentliche Grundlage der Lebenshaltung des Schuldners bildet. Die Zusammenrechnung betrifft nur die Nettobeträge der mehreren Arbeitseinkommen. Soweit sich darunter unpfändbare Nebenbezüge der in Rn. 628 genannten Art befinden, bleiben diese außer Betracht. Die **Zusammenrechnung** der mehreren Arbeitseinkommen erfolgt, was besonders zu beachten ist, **nur zum Zwecke der Berechnung der Pfändungsgrenze**. Um auf alle Arbeitseinkommen Zugriff zu erlangen, muss sie der Gläubiger sämtlich pfänden.

631   Mit Arbeitseinkommen sind **auf Antrag** des Pfändungsgläubigers auch **laufende Sozialgeldleistungen zusammenzurechnen**, soweit diese der Pfändung unterworfen sind (§ 850e Nr. 2a Satz 1 ZPO; siehe ferner Rn. 613). Dies gilt für alle Renten, Krankengelder, Arbeitslosengelder usw.

Der unpfändbare Grundbetrag ist, soweit die Pfändung nicht wegen gesetzlicher Unterhaltsansprüche erfolgt, in erster Linie den laufenden Sozialgeldleistungen zu entnehmen (§ 850e Nr. 2a Satz 2 ZPO).

Eine Billigkeitsprüfung findet seit Inkrafttreten des 2. Gesetzes zur Änderung des Sozialgesetzbuchs (BGBl. I, 1229) vom 13.06.1994, in Kraft seit 18.06.1994, nicht mehr statt.

Kindergeld darf mit Arbeitseinkommen allerdings nur zusammengerechnet werden, wenn die Pfändung wegen der gesetzlichen Unterhaltsansprüche der Kinder erfolgt (§ 850e Nr. 2a Satz 3 ZPO).

9.1.9 Vorschusszahlungen bei Pfändung

632   Wird das Arbeitseinkommen, von dem bereits vorschussweise, d. h. zum Voraus im Hinblick auf künftige Arbeitsleistungen des Schuldners, also ohne Entstehung einer

geldlichen Gegenforderung des Arbeitgebers an den Arbeitnehmer, bezahlt worden ist, von einem Gläubiger des Arbeitnehmers gepfändet, so ist zunächst die gesetzliche Pfändungsgrenze so zu berechnen, wie wenn kein Vorschuss bezahlt worden wäre. Übersteigt der nach Abzug des Vorschusses noch verbliebene Restlohnanspruch nicht die Pfändungsgrenze des gesamten Lohnberechnungszeitraums, so ist für diesen Lohnabrechnungszeitraum nichts an den Gläubiger abzuführen.[20]

> ▶ **BEISPIEL: Restlohnanspruch**
>
> Ein nicht mit Unterhaltspflichten belasteter Arbeitnehmer bezieht monatlich 1.800,00 EUR Arbeitseinkommen netto. Daraus beträgt der pfändbare Betrag monatlich 539,78 EUR. Unpfändbar verbleiben ihm folglich 1.260,22 EUR. Hat er vor Wirksamwerden der Pfändung (Zustellung des Pfändungs- und Überweisungsbeschlusses an seinen Arbeitgeber) einen Vorschuss in Höhe von 500,00 EUR erhalten, sodass sein Restlohnanspruch noch 1.300,00 EUR beträgt, so wird in diesem Monat ein Betrag in Höhe von 39,78 EUR an den Pfändungsgläubiger abgeführt, weil der Restlohnanspruch den unpfändbaren Lohnteil um diesen Betrag übersteigt.

Ist der **Vorschuss erst nach** erfolgter **Pfändung** (oder wirksamer Vorpfändung Rn. 313) gewährt worden, so geht die Pfändung der Vorschussabwicklung in voller Höhe vor. Der Arbeitgeber, der in diesem Falle gegen das im Pfändungsbeschluss enthaltene Zahlungsverbot verstößt, kann hier dann, wenn der Gläubiger den gesamten überhaupt pfändbaren Betrag des Arbeitseinkommens gepfändet hat, den Vorschuss nur mit dem unpfändbaren Teil des Arbeitseinkommens verrechnen; die Vorschussabwicklung wird sich also u. U. entsprechend länger hinausziehen.

9.1.10 Darlehensgewährung und Pfändung

633   Eine Zahlung auf künftiges Arbeitseinkommen kann statt in Vorschussform auch in Gestalt eines vom Arbeitgeber dem Arbeitnehmer gewährten echten Darlehens erfolgen. Auf dessen Zurückerstattung hat der Arbeitgeber einen in Geld bestehenden Anspruch an den Arbeitnehmer. Zur Darlehensgewährung bedarf es einer besonderen Vereinbarung dahingehend, dass die Zahlung des Arbeitgebers ein Darlehen sein soll. Zumindest muss sich diese Tatsache aus den Umständen einwandfrei ergeben, z. B. aus der Höhe des Betrags, aus der Art der Tilgung (in monatlichen Raten und dgl.) oder daraus, dass der Betrag zu verzinsen ist. Bei Pfändung von Arbeitseinkommen ist es für die Beteiligten von wesentlicher **Be-**

---

[20] Stöber, Rn. 1266.

deutung, ob vom Arbeitgeber ein **Vorschuss** oder ein **Darlehen** gewährt worden ist. Für die Berechnung der Pfändungsgrenze ist es allerdings unerheblich, welches der beiden Rechtsgeschäfte vorliegt; diese Berechnung erfolgt in beiden Fällen nach den in Rn. 623 gemachten Ausführungen. Wohl aber ist die Art der Verrechnung der Vorauszahlung bei Vorschuss und Darlehen eine verschiedene.

Die Verrechnung der Raten aus einem Darlehen stellt sich nämlich rechtlich als Aufrechnung gegen das Arbeitseinkommen dar und ist aus diesem Grunde nur gegenüber dem pfändbaren Teil des Arbeitseinkommens zulässig (§§ 394, 400 BGB).[21]

> ▶ **BEISPIEL: Lohnpfändung bei Darlehenstilgung**
>
> Hat ein nicht mit Unterhaltspflichten belasteter lediger Arbeitnehmer vor der Pfändung seines Arbeitseinkommens ein an den Zahlungsterminen je mit 300,00 EUR zu tilgendes Darlehen von 3.000,00 EUR vom Arbeitgeber erhalten und sind von seinem monatlich 1.800,00 EUR netto betragenden Arbeitseinkommen nach der amtlichen Lohnpfändungstabelle 539,78 EUR pfändbar, dann sind die Tilgungsraten jeweils auf diese pfändbaren 539,78 EUR anzurechnen. An den pfändenden Gläubiger können mithin bei **vorher gewährten Darlehen** bis zu dessen Tilgung in Höhe von 300,00 EUR höchstens 239,78 EUR monatlich abgeführt werden. Wäre das Darlehen in Höhe von monatlich 539,78 EUR zu tilgen, also durch Einbehaltung des vollen der Pfändung unterliegenden Arbeitseinkommens, dann könnte an den pfändenden Gläubiger während der ersten fünf Tilgungsmonate nach der Pfändung überhaupt nichts abgeführt werden, erst im sechsten Monat käme er bei zinslosem Darlehen mit 238,68 EUR zum Zuge.

634 Durch Aufnahme eines echten Darlehens beim Arbeitgeber erhält der Arbeitnehmer mithin die Möglichkeit, seinen Gläubigern den Zugriff auf sein Arbeitseinkommen u. U. zeitweilig zu verwehren. Ein vorsichtiger Arbeitgeber wird aber derartigen Versuchen des Arbeitnehmers keinen bewussten Vorschub leisten, da ein Gläubiger seiner darin liegenden Benachteiligung vielfach aufgrund des Gesetzes zur Anfechtung von Rechtshandlungen außerhalb der Insolvenz wirksam begegnen kann. Wird in der Zeit zwischen Darlehensgewährung und erster Fälligkeit der Rückzahlungsraten des Arbeitseinkommens von einem Gläubiger des Arbeitnehmers gepfändet, so wird durch die Pfändung die Aufrechnung des dem Arbeitgeber an den Arbeitnehmer zustehenden Darlehens dann ausgeschlossen, wenn das **Darlehen erst nach der Pfändung** und später als das gepfändete Arbeitseinkommen **fällig** geworden ist (§ 392 BGB). Dies trifft hier zu. Beispiel: Am 01.07. hat

---

[21] So ständige Rechtsprechung: vgl. RAG, ARS 1938, 197; ArbG Hannover, BB 1967, 586.

der Arbeitgeber seinem Arbeitnehmer ein Darlehen von 1.000,00 EUR gewährt, das ab 01.01. des folgenden Jahres in monatlichen Raten von 100,00 EUR zurückbezahlt werden soll. Im September wird das pfändbare Arbeitseinkommen des Arbeitnehmers von einem anderen Gläubiger in voller Höhe gepfändet. Im September und in den kommenden Monaten muss der Arbeitgeber diese Pfändung in vollem Umfang berücksichtigen. Auch im Monat Januar des folgenden Jahres, in dem die Rückzahlung des Darlehens einsetzen soll, ändert sich daran nichts. Der Arbeitgeber kann nach dem vorstehend angeführten § 392 BGB mit seiner dann fälligen ersten Rate gegen den pfändbaren Teil des Arbeitseinkommens nicht aufrechnen. Aufrechnung des Arbeitgebers gegen den unpfändbaren Betrag des Arbeitseinkommens ist ohnedies ausgeschlossen.

635 Die Rechtslage bei Abschluss eines **Aufrechnungsvertrags**, der rechtlich etwas anderes ist als eine einseitige Aufrechnungserklärung, ist die gleiche wie bei einem Darlehen. Aufrechnung ist auch hier nur gegenüber dem pfändbaren Teil des Arbeitseinkommens zulässig.[22]

636 **Eine Darlehenshingabe nach Lohnpfändung** ist dem pfändenden Gläubiger gegenüber wirkungslos, da sie gegen das im Pfändungsbeschluss enthaltene Zahlungsverbot verstößt.

9.1.11 Rechtslage bei Rückständen und Pfändung

637 Rückständig ist Arbeitseinkommen insoweit, als es am Zahlungstag nicht zur Auszahlung gekommen ist, sei es infolge Zahlungsverzugs des Arbeitgebers oder infolge einer vom Arbeitnehmer gewährten Stundung oder sei es, dass dieser das Geld aus anderen Gründen nicht erhoben hat. Ein derartiger Rückstand an Arbeitseinkommen ist zur Berechnung der Pfändungsgrenze nicht etwa dem Arbeitseinkommen, das im Zeitpunkt des Eintritts der Wirksamkeit der Pfändung (Zustellung des Pfändungsbeschlusses an den Drittschuldner) in Frage steht, hinzuzurechnen, sondern bei demjenigen Zahlungsabschnitt zu berücksichtigen, aus dem der Rückstand tatsächlich herrührt. Für die Feststellung der Pfändungsgrenze ist also zu diesem Zahlungsabschnitt der volle Betrag des Arbeitseinkommens einzustellen, obwohl ein Teil von ihm — eben der Rückstand — an den Arbeitnehmer nicht sofort zur Auszahlung kommt.

---

[22] S. dazu BAG, NJW 1967, 460 wie folgt: Die vor der Pfändung getroffene Aufrechnungsvereinbarung geht der Pfändung dann vor, wenn die zur Aufrechnung gestellte Forderung vor der Beschlagnahme erworben ist und nicht nach der Beschlagnahme und auch nicht später als das gepfändete Arbeitseinkommen fällig wird.

> ▶ **BEISPIEL: Pfändungsrückstände**

Der Schuldner bezieht ein am Monatsende zahlbares Arbeitseinkommen von netto 1.800,00 EUR, auf das im September 500,00 EUR und im Oktober 100,00 EUR rückständig geblieben sind. Am 20. November wird das Arbeitseinkommen des Schuldners gepfändet. Der Arbeitgeber will die 600,00 EUR Rückstand zusammen mit dem Dezember-Arbeitseinkommen an den Arbeitnehmer auszahlen. Der Berechnung der Pfändungsgrenze für diesen Monat werden nun nicht etwa (1.800,00 + 600,00 =) 2.400,00 EUR zugrunde gelegt. Denn die Pfändungsgrenze ist stets für jeden einzelnen in Betracht kommenden, d. h. von der Pfändung erfassten Zahlungsabschnitt besonders zu berechnen, und zwar unter Zugrundelegung des je auf den einzelnen Abschnitt entfallenden vollen Arbeitseinkommens. Mithin ist die Pfändungsgrenze aus je monatlich 1.800,00 EUR zu berechnen, und zwar auch für die — von der Pfändung miterfassten — Rückstände aus den Monaten September und Oktober. Da einem nicht mit Unterhaltspflichten belasteten Schuldner aus 1.800,00 EUR nach den amtlichen Tabellen monatlich 539,78 EUR gepfändet werden können, sind vom Arbeitgeber also an den pfändenden Gläubiger im November insgesamt 1.170,40 EUR abzuführen, nämlich den 500,00 EUR betragenden September-Rückstand, den Oktober-Rückstand mit 100,00 EUR sowie vom November-Arbeitseinkommen 539,78 EUR.

9.1.12 Rechtslage bei Nachzahlungen und Pfändung

638 Nachzahlungen auf Arbeitseinkommen sind ihrem Wesen nach rechtlich etwas anderes als Rückstände. Eine Nachzahlung kommt z. B. in Frage, wenn Arbeitseinkommen wegen unrichtiger Berechnung in zu geringer Höhe bezahlt wurde oder wenn einem Arbeitnehmer infolge einer mit Rückwirkung erfolgten Erhöhung des Arbeitseinkommens entsprechende Beträge nachzuzahlen sind. Der Anspruch auf Nachzahlung von Arbeitseinkommen wird von dessen Pfändung ebenfalls erfasst. Für die Verrechnung im Einzelnen gilt entsprechend das Gleiche wie bei einem Rückstand aus Arbeitseinkommen (Rn. 637).

> **BEISPIEL: Nachzahlung bei rückwirkender Gehaltserhöhung**

Ein Arbeitnehmer bezog bisher ein Arbeitseinkommen von 1.800,00 EUR, das im Oktober gepfändet wird. Nach der Lohnpfändungstabelle konnten bei einem ledigen und nicht mit Unterhaltspflichten belasteten Schuldner 539,78 EUR monatlich an den Gläubiger abgeführt werden. Im November wurde festgestellt, dass das Netto-Arbeitseinkommen des Arbeitnehmers infolge einer mit Rückwirkung erfolgten Erhöhung seit Juli um 100,00 EUR monatlich zu niedrig berechnet worden war. Die somit auf die Monate Juli bis September entfallenden Nachzahlungen von je 100,00 EUR sind hier voll an den pfändenden Gläubiger abzuführen. Zwar erhöht sich infolge des Mehreinkommens für diese Monate der unpfändbare Teil des Arbeitseinkommens von 1.260,22 EUR auf 1.290,22 EUR, aber auch diesen erhöhten Betrag hat der Arbeitnehmer, dem bis September einschließlich nichts gepfändet war und daher auch nicht abgezogen worden ist, bereits erhalten. Von der auf den Monat Oktober entfallenden Nachzahlung von 100,00 EUR sind dagegen nur 70,00 EUR an den pfändenden Gläubiger abzuführen, weil an den Arbeitnehmer für diesen Monat bisher als unpfändbar nur 1.260,22 EUR statt 1.290,22 EUR (also 30,00 EUR zu wenig) ausbezahlt wurden. Ab November erhält der pfändende Gläubiger bis zur vollen Befriedigung seiner nach dem Pfändungsbeschluss beizutreibenden Forderung monatlich 609,78 EUR, der Schuldner 1.290,22 EUR.

9.1.13 Abschlagszahlungen und Pfändung

639 Wird Akkordarbeit geleistet und werden darauf zunächst nur Abschlagszahlungen vorgenommen, so muss der bei der jeweiligen Endabrechnung (Abschlusszahlung) sich ergebende Betrag an Arbeitseinkommen auf diejenigen Zahlungsabschnitte, während deren der Akkordlohn verdient wurde, umgelegt und sodann für jeden dieser Abschnitte die Pfändungsgrenze berechnet werden.

Überschreiten die Abschlagszahlungen jeweils den wöchentlich unpfändbaren Betrag, so kann — muss aber nicht[23] — der pfändbare Betrag jeweils sofort an den pfändenden Gläubiger abgeführt werden. Berechnen und einbehalten muss ihn der Drittschuldner auf alle Fälle. Soweit Pfändung erst nach geleisteter Abschlagszahlung, die in ihrer Höhe die Lohnforderung erfüllt, erfolgt, ist der pfändbare Betrag nur von dem später noch zu zahlenden Lohn zu berechnen.

---

[23] Der Gläubiger hat vor Endabrechnung keinen Auszahlungsanspruch; vgl. Bischoff, BB 1952, 436.

> **BEISPIEL: Pfändung von Wochenlöhnen**

Für vier Wochen Akkordarbeit, auf die in den ersten drei Wochen je 300,00 EUR Abschlagszahlungen erfolgt sind, wurde ein Nettolohn von 1.500,00 EUR errechnet, verdient wurde dieser Nettolohn in der ersten Woche mit 410,00 EUR, in der zweiten Woche mit 390,00 EUR, in der dritten Woche mit 300,00 EUR, in der vierten Woche mit 250,00 EUR, zusammen 1.500,00 EUR. Von diesen vier Wochenlöhnen sind bei einem nicht mit Unterhaltspflichten belastetem Schuldner je pfändbar:

Vom Lohn der ersten Woche aus 410 EUR	121,25 EUR
vom Lohn der zweiten Woche aus 390 EUR	107,25 EUR
vom Lohn der dritten Woche aus 300 EUR	44,25 EUR
vom Lohn der vierten Woche aus 250 EUR	9,25 EUR

Somit sind 282,00 EUR an den pfändenden Gläubiger abzuführen.

9.2 Pfändungsschutz für Arbeitseinkommen bei einem bevorrechtigten Gläubiger

640 Da die Forderungen von Kaufleuten, Gewerbetreibenden und dergleichen in keinem Falle bevorrechtigt sind, könnte man auf den ersten Blick annehmen, eine Darstellung des Lohnpfändungsrechts eines bevorrechtigten Gläubigers nehme in diesem Buche nur unnötig Platz weg. Das ist aber nicht der Fall, denn es ist z. B. durchaus möglich, dass ein nicht bevorrechtigter Gläubiger das gleiche Arbeitseinkommen pfändet wie ein bevorrechtigter Gläubiger.

9.2.1 Kreis der bevorrechtigten Gläubiger

641 Bevorrechtigt sind im Rahmen des Pfändungsschutzes für Arbeitseinkommen solche Gläubiger, die wegen eines **gesetzlichen Unterhaltsanspruchs** pfänden, und zwar muss es sich um einen Unterhaltsanspruch handeln, der Verwandten, **Ehegatten oder früheren Ehegatten sowie Lebenspartnern oder früheren Lebenspartnern** kraft Gesetzes zusteht (§ 850d Abs. 1 ZPO). Solche Gläubiger können das Arbeitseinkommen des Schuldners grundsätzlich in wesentlich höherem Maße in Anspruch nehmen als ein nicht bevorrechtigter Gläubiger (das gilt auch für Pfändung laufender Sozialleistungen, die jetzt wie Arbeitseinkommen pfändbar sind, siehe Rn. 613). Unter den **Verwandten** sind nur diejenigen in gerader Linie einander unterhaltspflichtig (§§ 1601 ff. BGB), **Kinder** gegenüber ihren Eltern, Enkelkinder gegenüber den Großeltern und umgekehrt Eltern und Großeltern gegenüber ihren

Kindern und Enkelkindern. Wegen des Unterhaltsanspruchs des **Ehegatten** siehe §§ 1360, 1361 BGB, des geschiedenen Ehegatten siehe §§ 1569 ff. BGB.[24] Für den Unterhaltsanspruch eines **nichtehelichen Kindes** gegenüber seinem Vater gelten die allgemeinen Vorschriften über den Kinderunterhalt, §§ 1601 ff. BGB. Zu den bevorrechtigten Gläubigern gehört auch die **nicht verheiratete Mutter** eines Kindes mit bestimmten Unterhaltsansprüchen gegen dessen Vater, die ihr anlässlich der Geburt des Kindes zustehen (wegen Einzelheiten siehe § 1615l BGB). Unterhaltsrückstände, die nach dem Vollstreckungstitel länger als ein Jahr vor dem Antrag auf Erlass des Pfändungsbeschlusses fällig geworden sind, sind nur dann bevorrechtigt, wenn anzunehmen ist, dass der Schuldner sich seiner Zahlungspflicht absichtlich entzogen hat (§ 850d Abs. 1 letzter Satz ZPO).

9.2.2   Umfang des Pfändungsschutzes

642   Pfändet ein Unterhaltsgläubiger der in Rn. 641 genannten Art Arbeitseinkommen des Schuldners, so ist diesem davon nur soviel zu belassen, als er für einen **notwendigen** (das ist aber mehr als notdürftiger, natürlich aber weniger als standesgemäßer) **Unterhalt** und zur Erfüllung seiner laufenden gesetzlichen Unterhaltspflichten gegenüber den dem pfändenden Gläubiger vorgehenden Berechtigten und zur gleichmäßigen Befriedigung der diesem Gläubiger gleichstehenden Berechtigten bedarf (§ 850d Abs. 1 S. 2 ZPO).[25] Rangverschiebungen sind vom Drittschuldner als Arbeitgeber aber erst zu beachten, wenn ihm das Vollstreckungsgericht einen entsprechenden Rangänderungsbeschluss zugestellt hat.

Über die Höhe des mithin dem Schuldner unpfändbar zu belassenden, vom Vollstreckungsgericht im Pfändungsbeschluss jeweils selbstständig festzusetzenden Betrags[26] entschied der Bundesgerichtshof, dass er in der Regel dem notwendigen Lebensunterhalt im Sinne der Abschnitte 2 und 4 des Bundessozialhilfegesetzes zu entsprechen habe. Der Freibetrag für den Unterhaltsschuldner könne nicht nach den Grundsätzen bemessen werden, die im Unterhaltsrecht für den so genannten Selbstbehalt gelten.[27]

---

[24] Das hier behandelte Pfändungsvorrecht nach § 850d ZPO geht gemäß § 94 Abs. 1, Satz 1 SGB XII auf den Träger der Sozialhilfe über; Stöber, Rn.1082.

[25] Wegen Einzelheiten zur Rangfolge siehe § 850d Abs. 2 ZPO.

[26] Diese Festsetzung ist im Drittschuldnerprozess auch für das Prozessgericht bindend.

[27] BGH, MDR 2004, 53.

Inzwischen wurde das Bundessozialhilfegesetz durch das Sozialgesetzbuch II ersetzt. Zur Berechnung des **Sockelbetrages**, der dem Unterhaltsschuldner danach **pfandfrei** verbleiben muss, siehe die Berechnung Rn. 742 und das Schaubild Rn. 743.

643 Stehen dem Schuldner neben seinem baren Arbeitseinkommen noch **Sachbezüge** zu, etwa Firmenwagen, freie Wohnung, Heizungs- und Beleuchtungsmaterialien, so muss deren Wert bei Festsetzung des ihm zu belassenden Betrags entsprechend berücksichtigt werden. Hat der Schuldner neben seinem Arbeitseinkommen noch andere Einkünfte, so kann ihm aus dem Arbeitseinkommen nur entsprechend weniger belassen werden.[28]

644 Was die durch einen nicht bevorrechtigten Gläubiger unpfändbaren Sonderbezüge nach Rn. 628 betrifft, so gilt bei Pfändung durch einen bevorrechtigten Gläubiger, dass wegen seines Unterhaltsanspruchs der **Überstundenlohn**, die über die Dauer eines **Urlaubs** über das Arbeitseinkommen hinaus gewährten **Bezüge**, Zuwendungen aus Anlass eines besonderen Betriebsereignisses und Treugelder, sowie **Weihnachtsvergütungen** pfändbar sind, allerdings mit der Einschränkung, dass dem Schuldner von ihnen mindestens die Hälfte des nach § 850a ZPO unpfändbaren Betrags zu verbleiben hat (§ 850d Abs. 1 ZPO).

Was von den vorgenannten Sonderbezügen unpfändbar ist, verbleibt dem Schuldner neben dem ihm zur Bestreitung seines und seiner Angehörigen Unterhalt ohnedies unpfändbar zu belassenden Betrag, wird also auf diesen nicht angerechnet, da andernfalls die Sonderbestimmung keine praktische Auswirkung hätte. Alle anderen in § 850a ZPO (Rn. 628) genannten Sonderbezüge sind auch bei Pfändung durch einen bevorrechtigten Gläubiger unpfändbar, was aber dem Schuldner praktisch deshalb nichts nützt, weil ihm insoweit nur ein entsprechend geringerer Betrag seines allgemeinen Arbeitseinkommens unpfändbar belassen werden darf.

645 Steuern und Soziallasten sind auch bei Pfändung durch einen bevorrechtigten Gläubiger vom pfändbaren Teil des Arbeitseinkommens des Schuldners in Abzug zu bringen (§ 850e Nr. 1 ZPO), die vorbehandelten Beträge müssen dem Schuldner also netto verbleiben.

646 Eine oberste Grenze für die Höhe des dem Schuldner unpfändbar zu belassenden Betrags seines Arbeitseinkommens besteht insofern, als das dem Schuldner zu belassende den Betrag nicht übersteigen darf, der ihm zu verbleiben hätte, wenn der pfändende Gläubiger ein gewöhnlicher Gläubiger (Rn. 623) wäre (§ 850d Abs. 1 Satz 3 ZPO). Doch kann dem Schuldner im Einzelfalle weitergehender Pfändungsschutz aufgrund des in Rn. 649 behandelten § 850 f ZPO gewährt werden.

---

[28] Das gilt z. B. für regelmäßige Trinkgelder (LG Bremen, RPfleger 1957, 84).

9.2.3 Dauerpfändung (Vorratspfändung)

647 Bei Vollstreckung wegen Unterhaltsansprüchen, die bevorrechtigten Gläubigern im Sinne des § 850d Abs. 1 ZPO (siehe Rn. 641) kraft Gesetzes zustehen, sowie wegen der aus Anlass einer Verletzung des Körpers oder der Gesundheit zu zahlenden Rente, kann zugleich mit der Pfändung wegen fälliger Ansprüche auf künftig fällig werdendes Arbeitseinkommen wegen der dann jeweils fällig werdenden Ansprüche für den Gläubiger gepfändet und ihm überwiesen werden (§ 850d Abs. 3 ZPO).[29] Diese Art von Pfändung nennt man Dauer-oder Vorratspfändung. Sie ist ein Mittel zur Sicherung und Beitreibung von laufenden Unterhaltsforderungen.

In der Zulässigkeit einer Dauerpfändung liegt für andere Gläubiger naturgemäß eine wesentliche Verschlechterung ihrer eigenen Aussichten, aufgrund einer erst nach der Dauerpfändung erwirkten Pfändung Befriedigung zu erlangen.[30]

> ▶ **BEISPIEL: Vorrang der Pfändung von Unterhaltsrückständen**
>
> Ein Kind erwirkt wegen eines Unterhaltsrückstandes von 700,00 EUR, wegen einer am 01.04. fällig gewordenen Monatsrate von 350 EUR sowie der künftig jeweils monatlich fällig werdenden Raten von monatlich 350,00 EUR am 10.04. eine Dauerpfändung in das Arbeitseinkommen seines Vaters. Diese Pfändung wird auch wegen der erst am 01.07., 01.08., 01.09. usw. fällig werdenden Monatsraten sofort mit der Zustellung des Pfändungsbeschlusses an den Drittschuldner wirksam. Erwirkt sodann ein anderer nicht bevorrechtigter Gläubiger am 15.07. Pfändung auf das Juli-Arbeitseinkommen des Schuldners, so hat diese Pfändung selbst dann keinen Vorrang vor der Pfändung des Kindes, wenn dieses inzwischen für alle bisher fällig gewordenen Unterhaltsbeiträge Befriedigung erlangt hat, seine Pfändung also nur noch wegen der laufenden Unterhaltsraten besteht. Der Unterhaltsgläubiger kann Zahlung des gepfändeten Teils des Arbeitseinkommens selbstverständlich erst nach Eintritt der jeweiligen Fälligkeit seines Anspruchs — an den Monatsersten — verlangen.

---

[29] Nur wegen erst künftig fällig werdender Unterhaltsbeträge allein kann künftig fällig werdendes Arbeitseinkommen auch dann nicht gepfändet werden, wenn rückständige Unterhaltsbeträge vorhanden sind und deswegen schon früher gesondert ein Pfändungsbeschluss erwirkt worden ist (LG Münster, Rpfleger 1971, 324). Die Vollstreckungsforderung muss bei Erlass des Pfändungsbeschlusses wenigstens zu einem Teilbetrag bereits fällig geworden sein (vgl. § 751 ZPO).

[30] Grundsatz der Priorität, § 804 Abs. 3 ZPO; siehe oben Rn. 233.

648   Im Einzelfalle kann für den **an zweiter Stelle pfändenden,**[31] **nicht bevorrechtigten Gläubiger** eine gewisse Befriedigungsmöglichkeit allerdings nach § 850e Nr. 4 ZPO bestehen. Diese Vorschrift bestimmt, dass beim **Zusammentreffen der Pfändung durch einen bevorrechtigten Gläubiger mit der eines nicht bevorrechtigten Gläubigers** in jedem Falle, auch wenn der Pfändungsbeschluss nicht so lautet, der Unterhaltsanspruch kraft Gesetzes zunächst auf den nur seinem Sonderzugriff als bevorrechtigtem Gläubiger nach § 850d Abs. 1 ZPO (sog. **Vorrechtsbereich**) offen stehenden erweiterten Teil des Arbeitseinkommens des Schuldners zu verrechnen ist. Siehe dazu ausführlich Rn. 743.

9.3   Erweiterter Pfändungsschutz in Sonderfällen

9.3.1   Voraussetzungen des erweiterten Pfändungsschutzes

649   Über den nach § 850c ZPO gegenüber einem nicht bevorrechtigten Gläubiger (Rn. 623 ff.) und nach § 850d ZPO gegenüber einem bevorrechtigten Gläubiger (Rn. 640 ff.) bestehenden Pfändungsschutz für Arbeitseinkommen hinaus kann das Vollstreckungsgericht auf Antrag des Schuldners in Ausnahmefällen einen weiteren Teil des Arbeitseinkommens unpfändbar belassen. Dies ist zulässig, wenn besondere Bedürfnisse des Schuldners aus persönlichen oder beruflichen Gründen oder der besondere Umfang der gesetzlichen Unterhaltspflicht des Schuldners, insbesondere die Zahl der Unterhaltsberechtigten, dies erfordern und überwiegende Belange des Gläubigers nicht entgegenstehen (§ 850f Abs. 1 ZPO).

▶   **BEISPIEL: Gründe für den erweiterten Pfändungsschutz**

Beispiele für solche Fälle sind besondere Ausgaben für Kuren, Diäten, Heilmittel, Rollstuhl u. a., eine weite Anfahrt zur Arbeitsstätte oder besonders umfangreiche Unterhaltspflichten gegenüber Familienangehörigen, z. B. mehr als fünf Unterhaltsberechtigte.

Seit 01.01.2005 ist eine neue Variante zur Korrektur der Pfändungsfreigrenzen auf Antrag des Schuldners hinzugekommen:

---

[31] Pfändet dieser Gläubiger zuerst (und nach ihm ein Unterhaltsgläubiger), so erstreckt sich seine Pfändung auf den allgemein pfändbaren Betrag (§ 850c ZPO Rn. 623 ff.), der nach ihm pfändende Unterhaltsgläubiger kann nur den Betrag des Arbeitseinkommens verlangen, der nur ihm in seiner Eigenschaft als bevorrechtigtem Gläubiger zusteht (§ 850d ZPO Rn. 641 ff.).

Ein **weiterer Freibetrag** kann dem Schuldner belassen werden, wenn er nachweist, dass bei Anwendung der Pfändungsgrenzen entsprechend der Lohnpfändungstabelle der notwendige Lebensunterhalt im Sinne des dritten und zwölften Kapitels des Sozialgesetzbuchs XII oder nach Kapitel 3 Abschnitt 2 des Sozialgesetzbuchs II für sich und für die Personen, denen er Unterhalt zu gewähren hat, nicht gedeckt ist (§ 850f Abs. 1a) ZPO).

So kann dem Schuldner auf Antrag ein besonderer Freibetrag belassen werden, wenn zum Beispiel hohe Anstaltskosten für Seniorenwohnheime oder Altersheime nicht gedeckt sind.[32] Ein Freibetrag kann auch wegen Mehrbedarfs von Personen gewährt werden, die über 65 Jahre alt oder erwerbsgemindert sind, ebenso für werdende Mütter, Alleinerziehende, Behinderte, Kranke und Genesende (§ 30 SGB XII).

Diesem erweiterten Vollstreckungsschutz kommt insbesondere bei Pfändung durch einen nicht bevorrechtigten Gläubiger Bedeutung zu; bei Pfändung durch einen bevorrechtigten Gläubiger hat das Vollstreckungsgericht erhöhte Lebens- und Unterhaltsaufwendungen des Schuldners ohnehin schon gemäß § 850d ZPO (Rn. 642) angemessen zu berücksichtigen.

Die Festsetzung des pfandfreien Betrags obliegt dem Rechtspfleger. Gegen die Festsetzung, vor welcher der Schuldner nicht zu hören ist, steht diesem und auch dem Gläubiger sofortige Beschwerde (Rn. 202) zu.

9.3.2 Umfang des erweiterten Pfändungsschutzes

650 In jedem Fall muss, auch wenn das Gericht von dem hier behandelten § 850f ZPO Gebrauch macht, noch ein, wenn auch noch so geringer, **Teil des Arbeitseinkommens** des Schuldners pfändbar gelassen werden.[33] Eine vollständige Freistellung des Arbeitseinkommens des Schuldners von der Pfändung ist nur aufgrund des § 765a ZPO möglich (siehe zu dieser Vorschrift Rn. 542).

---

[32] BGH, NJW-RR 2004, 621; OLG Zweibrücken, NJW-RR 2002, 1664.

[33] Die Vorschrift des § 850f Abs. 1 ZPO erlaubt nur die Belassung eines Teils des pfändbaren Teils des Arbeitseinkommens. Die Freistellung des ganzen Arbeitseinkommens von der Pfändung lässt sie nicht zu. Ein Rest des nach § 850c ZPO pfändbaren Einkommensteils muss demnach dem Gläubiger immer verbleiben, OLG Koblenz, JurBüro 1987, 306.

9.4 Pfändungsschutz für bereits ausgezahltes oder überwiesenes Arbeitseinkommen

9.4.1 Bar ausgezahltes Arbeitseinkommen

651 Ist das Arbeitseinkommen bereits an den Schuldner ausgezahlt, so können die bis jetzt behandelten Vorschriften (§§ 850, 850a — e ZPO) nicht mehr eingreifen. In diesem Falle richtet sich der Pfändungsschutz nach § 811 Abs. 1 Nr. 8 ZPO (siehe dazu bei Rn. 577).

9.4.2 Auf Konto überwiesenes Arbeitseinkommen

652 Mit der Gutschrift auf einem Konto des Schuldners bei einem Geldinstitut endet der Pfändungsschutz, der nach §§ 850a—d ZPO für den Geldanspruch bis zu seiner Erfüllung bestanden hat. Ab Gutschrift entsteht ein neuer Anspruch des Schuldners auf Auszahlung des Kontoguthabens gegen das Geldinstitut (= Drittschuldner).

Der Schuldner wird regelmäßig über ein Pfändungsschutzkonto im Sinne von § 850k ZPO verfügen. Dies bedeutet, dass der Schuldner unabhängig von der Pfändung über den monatlichen Freibetrag verfügen kann. Die Pfändung des Guthabens gilt gemäß § 850k Abs. 2 ZPO im Übrigen als mit der Maßgabe ausgesprochen, dass in Erhöhung des Freibetrages gemäß § 850k Abs. 1 ZPO auch die pfändungsfreien Beträge nach § 850c Abs. 1 Satz 2 ZPO in Verbindung mit § 850c Abs. 2a Satz 1 ZPO nicht von der Pfändung erfasst sind, wenn der Schuldner einer oder mehreren Personen aufgrund gesetzlicher Verpflichtung Unterhalt gewährt (§ 850k Abs. 2 Nr. 1 ZPO) oder der Schuldner Leistungen nach dem SGB bezieht (§ 850k Abs. 2 Nr. 2. ZPO).

Das bedeutet, dass bei Pfändung durch **einen nicht bevorrechtigten Gläubiger** der gemäß § 850c ZPO unpfändbare Teil (siehe bei Rn. 623) des Nettoeinkommens des Schuldners für den Auszahlungszeitraum festzustellen ist.

Bei Pfändung durch einen **bevorrechtigten Gläubiger** (Rn. 641) ist der gemäß § 850d bzw. f ZPO unpfändbare Einkommensteil festzustellen.

Von diesem danach für den gesamten Auszahlungszeitraum als unpfändbar festgestellten Betrag ist der auf die Zeit vom Wirksamwerden der Guthabenspfändung (= Zustellung des Pfändungsbeschlusses an das Geldinstitut) bis zum nächsten

Zahlungstermin treffende Teil der Pfändung nicht unterworfen. Insoweit ist die Pfändung des Schuldnerguthabens — auf **Antrag des Schuldners** — aufzuheben.[34]

Wirksam bleibt die Pfändung hinsichtlich des Teils des pfändungsfreien Betrags, der vom Zahlungstermin bis zum Wirksamwerden der Pfändung verstrichen ist, und für die nach §§ 850c, d oder f ZPO pfändbaren Beträge.

> ### ▶ BEISPIEL: Verheirateter Schuldner mit einem Kind
>
> Der verheiratete Schuldner mit einem Kind erhält eine monatliche Gehaltszahlung von 1.800,00 EUR netto. Pfändbar nach § 850c ZPO sind für einen nicht bevorrechtigten Gläubiger 67,26 EUR. Unpfändbar damit 1.732,74 EUR.
> Der Pfändung, die am 11.05. erfolgt, nicht unterworfen ist der unpfändbare Teil der Gehaltszahlung vom 11. — 31.05. (= 2/3), also 1.155,16 EUR. An den Gläubiger sind nach Pfändung und Überweisung auszuzahlen (67,26 EUR + 577,58 EUR) = 644,84 EUR.

Hinsichtlich bereits überwiesener Sozialleistungen vgl. bei Rn. 578.

9.5 Pfändungsschutz für Sachbezüge

9.5.1 Keine allgemeine Regelung gegeben

653 Die Pfändbarkeit von Sachbezügen (Beköstigung, Naturalentlohnung usw.) richtet sich nicht nach den Vorschriften der §§ 850, 850a — i ZPO, denn diese befassen sich grundsätzlich nur mit dem Pfändungsschutz für in Geld zahlbares Arbeitseinkommen. Durch die Pfändung von Arbeitseinkommen wird auch nur das in Geld zahlbare Einkommen dieser Art erfasst, nicht auch der dem Schuldner zustehende Anspruch auf Sachbezüge. Die Frage, ob Sachbezüge selbst besonders gepfändet werden können, ist nicht allgemein geregelt. Da es sich bei Sachbezügen meist um höchstpersönliche Rechte handelt oder um Ansprüche, bei denen die besonderen Beziehungen zwischen den Beteiligten wesentlich sind, werden sie in der Regel unpfändbar sein. Siehe dazu die Ausführungen über Naturalbezüge von Arbeitnehmern in landwirtschaftlichen Betrieben (Rn. 589). Ansprüche auf Dienst- und Sachleistungen im Rahmen von Sozialleistungen können nicht gepfändet werden (§ 54 Abs. 1 SGB I).

---

[34] Näheres zum Pfändungsschutz für Kontoguthaben siehe Stöber, Rn. 1281.

9.5.2 Zusammentreffen von Geld- und Sachbezügen

654 Erhält der Schuldner neben seinem in Geld zahlbaren Arbeitseinkommen auch **Naturalleistungen (Firmenwagen, Betriebswohnung, Kost und Logis)**, so sind die Geld- und Sach- (Natural-) Bezüge zusammenzurechnen und es ist der in Geld zahlbare Betrag alsdann insoweit pfändbar, als der nach § 850c ZPO unpfändbare Teil des Gesamteinkommens (siehe Rn. 623) durch den Wert der dem Schuldner verbleibenden Naturalbezüge gedeckt ist (§ 850e Nr. 3 ZPO). Dabei handelt es sich aber nur um eine wertmäßige Zusammenrechnung der Geld- und Naturalbezüge, nicht auch um eine gleichzeitige Pfändung der Letzteren. Die Naturalbezüge sind mit dem ortsüblichen Wert einzustellen. Die Richtsätze der Sozialversicherung oder des Steuerrechts sind für die Bewertung bei der Lohnpfändung nicht maßgebend, können aber gleichwohl als Anhaltspunkt dienen.[35] Der Pfändungsgläubiger kann auch eine **Bewertung der Naturalbezüge beim Vollstreckungsgericht** beantragen.

Bei Pfändung durch einen bevorrechtigten Gläubiger kommt der vorstehenden Zusammenrechnungsvorschrift keine besondere Bedeutung zu, weil im Rahmen des § 850d ZPO (siehe Rn. 642) Sachbezüge bei Festsetzung des dem Schuldner unpfändbar zu belassenden Betrags unmittelbar zu berücksichtigen sind.

MUSTER: Bewertung von Naturalbezügen

Es wird beantragt, den monatlichen privaten Nutzungswert des dem Schuldner von seinem Arbeitgeber zur Verfügung gestellten Firmenwagens VW Passat, 1600 ccm, Bj. 2013, Kilometerstand ca. 11.000 für die vom Arbeitgeber durchzuführende Zusammenrechnung mit dem Monatsnettoeinkommen (§ 850 e Nr. 3 ZPO) verbindlich festzusetzen.

9.6 Pfändungsschutz für selbstständig Erwerbstätige

9.6.1 Kreis der geschützten Personen

655 Nimmt die selbstständige Erwerbstätigkeit den Schuldner vollständig oder zu einem wesentlichen Teil in Anspruch, so genießen die ihm für die entsprechenden

---

[35] Näher dazu bei Stöber, Rn. 1165 ff.

Dienstleistungen zufließenden Vergütungen ebenfalls Pfändungsschutz, denn dann handelt es sich dabei um Arbeitseinkommen. Diese Voraussetzung kann **insbesondere** gegeben sein bei **Ärzten, Zahnärzten, Handelsvertretern, Maklern, Rechtsanwälten, Architekten, Schriftstellern** und **Handwerkern** mit kleineren Betrieben.

Bei Handelsvertretern ist es dabei unerheblich, ob sie ein festes Gehalt und Provision oder nur Provision beziehen.[36] Auch die Ansprüche auf Fixum sind Arbeitseinkommen, wenn es sich um wiederkehrend zahlbare Vergütungen für Dienstleistungen handelt, welche die Erwerbstätigkeit des Schuldners vollständig oder zu einem wesentlichen Teil in Anspruch nehmen.[37] Zu den nicht wiederkehrend zahlbaren Vergütungen gehört z. B. auch der Ausgleichsanspruch des Handelsvertreters nach § 89b HGB, der auf diese Weise in gewissem Umfang dem Zugriff der Gläubiger entzogen sein kann. Stehen dem Schuldner mehrere Provisionsforderungen gegen verschiedene Personen zu, so hat Zusammenrechnung nach den Ausführungen Rn. 630 zu erfolgen. **Künftige Provisionsansprüche** können gepfändet werden, wenn sie genügend bestimmbar sind. Der Drittschuldner kann sich nach erfolgter Pfändung nicht darauf berufen, dass sein Vertreter die Provision gar nicht an ihn abgeführt, sondern gleich einbehalten hat (vgl. die ähnliche Rechtslage bei Bedienungsgeld; siehe Rn. 657).

9.6.2 Umfang des Pfändungsschutzes

656 Welche Art von Pfändungsschutz diese selbstständig Erwerbstätigen genießen, kommt darauf an, ob ein ständiges (festes) Arbeits- oder Dienstverhältnis mit einem Arbeitgeber vorliegt und das Arbeitseinkommen daher aus laufend wiederkehrenden Bezügen besteht oder ob gegenüber dem einzelnen Arbeitgeber nur eine einmalige oder vereinzelte Dienstleistung aus einem unabhängigen (freien) Rechtsverhältnis vorliegt und aus diesem Grunde auch nur eine einmalige Arbeitsvergütung in Frage steht. Im erstgenannten Falle genießt das Arbeitseinkommen den gleichen — von Amts wegen zu berücksichtigenden — Pfändungsschutz wie jedes andere Arbeitseinkommen. Ist dagegen, was die Regel bilden wird, ein Fall der zweiten Art gegeben, so richtet sich der bestehende Pfändungsschutz nach den besonderen Vorschriften des § 850i Abs. 1 ZPO. **Zunächst** werden die Bezüge für Werk- und Dienstleistungen — z. B. Handwerkerlöhne, Provisionen der Handelsvertreter, Honoraransprüche der Ärzte, Architekten, Rechtsanwälte usw. — **voll**, d. h.

---

[36] OLG Braunschweig, Rpfleger 1952, 90; BayObLG, NJW 2003, 2181.

[37] BAG, NJW 1962, 1221 = Rpfleger 1963, 44. Zur Pfändbarkeit von Provisionsansprüchen siehe auch Treffer, MDR 1998, 384 und Stöber, Rn. 886.

ohne Pfändungsschutz, **gepfändet**. Danach hat im Falle der Pfändung das Gericht dem Schuldner **auf** dessen **Antrag** von seinem Einkommen so viel zu belassen, als er während eines angemessenen Zeitraums für seinen notwendigen Unterhalt und denjenigen seines Ehegatten, seines früheren Ehegatten, seines Lebenspartners, eines früheren Lebenspartners und seiner unterhaltsberechtigten Verwandten (wozu auch ein nichteheliches Kind des Schuldners gehört) bedarf (siehe zu diesem Personenkreis Rn. 641).[38]

Bei der Entscheidung sind die **wirtschaftlichen Verhältnisse des Schuldners**, insbesondere seine ihm anzugebenden sonstigen Verdienstmöglichkeiten, **frei zu würdigen**. Dem Schuldner ist nicht mehr zu belassen, als ihm nach freier Schätzung des Gerichts verbleiben würde, wenn sein Arbeitseinkommen aus laufendem Arbeits- oder Dienstlohn bestände. Der Antrag des Schuldners ist vom Gericht insoweit abzulehnen, als überwiegende Belange des Gläubigers (besondere Notlage) entgegenstehen. Maßgebend für die Bemessung des angemessenen Zeitraums ist in erster Linie, wann und in welcher Höhe der Schuldner wieder neue Einnahmen zu erwarten hat. Weitergehender Pfändungsschutz kann dem Schuldner auch hier nach den in Rn. 649 gemachten Ausführungen gewährt werden.

Zur Antragstellung berechtigt ist auch ein Dritter, dem die Vergünstigung zugute kommt, nicht aber der Drittschuldner.[39]

9.7 Pfändungsschutz bei Bedienungsgeld

9.7.1 Echtes Bedienungsgeld

657 Das Bedienungsgeld, das ein Kellner erhebt, ist rechtlich ein Zuschlag zu dem Preis für verabreichte Speisen, Getränke usw. und spielt heute in der Praxis kaum noch eine nennenswerte Rolle. Es steht nicht dem Kellner selbst, sondern dem Unternehmer (Hotelier, Wirt und dergl.) zu. Daran ändert die Tatsache nichts, dass der Kellner das Bedienungsgeld von zehn oder mehr Prozent aus Vereinfachungsgründen bei der Abrechnung mit dem Unternehmer vielfach gleich einbehält. Wird das Bedienungsgeld im Wege der Forderungspfändung gegen den Kellner gepfändet, so muss der Unternehmer als Drittschuldner dafür Sorge tragen, dass der gepfän-

---

[38] Zum Pfändungsschutz bei Heimarbeit siehe Rn. 660.

[39] Näher zum Pfändungsschutz bei Selbstständigen und Freiberuflern siehe Stöber, Rn. 1233 ff.

dete Betrag an den Pfändungsgläubiger abgeführt wird. Überlässt er diese Abführung dem Kellner selbst, so haftet er für einem dem Pfändungsgläubiger dadurch etwa entstehenden Schaden.[40]

Ist der Kellner beim Unternehmer hauptberuflich angestellt, so besteht für das Bedienungsgeld der für Arbeitseinkommen allgemein geltende Pfändungsschutz. Wird der Kellnerberuf dagegen nur nebenbei ausgeübt, bezieht der Kellner also noch anderes Arbeitseinkommen, so kann infolge der in Rn. 630 behandelten Zusammenrechnungsvorschrift das Bedienungsgeld in voller Höhe pfändbar sein.

9.7.2 Freiwilliges Trinkgeld

658 Kein Arbeitseinkommen, sondern ein **Geschenk** ist das Trinkgeld, das ein Gast dem Kellner über das Bedienungsgeld hinaus freiwillig gibt. Seine Pfändung ist nur im Wege der Taschenpfändung durch den Gerichtsvollzieher möglich.[41]

9.7.3 Anwendung auf andere ähnliche Berufe

659 Für dem Kellner ähnliche Berufe, bei denen Trinkgeld in Frage kommt, gilt entsprechend das Gleiche. Darunter fällt z. B. ein Taxifahrer.[42]

---

[40] BAG, BB 1965, 1149; LAG Hamm, BB 1964, 1258; ArbG Köln, BB 1969, 1539. Diese Rechtsprechung verlangt sogar im Interesse des Gemeinwohls, dass der Arbeitgeber letzten Endes dem Kellner mit Kündigung drohen und den Verlust der Arbeitskraft in Kauf nehmen muss.

[41] S. auch Stöber, Rn. 900a.

[42] Bei ihnen gehören zum pfändbaren Arbeitseinkommen auch die ihnen vom Arbeitgeber überlassenen Anteile am vereinnahmten Fahrpreis des Fahrgastes (LAG Düsseldorf, DB 1972, 1540). Es ist Sache des Arbeitgebers, eine sichere Feststellung des pfändbaren Arbeitseinkommens des Taxifahrers zu erreichen und sie notfalls unter Androhung fristloser Kündigung zu erzwingen.

9.8 Pfändungsschutz bei Heimarbeit

9.8.1 Behandlung wie Arbeitseinkommen

660 Das Entgelt, das in Heimarbeit beschäftigten Schuldnern zusteht, ist in gleicher Weise wie Arbeitseinkommen pfändbar (§850 i Abs. 3 ZPO, § 27 HeimarbG vom 14.03.1951 — BGBl. I, 191). Es gilt für das Entgelt für Heimarbeit also das in Rn. 585 ff. allgemein Ausgeführte. Die Umrechnung erfolgt in der Weise, dass, wenn bei Ablieferung der Arbeit ausgezahlt wird, der Zeitraum von der Ausgabe der Heimarbeit bis zu ihrer Ablieferung auf die für den Pfändungsschutz maßgebende Zeiteinheit umgewandelt wird.[43]

9.8.2 Selbstgestelltes Arbeitsmaterial

661 Soweit in der Vergütung eines Heimarbeiters Entgelt für selbstgestelltes Arbeitsmaterial enthalten ist, ist der entsprechende Betrag unpfändbar (§ 850a Nr. 3 ZPO; siehe Rn. 628).[44]

9.9 Pfändungsschutz für Berufssoldaten und Wehrpflichtige[45]

9.9.1 Bezüge von Berufs- und Zeitsoldaten

662 Berufssoldaten (darunter fallen: Offiziere, Unteroffiziere, Mannschaften) sowie Soldaten auf Zeit (im Allgemeinen zusammengefasst als Längerdienende bezeichnet) und ihre Hinterbliebenen erhalten Dienst- und Versorgungsbezüge nach den für Bundesbeamte geltenden Grundsätzen (Bundesbesoldungsgesetz). Diese Bezüge sind Arbeitseinkommen und als solches teilweise unpfändbar (siehe Rn. 623 ff.).

---

[43] Maus-Schmidt, HeimarbG, 3. Aufl., 1976, Bem, 4 zu § 27.

[44] Vgl. wegen Einzelheiten Stöber, Rn. 898.

[45] Zu unterscheiden ist zwischen Soldaten, die länger dienen (Berufssoldaten und Soldaten auf Zeit) und solchen, die als Wehrpflichtige dienen. Siehe zur Pfändung der Bezüge von Soldaten auch Kreutzer, DB 1970, 1391.

Übergangsgebührnisse, die an Soldaten auf Zeit, deren Dienstverhältnis endet, unter bestimmten Voraussetzungen ausbezahlt werden (§ 11 des Soldatenversorgungsgesetzes), sind wie Arbeitseinkommen pfändbar. Übergangsbeihilfe, die Soldaten auf Zeit unter bestimmten Voraussetzungen gewährt wird (§ 12 des genannten Gesetzes), ist nicht pfändbar.[46]

9.9.2 Bezüge von Wehrpflichtigen

663 In Deutschland bestand vom 21.07.1956 an eine ab 1968 auch im Grundgesetz verankerte Wehrpflicht. Diese wurde mit Wirkung zum 01.07.2011 ausgesetzt, sodass zum 01.01.2011 zum letzten Mal alle Wehrpflichtigen einberufen worden sind.

Soldaten, die aufgrund der Wehrpflicht Wehrdienst geleistet haben, erhielten Wehrsold und Sachbezüge. Grundsätzlich ist davon auszugehen, dass in diesen Fällen die Pfändungsvorschriften Anwendung fanden, die auch für Arbeitseinkommen galten.

9.9.3 Leistungen an Angehörige von Soldaten

664 Die Leistungen an unterhaltsberechtigte Angehörige von Soldaten nach dem Unterhaltssicherungsgesetz vom 31.05.1961 (BGBl. I, 661) sind nicht zum Einkommen des Wehrpflichtigen hinzuzurechnen. Sie sind wegen ihrer Zweckgebundenheit unpfändbar.

Übergangsgebührnisse für Soldaten auf Zeit (§ 11 SoldVersG) sind wie Arbeitseinkommen pfändbar. Übergangshilfe für solche Soldaten (§ 12 SoldVersG) sind grundsätzlich in vollem Umfang pfändbar. Dem Schuldner ist aber auf Antrag ein pfändungsfreier Teilbetrag für den notwendigen Unterhalt zu belassen (§ 850i Abs. 1 ZPO).

Sterbegeld, das den Hinterbliebenen eines Soldaten auf Zeit gewährt wird, ist unpfändbar (§ 48 Abs. 2 SoldVersG i. d. F. vom 01.09.1971, BGBl. I, 229).

---

[46] § 48 Abs. 2 Soldatenversorgungsgesetz.

9.10 Abtretung und Pfändung von Arbeitseinkommen

9.10.1 Grundsätze für die Abtretung von Arbeitseinkommen

666 Die Abtretung von Arbeitseinkommen erfolgt durch Vertrag zwischen dem Arbeitnehmer und dem neuen Gläubiger (§ 398 BGB). Der Arbeitgeber ist am Abtretungsvertrag nicht beteiligt; zur Wirksamkeit der Abtretung bedarf es auch seiner Benachrichtigung nicht (wegen Einzelheiten siehe Rn. 670).

Wesentlicher Inhalt des Abtretungsvertrags sind genaue Bezeichnung der abgetretenen Forderung aus Arbeitseinkommen (Voll- oder Teilabtretung; wegen Einschränkung kraft Gesetzes siehe Rn. 668), Dauer der Abtretung (vgl. Rn. 679) und Angabe des neuen Gläubigers. Festzulegen ist, dass sich die Abtretung auch auf erst künftig fällig werdendes Arbeitseinkommen erstreckt. Andernfalls bezieht sich die Vereinbarung nur auf bereits fälliges Arbeitseinkommen.

Trotz des vertraglichen Charakters der Abtretung wird diese nach außen hin in der Regel in der Form einer einseitigen Erklärung des Arbeitnehmers vorgenommen, die Urkunde selbst enthält also nicht auch die Unterschrift des neuen Gläubigers. Die Annahme der Abtretung durch den neuen Gläubiger, durch die der Abtretungsvertrag zustande kommt, braucht äußerlich nicht in Erscheinung zu treten. Schriftliche Festlegung der Abtretungserklärung ist in jedem Falle notwendig.[47] Vielfach wird die Erklärung dreifach ausgestellt, einmal für jede Partei und einmal als Anzeige der Abtretung an den Arbeitgeber als Schuldner des Arbeitseinkommens (vgl. Rn. 670).

667 Die Abtretung von **künftigem, noch nicht fälligem Arbeitseinkommen** ist — mit den nachstehend behandelten Einschränkungen — zulässig.[48] Auch die Abtretung von künftigem Arbeitseinkommen aus einem im Zeitpunkt der Abtretung noch nicht bestehenden Arbeitsverhältnis ist möglich. Dabei genügt die Formulierung, dass das Arbeitseinkommen jeglicher Art gegen den künftigen Arbeitgeber bis zum Betrag von ... EUR abgetreten wird. Wirksam wird eine solche Abtretung allerdings erst mit dem Beginn des jeweiligen Arbeitsverhältnisses (BGHZ 88, 205 f.).

---

[47] Beamte, Geistliche, Lehrer und Angehörige der Bundeswehr können den pfändbaren Teil ihrer Dienstbezüge nur mittels einer öffentlich beglaubigten Urkunde abtreten (§ 411 BGB).

[48] BAG, BB 1967, 33 = NJW 1967, 751 und BGH, NJW 1965, 2197.

9.10.2 Beschränkung der Abtretung

668 Arbeitseinkommen kann insoweit nicht abgetreten werden, als dies kraft Gesetzes nicht pfändbar ist (§ 400 BGB, § 851 ZPO).[49] Inwieweit diese gesetzliche Unpfändbarkeit normalerweise besteht, ergibt sich vor allem aus § 850c ZPO (Rn. 623 ff.). Werden dem Arbeitnehmer auf seinen besonderen Antrag bestimmte Teile des Arbeitseinkommens, die nach den allgemeinen Vorschriften gepfändet werden könnten, ausnahmsweise unpfändbar belassen (siehe Rn. 542 ff.), so hat dies nicht zur Folge, dass der Arbeitnehmer diese Teile des Einkommens auch nicht abtreten könnte, denn diese Teile sind nicht kraft Gesetzes unpfändbar. Für einen einem selbstständig Erwerbstätigen für persönlich geleistete Dienste durch besonderen Beschluss des Vollstreckungsgerichts unpfändbar belassenen Betrag seines Einkommens (§ 850i Abs. 1 ZPO; vgl. Rn. 656) gilt das Gleiche.

Den für die Abtretung von Arbeitseinkommen mithin in Frage kommenden Betrag haben Arbeitgeber und Arbeitnehmer selbst festzustellen. Das ist aufgrund der amtlichen Lohnpfändungstabelle in der Regel ohne besondere Schwierigkeiten möglich.

Zugunsten eines bevorrechtigten Gläubigers ist im Allgemeinen ein höherer Betrag pfändbar (§ 850d ZPO) als bei Pfändung durch einen sonstigen Gläubiger (§ 850c ZPO; siehe im Einzelnen Rn. 642) und damit auch abtretbar. Bei den Vollstreckungsgerichten ist im Allgemeinen feststellbar, welcher Mindestbetrag einem Schuldner bei Pfändung durch einen bevorrechtigten Gläubiger zu belassen und daher unabtretbar ist (sog. Sockelbetrag).

In der Abtretungserklärung selbst bedarf es nicht einer Bestimmung dahingehend, dass nur der nach den gesetzlichen Vorschriften pfändbare und damit abtretbare Teil des Arbeitseinkommens abgetreten wird, da bereits das Gesetz eine über den pfändbaren Betrag hinausgehende Abtretung ausschließt, sodass der Arbeitnehmer gar nicht in der Lage ist, über den unpfändbaren Teil seines Arbeitseinkommens vor dessen Auszahlung wirksam zu verfügen.

---

[49] Ein Verstoß dagegen hat Nichtigkeit der Abtretung zur Folge (§ 134 BGB). Es kommt vor, dass ein Schuldner von seinem Arbeitseinkommen mehr abtreten möchte, als gesetzlich zulässig ist. Derartige Ansinnen an den Arbeitgeber sind rechtlich als stets widerrufliche Überweisungsaufträge des Arbeitnehmers zu werten. Es besteht hier immer die Gefahr, dass der Arbeitnehmer sich übernimmt.

9.10.3 Ausschluss der Abtretung von Arbeitseinkommen

669 Eine Forderung aus Arbeitseinkommen kann überhaupt nicht abgetreten werden, wenn die Abtretung durch allgemeine oder besondere Vereinbarung mit dem Arbeitgeber ausdrücklich ausgeschlossen oder für den Einzelfall von der Zustimmung des Arbeitgebers abhängig gemacht ist (§ 399 BGB). Auf das Nichtwissen des neuen Gläubigers über den Ausschluss des Abtretungsrechts kommt es hierbei nicht an. Vor einer Pfändung schützt allerdings eine derartige Vereinbarung nicht (§ 851 Abs. 2 ZPO).[50] Verletzt der Arbeitnehmer das Abtretungsverbot, so ist die Abtretung unwirksam.

9.10.4 Wirksamkeit der Abtretung

670 Zur Wirksamkeit der Abtretung von Arbeitseinkommen ist Anzeige an den Arbeitgeber nicht erforderlich (stille Zession).[51] Der neue Gläubiger muss jedoch eine Leistung, die der Arbeitgeber (Schuldner) nach der Abtretung an den bisherigen Gläubiger (Arbeitnehmer) bewirkt, gegen sich gelten lassen, es sei denn, dass der Arbeitgeber die Abtretung bei der Leistung kennt, insbesondere zufolge Abtretungsanzeige seitens des Arbeitnehmers. U. U. genügt auch Anzeige des neuen Gläubigers (§ 407 BGB). Der Arbeitgeber ist dem neuen Gläubiger gegenüber nur gegen Aushändigung einer vom bisherigen Gläubiger über die Abtretung ausgestellten Urkunde zur Leistung verpflichtet (§ 410 Abs. 1 BGB).[52]

9.10.5 Folgen der Abtretung

671 Der neue Gläubiger tritt mit wirksamer Abtretung an die Stelle des Arbeitnehmers als bisherigen Gläubiger des Arbeitseinkommens (§ 393 BGB). Er tritt aber nicht etwa in das Arbeitsverhältnis ein. Die Forderung aus Arbeitseinkommen ist nach wie vor ein arbeitsrechtlicher Anspruch, für dessen Geltendmachung das Arbeits-

---

[50] S. BGHZ 108, 172 = NJW 1990, 109.

[51] Zur Frage, ob sich eine Bank auf eine stille Zession berufen kann, wenn ihr das Arbeitseinkommen mit der Maßgabe abgetreten wurde, dass sie die Abtretung dem Arbeitgeber nur mitteilen darf, wenn der Arbeitnehmer mit der Rückzahlung der Darlehensraten in Verzug gerät, siehe Tiedtke, DB 1976, 421.

[52] Dem Erfordernis dieser Vorschrift genügt eine Fotokopie der über die Abtretung ausgestellten Urkunde (BAG, BB 1967, 1040). Auch im Rahmen des Pfändungsrechts ist der Gutglaubensschutz des oben erwähnten § 407 BGB zugunsten des Drittschuldners anwendbar (§ 1275 BGB). Die Beweislast dafür, dass trotz wirksamer Zustellung des Pfändungs- und Überweisungsbeschlusses an ihn der Drittschuldner dennoch keine Kenntnis davon erlangt hat, trägt der Drittschuldner (LAG Berlin, BB 1968, 1353).

gericht ausschließlich zuständig ist (§ 2 Abs. 1 Nr. 2 ArbGG; vgl. Rn. 43). Leistungsort und Leistungszeit ändern sich durch die Abtretung nicht.

Der Arbeitnehmer ist verpflichtet, dem neuen Gläubiger die zur Geltendmachung seines Anspruchs erforderliche Auskunft zu erteilen (§ 402 BGB). Ein unmittelbares **Auskunftsrecht** gegenüber dem Arbeitgeber hat der neue Gläubiger — anders als bei einer Pfändung des Arbeitseinkommens — nicht. Etwaige Bearbeitungs- und Überweisungskosten hat der Arbeitnehmer dem Arbeitgeber zu ersetzen.

Der Arbeitgeber kann dem neuen Gläubiger alle Einwendungen entgegenhalten, die zur Zeit der Abtretung gegen die Forderung aus Arbeitseinkommen begründet waren (§ 404 BGB).

672 Hat der neue Gläubiger den Arbeitgeber zur Zahlung des an ihn wirksam abgetretenen Arbeitseinkommens aufgefordert, nachdem dem Arbeitgeber Kenntnis von der Abtretung gegeben worden ist (Rn. 670) und zahlt der Arbeitgeber nicht, so bleibt dem neuen Gläubiger nichts anderes übrig, als gegen ihn beim Arbeitsgericht Klage auf Zahlung zu erheben (wegen der Zuständigkeit des Arbeitsgerichts siehe auch Rn. 43). Zur Streitverkündung an den Arbeitnehmer ist der neue Gläubiger gesetzlich zwar nicht verpflichtet, gleichwohl ist diese (§ 72 ZPO) empfehlenswert. Denn im Falle der Abweisung der Klage des neuen Gläubigers kann bei Streitverkündung der Arbeitnehmer dem neuen Gläubiger nicht vorhalten, er habe den Prozess mangelhaft geführt (§§ 67, 68, 74 ZPO).[53]

Hat der neue Gläubiger einen Vollstreckungstitel erwirkt, so kann er die Zwangsvollstreckung gegen den Arbeitgeber betreiben.

9.10.6 Zusammentreffen von Abtretung und Pfändung von Arbeitseinkommen[54]

673 Der Arbeitnehmer kann auch bereits gepfändetes Arbeitseinkommen abtreten. Zwar erhält der gerichtliche Pfändungsbeschluss stets das Gebot an den Pfän-

---

[53] Zur Drittschuldnerklage ausführlich bei Stöber, Rn. 655 ff.

[54] Zum Zusammentreffen von Lohnpfändung und Lohnabtretung siehe auch Henckel, JR 1971, 18 und Stöber, Rn. 1248. Ist das Arbeitseinkommen bereits vor der Pfändung vom Schuldner wirksam abgetreten worden, so wird es, wenn der neue Gläubiger es nach der Pfändung zurückabtritt, von dieser nicht erfasst. Der Gläubiger kann daher eine vom Schuldner bereits vor der Pfändung wirksam abgetretene Forderung im Falle der Rückabtretung nur durch erneute Vollstreckung oder sonst nur aufgrund einer Anfechtung (§ 11 AnfechtungsG) erfassen (BGH, Rpfleger 1971, 351).

dungsschuldner, sich jeder Verfügung über den gepfändeten Anspruch zu enthalten. Dieses Gebot bedeutet aber nur, dass die trotzdem vorgenommene Verfügung (Abtretung) dem pfändenden Gläubiger gegenüber unwirksam ist (§ 136 BGB). Der Abtretungsgläubiger kann mithin seinen Anspruch an das Arbeitseinkommen, soweit er gepfändet ist, erst verwirklichen, wenn die nach dem Pfändungsbeschluss beizutreibende Forderung des pfändenden Gläubigers voll getilgt oder sonst wie erledigt ist.

Umgekehrt kann auch bereits wirksam abgetretenes Arbeitseinkommen noch gepfändet werden. Bei Berechnung der Pfändungsgrenze (§§ 850, 850a ff. ZPO) darf der Betrag nicht abgezogen werden, der bereits abgetreten worden ist. Eine andere Frage ist natürlich, was in diesen Fällen für den das Arbeitseinkommen pfändenden Gläubiger — bei Teilabtretung — praktisch noch übrig bleibt (siehe folgende Rn.). Der Gläubiger, an den eine Abtretung erfolgt ist, kann nicht einwenden, dass er die vorausgegangene Pfändung nicht gekannt und diese deshalb ihm gegenüber keine Wirkung habe.

Ebenso wenig kann ein pfändender Gläubiger einwenden, dass ihm die bereits erfolgte Abtretung nicht bekannt gewesen sei und diese daher ihm gegenüber nicht gelten könne. Ob und an wen gepfändetes Arbeitseinkommen bereits abgetreten ist, kann der pfändende Gläubiger auf dem Wege des § 840 ZPO (siehe Rn. 298) erfahren.

674 Trifft eine Abtretung von Arbeitseinkommen mit dessen Pfändung zusammen und handelt es sich je um nicht bevorrechtigte Forderungen, so entscheidet für die Reihenfolge der Befriedigung des einzelnen Gläubigers der Zeitpunkt des Wirksamwerdens von Abtretung und Pfändung. Eine Abtretung geht daher dem pfändenden Gläubiger auch dann vor, wenn der Schuldner die Abtretung zwar erst nach dem — sei es ihm bekannten oder unbekannten — Erlass des gerichtlichen Pfändungsbeschlusses, aber noch vor dessen Zustellung an den Drittschuldner als Arbeitgeber vorgenommen hat.

Sind Lohnabtretung und Pfändung des Arbeitseinkommens zur gleichen Zeit wirksam geworden, so sind die Ansprüche gleichmäßig, d. h. im Verhältnis ihrer Beträge zu befriedigen.

675 Eine **fernmündliche Vorankündigung** des pfändenden Gläubigers an den Arbeitgeber dahingehend, dass die **Pfändung** soeben ausgesprochen worden sei, ist **für den Arbeitgeber unbeachtlich**. Erst die ordnungsmäßige Zustellung des Beschlusses selbst an ihn lässt die Pfändung wirksam werden (§ 829 Abs. 3 ZPO).

676 Hat zuerst ein nicht bevorrechtigter Gläubiger Arbeitseinkommen gepfändet und ist später eine Abtretung an einen bevorrechtigten Unterhaltsgläubiger i. S. d. § 850d ZPO erfolgt (siehe dazu Rn. 641 ff.), so kann der bevorrechtigte Gläubiger im Rahmen dessen, was (nach § 850c ZPO Rn. 623) für jeden Gläubiger an Arbeitseinkommen gepfändet werden kann, insoweit und so lange nicht zum Zuge kommen, als der nach der genannten Vorschrift allgemein pfändbare Betrag an den zuerst pfändenden nicht bevorrechtigten Gläubiger abzuführen ist. Der bevorrechtigte Abtretungsgläubiger kommt hier aber gleichzeitig aus dem Teil des Arbeitseinkommens zum Zuge, der im Falle einer Pfändung durch ihn nur seinem Zugriff eben als bevorrechtigter Gläubiger im Rahmen des § 850d ZPO (Rn. 642) offen stehen würde.[55]

677 Ist zuerst eine Abtretung von Arbeitseinkommen an einen bevorrechtigten Gläubiger vorgenommen worden und erst dann Pfändung durch einen nicht bevorrechtigten Gläubiger erfolgt, so ist, wenn die Abtretung nur den Betrag umfasst, der nach § 850c ZPO durch jeden Gläubiger gepfändet werden kann (siehe Rn. 623), auf den bevorrechtigten Anspruch zunächst das gemäß § 850d ZPO der Pfändung in erweitertem Umfang unterliegende Arbeitseinkommen zu verrechnen. Diese **Verrechnung** braucht aber nicht der Arbeitgeber selbst vorzunehmen. Sie erfolgt vielmehr **auf Antrag** eines Beteiligten durch das Vollstreckungsgericht (§ 850e Nr. 4 ZPO).[56]

678 Oft geht die Lohnpfändung ins Leere, weil der pfändbare Lohnteil zur Sicherheit z. B. an eine Bank abgetreten ist. Die Pfändung lebt auch nicht wieder auf, wenn die zur Sicherheit abgetretene Lohnforderung durch Rückabtretung ins Schuldnervermögen zurückfällt. Die meisten Sicherungsabtretungen enthalten folgende vertragliche **Rückfallklausel:** „Sobald sämtliche durch die Abtretung gesicherten Forderungen der X-Bank ausgeglichen sind, ist der Kunde berechtigt, die Rückabtretung der Rechte aus der Abtretung an sich zu verlangen."

Dieser **Rückabtretungsanspruch** ist gemäß § 857 ZPO **pfändbar.** Pfändet der Gläubiger zugleich mit der Lohnforderung des Schuldners auch dessen Rückabtretungsanspruch, so tritt er in dessen Rechte ein und genießt Vorrang vor sämtlichen, dem Abtretungsempfänger nachgehenden, den Lohn pfändenden anderen Pfändungsgläubigern. So lag es in einem Fall, den das LG Münster[57] entschieden hat.

---

[55] S. dazu näher Stöber, Rn. 1091.
[56] S. dazu Muster: Verrechnungsbeschluss mit Erläuterungen bei Rn. 743.
[57] LG Münster, Rpfleger 1991, 379.

9.10.7 Beendigung einer Abtretung von Arbeitseinkommen

679 Eine Abtretung von Arbeitseinkommen, die in aller Regel der Sicherung und Befriedigung eines Anspruchs des neuen Gläubigers dient, findet ihr Ende in erster Linie dann, wenn der Sicherungszweck entfallen, insbesondere der neue Gläubiger wegen seiner Forderung voll befriedigt ist oder auf seine Ansprüche ganz verzichtet hat. Bei nur teilweisem Verzicht kann eine Beschränkung, also eine teilweise Beendigung der Abtretung in Frage kommen, schon um eine Übersicherung des neuen Gläubigers zu verhindern.

9.10.8 Weitere Fragen zur Abtretung von Arbeitseinkommen

680 Liegen mehrere Abtretungen vor oder trifft eine Abtretung mit einer Pfändung zusammen (siehe Rn. 673 ff.) und kann der Arbeitgeber infolge einer nicht auf Fahrlässigkeit beruhenden Ungewissheit über die Person des tatsächlichen Gläubigers seine Verbindlichkeit nicht oder nicht mit Sicherheit erfüllen, so kann er Hinterlegung der in Frage kommenden Beträge bei der Gerichtskasse vornehmen (§ 372 BGB)[58] und die Gläubiger hiervon benachrichtigen. Zuvor muss er jedoch alle ihm zumutbaren Möglichkeiten ausschöpfen, um sich über den tatsächlichen Anspruchsberechtigten Gewissheit zu verschaffen. Hinterlegung kommt auch nur wegen des Teils der Arbeitseinkommen in Frage, über den die Ungewissheit besteht. Bei Verzicht auf Rücknahme des hinterlegten Betrags wird der Arbeitgeber durch die Hinterlegung von seiner Verbindlichkeit in gleicher Weise befreit, wie wenn er zur Zeit der Hinterlegung Zahlung an den Gläubiger geleistet hätte (§ 378 BGB). Dies gilt aber nur bei berechtigter Hinterlegung. Die Durchführung eines Verteilungsverfahrens nach §§ 872 ff. ZPO wird in den hier behandelten Hinterlegungsverfahren (nach § 372 BGB) für unzulässig angesehen.[59] Die Gläubiger müssen selbst sehen, dass sie von der Hinterlegungsstelle ihr Geld erhalten. Vielfach ist dazu eine gerichtliche Entscheidung erforderlich. Ist allerdings die Frage des Ranges der Gläubiger geklärt und reicht der hinterlegte Betrag nicht zur Befriedigung aller beteiligten Gläubiger aus, so findet das Verteilungsverfahren nach §§ 872 ff. ZPO statt.

681 In nicht seltenen Fällen soll sich der neue Gläubiger nur dann an das abgetretene Arbeitseinkommen halten dürfen, wenn der Arbeitnehmer seinen Verpflichtungen gegenüber dem Gläubiger aus der diesem zustehenden Forderung nicht vertragsmäßig nachkommt. Nach außen hin hat zwar der neue Gläubiger auch in solchen

---

[58] Die Hinterlegung nach § 372 BGB darf nicht mit der Hinterlegung nach § 853 ZPO bei mehrfacher Pfändung einer Geldforderung verwechselt werden. Über die Letztere siehe die Ausführungen Rn. 683.

[59] RGZ 144, 391.

Fällen die volle Rechtsstellung wie ein sonstiger Gläubiger einer durch Abtretung erworbenen Forderung. Im Innenverhältnis zum Arbeitnehmer unterliegt er aber bestimmten Bindungen dahingehend, dass er — als Treuhänder — von der Abtretung des Arbeitseinkommens gegenüber dem Arbeitgeber insoweit keinen Gebrauch machen darf, als der Arbeitnehmer seinen mit dem neuen Gläubiger geschlossenen Vertrag nicht verletzt. Es kann dabei zusätzlich vereinbart werden, dass die Sicherungsabtretung in dem Augenblick erlischt, in dem der Arbeitnehmer seine Pflichten gegenüber dem neuen Gläubiger voll erfüllt hat.

682 Eine bloße **Inkasso-Abtretung** liegt vor, wenn die Abtretung von Arbeitseinkommen lediglich zum Zwecke seiner Einziehung beim Arbeitgeber im Auftrag des Arbeitnehmers erfolgt. In der einem Dritten erteilten Ermächtigung des Arbeitnehmers, für ihn fälliges Arbeitseinkommen lediglich einzuziehen, liegt keine Abtretung des Arbeitseinkommens. Eine unwiderrufliche Einziehungsvollmacht kann sich keinesfalls auf unpfändbare Teile des Arbeitseinkommens erstrecken.[60]

9.11 Sonstige Fragen zur Pfändung von Arbeitseinkommen

9.11.1 Hinterlegung durch Arbeitgeber

683 Haben mehrere Gläubiger das Arbeitseinkommen gepfändet, so ist der Arbeitgeber berechtigt und auf Verlangen eines Gläubigers, dem die Forderung überwiesen wurde, verpflichtet, unter Anzeige der Sachlage und unter Aushändigung der ihm zugestellten Beschlüsse bei demjenigen Amtsgericht, dessen Beschluss ihm zuerst zugestellt worden ist, den Schuldbetrag zu hinterlegen (absoluter Hinterlegungsgrund nach § 853 ZPO).[61] Damit werden dem Arbeitgeber als Drittschuldner eigene Auseinandersetzungen mit den Pfändungspfandgläubigern erspart. Durch die Hinterlegung erlischt das Schuldverhältnis. Die Gläubiger müssen ihre Ansprüche an den hinterlegten Betrag u. U. durch gerichtliche Entscheidungen nachweisen. Reicht der hinterlegte Betrag nicht zur Befriedigung der beteiligten Gläubiger aus, so hat das Amtsgericht ein Verteilungsverfahren nach §§ 872 ff. ZPO durchzuführen. Die beteiligten Gläubiger können sich natürlich auch gütlich über die Verteilung des hinterlegten Betrags einigen.

---

[60] RGZ 148, 398.

[61] Wegen einer Hinterlegung des Arbeitseinkommens nach § 372 BGB im Zusammenhang mit der Abtretung von Arbeitseinkommen siehe die Ausführungen Rn. 680.

9.11.2 Kündigungsrecht wegen Pfändung von Arbeitseinkommen

684   Die mit einer Pfändung von Arbeitseinkommen verbundene normale Arbeitsbelastung berechtigt den Arbeitgeber — Drittschuldner — nicht zur außerordentlichen Kündigung des Arbeitsverhältnisses mit dem Schuldner. Bei besonders häufigen Pfändungen wird der Arbeitgeber das Arbeitsverhältnis allerdings unter Einhaltung der normalen Kündigungsfrist zur Auflösung bringen können. Das Bundesarbeitsgericht[62] hat eine Kündigung dann als sozial gerechtfertigt angesehen, wenn die Bearbeitung zahlreicher Pfändungen einen derartigen Aufwand erfordere, dass es zu wesentlichen Störungen entweder im Arbeitsablauf oder in der betrieblichen Organisation komme. Eine Abmahnung sei nicht erforderlich. Anders liegt der Fall, wenn der Schuldner in einer anzuerkennenden Notlage aus besonderen persönlichen Verhältnissen heraus zu notwendigen Anschaffungen im Rahmen seines Hausstandes und seiner Familie gezwungen wird. Auch der Umstand kann von Bedeutung sein, wie lange der Schuldner schon im Betrieb beschäftigt ist. Eine fristlose Kündigung des Schuldners wird der Arbeitgeber nur in ganz besonders krassen Fällen mit Erfolg aussprechen können.

Bei **Arbeitnehmern in** einer **Vertrauensstellung** (Bankangestellte) oder in repräsentativer Stellung kann bereits **eine** Lohnpfändung die Kündigung rechtfertigen.

9.11.3 Änderung der Unpfändbarkeitsvoraussetzungen

685   Ändern sich die Voraussetzungen für die Bemessung des unpfändbaren Teils des Arbeitseinkommens, so hat das Vollstreckungsgericht (Rechtspfleger) auf Antrag des Schuldners, des Gläubigers oder des Drittschuldners (sein Antragsrecht ist umstritten) den Pfändungsbeschluss entsprechend zu ändern. Antragsberechtigt ist auch ein Dritter, dem der Schuldner kraft Gesetzes Unterhalt zu leisten hat. Der Drittschuldner kann nach dem Inhalt des früheren Pfändungsbeschlusses mit befreiender Wirkung leisten, bis ihm der Änderungsbeschluss zugestellt wird (§ 850g ZPO).

Praktisch werden kann diese Vorschrift insbesondere in Fällen der Pfändung durch einen bevorrechtigten Gläubiger. Hier setzt das Vollstreckungsgericht den für den Schuldner unpfändbaren Teil seines Arbeitseinkommens fest und muss ihn bei eingetretener Änderung erneut festsetzen. Bei der Blankettpfändung für einen nicht

---

[62] BAG, DB 1982, 498.

bevorrechtigten Gläubiger (vgl. Rn. 623) dagegen muss der Drittschuldner etwaige Änderungen in den Verhältnissen des Schuldners, etwa in seinen Familienverhältnissen, von selbst berücksichtigen. Er darf sich hier nicht auf das Vollstreckungsgericht berufen.[63]

---

[63] Ausführlich zum Vollstreckungsschutz bei Veränderung der Verhältnisse Stöber, Rn. 1200.

10 Gläubigerschutz gegen Lohnschiebungsversuche und dergleichen

10.1 Zahlung des Arbeitseinkommens an einen Dritten (sog. Lohnschiebung)

10.1.1 Rechtsgrundlagen

686

LITERATUR

App, Vorgehen der Finanzämter bei „Lohnschiebung" und „Lohnverschleierung" vom Gesetz gedeckt?, StGB 1990, 223 ff. | **Behr**, Verschleiertes Arbeitseinkommen, JurBüro 1990, 1237 ff. | **David**, Lohnpfändungsstrategien, Rechtsbeistand 1989, 135 ff. | **Dornbusch**, Die Pfändung von Arbeitseinkommen in Fällen der Lohnschiebung und Lohnverschleierung, Dissertation, Bonn, 2005 | **Geißler**, Die Pfändung verschleierten Arbeitseinkommens, KKZ 2010, 265 ff. | **Geißler**, Fragen der Zwangsvollstreckung bei verschleiertem Arbeitseinkommen, JurBüro 1986, 1295 ff. | **Goebel**, Verschleiertes Einkommen — Diese Entscheidungen des BAG müssen Sie kennen!, FoVo 2009, 25 ff.

Hat sich der Empfänger der vom Schuldner geleisteten Arbeiten oder Dienste verpflichtet, Leistungen an einen Dritten (= Drittberechtigten) zu bewirken, die nach Lage der Verhältnisse ganz oder teilweise eine Vergütung für die Leistung des Schuldners darstellen, so kann der Anspruch des Drittberechtigten insoweit aufgrund des Schuldtitels gegen den Schuldner gepfändet werden, wie wenn der Anspruch dem Schuldner zustände. Die Pfändung des Vergütungsanspruchs des Schuldners umfasst ohne Weiteres den Anspruch des Drittberechtigten. Der Pfändungsbeschluss ist dem Drittberechtigten und dem Schuldner zuzustellen (§ 850h Abs. 1 ZPO).

Im Falle der Insolvenz des Arbeitnehmers ist der Insolvenzverwalter bzw. Treuhänder berechtigt, das fiktive Arbeitseinkommen zur Masse zu ziehen. Der Insolvenzeröffnungsbeschluss wirkt wie ein Pfändungs- und Überweisungsbeschluss im Einzelvollstreckungsverfahren. Aus Sinn und Zweck der Regelung von § 850h Abs. 2 Satz 1 ZPO ergibt sich, dass der Insolvenzverwalter verschleiertes Arbeitseinkommen in entsprechender Anwendung der Norm zur Masse ziehen kann, da sie das Interesse des Vollstreckungsgläubigers an der Durchsetzung seiner Forderung gegen den Schuldner, der für einen Dritten arbeitet oder sonst Dienste leistet, ohne eine entsprechende Vergütung zu erhalten, schützt.[1]

10.1.2 Anwendungsfälle

687 Hauptanwendungsfall für § 850h Abs. 1 ZPO ist Zahlung des Arbeitseinkommens durch den Arbeitgeber an die Ehefrau des bei ihm arbeitenden Schuldners. Auch der Fall kommt in Frage, dass Mann und Frau beim gleichen Arbeitgeber beschäftigt sind und an die Frau ein Arbeitseinkommen bezahlt wird, das den Wert ihrer Leistungen weit übersteigt, während das Arbeitseinkommen des Mannes entsprechend niedriger ist, vielfach unter der Pfändungsgrenze (siehe Rn. 623) gehalten wird. Dem Drittberechtigten braucht also nicht die gesamte Vergütung für die vom Schuldner geleisteten Dienste oder Arbeiten zuzufließen. Schließlich ist § 850h Abs. 1 ZPO auch dann anwendbar, wenn der ursprünglich dem Mann gehörende Betrieb der Frau überschrieben worden ist und für tatsächlich vom Mann ausgeführte Arbeiten Zahlung an die Frau erfolgt. Dauerndes Dienstverhältnis, feste Vereinbarung einer Vergütung oder wiederkehrende Leistungen sind nicht Voraussetzung für die Anwendung der Vorschrift; sie ist also auch bei Werklohn anwendbar.

Auf die Bezeichnung der Vergütung kommt es nicht an. Erfasst werden alle Vergütungen, die ausdrücklich als solche für Arbeits- oder Dienstleistungen bezeichnet sind oder die sich nach Lage der Verhältnisse ganz oder teilweise — als äußerlich verschleierte — Vergütungen für Arbeits- oder Dienstleistungen des Arbeitnehmers darstellen.

Der Zeitpunkt des Abschlusses der Vereinbarung zwischen Arbeitnehmer und Arbeitgeber über Zahlung an einen Drittberechtigten ist unerheblich. Die Vereinbarung kann bereits bei Abschluss des Arbeits- oder Dienstverhältnisses oder auch später getroffen werden.

---

[1] So BAG, Urt. v. 12.03.2008 – 10 AZR 148/07, BAGE 126, 137 ff. = ZIP 2008, 979 ff.

10.1.3 **Arbeitgeber muss bei der Lohnschiebung mitwirken**

688 Mitwirkung des Arbeitgebers bei einer Vereinbarung der hier behandelten Art ist erforderlich; dieser muss sich also vertraglich verpflichtet haben, das Arbeitseinkommen des Schuldners an einen Dritten (= Drittberechtigten) zu zahlen.

Bloße Abtretung des Anspruchs aus Arbeitseinkommen durch den Schuldner an einen Dritten ist nicht ausreichend. In diesem Falle kann aber Anfechtung der Abtretung durch Gläubiger des Arbeitnehmers erfolgen. Andererseits ist **nicht erforderlich**, dass zwischen Arbeitgeber und Arbeitnehmer **Gläubigerbenachteilungsabsicht** besteht.

10.1.4 **Nur relative Unwirksamkeit der Vereinbarung**

689 Die in § 850h Abs. 1 ZPO aufgestellte Fiktion gilt nur in Bezug auf die Pfändungsmöglichkeit. Die zwischen Arbeitgeber und Arbeitnehmer getroffene Vereinbarung ist also nur relativ gegenüber dem das Arbeitseinkommen pfändenden Gläubiger unwirksam, im Übrigen beurteilt sich ihre Gültigkeit nach allgemeinen Vorschriften.

10.1.5 **Ablauf des Verfahrens**

690 Der Arbeitgeber muss, ohne dass dies im gerichtlichen Pfändungsbeschluss gegen den Arbeitnehmer besonders zum Ausdruck zu kommen braucht, so verfahren, als ob der nach der getroffenen Vereinbarung an einen Dritten (= Drittberechtigten) zu zahlende Betrag tatsächlich dem Schuldner selbst zustehen würde. Der Gläubiger hat aber auch die Möglichkeit, aufgrund seines allein gegen den Schuldner gerichteten Vollstreckungstitels den dem Dritten zustehenden Anspruch unmittelbar zu pfänden. Vorherige Zustellung des Titels an den Dritten ist hierzu nicht erforderlich, ebenso wenig eine Umschreibung des auf den Schuldner lautenden Titels auf den Dritten. Der Drittschuldner ist in beiden Fällen der gleiche, er muss die an den Schuldner und die an den Dritten gezahlte Vergütung zusammenrechnen und den daraus nach den allgemeinen Vorschriften bei Arbeitseinkommen pfändbaren Betrag an den Gläubiger abführen, wenn er die Gefahr einer Doppelzahlung vermeiden will. Die Kosten der ausdrücklichen Pfändung des Anspruchs fallen dem Schuldner auch dann nach § 788 ZPO (Rn. 220) zur Last, wenn der Gläubiger bereits vorher eine Pfändung des Anspruchs des Arbeitnehmers erwirkt hatte, weil ihm die Vereinbarung zwischen Arbeitgeber und Arbeitnehmer nicht bekannt war.

Eine Pfändung der vom Arbeitgeber an den Dritten zu zahlenden Vergütung durch Gläubiger des letzteren hindert die Anwendung der hier erörterten Vorschrift nicht. Entsprechendes gilt für die Abtretung des Anspruchs an einen Gläubiger des Dritten. Ein Gläubiger des Schuldners hat also Vorrecht. Um feststellen zu können, ob ein Fall der hier behandelten Art gegeben ist, empfiehlt sich für den Gläubiger ein Vorgehen nach § 840 ZPO über Auskunftspflicht des Drittschuldners (siehe dazu Rn. 298). Gepfändet wird, wie sonst, die dem Schuldner „angeblich" zustehende Forderung.

Die Zustellung des Pfändungsbeschlusses soll auch an den Dritten erfolgen. Zur Wirksamkeit der Pfändung ist aber auch im hier behandelten Falle Zustellung des Pfändungsbeschlusses nur an den Arbeitgeber (als Drittschuldner) erforderlich (§ 829 ZPO). Die Kosten belasten den Schuldner.

691 Über Streitigkeit hat nicht das Vollstreckungsgericht, sondern das Prozessgericht (Arbeitsgericht) zu entscheiden (siehe Rn. 699). Wegen des Hinterlegungsrechts des Arbeitgebers siehe § 372 BGB (vgl. Rn. 689). Der Dritte kann nach § 771 ZPO auf Unzulässigkeitserklärung der Pfändung Klage erheben, wenn er behaupten will, die an ihn vom Arbeitgeber bewirkten Leistungen ständen ihm aufgrund eigener Leistung zu, sie stellten keine Vergütung für die Leistung des Schuldners dar.

10.2 Verschleierung des Arbeitseinkommens durch Schuldner

10.2.1 Rechtsgrundlagen

692 Leistet der Schuldner einem Dritten **in einem ständigen Verhältnis** Arbeiten oder Dienste, die nach Art und Umfang üblicherweise vergütet werden, unentgeltlich oder gegen eine unverhältnismäßig geringe Vergütung, so gilt im Verhältnis des Gläubigers zu dem Empfänger der Arbeits- oder Dienstleistungen eine angemessene Vergütung als geschuldet. Bei der Prüfung, ob diese Voraussetzungen vorliegen, sowie bei der Bemessung der Vergütung ist auf alle Umstände des Einzelfalls, insbesondere die Art der Arbeits- oder Dienstleistung, die verwandtschaftlichen oder sonstigen Beziehungen zwischen dem Dienstberechtigten und dem Dienstverpflichteten und die wirtschaftliche Leistungsfähigkeit des Dienstberechtigten, Rücksicht zu nehmen (§ 850h Abs. 2 ZPO).[2]

---

[2] S. zu den im Rahmen dieser Vorschrift auftauchenden Einzelfragen Stöber, Rn. 1220 ff.

10.2.2 Anwendungsfälle

693 Diese Vorschrift kommt vor allem zur Anwendung bei einem **ständigen** (nicht bloß einmaligen oder gelegentlichen) abhängigen **Tätigsein des Schuldners im Betriebe der Eltern oder des Ehegatten**, namentlich des Mannes in dem auf seine Frau überschriebenen Geschäft, lediglich gegen freie Kost, Wohnung und Taschengeld, im Übrigen aber unentgeltlich. Voraussetzung ist, dass die geleisteten Arbeiten oder Dienste nach ihrer Art und ihrem Umfang unter normalen Verhältnissen üblicherweise vergütet werden. Die Mitarbeit kann auch auf einer Innengesellschaft beruhen.

Die Rechtsprechung wendet § 850h Abs. 2 ZPO entsprechend auch auf Fälle von **Unterstützung durch Dritte** an, für die der Schuldner **Gegenleistungen** erbringt.

Ein extrem niedriges Arbeitseinkommen indiziert die Verschleierung des tatsächlichen Arbeitseinkommens. Dies liegt z. B. dann vor, wenn ein Schuldner als kaufmännischer Mitarbeiter und Projektleiter eingestellt worden ist und dafür eine monatliche Bruttovergütung in Höhe von 850,00 EUR erhalten soll, obwohl eine monatliche Bruttovergütung in Höhe von 2.000,00 EUR angemessen wäre. Auch der Bruttostundenlohn in Höhe von 4,91 EUR sei in diesem Fall unverhältnismäßig gering, sodass das BAG zu dem Ergebnis gekommen ist, dass ein Fall der Lohnschiebung vorliege.[3]

Auch der Umstand, dass der Schuldner im Rahmen der Abgabe der eidesstattlichen Versicherung lediglich erklärt, monatliche Einkünfte aus Arbeitseinkommen als „Auslieferungsfahrer" in Höhe von 400,00 EUR netto zu haben, die ihm in „bar" ausgezahlt werden, rechtfertigt nach Auffassung des LG Verden zumindest den Verdacht der Lohnverschleierung.[4]

Gibt der Schuldner im Vermögensverzeichnis einen monatlichen Nettoverdienst in Höhe von 1.000,00 EUR als Elektromeister und Betriebsleiter an, so ist er im Rahmen des Nachbesserungsverfahrens verpflichtet, ergänzende Fragen zu beantworten, damit der Gläubiger überprüfen kann, ob der geringe Arbeitslohn eine Lohnverschleierung indiziert.[5]

---

[3] So BAG, Urt. v. 12.03.2008 – 10 AZR 148/07, BAGE 126, 137 ff. = ZIP 2008, 979 ff.

[4] So LG Verden, Beschl. v. 08.07.2010 – 6 T 93/10, JurBüro 2010, 552 f.

[5] Vgl. LG Aurich, Beschl. v. 20.10.2009 – 4 T 448/09, JurBüro 2010, 108.

Ein Fliesenleger, der angibt, monatlich 400,00 EUR brutto zu verdienen, muss im Rahmen des Vermögensverzeichnisses zusätzliche Angaben hinsichtlich der Art und des Umfanges seiner Tätigkeit machen, damit der Gläubiger prüfen kann, ob ein Fall von Lohnverschleierung gegeben ist.[6]

Dies gilt auch bei einem vollbeschäftigen Diplom-Volkswirt mit einem monatlichen Nettoeinkommen von angeblich nur 622,47 EUR.[7]

Insgesamt kann der Gläubiger verlangen, dass der Schuldner die objektiven Grundlagen seines Arbeitsverhältnisses mitteilt, insbesondere die tatsächlich von ihm geleistete Arbeit nach Art und Umfang, damit der Gläubiger prüfen kann, ob eine verhältnismäßig niedrige Entlohnung des Schuldners der von ihm tatsächlich geleisteten Arbeit entspricht oder ob der Drittschuldner nicht in Wirklichkeit einen weit höheren Betrag zahlt.[8]

Erfasst werden nicht nur Arbeitsleistungen im Sinne des Arbeitsrechts, sondern auch solche Dienstleistungen, die auf familienrechtlichem Verhältnis beruhen (siehe dazu §§ 1356, 1618 a, 1626 BGB). Doch ist bei Mitarbeit von Kindern und Ehemännern in kleinen Betrieben der Eltern oder der Ehefrau entscheidend, ob eine andere Arbeitskraft an Stelle des mitarbeitenden Schuldners überhaupt beschäftigt werden müsste, wenn dessen Arbeitsleistung entfiele.[9] Unterlässt eine Geschäftsinhaberin, die weder die erforderliche fachliche Vorbildung noch die Zeit zur Führung des Geschäfts hat, den Betrieb im Wesentlichen ihrem fachlich vorgebildeten Ehemann, so sind die Voraussetzungen der hier behandelten Vorschrift erfüllt. Es besteht eine tatsächliche Vermutung für die Mitarbeit des Ehemannes im Geschäft seiner Frau, wenn es sich um einen kleineren Betrieb handelt und der körperlich und geistig gesunde Ehemann nachweislich keiner anderweitigen Beschäftigung nachgeht. Die als Drittschuldnerin in Anspruch genommene Ehefrau muss daher nachweisen, dass ihr Ehemann ausnahmsweise nicht mitarbeitet.[10]

Das Bestehen einer **Gläubiger-Benachteiligungsabsicht** zwischen Arbeitnehmer und Arbeitgeber ist **nicht erforderlich**.[11] Wesentlich ist nur, dass dem Empfänger

---

[6] So LG Regensburg, Beschl. v. 03.03.2003 – 2 T 55/03, DGVZ 2003, 92.

[7] So LG Bielefeld, Beschl. v. 21.01.2003 – 25 T 735/02, JurBüro 2004, 503 f.

[8] So LG Chemnitz, Beschl. v. 07.01.2002 – 12 T 4705/01, DGVZ 2002, 156 f.

[9] Das LAG Baden-Württemberg, DB 1965, 1599 hat sich dahin ausgedrückt: „ob nach Art und Umfang der vom Schuldner geleisteten Dienste eine andere normal bezahlte Arbeitskraft beschäftigt werden müsste, wenn seine Dienstleistungen in Fortfall kämen".

[10] LAG Hamm, JurBüro 1997, 273.

[11] BGH, NJW 1979, 1600, 1602; OLG Düsseldorf, NJW-RR 1989, 390.

der Dienstleistungen des Schuldners, die einen wesentlich höheren Wert haben als in dem vereinbarten Entgelt zum Ausdruck kommt, auf Kosten des Gläubigers ein unangemessener Vorteil zufließt.

694   Die hier behandelte Vorschrift kommt nicht zur Anwendung, wenn die Ehefrau ihrem Ehemann zwar freie Station gewährt, dieser aber in ihrem Betrieb nicht mitarbeitet. In einem derartigen Falle kann die Ehefrau jedoch u. U. verpflichtet sein, einem Gläubiger des Mannes einen entsprechenden Betrag wegen vorsätzlichen moral- und sittenwidrigen Verhaltens nach § 826 BGB als Schadenersatz zu zahlen, wenn sie wissentlich zum Nachteil des Gläubigers ihrem Mann trotz nachweisbar vorhandener Beschäftigungsmöglichkeit in ihrem Betrieb die Möglichkeit eines arbeits- und verantwortungslosen Lebens verschafft. Ein Fall der hier erörterten Vorschrift liegt auch nicht vor, wenn der Schuldner zwar Dienste oder Arbeit in einem ständigen Verhältnis leisten könnte, aber tatsächlich nicht leistet, mag er auch im Interesse der gegen ihn bestehenden Ansprüche verpflichtet sein, seine Arbeitskraft voll einzusetzen. Ferner ist ein einschlägiger Fall nicht gegeben, wenn der Schuldner von einem Dritten Unterhalt erhält, ohne dass er Dienste leistet. Dies gilt auch dann, wenn der Dritte den Schuldner beschäftigen könnte; denn ein Arbeits- oder Dienstverhältnis kann nicht fingiert werden. Die Beweislast dafür, welche Stellung der Ehemann im Geschäft seiner Frau einnimmt, hat der Gläubiger.

Das BAG hat in einem Urteil vom 24.05.1965[12] folgende Feststellungen getroffen: „Bei der Festsetzung einer angemessenen Vergütung im Sinne des § 850h Abs. 2 ZPO muss das Gericht zunächst anhand des einschlägigen Tarifvertrags die für die Dienste, wie sie der Schuldner leistet, übliche Vergütung feststellen. Sodann muss das zwischen Arbeitgeber und Schuldner vereinbarte Arbeitsentgelt damit verglichen und festgestellt werden, ob der Schuldner gegen eine unverhältnismäßig geringe Vergütung arbeitet. Erst wenn diese Voraussetzung erfüllt ist, kann das Gericht eine angemessene Vergütung festsetzen. Dabei sind dann alle Umstände, insbesondere die in der genannten Vorschrift aufgeführten, abzuwägen; d. h., das Gericht kann mit Rücksicht auf die besonderen Umstände des Falls gewisse Abschläge von der üblichen Vergütung machen. Wenn der Schuldner kraft Tarifbindung oder kraft Alleinverbindlicherklärung einen unabdingbaren Anspruch auf ein tarifliches Mindestentgelt hat, kann die Bestimmung einer angemessenen Vergütung im Sinne des § 850h Abs. 2 ZPO regelmäßig nicht in Betracht kommen."

Der BGH hat in einem Urteil vom 04.07.1968[13] Folgendes ausgeführt: „Die Anwendung des § 850h Abs. 2 ZPO setzt eine objektive Würdigung aller tatsächlichen

---

[12] BB 1965, 1027 = DB 1965, 1406 = MDR 1965, 944.

[13] WM 1968, 1254.

Verhältnisse, aber nicht den Nachweis voraus, dass das Arbeitsentgelt gerade mit Rücksicht auf die Gläubiger des Dienstverpflichteten besonders niedrig festgesetzt wurde. Auch wenn der Schuldner nicht die Absicht hatte, seine Gläubiger zu benachteiligen, ist die genannte Vorschrift anwendbar. Entscheidend ist, dass dem Drittschuldner durch Dienstleistungen des Schuldners, die einen höheren Wert haben, als in dem vereinbarten Entgelt zum Ausdruck kommt, auf Kosten des Gläubigers ein unangemessener Vorteil zufließt. Beweisschwierigkeiten, die durch die Lückenhaftigkeit der Buchführung des Schuldners bedingt sind, können nicht zu Lasten des Gläubigers gehen."

Ein Urteil des LAG Bremen[14] besagt Folgendes: „Die Ehefrau eines Malermeisters, die nach dessen wirtschaftlichem Zusammenbruch das Geschäft auf eigene Rechnung fortführt, ist gemäß § 850h Abs. 2 ZPO zur Zahlung einer angemessenen Vergütung verpflichtet, wenn ihr der Ehemann nicht nur gelegentlich mit Rat und Tat zur Seite steht, sondern ständig die Lehrlingsausbildung übernimmt, die Arbeitsstellen überwacht, sich um Erteilung von Aufträgen bemüht, bei Submissionen die Verhandlungen mit den Auftraggebern führt, die fachlichen Absprachen trifft und sich auch bei größeren Arbeiten an den Schlussabnahmen beteiligt, weil die Ehefrau und Geschäftsinhaberin fachlich nicht vorgebildet ist. Dienste dieser Art überschreiten auch bei einem kleineren Malergeschäft mit durchschnittlich fünf Gesellen den Umfang einer gesetzlichen Mitarbeit im Rahmen des § 1356 BGB, und zwar auch dann, wenn der Ehemann der Geschäftsinhaberin mit Rücksicht auf sein Lebensalter und seine beeinträchtigte Gesundheit nicht mehr in der Lage ist, körperlich mitzuarbeiten und die Buchführung sowie die nichtfachlichen Kontorarbeiten von der Ehefrau erledigt werden. Es ist demgegenüber Sache der beklagten Ehefrau, diejenigen Umstände vorzutragen und unter Beweis zu stellen, die eine andere Würdigung des Sachverhalts, insbesondere hinsichtlich der wirtschaftlichen Leistungsfähigkeit des Betriebs, zur Folge haben könnten. Etwaige Naturalleistungen der Ehefrau für ihren Ehemann sind auf den nicht pfändbaren Teil der angemessenen Vergütung zu verrechnen. Eine Aufrechnung mit Gegenforderungen der Ehefrau gegenüber ihrem Ehemann ist gegenüber der ausschließlich im Verhältnis der Drittschuldnerin zum Gläubiger geschuldeten Vergütung nicht zulässig."

Nach LAG Baden-Württemberg[15] liegt ein typischer Fall von Lohnverschleierung vor, wenn ein in Vergleich gegangener Schuldner später in einem Gewerbe gleicher Art seiner nicht fachkundigen Ehefrau ohne oder nur gegen geringfügige Vergütung tätig ist. Es kann dann grundsätzlich die Vergütung als geschuldet angesehen werden, die einem Angestellten mit Fachkenntnissen zu zahlen wäre. Dieser für die

---

[14] BB 1963, 768.
[15] DB 1967, 691.

Festsetzung einer angemessenen Vergütung übliche Grundsatz kann jedoch im Einzelnen Fall eine Abschwächung im Hinblick auf die verwandtschaftlichen Beziehungen, sonstige Beziehungen, z. B. Unterhaltsverpflichtungen für Kinder, und die wirtschaftliche Leistungsfähigkeit des Pfändungsschuldners erfahren.

Bei einer GmbH sind verwandtschaftliche Beziehungen zwischen dem Geschäftsführer und den Gesellschaftern nur ausnahmsweise bei reinen Familienunternehmen erheblich, wenn den Familienangehörigen nicht nur die formalen Anteile gehören, sondern sie auch wirtschaftlich Inhaber des Betriebskapitals sind.[16]

10.2.3 Zur Üblichkeit der Vergütung

695 Bei Prüfung der Frage der Üblichkeit der Vergütung ist von den allgemeinen Verkehrsauffassungen auszugehen. Im **Bereich der Landwirtschaft** ist insbesondere von Bedeutung, ob die Eltern wegen ihres Gesundheitszustands ohne Hilfe nicht auskommen können, die Besitzung aber die Kosten für eine fremde Kraft nicht aufzubringen vermag. Für den im **Betrieb des Vaters** unentgeltlich tätigen Sohn gilt eine angemessene Vergütung auch dann als geschuldet, wenn der Vater die Arbeitskraft des — voll arbeitsfähigen — Sohnes wegen des Umfangs seines Geschäfts nicht braucht, sie aber dennoch in Anspruch nimmt, und wenn der Sohn bei gutem Willen auswärtige Arbeit finden könnte. Besondere Umstände des Einzelfalles können ein Dienstverhältnis von der Pflicht zur Leistung einer angemessenen Vergütung ganz freistellen.

10.2.4 Für die Vergütung anzulegender Maßstab

696 Als unverhältnismäßig gering i. S. des § 850h Abs. 2 ZPO ist eine tatsächlich ausgezahlte Vergütung nicht nur dann anzusehen, wenn sie in besonders auffälligem Maße hinter der angemessenen Vergütung zurückbleibt, sondern immer schon dann, wenn sie, gemessen an den gesamten Verhältnissen des Falls, d. h. bei Berücksichtigung aller Umstände, als unangemessen niedrig anzusehen ist. Die Vergütung eines Schuldners ist unverhältnismäßig gering, wenn sie erheblich unter der Vergütung liegt, die der Drittschuldner einem fremden Arbeitnehmer für eine entsprechende Dienstleistung gewähren müsste. Entscheidend sind dabei neben der Art und dem Umfang der Tätigkeit des Schuldners (Vertrauensstellung) auch die übrigen Umstände des Einzelfalls, insbesondere die wirtschaftliche Leistungs-

---

[16] OLG Schleswig, SchlHA 1968, 71.

fähigkeit des Drittschuldners. Bei verwandtschaftlichen Beziehungen zwischen Schuldner und Drittschuldner muss berücksichtigt werden, dass der Schuldner gegebenenfalls aus rechtlichen oder moralischen Gründen gehalten sein kann, seinen nicht mehr voll arbeitsfähigen Eltern die Existenzgrundlage zu erhalten.[17]

Bei Beantwortung der Frage nach der **Höhe der angemessenen Vergütung** sind außer Art und Wert der Tätigkeit des Schuldners auch die Beweggründe zu berücsichten, die zu seiner Beschäftigung führten, die Leistungsfähigkeit und wirtschaftliche Lage des Betriebs, in dem er tätig ist, und der Grad seiner Arbeitsfähigkeit. Nach neueren Entscheidungen ist unerheblich, ob der Gewinn des Betriebs oder der Wirtschaft die Kosten einer anderen Arbeitskraft an Stelle des ganz oder nur teilweise mitarbeitenden Schuldners erbringt. Vor allem gilt dies dann, wenn der Betrieb oder das Geschäft ausschließlich oder überwiegend auf die Tätigkeit des Schuldners begründet ist oder bei Wegfall seiner Arbeitsleistung eine fremde Arbeitskraft gehalten und bezahlt werden müsste. Bei Mitarbeit des Schuldners im Betrieb seiner Frau ist nicht entscheidend, welche Bezüge er im Betrieb eines Dritten als angemessenes Entgelt für seine Tätigkeit zu beanspruchen hätte, sondern nur, welchen Wert seine Leistungen gerade im Betrieb seiner Frau haben. Arbeitet ein Ehemann im Geschäft seiner Frau in großem Umfang ständig mit, so ist die Vergütung eines leitenden Angestellten für ihn angemessen. Vergleichsweise können zur Ermittlung der angemessenen Vergütung auch tarifliche oder ortsübliche Sätze herangezogen werden, selbst wenn der Schuldner an sich dem Tarif nicht unterworfen ist.[18] Zu berücksichtigen ist ferner, dass es sich praktisch nur um die Feststellung handelt, welche Summe aus dem Betrieb herausgewirtschaftet werden muss, damit der Schuldner dem Gläubiger auf die Schuld angemessene Abzahlungen machen kann. Stellt der Schuldner infolge körperlicher Behinderung keine volle Arbeitskraft dar, so können die tariflichen Sätze nicht in voller Höhe zugrunde gelegt werden. Sind mehrere pfändende Gläubiger vorhanden, so darf die Höhe der angemessenen Vergütung für diese Gläubiger nicht verschieden festgesetzt werden.

Zu berücksichtigen ist auch die Art der Forderung des pfändenden Gläubigers. Unterhaltsforderungen können einen erweiterten Schutz genießen.

---

[17] BAG, NJW 1978, 343; LAG Bremen, DB 1962, 476.

[18] Hat der Schuldner kraft Tarifbindung oder kraft Allgemeinverbindlicherklärung einen unabdingbaren Anspruch auf ein tarifliches Mindestentgelt, kann die Bestimmung einer angemessenen Vergütung im Sinne des hier behandelten § 850h Abs. 2 ZPO regelmäßig nicht in Frage kommen (BAG, BB 1965, 1027 = DB 1965, 1406 = MDR 1965, 944).

697   Auf Ansprüche aus der Vergangenheit bezieht sich die hier besprochene Pfändung nur, wenn sich dies aus ihr ausdrücklich ergibt oder wenn sich aus den Umständen entnehmen lässt, dass nur etwaige Rückstände — vor Zustellung des Pfändungsbeschlusses — gemeint sein können. In der Regel ist hierzu ein ausdrücklicher Antrag des Gläubigers erforderlich. Die etwa eingetretene Verjährung ist zu beachten.

10.2.5   Sonstige Fragen

698   Eine angemessene Vergütung gilt nur als zwischen dem pfändenden Gläubiger und dem Arbeitgeber des Schuldners geschuldet. An den bisherigen Rechtsbeziehungen zwischen Schuldner und Arbeitgeber selbst ändert sich dadurch nichts. Der Schuldner hat nach wie vor an Arbeitseinkommen nur das zu beanspruchen, was tatsächlich mit ihm vereinbart worden ist.[19] Der Arbeitgeber kann daher eine ihm gegen den Schuldner zustehende Forderung gegen das lediglich fingierte Arbeitseinkommen nicht aufrechnen.

Das Bestehen von Gegenforderungen kann aber bei Festsetzung der Höhe der zu zahlenden Vergütung berücksichtigt werden. Aufrechnung gegen den gepfändeten Anspruch mit Forderungen des Arbeitgebers an den pfändenden Gläubiger ist zulässig.[20]

10.2.6   Rechtslage bei Zahlungsverweigerung des Arbeitgebers

699   Der Gläubiger wird dem Arbeitgeber zunächst eine kalendermäßig festgelegte Frist zur Zahlung einer von ihm zu beziffernden angemessenen Vergütung setzen. Zahlt der Arbeitgeber dann nicht, so wird der Gläubiger gegen ihn beim Vollstreckungsgericht den Erlass eines Pfändungs- und Überweisungsbeschlusses (vgl. Rn. 284) beantragen. Dabei prüft das Gericht nicht, ob die materiellen Voraussetzungen des § 850h Abs. 2 ZPO gegeben sind. Es pfändet nur die vom Gläubiger als angemessen bezeichnete angebliche Forderung gegen den Empfänger der Dienstleistungen. Dabei hat es den **für Arbeitseinkommen** bestehenden **Pfändungsschutz** (Rn. 623 ff.) zu beachten.

---

[19] Dem Schuldner steht daher keine Verfügungsmacht über die zugunsten seiner Gläubiger nur fingierte Vergütung zu (LAG Düsseldorf, DB 1972, 1028).

[20] Zöller/Stöber, § 850h ZPO, Rn. 11.

Arbeitet der Schuldner im Erwerbsgeschäft seiner Ehefrau mit, so kommt für diese und seine Kinder ein Freibetrag nach § 850c ZPO nicht in Frage, weil er tatsächlich keinen Unterhalt leistet.

Der unpfändbare Teil der Vergütung muss im Pfändungsbeschluss ohne Rücksicht auf die erforderlichenfalls vom Arbeitsgericht in einem nachfolgenden Prozess festzustellende tatsächliche Höhe der angemessenen Vergütung bezeichnet werden. Im Pfändungsbeschluss kann ganz allgemein von Arbeitseinkommen die Rede sein, zu dem auch die angemessene Vergütung gehört, oder es kann die verschleierte Vergütung im Beschluss ausdrücklich bezeichnet werden. Hat das Vollstreckungsgericht im Pfändungsbeschluss unzulässigerweise die Höhe der vermeintlich geschuldeten Vergütung festgesetzt, so ist das Prozessgericht daran nicht gebunden.

Lehnt der Arbeitgeber nach Fristsetzung durch den Gläubiger die Zahlung einer angemessenen Vergütung ab, so kann der Gläubiger die ihm zur Einziehung überwiesene Forderung gegen den Arbeitgeber vor dem **Arbeitsgericht** einklagen (siehe Rn. 43, 302). Dabei muss er das herausverlangte Arbeitseinkommen (evtl. ausgehend vom Tariflohn) beziffern.[21] Es kann aber auch der Arbeitgeber gegen den Gläubiger auf Feststellung beim Prozessgericht (Arbeitsgericht), dass für ihn eine Leistungspflicht nicht besteht, Klage erheben.

Dem Schuldner steht ein Klagerecht nicht zu. Er kann gegen den Pfändungs- und Überweisungsbeschluss nur Erinnerung (§ 766 ZPO) einlegen.

Der Arbeitgeber kann im Prozess dem pfändenden Gläubiger alle Einwendungen entgegenhalten, die dem Schuldner selbst zustehen, er kann sich namentlich auf die Verjährung der Ansprüche, wegen welcher vollstreckt wird, berufen. Das Prozessgericht hat dann zu entscheiden, ob überhaupt eine Vergütung geschuldet wird. Bejahendenfalls hat es die angemessene Vergütung festzusetzen, und zwar unter Berücksichtigung der nach der ZPO unpfändbaren Beträge.[22]

Der **Prioritätsgrundsatz** (frühere Pfändung geht der späteren vor, § 804 Abs. 3 ZPO) gilt **auch hinsichtlich** (fiktivem) **verschleiertem Einkommen**, mit der Folge, dass dem Vorranggläubiger, der sich zunächst mit dem pfändbaren Lohnteil auf-

---

[21] Der Drittschuldner hat im Rechtsstreit zwischen dem Gläubiger und ihm zum Nachweis der wirtschaftlichen Leistungsfähigkeit seine wirtschaftlichen Verhältnisse offen zu legen und insbesondere die für die Beurteilung der Leistungsfähigkeit erforderlichen Abschlüsse (Bilanzen, Gewinn- und Verlustrechnungen) vorzulegen (LG Schleswig, SchlHA 1968, 71).

[22] Bei Tarifbindung kommt Tariflohn in Betracht (BAG, MDR 1965, 944).

grund des im Anstellungsvertrag vereinbarten — zu niedrigen — Lohn zufrieden gegeben hat, vorrangig Anspruch auf den pfändbaren Teil des verschleierten Lohns hat, wenn ein später pfändbarer Gläubiger das Bestehen einer Lohnverschleierung erst aufdeckt.[23]

10.3 Auflösung des Arbeitsverhältnisses nach Pfändung

700 Mitunter versucht der Schuldner, eine Lohnpfändung dadurch gegenstandslos zu machen, dass er sein **Arbeitsverhältnis** zunächst **auflöst**, nach Ablauf einer gewissen Zeit aber **beim gleichen Arbeitgeber wieder aufnimmt**. Ist der Schuldner so vorgegangen, um die Wirkungen des Pfändungsbeschlusses zu beseitigen, so rechtfertigt sich in aller Regel die Annahme, dass die Beteiligten in Wirklichkeit keine echte Beendigung, sondern nur eine vorübergehende Aussetzung des an sich **einheitlich fortbestehenden Arbeitsverhältnisses** beabsichtigt haben. Hierbei ist auch eine Vereinbarung zwischen dem Schuldner und dem Arbeitgeber dahin, dass der Dienstvertrag des Schuldners aufgelöst werde und der Arbeitgeber ihm eine einheitliche, aber in monatlichen Raten zu leistende Abfindungssumme zu zahlen habe, für die Gültigkeit einer vorher erfolgten Pfändung und Überweisung der Ansprüche des Schuldners belanglos. Zulässig wird es dagegen sein, bei Begründung eines Arbeits- oder Dienstverhältnisses mit dem Arbeitgeber zu vereinbaren, dass dieses Verhältnis im Falle einer Pfändung des Arbeitnehmereinkommens als aufgelöst gelten solle.

701 Die Pfändung erfasst das Arbeitseinkommen nicht nur aus dem zur Zeit der Pfändung bestehenden Arbeitsvertrag, sondern darüber hinaus aus dem gesamten künftigen Arbeitsverhältnis, sofern es die Verkehrsauffassung — auch bei mehreren Arbeitsverträgen — als ein einheitliches ansieht.[24] Dies ist der Fall, wenn die zwischen zwei Arbeitsverträgen liegende Zeit wirtschaftlich einer Suspendierung des Arbeitsverhältnisses (etwa wegen Krankheit oder Inhaftierung) gleichkommt.[25]

---

[23] BGH, Rpfleger 1991, 68.

[24] S. dazu auch BAG, BB 1957, 112 = NJW 1957, 439 und Süsse, BB 1970, 671, 673. Der einer Arbeitsgemeinschaft des Baugewerbes zugestellte Pfändungs- und Überweisungsbeschluss erfasst nicht den Anspruch des Schuldners aus Arbeitseinkommen, den dieser nach der „Versetzung" zu einem Partner der Arbeitsgemeinschaft erwirbt. Es fehlt hier an der erforderlichen Identität des Arbeitsverhältnisses (LAG Baden-Württemberg, BB 1967, 80 = DB 1967, 166).

[25] LAG Schleswig-Holstein BB 1969, 137.

Lösen Schuldner und Drittschuldner nach Pfändung künftig fällig werdender Lohnansprüche (§ 832 ZPO) das Arbeitsverhältnis vorübergehend in der Absicht auf, die **Gläubiger** des Schuldners abzuschütteln, so ist von einem einheitlichen, fortbestehenden Arbeitsverhältnis auszugehen.[26] Die Lohnpfändung erfasst also auch die Bezüge nach Wiederaufnahme der Arbeit.

702   Lohnpfändungen leben wieder auf, wenn das Arbeits- oder Dienstverhältnis nach einer **Unterbrechung von bis zu neun Monaten bei demselben Arbeitgeber** wieder aufgenommen wird, d. h. es bedarf keiner neuen Lohnpfändung und der Arbeitgeber muss den Lohnpfändungsbeschluss nach dem Ausscheiden des Arbeitnehmers noch mindestens neun Monate aufbewahren (§ 833 Abs. 2 ZPO).

---

[26] OLG Düsseldorf, DB 1985, 1336 in einem Fall von siebeneinhalbmonatiger Unterbrechung.

11 Die wichtigsten Informationsquellen bei der Zwangsvollstreckung

11.1 Die Vermögensauskunft des Schuldners

703 Bis zum 30.07.1970 war der sog. „Offenbarungseid" vor dem Amtsrichter abzulegen. Sodann wurde das Verfahren zunächst als Verfahren zur Abgabe der eidesstattlichen Versicherung dem Rechtspfleger übertragen, bis seit dem 01.01.1999 für die Abnahme der Gerichtsvollzieher zuständig ist.[1]

Die Abgabe der Vermögensauskunft des Schuldners soll dem Gläubiger ein Hilfsmittel geben, durch Offenlegung des Vermögens des Schuldners einen Einblick zu erlangen, ob und welche Vollstreckungsmöglichkeiten gegen diesen etwa noch bestehen. Die Vermögensauskunft des Schuldners ist für den Gläubiger bisweilen die letzte Möglichkeit, seinen titulierten Anspruch noch durchzusetzen. Mit Stellung des Antrags auf Abgabe der Vermögensauskunft geht regelmäßig ein rechtlich zulässiger und vielfach wirksamer Druck auf den Schuldner einher, um diesen zu veranlassen, doch noch Zahlungen zu leisten, um die Abgabe der Vermögensauskunft zu verhindern. Dieser Druck funktioniert freilich nur bei Schuldnern, die noch Kreditwürdigkeit zu verlieren haben. Hat der Schuldner bereits die Vermögensauskunft abgegeben oder befindet er sich gar im Insolvenzverfahren, so wird ihm vielfach gleichgültig sein, ob er (erneut) die Vermögensauskunft abgeben muss.

11.1.1 Die Voraussetzungen der Vermögensauskunft des Schuldners

704 Das Verfahren zur Abgabe der Vermögensauskunft setzt wie jede Maßnahme der Zwangsvollstreckung voraus, dass der Gläubiger im Besitz eines vollstreckbaren Titels ist.

---

[1] Vgl. zur historischen Entwicklung: David, Die drei eidesstattlichen Versicherungen vor dem Gerichtsvollzieher, MDR 2000, 195 ff.; Schwörer/Heßler, Vom Offenbarungseid zur nachprüfbaren Schuldnerauskunft, ZVI 2007, 589 ff.; Habscheid, Das Ende des Offenbarungseides, NJW 1970, 1669 ff.; Noack, Offenbarungseid und Haft, MDR 1969, 524 ff.; Jünemann, Probleme bei der Leistung des Eides, MDR 1970, 725 ff.

Gemäß § 802a Abs. 2 Satz 1 Nr. 2 ZPO ist der Gerichtsvollzieher unbeschadet weiterer Zuständigkeiten befugt, eine Vermögensauskunft des Schuldners im Sinne von § 802c ZPO einzuholen. An der früheren Voraussetzung, dass die Abgabe der eidesstattlichen Versicherung nur in Betracht kam, wenn die Pfändung nicht zur vollständigen Befriedigung des Gläubigers geführt hat (§ 807 Abs. 1 Nr. 1 ZPO), hat der Gesetzgeber nicht festgehalten. Der Gesetzgeber hat vielmehr nun als Ziel der Zwangsvollstreckung durch den Gerichtsvollzieher eine zügige, vollständige und kostensparende Beitreibung definiert (§ 802a Abs. 1 ZPO). Daher kann der Gerichtsvollzieher aufgrund eines Vollstreckungsauftrages und der Übergabe der vollstreckbaren Ausfertigung

- eine gütliche Einigung der Sache (§ 802b ZPO) versuchen (§ 802a Abs. 2 Satz 1 Nr. 1 ZPO);
- eine Vermögensauskunft des Schuldners (§ 800c ZPO) einholen (§ 802a Abs. 2 Satz 1 Nr. 2 ZPO);
- Auskünfte Dritter über das Vermögen des Schuldners (§ 802l ZPO) einholen (§ 802a Abs. 2 Satz 1 Nr. 3 ZPO);
- die Pfändung und Verwertung körperlicher Sachen betreiben (§ 802a Abs. 2 Satz 1 Nr. 4 ZPO);
- eine Vorpfändung (§ 845 ZPO) durchführen (§ 802a Abs. 2 Satz 1 Nr. 5 ZPO).

Ein Schuldner, der die Vermögensauskunft nach § 802c ZPO oder nach § 284 AO innerhalb der letzten zwei Jahre abgegeben hat, ist gemäß § 802d Abs. 1 Satz 1 ZPO zur erneuten Abgabe nur verpflichtet, wenn ein Gläubiger Tatsachen glaubhaft macht, die auf eine wesentliche Veränderung der Vermögensverhältnisse des Schuldners schließen lassen. Ist dies nicht der Fall, leitet der Gerichtsvollzieher dem Gläubiger gemäß § 802d Abs. 1 Satz 2 ZPO einen Ausdruck des letzten abgegebenen Vermögensverzeichnisses zu. Dies kann auch elektronisch geschehen, § 802d Abs. 2 ZPO.

11.1.2 Das Verfahren zur Abnahme der Vermögensauskunft

705 Das Verfahren zur Abnahme der Vermögensauskunft ist in § 802f ZPO geregelt. Zur Abnahme der Vermögensauskunft setzt der Gerichtsvollzieher dem Schuldner gemäß § 802f Abs. 1 Satz 1 ZPO eine Frist von zwei Wochen. Zugleich bestimmt er gemäß § 802f Abs. 1 Satz 2 ZPO für den Fall, dass die Forderung nach Fristablauf nicht vollständig beglichen ist, einen Termin zur Abgabe der Vermögensauskunft alsbald nach Fristablauf und lädt den Schuldner zu diesem Termin in seine Geschäftsräume. Der Schuldner hat gemäß § 802f Abs. 1 Satz 3 ZPO die zur Abgabe der Vermögensauskunft erforderlichen Unterlagen im Termin mitzubringen.

Der Gerichtsvollzieher kann gemäß § 802f Abs. 2 Satz 1 ZPO bestimmen, dass die Abgabe der Vermögensauskunft in der Wohnung des Schuldners stattfindet, wogegen der Schuldner binnen einer Woche widersprechen kann, § 802f Abs. 2 Satz 2 ZPO.

Die mit der Terminladung einhergehende Belehrung ist in § 802f Abs. 3 ZPO geregelt.

Zahlungsaufforderungen, Ladungen, Bestimmungen und Belehrungen sind gemäß § 802f Abs. 4 Satz 1 ZPO dem Schuldner zuzustellen, auch wenn dieser einen Prozessbevollmächtigten bestellt hat. Einer Mitteilung an den Prozessbevollmächtigten bedarf es nicht.

Die Terminbestimmung ist gemäß §§ 802f Abs. 4 Satz 2, 357 Abs. 2 ZPO dem Gläubiger mitzuteilen.

Der Gerichtsvollzieher errichtet gemäß § 802f Abs. 5 Satz 1 ZPO eine Aufstellung der erforderlichen Angaben als elektronisches Dokument (Vermögensverzeichnis). Diese Angaben sind dem Schuldner vor Abgabe der Versicherung vorzulesen oder zur Durchsicht auf dem Bildschirm wiederzugeben, § 802f Abs. 5 Satz 2 ZPO. Dem Schuldner ist auf Verlangen gemäß § 802f Abs. 5 Satz 3 ZPO ein Ausdruck zu erteilen.

Die Hinterlegung des Vermögensverzeichnisses erfolgt bei dem Zentralen Vollstreckungsgericht nach § 802k Abs. 1 ZPO durch den Gerichtsvollzieher, § 802f Abs. 6 Satz 1 ZPO.

707 Die Person des Schuldners ist im Antrag genau zu bezeichnen. Bei juristischen Personen (Aktiengesellschaften, Gesellschaften mit beschränkter Haftung, eingetragenen Vereinen, Genossenschaften) hat deren gesetzlicher Vertreter die eidesstattliche Versicherung abzugeben.[2] Die **Abberufung** des **Geschäftsführers einer GmbH** nach Erlass eines Haftbefehls gegen diesen ändert nichts an seiner Verpflichtung zur Abgabe der Offenbarungsversicherung (LG Nürnberg-Fürth in DGVZ 1994, 172). Für einen Minderjährigen hat der gesetzliche Vertreter die Offenbarungsversicherung abzugeben (§ 185a Nr. 1 Satz 2 GVGA).

Zur Abgabe der Offenbarungsversicherung für die **GmbH** ist der zum Zeitpunkt des Termins bestellte Geschäftsführer verpflichtet, sofern nicht offensichtlich ist, dass

---

[2] Der einzige Gesellschafter und Geschäftsführer einer GmbH kann sich der eidesstattlichen Versicherungsabgabe nicht dadurch entziehen, dass er sein Amt als Geschäftsführer niederlegt, ohne einen neuen Geschäftsführer zu bestellen (OLG Frankfurt, JW 1926, 211).

der **Geschäftsführer** sein **Amt niedergelegt** hat, um der Verpflichtung zur Abgabe der Offenbarungsversicherung zu entgehen.[3]

Vielfach wird die Abgabe der eidesstattlichen Versicherung im Gläubigerantrag auf einen bestimmten Teilbetrag der Forderung beschränkt. Dies ist aber deshalb ohne besondere Bedeutung, weil sich die Wirkung der Versicherung naturgemäß auf den ganzen Anspruch erstreckt. **Beschränkt** ein Gläubiger seinen Antrag auf Verhaftung des Schuldners auf einen **Teilbetrag** der titulierten Forderung, so ist der Haftbefehl verbraucht, wenn der Schuldner dessen Vollstreckung durch Zahlung abwendet.[4] Für die Festsetzung der Gerichtskosten ist der Streitwert vom Gericht frei zu schätzen (§ 3 ZPO), wobei in der Regel die Höhe der Forderung, derentwegen fruchtlos gepfändet ist, zugrunde gelegt wird.[5]

708   Zuständig für die Abnahme der Vermögensauskunft und der eidesstattlichen Versicherung ist gemäß § 802e Abs. 1 ZPO der Gerichtsvollzieher bei dem Amtsgericht, in dessen Bezirk der Schuldner im Zeitpunkt der Auftragserteilung seinen Wohnsitz oder in Ermangelung eines solchen seinen Aufenthaltsort hat. Ist der angegangene Gerichtsvollzieher nicht zuständig, so leitet er gemäß § 802e Abs. 2 ZPO die Sache auf Antrag des Gläubigers an den zuständigen Gerichtsvollzieher weiter.

709   [frei]

11.1.3   Der Offenbarungstermin

710   Der Schuldner ist gemäß § 802c Abs. 1 Satz 1 ZPO verpflichtet, zum Zwecke der Vollstreckung einer Geldforderung auf Verlangen des Gerichtsvollziehers Auskunft über sein Vermögen zu erteilen sowie seinen Geburtsnamen, sein Geburtsdatum und seinen Geburtsort anzugeben. Bei juristischen Personen oder Personenvereinigungen ist die Firma, die Nummer des Registerblattes im Handelsregister sowie der Sitz anzugeben, § 802c Abs. 1 Satz 2 ZPO.

---

[3] OLG Köln, JurBüro 2000, 599; LG Aschaffenburg, DGVZ 1998, 75.

[4] So zuletzt AG Bremen, JurBüro 1991, 131 m. w. N.

[5] Der Gläubiger ist übrigens nicht verpflichtet, dem Gerichtsvollzieher über vom Schuldner vor dem eidesstattlichen Versicherungs-Termin geleistete Zahlungen Nachricht zu geben. Vielmehr ist es Sache des Schuldners, dies vor oder im Termin in geeigneter Weise geltend zu machen (siehe Herzig, JurBüro 1966 Sp. 996).

Zur Auskunftserteilung hat der Schuldner gemäß § 802c Abs. 2 Satz 1 ZPO alle ihm gehörenden Vermögensgegenstände anzugeben. Bei Forderungen sind Grund und Beweismittel zu bezeichnen, § 802c Abs. 2 Satz 2 ZPO.

Entgeltliche Veräußerungen des Schuldners an eine nahestehende Person (§ 138 InsO), die dieser in den letzten zwei Jahren vor dem Termin nach § 802f Abs. 1 ZPO und bis zur Abgabe der Vermögensversicherung vorgenommen hat, sind gemäß § 802c Abs. 2 Satz 3 Nr. 1 ZPO anzugeben. Weiterhin sind die unentgeltlichen Leistungen des Schuldners, die dieser in den letzten vier Jahren vor dem Termin nach § 802f Abs. 1 ZPO und bis zur Abgabe der Vermögensauskunft vorgenommen hat, gemäß § 802c Abs. 2 Satz 3 Nr. 2 ZPO anzugeben, sofern sie sich nicht auf gebräuchliche Gelegenheitsgeschenke geringen Wertes richteten. Die vorstehenden Angabepflichten dienen der Vorbereitung einer eventuellen Anfechtung von Vermögenswerten.

Gemäß § 802c Abs. 2 Satz 4 ZPO sind Sachen, die nach § 811 Abs. 1 Nr. 1 und Nr. 2 ZPO der Pfändung offensichtlich nicht unterworfen sind, nicht anzugeben, es sei denn, dass eine Austauschpfändung in Betracht kommt.

Der Schuldner hat gemäß § 802c Abs. 3 Satz 1 ZPO zu Protokoll an Eides statt zu versichern, dass er die Angaben nach bestem Wissen und Gewissen richtig und vollständig gemacht habe.

711 Der Gerichtsvollzieher soll gemäß § 802b Abs. 1 ZPO in jeder Lage des Verfahrens auf eine gütliche Einigung bedacht sein. Hat der Gläubiger eine Zahlungsvereinbarung nicht ausgeschlossen, so kann der Gerichtsvollzieher dem Schuldner gemäß § 802b Abs. 2 Satz 1 ZPO eine Zahlungsfrist einräumen oder eine Tilgung durch Teilleistungen (Ratenzahlung) gestatten, sofern der Schuldner glaubhaft darlegt, die nach Höhe und Zeitpunkt festzusetzenden Zahlungen erbringen zu können. Mit der Festlegung eines solchen Zahlungsplans ist die Vollstreckung gemäß § 802b Abs. 2 Satz 2 ZPO aufgeschoben. Die Tilgung soll gemäß § 802b Abs. 2 Satz 3 ZPO binnen zwölf Monaten abgeschlossen sein.

Der Gerichtsvollzieher unterrichtet den Gläubiger unverzüglich gemäß § 802b Abs. 3 ZPO über den Zahlungsplan und den Vollstreckungsaufschub. Widerspricht der Gläubiger unverzüglich, so wird der Zahlungsplan mit Unterrichtung des Schuldners hinfällig; zugleich endet der Vollstreckungsaufschub. Dieselben Wirkungen treten ein, wenn der Schuldner mit einer festgesetzten Zahlung ganz oder teilweise länger als zwei Wochen in Rückstand gerät, § 802b Abs. 3 Satz 3 ZPO.

11.1.4 Das Vermögensverzeichnis

712   Der Schuldner hat im Vermögensverzeichnis, für das der Gerichtsvollzieher ein Formblatt bereitstellt, sein gesamtes gegenwärtiges Aktivvermögen anzugeben.

Die Vermögenswerte sind möglichst genau zu bezeichnen.

Die Angaben des Schuldners im Vermögensverzeichnis müssen so vollständig sein, dass der Gläubiger sofort Maßnahmen zu seiner Befriedigung ergreifen kann.[6]

Bei Forderungen und anderen Rechten sind **Grund und Beweismittel** anzuführen (§ 807 Abs. 1 ZPO). Bei beweglichen Sachen ist der Ort ihrer Verwahrung anzugeben. Sachen, die nach § 811 Nr. 1 und 2 ZPO (siehe Rn. 584 ff., 595) der Pfändung offensichtlich nicht unterworfen sind, brauchen in dem Vermögensverzeichnis nicht angegeben werden, es sei denn, dass eine Austauschpfändung (siehe Rn. 553) in Betracht kommt. Ansonsten muss der Schuldner auch unpfändbare Gegenstände aufführen sowie **künftige Forderungen** und Rechte, soweit sie Gegenstand der Zwangsvollstreckung sein können. Dies trifft z. B. auf künftige Provisionsforderungen für Warenverkäufe zu. Gegenstände, die zur Sicherung übereignet sind, brauchen zwar als solche nicht angegeben zu werden, wohl aber muss der Anspruch des Schuldners auf deren etwaige Rückübertragung in das Verzeichnis aufgenommen werden. Bei **Forderungen**, die der Schuldner **sicherungshalber** an einen anderen Gläubiger abgetreten hat, ist anzugeben, ob die Schuld an diesen Gläubiger die Höhe der abgetretenen Forderungen erreicht. **Forderungen**, die an den Schuldner **treuhänderisch abgetreten** sind, müssen ebenfalls angegeben werden. Der Schuldner muss auch ihm zwar nicht gehörende, aber in seinem Eigenbesitz stehende Sachen anführen.

Sachen, die der Schuldner gekauft hat, die aber noch **unter Eigentumsvorbehalt** stehen, sind ebenfalls anzugeben.[7] Auch demnächst wegen Wegfalls des Pfändungsschutzes nach § 811d ZPO pfändbar werdende Sachen sind aufzuführen. Ferner wegen der Rn. 764 aufgezeigten Pfändungsmöglichkeit auch geleaste Sachen, wie z. B. Leasingfahrzeuge.

---

[6] BGH, NJW 2004, 2452 f. Nach BGH, NJW 1955, 1237 erstreckt sich die eidesstattliche Versicherung des Schuldners auch darauf, dass das Vermögensverzeichnis keine Gegenstände enthält, die in Wahrheit nicht zum Vermögen des Schuldners gehören. Die eidesstattliche Versicherung umfasst auch die persönlichen Verhältnisse des Schuldners (BayObLG, NJW, 1957, 427).

[7] S. Rn. 269 ff.

Die Ausfüllung des Vermögensverzeichnisses durch Striche als ausreichende Antwort ist zulässig, wenn die Striche zu Fragen gemacht werden, die im Falle der Verneinung nur mit „nein", „keine" oder „nicht vorhanden" beantwortet werden können.[8]

Unterhaltsansprüche an Dritte sind anzugeben, bei familienrechtlichem Unterhalt ist jedoch nur das Bestehen des Anspruches zu nennen.[9] Kommt die Pfändung eines Taschengeldanspruchs in Betracht[10], hat der Schuldner das Nettoeinkommen des Ehepartners anzugeben.[11]

Die falsche Beantwortung von Fragen des Vordrucks für das Vermögensverzeichnis kann nicht als unvollständig oder ungenau angesehen werden und gibt dem Gläubiger nicht das Recht, eine Nachbesserung des Verzeichnisses zu verlangen.[12] Der Schuldner wird auch von seiner Pflicht, ein unvollständiges oder ungenaues Vermögensverzeichnis zu ergänzen und in einem vom Vollstreckungsgericht bestimmten Termin neu eidesstattlich zu versichern, durch die **schriftliche** Vervollständigung seines versicherten Vermögensverzeichnisses nicht befreit.[13]

Auch wenn der Schuldner eine strafbare Handlung offenbaren muss, wird er von seiner Auskunftspflicht und seiner Pflicht, die eidesstattliche Versicherung abzugeben, nicht befreit.[14]

713   In den amtlichen Vordrucken, die dem Schuldner zum Ausfüllen zugesandt werden, klaffen erhebliche Lücken, weshalb **Ergänzungen des Fragenkatalogs angebracht** sind. Allerdings wird der Rechtspfleger des Vollstreckungsgerichts nur solche Fragen zulassen, die sich auf den gegenwärtigen Stand des Vermögens beziehen. Früheres Vermögen muss nur angegeben werden, wenn darüber in der in § 807 Abs. 2 Nr. 1 und 2 ZPO geschilderten Weise verfahren wurde. Im Übrigen brauchen Angaben über den Verbleib früherer Vermögensgegenstände nicht gemacht werden.[15] Für **gegenwärtige Forderungen** muss der Schuldner Grund und Beweismittel bezeichnen (§ 807 Abs. 1 Satz 1 ZPO). Es sind zu nennen Name und Anschrift des Drittschuldners[16], Grund des Anspruchs (z. B. Darlehen), Betrag, sowie Nebenleis-

---

[8] LG Essen, MDR 1972, 788 = Rpfleger 1972, 324.

[9] LG Aachen, JurBüro 1990, 659.

[10] Vgl. BGH, Urteil vom 12.12.2012 – XII ZR 43/11, NJW 2013, 686 ff.

[11] BGH, NJW 2004, 2452.

[12] LG Koblenz, MDR 1972, 1041 m. Anm. Schneider. Nachbesserung aber bei widersprüchlichen Ausgaben, LG Krefeld, Rpfleger 1979, 146.

[13] LG Berlin, Rpfleger 1973, 34 und LG Koblenz, MDR 1976, 150. S. auch Rn. 729.

[14] BGH, NJW 1991, 2844 f; NJW 1964, 1460; LG Wuppertal, DGVZ 1999, 120 (Schwarzarbeit).

[15] BGH, NJW 1968, 1388.

[16] Bei Arbeitseinkommen Anschrift des Arbeitgebers, LG Stade, Rpfleger 1984, 324.

tungen (z. B. Zinsen), außerdem die Beweismittel (z. B. Schuldschein). Anzugeben sind **auch unsichere Forderungen** und solche, deren Bestand aus tatsächlichen oder rechtlichen Gründen zweifelhaft ist.[17]

Folgende **Zusatzfragen**[18] können **mit dem Antrag auf Abnahme der eidesstatt-lichen Offenbarungsversicherung** auf einem Beiblatt gestellt werden. Sie sollten allerdings auf den konkreten Fall bezogen sein.[19]

Zusatzfragen für den Antrag auf Abnahme der Vermögensauskunft
Wenn Sie Arbeitseinkommen beziehen: In welcher Lohnsteuerklasse versteuern Sie Ihr Arbeitseinkommen?
Für den Fall, dass Sie Arbeitseinkommen beziehen: Haben Sie einen Teil Ihres Arbeitslohns für die monatlich fällig werdenden Mietzahlungen an Ihren Vermieter abgetreten? Wenn ja, wie viel und wie lauten Name und Anschrift Ihres Vermieters?
Ist Ihnen im Rahmen Ihrer Bankverbindung ein Dispokredit eingeräumt oder besteht eine sonstige Kreditzusage? In welcher Höhe? Ist der Kredit zweckgebunden?
Steht Ihnen ein Dienst- bzw. Firmenwagen zur privaten Nutzung zur Verfügung? Wenn ja, welche Marke, Typ, Baujahr, Kilometerstand? Mit wie viel EUR wird er Ihnen bei Ihrem Arbeitseinkommen angerechnet? Bewohnen Sie eine Firmen- oder Dienstwohnung? Wie viel Kaltmiete zahlen Sie dafür? Erhalten Sie von Ihrem Arbeitgeber freie Kost und Logis? Haustrunk oder ähnliche Naturalbezüge?
Bei Arbeitseinkommen unter dem jeweiligen Pfändungsfreibetrag und Beschäftigung im Unternehmen der Ehefrau, Lebensgefährtin oder bei Verwandten: • Welche Tätigkeit verrichten Sie nach Art und Umfang? • Wie viel Stunden arbeiten Sie täglich, wöchentlich, monatlich? • Wie lauten die regelmäßigen Arbeitszeiten? • Erhalten Sie neben Barlohn auch Sachzuwendungen? Wenn ja, welche? • Welches Fahrzeug Ihres Arbeitgebers dürfen Sie — auch privat — nutzen? • Geben Sie Typ, Marke, Baujahr, Kilometerstand und amtliches Kennzeichen an!
Haben Sie einen Teil Ihres Arbeitseinkommens zur Sicherheit abgetreten? An wen und zur Sicherheit welcher Forderung?
Wo bauen Sie Ihre Altersversorgung auf? Nennen Sie den Versicherungsträger und ggf. auch Ihre Versicherungsnummer. Unterhalten Sie auch eine private Altersversorgung? Wenn ja, bei welcher Institution und in welcher Form?
Sind Sie unwiderruflich Bezugsberechtigter einer Lebensversicherung? Wird eine Direkt-versicherung zu Ihren Gunsten vom Arbeitgeber geführt? Wie heißt die Versicherungs-gesellschaft?

---

[17] BGH, NJW 1953, 390.

[18] Zur Zulässigkeit von Zusatzfragen bereits bei Antragstellung bejahend LG Hamburg, Jur-Büro 1996, 325; LG Göttingen, DGVZ 1994, 29; LG Freiburg und LG Mannheim, DGVZ 1994, 118 m. Anm. Behr; LG München I, JurBüro 1994, 407; verneinend LG Augsburg, Rpfleger 1993, 454. Zur Problematik siehe Stöber, Rpfleger 1994, 321; Spring, NJW 1994, 1108; Behr, JurBüro 1994, 193.

[19] S. dazu LG Rostock, Rpfleger 2001, 310.

Zusatzfragen für den Antrag auf Abnahme der Vermögensauskunft
Haben Sie Gelder auf den Namen einer anderen Person (Name, Anschrift?) auf deren Konto angelegt (Leihkonto?) Bei welchem Kreditinstitut? Besitzen Sie eine Verfügungsbefugnis über dieses Konto?
Falls Sie verheiratet und nicht berufstätig sind (Hausfrau oder Hausmann): Welche Tätigkeit übt Ihr Ehepartner aus und was verdient er dabei netto im Monat?
Besitzen Sie eine Internet-Domain? Wie lautet ihr Name?
Falls Sie ein Kfz besitzen: Ist es von Ihnen geleast oder zur Absicherung eines Kredites an ein Geldinstitut, ein sonstiges Unternehmen oder an eine Privatperson zur Sicherung übereignet worden? Darf das Kfz einer dritten Person zum Gebrauch überlassen werden? Wie hoch war die Mietsonderzahlung, welche Monatsraten haben Sie zu entrichten und wie viele Monate beträgt die Restlaufzeit? (Siehe Rn. 761 ff.)

713a Fragen nach Einkünften aus **Schwarzarbeit** werden bei der Offenbarungsversicherung zugelassen vom LG Saarbrücken[20] sowie vom AG Hamburg[21] (unter Hinweis auf die Auskunftpflicht des Schuldners gem. § 97 InsO). Das OLG Köln[22] lässt die Frage nach Schwarzarbeit nur zu, wenn der Gläubiger konkrete Anhaltspunkte dafür vorträgt. Dafür genügt es nicht, dass der Schuldner einer Berufsgruppe (hier: Fliesenleger) angehört, in der solche Einkünfte häufig sind. Ähnlich das LG Wuppertal[23] bei einem angeblich arbeitslosen Maler, gegen den ein Vollstreckungstitel wegen großer Mengen bezogenen Malerbedarfs, die er nicht bezahlt hat, vorliegt. Nicht zugelassen haben die Frage nach Schwarzarbeit das LG Aschaffenburg[24] und das Landgericht Marburg[25]: Der Schuldner brauche sich nicht selbst einer strafbaren Handlung bezichtigen.

Dass ein **Gelegenheitsarbeiter** (z. B. auch eine Aushilfsbedienung[26]) die regelmäßigen Arbeitgeber der letzten zwölf Monate mit Anschrift und durchschnittlicher Höhe der Entlohnung anzugeben hat, ist inzwischen gefestigte Rechtsprechung.[27] Es genügt nicht, dass der Schuldner nur angibt, als Gelegenheitsarbeiter ständig wechselnde Auftraggeber zu haben oder solche Arbeiten für Bekannte ständig wechselnd auszuführen.[28]

---

[20] LG Saarbrücken, DGVZ 1998, 77.

[21] AG Hamburg, JurBüro 1998, 212.

[22] OLG Köln, Rpfleger 1995, 469.

[23] LG Wuppertal, DGVZ 1999, 120.

[24] LG Aschaffenburg, JurBüro 1998, 552.

[25] LG Marburg, DGVZ 2000, 152.

[26] S. dazu LG München I, JurBüro 1982, 937.

[27] S. Zöller/Stöber, § 807 ZPO Rn. 24.

[28] LG Düsseldorf, JurBüro 1986, 940; LG Frankfurt, Rpfleger 1985, 73.

713b

Gelegentlich kommt es vor, dass der Schuldner längere Zeit **krank oder bettlägerig** ist. Dies darf nicht dazu führen, ihn praktisch von der Pflicht zur Abgabe des Vermögensverzeichnisses freizustellen.

Hierzu OLG Köln[29]: Erklärt der Schuldner, der aus gesundheitlichen Gründen nicht bei Gericht erscheinen kann, seine Bereitschaft zur Abgabe der eidesstattlichen Offenbarungsversicherung, so ist ihm diese auf Antrag des Gläubigers gem. § 219 ZPO in der Wohnung abzunehmen.

Verweigert er dort die Abgabe, so sind an einen Haftaufschub strenge Voraussetzungen zu stellen (amtsärztliche Feststellung der Haftunfähigkeit erforderlich).

Das Thüringische OLG Jena[30] entschied: Im Erkrankungsfall kann der Schuldner die Offenbarungsversicherung in seiner Wohnung oder im Krankenhaus leisten. Sowohl bestätigte Arbeits- als auch Haftunfähigkeit befreien nicht von der Verpflichtung, die Offenbarungsversicherung abzulegen. Lediglich eine ärztlich bestätigte Verhandlungsunfähigkeit, die die Möglichkeit der Abgabe der Offenbarungsversicherung ausdrücklich ausschließt und konkret und nachvollziehbar begründet, in welcher Art Gesundheitsschäden für den Schuldner zu erwarten sind, kann ausreichen.

Privatärztlichen Attesten kommt dabei nur eine vorläufige Beweisfunktion zu; sie rechtfertigen allenfalls eine Vertagung des Termins mit der Auflage, ein amtsärztliches Attest beizubringen (so zu § 906 ZPO).

Besteht der Verdacht, dass ein **Arzt** dem Schuldner auf Wunsch so genannte **Gefälligkeitsatteste** ausstellt, damit der Schuldner zum Termin zur Abgabe der Offenbarungsversicherung nicht erscheinen muss, hat der Schuldner auf Verlangen ein Attest mit ausführlicher Begründung des Krankheitszustands, des Krankheitsverlaufs und des Untersuchungsergebnisses vorzulegen.[31]

Zur Offenbarungsversicherung nach bisherigem Recht von Schuldnern, die einen Beruf ausüben, der sie zur Verschwiegenheit hinsichtlich ihrer Mandanten oder Patienten verpflichtet **(Ärzte, Rechtsanwälte, Steuerberater)**, hat das OLG Köln[32] entschieden:

---

[29] OLG Köln, DGVZ 1995, 7.

[30] OLG Jena, Rpfleger 1997, 446.

[31] LG Berlin, Rpfleger 1998, 167.

[32] OLG Köln, MDR 1993, 1007.

> **!** **ACHTUNG**
>
> Ein zur Offenbarungsversicherung verpflichteter Steuerberater hat in seinem Vermögensverzeichnis Honorarforderungen gegen seine Mandanten unter Angabe von Namen und Anschrift der Schuldner sowie der Höhe der jeweiligen Ansprüche anzugeben.

714 Der Gerichtsvollzieher geht das vom Schuldner in den Termin mitgebrachte Vermögensverzeichnis in allen Einzelheiten sorgfältig durch und wird es in aller Regel zu ergänzen haben.[33] Nimmt er die eidesstattliche Versicherung ab, ohne nach Schuldgrund und Beweismitteln der vom Schuldner angegebenen Forderungen zu fragen, so verletzt er fahrlässig seine Amtspflicht.[34]

Ist der Gläubiger im Termin anwesend, so wird er in der Regel mündlich die Erteilung einer Abschrift des Vermögensverzeichnisses beantragen. Andernfalls kann er diesen Antrag schriftlich beim Gerichtsvollzieher stellen.

715 **MUSTER: Anforderung einer Abschrift des Vermögensverzeichnisses**

In meiner Zwangsvollstreckungssache gegen … in …, hier wegen Abgabe einer Vermögensauskunft — Aktenzeichen M … — bitte ich um Mitteilung einer Abschrift des vom Schuldner aufgestellten Vermögensverzeichnisses, gegebenenfalls um Erteilung einer Ausfertigung des gegen ihn erlassenen Haftbefehls. Datum und Unterschrift des Gläubigers

11.1.5 Verweigerung der eidesstattlichen Versicherung durch den Schuldner oder Nichterscheinen des Schuldners

716 Bleibt der Schuldner dem Termin zur Abgabe der Vermögensauskunft unentschuldigt fern oder verweigert er die Abgabe der Vermögensauskunft ohne Grund, so erlässt das Gericht gemäß § 802g Abs. 1 Satz 1 ZPO auf Antrag des Gläubigers zur Erzwingung der Abgabe einen Haftbefehl. In dem Haftbefehl sind gemäß § 802g Abs. 1 Satz 2 ZPO der Gläubiger, der Schuldner und der Grund der Verhaftung zu

---

[33] Die Abgabe der eidesstattlichen Offenbarungsversicherung kann der Schuldner nicht dadurch umgehen, dass er vor einem Notar seine Vermögensverhältnisse offenbart und die Vollständigkeit und Richtigkeit dort an Eides statt versichert (LG Detmold, Rpfleger 1987, 165).

[34] Versäumt also der Gerichtsvollzieher eine erforderliche Klarstellung der im Vermögensverzeichnis enthaltenen Angaben und scheitert hieran später ein Zugriff des Gläubigers, so ergeben sich u. U. Schadenersatzansprüche an den Staat (Art. 34 Grundgesetz, § 839 BGB).

bezeichnen. Einer Zustellung des Haftbefehls vor seiner Vollziehung bedarf es gemäß § 802g Abs. 1 Satz 3 ZPO nicht.

Die Verhaftung des Schuldners erfolgt gemäß § 802g Abs. 2 Satz 1 ZPO durch den Gerichtsvollzieher. Dem Schuldner ist gemäß § 802g Abs. 2 Satz 2 ZPO der Haftbefehl bei der Verhaftung in beglaubigter Abschrift zu übergeben.

Die Vollziehung des Haftbefehls ist gemäß § 802h Abs. 1 ZPO unstatthaft, wenn seit dem Tage, an dem der Haftbefehl erlassen wurde, zwei Jahre vergangen sind. Gegen einen Schuldner, dessen Gesundheit durch die Vollstreckung der Haft einer nahen und erheblichen Gefahr ausgesetzt würde, darf, solange dieser Zustand dauert, gemäß § 802h Abs. 2 ZPO die Haft nicht vollstreckt werden.

Ist der Schuldner verhaftet, so kann er die Vermögensauskunft zu jeder Zeit abgeben, § 802i ZPO.

Die Haft darf die Dauer von sechs Monaten nicht übersteigen, § 802j Abs. 1 Satz 1 ZPO. Nach Ablauf der sechs Monate wird der Schuldner von Amts wegen gemäß § 802j Abs. 1 Satz 2 ZPO aus der Haft entlassen.

Der Schuldner kann im Termin zur Abgabe der eidesstattlichen Versicherung persönlich oder durch einen Prozessbevollmächtigten bestreiten, zur Versicherung verpflichtet zu sein, etwa weil er sie in den letzten drei Jahren bereits abgegeben hat. Der **Widerspruch** kann **nur im Termin** erhoben werden. Ein schriftlich eingereichter Widerspruch ist unbeachtlich.[35] Das Vollstreckungsgericht hat alsdann durch Beschluss zu entscheiden. Gegen ihn ist sofortige Beschwerde zulässig; Frist zwei Wochen (§§ 793, 569 ZPO).

Gibt das Gericht dem Widerspruch des Schuldners rechtskräftig statt,[36] so kann der Gläubiger ein neues eidesstattliches Versicherungsverfahren nur aufgrund neuer Tatsachen einleiten. Weist dagegen das Gericht den Widerspruch des Schuldners noch im eidesstattlichen Termin ab, so braucht die Versicherung erst nach Rechtskraft der Entscheidung zu erfolgen; das Vollstreckungsgericht kann jedoch die Abgabe der eidesstattlichen Versicherung vor Eintritt der Rechtskraft anordnen, wenn bereits ein früherer Widerspruch rechtskräftig verworfen ist oder wenn nach Vertagung im Sinne der Ausführungen Rn. 711 der Widerspruch auf Tatsachen ge-

---

[35] OLG Hamm, JurBüro 1983, 1891.

[36] Hat der Gläubiger das Ruhen des Verfahrens beantragt, darf auch über einen Widerspruch des Schuldners nicht mehr entschieden werden (LG Krefeld, MDR 1972, 789).

stützt wird, die zur Zeit des ersten Antrags auf Vertagung bereits eingetreten waren (§ 900 Abs. 4 ZPO).

Weitere **Gründe zur Widerspruchseinlegung** durch den Schuldner können u. a. sein: Gläubiger habe auf Abgabe der eidesstattlichen Versicherung verzichtet, der Versicherung stehe § 765a ZPO — vollstreckungsrechtliche Generalklausel (siehe Rn. 542)[37] — entgegen. Einwendungen gegen den vollstreckbaren Anspruch des Gläubigers selbst kann der Schuldner dagegen nicht im eidesstattlichen Versicherungsverfahren, sondern nur im Wege der Vollstreckungsgegenklage vor dem Prozessgericht des ersten Rechtszugs geltend machen (§§ 767 ff. ZPO; siehe auch Rn. 206).

Der Widerspruch kann jedoch **nicht** darauf gestützt werden, der Schuldner gestatte nun die Durchsuchung seiner Wohn- und Geschäftsräume, denn § 807 Abs. 1 Nr. 3 ZPO verpflichtet den Schuldner zur Abgabe der Offenbarungsversicherung nach dem Ergebnis des Vollstreckungsversuchs; eine spätere „Wiedergutmachung" hebt die Verpflichtung nicht auf.

717 Die Offenbarungshaft verletzt nicht den Grundsatz der Verhältnismäßigkeit und demgemäß auch nicht das Grundrecht der Freiheit der Person. Sie ist verfassungsgemäß.[38]

Die **Haftanordnung** ergeht als gerichtlicher Beschluss. Er wird dem Gläubiger formlos in Ausfertigung mitgeteilt.[39] Gegen die Anordnung bzw. gegen die Ablehnung der Haft ist **sofortige Beschwerde** durch den Schuldner bzw. den Gläubiger zulässig; die Beschwerdefrist beträgt zwei Wochen (§§ 793, 579 ZPO).[40] Ist der Haftbefehl in Abwesenheit des Schuldners verkündet worden, so läuft die Beschwerdefrist erst von dem Zeitpunkt an, in dem der Haftbefehl durch den Gläubiger an den Schuldner zugestellt oder durch den Gerichtsvollzieher vorgezeigt worden ist.[41] Wurde bereits über einen Widerspruch des Schuldners (siehe Rn. 716) rechtskräftig entschieden, so sind bei der Beschwerde gegen die Haftanordnung sämtliche Einwendungen ausgeschlossen, die im Widerspruchsverfahren geltend zu machen gewesen wären.[42]

---

[37] S. zur Anwendung dieser Vorschrift bei der eidesstattlichen Versicherung OLG Hamm, NJW 1968, 2247; OLG Köln, Rpfleger 1969, 173; LG München I, RPfleger 1974, 371.

[38] BVerfG, RPfleger 1983, 80 = NJW 1983, 559.

[39] Eine Benachrichtigung des Schuldners erfolgt nicht.

[40] OLG Jena, DGVZ 2002, 90; inzwischen allgemeine Meinung.

[41] Zöller/Stöber, § 901 ZPO Rn. 13.

[42] Zur Rechtskraft von Haftbefehlen siehe Noack, MDR 1969, 524, 527.

Der Einwand, er sei nichts mehr schuldig, kann nicht mit sofortiger Beschwerde, sondern nur mit Hilfe der Vollstreckungsabwehrklage (§ 767 ZPO) geltend gemacht werden.

Der Schuldner kann bei Haftanordnung seine Beschwerde, die er sowohl beim Vollstreckungsgericht als auch beim Landgericht (hier ohne Anwaltszwang) einlegen kann, wie folgt fassen:

718

MUSTER: Sofortige Beschwerde gegen den Haftbefehl

Gegen den mir am … zugestellten Beschluss des Amtsgerichts … vom … (Aktenzeichen M …), durch den in der Zwangsvollstreckungssache des … in … gegen mich Haftbefehl erlassen worden ist, lege ich sofortige Beschwerde mit dem Antrag auf Aufhebung des Haftbefehls ein. Ich habe bereits am … in der Zwangsvollstreckungssache des … beim Amtsgericht … nach dessen Akten M … den Offenbarungseid geleistet bzw. die Versicherung abgegeben und bin zur nochmaligen Abgabe nicht verpflichtet.[43] Weil der Gläubiger den Haftbefehl bereits im Besitz hat, beantrage ich, eine einstweilige Anordnung nach § 572 Abs. 3 ZPO zu treffen.

Datum und Unterschrift des Schuldners

Wegen der Abhilfemöglichkeit empfiehlt sich die Einlegung der sofortigen Beschwerde beim Amtsgericht.

Nach der eben genannten Vorschrift kann das Beschwerdegericht durch einstweilige Anordnung die Vollziehung des Haftbefehls aussetzen.

719 Die **Vollstreckung des Haftbefehls** erfolgt auf Antrag des Gläubigers durch den Gerichtsvollzieher, der dem Schuldner bei der Verhaftung den Haftbefehl in beglaubigter Abschrift zu übergeben hat (§ 909 ZPO) und im Besitz des gegen ihn gerichteten vollstreckbaren Titels sein muss. Die Vollziehung des Haftbefehls ist unstatthaft, wenn seit dem Tag, an dem der Haftbefehl erlassen wurde, drei Jahre vergangen sind.[44] Die Beantragung innerhalb der Dreijahresfrist reicht aus.[45]

---

[43] LG Düsseldorf, JurBüro1985, 1737.

[44] § 909 Abs. 2 ZPO.

[45] BGH, Rpfleger 2006, 269.

Hat der Gläubiger den Haftauftrag auf einen **Teil der** im Haftbefehl beziehenden **Forderung beschränkt**, unterbleibt die Verhaftung, wenn der Schuldner den Teilbetrag bezahlt. Der Haftbefehl ist aber nicht verbraucht.[46]

Einer Zustellung des Haftbefehls vor seiner Vollziehung bedarf es nicht.[47]

720

MUSTER: Antrag auf Vollstreckung des Haftbefehls

Aufgrund des angeschlossenen Haftbefehls des Amtsgerichts ... vom ... (Aktenzeichen M ...) beantrage ich dessen Vollstreckung gegenüber meinem Schuldner ... in ... Der Vollstreckungstitel ist ebenfalls beigefügt.
Datum und Unterschrift des Gläubigers

Die Annahme einer Teilzahlung, die der Schuldner vor einer Verhaftung leisten will, kann der Gerichtsvollzieher nicht ablehnen.[48] Der **verhaftete Schuldner** kann zu jeder Zeit bei dem zuständigen Gerichtsvollzieher des Amtsgerichts des Haftorts (das ist in der Regel auch der, der die Verhaftung durchführt) verlangen, ihm die eidesstattliche Offenbarungsversicherung abzunehmen.[49] Es wird also keine Einlieferung eines **abgabebereiten Schuldners** in die Justizvollzugsanstalten mehr geben, da dem Verlangen des Schuldners ohne Verzug stattzugeben ist. Dem **Gläubiger** ist die **Teilnahme an der Offenbarungsversicherung zu ermöglichen**, wenn er dies beantragt hat und die Versicherung ohne Verzug abgenommen werden kann (§ 902 Abs. 1 Satz 2, 3 ZPO).

Wenn der Schuldner vollständige Angaben nicht machen kann, weil er die dazu notwendigen Unterlagen nicht bei sich hat, so **kann** der Gerichtsvollzieher einen neuen Termin bestimmen und die Vollziehung des Haftbefehls aussetzen (§ 902 Abs. 3 ZPO).

Bei Fluchtgefahr oder Böswilligkeit des Schuldners wird der Gerichtsvollzieher von seinem Ermessen („kann") dahin Gebrauch machen, dass er eben Haftbefehl nicht aussetzt.

---

[46] S. zuletzt LG Frankfurt/Main, DGVZ 2000, 171.

[47] § 901 Satz 3 ZPO.

[48] Der Gläubiger kann dem Gerichtsvollzieher nicht untersagen, bei der Vollstreckung eines Haftbefehls Teilzahlungen des Schuldners entgegenzunehmen (LG Kassel, DGVZ 1973, 23).

[49] § 902 Abs. 1 Satz 1 ZPO.

721   Die Dauer der Haft darf sechs Monate nicht übersteigen (§ 913 ZPO). Nach Ablauf dieser Zeit ist der Schuldner von Amts wegen zu entlassen.[50] Der Schuldner kann während der Haft jederzeit beim Amtsgericht beantragen, die eidesstattliche Versicherung abzunehmen, und dadurch seine Haft beenden (§ 902 ZPO). Bei Vorführung des verhafteten Schuldners ist der Gläubiger tunlichst von der bevorstehenden Abnahme der eidesstattlichen Versicherung (evtl. telefonisch) zu verständigen. Einen Haftkostenvorschuss braucht der Gläubiger seit 01.07.1979 nicht mehr zu leisten.[51]

Muss ein Vermögensverzeichnis wegen unrichtiger Sachbehandlung **nachgebessert** werden, dann sind auch die **Kosten** für die dadurch notwendig gewordene **Verhaftung** des Schuldners nicht zu erheben.[52]

Gegen den Schuldner, der ohne sein Zutun **auf Antrag des Gläubigers** aus der Haft entlassen ist, findet auf Antrag desselben Gläubigers eine Erneuerung der Haft nicht statt (§ 911 ZPO).[53]

Der Gläubiger ist dann, wenn gegen seinen Schuldner ein Haftbefehl ergangen ist, nicht darauf beschränkt, diesen Haftbefehl zu vollstrecken. Vielmehr hat er auch einen Anspruch darauf, dass auf seinen Antrag ein neuer Termin zur Abgabe der eidesstattlichen Versicherung durch den Schuldner anberaumt wird.[54] Der Gläubiger kann und darf auch jederzeit den Gerichtsvollzieher beauftragen, den Haftbefehl dem Schuldner nur zuzustellen, ohne ihn gleich zu verhaften.[55] Den Aufenthaltsort des Schuldners hat der Gerichtsvollzieher nicht zu ermitteln[56]; vielmehr hat der Gläubiger dem Gerichtsvollzieher entsprechende Hinweise zu geben.

---

[50] Ist während der Offenbarungshaft des Schuldners ein diesem gehörender Hund zu versorgen, so hat der Gläubiger für die hierdurch entstehenden Kosten einen angemessenen Vorschuss zu leisten (AG Oldenburg, DGVZ 1991, 174).

[51] Der Haftkostenvorschuss war bis 01.07.1979 Voraussetzung für die Verhaftung gem. § 909 ZPO.

[52] AG Berlin-Tiergarten, DGVZ 2002, 77.

[53] Das bedeutet, dass eine nochmalige Verhaftung des Schuldners in demselben Vollstreckungsverfahren nach Haftentlassung unzulässig ist.

[54] So LG Aachen, MDR 1956, 45; LG Dortmund, MDR 1954, 490; Schumacher, NJW 1957, 290 = BB 1958, 1289; gegenteiliger Ansicht allerdings LG Berlin, JR 1957, 263; LG Darmstadt, MDR 1961, 239; LG Düsseldorf, MDR 1961, 62; LG Essen, Rpfleger 1961, 307; LG Stade, NJW 1954, 1614; AG Bonn, MDR 1958, 245 und Zöller/Stöber, § 901 ZPO Rn. 11.

[55] LG Ulm, NJW 1963, 867.

[56] AG Minden, DGVZ 1997, 191; Zöller/Stöber, § 909 ZPO Rn. 2.

Das eidesstattliche Versicherungsverfahren wird gegenstandslos, wenn der Schuldner in einer anderen Sache die eidesstattliche Offenbarungsversicherung abgibt. Ein bereits ergangener Haftbefehl ist in einem solchen Fall vom Gericht auf Antrag des Schuldners aufzuheben.[57] Durch die Abgabe der eidesstattlichen Versicherung wird mithin **jeder** vor der Abgabe gegen den Schuldner ergangene Haftbefehl verbraucht und die Vollstreckung eines solchen unzulässig.

11.1.6 Wirkungen der Abgabe der Vermögensauskunft

Eintragung in das Schuldnerverzeichnis

722 Der zuständige Gerichtsvollzieher ordnet gemäß § 882c Abs. 1 ZPO von Amts wegen die Eintragung des Schuldners in das Schuldnerverzeichnis an, wenn

- der Schuldner seiner Pflicht zur Abgabe der Vermögensauskunft nicht nachgekommen ist (§ 882c Abs. 1 Nr. 1 ZPO);
- eine Vollstreckung nach dem Inhalt des Vermögensverzeichnisses offensichtlich nicht geeignet wäre, zu einer vollständigen Befriedigung des Gläubigers zu führen, auf dessen Antrag die Vermögensauskunft erteilt oder dem die erteilte Auskunft zugeleitet wurde (§ 882c Abs. 1 Nr. 2 ZPO) oder
- der Schuldner dem Gerichtsvollzieher nicht innerhalb eines Monats nach Abgabe der Vermögensauskunft die vollständige Befriedigung des Gläubigers nachweist, auf dessen Antrag die Vermögensauskunft erteilt oder dem die erteilte Auskunft zugeleitet wurde, es sei denn, ein Zahlungsplan wurde festgesetzt und ist nicht hinfällig (§ 882c Abs. 1 Nr. 3 ZPO).

Gegen die Eintragungsanordnung nach § 882c ZPO kann der Schuldner gemäß § 882d Abs. 1 Satz 1 ZPO binnen zwei Wochen seit Bekanntgabe Widerspruch beim zuständigen Vollstreckungsgericht einlegen, die gemäß § 822d Abs. 1 Satz 2 ZPO die Vollziehung nicht hemmt.

Auf Antrag des Schuldners kann das Vollstreckungsgericht gemäß § 282d Abs. 2 Satz 1 ZPO anordnen, dass die Eintragung einstweilen ausgesetzt wird. Das Zentrale Vollstreckungsgericht nach § 882h Abs. 1 ZPO hat von einer Entscheidung gemäß § 882d Abs. 2 Satz 2 ZPO abzusehen, wenn ihm die Ausfertigung einer vollstreckba-

---

[57] LG München, MDR 1964; 156, Noack, MDR 1969, 525.

ren Entscheidung vorgelegt wird, aus der sich ergibt, dass die Eintragungsanordnung einstweilen ausgesetzt ist.

Die Führung des Schuldnerverzeichnisses erfolgt durch das Zentrale Vollstreckungsgericht nach § 882h Abs. 1 ZPO und enthält diejenigen Personen,

- deren Eintragung der Gerichtsvollzieher nach Maßgabe des § 882c ZPO angeordnet hat (§ 882b Abs. 1 Nr. 1 ZPO);
- deren Eintragung die Vollstreckungsbehörde nach Maßgabe des § 284 Abs. 9 AO angeordnet hat (§ 282b Abs. 1 Nr. 2 ZPO);
- deren Eintragung das Insolvenzgericht nach Maßgabe des § 26 Abs. 2 InsO angeordnet hat (§ 282b Abs. 1 Nr. 3 ZPO).

Im Schuldnerverzeichnis werden gemäß § 882b Abs. 2 ZPO angegeben:

- Name, Vorname und Geburtsname des Schuldners sowie die Firma und deren Nummer des Registerblattes im Handelsregister (§ 882b Abs. 2 Nr. 1 ZPO);
- Geburtsdatum und Geburtsort des Schuldners (§ 882b Abs. 2 Nr. 2 ZPO);
- Wohnsitze des Schuldners oder Sitz des Schuldners einschließlich abweichender Personendaten (§ 882b Abs. 2 Nr. 3 ZPO).

Die Einsicht in das Schuldnerverzeichnis ist gemäß § 882f Satz 1 ZPO jedem gestattet, der darlegt, Angaben nach § 882b ZPO zu benötigen

- für Zwecke der Zwangsvollstreckung (§ 882f Satz 1 Nr. 1 ZPO);
- um gesetzliche Pflichten zur Prüfung der wirtschaftlichen Zuverlässigkeit zu erfüllen (§ 882f Satz 1 Nr. 2 ZPO);
- um Voraussetzungen für die Gewährung von öffentlichen Leistungen zu prüfen (§ 882f Satz 1 Nr. 3 ZPO);
- um wirtschaftliche Nachteile abzuwenden, die daraus entstehen können, dass Schuldner ihren Zahlungsverpflichtungen nicht nachkommen (§ 882f Satz 1 Nr. 4 ZPO);
- für Zwecke der Strafverfolgung und der Strafvollstreckung (§ 882f Satz 1 Nr. 5 ZPO);
- zur Auskunft über ihn selbst betreffende Eintragungen (§ 882f Satz 1 Nr. 6 ZPO).

Gemäß § 882f Satz 2 ZPO dürfen die Informationen nur für den Zweck verwendet werden, für den sie übermittelt worden sind; sie sind nach Zweckerreichung zu löschen.

Die Erteilung von Abdrucken aus dem Schuldnerverzeichnis ist in § 882g ZPO geregelt. Aus dem Schuldnerverzeichnis können gemäß § 882g Abs. 1 Satz 1 ZPO auf Antrag Abdrucke zum laufenden Bezug erteilt werden, auch durch Übermittlung in einer nur maschinell lesbaren Form.

Abdrucke erhalten gemäß § 882g Abs. 2 Nr. 1 ZPO Industrie- und Handelskammern sowie Körperschaften des öffentlichen Rechts, in denen Angehörige eines Berufes kraft Gesetzes zusammengeschlossen sind (Kammern), gemäß § 882g Abs. 2 Nr. 2 ZPO Antragsteller, die Abdrucke zur Errichtung oder Führung nicht öffentlicher zentraler Schuldnerverzeichnisse verwenden, oder gemäß § 882g Abs. 2 Nr. 3 ZPO Antragsteller, deren berechtigtem Interesse durch Einzeleinsicht in die Länderschuldnerverzeichnisse oder durch den Bezug von Listen nicht hinreichend Rechnung getragen werden kann.

Die Einzelheiten, insbesondere hinsichtlich der Vertraulichkeit und des Datenschutzes, ergeben sich aus § 882g Abs. 2 ZPO.

Das Schuldnerverzeichnis wird für jedes Land von einem Vollstreckungsgericht zentral geführt, § 882h Abs. 1 Satz 1 ZPO.

724 Löschung im Schuldnerverzeichnis

725 Gemäß § 882e Abs. 1 ZPO wird eine Eintragung im Schuldnerverzeichnis nach Ablauf von drei Jahren gelöscht. Im Falle der Eintragung auf Anordnung des Insolvenzgerichts beträgt die Löschungsfrist fünf Jahre seit Erlass des Beschlusses, mit dem die Eröffnung des Insolvenzverfahrens mangels einer die Kosten des Verfahrens deckenden Masse abgewiesen worden ist, § 282e Abs. 1 Satz 2 ZPO.

Über Einwendungen gegen die Löschung oder ihre Versagung entscheidet gemäß § 882e Abs. 2 Satz 1 ZPO der Urkundsbeamte der Geschäftsstelle. Gegen seine Entscheidung findet gemäß § 882e Abs. 2 Satz 2 ZPO die Erinnerung nach § 573 ZPO statt.

Die Eintragung wird im Übrigen gemäß § 882e Abs. 3 Nr. 1 ZPO gelöscht, wenn die vollständige Befriedigung des Gläubigers nachgewiesen worden ist, gemäß § 882e Abs. 3 Nr. 2 ZPO das Fehlen oder der Wegfall des Eintragungsgrundes bekannt geworden ist oder gemäß § 882e Abs. 3 Nr. 3 ZPO die Ausfertigung einer vollstreckbaren Entscheidung vorgelegt wird, aus der sich ergibt, dass die Eintragungsanordnung aufgehoben oder einstweilen ausgesetzt ist.

Wegfall weiterer Versicherungsabgabepflicht innerhalb zwei Jahre

726   Ein Schuldner, der die Vermögensauskunft nach § 802c ZPO oder nach § 284 AO innerhalb der letzten zwei Jahre abgegeben hat, ist zur erneuten Abgabe gemäß § 802d Abs. 1 Satz 1 ZPO nur verpflichtet, wenn ein Gläubiger Tatsachen glaubhaft macht, die auf eine wesentliche Veränderung der Vermögenslage des Schuldners schließen lassen.

Pflicht zur Vermögensverzeichnis-Ergänzung

729   Der Schuldner muss eine erneute Vermögensauskunft erteilen, wenn sich ergibt, dass der Schuldner bei der früheren Versicherung im Vermögensverzeichnis unvollständige, ungenaue oder widersprüchliche Angaben gemacht hat, etwa wenn der Schuldner keine hinreichenden Angaben über sein Arbeitsverhältnis („Aushilfsbedienung bei ständig wechselnden Arbeitgebern") geliefert hat; hier sind ergänzende Angaben über den Kreis der Arbeitgeber zu machen.[58] Ein **Gelegenheitsarbeiter** ist verpflichtet, die Arbeitgeber der letzten zwölf Monate anzugeben und dabei darzulegen, wie lange er bei den einzelnen Arbeitgebern tätig ist und welche Tätigkeiten er jeweils ausführt.[59] (Dies gilt auch für Schwarzarbeiter, siehe Rn. 713a.) Bestehen in dieser Richtung begründete Anhaltspunkte, so kann **auch** ein mit Vollstreckungstitel versehener **anderer Gläubiger**, also nicht nur der Gläubiger, der das frühere eidesstattliche Versicherungsverfahren betrieben hat, ein **Ergänzungsverfahren („Nachbesserung") zur Abgabe einer eidesstattlichen Versicherung** einleiten.[60] Dabei handelt es sich um eine **Fortsetzung des früheren** auf § 807 ZPO beruhenden **Verfahrens**.[61] Dies hat zur Folge, dass erst später erworbenes Vermögen nicht anzugeben ist. Es hat weiter zur Folge, dass der neue Eintrag im Schuldnerverzeichnis (siehe Rn. 722 ff.) zu löschen ist, wenn der alte — berichtigte — Eintrag gelöscht wird.

729a   Aus der neueren Rechtsprechung zum Ergänzungsverfahren sind folgende Entscheidungen hervorzuheben:

---

[58] LG München I, Rpfleger 1982, 231.

[59] LG München I, Rpfleger 1989, 33; LG Darmstadt, JurBüro 1999, 104.

[60] H. M. z. B. OLG Frankfurt, Rpfleger 1976, 320; LG Frankenthal, JurBüro 1985, 623 und zuletzt LG Hildesheim, JurBüro 1991, 729; a. A. LG Berlin, Rpfleger 1990, 431 mit ablehnender Anmerkung Mümmler.

[61] So auch OLG Düsseldorf, MDR 1961, 1021, dagegen für Anwendung des § 903 ZPO (Rn. 726) in einem solchen Fall LG Bremen, JurBüro 1967 Sp. 929.

Gibt der Schuldner an als so genannter **Hausmann** tätig zu sein, kann zur Vorbereitung einer Pfändung verschleierten Arbeitseinkommens (§ 850h Abs. 2 ZPO) folgende Entscheidung des LG Münster[62] nützlich sein: „Gibt der Schuldner im Vermögensverzeichnis an, er betätige sich im Haushalt seiner Lebensgefährtin als Hausmann, handelt es sich um Dienste, die üblicherweise vergütet werden. In diesem Fall hat der Schuldner die wirtschaftlichen Verhältnisse seiner Lebensgefährtin anzugeben."

Auch die Entscheidung des LG Stuttgart[63] erfasst einen immer wieder anzutreffenden Sachverhalt: „Der Schuldner hat bei Abgabe der eidesstattlichen Versicherung im Vermögensverzeichnis umfassende Angaben hierüber zu machen, wovon er seinen Lebensunterhalt bestreitet.

Die Angaben, er sei **Gelegenheitsarbeiter** oder er erhalte **Zuwendungen Dritter**, sind unzureichend, sodass der Gläubiger die Ergänzung des Vermögensverzeichnisses verlangen kann."

LG Münster in Rpfleger 1993, 501: „Gibt der Schuldner im Vermögensverzeichnis an, er sei **selbstständiger Unternehmensberater** ohne festen Kundenstamm, hat er sämtliche derzeitigen Geschäftsbeziehungen und die aus den letzten zwölf Monaten anzugeben."

LG München II, JurBüro 1998, 433: „Der Schuldner hat als **freiberuflich Tätiger** seine Kunden und Auftraggeber der letzten zwölf Monate mit Anschrift und die Art seiner Arbeiten für diese, wie auch seinen Verdienst bei den jeweiligen Auftraggebern, anzugeben."

OLG Köln, JurBüro 1994, 408: „Im Rahmen der Ergänzungsoffenbarungsversicherung hat der Schuldner alle Angaben zu machen, die seinem Gläubiger Erfolg versprechende Pfändung oder wenigstens die Beurteilung ermöglichen, ob und welche Schritte er unternehmen kann. Ein **selbstständiger Malermeister** hat alle Auftraggeber der letzten zwölf Monate und auch Art und Umfang seiner für diese ausgeübten Tätigkeit sowie die Höhe der jeweiligen Vergütung anzugeben."

LG Frankenthal, JurBüro 1994, 409: „Eine **beschäftigungslose Schuldnerin**, die ihrem **nichtehelichen Lebensgefährten** ohne Entgelt den Haushalt führt, hat im Rahmen einer Nachbesserung den Namen und die ladungsfähige Anschrift ihres Lebensgefährten sowie ferner anzugeben, in welcher Art und in welchem Umfang sie ihre Leistungen erbringt."

---

[62] LG Münster, Rpfleger 1994, 33.
[63] LG Stuttgart, DGVZ 1993, 114.

Ähnlich wie LG Frankenthal auch AG Bocholt[64], LG München I,[65] und ebenso LG Bremen[66]: Liegen Anhaltspunkte für eine **fingierte Vergütungsabrede** vor (EUR 1.500,00 monatliches Bruttoeinkommen im Unternehmen seiner Ehefrau, in dem er früher Geschäftsführer war), ist der Schuldner im Rahmen einer Nachbesserung/Ergänzung verpflichtet, Fragen des Gläubigers nach Art und Umfang seiner Tätigkeit, seiner täglichen, wöchentlichen und monatlichen Arbeitszeit und nach zusätzlichen Sachleistungen des Arbeitgebers zu beantworten. Diese Angaben benötigt der Gläubiger, um prüfen zu können, ob eine Lohnverschleierung nach § 850h Abs. 2 ZPO vorliegt.

Folgende Fragen hat der Schuldner im Nachbesserungstermin zu beantworten:

- Welche Tätigkeiten verrichtete der Schuldner nach Art und Umfang?
- Wie viele Stunden arbeitete er täglich, wöchentlich, monatlich?
- Wie lauten seine regelmäßigen Arbeitszeiten?
- Erhielt der Schuldner zusätzliche Sachleistungen (z. B. freie Kost und Logis, unentgeltliche Nutzung eines Kraftfahrzeugs, Arbeitskleidung u. a.) von seiner Arbeitgeberin; wenn ja, welche und in welchem Umfang?
- Wie lautete der Fahrzeugtyp eines evtl. vom Schuldner genutzten Kraftfahrzeugs des Arbeitgebers? Baujahr? Kilometerstand? Amtliches Kennzeichen?

730 Eine Unpfändbarkeitsbescheinigung ist nicht mehr erforderlich, da gemäß § 802a Abs. 2 ZPO die Vollstreckung in das bewegliche Vermögen und die Einholung der Vermögensauskunft parallel erfolgen können.

731 Der Antrag des Gläubigers auf Abnahme der ergänzungs-eidesstattlichen Versicherung hat sich in einem derartigen Fall auf die im alten Vermögensverzeichnis fehlenden oder unvollständigen Angaben zu beschränken. Beispiele dafür sind ungenaue Anschrift eines Drittschuldners, Fehlen einer Angabe über den Aufbewahrungsort einer Sache, sowie unzureichende Angaben bei Lohnverschleierung und alle in Rn. 713 genannten bislang nicht beantworteten Zusatzfragen.

732 **Zuständig** für das hier behandelte **Ergänzungsverfahren** bleibt der Gerichtsvollzieher, der die frühere Offenbarungsversicherung abgenommen hat, auch wenn ein neuer Gläubiger die Ergänzung beantragt. Es handelt sich nämlich nur um die Fortsetzung des alten Verfahrens.

---

[64] AG Bocholt, JurBüro 1994, 405.

[65] LG München I, JurBüro 1997, 660.

[66] LG Bremen, JurBüro 1998, 102.

Entscheidungen zur Offenbarungsversicherung nach früherem Recht

732a **LG Bonn, JurBüro 2000, 101:** Da der Begriff des Vermögens umfassend ist und das amtliche Formular ZP 325 keine abschließende Auflistung aller möglichen Vermögensgegenstände enthält, ist es dem Gläubiger unbenommen, weiter gehende Fragen nach Vermögenswerten zu stellen. Die Grenze des Fragerechts ist dort zu ziehen, wo nicht nach gegenwärtigen Vermögenswerten gefragt wird, sondern Erwerbsmöglichkeiten des Schuldners ausgelotet werden sollen, um späteren Vermögenserwerb aufzuspüren.

LG Marburg, DGVZ 2000, 152: Fragen des Gläubigers, die über den amtlichen Vordruck für das Offenbahrungsverfahren hinausgehen, sind nur in Bezug auf die konkrete Situation des Schuldners zulässig und dürfen nicht durch Vorlage eines zusätzlichen pauschalen Fragenkatalogs zu einer reinen Ausforschung des Schuldners führen.

LG Bochum, JurBüro 2000, 44 und LG Nürnberg-Fürth, JurBüro 2000, 328: Gibt der Schuldner im Vermögensverzeichnis an, er sei selbstständig, so hat er auf Antrag des Gläubigers im Rahmen einer Nachbesserung seiner Angaben folgende Fragen zu beantworten:

- Wie lauten, mit vollem Namen unter Angabe der Rechtform und der ladungsfähigen Anschrift, die Kunden und Auftraggeber des Schuldners, welche er in den letzten zwölf Monaten bedient hat?
- Welche Umsätze hat der Schuldner mit jedem einzelnen Kunden und Auftraggeber in den letzten zwölf Monaten getätigt?
- Welche Art von Leistung hat der Schuldner für jeden einzelnen Kunden und Auftraggeber erbracht?
- Welche Leistungen hat der Schuldner seinen Auftraggebern in Rechnung gestellt und welche Vergütung hat er insoweit jeweils erhalten

Die Frage nach Erbringung von Schwarzarbeitsleistungen ist zurückzuweisen, sofern der Gläubiger konkrete Anhaltspunkte dazu nicht vorgetragen hat — übereinstimmend mit OLG Köln, JurBüro 1996, 49 „Fliesenlegerentscheidung".

LG Stendal, JurBüro 2000, 45: Bei einem begründeten Verdacht, dass der Schuldner bei Abgabe der Offenbarungsversicherung unrichtige Angaben gemacht hat, ist er auf Antrag des Gläubigers verpflichtet, seine Angaben im Vermögensverzeichnis nachzubessern.

LG Stuttgart, DGVZ 2000, 152: Gibt der Schuldner im Vermögensverzeichnis an, er beziehe Sozialhilfe und nennt dabei Beträge, die unter dem Regelsatz der Sozialhilfe liegen, so besteht die Vermutung, dass er noch sonstiges Einkommen hat und deshalb nur ergänzende Sozialhilfe zum Lebensunterhalt erhält, weshalb er zur Nachbesserung des Vermögensverzeichnisses verpflichtet ist.

LG Berlin, Rpfleger 1999, 188: Der Rechtspfleger ist als funktionell zuständiges Organ für die Abnahme der eidesstattlichen Versicherung zu bestimmen. Seine Zuständigkeit besteht in vor dem 01.01.1999 eingeleiteten und noch nicht beendeten Verfahren fort. Beendet ist ein Verfahren nicht bereits mit Erlass des Haftbefehls, sondern erst mit Abgabe der eidesstattlichen Versicherung. Ebenso LG Dortmund und LG Heilbronn, DGVZ 1999, 57 und LG Frankfurt/Main, DGVZ 1999, 78 sowie LG Kassel, DGVZ 1999, 77 und LG Nürnberg-Fürth, DGVZ 2000, 26.

AG Oberhausen, DGVZ 1999, 31: Ist der Antrag auf Abgabe der eidesstattlichen Versicherung vor dem 01.01.1999 gestellt, ergeht ein Haftbefehl aber erst nach dem 01.01.1999, ist für die Abnahme der eidesstattlichen Versicherung der Gerichtsvollzieher zuständig. Ebenso LG München I, DGVZ 1999, 57.

OLG Düsseldorf, JurBüro 2000, 10: Gegen den Beschluss des Rechtspflegers, durch den der Widerspruch des Schuldners gegen seine Verpflichtung zur Abgabe der eidesstattlichen Versicherung zurückgewiesen wird, findet ungeachtet der nunmehr gegebenen Zuständigkeit des Gerichtsvollziehers für die Abnahme der eidesstattlichen Versicherung die sofortige Beschwerde nach 739 ZPO und nicht die Vollstreckungserinnerung nach § 766 ZPO statt.

Stimmen die Entscheidungen des AG und des LG im sachlichen Ergebnis überein, ist der Schuldner durch die Entscheidung des LG nicht mehr beschwert als durch die Entscheidung des AG. Die ergänzende Begründung seitens des Beschwerdegerichts stellt keinen neuen Beschwerdegrund dar. Es kommt allein darauf an, dass die Entscheidungen im sachlichen Ergebnis übereinstimmen. Identisch mit Rpfleger 2000, 27.

LG Kassel, NJW-RR 1999, 508: Bestehen Anhaltspunkte für ein verschleiertes Arbeitseinkommen — der vermögenslose, verschuldete Schuldner arbeitet gegen ein nur geringes Entgelt im Geschäft seiner Ehefrau, dessen Inhaber er zuvor war, als Angestellter — muss der Schuldner auch Angaben über Art und Umfang seiner Tätigkeit machen (die Entscheidung setzt sich mit einem umfangreichen Fragenkatalog auseinander).

KG, JurBüro 1998, 42: Der Nachweis der fehlenden Befriedigung des Gläubigers nach § 807 ZPO kann umso weniger allein auf eine Fruchtlosigkeitsbescheinigung gestützt werden, je länger der erfolglose Pfändungsversuch zurückliegt (hier: zwei Jahre). Maßgeblich sind insoweit nicht starre Zeitschranken, sondern auch — soweit bekannt — das Alter des Schuldners, seine Einkommens- und Vermögensverhältnisse, seine Wohnverhältnisse und insbesondere die Höhe der Schuld.

LG Lüneburg, DGVZ 2000, 25: Es gehört zu den Amtspflichten des Gerichtsvollziehers, dem Schuldner, den er bei versuchter Vollstreckung nicht angetroffen hat, die weitere Vollstreckung mit einer Frist von mindestens zwei Wochen anzukündigen, um, falls der Schuldner erneut nicht angetroffen wird, die Voraussetzungen für das von der Gläubigerin beantragte Verfahren zur Abgabe der eidesstattlichen Offenbarungsversicherung zu schaffen. A. A. LG Tübingen, DGVZ 2000, 120: Das gilt nur, wenn dem Gerichtsvollzieher ein kombinierter Auftrag — Sachpfändung + OV — erteilt wurde.

AG Hamburg-Blankenese, DGVZ 2000, 120: Die einem Inkassounternehmer erteilte Erlaubnis zur außergerichtlichen Forderungseinziehung erstreckt sich generell auch auf die Erteilung eines Auftrags zur Abnahme der eidesstattlichen Offenbarungsversicherung.

OLG Köln, JurBüro 2000, 599: Für eine juristische Person (GmbH, AG) ist die eidesstattliche Offenbarungsversicherung von demjenigen abzugeben, der im Zeitpunkt des hierfür bestimmten Termins ihr gesetzlicher Vertreter ist. Der ausgeschiedene gesetzliche Vertreter bleibt indes zur Abgabe der OV verpflichtet, wenn er sein Amt niedergelegt hat, um sich dieser Versicherung zu entziehen. Hierfür kann es sprechen, wenn die Niederlegung des Amtes in einer nicht anders als durch dieses Motiv zu erklärenden Eile erfolgt.

AG Berlin-Tiergarten, DGVZ 2002, 77: Muss ein Vermögensverzeichnis wegen unrichtiger Sachbehandlung nachgebessert werden, dann sind auch die Kosten für die dadurch notwendig gewordene Verhaftung des Schuldners nicht zu erheben. Andere Ansicht: Zöller/Stöber, § 903 ZPO Rn. 16: Verhaftung sei nicht Fortführung des bisherigen Verfahrens.

Entscheidungen zur Offenbarungsversicherung nach früherem Recht bei Unterstützung durch Dritte und bei geringen Mitteln zum Leben

732b **LG Frankfurt am Main, Rpfleger 2002, 273:** Der Schuldner ist zur Nachbesserung des Vermögensverzeichnisses verpflichtet, soweit er zur Angabe des Bestreitens des Lebensunterhalts angegeben hat, er werde von Bekannten unterhalten, ohne anzugeben, von wem und zu welchem Zeitpunkt welche Zuwendungen erfolgen.

LG Verden/Aller, JurBüro 2002, 158: Die Schuldnerin, die im Vermögensverzeichnis angibt, von ihrem Lebensgefährten unterstützt zu werden, ist im Rahmen einer Nachbesserung/Ergänzung verpflichtet, Namen und Anschrift des Lebensgefährten zu nennen und anzugeben, ob sie für die Unterstützung irgendeine Gegenleistung — ggf. auch Art und Dauer derselben — erbringt.

LG Dortmund, JurBüro 2002, 159: Der Schuldner, der im Vermögensverzeichnis angibt, bei seiner Freundin zu wohnen und manchmal ein geringes Taschengeld von dieser zu erhalten, hat im Rahmen der Nachbesserung Angaben über Name und Anschrift der Freundin, über seine Tätigkeit im Haushalt sowie über die Größe der Wohnung und des Haushalts zu machen.

LG Berlin, JurBüro 2001, 436 = DGVZ 2001, 87: Gibt der Schuldner im Vermögensverzeichnis an, seinen Lebensunterhalt mit einem monatlichen Nettoeinkommen von 319,87 DM zu bestreiten, so ist er auf Antrag des Gläubigers zur Ergänzung/Nachbesserung der eidesstattlichen Versicherung über seine Einkommens- und Vermögensverhältnisse verpflichtet. Siehe auch dazu LG Frankfurt/Main, Rpfleger 2002, 273.

LG Potsdam, DGVZ 2001, 86: Ob es dem Schuldner möglich ist, von seinem im Vermögensverzeichnis angegebenen Einkommen (seinerzeit 150 DM!) zu leben, ist nicht Gegenstand eines Verfahrens zur Nachbesserung der abgegebenen eidesstattlichen Versicherung.

LG Berlin, JurBüro 2000, 45: Gibt der Schuldner an, er werde von Familienmitgliedern unterstützt, so ist er im Rahmen der Nachbesserung der Offenbarungsversicherung verpflichtet, den Verwandtschaftsgrad und den Namen derjenigen anzugeben, die ihn unterstützen. Ferner hat er Angaben über die Höhe der monatlichen Unterstützung zu machen.

LG Chemnitz, DGVZ 2002, 154: Gibt der Schuldner im Vermögensverzeichnis an, er sei selbstständig, aber ohne Aufträge und ohne Außenstände, dann hat der Gläubiger Anspruch darauf, im Wege der Nachbesserung zu erfahren, wovon der Schuldner seinen Lebensunterhalt bestreitet.

LG Münster, Rpfleger 2002, 631: Die Zulässigkeit ergänzender Fragen im Nachbesserungsverfahren setzt einen konkreten Verdacht voraus, dass der Schuldner etwas verschwiegen hat. Ein solcher Verdacht kann sich auch aus einer allgemeinen Lebenserfahrung ergeben. Bei einem Schuldner ohne mietfreie Unterkunft besteht bei einem monatlichen Einkommen von 322,00 EUR der konkrete Verdacht anderweitiger Einkünfte.

LG Frankfurt am Main, JurBüro 2002, 608: Im Rahmen einer Nachbesserung seiner Offenbarungsversicherung über seine Einkommens- und Vermögensverhältnisse muss der Schuldner auch Tätigkeiten offenbaren, die er für einen gleichgeschlechtlichen Lebensgefährten im Haushalt unentgeltlich erbringt.

AG Herne, JurBüro 2004, 450: Eine Schuldnerin, die angibt, monatlich nur 145,00 EUR netto zu verdienen, ist zur Nachbesserung verpflichtet, da der Verdacht besteht, dass sie Angaben verschwiegen hat.

LG Regensburg, DGVZ 2003, 92: Gibt der Schuldner bei Abgabe der eidesstattlichen Versicherung ein extrem niedriges Einkommen an, so hat er zusätzliche Angaben über Art und Umfang seiner Tätigkeit zu machen, damit der Gläubiger beurteilen kann, ob möglicherweise ein Fall von verschleiertem Einkommen vorliegt (Fliesenlegerlohn 400,00 EUR brutto im Geschäft der Ehefrau).

11.1.7 Die Kosten der Vermögensauskunft des Schuldners

733

Die Gebühr für das Verfahren über den Antrag auf Abnahme der eidesstattlichen Versicherung nach § 889 ZPO beträgt gemäß Kostenverzeichnis GKG Nr. 2114 30,00 EUR. Hinzu kommen die Kosten der Zustellung sowie gegebenenfalls die Kosten für das Verfahren über den Antrag auf Erlass eines Haftbefehls gemäß § 802g Abs. 1 ZPO in Höhe von 15,00 EUR (KV Nr. 2113).

Das **Nachbesserungsverfahren** ist mangels eines Kostentatbestands im Kostenverzeichnis — auch für einen neuen Gläubiger[67] — **kostenfrei**[68].

---

[67] So LG Deggendorf, JurBüro 2003, 159.
[68] LG Frankenthal, JurBüro 1992, 502; Zöller/Stöber, § 903 ZPO Rn. 16.

11.2 Auskunftsrechte des Gerichtsvollziehers

733a Durch das Gesetz zur Reform der Sachaufklärung[69] in der Zwangsvollstreckung haben die Gerichtsvollzieher gemäß § 802l ZPO eine Vielzahl von Auskunftsrechten erhalten, die dazu beitragen sollen, dass die Zwangsvollstreckung in Zukunft effizienter verläuft.

Kommt der Schuldner seiner Pflicht zur Abgabe der Vermögensauskunft nicht nach oder ist bei einer Vollstreckung in die dort aufgeführten Vermögensgegenstände eine vollständige Befriedigung des Gläubigers voraussichtlich nicht zu erwarten, so darf der Gerichtsvollzieher

- bei den Trägern der gesetzlichen Rentenversicherung die Namen, die Vornamen oder die Firma sowie die Anschriften der derzeitigen Arbeitgeber eines versicherungspflichtigen Beschäftigungsverhältnisses des Schuldners erheben (§ 802l Abs. 1 Satz 1 Nr. 1 ZPO);
- das Zentralamt für Steuern ersuchen, bei den Kreditinstituten die in § 93b Abs. 1 AO bezeichneten Daten abzurufen (§ 93 Abs. 8 AO; § 802l Abs. 1 Satz 1 Nr. 2 ZPO);
- beim Kraftfahrt-Bundesamt die Fahrzeug- und Halterdaten nach § 33 Abs. 1 StVG zu einem Fahrzeug, als dessen Halter der Schuldner eingetragen ist, erheben (§ 802l Abs. 1 Satz 1 Nr. 3 ZPO).

Die vorstehenden Maßnahmen sind nur zulässig, soweit dies zur Vollstreckung erforderlich ist und die zu vollstreckenden Ansprüche mindestens 500,00 EUR betragen, § 802l Abs. 1 Satz 2 ZPO.

Über das Ergebnis einer Erhebung oder eines Ersuchens gemäß § 802l Abs. 1 ZPO setzt der Gerichtsvollzieher den Gläubiger gemäß § 802l Abs. 3 ZPO unter Beachtung des Datenschutzes unverzüglich und den Schuldner innerhalb von vier Wochen nach Erhalt in Kenntnis.

11.3 Das Recht des Gläubigers auf Urkundenherausgabe

733b–733d [frei]

---

[69] Vgl. Seibel/Grothe/Harbeck/Kessel/Schultes/Sievers/Volpert/Wilhelm, Zwangsvollstreckungsrecht aktuell, S. 21 ff.

733e Gemäß § 836 Abs. 3 ZPO ist der Schuldner verpflichtet, dem Gläubiger die zur Geltendmachung der Forderung nötige Auskunft zu erteilen und ihm die über die Forderung vorhandenen Urkunden herauszugeben. Erteilt der Schuldner die Auskunft nicht, so ist er auf Antrag des Gläubigers verpflichtet, diese zu Protokoll zu geben und seine Angaben an Eides statt zu versichern.

Verfahrensmäßig erfolgt dies dadurch, dass der zuständige Gerichtsvollzieher den Schuldner zur Abgabe der Auskunft und eidesstattlichen Versicherung lädt. Die Herausgabe der Urkunden kann von dem Gläubiger im Wege der Zwangsvollstreckung erwirkt werden.

Dies gilt beispielsweise auch, wenn der Gläubiger feststellen will, ob der Arbeitgeber den pfändbaren Anteil am Arbeitseinkommen des Schuldners zutreffend festgestellt hat.

Für die Vorlage der laufenden Lohnabrechnungen bis zur Befriedigung des Gläubigers sprachen sich aus: OLG Naumburg[70], OLG Hamm[71], LG Köln[72], LG Augsburg[73], LG Heidelberg[74], LG Karlsruhe[75] und LG Paderborn[76]; ablehnend LG Hildesheim[77].

Das Landgericht Koblenz[78] hält den Schuldner darüber hinaus für verpflichtet, auch die **Lohnabrechnungen der letzten drei Monate** dem Gläubiger vorzulegen[79].

Die Herausgabe der **Lohnsteuerkarte** kann verlangt werden, wenn der Pfändungsgläubiger, der den Einkommensteuererstattungsanspruch bzw. Lohnsteuererstattungsanspruch gepfändet hat, sie benötigt, weil der Schuldner die Abgabe der erforderlichen Einkommensteuererklärung verweigert[80].

---

[70] OLG Naumburg, InVo 2000, 391.

[71] OLG Hamm, DGVZ 1994, 188.

[72] LG Köln, JurBüro 1996, 439.

[73] LG Augsburg, JurBüro 1996, 386.

[74] LG Heidelberg, JurBüro 1995, 383.

[75] LG Karlsruhe, JurBüro 1995, 382.

[76] LG Paderborn, JurBüro 1995, 382.

[77] LG Hildesheim, DGVZ 1994, 156.

[78] LAG Koblenz, DGVZ 1997, 12.

[79] Ebenso mittlerweile auch BGH, MDR 2007, 607.

[80] BGH, MDR 2004, 535.

733f **Herausgabetitel** ist dabei hinsichtlich der Lohnzettel der das Arbeitseinkommen betreffende, hinsichtlich der Lohnsteuerkarte der die Lohnsteuererstattung betreffende, **Pfändungs- und Überweisungsbeschluss**. Es ist zweckmäßig, dass der Gläubiger zusammen mit dem Pfändungsantrag beim Vollstreckungsgericht beantragt, die Herausgabe der Lohnzettel an den Gläubiger oder den von ihm beauftragten Gerichtsvollzieher anzuordnen. Die Anordnung kann auch nachträglich durch Ergänzungsbeschluss erfolgen.

12 Ausgewählte Schuldnertricks und Gläubigerstrategien

12.1 Der Schuldner ist „unbekannt verzogen"

734 **Verhalten des Schuldners:** Der Schuldner wird unerreichbar, entweder dadurch, dass er tatsächlich umzieht und seine Geschäftspartner davon nicht unterrichtet, oder aber, indem er einfach seinen Briefkasten entfernt und alle auf ihn hindeutenden Beschriftungen auf Türklingeln etc. tilgt. Briefe an den Schuldner, insbesondere gerichtliche Schreiben, geraten auf diese Art in Rücklauf. Zustellungen sind nicht mehr möglich.

Gegenstrategie des Gläubigers: Wer eine Wohnung bezieht, hat sich gemäß § 13 Meldegesetz für das Land Nordrhein-Westfalen (MG NRW) innerhalb einer Woche bei der Meldebehörde anzumelden. Gemäß § 37 Abs. 1 Nr. 1 MG NRW handelt ordnungswidrig, wer sich für eine Wohnung anmeldet, die er nicht bezieht, oder sich für eine Wohnung abmeldet, in der er weiterhin wohnt. Darüber hinaus ist auch die vorsätzliche oder fahrlässige Verletzung von Meldepflichten bußgeldbewehrt.

Im Rahmen sog. „einfacher Melderegisterauskünfte" erteilen die Meldebehörden gemäß § 34 Abs. 1 MG NRW nur Auskunft über Vor- und Familiennamen, Doktorgrad und Anschriften einzelner bestimmter Einwohner. Dies gilt auch, wenn jemand Auskünfte über Daten einer Vielzahl namentlich bezeichneter Einwohner begehrt. Einfache Melderegisterauskünfte können auf automatisiert verarbeitbaren Datenträgern, durch Datenübertragung oder im Wege des automatisierten Abrufs über das Internet erteilt werden, wenn der Antrag in der amtlich vorgeschriebenen Form gestellt worden ist, der Antragsteller den Betroffenen mit Vor- und Familiennamen sowie mindestens zwei weiteren der aufgrund von § 3 Abs. 1 MG NRW gespeicherten Daten bezeichnet hat und die Identität des Betroffenen durch einen automatischen Abgleich der im Antrag angegebenen mit den im Melderegister gespeicherten Daten des Betroffenen eindeutig festgestellt worden ist, § 37 Abs. 1a MG NRW.

Vergleichbare Vorschriften gelten auch in den übrigen Bundesländern.

Weiterhin ist auch zu berücksichtigen, dass gegebenenfalls über das Bundesverwaltungsamt, 50728 Köln, Informationen eingeholt werden können. Die Bundesrepublik Deutschland führt ein Ausländerzentralregister, das mit etwa 23,7 Millionen personenbezogenen Datensätzen eines der größten automatisierten Register ist. Gespeichert sind im „Allgemeinen Datenbestand" die Daten der Ausländer, die nicht nur vorübergehend im Inland leben oder gelebt haben. Auskünfte werden gemäß § 27 AZRG an sonstige nicht öffentliche Stellen übermittelt, wenn die Nachfrage bei der zuletzt zuständigen Meldebehörde erfolglos geblieben ist und ein rechtliches Interesse an der Kenntnis des Aufenthaltsortes nachgewiesen wird. Der Nachweis kann gemäß § 27 Abs. 1 Satz 2 AZRG nur erbracht werden durch die Vorlage

- eines nach deutschem Recht gültigen Vollstreckungstitels,
- einer Aufforderung eines deutschen Gerichts, Daten aus dem Register nachzuweisen,
- einer Bescheinigung einer deutschen Behörde, aus der sich ergibt, dass die Daten aus dem Register zur Durchführung eines dort anhängigen Verfahrens erforderlich sind.

Gemäß § 27 Abs. 2 AZRG ist dem Betroffenen vor der Datenübermittlung Gelegenheit zur Stellungnahme zu geben, es sei denn, die Anhörung liefe dem Zweck der Übermittlung zuwider.

Über die vorgenannten Informationsmöglichkeiten hinaus sollte an folgende Quellen gedacht werden:

- Auskunft der Deutsche Post AG
- Telefonbuch
- Branchenfernsprechbuch
- Inlandsauskunft der Deutschen Telekom AG
- CD-ROM Digitale Telefonauskunft
- Registerakten des Amtsgerichts
- Handwerkskammer
- Industrie- und Handelskammer
- Befragung von Verwandten, Nachbarn oder Arbeitgebern
- Einschaltung von Detekteien und privaten Ermittlungsdiensten

Vor der Ermittlung über andere als öffentliche Register sollte zunächst erfragt werden, welche Kosten anfallen. Darüber hinaus sollte stets bedacht werden, dass selbst die Ermittlung einer neuen Anschrift keineswegs dazu führen muss, dass auch tatsächlich eine erfolgreiche Inanspruchnahme des Schuldners erfolgen kann.

12.2 Der Schuldner hat Rechnung und/oder Mahnung nicht erhalten

Verhalten des Schuldners: Schuldner bestreiten häufig, die Rechnung und/oder die Mahnung erhalten zu haben. Üblicherweise werden Rechnungen und Mahnungen auch mit gewöhnlichem Brief verschickt, sodass ein Zugangsnachweis nicht geführt werden kann.

Gegenstrategie des Gläubigers: Die Überbringung von Rechnungen und Mahnungen durch Boten hat den Vorteil, dass der Bote als Zeuge aussagen kann, das Schriftstück in den Briefkasten des Schuldners eingeworfen zu haben, sodass es zugegangen ist. Problematisch ist dabei, dass die Verwendung von Boten lediglich im Ortsbereich wirtschaftlich vertretbar ist.

Der Versand von Rechnungen und Mahnungen durch Einwurfeinschreiben und Einschreiben mit Rückschein ist zweifelhaft, da es nicht selten vorkommt, dass Schuldner Post, die mit Einschreiben kommt, schlichtweg nicht annehmen. Auch ein Einschreibebrief, der wegen Abwesenheit des Empfängers nicht zugestellt wird, ist auch dann nicht zugegangen, wenn der Postbote einen Benachrichtigungszettel hinterlässt.[1] Das Einwurfeinschreiben, das dem Absender den Nachweis des Zugangszeitpunktes ermöglichen soll, geht nach überwiegender Auffassung wie ein normaler Brief zu.[2]

Auch die Übermittlung mit Telefax ist nach überwiegender Auffassung nicht zweckmäßig, da es hier am Zugangsnachweis fehlt. Ein Telefaxsendebericht mit einem „OK"-Vermerk ist hinsichtlich des Zugangs lediglich ein Indiz.[3]

Zweckmäßig ist indes die Zustellung über den Gerichtsvollzieher oder mit Postzustellurkunde. Hier fallen zwar höhere Kosten an, es ist aber in diesen Fällen gerichtsfest nachzuweisen, dass der Zugang dokumentiert ist, auch wenn der Schuldner nicht angetroffen oder das Schriftstück nicht abholt wird.

---

[1] So BGHZ 67, 271; BGHZ 137, 305; BAG, NJW 1997, 146.

[2] Vgl. Neuvians/Mensler, BB 1998, 1206; Jänich, VersR 1999, 535; Bauer/Diller, NJW 1998, 2795.

[3] Vgl. BGH, Urteil vom 07.12.1994 – VIII ZR 153/93, NJW 1995, 665; BGH, Beschluss vom 28.02.2002 – VII ZB 28/01, NJW 2002, 2473 (Ls.) = NJW-RR 2002, 999 f.; OLG Karlsruhe, IBR 1996, 81; OLG München, Urteil vom 16.12.1992 – 7 U 5553/92, NJW 1993, 2447, 2448; Schmittmann, NJW 1994, 3149.

Nach Auffassung des OLG Naumburg kann der Empfang einer Rechnung oder Mahnung, die dreimal mit normalem Brief verschickt worden ist, unterstellt werden, wenn der Schuldner nicht plausibel macht, warum das Schreiben nicht zugegangen ist.[4]

12.3   Der Gläubiger tappt in die Erlassfalle

Verhalten des Schuldners: Der Schuldner übersendet an den Gläubiger einen Scheck, der sich lediglich auf einen Teil des geschuldeten Betrages bezieht und schreibt ihm dazu, dass mit Einreichung des Schecks die Angelegenheit insgesamt erledigt sei. Später beruft er sich darauf, dass die Restforderung durch Erlass untergegangen sei.

Gegenstrategie des Gläubigers: Ein Erlass kommt lediglich durch Vertrag, § 397 Abs. 1 BGB, zustande. Der Erlass setzt den rechtsgeschäftlichen Willen voraus, auf die Forderung zu verzichten. Ein Erlass ist nicht zu vermuten und im Zweifelsfall streng auszulegen (so BGH, NJW 1984, 1346; BGH, NJW 1996, 588). Der BGH (Urteil vom 10.05.2001 — XII ZR 60/99, NJW 2001, 2324 f. = MDR 2001, 1044 f.) hat zu dieser sog. „Erlassfalle" Stellung genommen. In dem vom BGH entschiedenen Fall belief sich die angebotene Abfindung auf gerade einmal 0,68 % der Hauptforderung, sodass aus Sicht eines unbeteiligten Dritten alles gegen die Annahme des Angebotes sprach. Es sei zu berücksichtigen, dass das im Missverhältnis zwischen Gesamtforderung und Abfindungsangebot zu sehende Indiz gegen eine bewusste Betätigung des Annahmewillens umso stärkeres Gewicht habe, je krasser dieses Missverhältnis sei, und dass in gleichem Maße die Anforderungen an die Redlichkeit, die der Rechtsverkehr vom Angebotsempfänger im Hinblick auf die bestimmungsgemäße Verwendung des Schecks erwarten darf, bis hin zur Unbeachtlichkeit dieser Verwendungsbestimmung relativiert werden können, insbesondere vor dem Hintergrund, dass es zunächst der säumige Schuldner selbst ist, der sich nicht vertragstreu verhält.

Weitere Indizien sind nach Auffassung des BGH, dass auch keine Vergleichsverhandlungen zwischen den Parteien vorausgegangen waren und sich schon von daher nicht annehmen ließ, dass der Gläubiger überhaupt einen Erlassvertrag abschließen wollte.

---

[4] S. OLG Naumburg, NJW-RR 2000, 1666.

Das OLG Koblenz (Urteil vom 21.11.2002 — 5 U 1035/02, NJW 2003, 758 f.) weist im Übrigen darauf hin, dass gerade bei einer titulierten Forderung nicht davon ausgegangen werden könne, dass auf die Restforderung ohne Weiteres konkludent verzichtet werde.

12.4 Der Schuldner bezahlt mit ungedeckten Schecks

Verhalten des Schuldners: Der Schuldner übersendet dem Gläubiger einen Scheck, der sich dann aber als ungedeckt herausstellt.

Gegenstrategie des Gläubigers: Durch den Scheck hat der Aussteller die Schuld anerkannt. Weiterhin hat der Gläubiger nunmehr den Vorteil, seinen Anspruch im Urkunden- und Wechselprozess, §§ 592 ff. ZPO geltend machen zu können. Werden im Urkundenprozess Ansprüche aus Schecks im Sinne des Scheckgesetzes geltend gemacht (Scheckprozess), so sind die Vorschriften über den Wechselprotest entsprechend anzuwenden, § 605a BGB. Da der Gläubiger in aller Regel aber von der bezogenen Bank den Scheck nicht im Original zurück erhält, bleibt er häufig vom Urkundenprozess ausgeschlossen.

Darüber hinaus ist zu erwägen, ob die Ausstellung eines nicht gedeckten Schecks auch strafrechtlich von Bedeutung ist. Das Angebot eines Schecks ist mindestens konkludent dafür, dass nach der Überzeugung des Ausstellers Deckung bei Einlösung vorhanden sein wird[5]. Der BGH hat ausgeführt, dass es Tatfrage sei, ob tatsächlich zum Ausdruck gebracht werden solle, der Scheck sei bereits bei der Hingabe gedeckt (Beschluss vom 25.06.1952 — 5 StR 509/52, BGHSt 3, 69 ff.). Auch die Hingabe eines ungedeckten Schecks gegen Ware brauche nicht immer Betrug zu sein.

Man wird richtigerweise darauf abstellen müssen, ob der Gläubiger nach dem üblichen Geschäftsgang, also der Einreichung des Schecks innerhalb einer kurzen Frist, mit einem hinreichenden Kontostand auf dem Konto des Ausstellers rechnen darf.

Weiterhin wird man danach unterscheiden müssen, ob durch die Hingabe des ungedeckten Schecks auf Seiten des Gläubigers überhaupt ein Schaden entstanden ist. Hat der Gläubiger schon vorgeleistet, also „auf Rechnung" geliefert, so kommt der späteren Übersendung eines ungedeckten Schecks keine weitere Bedeutung

---

[5] So Lackner/Kühl, StGB – Kommentar, 25. Aufl., München, 2004, § 263 Rdnr. 11.

zu, da der Schaden des Gläubigers schon durch die unbesicherte Vorleistung eingetreten ist, die er selbst zu vertreten hat.

Liegt es allerdings so, dass der Gläubiger die Lieferung von der Hergabe eines Schecks abhängig macht und wird ihm vorgespiegelt, dass der Scheck gedeckt ist, so liegt in der Tat eine Vermögensbeschädigung vor. In diesem Fall wird allerdings die Problematik bestehen, dass der Gläubiger nachweisen muss, dass der Schuldner die fehlende Deckung des Schecks kannte. Der — gut verteidigte — Schuldner wird behaupten, dass er von einer Deckung des Schecks ausgegangen sei, dann aber — aus für ihn nicht vorhersehbaren Gründen — die Deckung nicht erfolgt ist. Das Gegenteil zu beweisen, fällt in aller Regel schwer.

12.5 Schuldner hat sein Arbeitseinkommen abgetreten

Eine Forderung kann von dem Gläubiger durch Vertrag mit einem anderen auf diesen übertragen werden (Abtretung). Mit dem Abschluss des Vertrages tritt der neue Gläubiger an die Stelle des bisherigen Gläubigers, § 398 BGB.

Die Abtretung ist grundsätzlich formfrei und kann auch stillschweigend erfolgen. Häufig ist eine Abtretung bereits im ursprünglichen Schuldverhältnis enthalten, insbesondere bei Darlehens- und Mietverträgen.

Gemäß § 400 BGB kann eine Forderung nicht abgetreten werden, soweit sie der Pfändung nicht unterworfen ist. Die Vorschrift soll im öffentlichen Interesse verhindern, dass dem Gläubiger der unpfändbaren Forderung gänzlich die Lebensgrundlage entzogen wird (so RG, RGZ 146, 401). Auf den gesetzlichen Forderungsübergang im Sinne von § 412 BGB findet § 400 BGB nur Anwendung, soweit der Gedanke des Gläubigerschutzes dies erfordert. Die Höhe des pfändbaren Arbeitseinkommens ergibt sich aus[6] § 850c ZPO. Für Arbeitseinkommen, das in Geld fortlaufend zahlbar ist, bestimmt § 850c ZPO die pfändungsfreien Teile. Bei Zusammentreffen solcher Bezüge mit unter § 850i ZPO fallenden Vergütungen sind beide Einkommensarten pfändungsrechtlich gesondert zu behandeln.[7]

---

[6] So BGH, NJW 1954, 1153.

[7] So Zöller/Stöber, § 850c ZPO Rdnr. 3.

In der Praxis stößt man vielfach auf Abtretungen von Arbeitseinkommen an nahestehende Personen, weil diese dem Schuldner angeblich ein Darlehen gewährt haben. In diesen Fällen ist es zweckmäßig, sich zunächst die Abtretungsvereinbarung vorlegen zu lassen, um die Existenz zu prüfen. Ob es zweckmäßig und insbesondere Erfolg versprechend ist, ein Sachverständigengutachten hinsichtlich der Erstellung der Abtretungsurkunde einzuholen, ist eine Frage des Einzelfalls. Häufig dürfte dies nicht zweckmäßig sein, da auch eine mündliche Abtretung wirksam ist. Bisweilen ist auch ein Hinweis an die Steuerfahndung hilfreich, wenn beispielsweise nicht ersichtlich ist, aus welchen Quellen das angeblich als Darlehen hingegebene Geld stammt.

Erweist sich die Abtretung als unwirksam, so kann ohne Weiteres gepfändet werden. Zu beachten ist allerdings, dass Arbeitsverträge bisweilen vorsehen, dass das Arbeitseinkommen nicht abgetreten werden kann.

12.6 Der Schuldner ist „gesetzlich" eingerichtet

Das deutsche Zwangsvollstreckungsrecht ist von großzügigen Unpfändbarkeitsvorschriften geprägt, um den Schuldner vor „Kahlpfändung" zu schützen. Damit wird sowohl die Würde des Menschen im Sinne von Art. 1 GG und die freie Entfaltung der Persönlichkeit im Sinne von Art. 2 GG gewährleistet, gleichermaßen aber auch der Staat davor geschützt, dass er Sozialleistungen in noch größerem Umfang erbringen muss.[8]

Grundsätzlich können ohnehin nur Sachen gepfändet werden, die im Eigentum des Schuldners stehen. Daher weichen Schuldner gerne darauf aus, sich ihren Hausrat von nahestehenden Personen „auszuleihen", nachdem sie diese mit entsprechenden Mitteln ausgestattet haben, um den Hausrat zu erwerben.

In den Fällen, in denen der Gerichtsvollzieher tatsächlich Eigentum des Schuldners vorfindet, hat er insbesondere die Unpfändbarkeitsvorschrift des § 811 ZPO zu berücksichtigen. Für die Frage der Unpfändbarkeit kommt es allein auf den Zeitpunkt der Pfändung an. Wenn eine gepfändete, bei der Zwangsvollstreckung aber unpfändbare Sache danach pfändbar wird, ist bei der Entscheidung über die Erinnerung der Fortfall der Voraussetzungen des § 811 Abs. 1 ZPO mit Veränderung der tatsächlichen Verhältnisse zu berücksichtigen. Hat der Gerichtsvollzieher die

---

[8] So Zöller/Stöber, § 811 ZPO Rdnr. 1.

Pfändung abgelehnt, sind die Verhältnisse zur Zeit der Entscheidung über die Erinnerung maßgebend.[9]

An dieser Stelle kann nicht im Einzelnen allen denkbaren Gegenständen nachgegangen werden, an denen der Schuldner Unpfändbarkeit geltend macht. Haus- und Küchengeräte, insbesondere Staubsauger, Kühlschrank, Gefrier- oder Tiefkühltruhe, Waschmaschine, Rundfunk- und Fernsehgerät sind auch bei bescheidener Lebens- und Haushaltsführung als unpfändbar anzusehen. Demgegenüber sind ein Klavier und eine Videokamera für eine bescheidene Lebensführung nicht erforderlich und daher pfändbar.[10]

Unpfändbar ist im Übrigen auch das Kraftfahrzeug eines Handelsvertreters oder Handwerkers, der Kunden besuchen muss. Gleiches gilt für einen Immobilienmakler oder den Inhaber einer Speisegaststätte.[11]

Gemäß § 811a Abs. 1 ZPO kann die Pfändung einer nach § 811 Abs. 1 Nr. 1, 5 und 6 ZPO unpfändbaren Sache zugelassen werden, wenn der Gläubiger dem Schuldner vor der Wegnahme der Sache ein Ersatzstück, das dem geschützten Verwendungszweck genügt, oder den zur Beschaffung eines solchen Ersatzstückes erforderlichen Geldbetrag überlässt; ist dem Gläubiger die rechtzeitige Ersatzbeschaffung nicht möglich oder nicht zuzumuten, so kann die Pfändung mit der Maßgabe zugelassen werden, dass dem Schuldner der zur Ersatzbeschaffung erforderliche Geldbetrag aus dem Vollstreckungserlös überlassen wird (Austauschpfändung).

Im Zweifel ist es zweckmäßiger, dem Schuldner einen angemessenen Geldbetrag zu überlassen, anstatt ihm einen Gegenstand zu liefern. Es wird im Allgemeinen davon ausgegangen, dass dem Schuldner wegen eines Mangels des Ersatzstückes auf der Grundlage eines gesetzlichen Schuldverhältnisses Ansprüche nach Maßgabe des Kaufrechts zustehen.[12]

Problematisch bei der Sachpfändung sind in aller Regel auch Behauptungen des Schuldners, die vorgefundenen Gegenstände seien Eigentum des Ehegatten. Bei Ehegatten gilt allerdings die Pfändungserleichterung des § 739 ZPO, wonach unwiderleglich vermutet wird, dass alle pfändbaren Sachen im Alleingewahrsam des schuldnerischen Ehegatten stehen.

---

[9] So Zöller/Stöber, § 811 ZPO Rdnr. 9.
[10] So AG Essen, DGVZ 1998, 30.
[11] Vgl. Zöller/Stöber, § 811 ZPO Rdnr. .28
[12] Vgl. Zöller/Stöber, § 811a ZPO Rdnr. 11.

Oftmals unterbleibt allerdings eine Pfändung durch den Gerichtsvollzieher, weil ihm vom Schuldner Schriftstücke vorgelegt werden, aus denen sich ergeben soll, dass die Sache Eigentum eines Dritten ist. Dem kann der Gläubiger dadurch vorbeugen, dass er den Gerichtsvollzieher ausdrücklich beauftragt, die Pfändung auch bei Behauptung des Schuldners, die Sache gehöre nicht ihm, vorzunehmen (§ 119 Nr. 2 GVGA). Der wahre Eigentümer muss dann vom Gläubiger die Freigabe der Sache verlangen, wobei er allerdings sein Eigentum nachweisen muss. Gibt der Gläubiger den Gegenstand nicht frei, kann der Eigentümer mit der Drittwiderspruchsklage (§ 771 ZPO) die Feststellung der Unzulässigkeit der Zwangsvollstreckung verlangen. Häufig wird er dies nicht tun, weil er sich seiner Position nicht sicher ist. Im Übrigen stellt die Vollstreckungsvereitelung eine Straftat im Sinne von § 288 StGB dar.

12.7 Schuldner „parkt" Gelder auf Leihkonten

Die Pfändung eines schuldnerfremden Kontos scheidet aus. Es besteht jedoch die Möglichkeit, den Rückzahlungsanspruch des Schuldners gegen den Kontoinhaber (= Kontoverleiher), der als Treuhänder des Schuldners anzusehen ist, zu pfänden.[13]

12.8 Schuldner belastet sein Grundstück

Schuldner verfügen bisweilen über Immobilien, die zum Teil mit erheblichen Grundpfandrechten zugunsten der Bank belastet sind, zum Teil aber auch durchaus noch einen überschießenden Wert haben. Ein Gläubiger wird daher versucht sein, mit seinem Titel in das Grundstück zu vollstrecken. Die Zwangsvollstreckung in ein Grundstück erfolgt gemäß § 866 Abs. 1 ZPO durch Eintragung einer Sicherungshypothek für die Forderung, durch Zwangsversteigerung und durch Zwangsverwaltung. Eine Sicherungshypothek darf gemäß § 866 Abs. 3 ZPO nur für einen Betrag von mehr als 750,00 EUR eingetragen werden; Zinsen bleiben dabei unberücksichtigt, soweit sie als Nebenforderung geltend gemacht sind.

Die Sicherungshypothek wird auf Antrag des Gläubigers in das Grundbuch eingetragen; die Eintragung ist auf dem vollstreckbaren Titel zu vermerken. Mit der Eintragung entsteht die Hypothek, § 867 ZPO.

---

[13] Rechtsprechung: LG Stuttgart, Rpfleger 1997, 175 und AG Stuttgart, JurBüro 2005, 49, sowie aus der Literatur, Stöber, Forderungspfändung, 14. Aufl. 2006, Rn 166 k.

Schuldner räumen nahestehenden Personen bisweilen ein lebenslanges Wohnrecht an ihrem Haus oder ihrer Eigentumswohnung ein, die als beschränkt persönliche Dienstbarkeit (§ 1093 Abs. 1 BGB) in das Grundbuch eingetragen wird. Damit wird die Immobilie für den Pfändungsgläubiger praktisch unverwertbar. Bisweilen wird ihm dann auch noch angeboten, der wohnberechtigten Person die Löschungsbewilligung für das Wohnrecht abzukaufen. Der Wert des Wohnrechts bestimmt sich daran, welche voraussichtliche Lebenserwartung die wohnberechtigte Person hat. Dies bedeutet, dass bei einer jungen wohnberechtigten Person ein hoher Wert des Wohnrechts anzunehmen ist.

Es ist allerdings zweckmäßig, in solchen Konstellationen zu überprüfen, ob die Bestellung des Wohnrechts gegebenenfalls nach dem Anfechtungsgesetz angefochten werden kann.

Weiterhin sollte sorgfältig überprüft werden, wann der Dritte das Wohnrecht erworben hat. Die Wohnrechtsbestellung, die erst nach der Entstehung des Gläubigerrechts eingetragen worden ist, geht diesem nach und bleibt daher unberücksichtigt.

Nicht weiter dargestellt werden soll hier die kriminelle, aber leider nicht seltene Praxis, Grundschulden zugunsten nicht existierender Personen zu bestellen, um die Zwangsversteigerung zu torpedieren und andere Grundpfandgläubiger zu schädigen.

12.9 Schuldner verschleiert sein Einkommen

Schuldner arbeiten häufig für Entgelte, die in der Nähe des Pfändungsfreibetrages liegen. Dies ist insbesondere dann auffällig, wenn der Arbeitgeber eine nahestehende Person ist.

Hat sich der Empfänger der vom Schuldner geleisteten Arbeiten oder Dienste verpflichtet, Leistungen an einen Dritten zu bewirken, die nach Lage der Verhältnisse ganz oder teilweise eine Vergütung für die Leistung des Schuldners darstellen, so kann der Anspruch des Drittberechtigten gemäß § 850h Abs. 1 ZPO insoweit aufgrund des Schuldtitels gegen den Schuldner gepfändet werden, wie wenn der Anspruch dem Schuldner zustände. Die Pfändung des Vergütungsanspruchs des Schuldners umfasst ohne Weiteres den Anspruch des Drittberechtigten. Der Pfändungsbeschluss ist dem Drittberechtigten ebenso wie dem Schuldner zuzustellen.

Bei § 850h Abs. 1 ZPO handelt es sich um eine sog. „Lohnschiebung", weil ein Dritt-berechtigter, in aller Regel eine nahestehende Person des Schuldners, einen Teil von dessen Arbeitseinkommen erhält.

Das verschleierte Arbeits- oder Dienstverhältnis ist in § 850h Abs. 2 ZPO geregelt. Leistet der Schuldner einem Dritten in einem ständigen Verhältnis Arbeiten oder Dienste, die nach Art und Umfang üblicherweise vergütet werden, unentgeltlich oder gegen eine unverhältnismäßig geringe Vergütung, so gilt im Verhältnis des Gläubigers zu dem Empfänger der Arbeits- und Dienstleistung eine angemessene Vergütung als geschuldet. Bei der Prüfung, ob diese Voraussetzungen vorliegen, sowie bei der Bemessung der Vergütung ist auf die Umstände des Einzelfalles, insbesondere die Art der Arbeits- und Dienstleistung, die verwandtschaftlichen oder sonstigen Beziehungen zwischen dem Dienstberechtigten und dem Dienst-verpflichteten und die wirtschaftliche Leistungsfähigkeit des Dienstberechtigten Rücksicht zu nehmen.

In der Praxis können die Fälle der Lohnschiebung und Lohnverschleierung in aller Regel nicht nachgewiesen werden, da die Erfindungsgabe von Schuldnern nahezu grenzenlos ist. Entweder kann der Schuldner aus gesundheitlichen Gründen nicht länger arbeiten oder im Betrieb steht lediglich eine Teilzeitstelle zur Verfügung.

12.10 Schuldner wählt die Steuerklasse V

Der pfändbare Betrag hängt unter anderem davon ab, welche Steuerklasse der Schuldner gewählt hat und ob er sich Freibeträge hat eintragen lassen. Der BGH (Beschluss vom 04.10.2005 — VII ZB 26/05, DStR 2005, 2096 = NJW-RR 2006, 569 f. = ZInsO 2005, 1212 f.) hat entschieden, dass der Gläubiger nicht schutzlos ist, wenn der Schuldner die Lohnsteuerklasse ändern lässt. Hat der Schuldner vor der Pfän-dung eine ungünstigere Steuerklasse in Gläubigerbenachteiligungsabsicht ge-wählt, so kann er bei der Berechnung des pfändungsfreien Betrages schon im Jahr der Pfändung so behandelt werden, als sei sein Arbeitseinkommen gemäß der günstigeren Steuerklasse zu versteuern. Wählt der Schuldner nach der Pfändung eine ungünstigere Steuerklasse oder behält er diese für das folgende Kalenderjahr bei, so gilt dies auch ohne Gläubigerbenachteiligungsabsicht schon dann, wenn für diese Wahl objektiv kein sachlich rechtfertigender Grund gegeben ist.

Hinsichtlich der Wahl der optimalen Steuerklasse sind im Internet zahlreiche Tabel-len erhältlich, aber auch Berechnungsprogramme des Bundesfinanzministeriums sowie der Landesfinanzministerien.

12.11 Der Schuldner löst sein Arbeitsverhältnis

Hat der Gläubiger den Arbeitgeber des Schuldners herausgefunden, was bisweilen schon schwierig ist, und pfändet er dann das Einkommen, so hat der Schuldner möglicherweise kein großes Interesse mehr an der Fortsetzung des Arbeitsverhältnisses und kündigt bzw. provoziert eine Kündigung durch den Arbeitgeber. Zum Teil hat der Schuldner bei Beendigung des Arbeitsverhältnisses bereits mit dem Arbeitgeber eine Abrede getroffen, dass er dort in Zukunft wieder ein Arbeitsverhältnis aufnimmt.

Durch die Pfändung eines Diensteinkommens wird auch das Einkommen betroffen, das der Schuldner infolge der Versetzung in ein anderes Amt, der Übertragung eines neuen Amtes oder einer Gehaltserhöhung zu beziehen hat, § 833 Abs. 1 ZPO.

Endet das Arbeits- oder Dienstverhältnis und begründen Schuldner und Drittschuldner innerhalb von 9 Monaten ein solches neu, so erstreckt sich die Pfändung gemäß § 833 Abs. 2 ZPO auf die Forderung aus dem neuen Arbeits- oder Dienstverhältnis. Betroffen sind nicht nur saisonbedingte Unterbrechungen wie z. B. im Bau-, Gaststätten-, Fremdenverkehrs- und Messegewerbe, sondern auch aus anderen Gründen, z. B. der Verbüßung einer Freiheitsstrafe.

12.12 Der Schuldner bekommt kein Taschengeld

Der Taschengeldanspruch ist Teil des Unterhaltsanspruchs, den der haushaltsführende Ehegatte, der keine Einnahmen aus Arbeit oder Vermögen hat, gegen den erwerbstätigen Ehegatten hat. Die (bedingte) Pfändbarkeit des Taschengeldanspruchs ist verfassungsrechtlich unbedenklich.[14] Die Pfändung des Taschengeldanspruchs ist lediglich unter besonderen Voraussetzungen möglich. Für die Tatsachen, die die Pfändung des Taschengeldanspruchs ausnahmsweise ermöglichen, ist der Gläubiger darlegungs- und beweisverpflichtet.[15]

Zum Teil wird versucht, der Taschengeldpfändung die Grundlage zu entziehen, indem die Ehefrau eine geringfügige Tätigkeit aufnimmt, sodass sie aus dieser den Taschengeldanspruch entnimmt. In einem solchen Fall ist der Taschengeldanspruch nach der Rechtsprechung des BGH[16] nicht mehr pfändbar.

---

[14] so BVerfGE 68, 256, 271

[15] so BGH, NJW 2004, 2450, 2452

[16] NJW 1999, 1553

12.13 Der Schuldner flüchtet sich ins Insolvenzverfahren

Während des Insolvenzverfahrens sind Zwangsvollstreckungen für einzelne Insolvenzgläubiger gemäß § 89 Abs. 1 InsO weder in die Insolvenzmasse noch in das sonstige Vermögen des Schuldners zulässig. Vielmehr ist der Gläubiger darauf verwiesen, seine Ansprüche zur Insolvenztabelle anzumelden. Die Insolvenzgläubiger haben ihre Forderungen gemäß § 174 Abs. 1 InsO schriftlich beim Insolvenzverwalter anzumelden.

Der Schuldner hat also im eröffneten Insolvenzverfahren die komfortable Situation, zunächst für die Dauer von sechs Jahren keine Zwangsvollstreckungsmaßnahmen fürchten zu müssen. Nach sechs Jahren kann ihm die Restschuldbefreiung erteilt werden.

Mancher Schuldner mag sich keine sechs Jahre gedulden und versucht daher, eine schnellere Restschuldbefreiung zu erlangen, z. B. durch die Durchführung eines Verfahrens im Ausland.[17] Der BGH (Beschluss vom 18.09.2001 — IX ZB 51/00, KTS 2002, 1007 ff. = NJW 2002, 960 ff. = ZInsO 2001, 1009 ff.) hat entschieden, dass eine von einem ausländischen Gericht erteilte Restschuldbefreiung im Inland anzuerkennen ist, wenn der Schuldner im Ausland einen ordnungsgemäßen Wohnsitz genommen hat.

Grundsätzlich ist bei der internationalen Zuständigkeit darauf abzustellen, in welchem Mitgliedstaat der Schuldner bei Stellung seines Antrages auf Eröffnung des Insolvenzverfahrens den Mittelpunkt seiner hauptsächlichen Interessen hat. Dieser Mitgliedstaat bleibt zuständig, wenn der Schuldner nach Antragstellung, aber vor der Eröffnungsentscheidung, den Mittelpunkt seiner hauptsächlichen Interessen in das Gebiet eines anderen Mitgliedstaates verlegt.[18]

---

[17] Vgl. Waza/Uhländer/Schmittmann, Insolvenzen und Steuern, 10. Aufl., Herne/Berlin, 2013, Rdnr. 2375.

[18] So EuGH, Urteil vom 17.01.2006 – Rs. C-1/04, ZInsO 2006, 86 ff. = NZI 2006, 153 ff.; Schmittmann/Theurich/Brune, Das insolvenzrechtliche Mandat, 4. Auflage, Bonn, 2012, § 10 Rdnr. 14.

12.14 Schuldner arbeitet bei seiner Limited

Eine Zeitlang war die Limited als britische Gesellschaftsform im Vordringen, insbesondere deshalb, weil lediglich ein ganz geringes Stammkapital erforderlich war, um die Gesellschaft zu gründen.[19] Die weitere Attraktivität der Limited erklärte sich daraus, dass das Stammkapital nicht einmal durch Geldleistung aufgebracht werden musste, sondern es auch ausreichte, wenn Gegenstände eingelegt oder Dienstleistungen erbracht wurden.

Die Limited hat allerdings als Gesellschaftsform seit Inkrafttreten des Gesetzes zur Modernisierung des GmbH-Rechts und zur Bekämpfung von Missbräuchen am 01.11.2008 (MoMiG) deutlich an Attraktivität verloren, da die Unternehmergesellschaft (haftungsbeschränkt) gemäß § 5a GmbHG als deutsche Gesellschaftsform nahezu die gleichen Vorteile bringt wie die Limited nach englischem Recht.

Gleichwohl birgt die Limited für Schuldner mit Verschleierungseifer erhebliches Potential. Es ist für viele Schuldner ein Leichtes, sich selbst oder durch einen Treuhänder eine Limited „zu beschaffen", um dann bei dieser im Angestelltenverhältnis tätig zu werden. Es liegt auf der Hand, dass der Schuldner es dann selbst oder über einen Treuhänder in der Hand hat, sein Einkommen zu manipulieren. Gegen eine solche Gestaltung ist praktisch kaum etwas zu unternehmen.

12.15 Der Schuldner zieht immer Skonto

Es gibt Schuldner, die grundsätzlich — ob Skonto vereinbart ist oder nicht — 5 % des Rechnungsbetrages in Abzug bringen. Der Schuldner weiß, dass viele Gläubiger wegen des Restbetrages nicht vor Gericht gehen. Bei der Geltendmachung von Kleinbeträgen fallen verhältnismäßig hohe Gerichtskosten an. Darüber hinaus hat der Gläubiger gegebenenfalls auch noch Anwaltskosten aufzuwenden, sodass es durchaus fraglich ist, ob sich die Geltendmachung tatsächlich lohnt, insbesondere wenn fraglich ist, ob der Schuldner leistungsfähig ist.

---

[19] Vgl. im Einzelnen: Schmittmann/Theurich/Brune, Das insolvenzrechtliche Mandat, 4. Aufl., Bonn, 2012, § 10 Rn. 39 ff.; Schmittmann/Bischoff, ZInsO 2009, 1561 ff.; Bischoff, ZInsO 2009, 164 ff.

12.16 Schuldner widerspricht Mahnbescheid

Die Justiz macht es Schuldnern leicht, gegen Mahn- und Vollstreckungsbescheide vorzugehen, da bereits ein entsprechendes Formblatt zugleich übersandt wird. Viele Schuldner neigen dazu, dieses — unabhängig von der tatsächlichen Rechtslage — auszufüllen und zunächst erst einmal Einspruch bzw. Widerspruch einzulegen. Dies dient zum einen häufig dazu, erst einmal Zeit zu gewinnen. Häufig steckt aber auch dahinter, dass man den Gläubiger auf diese Art und Weise „mürbe" machen will, um ihn beispielsweise zu veranlassen, doch noch eine Ratenzahlungsvereinbarung zu schließen oder sich auf einen Rabatt einzulassen.

Weiterhin wissen viele Schuldner, dass Gläubiger den Aufwand und die Kosten für die Voraussetzung des Verfahrens scheuen und daher gute Aussichten bestehen, mit dieser Strategie „durchzukommen".

12.17 Schuldner verschafft nahestehenden Personen vollstreckbaren Titel

Wenn der Schuldner gegen einen Mahn- und Vollstreckungsbescheid nicht vorgeht, ergeht ein rechtskräftiger Titel. Es liegt auf der Hand, dass insoweit auch in einvernehmlichem Zusammenwirken mit dem Gläubiger Titel geschaffen werden können, obwohl die zugrunde liegende Forderung nicht oder nicht in dieser Höhe besteht. Dieser einvernehmlich geschaffene Titel führt dann dazu, dass der vermeintliche Gläubiger unter Nutzung der gesetzlichen Zwangsvollstreckungsinstrumentarien gegen den Schuldner vorgehen kann, z. B. das Arbeitseinkommen pfänden kann. Damit sind zunächst alle anderen Gläubiger von der Möglichkeit der Vollstreckung, zumindest im ersten Rang, ausgeschlossen.

In all diesen Fällen liegt häufig Vollstreckungsvereitelung vor, die gemäß § 288 StGB strafbar ist, aber in aller Regel nicht nachgewiesen werden kann. Im Übrigen kann auch ein zivilrechtlicher Schadenersatzanspruch bestehen, der aber ebenso wenig mit Aussicht auf Erfolg nachgewiesen werden kann.

12.18 Schuldner ist als unwiderruflich Bezugsberechtigter einer Lebensversicherung eingetragen

In der Praxis sind Fälle nicht selten, in denen der Schuldner für eine nahestehende Person deren Lebensversicherungsprämien einzahlt und als unwiderruflich Bezugsberechtigter eingesetzt wird.

Diese Rechtsposition bleibt dem Gläubiger häufig unbekannt, sodass es sich empfiehlt, bei der eidesstattlichen Offenbarungsversicherung zur Aufdeckung dieser Tatsache folgende Zusatzfrage stellen zu lassen: „Sind Sie unwiderruflich Bezugsberechtigter einer Lebensversicherung, die von einer anderen Person (Name, Anschrift?) als Versicherungsnehmer geführt wird? Bei welcher Versicherungsgesellschaft? (Name, Anschrift und Versicherungsnummer?)"

735–737   [frei]

13 Exquisite Vollstreckungen

Neben den allgemein bekannten und gebräuchlichen Pfändungsmöglichkeiten wie Lohn- und Kontenpfändung, Sozialgeldleistungspfändung und Pfändung von Steuererstattungs- und Lebensversicherungsansprüchen gibt es für den Gläubiger noch einige **besondere, nicht alltägliche Zugriffsmöglichkeiten**, die bei einer umfassenden Pfändungsstrategie bedacht werden sollten.

13.1 Die Pfändung künftiger Rentenansprüche

738 Die Pfändung künftiger Rentenansprüche führt regelmäßig nicht zu einer kurzfristigen Befriedigung des Gläubigers und ist daher in der Praxis wenig gebräuchlich. Bei Schuldnern, die eine Rentenerwartung haben, die über die gesetzlichen Pfändungsfreigrenzen hinausgeht, besteht aber vielfach der Wunsch, vor Eintritt in das Rentenalter die Pfändung zu erledigen und mit dem gesicherten Gläubiger zu einer Einigung zu kommen. Die stetige Sorge um die Altersversorgung setzt bei Schuldnern bisweilen ungeahnte Ratenzahlungsmöglichkeiten frei. Der Gläubiger genießt bei Eintritt des Rentenfalls Vorrang vor später pfändenden Gläubigern (§ 804 Abs. 3 ZPO).

739

> **MUSTER: Pfändung künftiger Rentenansprüche**
>
> Gepfändet wird der angebliche künftige Anspruch des Schuldners auf Altersruhegeld und Erwerbsminderungsrente aufgrund der unter der Versicherungsnummer ... bestehenden Rentenanwartschaften gegen die Deutsche Rentenversicherung Bayern Süd, Thomas-Dehler-Str. 3, 81737 München (Alternativ: Deutsche Rentenversicherung Bund) in Berlin) in Höhe der nach § 850c ZPO, § 54 Abs. 4 SGB I pfändbaren Beträge.[1]

---

[1] Diese Angabe ist entbehrlich, vgl. Stöber, Forderungspfändung, Rn. 1378a.

740

DRITTSCHULDNER können sein:	
bei Arbeitern und Angestellten	• die Regionalversicherungsträger, zum Beispiel Deutsche Rentenversicherung Bayern-Süd, • die Deutsche Rentenversicherung Bund in Berlin, • die Deutsche Rentenversicherung Knappschaft Bahn-See (Verwaltungsstellen in den Bundesländern),
bei Angestellten im öffentlichen Dienst zusätzlich	• die Versorgungsanstalt des Bundes und der Länder in Karlsruhe, • die Bayerische Versicherungskammer — Zusatzversorgung der bayerischen Gemeinden — bzw. ähnliche Einrichtungen in anderen Bundesländern,
bei Freiberuflern	die entsprechenden Rechtsanwalts-, Notar-, Ärzte-, Architekten- und Zahnärzteversorgungen (in Bayern alle bei der Bayerischen Versicherungskammer in München),
bei Richtern und Beamten	die Besoldungsstellen von Bund, Ländern und Gemeinden.

Ausreichend für die Zulässigkeit der **Pfändung einer zukünftigen Forderung** ist, dass sie nach ihrer Art und nach der Person des Drittschuldners bestimmt werden kann.

Das ist bei zukünftigen Ansprüchen auf Altersrente der Fall: Durch die laufenden Beitragszahlungen wurde zwischen dem Schuldner und dem Drittschuldner (Rentenversicherungsträger) ein Sozialversicherungsverhältnis begründet.

741

Bisweilen wird die Auffassung vertreten, dass künftige Rentenansprüche der gesetzlichen Altersversicherung erst dem Vollstreckungszugriff unterliegen, wenn der Schuldner das sechzigste Lebensjahr vollendet hat. Dies ist weder einfachgesetzlich noch verfassungsrechtlich geboten. In der zeitlich unbegrenzten Pfändbarkeit künftiger gesetzlicher Altersrenten liegt keine unverhältnismäßige Härte gegen den Vollstreckungsschuldner.[2]

Nach der Rechtsprechung des BGH ist somit die Pfändung der Rentenanwartschaften eines siebenundvierzigjährigen Schuldners bei der Bundesversicherungsanstalt für Angestellte (heute Deutsche Rentenversicherung Bund) unproblematisch. Der BGH hat bewusst offengelassen, ob gegebenenfalls der Pfändbarkeit künftiger ge-

---

[2] So BGH, Beschl. v. 21.11.2002 – IX ZB 85/02, NJW 2003, 1457 ff. = ZVI 2003, 110 ff.

setzlicher Altersrenten bei relativ jungen Schuldnern möglicherweise der Gesichtspunkt des fehlenden Rechtsschutzbedürfnisses Grenzen zieht.[3]

Bei einem vierundzwanzigjährigen Schuldner sieht das LG Heilbronn kein Rechtsschutzbedürfnis.[4] Demgegenüber nehmen andere Gerichte unabhängig vom Alter des Schuldners bei Erwerbs- und Berufsfähigkeit des Schuldners stets ein Rechtsschutzbedürfnis für die Pfändung künftiger Rentenansprüche an.[5]

Wechselt der Schuldner zu einem anderen Versicherungsträger, so wirkt das Zahlungsverbot nicht gegen diesen. Es ist daher erforderlich, eine weitere Pfändung zu veranlassen.

Zur Pfändbarkeit künftiger Rentenansprüche ist es ausreichend, wenn unter Berücksichtigung des Alters des Schuldners zu erwarten ist, dass dieser bis zum Eintritt in das Rentenalter die Wartezeit von 60 Beitragsmonaten erfüllt[6].

Eine künftige Erwerbsminderungsrente kann ebenso wie die künftige Altersrente gepfändet werden, ohne dass die entsprechenden Erkrankungen bereits vorliegen müssen.[7]

Übrigens ist die **Pfändung auch wegen geringer Forderungen** zulässig, da der Schuldner in solchen Fällen genügend Zeit hat, die Schulden bis zum Rentenfall abzuzahlen und ihm dies bei geringer Schuld besonders leicht fällt, sodass er es in der Hand hat, ob er seine Rente später ungekürzt beziehen kann oder nicht.

---

[3] So BGH, Beschl. v. 21.11.2002 – IX ZB 85/02, NJW 2003, 1457 ff. = ZVI 2003, 110 ff.

[4] So LG Heilbronn, Beschl. 22.04.1999 – 1 c T 91/99, Rechtpfleger 1999, 455 f.

[5] So LG Koblenz, Beschl. v. 11.09.1997 – 2 T 587/97, Rechtpfleger 1998, 119 f. = JurBüro 1998, 161 f.; LG Augsburg, Beschl. v. 10.10.2003 – 5 T 4128/03, FamRZ 2004, 1223 f.

[6] AG Münster, JurBüro 1999, 105 mit zustimmenden Anmerkungen von Behr gegen die unzutreffenden Entscheidungen von LG Ravensburg, JurBüro 1996, 102; LG Bremen, Rpfleger 1996, 210 und LG Paderborn, JurBüro 1995, 270.

[7] BGH, MDR 2004, 293.

13.2 Drei privilegierte Pfändungen von Arbeitseinkommen

13.2.1 Die erweiterte Pfändung bei Forderungen aus unerlaubter Handlung

742

Der Gläubiger einer Forderung aus vorsätzlich begangener unerlaubter Handlung (§ 823 ff. BGB) — in Betracht kommen vor allem Betrug (§ 263 StGB), Vollstreckungs-vereitelung, (§ 288 StGB), Diebstahl (§ 242 StGB), Raub (§ 249 StGB), Unterschlagung (§ 246 StGB), Untreue (§ 266 StGB) und Körperverletzung (§ 223 StGB) — kann bei der Pfändung von Arbeitseinkommen beantragen, dass das Vollstreckungsgericht die Pfändung ohne Rücksicht auf die Lohnpfändungstabelle zulassen kann, sodass dem Schuldner nur der **notwendige Unterhalt** verbleibt (§ 850 f. Abs. 2 ZPO).

Voraussetzung dafür ist allerdings, dass sich die unerlaubte Handlung aus dem Vollstreckungstitel — wenn nicht ausdrücklich, so doch durch Auslegung ergibt.[8] Durch die Vorlage eines Vollstreckungsbescheids kann der Nachweis einer uner-laubten Handlung allerdings nicht geführt werden, weil im Mahnverfahren vom Gericht nicht geprüft wird, ob der geltend gemachte Anspruch zu Recht besteht.[9] Der Gläubiger kann, wenn sich die unerlaubte Handlung nicht aus dem Vollstre-ckungstitel ergibt oder wenn sie lediglich in einem Vollstreckungsbescheid ent-halten ist, mit einer titelergänzenden Feststellungsklage den Nachweis, dass eine unerlaubte Handlung vorliegt, führen. Da der BGH eine Prüfungsbefugnis des Voll-streckungsgerichts, ob eine unerlaubte Handlung vorliegt, verneint — sie wird von Stöber a. a. O., Rn. 1193a mit beachtlichen Argumenten bejaht — empfiehlt es sich, den Klageantrag auf Zahlung gegen den Schuldner wie folgt zu ergänzen:

MUSTER: Ergänzung des Klageantrages

Es wird festgestellt, dass der Anspruch *auch* auf einer vorsätzlich begangenen unerlaubten Handlung beruht.

Wird die Zwangsvollstreckung wegen einer Forderung aus einer vorsätzlich began-genen unerlaubten Handlung betrieben, sind dem Schuldner für seinen notwen-digen Unterhalt jeweils die Regelsätze nach § 28 SGB XII zu belassen. Eine Pfän-

---

[8] BGH, MDR 2003, 290.

[9] BGH, NJW 2005, 163.

dung kleiner Teilbeträge hieraus kommt nicht in Betracht.[10] Da dem Schuldner im Anwendungsbereich des § 850 f. Abs. 2 Halbsatz 2 ZPO belassen werden soll, was er zur Deckung des sozialhilferechtlichen Existenzminimums benötigt, sind die dort für die Anrechnung von Einkommen und geldwerten Vorteilen maßgebenden Grundsätze auch bei der Ermittlung des ihm pfandfrei zu belassenen Betrages zu berücksichtigen. Das Vollstreckungsgericht hat zu prüfen, ob der notwendige Bedarf des Schuldners ganz oder teilweise durch weitere Einnahmen oder geldwerte Naturalleistungen tatsächlich gedeckt ist. Im Umfang der anderweitigen Deckung ist der Freibetrag, der dem Schuldner aus seinem gepfändeten Arbeitseinkommen zu belassen ist, herabzusetzen.[11]

> **! ACHTUNG**
>
> Die erweiterte Pfändung erfolgt nur zugunsten des Gläubigers, der sie beantragt hat. Das bedeutet, dass ein zweitpfändender Gläubiger, der sich auf das Pfändungsprivileg beruft, die Einkommensdifferenz zwischen dem vom Erstgläubiger nach der Lohnpfändungstabelle vorrangig gepfändeten und dem später privilegiert gepfändeten Betrag erhält.

13.2.2 Die erweiterte Pfändung bei Unterhaltsforderungen

743 Ein Unterhaltsgläubiger — z. B. der unterhaltsberechtigte getrennt lebende oder geschiedene Ehepartner oder unterhaltsberechtigte Kinder des Schuldners — kann eine erweiterte Pfändung des Arbeitseinkommens des Schuldners beantragen (§ 850d Abs. 1 ZPO).

Für seine Unterhaltsansprüche steht ihm neben dem sich aus der Lohnpfändungstabelle ergebenden Pfändungsbereich auch der **Vorrechtsbereich** offen (siehe Schaubild unten). Der Unterhaltsgläubiger stellt dann den Antrag, „den pfändbaren Teil des Arbeitseinkommens des Schuldners ohne Rücksicht auf die in der Lohnpfändungstabelle vorgesehenen Beschränkungen zu bestimmen (§ 850d Abs. 1 ZPO)".

Um den Nachweis der Vollstreckungsprivilegierung eines Unterhaltsanspruchs gemäß § 850d Abs. 1 Satz 1 ZPO zu erbringen, muss der Gläubiger einen Titel vorlegen, aus dem sich — gegebenenfalls im Wege der Auslegung — ergibt, dass der Vollstreckung ein Unterhaltsanspruch der in § 850d Abs. 1 Satz 1 ZPO genannten Art

---

[10] So BGH, Beschl. v. 25.11.2010 – VII ZB 111/09, Rpfleger 2011, 164 f. = JurBüro 2011, 213 f.

[11] So BGH, Beschl. v. 25.10.2012 – VII ZB 12/10, WM 2013, 268 ff.

zugrunde liegt. Die Bevorrechtigung des Gläubigers gemäß § 850d Abs. 2 ZPO i. V. mit § 1609 BGB gegenüber anderen Unterhaltsberechtigten muss sich hingegen nicht aus dem Titel ergeben. Die Rangfolge mehrerer Unterhaltsberechtigter hat das Vollstreckungsorgan bei der Bemessung des dem Schuldner pfandfrei zu belassenen Einkommensanteils nach § 850d Abs. 1 Satz 2 ZPO selbstständig zu prüfen und festzulegen.[12] Wegen der sich aus der Regelung des § 850d ZPO ergebenden rechtlichen Schwierigkeiten bei der Pfändung aus einem Unterhaltstitel ist es in der Regel erforderlich, einem Unterhaltsgläubiger, dem Prozesskostenhilfe für die Stellung eines Antrages auf Erlass eines Pfändungs- und Überweisungsbeschlusses gewährt wird, einen zu seiner Vertretung bereiten Rechtsanwalt beizuordnen.[13]

Wenn der Unterhaltsgläubiger sein Vorzugsrecht nicht geltend macht oder „Pfändung nach § 850c ZPO" verlangt, erfolgt die Pfändung wie bei einer gewöhnlichen Geldforderung.

Erfährt ein nachfolgend pfändender Gläubiger einer gewöhnlichen Forderung — zum Beispiel über die Drittschuldnererklärung des Arbeitgebers hiervon —, kann er folgenden Antrag stellen, um den Erfolg seiner Pfändung zu verbessern.

Es ist das Formular aus der ZVFV zu verwenden (Arbeitshilfen online).

Das Vollstreckungsgericht erlässt daraufhin einen sog. **Verrechnungsbeschluss**, in dem es die an den Unterhaltsgläubiger und den nicht bevorrechtigten Gläubiger abzuführenden Monatsbeträge sowie den Betrag, der dem Schuldner pfandfrei verbleibt, berechnet. Der Beschluss ist beiden Gläubigern, dem Schuldner und dem Drittschuldner zuzustellen.

Für die Pfändung wegen der **Unterhaltsrückstände**, die länger als ein Jahr vor dem Antrag auf Erlass des Pfändungsbeschlusses fällig geworden sind, gilt das Pfändungsvorrecht nur, wenn nach Lage der Verhältnisse anzunehmen ist, dass der Unterhaltsschuldner sich seiner **Zahlungspflicht absichtlich entzogen** hat (§ 850d Abs. 1 Satz 4 ZPO). „Absichtlich" bedeutet, dass er, obwohl ihm die Unterhaltszahlung möglich war, seiner Unterhaltspflicht nicht nachgekommen ist.[14]

Der Gläubiger hat in seinem Antrag auf Pfändung die für das Vorrecht der Rückstände sprechenden Tatsachen schlüssig vorzutragen.

---

[12] So BGH, Beschl. v. 06.09.2012 – VII ZB 84/10, Rpfleger 2012, 696 ff. = NJW 2013, 239 f.
[13] So BGH, Beschl. v. 09.08.2012 – VII ZB 84/11, Rpfleger 2012, 698 = NJW-RR 2012, 1153 f.
[14] BGH, FamRZ 2005, 440; KG, MDR 1988, 767.

13.2.3 Die erweiterte Pfändung bei hohem Arbeitseinkommen (§ 850f Abs. 3 ZPO)

743a Hat der Schuldner ein monatliches **Nettoeinkommen von mehr als 2.815,00 EUR,** so kann der Gläubiger beantragen, „die Pfändung der 2.815,00 EUR übersteigenden Beträge des Monatseinkommens ohne die Beschränkung des § 850c ZPO zuzulassen".

Als Begründung kann z. B. auf einem Beiblatt angeführt werden, dass sich der Schuldner seit längerer Zeit dem Pfändungszugriff entzieht und der Gläubiger auf das Geld — etwa für notwendige Investitionen oder Reparaturen oder zur Bezahlung seiner Arbeitnehmer und Mitarbeiter oder zur Tilgung eigener Schulden und Kreditverbindlichkeiten — dringend angewiesen ist. Bei seiner Entscheidung wird das Vollstreckungsgericht insbesondere berücksichtigen:

- die wirtschaftlichen Auswirkungen auf Gläubiger und Schuldner,
- das bisherige Verhalten des Schuldners (Böswilligkeit, betrügerisches Verhalten, Abtretung des regulär pfändbaren Einkommensteils an die Ehefrau, um die Vollstreckung zu vereiteln, Vereitelung der Vollstreckung durch laufenden Wohnsitz- und Adressenwechsel),
- die bisher fruchtlosen Bemühungen des Gläubigers, zu vollstrecken,
- das Alter der Forderung,
- ob der Schuldner die Vorteile aus der Lieferung oder Leistung des Gläubigers genossen hat oder noch genießt (Billigkeitserwägungen!),
- ob der Schuldner Angehörigen Unterhalt zahlt, dessen Betrag geringer ist als der Betrag, um den sich im Hinblick auf die Angehörigen der unpfändbare Teil des Arbeitseinkommens nach § 850c Abs. 3 ZPO erhöht,
- ob der Schuldner mietfrei — z. B. bei Eltern — wohnt.

Die allerdings nur geringen Vorteile des erweiterten Zugriffs in Arbeitseinkommen zeigt folgendes Rechenbeispiel:

► **BEISPIEL: Erweiterte Pfändbarkeit**

Der Mehrbetrag bei Monatseinkommen über 3.154,15 EUR ist voll pfändbar (§ 850c Abs. 2 Satz 2 ZPO). Eine erweiterte Pfändbarkeit nach § 850 f Abs. 3 ZPO kann also nur zwischen 2.815,00 EUR und 3.154,15 EUR angeordnet werden, betrifft demnach maximal 339,15 EUR im Monat.

Der Gläubiger erhält also pro Monat maximal 339,15 EUR mehr. Diesen Betrag erhält auch ein **nachrangiger Gläubiger**, der erstmals von der erweiterten Lohnpfändung Gebrauch macht. Die vorrangigen Pfändungen bleiben unberührt, da die 339,15 EUR zusätzlich pfändbar werden.

13.3 Nichtberücksichtigung von unterhaltsberechtigten Personen

744 Hat die Ehefrau bzw. der Lebenspartner oder haben die Kinder des Schuldners eigene Einkünfte, und können sie damit ihren Lebensunterhalt ganz oder teilweise bestreiten, kann der Gläubiger entweder zusammen mit dem Lohnpfändungsauftrag oder später als Ergänzung — dann allerdings stets unter Anhörung des Schuldners — folgenden Antrag stellen:

745 **MUSTER: Antrag auf Nichtberücksichtigung**

Gemäß § 850c Abs. 4 ZPO wird angeordnet, dass die Ehefrau des Schuldners bei der Berechnung des unpfändbaren Betrags nicht — nur zur Hälfte — nur zu ... % als unterhaltsberechtigte Person berücksichtigt wird, da sie über eigenes Einkommen verfügt.
oder:
Der Umfang der Nichtberücksichtigung wird in das Ermessen des Gerichts gestellt.

746 Zur Begründung hat der Gläubiger die Höhe des Einkommens der unterhaltsberechtigten Person anzugeben. Das Einkommen kann er nach Pfändung des Arbeitseinkommens des Schuldners von diesem über das Auskunftsrecht nach § 836 Abs. 3 ZPO erfragen (siehe Rn. 291, 733 a–d). Wird die Höhe des Einkommens vom Schuldner nicht bestritten, ist sie als zugestanden anzusehen (§ 138 Abs. 3 ZPO).[15]

Wann ist eine unterhaltsberechtigte Person wegen eigenem Einkommen nicht zu berücksichtigen? Hierzu hat sich der BGH in drei Rechtsbeschwerdeentscheidungen wie folgt geäußert:

747 Die von den Instanzgerichten bevorzugten Modelle — unterhaltsberechtigte Person verdient mindestens den pfändungsfreien Grundbetrag nach § 850c Abs. 1 ZPO in Höhe von derzeit 985,00 EUR monatlich oder es wird vom örtlichen Sozialhilfesatz zuzüglich 20 % „Besserungszuschlag" ausgegangen — als generelle Maßstäbe werden abgelehnt. Die Entscheidung ist nach billigem Ermessen aufgrund der Umstände des Einzelfalls zu treffen.

Führt der Unterhaltsberechtigte einen eigenen Haushalt, wird sich das Gericht an dem oben genannten Grundfreibetrag orientieren. Lebt der Unterhaltsberechtigte dagegen mit dem Schuldner in einem Haushalt, ist der Freibetrag nach den sozialrechtlichen existenzsichernden Regelungen zuzüglich 30–50 % zu bemessen.[16]

---

[15] S. LG Leipzig, JurBüro 2003, 324.

[16] BGH, MDR 2005, 1013; BGH, Rpfleger 2006, 142.

Leistet der Schuldner einem Unterhaltsberechtigten **keinen Unterhalt**, kann dieser bei der Pfändung als unterhaltsberechtigte Person auch nicht berücksichtigt werden.

Hat ein Schuldner bei der seinerzeitigen Offenbarungsversicherung selbst angegeben, dass er seinen beiden Kindern keinen Unterhalt zahle, hat das Vollstreckungsgericht auf Antrag des Gläubigers einen Pfändungs- und Überweisungsbeschluss dahingehend zu ergänzend, dass die Kinder bei der Berechnung des pfandfreien Betrags nicht zu berücksichtigen sind.[17]

Ist der Schuldner bei seiner Ehefrau in deren Unternehmen angestellt, so ist bei der Berechnung des Einkommens ein angemessener Betrag zugrundezulegen, wenn der Schuldner für seine Arbeit tatsächlich nur eine unverhältnismäßig geringe Vergütung erhält. Bei einer Tätigkeit als Buchhalter in Teilzeit mit dreißig Stunden pro Woche ist ein Nettoarbeitslohn in Höhe von 1.800,00 EUR angemessen, dem der Vorteil durch die Benutzung des ihm zur Verfügung gestellten Dienstfahrzeuges (hier: VW Tiguan) hinzuzurechnen ist.[18]

Verfügt der Lebenspartner eines Insolvenzschuldners, der mit diesem in einem Haushalt lebt, über eigenes Einkommen, so ist bei der Prüfung der Frage, ob der Lebensgefährte als Unterhaltsberechtigter zu berücksichtigen ist, nach billigem Ermessen unter Würdigung aller Umstände des Einzelfalls zu entscheiden. Pfändungsfreibeträge, Unterhaltstabellen sowie Regelsätze nach dem SGB können dabei allenfalls Anhaltspunkte für die Ausübung des Ermessens sein. Verfügt er über ein Nettoeinkommen in Höhe von 635,00 EUR, ist regelmäßig eine Berücksichtigungsfähigkeit zu verneinen.[19]

748　Der Antrag nach § 850c Abs. 4 ZPO bringt noch einen weiteren Vorteil mit sich, wenn mehrere Gläubiger gepfändet haben und der Antragsteller nachrangig gepfändet hat: Der Beschluss, der ergeht, wirkt nach dem Grundsatz der Einzelvollstreckung zunächst nur zugunsten des Gläubigers, der ihn beantragt hat. Erst wenn vorrangig pfändende Gläubiger davon erfahren und ebenfalls diesen Antrag stellen, geht der Vorteil infolge Nachrangigkeit verloren.

---

[17] LG Stuttgart, JurBüro 2003, 156.

[18] So AG Wesel, Beschl. v. 18.09.2012 – 24 M 619/12, JurBüro 2012, 664 f.

[19] So LG Memmingen, Beschl. v. 19.01.2012 – 43 T 65/12, Juris.

13.4 Pfändung des Taschengeldanspruchs des nicht erwerbstätigen Ehepartners

749 Nicht selten kommt es vor, dass bei einer intakten Ehe einer der Ehegatten sein Unternehmen oder seinen Beruf aufgibt und Verbindlichkeiten aus früherer Zeit nicht mehr bedient. In diesem Falle sollte die Möglichkeit der Pfändung des Taschengeldanspruches des nicht berufstätigen Ehegatten gegen den berufstätigen Ehegatten erwogen werden, wenn sonstige Vollstreckungsversuche keinen Erfolg hatten, ungeachtet dessen, ob tatsächlich mit einer Befriedigung zu rechnen ist, da oftmals bereits die Zustellung des Pfändungs- und Überweisungsbeschlusses dazu führt, dass der Schuldner sich mit seinem Gläubiger zum Zwecke einer Regulierung in Verbindung setzt.

750 Der **Taschengeldanspruch** — er beträgt 5 bis 7 % des monatlichen Nettoeinkommens des allein verdienenden Ehepartners und dient dazu, dem nicht verdienenden Ehepartner die Erfüllung privater Bedürfnisse zu ermöglichen, ohne dem anderen Ehegatten über die Art der Verwendung Rechenschaft zu schulden — ist unter den Voraussetzungen des § 850b Abs. 2 ZPO als **Teil des Unterhaltsanspruchs** (§ 1360a Abs. 1 BGB) bedingt pfändbar.[20]

Aus der bloßen Tatsache des Verheiratetseins ergibt sich allerdings noch nicht zwangsläufig ein Taschengeldanspruch.[21]

751 Folgende **Voraussetzungen** müssen erfüllt sein:

- Der Ehegatte hat nur einen Taschengeldanspruch, wenn er **nicht erwerbstätig** ist oder nur gering dazuverdient,[22] wobei allerdings das Taschengeld höher sein muss als der Zuverdienst (selten!).
- Der Taschengeldanspruch kann nur nach den für Arbeitseinkommen geltenden Vorschriften gepfändet werden (§ 850b II ZPO), d. h., der (fiktive) Unterhaltsanspruch und der Taschengeldanspruch müssen zusammen die Pfändungsgrenzen übersteigen; das bedeutet, dass der Pfändungsgläubiger die Höhe des monatlichen Nettoeinkommens des Ehegatten der Schuldnerin bzw. des Hausmanns auf einem Beiblatt zu seinem Pfändungsantrag angeben muss. (Zur Ermittlung des Nettoeinkommens siehe Rn. 713 nach Frage Nr. 10.)

---

[20] H. M. vgl. OLG München, FamRZ 1988, 1161; OLG Hamm, RPfleger 1989, 207; BVerfG, FamRZ 1986, 733.

[21] OLG Hamm, Rpflger 1989, 207

[22] BGH, NJW 1998, 1553.

- Die Zwangsvollstreckung in das sonstige bewegliche Vermögen des Schuldners hat nicht zur vollständigen Befriedigung des Gläubigers geführt — es muss also mindestens ein teilweise erfolgloser Sachpfändungsversuch unternommen worden sein,

- Die Pfändung muss der **Billigkeit** entsprechen, d. h. es findet eine Abwägung der Gläubiger- und Schuldnerinteressen statt. Unbillig ist die Pfändung bei geringem Familieneinkommen.[23]

  Zu beachten in diesem Zusammenhang sind Art und Entstehung der beizutreibenden Forderung sowie die Umstände, unter denen sich der Schuldner der Zahlung bisher entzogen hat, ferner das Alter der Forderung.

752   Es ist das Formular aus der ZVFV zu verwenden.

Die Pfändung des Taschengelds ist auch dann zu bejahen, wenn der Anspruch der Schuldnerin auf längere Zeit entzogen wird; anderenfalls würde dies zu einer ungerechtfertigten Besserstellung der Schuldnerin mit hohen Schulden führen[24].

753

BEISPIEL: Pfändung eines Taschengeldanspruchs	
Ehe- oder Lebenspartner monatlich netto	2.310,00 EUR
Fiktiver Unterhaltsanspruch 3/7	990,00 EUR
Taschengeldanspruch 5 %	115,50 EUR
Gesamtunterhalt	1.105,50 EUR
Davon pfändbar	80,40 EUR
Taschengeld zu 7/10 pfändbar	80,85 EUR
gekürzt um 0,45 EUR	= 80,40 EUR
Bei monatlich netto 2.100,00 EUR sind nur noch 10,40 EUR pfändbar.	

754   Fordert der Gläubiger vom Ehemann nach Erlass des Pfändungs- und Überweisungsbeschlusses das Taschengeld, so wird dieser sich häufig weigern, zu zahlen. Der Gläubiger muss ihn daraufhin beim Amtsgericht — Familiengericht —, in dessen Bezirk der Ehemann wohnt auf Zahlung verklagen (Unterhaltssache gemäß § 23b Abs. 1 Nr. 6 GVG).

---

[23] S. OLG Hamm, FamRZ 1986, 357. Eine Vorpfändung (siehe Rn. 280 ff.) ist ausgeschlossen, da die Pfändbarkeit des Taschengeldanspruchs erst durch den Pfändungs- und Überweisungsbeschluss konstitutiv festgestellt wird.

[24] OLG Stuttgart, Rpfleger 1997, 447; sehr lesenswert!

Die neuere Rechtsprechung[25] belässt im Anschluss an Stöber[26] dem taschengeld-berechtigten Schuldner 3/10 seines monatlichen Taschengelds unpfändbar (§ 850c Abs. 2 ZPO), damit er wenigstens in geringem Umfang seine privaten Bedürfnisse damit befriedigen kann.

755   Für das Familiengericht ist die Feststellung des Vollstreckungsgerichts über die Pfändbarkeit des Taschengeldanspruchs bindend. Es hat dann nur noch über die Höhe des Anspruchs zu entscheiden. Die in diesem Zusammenhang vom Ehemann häufig angeführten Einwendungen, er habe seiner Frau noch nie Taschengeld ge-zahlt — häufig wird es zusammen mit oder als Teil des Haushaltsgelds gezahlt —, sie habe den Taschengeldanspruch an ihn abgetreten oder gar auf ihn verzichtet, dringen im Regelfall nicht durch: ob Taschengeld tatsächlich gezahlt wurde oder nicht, ist für das Bestehen des Anspruchs belanglos; die beiden letzteren Einwen-dungen scheitern meist an unsubstantiierter Darlegung.

755a   Da registrierte **Lebenspartner** sich nach § 12 LPartG Unterhalt bei Getrenntleben und nachpartnerschaftlichen Unterhalt nach § 16 LPartG schulden, kommt zwi-schen ihnen auch ein Taschengeldanspruch in Frage.

Rechtsprechung zur Taschengeldpfändung

LG Meiningen, Beschluss vom 04.07.2011 — 4 T 92/11, JurBüro 2011, 664 f.: Die Pfän-dung eines Taschengeldanspruchs der Ehefrau als Schuldnerin gegenüber dem Ehemann als Drittschuldner entspricht nicht deshalb der Billigkeit, weil die Vollstre-ckungsforderung nicht sonderlich hoch ist und sich die Pfändung voraussichtlich nicht über einen längeren Zeitraum erstrecken würde.

Die Billigkeit der Pfändung eines Taschengeldanspruchs ist nur dann anzunehmen, wenn zu einer Leistungsfähigkeit auf Seiten des Schuldners eine Bedürftigkeit auf Gläubigerseite kommt.

AG Stuttgart, Beschluss vom 22.07.2009 — 2 M 5279/08, JurBüro 2009, 610 f.: Hat der Schuldner, der als Ehegatte den Haushalt führt, ein eigenes geringes Einkommen, steht ihm kein pfändbarer Taschengeldanspruch gegen den berufstätigen Ehegat-ten zu. Der Antrag auf Pfändung des Taschengeldanspruchs ist deshalb zurückzu-weisen.

---

[25] BGH, NJW 2004, 2450, 2451; OLG Nürnberg, FamRZ 1999, 505; OLG Köln, Rpfleger 1995, 76; OLG Frankfurt, FamRZ 1991, 727; OLG Celle, FamRZ 1991, 726; LG Trier, JurBüro 1991, 1564.

[26] Stöber, § 850c Rn. 1031k.

LG Konstanz, Beschluss vom 16.08.2007 — 62 T 37/07, Rechtspfleger 2008, 37 f. Der Taschengeldanspruch des haushaltsführenden Ehegatten ist eine unpfändbare Unterhaltsrente im Sinne des § 850b Abs. 1 Nr. 2 ZPO. Seine Pfändung ist daher nur unter den engen Voraussetzungen des § 850b Abs. 2 ZPO möglich.

Der Taschengeldanspruch des Ehegatten beläuft sich je nach den Lebens- und Vermögensverhältnissen auf etwa 5 bis 7 % des verfügbaren Nettoeinkommens der Familie, wobei dieses um Unterhaltsansprüche unterhaltsberechtigter Kinder zu bereinigen ist. Dieser Anspruch ist in Höhe von 3/10tel pfändbar.

BGH, Beschluss vom 19.03.2004 — IX a ZB 57/03, NJW 2004, 2450 ff.: Der Taschengeldanspruch des haushaltsführenden Ehegatten ist nach § 850b Abs. 2 ZPO bedingt pfändbar.

LG Stuttgart, Beschluss vom 17.08.2004 — 19 T 194/04, JurBüro 2004, 617 f.: Der Taschengeldanspruch des haushaltsführenden Ehegatten ohne eigenes Einkommen ist als Teil seines Unterhaltsanspruchs unabhängig davon, ob das Taschengeld tatsächlich ausgezahlt wird, in Höhe von 5 bis 7 % des dem Unterhaltspflichtigen zur Verfügung stehenden Nettoeinkommens pfändbar.

Das Vollstreckungsgericht trifft eine Bestimmung über Bestand und Höhe des Taschengeldanspruchs nicht; eine Festlegung des gepfändeten Taschengeldanspruchs hat im Pfändungsbeschluss daher nicht zu erfolgen.

Pfandfrei bleibt ein Taschengeldanspruch nur, wenn er zusammen mit dem in Natur zu leistenden Unterhalt die Pfändungsgrenze des § 850c ZPO nicht übersteigt. Lediglich insoweit und im Rahmen der Billigkeitsprüfung hat eine Berechnung durch das Vollstreckungsgericht zu erfolgen.

! **ACHTUNG**

Im Rahmen der Berechnung des Pfändungsfreibetrages des Taschengeldanspruchs sind beim Einkommen des Drittschuldners Unterhaltszahlungen an unterhaltsberechtigte Kinder zu berücksichtigen. Ist das gesamte Nettoeinkommen der Familie bei gleichbleibendem Einkommen des unterhaltspflichtigen Drittschuldners nach Ableistung der eidesstattlichen Versicherung des Schuldners gleich hoch geblieben, entspricht es der Billigkeit, eine Pfändung des Taschengeldanspruchs zuzulassen.

13.5 Pfändung eines Wertpapierdepots

756   Der Trend zum Wertpapiersparen hält an. Nach der veröffentlichten Depotstatistik der Deutschen Bundesbank stieg die Zahl der Wertpapierdepots in der Bundesrepublik im Jahr 1998 auf 12 Millionen. Inzwischen besitzt jeder fünfte Bürger Aktien. Den Löwenanteil halten Privatpersonen. Festverzinsliche Wertpapiere werden favorisiert.

Der Gang an die Börse seitens zahlreicher Unternehmen und die Privatisierung staatseigener Betriebe wie VW, VEBA, VIAG, IVG und Telekom sowie Lufthansa haben aber auch die Zahl der Aktionäre kräftig ansteigen lassen.

Aktien werden seit mehreren Jahren nicht mehr körperlich den Aktionären übergeben, sondern es wird regelmäßig lediglich eine Sammelverbriefung durchgeführt, sodass üblicherweise — von Ausnahmen bei Altgesellschaften abgesehen — beim Schuldner Aktienurkunden nicht vorgefunden werden. Sollte dies einmal der Fall sein, sind sie vom Gerichtsvollzieher wie sonstige bewegliche körperliche Sachen im Auftrag des Gläubigers zu pfänden und durch freihändigen Verkauf zum Börsenkurs des Tages zu verwerten (§ 821 ZPO, §§ 154, 155 GVGA).

Auch bei Herausgabebereitschaft des Verwahrers (sehr selten!) können die Papiere durch den Gerichtsvollzieher gepfändet und verwertet werden (§ 809 ZPO).

757   Im Regelfall befinden sich Aktien und sonstige Wertpapiere jedoch in einem Depot bei einer Bank oder Sparkasse. Die Verwahrung kann in Form der — selten anzutreffenden — **Sonderverwahrung** (§ 2 DepotG)[27] oder durch **Sammelverwahrung** (§ 5 DepotG) — das ist der Regelfall — erfolgen.

758   Bei **Sammelverwahrung** werden Wertpapiere derselben Art vom Verwahrer ungetrennt von anderen Beständen derselben Art aufbewahrt (§ 5 DepotG). Mit der Aufnahme in das Sammeldepot entsteht für den einzelnen Aktionär oder Wertpapierinhaber Miteigentum nach Bruchteilen am Sammelbestand (§ 3 Abs. 1 DepotG). Der Hinterleger (Schuldner) kann verlangen, dass ihm aus dem Sammelbestand Wertpapiere in Höhe des Nennbetrags der für ihn in Verwahrung genommenen Menge ausgeliefert werden (§ 7 DepotG).

Bei der **Pfändung** ist besonders darauf zu achten, dass sie **sämtliche Einzelansprüche** des Schuldners **erfasst**.

---

[27] Vgl. dazu Stöber, Rn. 1787b.

759   Es ist das Formular aus der ZVFV zu verwenden (Arbeitshilfen online).

760   Werden die Wertpapiere vom Verwahrer (Bank oder Sparkasse) einem Drittverwahrer (z. B. Landesbank) zur Verwahrung anvertraut (§ 3 DepotG), so ist **Drittschuldner die Bank oder Sparkasse**, da sie in unmittelbarer vertraglicher Beziehung zum Schuldner steht.[28]

Will der Gläubiger ganz sicher gehen, kann er den Pfändungs- und Überweisungsbeschluss sowohl dem Verwahrer als auch dem Drittverwahrer zustellen lassen.

13.6 Leasing und Zwangsvollstreckung

761   Das in den USA bereits in den 70er-Jahren des vorigen Jahrhunderts entwickelte Leasing fand inzwischen bei uns nach anfänglicher Zurückhaltung immer größere Verbreitung.

Der Leasingvertrag ist ein atypischer Mietvertrag. Er unterscheidet sich vom normalen Mietvertrag in einem wesentlichen Punkt: Der Leasingnehmer trägt die Gefahr und Haftung für die Instandhaltung, Sachmängel, Untergang und Beschädigung der geleasten Sache. Diese Gefahrtragung ist dem Mietvertrag wesensfremd.

Ein „Schuldnertrick" bei der Vollstreckung lautete, der Schuldner möge für pfändbare Gegenstände Leasingverträge vorlegen, dann müsse der Gerichtsvollzieher wieder gehen. Ganz so einfach ist die Sache nicht, wie gleich zu zeigen sein wird. Vorab ist jedoch anzumerken, dass es auf dem Gebiet „Leasing und Zwangsvollstreckung" nur ganz wenige veröffentlichte Entscheidungen gibt.[29]

762   Grundsätzlich ist zu unterscheiden, ob der **Schuldner Leasinggeber oder Leasingnehmer** ist.

Im ersteren Fall kann sein Anspruch auf Zahlung der Leasingraten — vergleichbar mit dem Anspruch auf Mietzins; zu dessen Pfändung siehe Rn. 407 — oder sein Anspruch auf Herausgabe des Leasinggegenstands aufgrund Eigentums (§ 985 BGB) oder aufgrund des Leasingvertrags gepfändet werden. Dem Herausgabeanspruch

---

[28] Stöber, Rn. 1787e.

[29] LG Dortmund, BB 1986, 1538; LG Düsseldorf, Rpfleger 1988, 75; OLG Düsseldorf, NJW 1988, 1676 = DB 1988, 955; AG Neuwied, DGVZ 1996, 142; Stöber, Rn. 190.

kann der Leasingnehmer allerdings, solange der Leasingvertrag läuft, ein vertragliches Besitzrecht (§ 986 BGB) entgegenhalten.

763 Ist der **Schuldner Leasingnehmer**, so kann sein **Nutzungsrecht** aus dem Leasingvertrag nach § 857 ZPO als „anderes Vermögensrecht" gepfändet werden. Voraussetzung hierfür ist allerdings — und insoweit ist der Leasingvertrag maßgebend — dass der Schuldner das Leasingobjekt einem Dritten zur Ausübung der Nutzung überlassen darf (§ 875 Abs. 3 ZPO).[30]

Ist diese Voraussetzung erfüllt, kann der Gläubiger den Leasinggegenstand — stets unter Zahlung der Leasingraten an Stelle des Schuldners — entweder sich selbst zur Nutzung vom Vollstreckungsgericht zuweisen lassen (u. U. vorteilhaft bei **hoher Mietsonderzahlung** durch den Schuldner **und günstigen Leasingraten**) oder er kann beantragen, dass das Vollstreckungsgericht einen Verwalter bestellt, der die Nutzung des geleasten Gegenstands entgeltlich einem Dritten überlässt (§ 857 Abs. 4 ZPO).

Der letztere Weg ist für den Gläubiger aber nur dann vorteilhaft, wenn das vom Dritten zu zahlende Entgelt die Höhe der Verwaltungskosten und der während der Drittnutzung zu zahlenden Leasingraten übersteigt. In beiden Fällen setzt das Vollstreckungsgericht den zeitbezogenen Wert der dem Gläubiger überlassenen Nutzungsmöglichkeit (z. B. 300,00 EUR pro Monat) fest, ordnet die Vorauszahlung der an den Leasinggeber zu zahlenden Leasingraten an und bestimmt unter Beachtung beider Komponenten sowie der sonstigen Kosten der Zwangsvollstreckung die Dauer der Pfändung unter Beachtung des § 803 Abs. 1 Satz 2 ZPO (Verbot der Überpfändung).[31]

764 Während die **Verlängerungsoption** des Leasingnehmers als Gestaltungsrecht für den Gläubiger **unpfändbar** ist, kann er jedoch, wenn der Schuldner den Leasingvertrag verlängert, weiterhin dessen Nutzungsrecht pfänden. In Ausnahmefällen ist eine Beteiligung des Leasingnehmers am Restwert des Leasinggegenstandes nach Ablauf der Grundlaufzeit vorgesehen. **Diesen Anspruch auf Restwertbeteiligung** — es handelt sich um einen Zahlungsanspruch — kann der Gläubiger dagegen pfänden und sich zur Einziehung überweisen lassen.[32]

765 Es ist das Formular aus der ZVFV zu verwenden.

---

[30] OLG Düsseldorf NJW 1988, 1676 zu einem Fall von Pkw-Leasing.

[31] Näher dazu Borggräfe, Die Zwangsvollstreckung in bewegliches Leasinggut, Köln, Berlin, Bonn, München 1976, 134 f.

[32] Borggräfe a. a. O., 143, 147.

765a   Es ist das Formular aus der ZVFV zu verwenden.

766   Wird ein **geleaster Gegenstand** vom Gläubiger des Leasingnehmers gepfändet (siehe § 119 Nr. 2 GVGA) und **versteigert**, weil der Leasingnehmer den Leasinggeber von der Zwangsvollstreckung nicht verständigt hat, so hat der Pfändungsgläubiger dem Leasinggeber den Versteigerungserlös nach Abzug der Pfändungs- und Verwertungskosten unter dem Gesichtspunkt der ungerechtfertigten Bereicherung herauszugeben.[33]

13.7   Die Pfändung von Nebeneinkommen ohne Pfändungsschutz

767   Eine neben der Pfändung regulären Arbeitseinkommens (dazu Rn. 618 ff.) zusätzliche Pfändungsmöglichkeit kann sich ergeben, wenn der Schuldner **Nebeneinnahmen** erzielt, die nicht unter § 850 Abs. 2 a. F. ZPO fallen.

---

§ 850 ZPO

(1) Arbeitseinkommen, das in Geld zahlbar ist, kann nur nach Maßgabe der §§ 850a bis 850k gepfändet werden.

(2) Arbeitseinkommen im Sinne dieser Vorschrift sind die Dienst- und Versorgungsbezüge der Beamten, Arbeits- und Dienstlöhne, Ruhegelder und ähnliche nach dem einstweiligen oder dauernden Ausscheiden aus dem Dienst- oder Arbeitsverhältnis gewährte fortlaufende Einkünfte, ferner Hinterbliebenenbezüge sowie Vergütungen für Dienstleistungen aller Art, die die Erwerbstätigkeit des Schuldners vollständig oder zu einem wesentlichen Teil in Anspruch nehmen.

(3) ...

Gegenüber regelmäßigen Arbeits- und Dienstlöhnen, die stets dem Pfändungsschutz unterliegen, gibt es hier eine Besonderheit: Pfändungsschutz bei Vergütungen für Dienstleistungen aller Art besteht nur dann, wenn die Dienstleistungen die Erwerbstätigkeit des Schuldners ganz oder zu einem wesentlichen (nicht notwendig überwiegenden!) Teil in Anspruch nehmen.

---

[33] LG Dortmund a. a. O.

768   Neben anderen Einnahmen sind daher sonstige **Vergütungen für** nur **gelegentliche Dienstleistungen**, also Nebeneinnahmen aus vereinzelter unregelmäßiger Arbeitsverrichtung **wie gewöhnliche Geldforderungen pfändbar**. Hierunter fallen z. B. Nebentätigkeiten als Handels- oder Versicherungsvertreter ("Vertrauensmann" bei Beamtenversicherungen), als Putzhilfe, Prospektverteiler und Schreibkraft nach Feierabend oder am Samstag.

13.8 Ansprüche auf Versicherungsleistungen

769   Der Anspruch auf Prämienrückvergütung (Beitragserstattung), insbesondere bei der Kraftfahrzeug-Haftpflichtversicherung ist — auch als künftiger Anspruch — gemäß § 829 ZPO pfändbar.[34] Allerdings kann der Gläubiger das Kündigungsrecht für das Versicherungsverhältnis als nur dem Versicherungsnehmer zustehendes Gestaltungsrecht nicht mitpfänden.

Bereits im Kapitel "Fragen bei der eidesstattlichen Offenbarungsversicherung" wurde angeführt, dass der Schuldner nach Versicherungsverträgen gefragt werden kann.

Ansprüche auf Beitragsrückvergütung ergeben sich bei vielen Versicherungsarten, wenn sie der Versicherungsnehmer im Laufe eines Versicherungsjahres nicht in Anspruch genommen hat (z. B. bei der Glasbruch-, Sturm-, Leitungswasser- und Hausratsversicherung). Auch für diese Versicherungsarten ist eine Pfändung möglich.

770   Es ist das Formular aus der ZVFV zu verwenden.

Drittschuldner ist die Versicherungsgesellschaft, die der Schuldner bei der eidesstattlichen Versicherung auf Frage angeben muss.[35] Die Angabe der Versicherungsnummer ist neben sonstiger bestimmter Bezeichnung des Anspruchs nicht nötig.[36]

770a   Auch etwaige Ansprüche des Schuldners gegenüber seiner Kaskoversicherung sind pfändbar.

Es ist das Formular aus der ZVFV zu verwenden.

---

[34] AG Sinzig, NJW-RR 1986, 976; Stöber, Rn. 150a; Mümmler, JurBüro 1990, 965.

[35] S. Rn. 713 Nr. 1 u. 2.

[36] OLG Hamm, DB 1984, 1345 = JurBüro 1984, 789.

13.9   Die Pfändung von Internet-Domains

771   Internet-Domains sind eine in Buchstaben und Zahlen übersetzte Darstellung der technisch durch Quadruple ausgedrückten, geradezu kryptisch erscheinenden IP-Adressen (Internet-Protokoll-Adressen), die nicht merkfähig sind.[37] Aus technischen Gründen kann jede Internet-Domain weltweit nur einmal vergeben werden, sodass attraktive Domain-Bezeichnungen zum begehrten Handelsgut geworden sind.

Eine Internet-Domain stellt als solche kein anderes Vermögensrecht im Sinne von § 857 Abs. 1 ZPO dar. Gegenstand zulässiger Pfändung nach § 857 Abs. 1 ZPO in eine Internet-Domain ist vielmehr die Gesamtheit der schuldrechtlichen Ansprüche, die dem Inhaber der Domain gegenüber der Vergabestelle aus dem der Domainregistrierung zugrunde liegenden Rechtsverhältnis zustehen. Die Verwertung der gepfändeten Ansprüche des Domaininhabers gegen die Vergabestelle aus dem Registrierungsvertrag kann nach §§ 857 Abs. 1, § 844 Abs. 1 ZPO durch Überweisung an Zahlungs statt zu einem Schätzwert erfolgen.[38]

In Deutschland ist für die Vergabe von Domains, die zur Top-Level-Domain „.de" gehören, die DENIC e.G. in Frankfurt am Main zuständig.[39]

---

[37] So Schmittmann in: Hoeren/Sieber/Holznagel, Handbuch Multimedia-Recht, 32. Ergänzungslieferung, August 2012, Kap. 26.2 Rn. 1.

[38] So BGH, Beschl. v. 05.07.2005 – VII ZB 5/05, MMR 2005, 685 ff.; mit Anm. Hoffmann = K&R 2005, 464 ff.; mit Anm. Kopf = EWIR 2005, 811 f. [Beyerlein]; vgl. Stadler, Drittschuldnereigenschaft der DENIC bei der Domainpfändung, MMR 2007, 71 ff.; Boecker, .de – Domains – Praktische Probleme bei der Zwangsvollstreckung, MDR 2007, 1234 ff.; Hartig, Die Rechtsnatur der Domain, GRUR 2006, 299 ff.; Völzmann-Stickelbrock, Die Internet-Domain in Zwangsvollstreckung und Insolvenz, MarkenR 2006, 2 ff.; Hanloser, Pfändbarkeit einer Internet-Domain, BGH Report 2005, 1485 f.; Berger, Zwangsvollstreckung in „Internet-Domains", Rechtspfleger 2002, 181 ff.; Kleespies, Die Domain als selbstständiger Vermögensgegenstand in der Einzelzwangsvollstreckung, GRUR 2002, 764 ff.; Ernst, Internetadressen, MMR 2001, 368 ff.; Welzel, Zur Pfändbarkeit von Internet-Domains, MMR 2001, 321 ff.; Hanloser, Die Domain-Pfändung in der aktuellen Diskussion, CR 2001, 456 ff.; Oberkofler, (Ver-)Pfändung von Internet-Domains – Neue Entwicklungen im Domain-Recht, MuR 2001, 185 ff.; Schmittmann, Rechtsfragen bei der Pfändung einer Domain und Aufnahme der Domain in das Vermögensverzeichnis, DGVZ 2001, 177 ff.; Welzel, Zwangsvollstreckung in Internet-Domains, MMR 2001, 131 ff. = Plaß, Die Zwangsvollstreckung in die Domain, WRP 2000, 1077 ff.; Hanloser, Die Pfändung deutscher Internet-Domains, Rechtspfleger 2000, 525 ff.

[39] Vgl. Schmittmann, Internet-Domains als nicht abnutzbares immaterielles Wirtschaftsgut, StuB 2007, 217 ff.; Husmann/Schmittmann, Steuerliche Aspekte des Domainhandels, MMR 2003, 635 ff.; Schmittmann, Rechtsfragen bei der Bilanzierung und Bewertung einer Domain nach HGB, IAS und US-GAAP, StuB 2002, 105 ff.

Entgegen einer früher vertretenen Ansicht[40] stellt die „Internet-Domain" kein anderes Vermögensrecht im Sinne von § 857 Abs. 1 ZPO dar. Vielmehr ist die Gesamtheit der schuldrechtlichen Ansprüche, die dem Inhaber der Domain gegenüber der Vergabestelle aus dem der Domainregistrierung zugrunde liegendem Vertragsverhältnis zustehen, pfändbar.[41]

772   Es ist das Formular aus der ZVFV zu verwenden.

773   Die **Verwertung** der gepfändeten Ansprüche des Schuldners gegen die Vergabestelle kann nach §§ 857, 844 ZPO durch **Überweisung zur Einziehung** mit anschließender Versteigerung über ein Internet-Auktionshaus oder freihändiger Veräußerung nach Wertbestimmung (§ 857 Abs. 5 ZPO) oder durch **Überweisung an Zahlungs** statt zu einem Schätzwert erfolgen.[42]

Eine Überpfändung ist zu vermeiden, wobei sich die Schwierigkeit stellt, dass dem Gericht nach der Lebenserfahrung jeder Maßstab für eine Schätzung fehlt. Das Vollstreckungsgericht wird daher regelmäßig die beantragte Pfändung aussprechen und erst im Erinnerungsverfahren gemäß § 766 ZPO nach entsprechendem Sachvortrag des Schuldners entscheiden.[43] Der Schuldner wird gegebenenfalls ein Domaingutachten vorlegen müssen, wenn seine Erinnerung Aussicht auf Erfolg haben soll.

Der Gerichtsvollzieher hat darauf zu achten, dass der Schuldner bei der Abgabe der Vermögensauskunft auch Internet-Domains angibt.[44]

---

[40] LG Essen, Rpfleger 2000, 108; LG Düsseldorf, JurBüro 2001, 548.

[41] BGH, MDR 2005, 1311; LG Mönchengladbach, MDR 2005, 118.

[42] BGH a. a. O., Schmittmann, DGVZ 2001, 177, 180; Hoffmann, MMR 2005, 687.

[43] So Schmittmann in: Hoeren/Siebert/Holznagel, Handbuch Multimedia-Recht, Kap. 26.2, Rn. 10.

[44] Vgl. Schmittmann in: Hoeren/Siebert/Holznagel, Handbuch Multimedia-Recht, Kap. 26.2, Rn. 10.

14 Haftungs- und Vollstreckungs-probleme bei der GmbH

14.1 Innenhaftung des Geschäftsführers einer GmbH

775 Gemäß § 13 Abs. 2 GmbHG haftet für Verbindlichkeiten der Gesellschaft den Gläubigern derselben nur das Gesellschaftsvermögen. Gleichwohl kommen hinsichtlich der Geschäftsführer einer GmbH, insbesondere in Krise und Insolvenz, verschiedene Haftungstatbestände in Betracht.

> **LITERATUR**
>
> **Schmittmann/Theurich/Brune**, Das insolvenzrechtliche Mandant, § 6 Rn. 320 ff. | **Tamm/Fangerow**, Die Haftung der GmbH-Geschäftsführung gegenüber privaten Gläubigern, BB 2012, 1944 ff. | **Blöse**, Haftung der Geschäftsführer und Gesellschafter nach dem ESUG, GmbHR 2012, 471 ff. | **Müller**, Geschäftsleiterhaftung wegen Insolvenzverschleppung und fachkundige Beratung, NZG 2012, 981 ff. | **Geißler**, Verhaltensmaßnahmen und Rechtspflichten des Geschäftsführers in der Krise der GmbH, DZWIR 2011, 309 ff. | **Blöse**, Haftung des Geschäftsführers und Anforderungen an eine positive Fortbestehensprognose, GmbHR 2010, 867 ff. | **Stapper/Jacobi**, Die Haftung des Geschäftsführers in Krise und Insolvenz, NJ 2010, 464 ff. | **Bitter**, Haftung von Gesellschaftern und Geschäftsführern in der Insolvenz ihrer GmbH — Teil 1, ZInsO 2010, 1505 ff., Teil 2, ZInsO 2010, 1561 ff.

Im Folgenden wird lediglich ein Überblick über mögliche Ansprüche gegen den Geschäftsführer einer GmbH gegeben.[1]

776 Die Geschäftsführer haben in den Angelegenheiten der Gesellschaft die Sorgfalt eines ordentlichen Geschäftsmannes anzuwenden, § 43 Abs. 1 GmbHG. Geschäftsführer, die ihre Obliegenheiten verletzen, haften der Gesellschaft gemäß § 43 Abs. 2 GmbHG solidarisch für den entstandenen Schaden. Gemäß § 43 Abs. 3 GmbHG hat der Geschäftsführer entgegen § 30 GmbHG vorgenommene Zahlungen zu erset-

---

[1] Vergleichbare Haftungstatbestände kommen auch bei der GmbH & Co. KG nach HGB, der Aktiengesellschaft nach Aktiengesetz sowie der Genossenschaft nach Genossenschaftsgesetz in Betracht, wobei hier auf die Spezialliteratur verwiesen wird.

zen. Regelmäßig werden Ansprüche gemäß § 43 GmbHG allenfalls vom Nachfolger des Geschäftsführers, der die Pflichtverletzungen begangen hat, geltend gemacht oder gar erst vom Insolvenzverwalter.[2]

Die Tätigkeit als Geschäftsführer ist stets mit Risiken verbunden, sodass die Haftung nur dann eingreift, wenn die Grenzen des erlaubten Risikos überschritten werden.[3] Ein Fall der Pflichtwidrigkeit ist gegeben, wenn der Geschäftsführer Waren auf Kredit an ein unbekanntes Unternehmen verkauft, ohne dessen Bonität zu prüfen und ohne die Gesellschaft genügend zu sichern.[4] Auch die Gewährung eines ungesicherten Arbeitnehmerdarlehens an die Ehefrau des Geschäftsführers kommt als unzulässiges Geschäft in Betracht, insbesondere wenn durch das Geschäft die Kapitalerhaltung der Gesellschaft gefährdet wird.[5] Eine Pflichtverletzung ist auch dann gegeben, wenn der Geschäftsführer einen Beratervertrag mit einem ungeeigneten Berater abschließt und aufgrund dieses Vertrages Honorare zahlt, ohne dass nachprüfbare Beratungsergebnisse vorliegen.[6] Die Geschäftsführer sind gemäß § 64 Satz 1 GmbHG der Gesellschaft zum Ersatz von Zahlungen verpflichtet, die nach Eintritt der Zahlungsunfähigkeit der Gesellschaft oder nach Feststellung ihrer Überschuldung geleistet werden. Dies gilt gemäß § 64 Satz 2 GmbHG nicht von Zahlungen, die auch nach diesem Zeitpunkt mit der Sorgfalt eines ordentlichen Geschäftsmannes vereinbar sind. Die gleiche Verpflichtung trifft gemäß § 64 Satz 3 GmbHG die Geschäftsführer für Zahlungen an Gesellschafter, soweit diese zur Zahlungsunfähigkeit der Gesellschaft führen mussten, es sei denn, dies war auch bei Beachtung der Sorgfalt eines ordentlichen Geschäftsmannes nicht erkennbar. Der Anspruch aus § 64 GmbHG soll zwar nicht einen Schaden der Gesellschaft, sondern einen solchen der Gläubiger ausgleichen; er wird jedoch faktisch stets lediglich vom Insolvenzverwalter geltend gemacht.[7]

Der Geschäftsführer hat alle Zahlungen zu erstatten, die nach Eintritt der Insolvenzreife erfolgt sind und nicht mit der Sorgfalt eines ordentlichen Kaufmannes vereinbart waren.[8] Unter Zahlungen fallen nicht nur Barzahlungen und Überweisungen,

---

[2] Vgl. Schmittmann/Theurich/Brune, Das insolvenzrechtliche Mandat, § 6 Rn. 321.

[3] So Schmittmann/Theurich/Brune, Das insolvenzrechtliche Mandat, § 6 Rn. 324.

[4] So BGH, Urt. v. 16.02.1981 – II ZR 49/80, WM 1981, 440, 441.

[5] Vgl. BGH, Urt. v. 20.03.1986 – II ZR 114/85, GmbHR 1986, 302 f.; OLG Düsseldorf, Urt. v. 01.12.1995 – 13 U 5/94, GmbHR 1995, 227 f.

[6] So BGH, Urt. v. 09.12.1996 – II ZR 240/95, GmbHR 1997, 163, 164.

[7] Vgl. Schmittmann/Theurich/Brune, Das insolvenzrechtliche Mandat, § 6 Rn. 349.

[8] Vgl. Heitsch, ZInsO 2006, 568, 572.

sondern auch die Einreichung von Kundenschecks auf ein im Soll geführtes Konto,[9] die Veranlassung von Kundenzahlungen auf ein debitorisches Geschäftskonto durch Versand von Rechnungsformularen mit Angabe dieser Kontonummer[10] und das Geschehen-Lassen von Abbuchungsaufträgen durch Kunden.[11]

Der Geschäftsführer haftet nicht nach § 64 Satz 1 GmbHG, wenn er nach Eintritt der Insolvenzreife rückständige Umsatz- und Lohnsteuern an das Finanzamt und rückständige Arbeitnehmeranteile zur Sozialversicherung an die Einzugsstelle zahlt.[12] Macht der Insolvenzverwalter gegen den Geschäftsführer einer GmbH einen Ersatzanspruch nach § 64 Satz 1 GmbHG geltend und beruft er sich dabei auf eine Überschuldung der Gesellschaft im Sinne des § 19 InsO, hat er lediglich die rechnerische Überschuldung anhand von Liquidationswerten darzulegen. Die Darlegungs- und Beweislast für eine positive Fortführungsprognose — mit der Folge einer Bewertung des Vermögens zu Fortführungswerten — obliegt dem Geschäftsführer.[13] Die Zahlung von Arbeitgeberbeiträgen zur Sozialversicherung durch den Geschäftsführer ist nach der Insolvenzreife der Gesellschaft mit der Sorgfalt eines ordentlichen Geschäftsmannes nicht vereinbar und führt zu einer Erstattungspflicht.[14] Der Geschäftsführer einer GmbH muss für eine Organisation sorgen, die ihm die zur Wahrnehmung seiner Pflichten erforderliche Übersicht über die wirtschaftliche und finanzielle Situation der Gesellschaft jederzeit ermöglicht.[15]

779 **Eingehungsbetrug** ist anzunehmen, wenn der Geschäftsführer in betrügerischer Absicht Zahlungsfähigkeit und Zahlungswilligkeit vortäuscht, die aber in Wahrheit nicht gegeben ist.

Sittenwidrige Schädigung kann vorliegen, wenn der Geschäftsführer wider besseren Wissens gegenüber Geschäftspartnern der Gesellschaft den Eindruck erweckt, die Gesellschaft sei leistungsfähig, oder die Leistungsfähigkeit arglistig verschweigt.[16] Das Bewusstsein, rechtswidrig zu handeln, ist dabei ebenso wenig Voraussetzung für die Haftung nach § 826 BGB wie die Kenntnis des Geschädig-

---

[9] So BGH, Urt. v. 29.11.1999 – II ZR 273/98, BGHZ 143, 184 ff. = ZIP 2000, 184 f. = EWIR 2000, 295 f. [Noack].

[10] So OLG Oldenburg, Beschl. v. 10.03.2004 – 1 W 2/04, ZIP 2004, 1315 f.

[11] So OLG Köln, Urt. v. 12.07.1989 – 9 S 43/99, GmbHR 1990, 136 f.

[12] So BGH, Urt. v. 25.01.2011 – II ZR 196/09, ZIP 2011, 422 ff. = NZI 2011, 196 ff.

[13] So BGH, Urt. v. 18.10.2010 – II ZR 151/09, ZIP 2010, 2400 ff.; BGH, Urt. v. 09.10.2006 – II ZR 303/05, ZIP 2006, 2171 ff. = NZI 2007, 44 ff.

[14] So BGH, Urt. v. 08.06.2009 – II ZR 147/08, ZIP 2009, 1468 f.

[15] So BGH, Urt. v. 19.06.2012 – II ZR 243/11, ZIP 2012, 1557 ff. = NZI 2012, 812 ff.

[16] BGH, ZIP 1992, 694 f.

ten.[17] Entzieht der Geschäftsführer der GmbH planmäßig Vermögen, um den Zugriff von Gesellschaftsgläubigern zu verhindern, greift § 826 BGB ebenfalls ein.[18]

780 Eine weitere Haftungsgrundlage ergibt sich oben aus dem vierten Punkt: Nach § 64 Abs. 1 GmbHG hat der Geschäftsführer die Eröffnung des Insolvenzverfahrens bei Zahlungsunfähigkeit, drohender Zahlungsunfähigkeit oder Überschuldung der Gesellschaft unverzüglich zu beantragen. Diese Vorschrift ist ein Schutzgesetz i. S. von § 823 Abs. 2 BGB zugunsten der Gesellschaftsgläubiger.[19]

780a Während früher nach der Rechtsprechung des BGH als zu ersetzender Schaden generell nur der so genannte Quotenschaden anzusehen war, wurde diese Ansicht inzwischen aufgegeben. Nach der neueren **verschärften** Rechtsprechung des BGH[20] **muss** der **Geschäftsführer** den Gläubigern, die ihre Forderung gegen die GmbH nach dem Zeitpunkt erworben haben, zu dem Konkursantrag hätte gestellt werden müssen (= **Neugläubiger**), den **vollen Schaden (sog. Kontrahierungsschaden) ersetzen**, der ihnen dadurch entstanden ist, dass sie in Rechtsbeziehungen zu einer überschuldeten oder zahlungsunfähigen GmbH getreten sind. Voraussetzung dafür ist allerdings, dass der Geschäftsführer schuldhaft pflichtwidrig gehandelt hat.[21]

„Altgläubiger" — das sind solche, die bereits im Zeitpunkt der Insolvenzreife Anspruchsinhaber waren — erhalten nur Ersatz des sog. „Quotenschadens".[22] Dazu müssen sie allerdings nachweisen, dass sie bei rechtzeitiger Insolvenzantragstellung eine höhere Quote erzielt hätten.

Eine mit seinem Mitgeschäftsführer vereinbarte interne **Geschäftsaufteilung** (z. B. in technische und kaufmännische Geschäftsführer) entbindet den Geschäftsführer nicht von seiner Pflicht zur rechtzeitigen Stellung des Konkursantrags und zur Massesicherung und dementsprechend auch nicht von dem ihm obliegenden Nachweis, dass er diese Pflichten mit der den Umständen nach gebotenen Sorgfalt erfüllt hat.[23]

---

[17] BGH, BB 1994, 1816 f.

[18] BGH, GmbHR, 2004, 1528 ff. zur Gesellschafterhaftung.

[19] BGHZ 29, 100, 102; 100, 19, 21.

[20] WM 1994, 1428; bestätigt, NJW 1995, 398.

[21] OLG Brandenburg, MDR 2005, 119.

[22] BGH, NJW 1998, 2667.

[23] BGH, WM 1994, 1030.

781 Ist die **GmbH Schuldnerin**, so geschieht die Pfändung der noch nicht noch nicht geleisteten Stammeinlagen wie folgt: „Gepfändet werden die angeblichen Forderungen der GmbH an den oder die Gesellschafter — Drittschuldner — auf Zahlung der von ihnen auf das Stammkapital zu leistenden Einlagen (Stammeinlagen)."

782 Ist ein **Schuldner Gesellschafter der GmbH**, so sind seine Gesellschaftsanteile pfändbar (§§ 14, 15 GmbHG; § 857 ZPO) unter Verwendung des Formulars aus der ZVFV.

14.2 Außenhaftung des Geschäftsführers einer GmbH

783 Durch ein Verhalten des Geschäftsführers geschädigte Gläubiger können auch einen unmittelbaren Anspruch gegen den Geschäftsführer haben. In diesen Fällen spricht man von einer sog. „Außenhaftung".

Eine Eigenhaftung des Geschäftsführers einer GmbH kommt nicht schon dann in Betracht, wenn der Vertragspartner dem Verhandelnden besonderes Vertrauen entgegenbringt und dieser bei Vertragsverhandlungen als Wortführer auftritt. Das Vertrauen muss seitens des Verhandelnden ausdrücklich in Anspruch genommen werden. Er muss eine zusätzliche, über das allgemeine Verhandlungsvertrauen hinausgehende, von ihm persönlich ausgehende Gewähr für die Seriosität und Erfüllung des Geschäftes bieten.[24]

Weiterhin kann auch eine Durchgriffshaftung wegen „Vermögensvermischung" in Betracht kommen, die zu einem Wegfall des Haftungsprivilegs gemäß § 13 Abs. 2 GmbHG führt, die keine Zustands-, sondern eine Verhaltenshaftung ist. Sie trifft den Gesellschafter, wenn er aufgrund des von ihm wahrgenommenen Einflusses als Allein- oder Mehrheitsgesellschafter für den Vermögensvermischungstatbestand verantwortlich ist.[25]

Dem geschädigten Gläubiger kann gegebenenfalls auch ein Anspruch gegen den Geschäftsführer aus Insolvenzverschleppung zustehen. Eine über den Ersatz des sog. „Quotenschadens" hinausgehende Insolvenzverschleppungshaftung des Geschäftsführers einer GmbH aus § 823 Abs. 2 GmbHG in Verbindung mit § 15a InsO

---

[24] So BGH, Urt. v. 07.12.1992 – II ZR 179/91, ZIP 1993, 263 ff. = EWIR 1993, 233 f. [Medicus].

[25] So BGH, Urt. v. 14.11.2005 – II ZR 178/03, BGHZ 165, 85 ff. = ZIP 2006, 467 ff. = NZI 2006, 365 ff.

erstreckt sich nur auf den Vertrauensschaden, der dem Neugläubiger dadurch entsteht, dass er der bereits insolvenzreifen GmbH Kredit gewährt oder eine sonstige Vorleistung an sie erbringt.[26] Der Geschäftsführer muss auf eine Überschuldung der Gesellschaft hinweisen, wenn dadurch die Durchführung des vereinbarten Geschäfts gefährdet ist. Unterlässt er dies, steht dem Käufer ein Schadenersatzanspruch zu.[27]

Ein Neugläubiger, der von einem Geschäftsführer einer GmbH wegen Verstoßes gegen die Insolvenzantragspflicht Schadenersatz verlangt, hat grundsätzlich den Zeitpunkt der Zahlungsunfähigkeit oder Überschuldung der GmbH darzulegen und zu beweisen. Eine Darlegungs- und Beweiserleichterung zugunsten des Neugläubigers kann gegebenenfalls gerechtfertigt sein, wenn eine Gesellschaft schon lange überschuldet war und später auch noch zahlungsunfähig wird.[28] In der Praxis wird in aller Regel der Neugläubiger nicht über hinreichende Informationen verfügen, um eine schlüssige Klageschrift zu formulieren. Die Geltendmachung des Neugläubigerschadens ist in der Praxis selten.

Neben der Haftung des in das Handelsregister eingetragenen Geschäftsführers kommt auch die Haftung des faktischen Geschäftsführers in Betracht.[29] Faktischer Geschäftsführer ist, wer die Geschäftsführung mit Einverständnis der Gesellschafter ohne förmliche Bestellung faktisch übernommen und ausgeübt hat.[30]

---

[26] So BGH, Urt. v. 25.07.2005 – II ZR 290/03, BGHZ 164, 50 ff. = ZIP 2005, 1734 ff.; vgl. Schmittmann/Theurich/Brune, Das insolvenzrechtliche Mandat, § 6 Rn. 345.

[27] So BGH, Urt. v. 02.03.1988 ((bitte Datum überprüfen!)) – VIII ZR 380/86, ZIP 1988, 505 ff. = NJW 1988, 2234 ff.; vgl. Schmittmann/Theurich/Brune, Das insolvenzrechtliche Mandat, § 6 Rn. 331.

[28] So OLG Celle, Urt. v. 21.04.1999 – 9 U 188/98, NJW-RR 2000, 39 f.

[29] Vgl. Himmelskamp/Schmittmann, Der faktische Geschäftsführer – steuer- und insolvenzrechtliche Verantwortlichkeit, StuB 2006, 326 ff.; Himmelskamp/Schmittmann, Der faktische Geschäftsführer – steuer- und insolvenzrechtliche Verantwortlichkeit, StuB 2006, 406 ff.

[30] Vgl. BGH, Urt. v. 22.09.1982 – 3 StR 287/82, BGHSt 31, 118 ff.; BGH, Urt. v. 06.04.1964 – II ZR 75/62, BGHZ 41, 282 ff.; BGH, Urt. v. 17.12.2001 – II ZR 288/99, ZIP 2002, 216 f.

15 Die Gesellschaft bürgerlichen Rechts (GbR) als Schuldnerin

15.1 Gesellschaft bürgerlichen Rechts

784 Die Gesellschaft bürgerlichen Rechts hat in den letzten Jahren einen erheblichen Wandel in Rechtsprechung und Literatur durchlebt.[1] Für die im Namen einer Gesellschaft bürgerlichen Rechts begründeten Verpflichtungen haften die Gesellschafter kraft Gesetzes auch persönlich.[2] Seit dem Jahre 2001 billigt der BGH der (Außen-)Gesellschaft bürgerlichen Rechts auch Rechtsfähigkeit zu, soweit sie durch Teilnahme am Rechtsverkehr eigene Rechte und Pflichten begründet. In diesem Rahmen ist die Gesellschaft bürgerlichen Rechts zugleich im Zivilprozess aktiv und passiv parteifähig. Soweit der Gesellschafter für die Verpflichtungen der Gesellschaft bürgerlichen Rechts persönlich haftet, entspricht das Verhältnis zwischen der Verbindlichkeit der Gesellschaft und der Haftung des Gesellschafters derjenigen bei der OHG (Akzessorietät).[3] Der BGH sieht einen für die Praxis bedeutsamen Vorzug der nach außen bestehenden Rechtssubjektivität der GbR darin, dass danach ein Wechsel im Mitgliederbestand keinen Einfluss auf den Fortbestand der mit der Gesellschaft bestehenden Rechtsverhältnisse hat. Darüber hinaus ist die neue Auffassung zudem in der Lage, identitätswahrende Umwandlungen von Gesellschaften bürgerlichen Rechts aus anderen Rechtsformen zu erklären. Betreibt eine Gesellschaft bürgerlichen Rechts ein Gewerbe, dann wird sie von Gesetzes wegen ohne jeden Publizitätsakt zu einer personen- und strukturgleichen OHG, sobald das Unternehmen nach Art und Umfang einen in kaufmännischer Weise eingerichteten Geschäftsbetrieb erfordert. Da auch die OHG Rechts- und Parteifähigkeit besitzt, ist kaum zu erklären, warum dies der GbR verweigert werden sollte.

785 Die mit dieser Änderung der Rechtsprechung einhergehenden praktischen Fragen, insbesondere im Zusammenhang mit bereits anhängigen Rechtsstreitigkeiten, hat der BGH dahingehend gelöst, dass in anhängigen Verfahren, in denen die Gesell-

---

[1] Vgl. Seibel/Grothe/Harbeck/Kessel/Schultes/Sievers/Volpert/Wilhelm, Zwangsvollstreckungsrecht aktuell, 249 ff.

[2] So BGH, Urt. v. 27.09.1999 – II ZR 371/98, BGHZ 142, 315 ff. = ZIP 1999, 1755 ff.

[3] So BGH, Urt. v. 29.01.2001 – II ZR 331/00, BGHZ 146, 341 ff. = ZIP 2001, 330 ff. = EWIR 2001, 733 f. [Holzer].

schafter einer GbR eine Gesamthandsforderung entsprechend der früheren Rechtsprechung als notwendige Streitgenossen eingeklagt haben, kein Parteiwechsel
erforderlich ist, sondern lediglich eine Rubrumsberichtigung.[4]

Der Vorteil des Gläubigers einer Gesellschaft bürgerlichen Rechts liegt darin, dass
ihm neben dem Vermögen der GbR auch jeder Gesellschafter mit seinem Gesamt-
vermögen haftet. Die Haftung der einzelnen Gesellschafter ist aber lediglich insoweit von Wert, wie diese selbst leistungsfähig sind. Es ist daher geboten, sich
über die wirtschaftlichen Verhältnisse der einzelnen Gesellschafter Gewissheit zu
verschaffen, wenn nicht ohnehin Vorkasse verlangt wird.

786 Letztlich hat der BGH der GbR auch Grundbuchfähigkeit zugebilligt. Die GbR kann
unter der Bezeichnung in das Grundbuch eingetragen werden, die ihre Gesellschafter im Gesellschaftsvertrag für sie vorgesehen haben. Sieht der Gesellschaftsvertrag keine Bezeichnung der GbR vor, wird die GbR als „Gesellschaft bürgerlichen
Rechts bestehend aus …" und den Namen ihrer Gesellschafter eingetragen. Leitet die GbR ihr Recht aus einer Gerichtsentscheidung ab, genügt deren Rubrum
als Nachweis ihrer Identität und der Vertretungsbefugnis des handelnden Gesellschafters. Zusätzliche Nachweise können nur verlangt werden, wenn konkrete
tatsächliche Anhaltspunkte dafür vorliegen, dass sich nach Erlass der Gerichtsentscheidung Veränderungen bei Namen, Gesellschafterbestand oder Vertretungsbe-
fugnissen ergeben haben; der bloße Zeitablauf genügt als Anhaltspunkt nicht.[5]
Mit der Eintragung einer GbR in das Grundbuch sind zahllose praktische Probleme
verbunden, die bereits damit beginnen, dass es anders als bei der OHG oder KG kein
Register gibt, aus dem die Existenz und der Gesellschafterbestand der Personengesellschaft entnommen werden kann.[6]

---

[4] So BGH, Urt. v. 15.01.2003 – XII ZR 300/99, ZIP 2003, 667 ff. = NJW 2003, 1043 f.

[5] So BGH, Beschl. v. 04.12.2008 – V ZB 74/08, BGHZ 179, 102 ff. = ZfIR 2009, 93 ff.

[6] Vgl. im Einzelnen: Wehrsdorfer-Meier, Die GbR im Grundbuch, NotBZ 2011, 241 ff.; Lautner,
Aktuelle Rechtsprechung zur Gesellschaft bürgerlichen Rechts im Grundstücksverkehr,
MittBayNot 2011, 32 ff.; Böttcher, Immobilienrecht: Die Gesellschaft bürgerlichen Rechts
nach der Reform, AnwBl. 2011, 1 ff.; Heinemann, Zur Problematik der Eintragung einer Gesellschaft bürgerlichen Rechts in das Grundbuch, JR 2010, 31 ff.; Böttcher, Immobilienge-
schäfte mit der Gesellschaft bürgerlichen Rechts, ZNotP 2010, 173 ff.; Hornung, Neuregelung zur Grundbucheintragung der Gesellschaft des bürgerlichen Rechts, KKZ 2010, 97 ff.

15.2 Rechtsprechung zur Haftungsbeschränkung einer sog. „GbR mbH"

787   Gerade in Zeiten der Wiederherstellung der staatlichen Einheit Deutschlands tauchten in verschiedenen Branchen sog. „Gesellschaften bürgerlichen Rechts mit beschränkter Haftung" auf, die zum Teil als „GbR mbH" oder „GbR mit beschränkter Haftung" im Rechtsverkehr auftraten. Dadurch wollten die Gesellschafter erreichen, dass ihnen zwar die Vorteile der GbR offenstehen, also keine Publizitätspflicht im Handelsregister besteht, keine Formbedürftigkeit des Gesellschaftsvertrages greift und auch kein haftendes Mindestkapital aufzubringen ist, aber zugleich auch die Vorteile der GmbH in Form der Beschränkung der Haftung auf das Gesellschaftsvermögen genutzt werden können. Es liegt auf der Hand, dass Gesellschafter keine Rechtsform schaffen können, die vom Gesetz nicht vorgesehen ist. Dem steht der „Numerus clausus" der Gesellschaftsformen ebenso wie der Grundsatz entgegen, dass Haftungsbeschränkungen nicht einseitig durch den Haftenden eingeführt werden können.

Obgleich für die im Namen einer Gesellschaft bürgerlichen Rechts begründeten Verpflichtungen die Gesellschafter kraft Gesetzes auch persönlich haften, kommt ein individualvertraglicher Haftungsausschluss in Betracht. Diese Haftungsbeschränkung kann jedoch nicht durch einen Namenszusatz oder einen anderen, den Willen, nur beschränkt für diese Verpflichtungen einzustehen, verdeutlichenden Hinweis beschränkt werden.[7]

Eine aus dem Gesellschaftsvertrag folgende Beschränkung der Vertretungsmacht der Geschäftsführer einer Gesellschaft bürgerlichen Rechts darauf, nur die Gesellschafter mit ihrem gesamthänderisch gebundenen Gesellschaftsvermögen, nicht aber auch die Gesellschafter persönlich mit ihrem Privatvermögen zu verpflichten, hat der BGH bereits zuvor lediglich dann für wirksam erachtet, wenn die eingeschränkte Vertretungsbefugnis für den Vertragspartner erkennbar ist, er also insbesondere vor Vertragsschluss darauf hingewiesen wurde.[8]

Mit dieser Rechtsprechung, die vom BGH mehrfach bestätigt wurde,[9] endete die Ära der „GbR mbH".

---

[7] So BGH, Urt. v. 27.09.1999 – II ZR 371/98, BGHZ 142, 315 ff. = ZIP 1999, 1755 ff.

[8] So BGH, Urt. v. 12.03.1990 – II ZR 312/88, ZIP 1990, 715 ff. = NJW-RR 1990, 867 f.

[9] Vgl. BGH, Urt. v. 24.11.2004 – XII ZR 113/01, Rpfleger 2005, 391 ff. = NJW-RR 2005, 400 ff.; BGH, Urt. v. 22.03.2004 – II ZR 75/02, BGH-Report 2004, 1140 ff.

Stichwortverzeichnis

(Die Zahlen bezeichnen die Randnummern)

A

Abgeordnetenbezüge	595
Abgetretene Forderung und Pfändung	305, 666 ff.
Ablehnung eines Vollstreckungsauftrags	237
Ablösungsrecht bei Lebensversicherung	424
Abschlagszahlung, Pfändung	639
Abtretung von Arbeitseinkommen,	
– Pfändungsfragen	666 ff.
– Lohnsteuererstattungsanspruch	38
– und Pfändung	305 ff.
Abwehrklage	206
Abzahlungsgeschäfte	47
Aktenlage, Entscheidung nach	142
Aktiengesellschaft, Pfändungsfragen	376
– im Mahnantrag	60
Alleinerbschaft, Pfändung	356
Altenteil, Pfändung	412
Altersrenten, private, Pfändung	425, 612a
Altersruhegeld, Pfändung	738
Amtsgericht, Zuständigkeit	43, 117
Anderkonto	344
Anerkenntnisurteil	144, 163
Anschriftenermittlung	38, 38 a
Anspruchsbezeichnung im Mahnverfahren	67
Antrag auf Abgabe an das Streitgericht nach Widerspruch	84 ff.
Antragsgegner, Bezeichnung im Mahnantrag	55
– mehrere Ansprüche gegen ihn	70
– mehrere Personen	65
Antragsveranlagung bei Lohn- bzw. Einkommensteuer	429, 434
Antragsteller, Bezeichnung im Mahnantrag	66
Anwaltszwang	43, 44
Anwartschaftsrecht	
– bei Eigentumsvorbehalt	270, 278
– bei Nacherbschaft	355
Anwesenheit des Gläubigers bei Vollstreckung	240
Apotheke, Pfändungsschutz	594
Arbeitnehmersparzulage, Pfändung	337
Arbeitseinkommen, Pfändbarkeit	618 ff.
– Kosten des Arbeitgebers	228 f.
– Pfändungsschutz	623
– Sonderschutz für Nebenbezüge	628
– überwiesene	652
– Unterbrechung des Arbeitsverhältnisses	621, 701
– Zusammenrahmung mehrerer	630
Arbeitsförderung, Pfändungsschutz	578
Arbeitsgerät, Pfändungsschutz	568
Arbeitsgericht, Zuständigkeit	43
Arbeitslosengeld I und II, Pfändbarkeit	613a, 614
Arrest	208 ff.
– Anordnung und Vollzug	212 ff.
– Antrag	209
– Widerspruch gegen	213
– Zuständigkeit	211
Arresthypothek	388
Aufhebung einer Gemeinschaft	508
Ausbildungsförderung, Pfändungsschutz	578
Auseinandersetzungsanspruch, Pfändung	350
Ausfindigmachen von Konten	36
Auskunft aus Schuldnerverzeichnis	722

Auskunftspflicht
- des Drittschuldners   298
- des Schuldners   291

Auskunftsversicherung,
  eidesstattliche   733a ff.

Ausländer als Schuldner   5, 39, 46, 122

Ausländerzentralregister   39

Austauschpfändung   553 ff.

Auto, Pfändungsschutz   574

Automateninhalt, Pfändbarkeit   469

Automatisiertes Mahnverfahren   51

B

Bankkonto, Pfändung   327 ff.
- Angabe in Mahnung   1

Bankkredit, Inanspruchnahme durch
  Gläubiger als weiterer Verzugsschaden   71

Bankstahlfach, Pfändung   263

Bargeld, Pfändungsschutz   577

Baugeld, Pfändung   471

Bauhandwerkersicherheit   10a

Bausparkassenguthaben, Pfändung   473

Bedienungsgeld, Pfändungsschutz   657

Befreiung von Gerichtsgebühren-
  vorschuss   174

Behindertenhilfe, Pfändungsschutz   578

Beihilfe   474a

Beiordnung eines Armenvertreters   183

Beratungshilfe   181

Bergmannsprämien, Pfändung   598

Berliner Testament   365

Berufssoldaten, Pfändungsschutz   662

Berufung   166
- Anwaltszwang   131
- einstweilige Einstellung der
  Zwangsvollstreckung bei   168
- Frist   167

Beschwerde im maschinellen
  Mahnverfahren   76

Bestattung, Pfändungsschutz   595

Betrug   32

Bevollmächtigter im Mahnverfahren   64, 74

Bevorrechtigte Gläubiger   641 ff.

Bewegliches Vermögen, Pfändung   233 ff.

Bezugsrechtspfändung bei Aktien   376

BGB-Gesellschaft, Angaben
im Mahnantrag   61
- Pfändungsfragen   374

Bilanzen der GmbH   35

Billigkeitspfändung   613

Blindenzulagen   598a

Böswillige Schuldner, Schutz gegen
  absichtliche Nichtausnutzung
  der Arbeitskraft   700 ff.

Briefe, Pfändungsschutz   580

Briefhypothek   387

Brille, Pfändungsschutz   595

Buchhypothek   388

Bücher, Pfändungsschutz   595

Bürgerlich-rechtliche Gesellschaft
  siehe BGB-Gesellschaft

Bundesamt der Justiz   35

D

Darlehen im Mahnantrag   67

Darlehensgewährung bei Arbeits
  einkommen, Pfändungsfragen   543

Dauernutzungsrecht, Pfändung   415

Dauerpfändung   647

Dauerwohnrecht, Pfändung   415

„Demnächst" bei Zustellung   29

Detektivkosten   222

Dienstbarkeit, Pfändung   411, 615

Dienstvertrag, Pfändungsfragen   476, 615,
    618 ff.

Diktiergerät, Pfändungsschutz   574

Dinglicher Arrest   208

Direktversicherung   426a

Dreijahresfrist bei Vermögens-
  offenbarung   726

Dreiwochenfrist bei Vorpfändung   314

Drittschuldner 285, 292
– Drittschuldnererklärung 298
– Klage des Gläubigers gegen ihn 302
– Kosten für 232
Drittwiderspruchsklage 260, 541
Durchgriffserinnerung 202
Durchgriffshaftung bei GmbH 11
Durchsuchung der Wohnung durch
  Gerichtsvollzieher (§ 107 GVGA) 239, 240

E

Ehegatte als Schuldner
– im Mahnverfahren 62
– in der Zwangsvollstreckung 521 ff.
Ehering, Pfändungsschutz 595
Eidesstattliche Versicherung über den
  Vermögensstand
  (= „Offenbarungseid") 703 ff.
– Ergänzung (Nachbesserung) 729
– Zuständigkeit 708
Eigengeld (Strafhaft) 490
Eigentum Fremder bei Pfändung 257 ff.
Eigentümergrundschuld, Pfändung 396 ff.
Eigentümerhypothek, Pfändung 396 ff.
Eigentumsvermutung bei Eheleuten 534
Eigentumsvorbehalt und Pfändung 269 ff.
– Pfändungsschutz 575
– bei Vermögensoffenbarung 712
Einkommensteuer, Pfändung
  des Erstattungsanspruchs 440
Einrichtung, Pfändungsschutz 581
Einspruch, gegen Vollstreckungs-
  bescheid 100 ff.
– Einspruchsfrist 100, 103
– gegen Versäumnisurteil 139
– streitiges Verfahren nach Einspruch 103
– Wiedereinsetzung in den vorigen Stand
  bei Versäumung der
  Einspruchsfrist 102

Einstweilige Einstellung der
  Zwangsvollstreckung
– bei Grundstückszwangs-
  versteigerung 559
– bei Versteigerung beweglicher
  Sachen 259
– bei Vollstreckungsbefehl 100
Eintrittsrecht bei Lebensversicherung 424
Eigenwohnermeldeamtsanfrage 38
Einziehung der gepfändeten
  Forderung 285, 292
Eisenbahnbetriebsmittel,
  Pfändungsschutz 582
Entgangener Gewinn als
  Verzugsschaden 18
Entlassungsgeld des Soldaten 663
Erbbaurecht, Pfändungsfragen 411, 477
Erbengemeinschaft als Schuldner 349
Erbrechtliche Pfändungsfragen 345 ff.
Erfolglose Pfändung bei Vermögens-
  offenbarung 704
Erfüllungsort 117
Ergänzungsversicherung 729 ff.
Erinnerung als Rechtsbehelf
– gegen Entscheidungen des
  Vollstreckungsgerichts 202
– gegen Maßnahmen des
  Gerichtsvollziehers 201, 238
– im Mahnverfahren 76, 97
Erledigung der Hauptsache 132
Erlösverteilung bei Grundstücks-
  zwangsversteigerung 507
Erweiterte Lohnpfändung 742

F

Fahrrad, Pfändungsschutz 574
Fahrtkostenersatz, Pfändungsschutz 628
Falsche Angaben im Vermögens-
  verzeichnis 710, 712
Falsche Versicherung an Eides statt 32
Fälligkeit einer Forderung 12

Familienangehörige bei Pfändung
von Arbeitseinkommen 619
Familienpapiere, Pfändung 595
Familienrechtliche Ansprüche,
Pfändung 601
Feiertagspfändung 243
Fernsehgeräte, Pfändbarkeit 583
Firma im Mahnantrag 56
Firmenjubiläum, Pfändungsschutz 628
Firmenrecht, Pfändungsfragen 603
Fischzucht, Pfändungsschutz 589
Forderung, bestrittene 28
– titulierte 19
– unbestrittene 19
Forderungspfändung 284 ff.
Forstwirtschaft, Pfändungsschutz 589
Forstwirtschaftliches Grundstück,
Zwangshypothek 518
Fortgesetzte Gütergemeinschaft,
Pfändungsfragen 525, 601
Fotoapparat, Pfändungsschutz 576
Freier Beruf, Pfändungsschutz 655
Freigabeaufforderung des Eigentümers 257
Freigabeklage des Eigentümers 260
Fremder Gegenstand bei
Pfändung 239, 256 ff.
Fremdkonten, Pfändung 343a
Fristsetzung zur Zahlung 1
Früchte auf dem Halm 589
Fruchtlosigkeitsbescheinigung 704, 726,
729
Futtermittel, Pfändungsschutz 589

G
Gans, Pfändungsschutz 592
Gartenhaus, Pfändungsschutz 584
Gastwirt, Nachtpfändung 243
GbR *siehe* Gesellschaft bürgerlichen Rechts
Gebrauchsmuster, Pfändung 616

Gebühren des Anwalts bei
Prozesskostenhilfe 183
– des Gerichts 173
– des Gerichtsvollziehers 226
– des Rechtsanwalts 179
– des Rechtsbeistands 180
Gebührenvorschuss im
Mahnverfahren 106, 108
– im Klageverfahren 172
Geburtsbeihilfe, Pfändungsschutz 628
Gefahrenzulage, Pfändungsschutz 628
Gefangenengeld 490
Geflügelzucht, Pfändungsschutz 589
Gefriertruhe, Pfändungsschutz 585
Gehaltsabtretung 8, 666 ff.
Geldforderung, Pfändung 284 ff.
– Pfändungsschutz 545
Gemeinschaft, Pfändungsfragen 602
Generalklausel im
Vollstreckungsschutz 542
Genossenschaft, Pfändung 479
– Pfändungsschutz 603
Gerichtskosten 169, 171
Gerichtskostenvorschuss 172
– Befreiung 174
Gerichtsstandsvereinbarung 5, 118 ff.
Gerichtsvollzieher 16, 197, 234
– Gebühren 226
– Geschäftsanweisung 233, 789
Geringstes Gebot bei
Grundstückszwangsversteigerung 500
Gesamtgut, Pfändungsfragen 525, 526, 530
Geschäftsbedingungen,
Zuständigkeitsvereinbarung 118
Geschäftsbuch, Pfändungsschutz 595
Geschäftsführer einer GmbH
im Mahnantrag 60
Geschmacksmuster, Pfänungsschutz 616
Gesellschaft bürgerlichen Rechts,
– Bezeichnung im Mahnantrag 61
– Haftungsfragen 787, 788

– mbH 784
– Pfändungsfragen 374, 375
Gesellschaft mit beschränkter Haftung
siehe GmbH
Gesellschaftsrechtliche Ansprüche,
  Pfändung 367 ff.
– Pfändungsschutz 603
Gewerbetreibender Ehegatte 538
Girokonto, Pfändung 338 ff.
– Leistungssperre 334
Gläubigerbezeichnung im
  Mahnverfahren 66
Gliedmaßen, künstliche,
  Pfändungsschutz 595
GmbH, als Schuldnerin 775
– Angabe im Mahnantrag 60
– Haftung und Haftungserweiterung 11,
  775 ff.
– Pfändungsfragen 378
GmbH & Co. KG, Pfändungsfragen 368
– Bezeichnung im Mahnantrag 59
Goldsachen, Pfändung 548
Grabstein, Pfändungsschutz 595
Gratifikation, Pfändungsschutz 628
Grundbesitz, Rechtslage bei Erbschaft 352
Grundbuchamt, Zuständigkeit
  bei Zwangsvollstreckung 197, 519
Grunddienstbarkeit, Pfändung 410
Grundpfandrecht, Pfändung 383 ff.
Grundschuld, Pfändung 392
Grundstücksähnliche Rechte,
  Zwangsvollstreckung 494
Grundstückszwangsversteigerung 485 ff.
Grundstückszwangsverwaltung 510 ff.
Grundstückszwangsvollstreckung 493 ff.
– einstweilige Einstellung 559
Gütergemeinschaft,
  Pfändungsfragen 480, 530
Güterstand, Pfändungsfragen 521 ff.
Gütertrennung, Pfändungsfragen 504, 529

Gütestelle, Einigungsversuch 117
Gütliche Einigung im Rechtsstreit 145

H
Haarschneidemaschine,
  Austauschpfändung 558
Haftbefehl bei
  Vermögensoffenbarung 717 ff.
Haftunfähigkeit 719
Halm, Früchte auf dem,
  Pfändungsfragen 589
Handelsgeschäft zwischen Kaufleuten,
  Zuständigkeit 71
Handelsgesellschaft im Mahnbescheid 59
Handelsregister 35
Handelsvertreter, Pfändung 655 ff.
Handwerker, Pfändungsschutz 574, 655
Handwerkerlebensversicherung,
  Pfändungsschutz 425
Härtefonds-Darlehen,
  Pfändungsschutz 608
Hartz IV 614
Hauptentschädigung,
  Pfändungsschutz 608
Haupttermin 150
Haushaltseinrichtung,
  Pfändungsschutz 585
Hausmann 729a
Hausratentschädigung,
  Pfändungsschutz 608
Hebamme, Pfändungsschutz 588
Hebebühne, Pfändbarkeit 574
Heilfürsorge bei Wehrpflichtigen,
  Pfändungsschutz 663
Heimarbeit, Pfändungsschutz 660
Heimkehrer, Pfändungsschutz 604
Heimstätte, Pfändungsschutz 565
Heiratsbeihilfe, Pfändungsschutz 628
Heißwasserbereiter, Pfändbarkeit 585
Heizkissen, Pfändungsschutz 585

Herausgabe einer Sache,
Zwangsvollstreckung auf 545

Herausgabepflicht des Schuldners 291

Herausgabeversicherung,
eidesstattliche 733e ff.

Hilfskassenbezug,
Pfändungsschutz 425, 612

Hilfspfändung, Sparbuch 327

Hinausschiebung der Verwertung
eines Pfandgegenstands 246 ff., 551

Hinterleger, Anspruch auf Rücknahme
der hinterlegten Sache 615

Hinterlegung durch Drittschuldner 262,
680

Hochseekabel, Pfändungsschutz 587

Höchstbetragshypothek, Pfändung 388

Holz, Pfändungsschutz 589

Huhn, Pfändungsschutz 592

Hund, Pfändungsschutz 593

Hypothek, Pfändung 384

I

Imkerei, Pfändungsschutz 589, 607

Immobilienzertifikat, Pfändung 482

Inkassobüro, Forderungseinziehung 19 ff.

– Kosten 22–27

– Rechtsprechung 28

Inkassokostenklausel 9

Inkassozession 682

Innengesellschaft, Pfändung 693

Insolvenzgeld 481

Insolvenzverfahren

– und Immobiliarvollstreckung 520a ff.

– und Mahnverfahren 116a

– und Sachpfändung 248

– und Vorpfändung 321

Insolvenzverschleppung 32

Investment-Anteil, Pfändung 481

Internet-Domains, Pfändung 771

J

Juristische Person im Mahnantrag 54, 60

K

Kaffeemaschine, Pfändungsschutz 585

Kalendertag als Fälligkeitszeitpunkt 13

Kamera, Pfändungsschutz 574

Kassenarzt, Pfändungsschutz 441

Kaufleute, Gerichtsstandsvereinbarung
119, 120

Kaufmann im Zahlungsbefehl 56 ff.

Kaufpreis, Pfändung 482

Kellner, Pfändung 657 ff.

Kilometergeld, Pfändbarkeit 628

Kind bei Lohnschiebung 693 ff.

Kindergeld, Pfändung 578, 605, 613

Kinderwagen, Pfändung 586

Klageeinreichung, Vorwirkung
bei Zustellung „demnächst" 129

Klageerhebung 127, 128

Klageerwiderung 149

Klagerücknahme 130, 131

Klarstellungsklausel zur Feststellung
der Identität des Schuldners 59

Klavier, Pfändungsschutz 574

Kleiderschrank, Pfändungsschutz 586

Kleidungsstücke, Pfändungsschutz 588

Kleinlebensversicherung,
Pfändungsschutz 425

Kleintier, Pfändungsschutz 592

Koffer, Pfändungsschutz 586

Kombiantrag bei Sachpfändung 706a

Kommanditgesellschaft,
Pfändungsfragen 368

– auf Aktien, Pfändungsfragen 377

– im Mahnantrag 59

Konkurstabellen-Auszug
als Vollstreckungstitel 188

Konto, Überweisung auf 577, 652

Kontoauszug als Mahnung 1

Kontoguthaben, Pfändungsschutz   577 ff.
Kontokorrent-Konto
– Ausfindigmachen   36, 338
– Pfändung   338 ff.
Körperliche Sachen, Pfändung   233 ff.
– Pfändungsschutz   542, 568 ff.
Kosten
– Befreiung von Gebührenvorschuss   174
– bei der Zwangsvollstreckung   220 ff.
– bei Erledigung der Hauptsache   132, 133
– bei Klagerücknahmen   130, 131
– bei Offenbarungsversicherung   733
– des Arbeitgebers bei Pfändung   228 ff.
– im Mahnverfahren   106 ff.
– Prozesskosten   169 ff.
– vorgerichtliche Mahnkosten   72
Kostenerstattung   169 ff.
Kostenfestsetzung durch Gericht   169, 170
Kostenmarken   107
Kostenvorschuss an Gerichtsvollzieher 227
Kraftwagen, Pfändung   239, 574
Krankenkassen-Bezug,
    Pfändungsschutz   612
Krankenversicherung,
    Pfändungsschutz   613
Krankheit und Vermögensoffenbarung 717
Kreditzusage, Pfändung   342
Kriegsgefangenenentschädigung,
    Pfändungsschutz   606
Kriegsschadensrente,
    Pfändungsschutz   608
Kriegsversehrtenrente,
    Pfändungsschutz   613
Krücke, Pfändungsschutz   595
Küchengerät, Pfändungsschutz   586
Küchenschrank, Austauschpfändung 558
– Pfändungsschutz   585
Kühlschrank, Pfändungsschutz   585
Kündigung bei Lebensversicherung 420
– des Anspruchs vor Mahnung   12
Kündigungsabfindung   489

Kündigungsrecht wegen Pfändung
    von Arbeitseinkommen   684
Künftige Rentenansprüche, Pfändung 738
Künftiges Arbeitseinkommen,
    Pfändbarkeit   622
– Bankkonto, Pfändung   339
– Erbrecht, Unpfändbarkeit   366
Künstler, Pfändungsschutz   363
Künstliches Gliedmaß,
    Pfändungsschutz   595

L
Ladung zur Vermögensoffenbarung   709
Landarbeiter-Eigenheim,
    Pfändungsschutz   566
Landarzt, Pfändungsschutz   568 ff., 588,
                                  655
Landgericht, Zuständigkeit   54, 87, 167
Landwirtschaft, Pfändungsschutz   589, 607
– Zwangshypothek   518
Landwirtschaftliche Altershilfe,
    Pfändungsschutz   607
Lastenausgleichsanspruch,
    Pfändungsschutz   608
Lastkraftwagen, Austauschpfändung 558
– Pfändungsschutz   569
Leasing u. Vollstreckung   761
Lebensgefährte   536, 729a
Lebenspartner   641, 755a
Lebensversicherung, Pfändung 417 ff., 612a
– befreiende   425
– bei Vermögensoffenbarung   712
– Pfändungsschutz   425
Leibgeding, Pfändung   412
Leibrente, Pfändung   485
Leihkonten, Pfändung   343a
Leistung des Arbeitseinkommens
    an Dritten als Schiebung   686
Leistungssperre bei Pfändung
    von Guthaben   334
Lohnabtretungsverbot   8, 669

Lohnfortzahlungsgesetz,
Pfändungsfragen 619
Lohnpfändung 228, 618 ff.
– erweiterte 742
– Kosten der Pfändung 228 ff.
– Tabelle 626
Lohnschiebung 686 ff.
Lohnsteuer-Abzug 621
Lohnsteuer-Jahresausgleich,
Pfändung 427 ff.
Lohnsteuerkarte 733e
Lohnverschleierung 692 ff.
– Fragen bei Offenbarungsversicherung 729a
Löschung in schwarzer Liste 725
Löschungsvormerkung bei
Grundpfandrechtspfändung 399

M
Mähdrescher, Pfändungsschutz 574
Mahnkosten 72
– -pauschale 10
Mahnung, außergerichtliche 16 ff.
– erste (kostenlose) 28, 72
– gerichtliche 45 ff.
– Zugang 734
Mahnpauschale 10
Mahnverfahren 45 ff.
– amtliche Vordrucke 52
– Anspruchsbezeichnung 67
– automatisiertes 51
– grenzüberschreitendes 49
– Mahnantrag, Vorwirkung der Einreichung
bei Zustellung „demnächst" 29
– Mahnbescheid 77
– Mahnbescheid, Mussinhalt 50
– Mahngericht 53
– Mahnkosten, vorgerichtliche 72
– Mahnverfahrenskosten 106 ff.
– maschinelle Bearbeitung 51
Makler, Pfändungsschutz 655
Manuskript, Pfändungsschutz 590

Materielle Einwendung gegen
Vollstreckungstitel 206
Mehrarbeitsvergütung,
Pfändungsschutz 628
Mehrere ArbEink, Zusammenrechnung 630
Mehrere Rechtsanwälte, Kosten 110
Mehrere Vollstreckungen 233, 676, 677
Mehrwertsteuer 178
Meistgebot bei Grundstücks-
zwangsversteigerung 505, 562
Mietbücherei, Pfändung 574
Miete, Pfändungsschutz 442 ff., 579, 610
Mietstreitigkeit, Gerichtszuständigkeit 54
Mietverhältnis nach
Zwangsversteigerung 506
Milchkuh, Pfändungsschutz 592
Minderjähriger, Pfändungsschutz
für Arbeitsgerät 576
– als Antragsgegner im Mahnverfahren 63
– Prozessfähigkeit 158, 159
Minderkaufmann im Mahnantrag 58
– bei Gerichtsstandsvereinbarung 120
– Pfändungsschutz 569
Mindestgebot bei Pfändung
beweglicher Sachen 547
– bei Grundstückszwangsversteigerung 561
Miterbe, Pfändung seines Anteils 350
Möbliertes Zimmer, Mieteinnahme,
Pfändungsschutz 581
Modell, Pfändung 616
Motorrad, Pfändung 574
Mündliche Verhandlung vor Gericht 150
Musiker, Pfändungsschutz
für Instrumente 571
Musiktruhe, Austauschpfändung 558
Musterformulare für
– anderweitige Verwertung,
Gläubigerantrag 256
– Arbeitseinkommen,
Pfändungsantrag 626
– Arrestantrag 210, 215, 217, 218

– Aufforderung zur
  Drittschuldner-Erklärung 298
– Aufhebungsantrag des Gläubigers
  nach Verwertungsaussetzung 247
– Aussetzungsantrag des Schuldners
  wegen gepfändeter Sache 246
– Drittschuldner-Aufforderung
  zur Erklärung 298
– Drittschuldner, Pfändungs-
  ankündigung 317
– Eidesstattliche Vermögensversicherung,
  Gläubigerantrag 706
– Eigentumsvorbehalt, Pfändungsantrag
  über Anwartschaftsrecht und Sache 278
– Einspruch des Schuldners gegen
  Vollstreckungsbescheid 100
– Erbteil, Pfändungsantrag 351
– Erinnerungseinlegung 201, 238
– Erledigung der Hauptsache,
  Kostenantrag 133
– Fortsetzungsantrag nach Ruhen
  des Rechtsstreits 156
– Freigabeaufforderung an
  Pfandgläubiger 258
– Gerichtskostenvorschuss,
  Befreiungsantrag 174
– Gerichtsstands-Vereinbarung 124
– Grundstückszwangsversteigerung,
  Antrag 496
– Grundstückszwangsverwaltung,
  Antrag 512
– Haftbefehl, Beschwerde gegen Erlass 718
– Haftbefehl, Vollstreckungsantrag
  des Gläubigers 720
– Kaufpreis, Pfändungsantrag 483
– Klage 128
– Klage eines Minderjährigen 160
– Klageerhebung 128
– Klageerwiderung des Schuldners 149
– Klagerücknahme durch Gläubiger 131
– Klageweg, Kaufpreisforderung 128

– Kostenentscheidungsantrag
  des Gläubigers 133
– Kostenfestsetzungsantrag
  des Gläubigers 170
– Parteivertreter, Angabe
  in Klageschrift 160
– Postscheckkonto,
  Pfändungsantrag 456
– Postsparbuch, Pfändungsantrag 463
– private Mahnung 28
– Prozessvollmacht 161
– Rechtsbeschwerde,
  Zulassungsantrag 205c
– Ruhen des Verfahrens,
  Antrag auf Anordnung 156
– Schuldanerkenntnis, notarielles 41
– Schuldner-Verzeichnis,
  Antrag auf Abschrifterteilung 723
– Sicherungsübereignung,
  Pfändungsantrag bezüglich
  Rückübertragungsanspruch 282
– Sonntagspfändung,
  Gläubigerantrag 244
– Sparguthaben, Pfändungsantrag 334
– Stahlfach, Pfändungsantrag 265
– Terminvollmacht 161
– Verfallklausel bei Ratenzahlung 13
– Vergleich 147
– Vermächtnis, Pfändungsantrag 359
– Vermögensverzeichnis im eV-Verfahren,
  Abschrifterteilungsantrag 715
– Verwertungsaufschubsantrag 246
– Vollstreckungsantrag
  aus Arrestbefehl 215
– Vollstreckungsantrag wegen
  beweglicher Sache 234
– Vollstreckungsschutzantrag des
  Schuldners nach Generalklausel 544
– Vorpfändung, Gläubigererklärung
  und Zustellungsantrag 317–320
– Widerspruch gegen Arrestbefehl 128

– Widerspruchsklage des Eigentümers   260
– Zulassung der Rechtsbeschwerde   205c
– Zustellungsantrag an Gerichtsvollzieher
wegen des Vollstreckungstitels   192
– Zwangshypothek, Eintragungsantrag   517
– Zwangsversteigerung,
Anordnungsantrag   496
– Beitrittsantrag   498
– Zwangsverwaltung,
Anordnungsantrag   512
– Zwangsvollstreckung, einstweilige
Einstellung, Ei gentümerantrag   259
– Schuldnerantrag   100
Mutterschaftsgeld, Pfändungsschutz   613

N
Nachbesserung der eidesstattlichen
Offenbarungsversicherung   729
– Rechtsprechung   729a
Nacherbschaftspfändung   355, 358
Nachlassauseinandersetzung
nach Pfändung eines Erbteils   350
Nachlasspflegschaft, Pfändungsfragen 348
Nachlassverwaltung, Pfändungsfragen 348
Nachtzeit, Pfändung   243
Nachverfahren im
Wechsel-Mahnverfahren   105
Nachzahlung von Arbeitseinkommen   638
Nähmaschine, Pfändungsschutz
bei Schneider   574
Nahrungsmittel, Pfändungsschutz   595
Namenswechsel   40
Naturalbezüge Pfändung   653
Naturallohn, Pfändungsschutz   589
Nebenbezug, Pfändung
bei Arbeitseinkommen   628, 644
Nebeneinkommen ohne
Pfändungsschutz   767
Nebenforderungen im Mahnverfahren   67
Netto-Arbeitseinkommen   621

Neuerwerb von Vermögen und
Offenbarungspflicht   727
Nichtberücksichtigung
Unterhaltsberechtigter   744
Nichteheliche Mutter,
Unterhaltsanspruch   641
Nichteheliches Kind,
erbrechtliche Ansprüche   363
– Rechtsstellung   623, 641
Nichterscheinen einer Partei
im Termin   136 ff.
– beider Parteien im Termin   157
– im Termin zur Abgabe der
Vermögensversicherung   717
Nichtige Vollstreckung   546
Nießbrauch, Pfändung   413
Notarielles Schuldanerkenntnis
siehe Notarielle vollstreckbare Urkunde
Notarielle vollstreckbare Urkunde   41, 42,
188
Notwendiger Unterhalt, bei Pfändung
von Arbeitseinkommen   642

O
Obstbau, Pfändungsschutz   589
Oder-Konto   332
Offenbarungsversicherung,
eidesstattliche   703 ff.
Offene Handelsgesellschaft,
Pfändung   368, 570
– im Mahnantrag   59
Öffnung eines Stahlfachs   264 ff.
Orden, Pfändungsschutz   595
Organ der Zwangsvollstreckung   197
Örtliche Zuständigkeit des Gerichts 117, 198

P
Pachtverhältnis nach
Zwangsversteigerung   506
Pachtzins, Pfändungsschutz   442, 579, 610
Parteifähigkeit   158

Parteivertreter 159
Patentanwalt, Pfändungsschutz 655
Patentrecht, Pfändung 616
Personengesellschaft,
  Pfändungsfragen 368 ff.
Persönlicher Gebrauch, Gegenstände,
  Pfändungsschutz 535
Pfandrecht, vorzugsweise
  Befriedigung 262
Pfandsiegel 239
Pfändung körperlicher beweglicher
  Sachen 233 ff.
Pfändungsankündigung 313 ff.
Pfändungsauftrag 233
Pfändungsbeschluss 284 ff.
Pfändungsprotokoll 239
Pfändungsschutz, erweiterter
  bei Arbeitseinkommen 649
Pflegegeld 611a
Pflichtteil, Pfändung 361
Pilzzucht, Pfändungsschutz 589
Portoauslagen des Gläubigers 72, 169, 179
Postanfrage 38a
Postfachinhaber Anschrift 38
Postgeldsendung, Pfändungsschutz 611
Postgirokonto
– Pfändung 455 ff.
– Schutz 460
Postsendung, Pfändungsschutz 580
Postsparguthaben, Pfändung 461 ff.
Prämienrückvergütung
  bei Versicherungen 769
Private Altersrenten Pfändung 612a
Private Mahnung 16 ff.
Provision, Pfändung 655
Prozessagent 162, 180
Prozessfähigkeit 158
Prozesskostenhilfe 182, 183
Prozessvertreter 159, 161
Prozesskostenhilfeantrag 68
– Rechtsbehelfe des Antragstellers 76
– Rechtsbeschwerde 205a

– verfolgbare Ansprüche 48
– Verhältnis zum Klageverfahren 44
– Zurückweisung des Mahnantrags 75
– Zuständigkeit 45-47
– Zustellung 78
– Zustellung im Ausland 49
Prozessvollmacht im Mahnverfahren 64, 74
im Klageverfahren 159, 161

R
Radio, Austauschpfändung 352
– Pfändungsschutz 591
Rangfolge bei einer Pfändung,
  bewegliche Sache 233
– Forderung 257
– Grundstücksvollstreckung 501
Ratenzahlung, Rückstand 12, 13
Ratenzahlungsvergleich 41
Reallast, Pfändung 414
Rechtsantragstelle 134
Rechtsanwalt, Beiordnung 183
– Forderungseinziehung 28a
– im Mahnverfahren 79
– im Prozess 162
– Kosten 109, 179
– mehrere Anwälte 110
– Pfändungsschutz 588, 655
Rechtsbeistand, Kosten 180
– außergerichtliche Mahnung 28
– im Mahnverfahren 79
– im Prozess 162
– Pfändungsschutz 588, 655
Rechtsbeschwerde 205a-c
Rechtsbeschwerdentscheidungen
  des BGH 205c
Rechtsnachfolger, Erteilung
  einer Vollstreckungsklausel 190
Rechtspfleger, Zuständigkeit für
  eidesstattliche Vermögens-
  versicherungs-Abnahme 708
– Einstellung der Zwangsvollstreckung 206
– Forderungspfändung 200 ff.

– Mahnverfahren 75, 84
– Rechtsantragsstelle 134
– Zwangsvollstreckung, soweit
Amtsgericht zuständig 197, 649
Rechtszug bei Zwangsvollstreckung 205c
Regelsatz des Pfändungsschutzes
für ArbEink bei Pfändung durch
bevorrechtigten Gläubiger 642
Reisender, Pfändungsschutz 628
Rentenansprüche künftige, Pfändung 738
Rente, Pfändungsschutz 612
Rentenschuld, Pfändung 404
Richter bei eidesstattlicher
Vermögensversicherung 717
Rollstuhl, Pfändungsschutz 595
Ruhegeld, Pfändung 409, 418
Ruhen des Verfahrens 156
Rückabtretungsanspruch bei einer
Forderung, Pfändung 306, 307, 678
Rückgewährungsanspruch bei
Grundschuld, Pfändung 395
Rückkaufswert bei
Lebensversicherung 420
Rückstand an Arbeitseinkommen
bei Pfändung 637
Rückübertragungsanspruch
bei Sicherungsübereignung,
Pfändung 282, 678

S
Sachbezug, Pfändungsschutz 653
– Zusammentreffen mit Geldbezügen 654
Sachfirma im Zahlungsbefehl 56 ff.
Sachpfändung 233 ff.
– bei Eigentumsvorbehalt 269 ff.
– bei Sicherungsübereignung 281 ff.
– Rechtsprechungsübersicht 245a
– Zusatzanträge 236
Sachpfändungsauftrag kombiniert
mit Antrag auf Offenbarungs-
versicherung 706a

Sachverständiger, Kosten 175, 182
Schaf, Pfändungsschutz 592
Schauspieler, Pfändungsschutz 571
Scheck, Mahnbescheid 104, 105
– Pfändung 486
– Pfändungsschutz 571
Scheckprozess 135
Schiedsgerichtsklausel 6
Schiff, Zwangsvollstreckung 494
Schiffsbauwerk, Zwangsvollstreckung 494
Schlechtwettergeld, Pfändungsschutz 613
Schlichtung *siehe* Streitbeilegung
Schlüssel für Bankstahlfach 263, 268
Schmerzensgeld, Pfändung 488
Schmutzzulage, Pfändungsschutz 628
Schnellwaage, Austauschpfändung 558
Schrank, Austauschpfändung 558
– Pfändungsschutz 586
Schreibmaschine, Pfändung 574
Schriftliches Verfahren 155
Schriftliches Vorverfahren 152
Schriftsteller, Pfändungsschutz 675
Schulbuch, Pfändungsschutz 595
Schuldanerkenntnis 188
Schuldner, im Inland 45
– Ausland 46, 122
Schuldnertricks 734 ff.
Schuldnerbezeichnung im
Mahnverfahren 55 ff.
Schuldnerverzeichnis, bei
Vermögensoffenbarung 722 ff.
Schutzrecht, Pfändung 616
Schwarzarbeit, Frage bei
Offenbarungsversicherung 713a, 729
Schwarze Liste bei Vermögens-
offenbarung 722 ff.
Selbstständig Erwerbstätiger,
Einkommenspfändung 655 ff.
Selbsthilfe des Gläubigers 197
Sicherheitsabtretung und Pfändung 306
Sicherungshypothek, Pfändung 388
– bei Sicherungsvollstreckung 195

Sicherungsübereignung und Pfändung 281
– bei Vermögensoffenbarung 712
Sicherungsvollstreckung 195
Siegelanlegung durch
  Gerichtsvollzieher 239
Siegelbruch 32
Silbersache, Pfändung 548
Sofortige Beschwerde 203
Soldatenbezug, Pfändungsschutz 662
Sondergut, Pfändung bei
  Gütergemeinschaft 530, 531, 538
Sonntagspfändung 243
Sozialbeitrag, Abzug bei Pfändung
  von Arbeitseinkommen 621, 628
Sozialbezug, Zusammenrechnung
  mit Arbeitseinkommen 631
Sozialhilferegelsätze 649
Sozialleistungen, Pfändung 613
– Pfändungsschutz 578
Sozialplanabfindung 489
Sozialversicherungsrente,
  Pfändungsschutz 578
Sparbuch bei Pfändung 327
Sparguthaben, Pfändung 327 ff.
– Pfändungsschutz 577, 651
Stahlfachpfändung 263
Staubsauger, Pfändung 585
Sterbegeld, Pfändungsschutz 613
Steuerabzug bei Pfändung
  von Arbeitseinkommen 621, 628
Steuerberater, Pfändungsschutz 655
Steuererstattungsansprüche,
  Pfändung 427 ff.
Steuerklassenwechsel 737 Nr. 28
Stille Gesellschaft, Pfändungsfragen 380 ff.
Stillegungsvergütung,
  Pfändungsschutz 612
Strafanzeige gegen Schuldner 30
Strafgefangenengeld,
  Pfändungsfragen 490 ff.
Streitbeilegung 117

Streitverfahren 117 ff.
Streitverkündung an Schuldner bei
  Klage gegen Drittschuldner 302, 303, 699
Streitwert 171
Streitwertgrenze 44
Strich in Vermögensverzeichnis 88
Studienbeihilfe, Pfändungsschutz 628
Stuhl, Pfändungsschutz 586
Stundungsgesuch des Schuldners 1

T

Tariflohn 694, 696, 18
Tarnkosten, Pfändung 343a
Taschengeldanspruch,
  Pfändungsfragen 601, 749 ff.
Taxifahrer, Pfändungsschutz 658
Teilungsplan in Grundstückszwangs-
  vollstreckung 507
Telefonauslagen des Gläubigers 170
Termin, früher erster 151
– Haupttermin 150
Terminvollstreckung, Pfändungsfragen 348
Tierarzt, Pfändungsschutz 655
Tisch, Pfändungsschutz 586
Tod des Gläubigers, Pfändungsfragen 345
Tod des Schuldners, Pfändungsfragen 346
Trauring, Pfändungsschutz 595
Trennungsentschädigung,
  Pfändungsschutz 628
Tresorschlüssel bei Stahlfach 263, 268
Treugeld, Pfändungsschutz 628
Treuhandkonto 344
Trinkgeld, Pfändungsschutz 657 ff.

U

Überflüssige Pfändung 550
Übergangsgebührnis,
  Pfändungsschutz 662
Überpfändung 549
Überraschungsentscheidungen,
  Schutz vor 153

Überstundenlohn, Pfändung 628, 644
Überweisung bei
  Forderungspfändung 284 ff.
Überweisungsbeleg 237
Überwiesenes Arbeitseinkommen 652
Übungsgeld bei Wehrpflicht,
  Pfändungsschutz 663
Uhr, Austauschpfändung 558
Umschreibung des
  Vollstreckungstitels 349, 350
Unbekannter Aufenthalt des Schuldners 38
Unentgeltliche Dienste im Rahmen
  einer Lohnschiebung 693
Unerlaubte Handlung,
  Pfändungsschutz 627
– besonderer Gerichtsstand 124
Uniform, Pfändungsschutz 595
Unpfändbare Sache 541 ff.
Unpfändbarkeitsbescheinigung
  des Gerichtsvollziehers 704, 726, 729
Unterbeteiligung 382
Unterbrechung des
  Arbeitsverhältnisses 701, 702
Unterhaltsanspruch bei Pfändung
  von Arbeitseinkommen 623
– Vorrecht 641
Unterhaltshilfe, Pfändungsschutz 608
Unterhaltspflicht, Berücksichtigung bei
  Pfändung von Arbeitseinkommen 623
– erweiterter Pfändungsschutz 649, 650
– Vorrecht bei Pfändung von
  Arbeitseinkommen 641
Unterhaltsrente, Pfändungsschutz 612, 613
Unterhaltssicherungsgesetz,
  Pfändungsfragen 664
Untermiete, Pfändung 579
Unterwerfungsklausel 4
Unübertragbare Forderung,
  Pfändungsfragen 615
Unverletzlichkeit der Wohnung 239
Urheberrecht, Pfändung 616

Urkundenherausgabepflicht
  des Schuldners 291, 733e
Urkundenklage 135
Urkundenmahnbescheid 104, 105
Urkundenprozess 135
Urlaubszuschuss,
  Pfändungsschutz 628, 644
Urteil 163 ff.
– Inhalt 163
– Verkündigung 163, 164
– Vollstreckbarkeit 165

V
Verbot der Lohnabtretung 666 ff.
Verbraucherkredite und Mahnverfahren 48
Verdienstausfallentschädigung,
  Pfändungsschutz 663
Verein, Vermögensoffenbarung 706
Verfallklausel 7, 13
Vergleich 145–147
– außergerichtlicher und
  Prozessvergleich 145
– unter Widerrufsvorbehalt 146
– Vergleichsgebühr des Rechtsanwalts 177
– Widerruf Muster 148
Vergleichsverfahren, Pfändungsschutz 567
Verhandlung vor Gericht 150
Verheirateter Schuldner,
  Bezeichnung im Mahnantrag 62
– Pfändungsfragen 521 ff.
Verjährungstabelle 15
– Vorwirkung des Mahnantrags 29
– Vorwirkung der Klage 129
Vermächtnis, Pfändung 359
Vermieterpfandrecht und
  Eigentumsvorbehalt 275
Vermietetes Zimmer, Pfändung
  des Mietzinses 610
Vermögensrechtliche Angelegenheit,
  Zuständigkeit des Gerichts 117
Vermögensverzeichnis 712
– Ergänzung 729 ff.

Vermögenswirksame Leistungen
- Pfändung der Leistung   620
- Pfändung der vermögenswirksamen
  Anlage selbst   335, 337
Vermutung, gesetzliche für
  bewegliche Sachen   534 ff.
Verpfändete Forderung und Pfändung   312
Verrechnungsbeschluss   648
Versäumnisurteil   136 ff.
- echtes und unechtes   139
- Einspruch gegen   139
- gegen Beklagten   136
- gegen Kläger   138
- Inhalt   163
- zweites   164
- Zustellung   192
Verschleiertes Arbeitseinkommen   692 ff.
Versicherungsanspruch,
  Pfändungsfragen   425, 612, 620
Versorgungsanspruch,
  Pfändungsfragen   425, 618 ff.
Versteigerungstermin bei
  beweglichen Sachen   249 ff.
- bei Grundstücken   500
Verstrickungsbruch   32
Verstorbener, Mahnbescheid   55
Vertagung des Termins zur
  Vermögensoffenbarung   710
Verteilungsverfahren, gerichtliches,
  nach Hinterlegung   683
Vertreter, Pfändungsschutz   655
Verweigerung der eidesstattlichen
  Vermögensversicherung   716
Verwertung, 248 ff.
- anderweitige   256, 552
- Aufschub nach Pfändung   246 ff., 551
Verzicht auf Vollstreckungsschutz   546
Verzichtsurteil   163
Verzug des Schuldners mit
  Zahlung   2, 12, 13, 71

Verzugsschaden
- entgangener Gewinn   18
- Inkassogebühren   27
Verzugszins   3, 71
Vieh, Pfändungsschutz   592
Vollkaufmann, Bezeichnung
  im Zahlungsbefehl   56
- Pfändungsschutz   569
Vollmacht des Prozessvertreters   161
Vollpfändung, sog.   294
Vollstreckung des Haftbefehls   719
Vollstreckungsabwehrklage   206
Vollstreckungsauftrag des
  Gläubigers   234
Vollstreckungsbescheid   92 ff.
- Antrag   92
- auch Rücknahme des Widerspruchs   91
- Vollstreckung   99
Vollstreckungsgegenklage   206
Vollstreckungsgericht,
  Zuständigkeit   197, 284, 708
Vollstreckungsklausel   190
Vollstreckungskosten   220 ff.
Vollstreckungsschutz   542, 618 ff.
Vollstreckungstitel   187, 188
Vollstreckungsunterwerfung, notarielle   188
Vollstreckungsvereitelung   32
Vorbehaltsgut, Pfändung   538
Vorbehaltsurteil   135
Vorerbschaftspfändung   354, 357
Vorkaufsrecht, Pfändungsfragen   411
Vorläufige Einstellung der
  Zwangsvollstreckung   100, 259, 559
Vormerkung, Pfändung   416
Vorpfändung   313 ff.
Vorrat, Pfändungsschutz   592, 595
Vorratspfändung   647
Vorschuss
- Befreiung   174
- bei Klageerhebung   172

– beim Rechtsanwalt 178
– im Mahnverfahren 106
Vorschusszahlung bei
   Arbeitseinkommen 632
Vorstand einer AG im Zahlungsbefehl 60
Vorwegpfändung 239
Vorwirkung bei Verjährung 29, 129
Vorzugsweise Befriedigung 262

W
Waage, Austauschpfändung 558
Wahl zwischen Mahn- und
   Klageverfahren 44
Waisenbezug, Pfändungsschutz 25, 613
Warenzeichen, Pfändung 616
Wäsche, Pfändungsschutz 588
Wäscheschleuder, Pfändung 585
Waschmaschine, Pfändung 585
Waschtoilette, Austauschpfändung 558
Wechsel, Klageverfahren 135
– Mahnverfahren 104, 105
– Pfändung 491
Wehrsold, Pfändungsschutz 662 ff.
Weihnachtsvergütung,
   Pfändungsschutz 628, 644
Weinbau, Pfändungsschutz 589
Weitere vollstreckbare Ausfertigung
   des Titels 33
Werkvertragsanspruch im
   Mahnverfahren 67
Wertgrenze beim Amtsgericht 54
Wertpapierdepot, Pfändung 756
Wertpapier im Mahnverfahren 48
Wettbewerbsbeschränkungs-
   Ausgleichszahlung, Pfändung 620
Widerspruch gegen Arrestbefehl 212, 213
– amtl. Vordruck 80
– Einlegungsfrist 80
– gegen Mahnbescheid 79
– gegen Vermögensoffenbarung 716
– verspäteter 82
– Wirkung 83

Widerspruchsklage 207, 260
Widerstandsbrechung durch Gerichts
   vollzieher bei Pfändung 239
Wiederaufleben der Lohnpfändung 703
Wiedereinsetzung in den vorigen
   Stand 102
Wirtschaftsgenossenschaft,
   Pfändungsfragen 603
Witwe, Schutz für Arbeitsgerät 576
Witwenbezüge, Pfändungsschutz 25, 613
Wohngeld, Pfändungsschutz 578,
– Pfändung 613
Wohnlaube, Pfändungsschutz 584
Wohnraumhilfe, Pfändungsschutz 608
Wohnrechtspfändung 415, 615
Wohnsitz des Schuldners 45 ff., 54, 117
Wohnstreitigkeit, Zuständigkeit 54
Wohnungsdurchsuchung 239
Wohnungseigentum, Vollstreckung 494
Wohnungseigentumssachen
   im Mahnverfahren 47

Z
Zahlkarte als Beilage zur Mahnung 14
Zahlung an Gerichtsvollzieher 237, 239
Zahlungs statt, Überweisung 285 ff.
Zahnarzt, Pfändungsschutz 588, 655
Ziege, Pfändungsschutz 592
Zins im Mahnverfahren 71, 94
– bei beiderseitigem Handelsgeschäft 71
Zivildienstpflichtige, Pfändungsfragen 665
Zugang von Rechnung und Mahnung 734
Zugewinnausgleich, Pfändung 492, 529
Zugewinngemeinschaft,
   Pfändungsfragen 523, 529
Zurücknahme von Einspruch 116
– Klage 130, 131
– Widerspruch 90
Zurückweisung eines Mahnantrags 75 ff.
– eines Vollstreckungs-
   bescheidantrags 96 ff.

Zusammenrechnung mehrerer
Arbeitseinkommen   630
Zusammentreffen von Pfändungen durch
bevorrechtigte Gläubiger   647, 648
– von Abtretung und Pfändung
einer Forderung   305, 673
Zuschlag bei Versteigerung
beweglicher Sachen   253
– bei Versteigerung von Grundstücken   505
Zuständigkeitsfragen   43, 53, 54, 117, 197,
                                      198, 211
Zustellung des Mahnbescheids   29
– „demnächst" (Vorwirkung)   29
– des Urteils   163
– des Vollstreckungsbescheids   98
– des Vollstreckungstitels   191
Zuvielmahnung, Zweck   29
Zwangshypothek   411, 516 ff.

Zwangsversteigerung
– von beweglichen Sachen   248 ff.
– von Grundstücken   495 ff.
Zwangsverwaltung eines
Grundstücks   510 ff.
Zwangsvollstreckung   184 ff.
– Antrag   1991
– Beschränkung   195
– Einstellung   194
– Kosten   220 ff.
– Rechtsbehelfe und Rechtsmittel   200
– verheiratete Schuldner   521 ff.
– Vollstreckungsorgane   197
– Zuständigkeit   197, 198
Zweites Versäumnisurteil   164
Zwischenverfügung
im Mahnverfahren   75, 96